Revidirter Entwurf

der

bürgerlichen Prozeßordnung

für

die Preußischen Staaten.

Motive

zum

ersten Bande.

Berlin,
gedruckt bei G. Reimer.
1842.

Vorwort.

Als des Höchstseligen Königs, Friedrich Wilhelm des Dritten Majestät, die Revision der gesammten Gesetzgebung anzuordnen und dem Justiz-Ministerium zu übertragen geruheten, wurden von dem Justiz-Minister Grafen von Dankelmann für die verschiedenen Theile derselben zur vorläufigen Bearbeitung besondere Deputationen aus Mitgliedern des Justiz-Ministeriums und anderen ausgezeichneten Justiz-Beamten niedergesetzt. Dies war auch in Ansehung des bürgerlichen Prozesses, und daher der ersten 46 Titeln des ersten Theils der Allgemeinen Gerichts-Ordnung der Fall. Die dazu im Jahr 1826 niedergesetzte Deputation hat ihre Berathungen indessen nur bis auf den 24sten Titel erstreckt. Sie überreichte unterm 31sten December 1827 den aus einem allgemeinen und einem speziellen Theile bestehenden gedruckten Revisions-Bericht, welcher im Justiz-Ministerium in der Zeit vom 16ten Februar bis zum 22sten Mai 1828 vorgetragen und berathen ward. Er fand indessen von vielen Seiten erhebliche Widersprüche. Die Resultate dieser Berathung und die in deren Gemäßheit genommenen Beschlüsse wurden von dem Referenten in der Deputation, Geheimen Justizrath

Reinhardt, in einem Entwurf zusammengestellt, von welchem der erste Theil im Jahr 1830, der zweite aber im Jahr 1832 gedruckt worden ist. Der Referent faßte zugleich die Vorschläge und Anträge der Revisions-Deputation in ein Gutachten zusammen, welches so übersichtlich und interessant ist, daß dasselbe dieser Einleitung, als Anlage (S. 17—75) beigefügt ist.

Die Berathung und Revision des von dem Referenten abgefaßten Entwurfs ward durch das 1830 erfolgte Ableben des Justiz-Ministers Grafen von Dankelmann verhindert. Nachdem 1832 ein eigenes Ministerium für die Gesetz-Revision niedergesetzt worden, ward die Thätigkeit desselben zunächst durch dringendere Gegenstände, insonderheit die Revision des Strafrechts oder eigentlich die Entwerfung eines Straf-Gesetzbuchs, so sehr in Anspruch genommen, daß der bürgerliche Prozeß es um so weniger wieder aufgenommen werden konnte, als noch ein andres Hinderniß sich entgegenstellte. Es waren immittelst Vorschläge zu einer veränderten Organisation der Gerichtshöfe und überhaupt der ganzen Gerichts-Verfassung gemacht, die, wie von selbst vorliegt, für die Prozeß-Gesetzgebung präjudiciell waren. —

Bei dem dringenden Bedürfnisse einer Verbesserung mehrerer Bestimmungen des bürgerlichen Prozesses mußte daher die Gesetz-Revision auf einzelne Zweige derselben sich beschränken. Dies erfolgte nicht allein durch eine Reihe von Rescripten über einzelne Gegenstände, sondern auch durch einzelne ausführliche Verordnungen, z. B. über die summarischen Prozesse, das Executions-Verfahren, das Verfahren in den fernern Instanzen u. a. m., die in den Motiven des vorliegenden Entwurfs näher angeführt sind. Auch von Seiten des Justiz-Ministeriums für die Justiz-Verwaltung wurden durch Instructionen und Circular-Rescripte einer Reihe von Mängeln des Prozeß-Verfahrens abgeholfen.

Es würde unter diesen Verhältnissen und nach diesen Vorbereitungen zur Revision der bürgerlichen

Prozesse im Justiz=Ministerium für die Gesetz=Revision schon früher geschritten sein, wenn nicht die dringend nothwendig gewordene Revision der Provinzial=Gesetzbücher die ganze Thätigkeit dieses Ministeriums einige Zeit in Anspruch genommen hätten. Nachdem die Vorarbeiten zu diesen Provinzial=Gesetzbüchern beendigt waren, sollte für jede Provinz ein eigenes Provinzial=Gesetzbuch entworfen und dem nächsten Landtage zum Gutachten vorgelegt werden. Beim Regierungs=Antritt des jetzt regierenden Königs Majestät wurden diese verschiedenen Landtäge früher angesetzt. Im Justiz=Ministerium für die Gesetz=Revision mußten daher für alle Provinzen aus den Vorarbeiten die vielen Provinzial=Gesetzbücher entworfen werden. Bald nach Vollendung dieser Entwürfe ward indessen die Revision der Prozeß=Ord=

nung zur Hand genommen und bei derselben die in der Allgemeinen Gerichts-Ordnung enthaltene Prozeß-Ordnung mit Rücksicht auf die obgedachten in den Jahren 1830 und 1832 ausgearbeiteten Entwürfe zum Grunde gelegt. Die seit den letzteren erfolgten Veränderungen in der Prozeß-Gesetzgebung und in der Wissenschaft haben indessen auf den Inhalt des vorliegenden Entwurfs den bedeutendsten Einfluß und denselben in allen Theilen des Prozesses zum Theil durchgreifend äußern müssen.

Der Entwurf hat sich dagegen strenge in den Gränzen eines Gesetzes gehalten und daher die mit den Prozeß-Vorschriften der Gerichts-Ordnung verbundenen Instructionen nicht mit aufgenommen.

Die entworfene Prozeß-Ordnung zerfällt in die, in dem Vorwort zu dem Entwurf angeführten beiden Haupttheile, und der jetzt vorliegende erste Haupttheil wiederum

in den, allen Prozeßarten gemeinschaftlichen Vorschriften gewidmeten allgemeinen Theil

und

in den besonderen Theil, welcher den ordentlichen und summarischen Prozeß sowohl bei den Ober-, als bei den Untergerichten bis zur Publication des Urtheils enthält.

Der zweite Haupttheil wird das Verfahren in den fernern Instanzen, das Executions-Verfahren und die besonderen Prozeßgattungen enthalten.

Das Vorwort enthält zugleich in den Vorbemerkungen (S. 80 ff.) die Motive, von welchem bei gegenwärtiger Bearbeitung der Prozeß-Ordnung im Allgemeinen ausgegangen ist.

Berlin, den 28sten Februar 1842.

v. Kamptz.

Anlage.

Anlage.

Gutachten
der Deputation zur Revision der Gerichts-Ordnung.

Prüfung der gemachten Vorschläge und Anträge der Revisions-Kommission.

Man kann die gemachten Vorschläge, um eine Uebersicht zu gewinnen, füglich in 3 Klassen theilen:

A. solche, welche es im Wesentlichen bei dem bisherigen Verfahren belassen wollen und nur geringe Modifikationen, zur Vereinfachung des Geschäftsganges und Beschleunigung der Prozedur, in Antrag bringen;

B. solche, welche auf eine strengere Anwendung des Prinzips der Gerichts-Ordnung und daher auf Wiedereinführung des persönlichen Erscheinens der Partheien dringen; endlich

C. solche, welche jenes Prinzip mehr oder weniger beschränken wollen und eine durchgreifende Aenderung des bisherigen Verfahrens anrathen.

Bevor wir zur Prüfung dieser Vorschläge übergehen, scheint es nöthig, sich über das so oft angerufene Prinzip der Gerichts-Ordnung zu verständigen, um einestheils einen festen Standpunkt für die Beurtheilung zu gewinnen und um anderntheils jeden leeren Streit über nicht klar erkannte Prinzipien zu vermeiden.

Bei der Justizreform von 1780 war man davon ausgegangen, daß hauptsächlich die Advokaten an der Verzögerung und allen sonstigen Mängeln der Rechtspflege Schuld seyen. Diese zu entfernen und entbehrlich zu machen, war der Zweck, welchen man im Auge hatte, und man glaubte das Mittel darin gefunden zu haben, daß man das Verfahren im Criminal-Prozeß auf den Civil-Prozeß anzuwenden suchte und dem Richter übertrug, die Wahrheit des jedem Rechtsstreit zum Grunde liegenden **Factum**, wie im Criminal-Prozeß, von den Partheien selbst **per modum inquisitionis** zu erforschen.

Allein sehr richtig bemerkte schon der Kammergerichts-Präsident von Rebeur, in seinen Erinnerungen gegen den ersten von Carmerschen Entwurf (Bd. I. Fol. 45. der Materialien zur Gerichts-Ordnung), daß die Inquisitions-Methode, wie sie im Criminal-Prozeß Statt finde, auf den Civilprozeß nicht anwendbar sey und selbst der Ausdruck in dieser Beziehung unrichtig erscheine, indem hierunter im Civilprozeß nur die Einschränkung desselben auf die Untersuchung der Wahrheit des **factum** verstanden werden könne — **ein judicium juxta solam facti veritatem**, welches bereits ältere Rechtslehrer und namentlich Stryk in einer akademischen Abhandlung vom Jahr 1707 zur Abkürzung der Prozesse empfohlen hatten.

In der That, so lange ein Unterschied zwischen dem bürgerlichen und dem Strafrecht besteht, so lange es kein Verbrechen ist, eine Civil-Verbindlichkeit zu bestreiten oder unerfüllt zu lassen, so lange die Partheien über ihre Privatrechte frei verfügen dürfen: so lange kann auch von einer eigentlichen Anwendung des inquisitorischen Prozesses auf bürgerliche Rechtsstreitigkeiten nicht die Rede seyn. Denn die Wahrheit, welche der Richter im Civilprozeß zu erforschen hat, ist nichts Anderes, als das Recht selbst; und so wie dieses der freien Verfügung der Partheien unterworfen ist, so muß auch die Erforschung desselben beschränkt und bedingt seyn durch ihren Willen. Was jede Parthei wider sich als Wahrheit will gelten lassen, muß auch der Richter dafür annehmen —

oder die Partheien hätten die freie Verfügung über den Gegenstand des Streits verloren.

Die Nothwendigkeit dieser Beschränkung haben auch die Verfasser der Gerichts-Ordnung anerkannt. Dies zeigt sich darin, daß das Geständniß einer Parthei als voller Beweis wider dieselbe gilt und in der Regel nicht widerrufen werden kann, daß ferner die Eidesdelation jede andere Ermittelung unnöthig macht und daß gegen eine ausbleibende Parthei in **contumac.** verfahren wird, ohne daß sich der Richter im Geringsten weiter um die Erforschung der Wahrheit zu bemühen hat. Ja die Gerichts-Ordnung untersagt sogar Tit. 10. §. 5[b]. dem Richter ausdrücklich, von seiner Privat-Wissenschaft bei der Instruktion Gebrauch zu machen. Alles dieses widerspricht dem inquisitorischen Prozeß und läßt sich aus dem Prinzip der Wahrheitserforschung nicht ableiten.

Dieses Prinzip löst sich daher in die Befugniß und Pflicht des Richters auf, von der Parthei jede Auskunft und Aufklärung zu verlangen, die er zur völligen Kenntniß der Sache und zu einer gründlichen Entscheidung für nöthig hält. Allein so gefaßt enthält dieses Prinzip kein besonderes und unterscheidendes Merkmal der Preußischen Gerichts-Ordnung, noch hängt hiervon die eigenthümliche Stellung und Thätigkeit ab, die der Richter nach derselben bei der Instruktion der Prozesse einnimmt und ausübt. Jede andere Prozeß-Ordnung erkennt nicht minder dasselbe Prinzip an, will nicht minder, daß der Richter **causa coguita** entscheide, noch versagt sie ihm die Mittel, um hierzu (zu einer völligen Kenntniß der Sache) zu gelangen. Im gemeinen deutschen Prozeß übt der Richter jene Befugniß in ihrer ganzen Ausdehnung durch Dekrete, welche er auf die schriftlichen Vorträge der Partheien erläßt und worin er von diesen sowohl mangelnde Erklärungen und bestimmtere Auslassungen fordern, als sie wegen begangener Fehler zurechtweisen kann. Im französischen Prozeß kann ebenso das Gericht, welchem die Sache zur Entscheidung vorgetragen wird, von den anwesenden Partheien oder ihren Sachwaltern jede ihm nöthig scheinende Auskunft verlangen und, in sofern solche nicht auf der

Stelle gegeben werden kann, deren Beibringung durch ein präparatorisches Urtheil verfügen. Jenes Prinzip, so verstanden, würde daher fortbestehen können, selbst bei einer veränderten Stellung des Preußischen Richters.

Eben deshalb haben auch neuere Schriftsteller, und namentlich Graevell in seinem kürzlich erschienenen Kommentar zur Gerichts-Ordnung, es lebhaft bestritten, daß das Preußische Prozeßverfahren ein inquisitorisches sey, und dasselbe gegen diese Behauptung, worin sie einen Vorwurf sahen, zu vertheidigen gesucht. Graevell (pap. 20. Th. I. seines Kommentars) beruft sich zu dem Ende auf die oben erwähnte Aeußerung Friedrichs des Großen: „daß das inquisitorische Verfahren auf den Civilprozeß nicht ausgedehnt werden solle." Nun ist zwar diese Berufung übel angebracht; denn der erste Carmersche Entwurf vom 18. August 1774 (Fol. 19. des ersten Bandes der Materialien zur Gerichts-Ordnung) sagt es mit deutlichen Worten, daß man dabei von der Idee, den Criminalprozeß auf das bürgerliche Verfahren anzuwenden, ausgegangen war, und jene Erklärung Friedrichs des Großen war es eben, welche dessen sofortige Annahme und Einführung verhinderte, wiewohl er später im Jahre 1780 wieder hervorgesucht und nunmehr, jener Erklärung ungeachtet, eingeführt wurde. Allein darin ist dem genannten Schriftsteller beizupflichten, daß die Inquisitionsmethode dennoch nicht als das Prinzip der Preußischen Gerichts-Ordnung angesehen werden kann, daß die Idee, von der man ausgegangen war, nicht durchgeführt wurde, noch durchgeführt werden konnte, weil der Stoff, die Natur des Civil-Prozesses, zu sehr widerstrebte. Aus diesem Widerspruch erklärt sich zugleich das Schwanken und die Ungewißheit, welche, trotz der vielen Vorschriften der Gerichts-Ordnung, doch stets über das officium judicis obgewaltet haben, indem dieser Begriff, nach Personen und Umständen, bald in einer engern, bald in weiterer Bedeutung genommen wird. Im Allgemeinen hat ihn die Praxis sehr beschränkt.

Graevell, und mit ihm Andere, setzen nun das Eigenthümliche der Preußischen Gerichts-Ordnung darein, daß es die Maxime und der oberste Grundsatz derselben sey:

nur das materielle (wirkliche) Recht zum formellen zu erklären,

soweit solches nicht durch freiwillige Aufgebung, durch das eigene Verschulden der Partheien oder durch den Abgang von Beweismitteln unausführbar gemacht werde; während von andern Prozeß-Ordnungen ein blos formelles Recht bezweckt werde. Deshalb, sagt Graevell (pag. 22. Th. I. seines Kommentars), bleiben die Formen in der Allgemeinen Gerichts-Ordnung als Mittel dem Zwecke untergeordnet, nach Maaßgabe der Umstände abänderlich und möglichst eingeschränkt.

Die jener Maxime hinzugefügte Einschränkung läßt in der That wenig vom materiellen Rechte (in der hier angenommenen Bedeutung) übrig, und mit ihr könnte füglich dasselbe von jeder andern Prozeß-Ordnung gesagt werden.

Allein auch abgesehen hiervon, was bedeutet der Gegensatz zwischen materiellem und formellem Recht?

Das Recht in objectiver Bedeutung ist ein System von Regeln, um die äußern menschlichen Verhältnisse zu ordnen. Alles Recht in diesem Sinne ist daher formell, besteht in Formen; und jedes einem Individuum zustehende Recht (im subjektiven Sinne) kann nur unter einer bestimmten Form wirklich werden. Es davon entkleiden und diesem formell bestimmten Recht ein materielles, als das eigentliche und wahre Recht, entgegensetzen, heißt mithin es aufheben und an die Stelle des wirklichen Rechts ein eingebildetes setzen, das ohne Form bestehen soll und welches gewöhnlich auf ein dunkeles Rechtsgefühl, auf Billigkeit oder eine moralische Verpflichtung hinausläuft.

Dies gilt nicht blos von solchen Rechtsgeschäften, Hinsichts welcher die Gesetze gewisse Förmlichkeiten oder Solennitäten ausdrücklich vorgeschrieben haben, sondern ganz allgemein von allen rechtlichen Verhältnissen. Auch bei dem einfachsten Vertrage, wozu es nicht einmal der schriftlichen Redaktion bedarf, reicht dennoch der bloße Wille, die Intention der Partheien, zum Abschluß des Geschäfts nicht hin, sondern es muß zugleich dieser Wille auf die in den Gesetzen bestimmte Weise erklärt seyn.

Wird ein Recht in Streit gezogen, so muß die Existenz desselben in der gesetzlichen Form dem Richter dargethan werden, wenn dieser es anerkennen soll; was jedoch möglicherweise dem Berechtigten mißlingen kann. Nur den Sinn kann daher der obige Gegensatz zwischen materiellem und formellem Recht haben, daß man unter dem Letzteren „das erweislich zu machende, vom Richter anzuerkennende Recht" versteht; welchem sodann das materielle Recht, als ein vielleicht dennoch Vorhandenes, aber nicht Erkennbares, gegenüber steht.

Es leuchtet von selbst ein, daß jedoch in diesem Sinne nicht gesagt werden kann, es sey die Maxime der Preußischen Gerichts-Ordnung,

nur das materielle Recht zum formellen zu erklären,

und daß vielmehr der Preußische Richter sowohl wie jeder Andere nur das erweislich gemachte Recht für Recht anerkennen und aussprechen darf.

So wie das Recht selbst nur in der Form und den hiernach geregelten Verhältnissen besteht, so kann auch die Rechtsverfolgung derselben nicht entbehren, sondern muß sich Schritt vor Schritt in bestimmten Formen bewegen. Ohne diese wird sie etwas ganz Ungewisses und Schwankendes, das nie zum Ziele führt. Je bestimmter die Formen sind, um so gesicherter ist die Rechtsverfolgung, während freilich auf der andern Seite zu schwerfällige, zu verwickelte und überhäufte, zwecklose Formen auch die Rechtsverfolgung hemmen oder vereiteln können. Die Formen müssen einfach und den Bedürfnissen, den Sitten und der Bildung des Volks angemessen seyn; sonst sind es leere Formen, werden unbequem und kommen auch wohl ganz außer Gebrauch, wie dies zum Theil mit der Gerichts-Ordnung der Fall ist.

Es ist daher ein zweideutiges Lob, welches Graevell der Gerichts-Ordnung ertheilt, indem er von ihr rühmt:

„daß darin die Formen als Mittel dem Zwecke untergeordnet, nach Maaßgabe der Umstände abänderlich, und möglichst eingeschränkt seyen,"

und hinzufügt, daß andere Gerichts-Ordnungen, wie z. B. die französische, die Formen zur Hauptsache machen, worüber das materielle Recht untergehe.

Was heißt es, die Formen zur Hauptsache machen? — Doch wohl, sie beobachten! Denn als Mittel zum Zweck — um die gerichtliche Entscheidung herbeizuführen und den Richter dazu in den Stand zu setzen — dienen sie in andern Prozeß-Ordnungen auch nur. Sind aber die Prozeßformen nicht dazu da, daß sie beobachtet und zwar streng beobachtet werden, so dienen sie zu nichts und es herrscht Willkür. Wir wollen übrigens die französische Prozeß-Ordnung hier nicht als Muster aufstellen; nur ist es ein anderer Tadel, welcher sie trifft, der nämlich, daß sie die Formen unnöthigerweise häuft und Nachtheile an deren Nichtbeobachtung knüpft, die zuweilen über den Zweck hinausgehen.

In den eingegangenen gutachtlichen Bemerkungen und Vorschlägen wird bald darüber geklagt:

daß der Formen in der Gerichts-Ordnung zu viel,

bald darüber:

daß ihrer zu wenig seyen.

Wir halten beide Klagen für gegründet, wiewohl in einem verschiedenen Sinne. — Es sind zu viel Formen in der Gerichts-Ordnung, wenn man alle die Vorschriften, welche den Geschäftsgang betreffen, und die umständlichen und sich stets wiederholenden Anweisungen, welche die Gerichts-Ordnung dem Instruenten ertheilt, dafür ansieht; zu wenig Formen, in dem Sinne, daß es denselben an der Sanktion fehlt, an einem Präjudiz, welches ihre Beobachtung sichert. Dies hat gemacht, daß sich die Gerichte nach Belieben darüber hinwegsetzen und daß die ihr Recht suchenden Partheien vergebens gegen die hierdurch begünstigte Chikane böswilliger Gegner ankämpfen.

Der gemeine Prozeß ist bestimmter in seinen Formen und es fehlt diesen nicht an der Sanktion durch gesetzliche Präjudize; aber er ist zu nachsichtig Hinsichts der Realisirung der

Präjudize. Daher die Menge der Restitutionen und Inzidentstreitigkeiten, daher der schwerfällige, mühselige und endlose Gang desselben; während im Preußischen Prozesse die Willkühr des Richters den Faden durchschneidet, wenn er zu lang wird.

Es scheint, als könne diesem Mangel der Gerichts-Ordnung leicht abgeholfen werden, wenn man dasjenige daraus hinwegließe, was bereits die Praxis als lästig und hemmend außer Gebrauch gesetzt hat, und das Andere, was noch besteht und als nothwendig anerkannt ist, mit der fehlenden Sanktion versähe, um darüber unverbrüchlich zu halten; und in der That sind hierauf einige Vorschläge gegründet. Allein man darf nicht vergessen, daß in einem System, wie die Prozeß-Ordnung ist oder doch seyn soll, alles zusammenhängt und daß man daher, vor der Abänderung einzelner Bestimmungen, deren Verbindung mit dem Ganzen und den Einfluß der Aenderung auf das System zu prüfen hat, was weiter unten geschehen soll.

Kann nach dem Obigen die Untersuchungsmethode, wie solche im Criminal-Prozeß angewendet wird, nicht als das Prinzip der Gerichts-Ordnung angesehen werden, so würde man doch nicht minder fehlen, wenn man das Preußische Instruktions-Verfahren auf die Untersuchung der Thatsachen, abgesehen vom Recht, beschränken und hierdurch ein judicium juxta solam facti veritatem, wie es der Kammergerichts-Präsident von Rebeur nannte, an die Stelle jenes Prinzips setzen wollte. Gleichwohl scheint diese Ansicht bei denen vorherrschend zu sein, welche in der Trennung des Faktum vom Recht und in der abgesonderten Ausmittelung des Erstern durch die Instruktion ein unterscheidendes Merkmal und zugleich einen Vorzug des Preußischen Prozesses erblicken.

Allein auch dieses Prinzip leidet keine konsequente Durchführung im Civil-Prozeß und verschwindet bei näherer Betrachtung. — Denn Faktum und Recht lassen sich nicht schlechterdings trennen. Es ist keine einfache Thatsache, sondern ein qualifizirtes rechtliches Faktum, welches in einem Prozesse zur Entscheidung des Richters gebracht wird Dies erhellt schon aus demjenigen, was oben über den Gegensatz zwischen materiellem und formellem Recht gesagt ist. Denn da aus menschlichen Handlungen und Verhältnissen nur in sofern Rechte und Verbindlichkeiten entspringen, als dieselben den Regeln des Rechts gemäß eingerichtet sind, so folgt, daß man bei einem hierüber entstehenden Streit niemals von dieser rechtlichen Natur der Handlung absehen und diese etwa an sich betrachten kann.

Freilich setzt ein jeder Rechtsstreit — wie die Gerichts-Ordnung in der Einleitung §. 3. sagt — eine Thatsache voraus, aus welcher die streitige Befugniß oder Obliegenheit entspringen oder worauf sie sich gründen soll. Allein die Befugniß oder Obliegenheit entspringt nicht aus der Thatsache an sich, sondern nur unter einer bestimmten Rechtsform. Will man diese Form (das Rechtliche) davon trennen, so verliert das Faktum seine Bedeutung und wird für die Entscheidung unbrauchbar. So reicht es, um ein Beispiel zu geben, nicht hin, daß Jemand, der eine Summe Geldes zurückfordert, behauptet und nachweist, er habe dieselbe Summe dem Andern zuvor eingehändigt; sondern diese Handlung ist ganz gleichgültig und es läßt sich nichts daraus herleiten, so lange sie nicht unter einer Rechtsform betrachtet und hinzugefügt wird, ob das Geld als Darlehn, als Geschenk oder unter welchem andern Titel gegeben sey.

Hiermit in Uebereinstimmung macht die Gerichtsordnung §. 10. l. c. dem Instruenten nur zur Pflicht, die Wahrheit der dem Rechtsstreit zum Grunde liegenden e r h e b l i c h e n Thatsachen zu erforschen und auszumitteln und nennt im §. 17. diejenigen Thatsachen erheblich, von deren Wahrheit oder Falschheit der rechtliche Grund oder Ungrund des streitigen Anspruchs unmittelbar oder mittelbar, ganz oder zum Theil, abhängt. Aber eben dieses, ob der Grund oder Ungrund des streitigen Anspruchs davon abhängt, ob die Thatsache erheblich ist, läßt sich nur aus der rechtlichen Natur derselben erkennen, und diese rechtliche Natur muß folglich mit der Thatsache zugleich untersucht werden und ist davon unzertrennlich. Nur ein rechtliches factum, d. h. ein solches, welches schon unter eine Rechtsregel subsumirt ist, kann eine Klage oder Einrede begründen.

Jene scharfe Trennung des **Factum vom Recht** ist daher auch nur scheinbar und kann nur in den Fällen und zu dem Zweck Statt finden, wo es — weil entweder die Subsumtion schwierig oder das Gesetz selbst dunkel und zweideutig ist — hierzu einer weitläuftigern Rechtsausführung bedarf und wo diese, um eine Unterbrechung und Verwirrung des Vortrags zu vermeiden, zu einer besondern Erörterung verwiesen oder vorbehalten wird. Andere Prozeßordnungen, wie z. B. die würtembergische und der neueste Entwurf der baierischen Prozeßordnung, unterscheiden zu demselben Zweck zwischen der **allegatio juris** und der **deductio juris** und wollen nur die Erstere in den zur Instruktion des Prozesses bestimmten Schriften gestatten, während sie die Letztere zu besondern Schriften oder zum mündlichen Vortrag verweisen. Indeß scheint es hierüber so wenig einer gesetzlichen Vorschrift zu bedürfen, als sich deren Beobachtung sichern läßt, weil die Grenzlinie schwer zu bestimmen ist und weil in dem geordneten Vortrage eines erfahrenen Praktikers ohnedies jedes seine richtige Stelle finden wird. Dies ist das Feld für das Talent und die Geschicklichkeit der Sachwalter, auf welchem sich dieselben eben sowohl selbst überlassen bleiben können, wie der Richter bei Anordnung der Relation und Normirung der Entscheidungsgründe.

Indem die Gerichtsordnung, von jener nur scheinbaren Trennung ausgehend, die Deduktionen allgemein zum Schluß der Sache verwiesen hat, gleichviel ob es etwas zu deduciren giebt oder nicht, hat sie bewirkt, daß sie dieselben meist etwas Ueberflüssiges und nur Wiederholungen aus der Instruktion enthalten, daß sie eben deshalb auch für überflüssig geachtet und selten gelesen werden.

Als ein allgemeines charakteristisches Merkmal, wodurch sich das Prozeßverfahren der Gerichts-Ordnung sowohl von dem früheren Verfahren des **Codex Frider.**, als von andern uns bekannten Prozeß-Ordnungen unterscheidet, können wir sonach die E n t f e r n u n g d e r A d v o k a t e n ansehen. — Diese Ansicht wird bestätigt durch die Geschichte der Justizreform, bei welcher man von der Voraussetzung ausgegangen war, daß alle Mängel der Rechtspflege ihre Quelle in der Arglist, Chikane und den Kunstgriffen der Advokaten haben; und sie reicht auch hin, um alle Eigenthümlichkeiten unsers jetzigen Verfahrens daraus zu erklären.

Sollten die Advokaten aus der Rechtspflege verbannt seyn, so mußten die Partheien in Person vor dem Richter erscheinen. Da aber diese in der Regel weder der Rechte kundig, noch auch fähig sind, ihre Sache selbst vorzutragen, so mußte der Richter ihnen zu Hülfe kommen. Er durfte sich nicht mehr begnügen, die Partheien blos anzuhören, sondern er mußte die Funktionen des fehlenden Anwalds mit übernehmen; wie dieser mußte er nun das streitige Rechtsverhältniß selbst zu entwickeln und die erheblichen Thatsachen von den Partheien zu erfragen suchen; ihm lag es jetzt ob, die Unerfahrenen über den Umfang ihrer Rechte und die ihnen zustehenden Rechtsbehelfe zu belehren, sie vor übereilten Zugeständnissen zu warnen und ihnen bei Aufsuchung der Beweismittel beizustehen.

Hierbei zeigt sich jedoch eine wesentliche Verschiedenheit, welche man nicht übersehen darf, wenn es auf die Würdigung dieses Verfahrens ankommt — je nachdem nämlich die Streitsache zur Kognition eines einzeln stehenden Richters oder zu der eines formirten Gerichts gehört.

Im erstern Falle, wo es der erkennende Richter selbst ist, welcher die Partheien anhört und vernimmt, schöpft dieser aus den Erklärungen derselben eine völlige und unmittelbare Kenntniß der Sache oder kann sie doch schöpfen. Seine Erkundigungen und Fragen an die Parthei haben ein bestimmtes und begrenztes Ziel, das nemlich, ihn in den Stand zu setzen, ein richtiges Urtheil zu fällen, und er setzt die Vernehmungen fort, bis er glaubt, hierzu gelangt zu seyn. Er leitet die Sache auf dem kürzesten Wege zu diesem Ziele, weil seine Ansicht über die Erheblichkeit der angeführten Thatsachen entscheidend ist und er das Unerhebliche gleich bei Seite liegen läßt. Sein Urtheil bildet sich im Fortgang der Sache, und selbst wo er den Rathgeber der Partheien zu machen scheint, wo er dieselben über ihre Rechte belehrt und die Beweise dafür aufsucht, geschieht dies doch zu dem Zweck der Urtheilsfindung und er bleibt dabei Richter. Kurz er übt nur das Recht der völligen Kognition, welches jedem Richter zustehen muß, wiewohl mit einem größeren Aufwand von Zeit und Mühe, als wenn ihm die Sache von rechtsverständigen Sachwaltern vorgetragen würde, weil er es mit rechtsunkundigen und oft ungebildeten Partheien zu thun hat, denen er nothwendig zu Hilfe kommen muß.

Ganz anders verhält es sich aber in den Sachen, welche bei einem formirten Gericht anhängig sind. Hier ist es nicht der erkennende Richter, zu welchem die Partheien sprechen und welcher das erhebliche Faktum, wie es ihm zu einem richtigen Urtheil zu wissen nöthig ist, von ihnen zu erforschen sucht, sondern ein Dritter, welchen jener abgesendet hat und der zuerst sich selbst und dann jenen über die Beschaffenheit des Streitfalls aufklären soll. Dieser, der Instruent, hört und vernimmt die Parthei nicht zu dem Ende, um selbst dadurch das Urtheil zu finden, sondern nur um den Rechtsstreit derselben für die Entscheidung eines Andern, des erkennenden Richters, darzustellen und vorzubereiten. Er ist also recht eigentlich, und ohne zugleich Richter zu seyn, der Anwald und Fürsprecher der Partheien, und zwar beider streitenden Theile, und er hat die Pflichten eines solchen für beide gleich gut und mit gleicher Sorgfalt zu erfüllen, wenn nicht der eine oder andere Theil verlassen und verrathen seyn soll. Da seine Ansicht über die Erheblichkeit der angeführten Thatsachen nichts entscheidet, so muß er eben so wie ein umsichtiger Sachwalter — ja noch mehr wie dieser, weil er beiden Partheien dient — jede Spur verfolgen und alles an- und aufnehmen, was nur irgend einen möglichen Eindruck auf die künftige Entscheidung haben kann oder von der Parthei zu dem Ende angeführt ist. Seine Vernehmungen haben daher kein anderes Ziel und keine andere Grenzen, als bis er seinerseits von den Partheien nichts mehr zu erfragen weiß und auch diese selbst nichts mehr anzuführen haben, ein Ziel, welches eben deshalb die Chikane in ihrer Gewalt hat, so weit hinauszurücken als ihr beliebt. -

Das erkennende Gericht endlich muß sich ganz auf den Instruenten verlassen, ob dieser auch alles dasjenige von den Partheien erfragt, erforscht und richtig niedergeschrieben haben wird, was ihm (dem erkennenden Gericht) für die Entscheidung wichtig seyn kann, und es übt daher gar keine eigene Kognition aus, außer in denjenigen seltnern Fällen, wo es der Instruktion äußerlich angesehen werden kann, daß sie schlecht und mangelhaft ist und wo das Gericht deren Vervollständigung durch ein Resolut verfügt.

So groß ist in der That die Verschiedenheit des Verfahrens in diesen beiden Fällen, daß, wenn man darauf die jetzt so häufig angenommenen und besprochenen Prinzipien anwendet, man nicht ohne Verwunderung auf Entgegengesetztes trifft. Im ersteren Falle steht der Richter — nämlich der erkennende Richter, der hierunter immer nur verstanden werden sollte — mit den Partheien in unmittelbarem Verkehr; er erkennt auf den mündlichen Vortrag derselben und das Verfahren ist daher ein mündliches, wobei die schriftliche Redaktion nur den Zweck hat und haben kann, theils dem Gedächtniß des Richters zu Hülfe zu kommen, theils den Inhalt der Verhandlungen zum Gebrauch für die folgenden Instanzen zu fixiren. — Im andern Falle hat das Gericht selbst die Partheien nicht gehört; es erkennt auf Akten, worin ein Dritter den Hergang des Streits und die gegenseitigen Behauptungen, Erklärungen und Anträge für beide Theile niedergeschrieben hat. Das Verfahren ist daher schriftlich, und zwar in einem noch höhern Grade, als dies vom gemeinen Prozeß gesagt werden kann, weil abermals ein Anderer (der Referent) aus jenen Akten einen schriftlichen Vortrag fertigt, auf welchen sodann erst die Entscheidung erfolgt. Die Kognition, welche der Richter in beiden Fällen von der Sache und den Streitpunkten erlangt, verhält sich wie eigene Wahrnehmung zu einer Kenntniß von Hörensagen, bei welcher Letztern es auf die Treue des Referenten ankommt und die dennoch jene niemals ganz ersetzt, weil die Auffassung verschieden bleibt.

Nur darin finden das Verfahren vor Einzelnrichtern und dasjenige vor Kollegialgerichten ihren Vereinigungspunkt, daß in beiden die Advokaten abgeschafft sind. So leicht aber dieses in jenem Falle und ohne Gefahr für die Partheien zu bewerkstelligen war — vorausgesetzt, daß der Richter seinem hierdurch erweiterten Wirkungskreise zu genügen im Stande ist — so schwierig und gefährlich wurde es im Letzteren. An ein formirtes Gericht können die Sachen nur gebracht werden, wenn sie gehörig vorbereitet und zur Entscheidung reif sind; ein ganzes Kollegium kann sich nicht auf eben die Weise, wie ein Einzelner, mit den Partheien verständigen, sie ausfragen und belehren, oder es würde hierzu ein ganz unverhältnißmäßiger Aufwand von Zeit und Kräften erforderlich seyn. Um nun diese Vorbereitung nicht den Advokaten zu überlassen, was der Grundansicht, von welcher die damalige Justizreform ausgegangen war, widerstritt, versuchte man anfangs die Einführung von Assistenzräthen, und da auch dieses Institut seinem Zwecke nicht entsprach, so entstand endlich das jetzige Instruktionsverfahren durch einen Deputirten des Gerichts, unter Kontrolle des Dezernenten und Referenten. Man stellte aber hierdurch eben so viele Mittelspersonen zwischen die Parthei und den Richter, und gab mithin jene der Gefahr Preis, welche immer damit verbunden ist, wenn der Richter die Partheien nicht selbst hört. Denn, wir wiederholen es, der Instruent, mag er auch eine richterliche Person seyn, ist doch nicht Richter. Er ist in der Wirklichkeit gewöhnlich ein Referendarius oder Auskultator; allein wenn er auch ein Mitglied des erkennenden Gerichts ist, so ist er doch nicht immer beim Urtheilsspruch gegenwärtig und hat hierbei jedenfalls nur eine einzelne Stimme. Nicht das einzelne Mitglied, sondern das Kollegium ist in diesem Falle der Richter. — Jene Gefahr der Parthei wird auch dadurch nicht gemindert, daß es eine richterliche Person ist, welche ihre Vorträge anhört und zu Protokoll nimmt; sondern wenn dies nicht der Richter selbst ist, so kann es ihr, in dieser Beziehung, gleich gelten, durch wen es geschieht, so weit nur der Konzipient die Fähigkeit und den Willen besitzt, ihren Vortrag zu fassen und richtig niederzuschreiben. Sie wird sich aber, aus andern Gründen, hierzu lieber des Beistandes eines vertrauten, mit ihren Verhältnissen und Interessen schon bekannten Rechtsfreundes bedienen.

Es beruht daher auf einem schlimmen Mißverstande oder auf einem Spiel mit den Worten, wenn von dem Preußischen Prozeßverfahren im Allgemeinen gerühmt wird, „daß die Partheien den Richter persönlich angehen und ihm ihre Sachen selbst vortragen können.“ Dies gilt nur von den einzeln stehenden Richtern, nicht aber von formirten Gerichten; und dies ist zugleich der Punkt, worin die Verfasser der Gerichts-Ordnung von der Idee Friedrichs II. abgewichen sind; denn der Gedanke des großen Königs ging dahin, daß in allen Fällen die Partheien mit ihren Beweisthümern vor Gericht erscheinen und dieses nach deren Anhörung sofort erkennen sollte, was Rechtens. Dafür spricht die Erklärung desselben bei der Eingangs erwähnten Konferenz:

> daß die Instruktion der Prozesse keinesweges durch einzelne Kommissarien geschehen, sondern vor dem ganzen Kollegium erfolgen solle.

Dies beweist ferner die Verordnung vom 15ten Januar 1776, worin §. 4. dasselbe bestimmt ist. Und wenn es in der Kabinetsordre vom 14ten April 1780 hieß:

> daß der Richter künftig die Partheien selber hören solle,

so konnte, nach den Worten und nach dem Zusammenhang der Stelle, auch hierunter nur der erkennende Richter verstanden werden.

In der Ausführung substituirte man jedoch dem erkennenden Richter, in sofern der Prozeß bei einem formirten Kollegium schwebte, einen einzelnen Deputirten desselben, und da man wohl fühlte, welche große Gewalt diesem Deputirten hierdurch eingeräumt werde und zu welchen Mißbräuchen diese führen könne, so suchte man Letzteren dadurch vorzubeugen, daß die Funktionen des Instruenten, Decernenten und Referenten getrennt wurden und stets an verschiedene Personen vertheilt seyn sollten.

Aus dem Verhältniß, in welches der Richter durch Abschaffung der Advokaten zu den Partheien trat, erklärt sich nun ferner, weshalb für das hierauf gegründete Verfahren weder bestimmte Formen noch Fristen vorgeschrieben werden konnten, weshalb vielmehr Alles dem Ermessen des Richters überlassen bleiben mußte und weshalb endlich die Prozeß-Ordnung nicht sowohl ein Gesetz über das gerichtliche Verfahren, als nur eine Anweisung für den Richter enthalten konnte, die vielleicht nicht einmal einer Publikation bedurft hätte.

So wenig das Gesetz dem Anwald vollständige Vorschriften darüber ertheilen kann, wie er in jedem Falle die Information von der Parthei einziehen, welche Fragen er derselben vorlegen, was er dabei prüfen, von welchen Einwendungen er Gebrauch machen, welche Akten und Dokumente er einsehen, was er thun soll, um sich die nöthigen Beweise zu verschaffen rc., so wenig war dies dem Richter vorzuschreiben möglich, der ja nun zugleich den Anwald machen mußte. Die Vorschriften, welche die Gerichts-Ordnung gleichwohl hierüber enthält, konnten, ihrer Natur nach, nur leitend seyn, und so wie sie nicht in allen Fällen anwendbar erscheinen, so darf man sie auch nicht als erschöpfend ansehen. Sie dienen als Leitfaden für minder geübte Instruenten und hätten eben deshalb in einem Gesetz, das eine feste Norm aufstellt und strenge Beobachtung fordert, keinen Platz finden können.

Eben so wenig ließen sich für das Vorbringen der Partheien und ihr persönliches Erscheinen vor Gericht bestimmte und unabänderliche Fristen setzen. — Man kann von den Partheien nicht verlangen, daß sie um eines Prozesses willen, und um sich dessen Führung ganz widmen zu können, ihre öffentlichen oder Privat-Geschäfte aufgeben sollen, von welchen ihre Subsistenz abhängt. Diese sind hierdurch, sie sind durch Krankheit und eine Menge nicht vorherzusehender Zufälle sehr oft verhindert, zu der vom Richter ohne Rücksprache mit ihnen bestimmten Terminsstunde zu erscheinen. Es war daher nothwendig, Prorogationen zu gestatten; und sollten die Partheien nicht unverschuldet leiden, so mußte die Prorogation so oft gestattet werden, als eine derselben wirklich verhindert war. — Aber welche Hindernisse sind als gültige Entschuldigungen anzusehen? — Es giebt deren, welche das Erscheinen der Parthei völlig unmöglich machen können; es giebt andere, welche dasselbe nur erschweren und mehr oder weniger lästig machen, indem sie der Parthei eine nahe oder entferntere, wahre oder eingebildete Gefahr oder Verlust drohen oder, um überwunden zu werden, größere oder geringere Opfer von ihr verlangen. Hier scheint sogar das Verhältniß zum Gegenstande des Prozesses berücksichtigt werden zu müssen; denn es kann der Parthei nicht zugemuthet werden, sich auch nur einer geringen Gefahr auszusetzen oder ein unbedeutendes Opfer zu bringen, wenn der Anspruch, gegen welchen sie sich vertheidigen soll, nicht viel mehr beträgt. — Ferner: die angegebenen Hindernisse können zum Verschleif der Sache erdichtet seyn und müssen also bewiesen werden. Wie soll der Beweis geführt werden? — Glaubhafte schriftliche Beweise lassen sich über Zufälligkeiten der Art nicht in allen Fällen beibringen, und in den wenigsten Fällen ist auch die mit den Formen unbekannte Parthei im Stande, sich dergleichen zu verschaffen. Wie weit soll also die Untersuchung über die Richtigkeit und Erheblichkeit der vorgeschützten Hindernisse, wie weit das Recht zum Widerspruch des wesentlich hierbei interessirten Gegners gehen, ohne doch einen förmlichen und vielleicht weitläuftigern Prozeß, als die Hauptsache selbst, über diesen Incidentpunkt zuzulassen?

Ein weites Feld der Möglichkeit und eine unerschöpfliche Fülle von Einzelnheiten war daher hier zu bestimmen, und die Bestimmungen der Gerichts-Ordnung hierüber konnten eben deshalb wiederum nur schwankend und unvollständig ausfallen; das Meiste mußte dem Ermessen des Richters überlassen bleiben. Die Praxis hat sich hierin stets sehr nachsichtig bewiesen, und man darf sie deshalb nicht tadeln. Ohne erschöpfende Untersuchung und völlige Kognition hatte sie nur die Wahl zwischen dieser Nachsicht und der Gefahr, eine Härte oder Ungerechtigkeit gegen eine vielleicht unschuldige Parthei zu begehen. Sie begeht freilich hierdurch eben so oft ein Unrecht gegen den andern Theil.

Um der Advokaten entbehren zu können, mußte man ferner von der zur Abkürzung des Verfahrens dienenden sogenannten Eventualmaxime des gemeinen Prozesses abgehen, vermöge welcher die Partheien gehalten sind, alle ihnen zu Gebote stehenden Angriffs- und Vertheidigungsmittel (wiewohl mit Ausnahmen) auch wenn sie einander bedingen und Eines das Andere unnöthig machen würde, sub poena praeclusi auf einmal vorzubringen. Hierzu gehört ein klares Bewußtseyn aller, das streitige Rechtsverhältniß bedingenden Thatsachen und der Mittel, diese erweislich zu machen, mithin zugleich eine vollständige Kenntniß des Rechts und der Prozeßformen. Bei der Paethei, wenn sie ihre Sache mit Hilfe des Richters in Person führen sollte, ließ sich diese Kenntniß nicht voraussetzen und ihr konnte daher eine ähnliche Auflage nicht geschehen. Vielmehr war es jetzt Sache des Richters (wie sonst des Advokaten), durch zweckmäßige Erkundigung und Vernehmung der Partheien dafür zu sorgen, daß alles, was zur Begründung des Klage-Anspruchs oder zur Vertheidigung dagegen dienen konnte, vollständig und rechtzeitig angeführt wurde. Der Parthei aber durfte die Befugniß, neue Thatsachen, Einreden und Beweismittel in jeder Lage der Sache nachzubringen, nicht beschränkt werden, da sich ja niemals mit Sicherheit bestimmen ließ, ob die Parthei diese Norm vorsätzlich und zum Verschleif der Sache oder nur aus Unkunde, und weil sie nicht darum befragt war, zurückgehalten habe.

Aus demselben Grunde war es nöthig, die Trennung des Faktum vom Recht zu verordnen und die Instruktion nur auf das Erstere zu richten. Denn nur über jenes konnten die Partheien Auskunft ertheilen. Sollte nun der Instruent, wie er für die richtige Darstellung und Aufklärung des Faktum im Interesse beider Theile zu sorgen hat, so auch das Recht für beide Theile deduciren (was übrigens ganz konsequent gewesen wäre): so konnte er hierbei nur aus sich selbst schöpfen, er hätte sich selbst widerlegen müssen, und dieser Streit würde das Ansehen einer Spiegelfechterei gehabt haben. Deshalb wurde es den Partheien überlassen, am Schluß der Sache ihre Rechtsausführungen zu den Akten zu bringen, zu deren Anfertigung sie sich denn doch der Hülfe eines Rechtsverständigen bedienen mußten.

Allein da, wie oben gezeigt, Faktum und Recht in einem Rechtsstreit unzertrennlich sind, da es keine andere Wahrheit ist, welche der Richter zu eruiren hat, als das Recht, wobei die Thatsachen nur in so weit in Betracht kommen, als sie dieses bedingen: so wurde dadurch, daß man das Recht gleichsam in den Hintergrund stellte, die mißliche Lage des Instruenten um nichts gebessert, welcher nichts desto weniger genöthigt war, den Rechtskonsulenten beider Theile zu machen und gegen sich selbst zu streiten, oder die Instruktion blieb lückenhaft und unvollständig.

Mit jenem Verhältniß des Instruenten zu den persönlich erscheinenden Partheien bringen wir endlich auch die Regulirung des Status causae et controversiae in Verbindung. Denn wiewohl dieses dem Preußischen Prozesse ganz eigenthümliche Institut noch andere Gesichtspunkte zuläßt — in Bezug auf den Sühneversuch und indem der Status controversiae da, wo die Partheien sich über die Beweisaufnahme einigen, an die Stelle der abgeschafften Interlokute tritt — so scheint uns dasselbe dennoch hauptsächlich in dem erwähnten Verhältnisse gegründet zu seyn, und hiernach hat man seinen Werth und Nutzen zu würdigen.

Selbst wenn der Instruent aus dem Informations-Protokoll eine förmliche Klage und ebenso eine Klagebeantwortung fertigt, was jedoch in praxi nicht geschieht, so können doch die ferneren Instruktions-Verhandlungen, ihrer Natur nach, nicht sowohl eine zusammenhängende Darstellung des streitigen Rechtsverhältnisses und der darauf gegründeten Behauptungen und Anträge beider Theile, als nur die Materialien hierzu enthalten. Es war also nöthig, am Schluß der Verhandlungen eine solche Darstellung zu fertigen, durch welche, wie die Gerichts-Ordnung selbst sagt, einestheils den Partheien eine Uebersicht von der Lage ihres Rechtsstreits gegeben werden, und welche anderntheils dem Instruenten als eine Kontrolle dienen sollte, daß er sich des schwierigen Geschäfts, von beiden Theilen Information einzuziehen und beider Gerechtsame wahrzunehmen, glücklich entledigt habe. Aus demselben Grunde war dies nöthig, aus welchem im Criminal-Prozeß am Schlusse der Untersuchung dem Inquisiten eine species facti zur Anerkennung vorgelegt oder ein artikulirtes Verhör mit ihm abgehalten wird; und es ist vielleicht keine zu gewagte Behauptung, daß die Verfasser der Gerichts-Ordnung, indem sie von der Anwendung des Untersuchungs-Verfahrens auf den Civilprozeß ausgingen, von dieser Analogie auf die Anordnung des Status causae et controversiae geleitet wurden.

Die Feststellung derjenigen Streitpunkte, worüber der Beweis aufzunehmen ist, welche die Gerichts-Ordnung außerdem zum Gegenstande der Regulirung des Status causae et controversiae macht, ist, ihrer Natur nach, eigentlich eine richterliche Funktion und gehört zur Entscheidung, nicht zur Instruktion des Prozesses. Denn sie schließt die Entscheidung der Hauptsache in sich; es ist nicht möglich, zu bestimmen, welche Punkte als erheblich durch Beweis ins Licht zu setzen, ohne hierbei die Folgen vor Augen zu haben und diese wenigstens in Gedanken mit festzusetzen.

Allein der Instruent bei einem formirten Gericht ist nicht Richter; seine Ansicht über das, was zu beweisen ist, entscheidet nichts und überhebt den erkennenden Richter nicht der Mühe, dieselbe Operation noch einmal vorzunehmen, falls sich nicht etwa die Partheien über die Beweisaufnahme vereinigen.

Ist er aber ein einzelnstehender Richter, so ist auch seine Bestimmung dessen, worüber der Beweis aufzunehmen, eine wahre richterliche Entscheidung und gehört als solche nicht zur Regulirung des Status causae et controversiae und zur Verhandlung mit den Partheien. — Es scheint daher, daß die Gerichts-Ordnung, indem sie gleichwohl diese Bestimmung zum Status causae et controversiae verwiesen und zugleich (Tit. 10. §. 50.) verordnet hat, daß es bei der Abfassung des Beschlusses über die Beweisaufnahme auf ängstliche Bestimmung eines genau und künstlich abgemessenen Beweises nicht ankomme, viel weniger noch auf entscheidende Festsetzung des Effekts desselben, hierbei auf die damals herrschenden und eingewurzelten Begriffe von Kraft und den Wirkungen der Interlokute, welche sie ausrotten wollte, Rücksicht genommen hat. Denn unmöglich konnte es ihre Absicht seyn, die Aufnahme unerheblicher Beweise zu gestatten, oder auch nur es zu begünstigen, daß man bei dem Beschluß hierüber leicht und oberflächlich zu Werke gehe. — Vielleicht wäre es hinlänglich gewesen, zu verfügen, daß die Interlokute den Richter nicht binden und keine Rechtsmittel dagegen zulässig seyn sollen. — Jene Bestimmung hat zur Folge gehabt, daß die Praxis zu bequem und sorglos hierbei verfährt und viele unnöthige Beweise aufnehmen läßt, wodurch den Partheien ebensoviel vergebliche Kosten verursacht und die Prozesse verzögert werden. Den Beweis dafür liefert die Cirkularverordnung vom 11ten Oktober 1797, welche diesem Uebel abhelfen sollte.

So wie die Reform im Jahre 1780 von der Ansicht ausgegangen war, daß ohne gänzliche Entfernung der Advokaten keine gründliche Verbesserung der Justizpflege möglich sey, so wie hiernach das ganze System der Gerichtsordnung darauf berechnet war, die Advokaten entbehrlich zu machen und ihre Stelle durch den Richter zu ersetzen: so hatte man dieselben anfangs auch wirklich von aller Prozeßpraxis ausgeschlossen, durch die Verordnung, daß die Partheien stets persönlich vor Gericht erscheinen sollten. Als sie jedoch später unter dem Namen der Justiz-Kommissarien wieder zugelassen waren, als sogar das Erscheinen durch Letztere, in Folge der Cirkular-Verordnungen vom 30sten Dezember 1798 Abschnitt IX. und vom 19ten Dezember 1799 Abschnitt V., zur Regel erhoben wurde, indem hiernach die Partheien keinen Ersatz derjenigen Reise- und Versäumnißkosten zu gewärtigen haben, welche durch Bestellung eines Bevollmächtigten hätten vermieden werden können: so wurde gleichwohl in dem System der Gerichtsordnung nichts geändert.

Die Justiz-Kommissarien sollten, wie die Partheien selbst, vom Instruenten vernommen werden. Das Gesetz wollte von ihren Kenntnissen, ihrem Talent, ihrer Geschicklichkeit keinen Gebrauch gemacht wissen, aus Furcht vor dem früher damit getriebenen Mißbrauch, welchen man ihnen Schuld gab; sie sollten nur eben so viel wissen, als die Partheien selbst, aber auch vollkommen so viel, um auf alle Fragen des Instruenten sofort antworten zu können.

Um sie besonders da, wo sie als Rechtsbeistände mit den Partheien erscheinen, nicht ganz müßig gehen zu lassen, versuchte man es, ihnen eine kontrollirende Stellung zu geben und sie zu Gehülfen des Richters zu machen. Allein dies hieß das natürliche Verhältniß auf eine zweifache Weise umkehren; der Richter sollte Anwald und der Anwald Gehülfe des Richters seyn. Der Erfolg war nur, daß keiner that, was seines Amtes war.

Das Gesetz konnte das Widersprechende nicht erzwingen. Der Prozeßbetrieb gerieth dennoch in die Hände der Advokaten; die Vernehmungen der Justiz-Kommissarien wurden eine leere Form und mußten es werden, weil man den Zweck aufgegeben hatte, der durch dieselben erreicht werden sollte. Die Vorschriften der Gerichts-Ordnung werden nur noch benutzt, um der Trägheit als eine Entschuldigung und der Chikane als ein Schlupfwinkel zu dienen, wohinter sich diese sicher verbirgt.

Hieraus erklärt sich die große Verschiedenheit, welche zwischen den gesetzlichen Bestimmungen unseres Verfahrens und deren Anwendung gefunden wird. Hierin liegt die Quelle der Mißbräuche, von denen oben (im IIten Abschnitt) geredet ist.

Wir haben geglaubt, die im Vorstehenden berührten Fragen nicht ganz übergehen zu können, weil in neuerer Zeit, wo die Verbesserung der Rechtspflege fast in allen Staaten Deutschlands ein sichtbares Bedürfniß und ein Gegenstand der Fürsorge der Regierungen, wie der schriftstellerischen Arbeiten der Rechtsgelehrten, geworden ist, eben diese Fragen so vielen Streit erregt haben, weil man gewohnt ist, aus ihnen den Maaßstab für die Beurtheilung dieses oder jenes Prozeßverfahrens zu entnehmen und hiernach seinen Werth zu bestimmen, und weil endlich auch die eingegangenen Gutachten mehr oder weniger darauf beruhen oder doch Bezug nehmen.

So wie aber der für die Revision vorgezeichnete praktische Standpunkt schon an sich jeden Streit über bloß theoretische

Prinzipien ausschließt, so soll auch das aus der obigen kurzen Untersuchung gewonnene Resultat nur dazu dienen, diesen Standpunkt noch mehr zu befestigen und die an jene Prinzipien gewöhnlich geknüpften Vorurtheile zu entfernen. — Die Prozeß-Ordnung ist ein praktisches Institut, welches das Verfahren bestimmt, wie die bürgerlichen Rechtsstreitigkeiten vom Richter entschieden und die Entscheidungen in Vollzug gesetzt werden sollen. Daß dieses gut, schnell und mit den wenigsten Kosten geschehe, ist sein Zweck; und hiernach — in wie weit sie diesen Zweck erreichen — müssen die Mittel gewürdigt werden. Ein Institut der Art aus einem einzigen Prinzip ableiten, konstruiren und beurtheilen zu wollen, scheint schon um deshalb ein verfehltes Unternehmen zu seyn, weil jede Einrichtung, die einen praktischen Zweck hat und in das Leben treten soll, nothwendig an bestehende Verhältnisse geknüpft und durch eine Menge von Gegensätzen bedingt ist, welche nur in dem Zweck ihre Auflösung und Vereinigung finden. Es können sogar Mittel, welche zu einer Zeit den Zweck befördert haben, bei veränderten Umständen schädlich wirken.

Um so unfruchtbarer ist daher ein Streit über Prinzipien, welche in der Anwendung doch stets modifizirt und beschränkt werden müssen, so lange er nur im Allgemeinen geführt wird.

Das eben Gesagte schließt gleichwohl nicht aus, daß man nicht bei der Einführung einer neuen oder Revision einer bestehenden Prozeß-Ordnung von gewissen leitenden Grundsätzen ausgehen könne und müsse — von Grundsätzen, welche theils aus der Erfahrung, theils aus dem Zweck und der Natur des Gegenstandes hergenommen seyn können.

Wir halten es nicht für überflüssig, diejenigen Grundsätze, welche uns bei der gegenwärtigen Revision geleitet haben, hier auszusprechen, wenn auch nur zu dem Ende, um dadurch die Prüfung unserer Arbeiten zu erleichtern.

1) Zuerst scheint es uns unerläßlich, daß das Prozeßverfahren an gesetzlich und unabänderlich bestimmte Formen gebunden und jede Willkühr möglichst daraus verbannt werde.

Denn der Richter ist nur das Organ des Gesetzes, der dieses anwenden und in Vollzug setzen soll. Alle Handlungen desselben müssen den Charakter gesetzlicher Nothwendigkeit an sich tragen und erhalten hierdurch den der Gerechtigkeit. — Wo der Willkühr des Richters ein Spielraum gelassen ist, da suchen auch die Partheien sich dessen zu bemächtigen und wenn es doch nie ganz zu vermeiden ist, daß nicht das Recht durch Versäumnisse in der Form verloren gehe, so ist es viel sicherer, daß das Gesetz, als daß die Willkühr eines Menschen die Form bestimmt. Gegen unverschuldete Versäumnisse muß durch gesetzlich authorisirte Rechtsmittel Hilfe gewährt werden.

2) Die Prozeßformen müssen einfach und dem Bedürfniß angemessen, aber streng seyn.

So wie jeder physische Mechanismus um so vollkommener ist, um so leichter gehandhabt werden kann und um so weniger in's Stocken geräth, je einfacher seine Zusammensetzung ist, so gilt dasselbe von Einrichtungen in der moralischen Welt.

Hierbei hat die Gesetzgebung auf Sitten und Gewohnheiten, auf den Charakter und die Bildung des Volks Rücksicht zu nehmen; die Prozeßformen müssen mit diesen übereinstimmen und dürfen nicht Treue und Glauben untergraben. Darum muß hier ganz besonders die Erfahrung als Führerin dienen.

Die Prozeßformen müssen endlich streng, d. h. ihre Beobachtung muß gesichert seyn. Keine Vorschrift ohne ein Präjudiz für die Nichtbefolgung. Diese Nachtheile, welche den Ungehorsamen oder Säumigen treffen, dürfen sich jedoch nicht weiter erstrecken, als der Zweck der vorgeschriebenen Handlung es fordert und müssen aus der Natur des Civilprozesses hervorgehen. Ordnungsstrafen lassen sich hiermit nicht vereinigen und erreichen selten den Zweck.

3) Der Betrieb und Fortgang des Prozesses muß, so viel immer möglich, von der Thätigkeit der Partheien, nicht von der des Richters abhangen.

Es muß den Partheien durch die Prozeß=Ordnung möglich gemacht seyn, ihre Rechtsstreitigkeiten, trotz aller Ausflüchte und Verzögerungen des Gegners, innerhalb gewisser nicht zu überschreitender Fristen zu beendigen. Denn bei einer ganz ungewissen Dauer der Prozesse geht häufig das ganze Interesse verloren. Nur durch Anwendung der erwähnten Maxime läßt sich aber dies erreichen. Hängt der Fortgang der Sache von der Thätigkeit des Richters ab, so ist nicht zu vermeiden, daß nicht durch Trägheit, Nachlässigkeit und zufällige Hindernisse öfters eine Stockung eintritt, wofür der darunter leidenden Parthei kein Ersatz gegeben werden kann und wodurch der Richter zugleich den Verdacht auf sich ladet, als handle er im Interesse des Gegners. Keine Kontrolle kann hiergegen genugsam schützen und die Beschwerde, welche der Parthei in solchem Falle gegen den Richter offen steht, ist nicht minder ein unwirksames Hülfsmittel, weil sie den Zeitverlust, statt ihn einzubringen, noch vermehrt und weil sich die Parthei mit Recht scheuen muß, den Richter wider sich zu reizen. Besser ist es, die Parthei nicht in solche Lagen zu bringen, daß sie sich über den Richter beschweren kann.

Auf der andern Seite kann und darf aber auch die Prozeß=Ordnung nicht mehr thun, als daß sie es den Partheien möglich macht und ihrer Thätigkeit überläßt, den Prozeß in der kürzesten gesetzlichen Frist zu beendigen. — Die Partheien wider ihren Willen zu einem fortgesetzten Betrieb der Sache nöthigen, heißt in vielen Fällen sie übereilen und ihnen die Verfügung über den Gegenstand des Streits nehmen.

4) Der Richter muß mit völliger Kenntniß der Sache Recht sprechen.

Dieser Satz begreift zweierlei. Einmal hat die Prozeß=Ordnung dafür zu sorgen, daß der erkennende Richter — mithin, wenn dieser ein Kollegialgericht ist, alle einzelnen Mitglieder desselben, welche zu dem Urtheil mitwirken — eine genaue, vollständige und unmittelbare Kenntniß des zu entscheidenden Rechtsstreits erhalte. Denn wie gefährlich es ist, wenn das Gericht auf den Vortrag eines Referenten entscheidet, der nur dasjenige vorträgt, was ihm erheblich scheint oder wobei er ein Bedenken findet, braucht nicht erst gesagt zu werden.

Sodann muß aber auch der Richter das unbeschränkte Recht der Kognition haben, d. h. das Recht, von den Partheien jede Aufklärung und Erläuterung zu fordern, welche er zu einer gründlichen Prüfung und Entscheidung der Sache für nöthig hält.

5) Endlich muß den Partheien eine Gewißheit und Garantie dafür gegeben werden, daß die wesentlichen Formen beobachtet sind und das Urtheil vom Richter **causa cognita** gesprochen ist.

Hierauf beruht die Sicherheit der Rechtspflege und das Vertrauen in dieselbe.

Wir kehren hiernach zur Prüfung der gemachten Vorschläge zurück.

ad A. Zuvörderst können wir nicht mit denjenigen übereinstimmen, welche es bei dem gegenwärtigen Verfahren belassen wollen und der Meinung sind, daß den anerkannten Uebelständen durch einige geringe Modifikationen desselben abgeholfen werden könne, wie durch Beschränkung der Prorogationsgesuche und der Anbringung von novis, durch größere Strenge gegen die Justiz-Kommissarien, durch kommissarische Bearbeitung der Prozesse, durch Abschaffung des Deduktionsverfahrens in minder wichtigen Sachen, durch Erhöhung der Appellations- und Revisionssummen u. dergl.

Es ist Thatsache, daß die Prozesse bei formirten Gerichten, wo es nicht an Justiz-Kommissarien fehlt, größtentheils durch diese betrieben werden.

Es ist ferner Thatsache, worüber man sich nicht verblenden kann, daß das Instruiren mit den Justiz-Kommissarien in ein bloßes Abschreiben ihrer Informationen oder Rezessiren zu Protokoll ausgeartet ist.

Es ist endlich keine Aussicht da und es giebt kein Mittel, diesem Mißbrauch — wenn man ihn so nennen will — zu steuern, weil er, wie oben gezeigt worden, in der Natur des

Verhältnisses gegründet ist, weil es eben so widersprechend als zwecklos ist, ein Verfahren, wodurch der Richter den Advokaten entbehrlich machen soll, gegen diesen selbst anzuwenden, und weil die Advokaten Advokaten bleiben, auch wenn das Gesetz sie nicht dafür ansehen will. — Daher sind alle Bemühungen einzelner Dirigenten, die Vorschriften der Gerichts-Ordnung in dieser Beziehung aufrecht zu erhalten, stets vergeblich gewesen und haben höchstens bewirken können, daß der Schein gerettet wurde.

Wir können daher nicht dafür stimmen, eine leere Form fortbestehen zu lassen, welche als solche dem Prinzip der Gerichts-Ordnung so wenig entspricht, daß sie es vielmehr aufhebt; welche die Thätigkeit des Richters und Anwaldes auf gleiche Weise hemmt und beide zur Trägheit einladet; welche, da sie keine Verantwortlichkeit mit sich führt, ungestraft von der Chikane benutzt werden kann; wodurch die Prozesse nach Laune und Belieben des Richters, der Subalternen oder derjenigen Parthei, die ihr Interesse hierin findet, verschleppt werden, und welche endlich, trotz der Last der Geschäfte, die sie dem Richter aufbürdet, doch nur mangelhafte, unzusammenhängende und oberflächliche Arbeiten liefert, wie sie die Eilfertigkeit, beim Mangel an Zeit, oft auch an Raum und unter beständigen Störungen, nur schaffen kann.

Die Modifikationen, welche man zur Abhilfe dieser Uebel vorgeschlagen hat, halten wir theils nicht für ausführbar, theils können wir uns einen hinreichenden Erfolg davon nicht versprechen.

Man will zuerst

a) die Prorogationsgesuche mehr beschränken, als die Gerichts-Ordnung thut.

Allein Prorogationen sind, wie oben gezeigt ist, in dem Verfahren der Gerichts-Ordnung nicht zu vermeiden und die große Nachsicht, mit welcher die Praxis hierbei verfährt, hat nicht sowohl in den Vorschriften der Gerichts-Ordnung, als vielmehr darin ihren Grund, daß schon diese nicht ausführbar sind. Die Gerichts-Ordnung (Tit. 8. §. 23. sq.) erlaubt allerdings die Verlegung des ersten Termins, wenn nur das

Hinderniß bestimmt angezeigt ist, auch ohne Bescheinigung desselben. Sie fordert diese Bescheinigung nur bei ferneren Prorogationen. Aber wie schwierig ist es und in wie wenigen Fällen läßt sich über ein Hinderniß der Art ein vollkommen glaubhaftes Attest sofort beibringen! Soll der Parthei jeder andere Beweis abgeschnitten seyn? — Darum mußte schon die Gerichts-Ordnung hier einen Ausweg suchen und festsetzen, daß auch das zweite Prorogationsgesuch, falls das angegebene Hinderniß an sich erheblich und nicht unwahrscheinlich befunden würde, ohne Bescheinigung zugelassen, jedoch der Parthei deren Nachbringung unter Ordnungsstrafe aufgegeben werden solle. Aber auch diese Strafe wird nicht angewendet und kann selten angewendet werden, weil die Parthei die Unmöglichkeit vorschützt, ein glaubhaftes Attest über das Hinderniß beizubringen und auf Zeugenbeweis provocirt, und weil der Richter, ohne vollständige Instruktion dieses Incidentpunkts, am Ende doch so wenig eine Geldstrafe, als einen andern Nachtheil, verhängen kann. Die Ordnungsstrafe nutzt überdies dem Gegentheil nicht und steht mit dem Schaden, welchen dieser durch die Verzögerung leidet, in keinem Verhältniß.

Daher läßt die Praxis in der Regel auch das zweite und dritte Prorogationsgesuch ohne Bescheinigung zu, um nur auf dem kürzesten Wege aus der Sache zu kommen, und die Justizkommissarien konsentiren in diese Gesuche nicht immer aus gegenseitiger Gefälligkeit, sondern auch weil sie befürchten, durch ihren Widerspruch die Sache noch länger aufzuhalten.

Will man nun, wie vorgeschlagen ist, die Vorschriften der Gerichts-Ordnung verschärfen und schon vom ersten Prorogationsgesuch gelten lassen, was die Gerichts-Ordnung beim zweiten und den folgenden erfordert, so ist doch erstens zu besorgen, daß die so geschärfte Vorschrift nicht besser werde befolgt werden, als die bisherige mildere. Es läßt sich nicht voraussetzen, daß die Gerichte geneigter seyn werden, künftig schon beim ersten Prorogationsgesuche eine Strenge zu handhaben, woran sie es jetzt selbst beim zweiten und dritten Gesuche der Art haben fehlen lassen; und die Befolgung der Vorschrift ist auch nicht mehr gesichert.

Wollte man sie gleichwohl streng anwenden, so würde man zweitens in vielen Fällen hierdurch eine Härte und Ungerechtigkeit gegen die Partheien begehen und zugleich gegen das Prinzip der Gerichts-Ordnung verstoßen, welche den Richter zum Beschützer der Rechte der Partheien gemacht hat und mithin nicht zugeben kann, daß er eben diese seiner amtlichen Fürsorge anvertrauten Rechte offenbar kränke. — Wenn einmal die Instruktion der Prozesse, wie bisher, vom Richter an bestimmten Tagen und Stunden geschehen soll, so sind Prorogationen und Vereitelungen der Termine unvermeidlich. Abwesenheit, Krankheit, dringendere Geschäfte und eine Menge Zufälligkeiten können die Partheien und deren Mandatarien, wie nicht weniger den Richter, ohne alle Schuld verhindern, zu der bestimmten Stunde zu erscheinen und die Verhandlung vorzunehmen. War aber das Hinderniß wirklich unverschuldet, so kann die Parthei so wenig dafür büßen, wie im gleichen Falle der Richter; sie muß nothwendig, wenn sie das Hinderniß nachweist, gegen die Versäumniß in integrum restituirt werden.

Eine Menge von Reklamationen und Beschwerden an das Gericht selbst und bei der vorgesetzten Behörde werden daher drittens die Folge jener Strenge seyn und die Last der Arbeit, statt sie zu erleichtern, vielmehr erschweren. Nach vielen Weiterungen wird sich zuletzt dennoch kein anderer Ausweg finden, als entweder den Inzidentpunkt jedesmal vollständig zu instruiren oder — von der Strenge nachzulassen.

b) Man will ferner die Befugniß der Partheien zur Nachbringung von neuen Thatsachen und Beweismitteln, nach geschlossener Instruktion oder nach regulirtem Status causae et controversiae, beschränken.

Aber man verstößt hierdurch noch weit mehr gegen das System der Gerichts-Ordnung, ja man wirft dasselbe ganz über den Haufen. Denn in dem bisherigen Verfahren ist es ja nicht die Schuld der Parthei, sondern des Instruenten, wenn das Sachverhältniß nicht sogleich vollständig entwickelt ist und alle erheblichen Thatsachen und vorhandenen Beweismittel angegeben sind. Wie kann also die Parthei ein Nachtheil treffen für ein Versehen, welches der Richter begangen hat? — Es ist oben gezeigt worden, daß mit Abschaffung der Advokaten die Nothwendigkeit eintrat, neue Anführungen der Parthei in jeder Lage der Sache bis zum Erkenntniß zuzulassen, es sey denn, daß die Parthei vorsätzlich damit zurückgehalten habe, was jedoch in den wenigsten Fällen erweislich zu machen ist und abermals einen schwer zu entscheidenden Inzidentstreit herbeiführt. Will man also diese Befugniß der Partheien beschränken, so zwingt man dieselben, sich eines rechtsverständigen Rathgebers zu bedienen und führt hierdurch die Advokaten wieder ein, welche entbehrlich zu machen der Zweck der Gerichts-Ordnung war.

Man wird vielleicht sagen, daß wenigstens in den Fällen jene Beschränkung statt finden könne, wo die Partheien durch Justizkommissarien vertreten sind. — Allein abgesehen von den Inkonvenienzen, welche es überhaupt hat, ein doppeltes Prozeß-Verfahren zu gestatten (worauf wir später zurückkommen werden), so setzt doch auch diese Modifikation eine Aenderung in der Stellung der Justizkommissarien und hiermit der Prozeßform voraus. Wenn Letztere nur die Partheien vertreten und wie diese vom Richter vernommen werden sollen, so können ihnen auch nicht mehr Pflichten, als diesen, auferlegt werden. Sollen sie die Verpflichtung auf sich haben, alles, was zur Sache ihrer Mandanten dient, **sub poena praeclusi** innerhalb einer gewissen Frist vorzubringen, so müßte ihnen dagegen auch der freie Vortrag und die eigene Auswahl und Anordnung der Materien gestattet seyn. Hiermit würde aber die Dazwischenkunft des Richters bei der Instruktion großentheils überflüssig werden, ja man würde ihm die amtliche Erforschung der Wahrheit ganz abnehmen müssen oder in den seltsamen Widerspruch gerathen, daß zwar der Richter befugt und verpflichtet wäre, nicht angeführte erhebliche Thatsachen und Einreden zu jeder Zeit von Amtswegen zu untersuchen und den Partheien zu suppeditiren, eben diese

Thatsachen und Einreden aber, wenn sie von diesen nach Ablauf jener Frist angeführt werden, nicht mehr zu berücksichtigen.

c) Man dringt drittens auf größere Strenge gegen die Justizkommissarien. Diese sollen stets informirt seyn, wie die Partheien selbst, und andernfalls die Instruktion gegen sie in contumaciam fortgesetzt und beendet werden.

Allein diese Forderung enthält zu viel und es leuchtet von selbst ein, daß das gestellte Präjudiz, ohne offenbare Ungerechtigkeit, nicht in allen Fällen realisirt werden kann. Auch dem thätigen und umsichtigen Justizkommissarius ist es nicht immer möglich, auf alles dasjenige vorbereitet zu seyn, was der Instruent im Termin von ihm erforschen will und die Gegenparthei vorbringt.

Es ist wahr, daß die Justizkommissarien Hinsichts dieser Vorbereitung sehr oft, ja man kann sagen, in der Regel, zu sorglos und lässig zu Werke gehen und daß sie hierdurch an vielen Verzögerungen Schuld sind. Den Grund hiervon finden wir theils darin, daß die Mühe und die Sorgfalt, welche sie wirklich darauf verwenden, unbelohnt und unerkannt bleibt, indem das Verdienst davon dem Instruenten zufällt, in vielen Fällen aber auch vergeblich ist, wenn die Thatsachen und Einreden, auf welche sie vorbereitet waren, gar nicht zur Sprache kommen; theils darin, daß ihre Mandanten, wie dies beim Beklagten gewöhnlich der Fall ist, ein Interesse bei der Verzögerung haben und daß sie diesen mithin, in dieser Beziehung, durch Unthätigkeit besser dienen, als durch Fleiß; theils endlich in der Befugniß, das etwa Versäumte zu jeder Zeit bis zum Schluß der Sache nachholen zu können. Diese Quellen des Uebels lassen sich jedoch nicht ohne eine gänzliche Aenderung des Verfahrens verstopfen, oder man geräth in den vorhin bemerkten Widerspruch.

Die Gerichts-Ordnung enthält (Tit. 8. §. 28 sq.) umständliche Vorschriften, was der Richter in solchem Falle zu prüfen habe und wie, je nachdem der Mandatarius die Schuld der mangelnden Information trägt oder die Parthei vorsätzlich und zum Verschleif der Sache damit zurückhält, entweder jener in Strafe genommen oder gegen diese in **contumaciam** verfahren werden soll. — Allein diese Prüfung unterbleibt meistens, theils weil sie dem Gericht zu beschwerlich ist und nur Aufenthalt macht, anderntheils aber auch weil sie selten ein Resultat liefert. Denn wie ist es ohne nähere Untersuchung auszumitteln, ob die Parthei oder der Mandatarius die Schuld trägt, ob jene aus Vorsatz oder aus Unkunde gefehlt, ob dieser die Informations-Einziehung über einen erheblichen Punkt aus Nachlässigkeit oder nur aus einer irrigen Ansicht der Sache, wofür er doch nicht immer gestraft werden kann, unterlassen hat? Wiederum befindet sich hier die Praxis in der mißlichen Alternative, entweder einen Nachtheil, der den Verlust der Sache nach sich ziehen kann, und resp. Strafen ohne vollständige Kognition zu verhängen, oder aber von der Strenge nachzulassen.

Gesetzt endlich, man wollte dennoch das vorgeschlagene Präjudiz nach seiner ganzen Strenge realisiren — vielleicht um eben hierdurch die Partheien geneigter zum persönlichen Erscheinen zu machen — was würde dabei gewonnen seyn? — Die Justizkommissarien, um nur das Kontumazial-Verfahren von ihren Mandanten abzuwenden, wären genöthigt, ihre Zuflucht zu ausweichenden, dunkeln und zweideutigen Erklärungen zu nehmen oder gradezu abzuleugnen, worüber es ihnen an Information fehlt. Man würde dieselben also zu eben den rabulistischen Kunstgriffen wieder anleiten, welche im Jahre 1780 ihre Abschaffung motivirt haben. Und hieße dies im Sinne der Gerichts-Ordnung die Wahrheit erforschen? — Selbst die Zeitersparniß würde nicht groß seyn, wenn man erwägt, daß hierdurch manche unnöthige Beweisaufnahme veranlaßt und die in erster Instanz übergangenen Thatsachen doch in zweiter würden vorgebracht werden.

d) Es ist ferner vorgeschlagen, die Prozesse, so viel die Instruktion betrifft, kommissarisch bearbeiten zu lassen, d. h. die Funktionen des Instruenten und Dezernenten in Einer Person zu vereinigen, und man erwartet hiervon insbesondere eine Beschleunigung der Instruktionen.

Man hat hierbei die früheren Erfahrungen vergessen und wie nachdrücklich sich schon Friedrich der Große gegen die Kommissionen erklärt hatte, indem er befahl, daß die Verhöre mindestens vor drei Mitgliedern des Gerichts statt haben sollten. Man will hierdurch eine Kontrolle aufheben, welche bis jetzt wenigstens in der Theorie das Verfahren der Gerichts-Ordnung allein noch gegen den Vorwurf einer unbeschränkten Willkühr des Instruenten gerechtfertigt hat. — In der Praxis freilich ist diese Kontrolle von geringerer Bedeutung; denn der Dezernent verfügt meistens nach den Anträgen des Deputirten und oft ohne Vortrag im Kollegio. Allein hier ist sie auch weniger nöthig, weil der Instruent jene Gewalt nicht wirklich übt, weil er sich in der Regel begnügt, die Informationen der Justizkommissarien zu Protokoll zu schreiben und weil der Prozeß ganz in den Händen der Letztern ist. — Aber eben diesem Unfuge soll gesteuert und dadurch gesteuert werden, daß man die Praxis, unter den angegebenen Modifikationen, auf die Vorschriften der Gerichts-Ordnung zurückführt — denn sonst müßten diese geändert werden — und alsdann möchte jene von der Gerichts-Ordnung weislich angeordnete Kontrolle nicht mehr so entbehrlich scheinen, als sie es jetzt vielleicht ist.

Man will sogar (zu mehrerer Abkürzung) dem Instruenten die Befugniß geben, nur die Resultate der mündlichen Verhandlung und der Vernehmungen zu Protokoll zu schreiben und so gewissermaßen mit dem Status caus. et controv. den Anfang zu machen. — Hiergegen, wenn es von einem einzeln stehenden Richter geschähe, würde nichts zu erinnern seyn, weil dieser den ganzen Vortrag der Partheien gehört hat und ihm das Protokoll in der That nur dazu dient, seinem Gedächtniß zu Hülfe zu kommen und die Momente der Entscheidung für den Fall zu fixiren, daß sein Urtheil angegriffen wird. Aber eben diese Maaßregel, wie gefährlich erscheint sie, wenn die solchergestalt niedergeschriebenen Resultate die einzige Grundlage seyn sollen, worauf ein Gericht, welches die Partheien nicht selbst gehört hat und nichts weiter von der Sache erfährt, das Urtheil fällt! Wie erheblich ist hier die Darstellung, der Zusammenhang und oft ein einzelnes Wort! Welche Kontestationen müssen entstehen über den Inhalt und die Fassung desjenigen, was der Instruent als das vermeintliche Resultat niederschreibt, und wie sind diese zu schlichten? Welche noch größere Gewalt wird hierdurch dem Instruenten eingeräumt und um wie viel nöthiger also jene Controlle!

Selbst die Erwartung, welche man sich von diesem Vorschlag für die Beschleunigung der Prozesse macht, können wir nicht theilen. Es mag seyn, daß kommissarisch bearbeitete Prozesse in der Regel schneller instruirt und früher beendet werden. Allein der Grund hiervon liegt unsers Erachtens nicht sowohl in der Verschiedenheit des Verfahrens, als vielmehr darin, daß der Kommissarius, um dem besondern Auftrage zu genügen, diesen Sachen einen großern Fleiß und eine ununterbrochene Thätigkeit widmet. Würden alle Prozesse kommissarisch behandelt, so würde dieser Grund hinwegfallen und sich auch hier ein schleppender Gang einfinden, dem sie jetzt nur durch das Kommissorium enthoben sind. Die Zeitersparniß aber, welche jetzt dadurch bewirkt wird, daß die Akten nicht durch die Hände des Decernenten gehen, möchte — wenn das Verfahren allgemein würde und die Kommissarien im Sinne der Gerichts-Ordnung instruiren — auf der andern Seite durch häufigere Beschwerden gegen das Verfahren derselben wieder verloren gehen.

c) Man hat auch das Deduktionsverfahren einschränken und es namentlich bei Prozessen, deren Gegenstand unter 1000 Rthlr. oder 500 Rthlr. beträgt, ausschließen wollen.

Die Deduktionen sind freilich in dem jetzigen Verfahren, wie oben schon bemerkt ist, sehr oft überflüssig und nicht des Lesens werth. Dennoch aber können wir für eine Beschränkung der Befugniß, welche die Gerichts-Ordnung den Partheien in dieser Hinsicht einräumt, nicht stimmen. Wenn man einmal mit der Gerichts-Ordnung davon ausgeht, das Factum bei der Instruktion so viel möglich vom Recht zu trennen und dieses dahin gestellt seyn zu lassen, wenn ferner das Recessiren der Justizkommissarien zu Protokoll, als ein Mißbrauch, künftig aufhören soll, so muß doch den Partheien gestattet seyn, irgendwo und wann auch ihr Recht auszuführen.

Seitdem in neuerer Zeit von unseren berühmtesten Rechtsgelehrten so vieles für ein gründliches, auf die Quellen zurückgehendes und nicht auf bloße Kenntniß der Gesetze beschränktes Studium des Rechts geschehen, seitdem hierdurch über so viele Rechtsmaterien ein neues Licht verbreitet ist, wird man sich hoffentlich auch überzeugt haben, daß das Recht eine Wissenschaft und im steten Fortbilden begriffen ist, von welcher daher kein Einzelner sagen kann, daß er sie vollständig inne habe; daß ferner die Anwendung der Gesetze auf die wechselnden Verhältnisse des menschlichen Lebens eine unerschöpfliche Quelle sich immer von neuem erzeugender Zweifel wird, deren richtige Lösung die vielseitigste Erörterung und schärfste Prüfung erfordert und so auch zu neuen, oft überraschenden Resultaten führt.

Man sollte glauben, daß diese Wahrheit sich einem Jeden aufdringen müsse, der auch nur einen oberflächlichen Blick in die auf uns gekommenen Fragmente des römischen Rechts gethan hat. Gleichwohl ward sie verkannt bei der Justizreform im Jahre 1780, und es ist bemerkenswerth, daß die Geringschätzung des Rechts als Wissenschaft und die Meinung, dasselbe populär und einem Jeden zugänglich machen, so wie es für alle Zeiten fixiren zu können, mit der Ansicht von der Entbehrlichkeit der Advokaten zusammentraf.

Man wird also auch den von dieser Ansicht ausgegangenen Satz aufgeben müssen, daß dem Richter die für jede Parthei sprechenden Rechtsgründe ohnehin bekannt seyen und daß es in dieser Beziehung keiner Instruktion und Erörterung bedürfe. Vielmehr ist die rechtliche Erörterung dem Richter zu einer gründlichen Entscheidung grade eben so nöthig, als die Ermittelung des Factum; ja beides ist so sehr mit einander verbunden, daß es sich nicht durchaus trennen läßt.

Leider besitzen wir bis jetzt keine Jurisprudenz des Preußischen Rechts. Den Beweis dafür liefern die oft widersprechenden Entscheidungen der Gerichte und die leeren Rechtsausführungen der Sachwalter. Sie wird aber entstehen, wenn der höchste Gerichtshof seinen Entscheidungen überall die Gründe beifügt und hierdurch sowohl alle übrigen Gerichte und Sachwalter aufklärt, als auch deren Einsichten zurückempfängt; wenn ferner den Richtern Zeit bleibt zu einer gründlichern Bearbeitung der Spruchsachen und zu einem fortgesetzten Studium, und wenn endlich der Eifer der Sachwalter durch eine angemessene Stellung belebt wird. Dann werden auch die Schriften der Letzteren gehaltvoller seyn und mehr Beachtung finden.

1) Man hat endlich vorgeschlagen, die Appellations- und Revisionssummen zu erhöhen und die Revision gegen zwei konforme Urtheile nicht weiter zuzulassen.

Dieses Mittel ist an sich sehr bedenklich und gefährlich; es löst den Knoten nicht, sondern zerschneidet ihn. Wenn überhaupt Rechtsmittel und ein Instanzenzug zur Sicherung der Rechtspflege nothwendig sind und sich die jetzige Bestimmung in dem Bedürfniß gründet, so entzieht man diesen Schutz in so weit, als man jene Summen willkührlich erhöht.

Die Erleichterung, welche man hiervon erwartet, kommt auch nur den oberen, nicht den untern Gerichten zu statten. Es scheint aber zweckmäßiger, das Uebel in der Wurzel zu erfassen und mit Erleichterung der Gerichte erster Instanz den Anfang zu machen, weil, wenn diese in den Stand gesetzt sind, der Instruktion und Entscheidung mehr Fleiß und Sorgfalt zu widmen, der Vortheil dieser Erleichterung, durch bessere Vorarbeiten und seltenern Gebrauch der Rechtsmittel, auf die Obergerichte mit übergeht.

Jedenfalls setzt dieser Vorschlag, wie auch diejenigen, welche ihn machen, selbst anerkennen, eine bessere und einförmige Einrichtung der Untergerichte voraus und macht noch andere Betrachtungen nöthig; daher wir ihn hier noch nicht vollständig erörtern können und an einem andern Orte darauf zurückkommen werden.

Hier wird es genügen, zu bemerken, daß der Zweck, den Gerichten Erleichterung zu verschaffen, für sich allein weder die Erhöhung der Appellations- und Revisionssummen, noch die Versagung der Revision gegen zwei konforme Urtheile rechtfertigen kann. Denn wie weit könnte dies endlich gehen?

Nach allem diesen sind wir überzeugt, daß die vorgeschlagenen Modifikationen weder den Gerichten die nöthige Erleichterung verschaffen, noch auch zur Beschleunigung der Prozesse beitragen, ja daß sie nur dazu dienen würden, den Zwiespalt, welcher zwischen den Vorschriften der Gerichts-Ordnung und der Praxis besteht, statt ihn zu heben, noch zu vergrößern. Nichts aber ist schlimmer, als Gesetze, auf deren Beobachtung nicht streng gehalten werden kann, welche das Unmögliche fordern. Denn wo dieses gefordert wird, pflegt auch das Mögliche nicht zu geschehen. Ist dies im Allgemeinen wahr, so gilt es ganz besonders im Prozeßverfahren. Hier, wo die Formen eben sowohl zum Schutze der Rechtsverfolgung, wie der Vertheidigung, dienen, wo die Interessen beider Theile stets entgegengesetzt sind und daher was den Einen schützt, dem Andern hinderlich ist — hier muß jede Vorschrift als unnütz erscheinen und ihre Uebertretung als gewiß, welche nicht ein unter allen Umständen streng zu realisirendes Präjudiz mit sich führt.

Für die Gründlichkeit der Rechtspflege, welche doch ebenfalls in Betracht kommen muß und Hinsichts welcher nicht minder erhebliche Erinnerungen gegen das bestehende Verfahren gemacht sind, ist übrigens durch die erwähnten Modifikationen noch gar nicht gesorgt.

ad B. Wichtiger und der Berücksichtigung werther scheint uns daher der Vorschlag derjenigen zu seyn, welche zu dem Prinzip der Gerichts-Ordnung zurückkehren wollen und, mit Aufhebung der §§. 1. und 43 seq. des Anhangs zur Gerichts-Ordnung, auf das persönliche Erscheinen der Partheien in allen Prozessen dringen.

In der That, wenn das System der Gerichts-Ordnung, wie oben gezeigt ist, ganz darauf beruhte und dahin abzweckte, die Advokaten entbehrlich zu machen und aus der Rechtspflege zu entfernen, und wenn es daher als eine Folge der Verlassung dieses Prinzips anzusehen ist, daß die hierin gegründeten Vorschriften zwecklos und unbrauchbar geworden, mithin außer Anwendung gekommen sind, so wird man auch zugeben müssen, daß nur durch Wiederherstellung des Prinzips das Verfahren wiederum in Uebereinstimmung mit dem Gesetz gebracht werden kann.

Es ist ein offener Widerspruch vorhanden zwischen der Grundansicht der Gerichts-Ordnung — demjenigen, was man dadurch erreichen wollte — und zwischen der Praxis — demjenigen, was, vermöge späterer abändernder Bestimmungen, dadurch erreicht ist. — Nur auf eine zweifache Weise ist dieser Widerspruch zu heben, indem man entweder zu jener Ansicht zurückkehrt oder, mit Aufgabe derselben, das Gesetz nach der Praxis und den Bedürfnissen der Gegenwart modifizirt.

Man könnte vielleicht geneigt seyn, dem letztern Ausweg schon um deshalb den Vorzug zu geben, weil doch die Praxis das eigentlich Bestehende sey und weil die Erfahrung bereits gezeigt habe, daß die Vorschriften der Gerichts-Ordnung unausführbar sind. Es ist ein häufig gebrauchtes Argument, wodurch man sowohl die Gerichts-Ordnung über allen Tadel zu erheben, als auch die Abweichungen der Praxis davon zu erklären meint, daß nämlich die Gerichts-Ordnung eine Art Ideal enthalte, welches zwar an sich vortrefflich, aber in der Ausführung nicht zu erreichen sey; und man hält sich eben deshalb für berechtigt, die Vorschriften derselben weniger genau zu beobachten und sich über Vieles hinwegzusetzen. Allein man ertheilt hierdurch der Gerichts-Ordnung ein schlimmes Lob; denn bei einem praktischen Institute, wie die Prozeß-Ordnung, bestimmt eben die Ausführbarkeit, d. i. die Erreichung des Zweckes, seinen Werth, und ein Ideal in dieser Beziehung wird zur Chimäre. Den besten Beweis dafür liefert die Anwendung selbst, die man von dem Satze macht.

Wir halten indeß den Ausspruch, welchen man hierdurch gegen die Gerichts-Ordnung thut, für zu voreilig. Die Achtung, welche wir dem großen Genie schuldig sind, von welchem die Idee derselben ausgegangen ist, so wie der Scharfsinn, die Konsequenz und der durchdachte Fleiß, womit diese

Idee durchgeführt ist, machen eine gründlichere Prüfung jener Alternative und hiermit des obigen Vorschlags unerläßlich.

Diese Prüfung hängt unseres Ermessens von der Untersuchung der beiden Fragen ab:

1) lassen sich die Advokaten in der Rechtspflege entbehren und

2) ist von ihrer Entfernung eine Verbesserung der Rechtspflege zu erwarten?

ad 1. Der Prozeß ist — nach der Gerichts-Ordnung, Einleitung §. 2. — die gerichtliche Verhandlung, durch welche der Richter in den Stand gesetzt werden soll, die bürgerlichen Rechtsstreitigkeiten der Partheien nach den Gesetzen zu entscheiden.

Betrachtet man nun die erste Frage

a) zuerst aus einem objektiven Gesichtspunkt, in Bezug auf die Organisation der Gerichtsbehörden und, wenn man so sagen darf, auf die Oekonomie des Verfahrens, so scheint uns nichts entgegen zu stehen, die Frage zu bejahen, so weit von Prozessen (ihrer Verhandlung und Entscheidung) vor einzeln stehenden Richtern die Rede ist. Hier ist es dem Richter nicht unmöglich, auch ohne Hülfe und Dazwischenkunft der Advokaten, von den Partheien selbst alles dasjenige zu erfragen und zu erforschen, was ihm zur richtigen Entscheidung der Sache zu wissen nöthig ist. Freilich wird es das Amt des Richters erschweren, wenn er, statt die Sachwalter der Partheien blos zu hören, von den Letzteren selbst den Gegenstand ihres Rechtsstreits und die Umstände, auf welche es dabei ankommt, erst erfragen, wenn er ihre unzusammenhängenden, unvollständigen und oft auch unverständlichen Vorträge erst ordnen, ergänzen und in die gebildete Sprache übersetzen muß; und es werden zugleich nicht bloß ein besonderes Talent, sondern auch Eigenschaften des Charakters, die sich nicht immer vorfinden, dazu erfordert, um auf diese Weise beide streitende Theile mit gleicher Aufmerksamkeit und Sorgfalt zu vernehmen und um nicht zu früh, vor erschöpfter Untersuchung und völliger Kenntniß der Sache, sich ein Urtheil zu bilden. Deshalb möchten sich vielleicht nur solche Sachen, die auf einfacheren factischen Verhältnissen beruhen, zu dieser Verhandlung (ohne Sachwalter) qualificiren. In diesen Sachen aber, und wenn der Richter die nöthigen Eigenschaften besitzt, kann ihm der unmittelbare Verkehr mit den Partheien in vielen Fällen sogar den Vortheil gewähren, daß er sicherer und schneller unterrichtet wird, als dies durch Sachwalter geschehen seyn würde, die, wenn sie verwickelte Sachen aufklären, auch einfache leicht verwirren.

Anders ist jedoch die Frage zu beantworten, wenn es sich von Prozessen vor formirten Gerichten handelt. Wir kommen hier auf dasjenige zurück, was wir über diesen Unterschied, wiewohl in anderer Beziehung, oben bereits gesagt haben. — Damit ein formirtes Gericht in den Stand gesetzt werde, einen bei ihm anhängigen Rechtsstreit mit völliger Sachkenntniß zu entscheiden, müßte — wenn die Partheien in Person vor ihm erscheinen sollen — jedes Mitglied desselben diese in eben der Art, wie der Einzelnrichter, examiniren oder die Vernehmung müßte doch von einem Mitgliede in Gegenwart aller übrigen und so geschehen, daß jedes andere Mitglied das Recht hätte, noch Fragen über solche Umstände hinzuzufügen, die vielleicht nur ihm erheblich oder unaufgeklärt erschienen sind. Allein diese Art der Verhandlung mit den Partheien in Person würde — außer andern Inkonvenienzen, welche eine Verständigung mit Vielen nothwendig mit sich führt — besonders in verwickelten Sachen einen so großen Aufwand von Zeit und Kräften erfordern, daß man sie schon um deshalb als unausführbar verwerfen muß. In formirten Gerichten können die Partheien, ohne vollkommene Bildung und Rechtskenntniß, nicht in Person sprechen; hier bedürfen sie, um gehört und verstanden zu werden, eines Fürsprechers und Dollmetschers und ihre Vorträge müssen vorbereitet seyn.

Daher versuchte das Corp. jur. Frider., die Advokaten durch die Assistenzräthe zu ersetzen, welche sich von jenen nur dadurch unterschieden, daß sie fire Besoldungen erhielten und von den Partheien nicht gewählt, sondern denselben zugeordnet wurden. Denn wenn weiter von ihnen gesagt wurde, daß ihr Amt ein wirklich richterliches sey, daß sie keinesweges bloße Sachwalter der Partheien, sondern zugleich Beistände und Gehülfen des Richters seyen, daß es ihre Pflicht wesentlich mit sich bringe, das Gericht in seinen Bemühungen zur Ausmittelung der Wahrheit zu unterstützen: so läßt sich alles dieses in demselben Sinne auch von den Advokaten sagen. Auch diese, indem sie die Rechte ihrer Klienten in das Licht setzen, helfen dem Richter die Wahrheit, d. i. das richtige Urtheil, finden. In einem eigentlichen Sinne können aber jene Ausdrücke nicht verstanden werden, da doch die Assistenzräthe nicht an dem Urtheilsspruche Theil nahmen und da eben hierin (in dem Rechtsprechen) der unterscheidende Charakter des Richters besteht. Jener uneigentliche Sprachgebrauch verwischt daher allen Unterschied zwischen Richter und Advokaten.

Die Gerichts-Ordnung endlich hat es dem einzigen Instruenten übertragen, der Fürsprecher beider Theile zu seyn, von beiden die nöthigen Informationen einzuziehen, hieraus sowohl Klage als Klagebeantwortung anzufertigen, demnächst die Partheien weiter gegen einander zu vernehmen und endlich den Status causae et controversiae mit ihnen zu entwerfen, gleichsam den gemeinschaftlichen Vortrag beider Theile an das erkennende Gericht, den jedoch, bis er an dasselbe gelangt, eine neue Mittelsperson, der Referent, wenn es ihm gefällt, wieder umändern kann.

b) Die obige Frage muß aber noch aus einem zweiten Gesichtspunkt betrachtet werden, in Bezug nämlich auf die prozeßführenden Partheien. Diese werden durch die Entfernung der Advokaten genöthigt, von Anfang bis Ende der Sache persönlich im Gericht zu erscheinen. Auch vorausgesetzt also, daß ihre Prozesse hierbei, und ohne die Hülfe der Advokaten, eben so gut oder noch besser, als mit derselben, instruirt werden können, so fragt es sich dennoch, ob sich dieser Zwang der Partheien rechtfertigen läßt, ob er ihnen nicht zu lästig fallen muß oder noch andere Nachtheile mit sich führt? — Und allerdings dürfte die Antwort gegen den Zwang der Partheien zum persönlichen Erscheinen ausfallen.

Er widerspricht zuerst der natürlichen Freiheit und dem Begriffe des Civil-Prozesses, als eines Streits über Privatrechte. Wenn die Partheien über diese Rechte selbst frei verfügen, dieselben veräußern und abtreten können, warum sollen sie nicht auch befugt seyn, deren Verfolgung oder Vertheidigung vor Gericht einem Dritten zu übertragen? Zumal wenn sie selbst dazu weniger fähig sind und der Dritte ein Sachverständiger ist? — Ist der Staat nicht bei jener Veräußerung interessirt, hindert er es nicht, daß Jemand die Verwaltung seines ganzen Vermögens, welcher er selbst vorzustehen nicht im Stande oder nicht geneigt ist, jedem Dritten übertragen darf, wie kann er mehr dabei interessirt seyn und es beschränken wollen, daß Jemand seinen Prozeß durch einen Andern führen läßt? — Sonderbar, daß hier gerade die Sachverständigen von der Vertretung ausgeschlossen seyn sollen, weil man fürchtet, daß sie von ihrer Sachkenntniß einen schlechten Gebrauch machen werden, oder sie beschuldigt, ihn gemacht zu haben! Aber dann müßte man ja auch den Rechtsverständigen verbieten, ihre Prozesse selbst zu führen, und ihnen auflegen, einen rechtsunkundigen Mandatarius für sich zu bestellen; denn sonst wäre die nicht rechtsgelehrte Parthei, jenem gegenüber, übel daran. Die Partheien werden hiergegen sagen: daß der Mißbrauch den rechten Gebrauch nicht aufhebe und daß man jenem zu steuern suchen müsse, ohne sie zugleich des Raths und rechtlichen Beistandes zu berauben, da wo sie dessen bedürfen oder ihn auch nur wünschen. Zwar soll der Instruent die Advokaten ersetzen und der Rechtsunkunde der Partheien zu Hilfe kommen; allein diese können kein Zutrauen fassen zu einem Rathgeber, den sie nicht selbst gewählt haben und von dem sie nicht wissen, daß er ihrem Interesse ergeben ist; sie werden auch seinen guten Willen und seine Sachkenntniß in Zweifel ziehen, wenn sie sehen, daß er zugleich dem Gegentheile räth und daß die Instruenten mehrentheils junge Anfänger sind, die erst durch dieses Geschäft sich bilden und hiervon lernen wollen.

Die Fürsorge des Staats scheint also hier zu weit zu gehen, indem sie die Freiheit der Partheien ohne Noth beschränkt und lediglich im Interesse derselben, um sie gegen einen befürchteten Mißbrauch zu schützen, ihnen ein anderes

Uebel auflegt, das Vielen drückender erscheinen kann, als selbst der Mißbrauch, wenn er gegründet wäre.

Denn höchst lästig muß allerdings jener Zwang den Partheien seyn und ist er ihnen wirklich gewesen. — Dafür spricht die Erfahrung. Gegen keine Bestimmung der neuen Prozeß-Ordnung liefen so viele Beschwerden und Reklamationen ein, als gegen diese. So groß auch die Vorliebe der Verfasser der Prozeß-Ordnung für ihr Werk nothwendig seyn mußte, so sehr auch der Erfolg des neuen Verfahrens eben auf dem persönlichen Erscheinen der Partheien beruhte, so sah man sich doch bald genöthigt, durch die Eingangs erwähnten Verordnungen mehrere Ausnahmen hiervon zu machen. Fortgesetzte und immer erneuerte Beschwerden bewirkten es späterhin, daß man den Partheien die Befugniß, sich durch Justizkommissarien vertreten zu lassen, allgemein und in der Ausdehnung ertheilte, in welcher sie jetzt, nach dem Anhang zur Gerichts-Ordnung, besteht, obgleich man es niemals bis auf die neuesten Zeiten herab verkannte, „daß der Geist der Gerichts-Ordnung das persönliche Erscheinen der Partheien bei der Instruktion der Sache erfordere." (cf. ein Ministerial-Rescript vom 17. September 1820 in v. Kamptz Jahrbüchern, Bd. 16. p. 47.)

Und kann diese Abneigung, dieser Widerwille der Partheien gegen das persönliche Erscheinen im Gericht befremden?

Wie die Gerichtslokale mehrentheils beschaffen sind, ist es keinem gebildeten Manne, den nicht der Beruf dazu nöthigt, und am wenigsten reizbaren und schwachen Personen zu verargen, wenn sie sich scheuen, in das Gedränge und den Lärm eines Instruktionszimmers hineinzutreten und hier stundenlang auszuharren, ja oft zu warten, ehe einmal die Verhandlung ihren Anfang nimmt. Wird es möglich seyn, dieses zu ändern, so lange das gegenwärtige Verfahren fortbesteht, da es sich bisher nicht hat ändern lassen und die Zahl der Prozesse noch immer im Zunehmen ist? — Und dazu, um sich an jenen Ort der Qual zu begeben, sollen auswärtige Partheien zu jeder Jahreszeit, wenn es der Richter gebietet, unbequeme und kostspielige Reisen unternehmen und ein Jeder, wer er auch seyn, so oft sein Erscheinen gefordert wird, seine Privat- oder öffentlichen Geschäfte hintansetzen, seinen Erwerb inzwischen versäumen. Wie kann diese Versäumniß den Partheien ersetzt werden, da sie sich in den wenigsten Fällen nachweisen läßt und oft von zufälligen, nicht vorherzusehenden Umständen abhängt? Und wozu auch so große Aufopferungen, wenn sich derselbe Zweck auf anderem Wege ohne sie erreichen läßt?

Aber diese Unannehmlichkeiten sind es nicht allein, ja nicht einmal hauptsächlich, welche jenen Widerwillen erzeugen. Mehr noch als alles dieses widerstrebt es dem gebildeten Gefühl, über ein Privat-Interesse, über das Mein und Dein, persönlich vor Gericht zu streiten, sich den Uebereilungen der eigenen Aufregung und Befangenheit, der Heftigkeit und den Angriffen des Gegners und oft auch dem schiefen Urtheil der Umstehenden auszusetzen. So sehr widerstrebt dies, daß selbst diejenigen, deren Beruf es ist, die Prozesse Anderer zu führen oder zu entscheiden, doch in eigener Sache es vorziehen, sich vertreten zu lassen, weil sie sich hier weder den richtigen Blick, noch die nöthige Ruhe und Besonnenheit zutrauen. Es werden vielleicht nicht wenige seyn, welche einen bestrittenen Anspruch lieber aufgeben, als persönlich vor Gericht ausfechten wollen, und welche sich eben deshalb in einem Zustande der Rechtlosigkeit befinden, wenn das Gesetz sie zwingt, ihr gutes Recht durch ein größeres Ungemach, als selbst der Verlust desselben für sie ist, zu erkaufen.

Dieses Gefühl sollte doch auch vom Gesetz geachtet werden. Zwar empfiehlt die Gerichts-Ordnung in dieser Beziehung dem Instruenten die größte Vorsicht und allenfalls eine abgesonderte Vernehmung der Partheien bis dahin, daß die Zusammenstellung nöthig wird. Allein diese Vorsicht, wenn sie auch in der Praxis beobachtet würde, kann doch nicht die Erhitzung der Gemüther, sondern nur grobe Ausbrüche derselben verhüten. Irrig scheint es zugleich zu seyn, wenn die Gerichts-Ordnung diesen persönlichen Streit und die Zusammenstellung der Partheien als ein Mittel zur Erforschung der Wahrheit ansieht. Denn hier (im Civilprozeß), wo es nicht auf die Moralität der Handlung, sondern nur auf die Rechtsform ankommt, können das Benehmen der Partheien bei jenem Streit, die Zuversicht oder Schüchternheit, mit der sie ihn führen, die Vorwürfe, die sie einander machen, und selbst Erklärungen über die Sache, in der Hitze des Streits abgegeben, nur zu falschen Schlüssen und Vorurtheilen verleiten, mithin von der Wahrheit, welche das Recht ist, abführen.

Man kann nicht ohne Grund behaupten, daß der persönliche Betrieb ihrer Prozesse einen schädlichen Einfluß auf die Moralität der Partheien äußern und den Charakter verderben muß. Die Prozesse sind nicht, wie man so häufig sagen hört, an sich ein Uebel. Sie sind eine nothwendige Folge des menschlichen Verkehrs; und daß der eine Theil dabei gewinnt, der andere verliert, ist ebenfalls nichts Anderes, als was täglich im Verkehr vorkommt. Ja richtig angesehen gewinnt und verliert Niemand, sondern ein Jeder erhält nur dasjenige, was ihm von Rechtswegen zukommt, als schon vorher sein Eigenthum war. — Durch zwei Ursachen aber werden sie ein Uebel. Zuerst dadurch, daß Jemand sich ungerechterweise verurtheilt glaubt. Dieser Ursache kann nur begegnet werden durch eine gute Rechtspflege und durch das Vertrauen in dieselbe. Um Letzteres aber zu wecken und zu erhalten, ist vor allem nöthig, daß jede Willkühr aus der gerichtlichen Prozedur verbannt und den Partheien in allen Fällen die Gründe der Entscheidung gegeben werden. Wenn diese Gründe überzeugen, wenn hierdurch die richterliche Weisheit und Unpartheilichkeit in der allgemeinen Meinung weit über jeden Zweifel erhaben ist, dann wird auch die Parthei im einzelnen Falle sich williger dem Ausspruch des Richters unterwerfen und aufhören, sich dadurch verletzt zu glauben.

Die Prozesse werden zweitens dadurch ein Uebel, daß sie die Leidenschaften aufregen, daß sie Haß und Erbitterung erzeugen. — Aber zehnfach verschlimmert wird dieses Uebel und recht eigentlich gepflegt, wenn die Partheien ihre Prozesse in Person führen. Die fortgesetzte Beschäftigung mit dem Gegenstande des Streits erneut ihren Verdruß und vermehrt ihre Befangenheit, da ja selbst Sachwalter das richtige Urtheil über eine fremde Sache verlieren, welche sie mit Eifer betreiben. Der persönliche Streit erhitzt sie und steigert jene Affekte oft bis zu einer unbesiegbaren Höhe. Die halbe und unvollkommene Kenntniß des Rechts und der Prozeßformen, welche sie hierbei erlangen, dient nur, sie in ihren irrigen Ansichten und in ihrer Verblendung zu bestärken. — Ist einmal jene erste Scheu vor dem Gerichtszimmer und dem persönlichen Streit mit dem Gegner überwunden, hat eine Parthei erst einen oder gar mehrere Prozesse mit eigenen Kräften glücklich durchgefochten, wovon sie den Erfolg weniger dem Recht, als ihrer Geschicklichkeit zuschreibt, so sehen wir sie oft Streitigkeiten der Art liebgewinnen und es entwickelt sich eine verderbliche Neigung, die Prozeßsucht. In dieser Schule bilden sich jene gefährlichen Winkelkonsulenten, welche, wenn sie selbst keine Prozesse mehr führen können, Andere dazu anreizen und ihnen beiräthig sind, so wie jene hartnäckigen Querulanten, die, wenig gekannt in andern Staaten, die Geißel und Plage unserer Gerichte sind, welche sich durch nichts bedeuten lassen, die Gerichte und selbst die höchsten Behörden unaufhörlich mit ungegründeten Beschwerden und unrichtigen Vorstellungen bestürmen und welche man dennoch ernstlich zu strafen sich scheut, weil sie in der That mehr verblendet als strafbar sind.

Wollte man aber dennoch die Partheien zum persönlichen Erscheinen in ihren Prozessen zwingen, was würde die Folge davon seyn?

Einige Ausnahmen würde man doch zulassen müssen, wie sie auch die Gerichts-Ordnung zuläßt, wegen zu großer Entfernung, hohen Alters, Krankheit und solcher Berufsgeschäfte, welche keine Unterbrechung gestatten; und die Partheien würden diese Ausnahmen auf alle Weise zu benutzen und zu erweitern suchen, sie würden Krankheiten, Reisen, unaufschiebbare Geschäfte und andere Gründe der Art vorschützen. Wie aber ist es, bei entstehender Kontestation hierüber, zu entscheiden, ob der Fall der Ausnahme vorhanden sey, wie soll der Beweis geführt werden? — Welche Masse gesetzlicher Bestimmungen wäre nöthig, um nur einigermaßen die Willkühr zu entfernen und dem Gesetz die Befolgung zu sichern? Man müßte in der That die Entfernungen der Orte, das Alter, die Krankheiten, die Geschäfte, welche nur als Entschuldigung gelten sollen, genau festsetzen und einzeln aufzählen, man müßte die Form des Beweises bestimmen und zugleich es den Partheien möglich machen, sich diesen formellen Beweis überall zu verschaffen. Und dennoch könnten diese Bestimmungen nicht erschöpfend seyn, dennoch bliebe dem Ermessen des Richters ein gefährlicher Spielraum, welcher leicht gemißbraucht werden und ihn dem Verdacht der Partheilichkeit aussetzen kann.

Die Partheien würden aber auch, wenn sie nicht hierin ihre Zuflucht finden können, ein ihnen so lästiges Gesetz auf jede Weise zu umgehen suchen. Sie würden Scheincessionen ausstellen und hierdurch nicht selten in gefährliche Schlingen fallen. Oder sie würden genöthigt seyn, streitige Ansprüche, mit deren persönlicher Ausführung sie sich nicht befassen wollen, für niedrige Preise zu verkaufen. Es würden sich bald Personen finden, um aus deren Ankauf ein Gewerbe zu machen, und derselbe Unfug würde entstehen, welchem zur Römerzeit die lex Anastasiana steuern sollte.

ad 2. Wir kommen zu der zweiten Frage: ob von der Abschaffung der Advokaten eine Verbesserung der Rechtspflege zu erwarten sey?

Werfen wir hier zunächst einen Blick um uns her und zurück in die Vergangenheit, so finden wir die Advokaten in der Rechtspflege aller civilisirten Nationen. Nur während der Revolution, welche alle Unterschiede der Gesellschaft zu vertilgen bemüht war und keine bestehende Einrichtung schonte, versuchte man es in Frankreich, durch die Gesetze vom 24sten August 1790 Tit. II. §. 14. und 24sten Oktober 1793 Art. 12., auch die Advokaten abzuschaffen. Den Partheien wurde frei gegeben, ihre Prozesse in Person zu führen und dem Richter vorzutragen oder durch jeden beliebigen Spezial-Bevollmächtigten führen und vortragen zu lassen. Aber sehr bald sah man sich genöthigt, die Advokaten wieder herzustellen und in ihre alten Rechte einzusetzen, weil die niedrigste Klasse der Gesellschaft (abgesetzte Beamte, verdorbene Handwerker, Todtengräber ꝛc.) ihre Stelle eingenommen hatte und weil hierunter eben so sehr die Rechtspflege litt, als die Partheien dabei gefährdet waren.

Nicht minder finden wir die Advokaten bei unsern Vorfahren von den frühesten Zeiten an und schon im einfachsten Zustande ihrer Rechtspflege. Von jeher wurden bei ihnen Fürsprecher (Advokaten) zugelassen, ja an einigen Orten war es sogar im Interesse der Partheien geboten, Fürsprecher zu haben; ferner Gewalthaber (Prokuratoren), welche die abwesende Parthei vertraten. Den fürstlichen Personen, den Wittwen, Waisen und Geistlichen wurden überdies noch Warner und Anweiser gestattet. (cf. Maurer Geschichte des Alt-Germanischen Gerichtsverfahrens Pag. 123 — 136 und die dort angeführten Quellen.)

Sollte dies nichts für den Nutzen, ja für die Unentbehrlichkeit der Advokaten in der Rechtspflege beweisen? Sollte man nicht aus dieser allgemeinen Verbreitung und Einführung derselben zu schließen berechtigt seyn, daß ein tieferer und nothwendiger Grund dafür vorhanden seyn müsse — ein Grund, der nur in der menschlichen Natur, in der Mangelhaftigkeit aller Selbstvertheidigung und in dem Schutze liegen kann, dessen der Schwache und Unberedte, selbst dem Richter gegenüber, bedarf?

„Der Stand der Advokaten — sagt der Kanzler **d'Aguesseau** — ist so alt wie das Richteramt, so edel wie die Tugend, so nothwendig wie die Gerechtigkeit."

Doch wir wollen die Frage nicht aus diesem allgemeinen Gesichtspunkte betrachten, wir wollen nicht dasjenige wiederholen, was angesehene ältere und neuere Schriftsteller (unter jenen namentlich Justus Moeser und Hauschild, unter diesen Feuerbach und Mittermaier) hierüber bereits gesagt haben, sondern beschränken uns auf den für die Revision vorgezeichneten Standpunkt.

Von diesem Standpunkt aus haben wir zuerst zu untersuchen:

a) ob denn die Advokaten an den Mängeln der Rechtspflege wirklich in dem Grade Schuld waren, als man ihnen diese im Jahre 1780 und den vorhergehenden Jahren Schuld gab?

Man scheint bei der Justizreform von 1780 hiervon, als von einer unbestrittenen Voraussetzung, ausgegangen zu seyn. Allein worin gründete sich diese Voraussetzung? — Der Revisor hat dafür weder in den Materialien zur Gerichts-Ordnung, noch sonst irgendwo genügende Beweise auffinden können.

Von jeher hat man über die Rechtspflege geklagt und diese Klagen werden nicht aufhören, so lange es unmöglich bleibt, daß die Entscheidung des Richters beide Theile zufrieden stellt. Von jeher ist es auch das Loos der Advokaten gewesen, daß sie den Unmuth der unterliegenden Parteien zunächst haben entgelten müssen, weil diese ihre Klagen nicht eben so ungestraft gegen den Richter oder das Gesetz erheben dürfen. Nicht minder war es eine zur Hand liegende Entschuldigung der Richter, eigene Versehen und Irrthümer auf die Advokaten zu wälzen.

Nur zu leicht werden Mängel, die in der Sache liegen und ihren Grund in der Unvollkommenheit aller menschlichen Einrichtungen haben, auf die Personen übertragen, welche sich damit beschäftigen und die Sache ins Werk setzen sollen. Der Gesetzgeber wird daher Klagen der Art mit der größten Vorsicht zu prüfen haben.

Den besten Gegenbeweis gegen die Beschwerden der Parteien liefern diese selbst dadurch, daß sie sich noch heute, wo es ihnen frei steht, ihre Prozesse persönlich zu führen, fast ohne Ausnahme der Justizkommissarien bedienen.

Aber auch die Beschuldigungen, welche bei der Reform von 1780 die Abschaffung der Advokaten motivirt haben, scheinen uns von der Art zu sein, daß sie ihre Widerlegung in sich selbst tragen. — Die Advokaten sollen die Wahrheit verdunkelt, die Thatsachen entstellt, die Prozesse verwirrt und hierdurch den Richter irre geführt haben. Allein diese Beschuldigung enthält einen eben so großen Vorwurf für die Richter, welche sich irre führen ließen; und konnten Letztere durch die Advokaten irre geführt werden, so muß man doch umgekehrt auch zugeben, daß sie durch eben dieselben auf den richtigen Weg geleitet werden konnten. Immer aber hatte, wenn ein Theil die Wahrheit zu verhüllen suchte, der Gegner ein Interesse dabei, sie ans Licht zu ziehen, und es scheint, daß diese gegenseitigen Bemühungen nicht nur den befürchteten Nachtheil aufheben, sondern auch dem Richter dazu dienen mußten, die Wahrheit zu finden, indem ihm beides, der Weg und der Abweg, gezeigt war.

Sie sollen ferner aus Eigennutz und des Verdienstes wegen die Prozesse vervielfältigt und verlängert haben. — Allein der erste Vorwurf, der hierin liegt, kann nicht die Advokaten, sondern nur die Prozeß-Ordnung treffen. Erlaubte es diese, die Prozesse zu spalten und einzelne Präjudicialfragen oder Incidentpunkte abgesondert zur Entscheidung zu bringen, so war auch der Anwalt genöthigt, sich diese Spaltung und Vervielfältigung der Prozesse gefallen zu lassen, ja die einzelnen Punkte durch alle Instanzen zu verfolgen, weil sie die Hauptsache präjudicirten. — Dem zweiten Vorwurf konnte eine Sportultaxe begegnen, welche für verlängerte Prozesse nicht mehr Gebühren bewilligt, als für bald zu Ende gebrachte. Man vergaß aber auch hier wieder, daß, wenn der eine Theil ein Interesse dabei haben konnte, den Prozeß zu vervielfältigen und zu verlängern, immer das entgegengesetzte Interesse beim andern vorwaltete und daß daher die Prozeß-Ordnung diesem nur die Mittel zu geben hatte, um die Chikane jenes zu besiegen.

Nach den Allerhöchsten Kabinetsordres vom 8ten Juli 1802 und 19ten September desselben Jahres ist der richtige Grundsatz angenommen, daß die Justizkommissarien gleiche Qualification haben und gleichen Prüfungen unterworfen sein sollen, wie die Mitglieder der Gerichte, bei welchen sie fungiren. Denn in der That bedarf derjenige, welcher das Recht vor dem Richterstuhle vertritt, nicht weniger Kenntnisse und Geschicklichkeit, als der Richter, welcher auf demselben sitzt, um es zu finden. — Wird dieser Grundsatz ohne Ausnahme befolgt und wird auch bei Anstellung der Justizkommissarien mit gleicher Strenge auf die Moralität der Individuen gesehen, als dies Hinsichts der Richter geschieht, so wird es so wenig an geschickten und redlichen Sachwaltern fehlen, wie an guten Richtern.

Dies führt zu der zweiten Untersuchung:

b) ersetzt der Preußische Instruent wirklich die Advokaten? werden durch seine Bemühungen die streitigen Rechtssachen eben so gut oder noch besser zum Erkenntniß vorbereitet, als dies durch Advokaten geschehen kann und zu geschehen pflegt?

Prüft man diese Frage nach der Erfahrung und will man sie danach beantworten, was durch die Instruktionen, wie sie im Ganzen genommen beschaffen sind, geleistet wird, so kann die Antwort nicht zweifelhaft sein und es ist demjenigen nichts hinzuzufügen, was oben über den gegenwärtigen Zustand der Rechtspflege gesagt und durch die eingegangenen Vorschläge und Bemerkungen bestätigt ist. — Selbst diejenigen, welche für die Beibehaltung des Instruktions-Verfahrens stimmen, müssen doch das Bekenntniß ablegen, daß solches höchst mangelhaft ausgeübt werde. Und wie kann dies anders sein, so lange die Instruktionen in den Händen ungeübter Anfänger sind, die, kaum von der Universität entlassen, dort zwar die Rechtstheorie gründlich erlernt haben mögen, aber solche noch nicht anzuwenden wissen, denen die vaterländischen und Provinzialrechte fremd sind und welche — was in vielen Fällen die Hauptsache ist — den mannigfaltigen Verkehr der Menschen nicht kennen, aus welchem die Prozesse entspringen. Ohne diese Kenntniß wird es oft dem größten Rechtsgelehrten schwer werden, einen Prozeß geschickt einzuleiten und zu führen, und nicht selten sehen wir auch die Richter hierin fehlen oder doch den Advokaten nachstehen. — Hierzu kommt aber noch, daß alle Instruktions-Verhandlungen gleichsam im Fluge und aus dem Stegreif aufgenommen werden und daher auf Sprache und Ausdruck, auf Ordnung und innern Zusammenhang nicht die mindeste Sorgfalt verwendet werden kann. Ist es sonach ein Wunder, wenn man Instruktionen findet, von welchen man glauben möchte, daß es der Zweck des Instruenten gewesen sei, die Sache vielmehr zu verwirren, als ins Klare zu setzen; welche von der Art sind, daß es dem Referenten die größte Mühe macht, aus den zahlreichen Verhandlungen zu entnehmen, was eigentlich die Parteien wollen und behaupten, und daß er endlich durch ein Resolut einen Faden suchen muß, um aus diesem Labyrinth zu kommen?

Man wird vielleicht erwidern, daß Vieles hiervon auf Mißbräuchen beruhe, welchen abgeholfen werden müsse, und daß auf der andern Seite der Erfahrungsbeweis dafür fehle, daß die Prozesse besser instruirt sein werden, wenn die Instruktion durch Advokaten in Schriftsätzen geschieht.

Das Erstere kann zugegeben werden, wiewohl die Abstellung jener Mißbräuche sehr schwierig und nur durch eine bedeutende Vermehrung des Richterpersonals zu bewirken sein möchte. — Was den fehlenden Erfahrungsbeweis betrifft, so liefert diesen das oben erwähnte Gutachten des Oberlandesgerichts zu Naumburg, welches bezeugt, daß diejenigen Instruktionen die vorzüglicheren gewesen seien, in welchen das sogenannte erste Verfahren nach sächsischem Prozeß geschlossen war und in welchen hierauf, bei der Umleitung, von einem Deputirten der Status causae et controversiae regulirt wurde. Andere Gerichte konnten ähnliche Erfahrungen nicht machen. Dieses Zeugniß beweist aber um so mehr, als jene Advokaten, für deren Arbeiten es spricht, nach dem gemeinen deutschen Prozeß gebildet waren, welche mithin dieselben Vorwürfe treffen mußten, die im Jahre 1780 den Advokaten überhaupt gemacht wurden, und als sie, Hinsichts der gesetzlich vorgeschriebenen Qualificationen zum Advokatenstande, den Preußischen Justizkommissarien nicht gleich zu stellen sind.

Doch auch abgesehen von den vor uns liegenden Erfahrungen und bei vorausgesetzter Qualification des Instruenten, so verdient von zwei Einrichtungen, welche beide zum Zweck führen können, stets diejenige den Vorzug, welche die meisten Mittel und Motive für den Zweck enthält, und die sichersten Bürgschaften für dessen Erreichung giebt. — In beider Hinsicht scheint uns das Uebergewicht auf Seiten der Advokaten zu liegen.

Der Advokat ist einmal im Stande, besser zu arbeiten, als der Instruent, weil er seine Schriften mit Muße, Ruhe und Ueberlegung und mit Benutzung aller Hilfsmittel fertigen kann, während die flüchtige Terminsstunde diesem hierzu keine Zeit läßt. — Er hat zugleich stärkere Motive, sich anzustrengen und allen Fleiß, alle Sorgfalt auf seine Arbeit zu verwenden, weil das in ihn gesetzte Vertrauen, sein davon abhängiger Ruf und der zu erwartende Lohn ihn das Interesse seines Klienten theilen lassen. Den Richter kann zu einer gleichen Anstrengung, zu einer gründlichen und erschöpfenden Instruktion der Sache, nur sein Pflichtgefühl treiben, und leicht wird dieses abgestumpft, wenn — wie es der Fall ist — die Masse der Arbeit seine Kräfte übersteigt und er, auch beim besten Willen, seiner Pflicht nicht mehr vollkommen genügen kann.

Ist der Eine oder Andere in Erfüllung seiner Obliegenheiten nachlässig, läßt er sich Verzögerungen oder Versehen zu Schulden kommen, so hat die Partei gegen den Richter bloß den Weg der Beschwerde, die jedoch in diesem Falle selten von Erfolg ist und welche zu erheben sich die Partei überdies scheuen muß. Gegen den säumigen oder gewissenlosen Anwalt hat sie eine viel wirksamere Beschwerde; sie hat außerdem den Regreß und die Wahl eines andern Anwalts.

Man kann daher weder voraussetzen, daß der Instruent besser seine Schuldigkeit thun werde, als der Advokat, noch giebt es mehr Mittel, ihn dazu anzuhalten.

c) Allein wir glauben noch einen Schritt weiter gehen und behaupten zu können:

daß auch der Instruent die Advokaten nicht ersetzen **kann**,

weil es die Forderung eines Unmöglichen ist, daß ein Einzelner die Rechte zweier streitenden Theile auf gleiche Weise wahrnehmen und gleich gut darstellen soll.

Die Wahrheit geht aus dem Widerspruch hervor und kann nur durch ihn erkannt werden. — Gilt dies im Allgemeinen, so leidet es eine besondere Anwendung auf den Prozeß.

Hier tritt der Widerspruch in den streitenden Theilen gleichsam lebendig auf und die Wahrheit, welche der Richter durch seine Entscheidung finden soll, ist das Recht. Um sie zu finden, bedarf daher der Richter der vollständigsten Darstellung aller für jeden Theil sprechenden faktischen und rechtlichen Momente, und je schärfer, je klarer und erschöpfender diese Darstellung für beide Partheien ist, um so mehr ist er in den Stand gesetzt, die Wahrheit zu erkennen, d. h. ein richtiges Urtheil zu fällen, und um so besser ist der Prozeß instruirt.

Kann aber der Instruent eine solche Darstellung für beide streitende Theile liefern, übersteigt dies nicht die Kräfte eines Einzelnen und muthet man ihm nicht hierdurch etwas Widersprechendes zu?

Um das Für und Wider einer Sache aufzusuchen (nicht um darüber, wenn es vorliegt, zu urtheilen), bedarf es immer einer Abstraktion. Man muß das gefundene Resultat nicht bloß bei Seite legen, man muß es vernichten, und die Untersuchung auf einem andern Wege von Neuem anfangen. Allein wie schwierig ist dies! Das bestochene Urtheil eilt stets der neuen Untersuchung voraus oder kürzt den Weg ab, und schon im Besitze des richtigen Resultats sich wähnend, sucht es nur eine Bestätigung, nicht eine Widerlegung desselben.

Hierzu kommt noch eine andere Betrachtung. Der Geist ist im Menschen nicht ohne den Willen wirksam. Jede Geistesthätigkeit setzt eine Willensbestimmung voraus, welche ihr gleichsam den Impuls giebt und sie beherrscht. Soll sie gelingen, so muß sie mit Liebe verrichtet werden. — Bei solchen Wahrheiten, welche ein allgemeines menschliches Interesse haben, ist es eben dieses Interesse, welches zu immer erneuerten Forschungen reizt.

Ein Rechtsstreit zwischen zwei Parteien bietet ein allgemeines Interesse der Art nicht oder doch nur selten dar. Den Anwalt treibt sein Verhältniß als solches, das in ihm gesetzte Vertrauen und der Schutz, den er seinem Klienten zugesagt hat, um dessen Bestes in aller Anstrengung seiner Kräfte zu befördern. Den Richter, welcher den Ausspruch thut, beseelt die Liebe zum Gesetz, welches durch ihn spricht; sein erhabener

Beruf, der Wächter des Gesetzes zu sein, die innere Zufriedenheit und die äußere Ehre, welche dieser ihm giebt, erfüllen ihn so sehr, daß er alles anwendet, um jenem zu entsprechen und diese zu verdienen. — Der Instruent aber, da er den Rechtsstreit nicht zu entscheiden, sondern für das Urtheil des Richters vorzubereiten hat und indem er die streitenden Interessen und Rechte beider Theile mit Eifer und Geschick wahrnehmen soll, müßte, um dieses zu können, von widersprechenden Affekten bewegt sein. Diese streitenden Affekte werden jedoch entweder einander aufheben, wovon die Folge sein wird, daß der Instruent sein Geschäft für beide Theile nur lässig oder oberflächlich verrichtet, daß er sich mit den Angaben der rechtsunkundigen Parteien begnügt, ohne ihnen weiter nachzugehen und für deren gehörige Begründung zu sorgen; oder Einer jener Affekte wird überwiegend sein und in diesem Fall der Instruent sich der Sache des einen Theils mit Vorliebe vor der des Andern annehmen. Der letztere Fall wird ohne Zweifel der häufigere sein, weil bei einem Streit Jeder, der auch äußerlich nicht zum Richter bestellt ist, dennoch innerlich den Richter macht, d. h. Partei nimmt.

Man hat also dem Instruenten zwei Rollen zugetheilt, die des Klägers und Beklagten, welche in dem natürlichen Verhältniß stets getrennt sind und es zur Erforschung der Wahrheit auch bleiben müssen.

Hierin finden wir zugleich den innern Grund nicht nur davon, daß so wenig gute Instruktionen angetroffen werden, sondern auch, daß selbst darüber noch verschiedene Ansichten herrschen, was eine gute Instruktion sei.

Denn was soll die Instruktion? —

Soll sie die Wahrheit ermitteln, d. h. den Streit auflösen, das Urtheil finden? Oder soll sie nicht vielmehr den Streit nur zur Entscheidung vorbereiten, d. h. eine klare, geordnete und erschöpfende Darstellung alles desjenigen liefern, was beide Theile zur Begründung ihrer gegenseitigen Anträge mit dem Scheine Rechtens irgend anführen können, ohne den Streit schon zu schlichten?

Das Erstere scheint die Gerichts-Ordnung zu fordern, indem sie will, daß der Instruent die Instruktion nach einer bestimmten Ansicht leite; und es findet seine volle Anwendung da, wo der Instruent zugleich Richter ist, wo er aus den Vorträgen der Parteien und der Verhandlung mit denselben das Urtheil schöpft.

Das Letztere fordert die Natur der Sache in allen den Fällen, wo ein Anderer, als der alleinige Instruent das Urtheil sprechen soll, um diesen in den Stand zu setzen, die Wahrheit, d. h. das richtige Urtheil, zu finden.

Sehr häufig wird man aber bemerken, daß die Instruenten auch in diesen Fällen, irre geführt durch die Forderungen der Gerichts-Ordnung, und insbesondere dann, wenn sie ihre Sache am besten zu machen gedenken, nur bemüht sind, ihre Ansicht (die sie als Richter haben würden) in die Sache hineinzutragen und alles hiermit in Widerspruch stehende durch Remonstrationen und Belehrungen, die sie den Parteien ertheilen, daraus zu entfernen und von sich abzuweisen. Hierdurch erhebt sich der Instruent zum Richter und nimmt diesem das Urtheil vorweg. Das erkennende Gericht muß entweder die Ansicht des Instruenten als die Seinige gelten lassen, oder die Instruktion ist unbrauchbar, weil sie das streitige Rechtsverhältniß nicht vollständig, nicht auf beiden Seiten mit gleicher Schärfe und Dialektik entwickelt hat; was freilich einem Einzelnen, aus dem angeführten Grunde, nur selten gelingen mag.

Wir halten daher endlich auch

d) das Geschäft des Instruiren für unverträglich mit dem Richteramt, weil dasselbe die Unparteilichkeit des Richters eben sowohl gefährdet, als in Verdacht bringt.

Wer unpartheiisch richten soll, muß blos richten. Die richterliche Unparteilichkeit ist — so seltsam dies auch lauten mag, da sie durch die Abwesenheit aller Affekte bedingt zu sein scheint — gleichwohl ebenfalls eine Gemüthsstimmung, bestehend in der höchsten Achtung und Liebe des Gesetzes und hervorgebracht durch die Stellung des Richters, dadurch, daß er zum Richter zwischen und über die Parteien gesetzt ist. In dieser Stellung gründet sich zugleich seine Unparteilichkeit und seine Ueberlegenheit. Soll er beides behaupten können, so darf auch jene Stellung nicht geändert werden. Der Richter muß bloß urtheilen; das Für und Wider, zwischen welchem er sich zu entscheiden hat, muß ihm von den Parteien vorgelegt werden. Soll der Richter die Elemente seiner Entscheidung erst selbst aufsuchen, so ist er nicht mehr unparteiisch, so schützt ihn nichts mehr gegen die Gefahr einer einseitigen Entscheidung, weil das Gefundene sein Werk ist und weil er nicht weiter suchen wird, wenn er gefunden zu haben glaubt. Und dies gilt eben so sehr von den rechtlichen, als von den faktischen Elementen der Entscheidung. Ein neuer Beweis also gegen diejenigen, welche die Rechtsausführungen für überflüssig halten, weil der Richter die Gesetze ohnedies kenne müsse. Man verwechselt hier zweierlei, die Kenntniß der Gesetze, die dem Richter allerdings beiwohnen soll, mit der Wissenschaft derjenigen Gründe, welche in einem besondern Fall die Anwendung oder Nichtanwendung eines Gesetzes motiviren oder selbst den Sinn desselben in der Anwendung auf diesen Fall zweifelhaft machen könne — eine Wissenschaft, welche sich niemals auslernen läßt.

Man wird uns indeß nicht so mißverstehen, als ob unsere Meinung dahin gehe, daß der Richter nur nach den Angaben der Parteien urtheilen solle und schlechterdings an diese gebunden sei. Vielmehr haben wir ihm das Recht der völligen Kognition schon oben eingeräumt. Es ist der Zweck aller Instruktion und die Bedingung eines richtigen Urtheils, daß dem Richter diese völlige Kenntniß der Sache verschafft werde; und wenn er in den Vorträgen der Parteien Dunkelheiten oder Lücken findet, so muß er daher von Amtswegen eben so wohl befugt als verpflichtet sein, jene aufklären und diese ergänzen zu lassen.

Statt also daß die Gerichts-Ordnung auf die Theilnahme des Instruenten an der Urtheilsfindung einen Werth zu legen scheint, indem sie durch ihn den Referenten kontrolliren läßt, hätte sie ihn vielmehr von dieser Theilnahme ausschließen sollen. Denn wenn, nach Gerichts-Ordnung Tit. 2. §. 143., derjenige Richter recusirt werden kann, welcher der Konsulent einer der streitenden Theile gewesen ist, so befindet sich der Instruent stets in dieser Lage; und niemals wird die Partei an die Unparteilichkeit eines Richters glauben, von dem sie gesehen hat, daß er zugleich bemüht gewesen ist, die Rechte ihres Gegners wahrzunehmen.

Aus diesen Gründen scheinen uns die obigen Fragen verneint werden zu müssen und wir können dem zufolge auch dem Vorschlage derer nicht beitreten, welche, durch eine abermalige Verbannung der Advokaten und durch den Zwang der Parteien zum persönlichen Erscheinen, das System der Gerichts-Ordnung in seiner Reinheit und ursprünglichen Gestalt wieder herstellen wollen.

Bei aller Achtung, welche den scharfsinnigen Verfassern der Gerichts-Ordnung gebührt, wird man doch eingestehen müssen, daß der Versuch, welchen sie machten, die Parteien zum persönlichen Erscheinen und zur eigenen Vertheidigung ihrer Rechte zu nöthigen, an dem Widerstande dieser gescheitert ist und aus den angeführten Gründen scheitern mußte. — Will man gleichwol diesen mißlungenen Versuch wiederholen und die Advokaten von Neuem proscribiren? — Man würde hierdurch einen viel größeren Fehlgriff, als im Jahre 1780, begehen; man würde, statt die Erfahrung — die neueste, wie die aller Zeiten — und das Bedürfniß zu Rathe zu ziehen, beide vielmehr gewaltsam zurückstoßen. Um vieles lästiger würde jener Zwang heut zu Tage empfunden werden und man würde zugleich den Fortschritten entgegen treten, welche die Gesetzgebung in andern Zweigen der Verwaltung gemacht hat. Während man hier mit dem besten Erfolg bemüht gewesen ist, die Fessel, welche das Eigenthum, den Handel und die Gewerbe drückten, zu zerbrechen und häufig für die Bildung selbst der neuesten Volkmassen sorgt, sollte die Rechtspflege allein einen Rückschritt thun, neuen Fesseln erhalten und auf die Rechtsunkunde der Parteien gegründet werden?

Und welchen Gewinn würde man davon haben? Wenn jetzt schon die Gerichte klagen, daß sie unter der Last der Arbeit erliegen, so würde hierdurch diese Last nur noch vermehrt werden. Denn unmöglich würde man doch die Verhandlung mit den Parteien in Person anderen, als völlig qualifizirten Richtern überlassen können.

So vortrefflich und aus der Natur der Sache geschöpft die Idee war, welche in der Cabinets-Ordre Friedrichs des Großen vom 14ten April 1780 ausgesprochen ist und welche der neuen Prozeß-Ordnung zur Grundlage dienen sollte:

> daß nämlich der Richter die Parteien mit ihrer Klage und Verantwortung selber hören und aus der Gegeneinanderhaltung ihrer Vorträge die Wahrheit entnehmen solle,

so täuschte man sich doch in der Ausführung und Anwendung dieser Idee auf formirte Gerichte, und so groß war diese Täuschung, daß man sich selbst weiter davon entfernte, als das frühere Verfahren davon entfernt war.

Diese Idee wird man daher unseres Ermessens bei der Revision der Gerichts-Ordnung festzuhalten und nur die Mängel der Ausführung zu verbessern haben.

ad C. Wir sind mit der Mehrzahl der eingegangenen Gutachten dahin einverstanden, daß es zu jenem Zweck einer durchgreifenden Aenderung des bisherigen Verfahrens bedürfe.

Die Gutachten dieser Art kommen großentheils auch in demjenigen überein, was und wie es zu ändern ist. Nur in den Grundsätzen, aus denen sie die Abänderungen ableiten oder zu welchen sie sich gleichzeitig bekennen, wird man vielleicht ein Schwanken bemerken. Es scheint, daß die Verfasser sich nicht immer von gewohnten Vorstellungen haben losreißen können oder auch den Zusammenhang des zu Aendernden mit dem System der Gerichts-Ordnung nicht eingesehen haben; und hieraus ist es u. E. zu erklären, daß die vorgeschlagenen Aenderungen mehr zufällig und willkührlich, als nothwendig erscheinen, daß sie zuweilen in Widerspruch stehen, sowohl unter sich, als mit den vorangestellten Prinzipien und daß die Grenzlinien nicht überall scharf gezogen sind.

Motive

des gegenwärtigen Entwurfs.

Motive

des gegenwärtigen Entwurfs.

Bei der Ausarbeitung des vorliegenden Entwurfs ist mit dem erstern der Ordnung der Allgemeinen Gerichts-Ordnung gefolgt. Die in dem ersten Entwurf enthaltenen Grundsätze und Vorschläge sind im Allgemeinen so zweckmäßig und gerecht, daß der gegenwärtige Entwurf ihnen sich zum bedeutenden Theil angeschlossen hat; sie erschienen jedoch bei näherer Prüfung noch mehrerer Erweiterungen fähig und überdem hatten die Prozeß-Gesetze in späteren Zeiten mehrere so erhebliche Veränderungen erhalten, daß die früher angenommene Basis nicht mehr genügte. In diesen und anderen Beziehungen weicht daher der vorliegende Entwurf von dem frühern sowohl in der Form, als in dem Inhalt und in einzelnen Bestimmungen, häufig sehr wesentlich von einander ab, die zum Theil darin ihren Grund haben, daß der vorliegende sich möglichst bestrebt hat, den Parteien die Verfolgung und Vertheidigung ihrer Rechte noch mehr zu erleichtern und zu sichern. Beide Entwürfe sind dagegen von der übereinstimmenden Ueberzeugung ausgegangen, daß der Tadel und die Vorwürfe der bestehenden Preußischen Prozeß-Gesetze, in welche, von manchen Seiten, man seit dem zweiten Dezennium dieses Jahrhunderts von der unbedingtesten

Lobpreisung derselben plötzlich übergegangen war, übertrieben und ungegründet sind und das es daher keinesweges ihrer gänzlichen Umwerfung und der von den Tadlern nothwendig gehaltenen Einführung eines ganz neuen, wohl gar auf entgegengesetzten Grundlagen gebauten Prozeß-Systems bedürfe. Was schon früher anerkannt war und bei jeder Gesetzgebung anerkannt worden ist und anerkannt werden wird, bei der Prozeß-Gesetzgebung aber ganz besonders eintritt, bestätigte sich auch in Beziehung auf die Preußische. Bei jeder unbefangenen Prüfung derselben ergab sich, daß sie an sich zu den ausgezeichnetsten gehöre, allein dennoch nicht ohne Mängel sei, daß letztere aber nicht in ihr selbst, sondern außerhalb ihr liegen. Die Verhältnisse unter welchen und für welche die Prozeß-Ordnung erlassen war, hatten sich im Lauf der Zeit so verändert, daß sie nicht mehr in ihrem Geiste ausgeübt und daß ihre buchstäbliche Ausführung den Verhältnissen nicht mehr zusagte und nach ihrem Buchstaben nicht mehr zur Anwendung gebracht werden konnte. Aus den Zeitverhältnissen und aus der veränderten Organisation des Staats, insonderheit der Aufhebung der Militair-, Civil- und der Cameral-Justiz und der Spezial Gerichte und der fortschreitenden ergänzenden Gesetzgebung u. s. w., waren die, vor die ordentlichen Gerichtshöfe gehörigen Rechtssachen zu einer Höhe gestiegen, mit welcher die Arbeitskräfte der Gerichtshöfe außer Verhältniß traten. Es folgt aus der Natur der Sache, daß es unweise und unzweckmäßig sein würde, diese Lage nicht durch Beseitigung dieser äußeren Hindernisse, sondern durch Umwerfung der Prozeß-Ordnung abzuhelfen und anstatt der Bahn der Weisheit aller Jahrhunderte zu folgen, ein Wagestück zu unternehmen, was so mißlich ist, daß bisjetzt selbst alles wagende Machthaber sich davor hüteten. Ein solches mißliches Wagestück ist aber die gänzliche Umwerfung der in einem Lande bestehenden Prozeß-Ordnung und die Aufbauung einer ganz neuen, zumal auf ganz entgegengesetzten Grundsätzen beruhenden. Die Geschichte hat nicht ein Beispiel eines solchen Unternehmens aufzuweisen. Selbst die revolutionären Machthaber Frankreichs haben, ungeachtet sie weder bestehende Verfassung, noch Achtung für Institutionen der Vorzeit und der Gegenwart in ihrer Neuerungssucht und Eigenmacht beschränkten, ihr Civil-Prozeßbuch nicht von Grund aus neu erschaffen, sondern auf die Prozeßgebung der Valois und der Bourbons gegründet und zum Theil auf dieselbe verwiesen, so wie diese auf sie nur näher entwickelt und fortgebildet, so wie Ludwig XIV. und vor ihm die Valois ihre Prozeß-Ordnungen auf die der früheren Dynastien gründeten. Selbst schwache und eitle Regenten haben sich durch diejenigen, nur zu solchen Uebereilungen hinreißen lassen. Auch Friedrichs II. Prozeß-Gesetzgebung war keine neue, sondern nur eine Fortbildung der älteren, deren Charakter im Allgemeinen darin bestand, daß das bisher nur bei Untergerichten übliche Verfahren mit den Parteien selbst auch auf die Obergerichte übertragen und der richterlichen offiziellen Thätigkeit ein größerer Umfang gegeben ward, beides freilich diejenigen Punkte, welche dem Bestehenden am wenigsten zusagten und späterhin die Mängel und den Tadel dieser Gesetzgebung besonders veranlaßten.

Auch der Befangenste wird durch gründliche Prüfung dieses, aus einer fast funfzigjährigen besonderen Sorgfalt Friedrichs des Großen für die Prozeßgesetzgebung hervorgegangenen Gesetzbuchs von dem ausgezeichneten Geist, von der wohlwollenden, vorsorgenden Richtung und von den vollständigen Vorschriften desselben sich überzeugen. Wo ist die Prozeß-Ordnung, die in diesen Beziehungen sich der des Großen Königs zur Seite stellen könnte? Niemandem, der die Geschichte dieses Gesetzbuchs kennt, kann der allgemeine Beifall, der Enthusiasmus unbekannt sein, mit welchem dasselbe in Europa aufgenommen und der Erfolg mit welchem es in Preußen angewandt ward. Eben so wenig sind die Gründe zu verkennen, aus welchen diese Prozeßgesetze die früheren Resultate jetzt nicht mehr gewähren können. Die Aufgabe der Revision ist daher, auf der einen Seite diese Hindernisse zu beseitigen und auf der anderen Seite das frühere System selbst zu prüfen und zu untersuchen, ob und wiefern dasselbe den Zweck noch erfüllt oder einer Veränderung bedarf, um denselben zu erreichen.

Das Gesetz-Revisions Ministerium hat sich bestrebt diese zwiefache Aufgabe möglichst zu erfüllen, gleich entfernt das Gute nur unbedingt in dem Alten, oder nur allein in dem Neuen und in dem Ausländischen, nur in blosser Praxis oder in blossen Theoremen und Axiomen zu finden, gleich entfernt von der Ansicht, daß das, was einmal in einem Lande Rechtens ist, unabänderlich aufrecht erhalten werden müsse, als von der oberflächlichen Ansicht, daß Institutionen eines Landes ohne weitres auf andere Länder übertragen werden können.

Der nähern Darstellung dürften einige Bemerkungen über Oeffentlichkeit und Mündlichkeit des gerichtlichen Verfahrens im Civil-Prozesse und über öffentliches Ministerium vorauszuschicken sein.

So viel zuerst die Oeffentlichkeit betrifft, so wird im Allgemeinen auf dasjenige Bezug genommen, was darüber in den Vorbemerkungen zum Entwurfe der Strafprozeß-Ordnung bemerkt ist. Alles, was für die Oeffentlichkeit des gerichtlichen Verfahrens angeführt wird, fällt im bürgerlichen Prozesse weg und alles, was gegen sie angeführt wird, tritt im bürgerlichen Prozesse in einem weit erhöhten Grade ein. Wenn, nach der Ansicht der Vertheidiger, die Oeffentlichkeit in der Criminalrechtspflege dieselbe, den Eindruck der Strafe und das warnende Beispiel derselben auf das Publikum verstärken soll, so ist dazu im Civilprozeß weder Nothwendigkeit, noch Veranlassung vorhanden. Welcher Eindruck, welches Beispiel soll dem Publikum durch einen Prozeß zwischen Pächter und Verpächter, oder durch einen Erbschafts-Prozeß gegeben werden? Im Criminal-Prozeß soll, wird behauptet, das Publikum das Verfahren des Richters controlliren und dem Angeschuldigten eine Garantie für die Gesetzmäßigkeit des Verfahrens geben? Bedarf es in einem Civil-Prozesse außer den höhern Instanzen und der obersten Justiz-Aufsicht, noch einer Garantie und Controlle? Was Appellations-Gericht, Ober-Tribunal und Justiz-Ministerium nicht vermögen, das soll dasjenige Publikum der großen, mittlern oder kleinern Stadt, in welcher ein Gericht befindlich ist, gewähren, was zufällig anwesend, aber selten irgend geeignet ist, die Sache in facto hinreichend aufzufassen und noch weit seltener mit den Gesetzen hinreichend bekannt ist, um irgend ein Urtheil über das richterliche Verfahren fällen zu können, und daher schiefe und irrthümliche Urtheile über dasselbe verbreiten und das öffentliche Vertrauen zum Richter schwächen wird. Aber, sagt man, die Gegenwart des Publikums wird den Richter in den gesetzlichen Schranken halten. Wie kann man die Achtung für Gerichtshöfe bis zu dem Grade verletzen, um anzunehmen, daß sie des Publikums bedürfen, um nicht Gewissen und Pflicht zu verletzen, um ihnen zuzutrauen, daß, bedürften sie eines äußeren Motivs, sie zu erfüllen, sie dasselbe in einem ab- und zuströmenden rechtsunkundigen Publikum in einem stärkeren Maaße, als in den höheren Instanzen finden würden?

Mögten diejenigen, welche dies Mittel gute Richter zu bekommen, wohl Männer zu Richtern haben, welchen die Ansichten eines solchen Publikums höher steht, als ihr Gewissen? Wohl aber kann die Oeffentlichkeit einen nachtheiligen Einfluß auf die Rechtspflege haben; der geschickteste und redlichste Richter ist wegen Alter, Mangel an Rednergabe und äußerer Verhältnisse oft nicht der Mann des Publikums und eben so oft verhält es sich umgekehrt. Es ist daher nicht abzusehen, welchen Nutzen die Oeffentlichkeit im bürgerlichen Prozesse gewähren sollte; die Nachtheile derselben sind vielmehr überwiegend. Es dürfte zuerst die Frage entstehen, ob die Gesetzgebung überhaupt berechtigt ist, sie einzuführen und deshalb, weil zwei Unterthanen über einen Gegenstand in Streit sind, dem ganzen Publikum die Einsicht in ihre Privat-Verhältnisse zu gestatten? Das Geheimniß über Häusliche-, Vermögens- und andern Privat-Verhältnisse, ist bisher als ein Recht eines jeden Staatsbürgers und die Einmischung in dieselben als ein Eingriff in dasselbe angesehen. Mit keinem Vernunftschlusse ist es zu rechtfertigen, daß aus dem unter zwei Staatsbürgern entstandenen Streit, für sie die Verbindlichkeit entstehen sollte, ihre Privat-Verhältnisse dem Publikum vorzulegen und für dieses aber das Recht, von jenen Privat-Verhältnissen Kenntniß zu nehmen und sie, weil sie Gegenstand des Prozesses geworden sind, auch zum Gegenstande seiner Neugierde und Unterhaltung zu machen. Jetzt kann Jedermann dem Richter sich vertrauungsvoll äußern, ihm seine Papiere, seine häuslichen und Familien-Verhältnisse offen und ohne Rückhalt in der festen Ueberzeugung anvertrauen, daß sie nur zur Kenntniß des Richters und derjenigen, deren Interesse sie betreffen, kommen und mit Amtsverschwiegenheit und Discretion als Gegenstände der richterlichen Berathung, nicht aber der öffentlichen Besprechung und Kritik des ganzen Publikums behandelt werden.

Durch die Oeffentlichkeit des Verfahrens wird dem Publikum diese Beruhigung entzogen, und werden alle, oft die zartesten Persönlichen-Familien- und Vermögens-Verhältnisse, dem ganzen Publikum und jedem, der Zeit und Lust hat, öffentlichen Sitzungen beizuwohnen, offen dargelegt und seiner indiscreten weitern Veröffentlichung und der öffentlichen Beurtheilung und Besprechung preisgegeben. In einem Ehescheidungs-Prozesse müssen daher die Eheleute dem — alsdann gewiß zahlreichen — Publikum alle die scandalösen häuslichen Scenen, welche den Prozeß veranlaßt haben, vortragen; im Prozeß auf Vollziehung des Eheversprechens werden die Verhältnisse, die Zusicherungen, die Gründe des Rücktritts des einen Theils, kurz alle Umstände vorgetragen, vielleicht selbst die Liebesbriefe vorgelesen werden; bei Streitigkeiten zwischen Herrschaften und Dienstboten erhält das Publikum einen tiefen Blick in die häuslichen Verhältnisse; der Kaufmann, der Banquier, der Fabrikant, wird in die Lage kommen, über seinen Vermögensstand oder einzelne Verhältnisse desselben und die Lage einzelner Unternehmungen sich öffentlich zu äußern, eben dies kann bei Staats-Instituten und bei allen Verhältnissen der Privat-Personen der Fall sein. Das dadurch dem bösen Willen und der Chicane geöffnete Feld, liegt eben so von selbst vor, als die Kränkung des Gefühls, die Beschränkung der Rechtsverfolgung und der Nachtheil, der hieraus für die rechtliche Partei entspringt. Eine Menge von Personen werden lieber die ungegründeste Forderung zugestehen, als solchen Folgen der Oeffentlichkeit sich blosstellen, und ihren Vermögenszustand und übrigen Verhältnisse Angesichts des Publikums in einem Prozesse offen vorzulegen, der vielleicht angestellt oder durch Gewerbs-Nebenbuhler veranlaßt, um durch diese Manifestation dem Credite des Mannes zu schaden; eben dies kann bei öffentlichen Unternehmungen, Credit-Anstalten des Staats, Unterhandlungen und Verträgen desselben mit Privatpersonen und allen Verhältnissen des Vermögens eintreten; welcher Familienvater wird nicht gerne den unbegründesten Anspruch einräumen, um einer Klage zu entgehen, welche sein Gegner benutzt, um mit Wahrheit oder Unwahrheit Familien-Verhältnisse zu veröffentlichen und zum Gegenstand öffentlicher Besprechungen zu machen. Die Nachtheile die hieraus für Individuen entstehen, sind allerdings sehr bedeutend, aber sie sind es nicht minder für die Rechtspflege. Es kann derselben nicht gleichgültig sein, ob der Rechtsschutz, welchen sie den Unterthanen gewähren soll, denselben durch solche Mittel erschwert, durch solche Mittel entzogen und durch solche Concussionen ihre Rechte gekränkt werden, da oft die ungerechtesten Ansprüche an Personen gemacht werden, von welchen man weiß, daß sie dieselben lieber einräumen, als ihre Rechte vor dem Publikum gegen solche Menschen vertheidigen. Es kann für die Rechtspflege nur nachtheilig sein, wenn ihre Gerichtssäle Verbrechern eine Art von Asyl gewähren. Es ist eine ganz bekannte Sache, daß Dienstboten, besonders weibliche, wenn sie über Hausdiebstähle und Veruntreuungen ertappt werden, die Anzeige oder weitere Verfolgung derselben durch das Vorgeben abwenden, daß der gestohlene Gegenstand ihnen von ihrer Herrschaft für Gefälligkeiten geschenkt worden, oder daß sie drohen, ihnen bekannt gewordene oder von ihnen ersonnene häusliche Verhältnisse bei ihrer Vertheidigung anzuführen und daß die Herrschaften lieber die Anzeige unterliessen oder günstig zeugten, als vor dem Publikum erscheinen und über solche, wenn auch Angaben noch so siegreich verhandelt und den Grund oder Ungrund solcher Verläumdungen der öffentlichen indiscreten Besprechung preisgegeben zu sehen. Dies Uebel war selbst in der Rhein-Provinz so bedeutend, daß das Rheinische Justiz-Ministerium den Grundsatz angenommen hatte, das ihm damals übertragene Strafmilderungs-Recht solchen Personen, wenn sie des Ungrundes ihrer Angaben überführt worden, niemals angedeihen zu lassen.

Es liegt von selbst der Grad der Corruption vor, der dadurch befördert wird, daß, um dem öffentlichen Erscheinen mit Menschen, die deren sich schuldig gemacht haben, oder der Veröffentlichung häuslicher oder andrer Verhältnisse zu entgehen, lieber die Verfolgung des Rechts unterlassen und die ungegründetsten Ansprüche anerkannt und Diebstahl, Betrug und andere Verbrechen unterdrückt und ihnen Thor und Thür geöffnet wird. Auch in der Geltendmachung der Rechte bewirkt die Oeffentlichkeit nur zu häufig eine der Rechtspflege nachtheilige Ungleichheit. Die Fähigkeit der öffentlichen Rede, die augenblickliche Besinnung und die Dreistigkeit und selbst die Rücksichtslosigkeit der Ausführung ist nicht immer auf der Seite des Rechts, sondern nur zu häufig auf der andern Seite und hat doch gewöhnlich einen großen Einfluß auf das Publikum und das öffentliche Urtheil über die Sache, das gerichtliche Verfahren und das Vertrauen des Publikums zum Richter.

Wenn man diese und andere Nachtheile erwägt, so dürfte die Oeffentlichkeit in Civilprozessen nicht anders als sehr entschieden nachtheilig sich darstellen. Man behauptet: die öffentliche Stimme fordere sie. Ist dies allein aber ein Beweggrund für die Gesetzgebung? Fragt sie nicht: wer ist diese öffentliche Stimme? Wer führt sie? Wo wird sie ausgesprochen? Aber darf man fragen: von wem und wo ist denn diese öffentliche Stimme ausgesprochen? Haben die Regenten sie ausgesprochen? Oder ihre Rathsversammlungen oder etwa die Ständeversammlungen? Oder haben die Gerichtshöfe sie ausgesprochen, oder Rechtsgelehrte von Ruf? Wo ist sie, wenn sie von einzelnen Stimmen gefordert ward, nicht als nachtheilig verworfen worden? Waren nicht in allen Ländern grade die ausgezeichnetsten Geschäftsmänner, von anerkannten Verdiensten und Kenntnissen, aufgeklärte, liberale, unbefangene Männer, selbst in constitutionellen Ländern, diejenigen die sich vorzüglich gegen die Oeffentlichkeit der Rechtspflege erklärten? Der Commissionsbericht und die Stände-Versammlung in Würtemberg (1842) geben darüber das jüngste Beispiel.

Daher ist auch in keinem deutschen Lande im Civil-Prozesse die Oeffentlichkeit angenommen und dürfte es bei den nahen Verbindungen zwischen den Deutschen Staaten mißlich sein, sie in einem Bundes-Staat allein einzuführen, eine solche Einführung wenigstens in Prozessen zwischen den Unterthanen desselben und anderer Bundes-Staaten vor den Gerichten der letztern eine für jene nachtheilige Ungleichheit bewirken.

So viel die Preußischen Staaten betrifft, so hat die preußische Gesetzgebung, wie die der übrigen Deutschen Staaten in allen ihren Bestimmungen die Privat-Verhältnisse der Unterthanen, so hoch geachtet und mit so großer Sorgfalt verhütet, daß der Schutz, welchen sie für ihre Rechte bei den Gerichtshöfen suchen, das Mittel werde, ihre häuslichen- und übrigen Privat-Verhältnisse zur Kenntniß, Besprechung und Benutzung des ganzen Publikums zu bringen. Offen und ohne Rückhalt sollen alle Unterthanen dem Richter ihre Privat-Verhältnisse anvertrauen, ihre Urkunden vorlegen dürfen, unbesorgt, daß sie dem ganzen Publikum bekannt werden. Allen Justizbeamten ist die strengste Amtsverschwiegenheit zur Pflicht gemacht, deren Verletzung mit Amtsentsetzung bestraft werden soll; es ist bekannt, daß noch vor nicht gar langer Zeit ein höherer Justizbeamter wegen Verletzung derselben sofort entlassen ward. Auch in einzelnen Bestimmungen beweiset unsre Gesetzgebung diese Achtung für Privat-Verhältnisse. So giebt sie zwar einer Partei das Recht, von einem Dritten die Vorlegung von Urkunden zu verlangen, welche ihr zur Vertheidigung ihres Rechts nothwendig sind, sie verfährt aber dabei mit der größten Sorgfalt und entzieht den diesen Gegenstand nicht betreffenden Inhalt einer Urkunde mit einer Sorgfalt der Kenntniß jener Partei und selbst der meisten Gerichtspersonen (vgl. unten Prozeß-Ord. Thl. II. §. 83).

Auf diese Grundsätze der Gerechtigkeit und so über der

sogenannten öffentlichen Stimme erhaben, haben die Gesetzgebungen größerer Staaten und insonderheit die Preußische sich stets fortwährend gehalten und ihren Unterthanen den Rechtsweg durch die damit verbundene Publicität ihrer Privat-Verhältnisse nicht bedenklich, unangenehm und selbst gefahrvoll machen wollen. Auch im Preußischen Staat war dies der Fall; Jahre lang hatte die sogenannte öffentliche Stimme sich schon vernehmen lassen, als im Jahre 1830 mehrere wahre Prozeßgebrechen abgestellt werden sollten. Auch damals brachte die s. g. öffentliche Stimme die Oeffentlichkeit in Antrag. Bei der hierbei diesem Gegenstande gewidmeten sorgfältigen Erwägung in den höchsten Behörden und in zwei, aus den sachkundigsten Männern bestehenden Commissionen, ward die Oeffentlichkeit verworfen. Da für summarische Sachen eigene Abtheilungen in den Gerichtshöfen errichtet wurden, so ward zwar den zu diesen Abtheilungen nicht gehörigen Mitgliedern des Gerichts und den Justiz-Commissarien der Zutritt in den Abtheilungen gestattet und auch den Parteien ihr Recht der Verhandlung ihres Prozesses beizuwohnen, nicht entzogen, allein eben alles was auf Oeffentlichkeit folgern lassen könnte, sorgfältig vermieden. Daher bestimmte die Verordnung vom 1. Juni 1833 §. 22:

> Sämmtliche bei dem Gerichte angestellten richterlichen Beamten, Referendarien, Auskultatoren und Justiz-Commissarien, sowie die Parteien, haben bei der zur mündlichen Verhandlung summarischer Sachen anberaumten Sitzung, Zutritt, letztere jedoch nur, wenn *ihre* Sache verhandelt wird. *Sämmtliche bei der Sache nicht betheiligte Personen müssen sich aber entfernen, sobald eine der Parteien darauf anträgt, oder das Gericht aus Gründen der öffentlichen Ordnung oder der Sittlichkeit dies für angemessen erachtet.*

Die Allerhöchste Cabinets-Ordre vom 15. Mai 1836 *) gestattete zwar:

*) In den Jahrbüchern für die Preußische Gesetzgebung Bd. 47 S. 539.

auch den richterlichen Beamten, Referendarien, Auscultatoren und Justiz-Commissarien anderer Gerichte in den Königlichen Staaten freien Zutritt zu mündlichen Verhandlungen im summarischen Prozeß,

jedoch unter der ausdrücklichen Bedingung:

daß dieselben auch in diesen Sachen, gleich den bei dem Gerichte selbst angestellten Beamten zur Amtsverschwiegenheit verpflichtet sind, und daß es auch diesfalls bei der Vorschrift, daß sich sämmtliche bei der Sache nicht betheiligte Personen aus der zur mündlichen Verhandlung anberaumten Sitzung, entfernen müssen, wenn eine der Parteien darauf anträgt oder das Gericht die Entfernung aller oder einzelner Personen für angemessen hält.

Die in Antrag gebrachte, ausnahmsweise Zulassung anderer Personen auf Authorisation des Justiz-Ministers, ward wegen besorglicher Exemplification abgeschlagen.

Diese Gesetzgebung hat die Rücksichten auf den wahren Nutzen der Beiwohnung gerichtlicher Verhandlungen, mit der Berücksichtigung der Rechte der Parteien und der Achtung für sie eben so musterhaft, als human vereinigt:

1) Zugelassen werden zu solchen Verhandlungen außer den Parteien in ihrer eigenen Sache, nur gerichtliche und Justiz-Beamte, welche eine solche Verhandlung verstehen und daher aus derselben Kenntnisse, Erfahrung und Nutzen für ihren öffentlichen Beruf schöpfen können.
2) Diese Personen müssen jedoch in Ansehung dieser Verhandlungen die amtliche Verschwiegenheit beobachten.
3) Demungeachtet steht jeder Partei frei, darauf anzutragen, daß diese Personen sich aus der Sitzung entfernen und ist
4) das Gericht berechtigt, sie alle oder einzeln aus der Sitzung zu entfernen.

Wie contrastirt hiergegen die allgemeine Oeffentlichkeit

und wie kann man hierin eine Oeffentlichkeit der Rechtspflege finden? Gegenwärtig kann jede Partei darauf antragen, daß selbst Mitglieder und Beamte des Gerichts und Justiz-Commissarien, die mit ihrer Sache nicht befaßt sind, ungeachtet ihrer pflichtmäßigen Amtsverschwiegenheit, sich entfernen und von ihren Angelegenheiten keine Kenntnisse nehmen; nach der Oeffentlichkeit würden aber diese Angelegenheiten dem ganzen Publikum offen vorgelegt werden, einem Publikum, welches nicht zur Verschwiegenheit verpflichtet, sondern zum Theil zum Zweck der Veröffentlichung der Sitzung beiwohnt. Jene Gesetzgebung ist allgemein als weise und zweckmäßig gepriesen, hat alle Bedürfnisse erfüllt und keinen irgend gegründeten Wunsch unbefriedigt gelassen. Welches konnte die Veranlassung sein, sie nicht allein zu verändern, sondern das geradeste Gegentheil anzuordnen? Welches ist der Grund, der dafür angeführt ist und angeführt werden könnte? Es ist überdem nicht zu übersehen, daß jene Freiheit nur im summarischen Prozeß gestattet ist, für dessen Gegenstände die Oeffentlichkeit weniger nachtheilig ist, als für die erheblichern Gegenstände des ordentlichen Prozesses.

Dies sind die Gründe, aus welchen bei der Entwerfung der vorliegenden Prozeß-Ordnung, auf die Oeffentlichkeit der Rechtspflege überall keine Rücksicht genommen ist.

Eben dies ist der Fall in Ansehung des Oeffentlichen Ministeriums. In den Vorbemerkungen zur Strafprozeß-Ordnung, ist die Natur dieses Amtes entwickelt und es ergiebt sich hieraus, daß dasselbe im bürgerlichen Prozesse nur entweder der Agent des Justiz-Ministeriums sein werde, um darauf zu sehen, daß die Ober-Landesgerichte, denn bei diesen würde es doch wohl nur angestellt werden konnen, gesetzmäßig verfahren oder daß dasselbe neben diesem Amte auch fiscalischer Anwalt sein würde. Diese Verbindung würde indessen eben so unthunlich sein, als es unschicklich ist, daß derselbe Beamte bald als Stellvertreter des Justiz-Ministers und Ueberwächter des gesetzmäßigen Verfahrens des Gerichts innerhalb der Gerichtsschranken sitzt und bald als fiscalischer Sachwalt außerhalb derselben steht. Es kann daher nur von dem ersten

Amts-Verhältnisse die Rede sein. Und da dürfte sich denn zunächst fragen: hat zu einer solchen Ueberwachung und Aufsicht der Gerichtshöfe sich ein näheres Bedürfniß ergeben? Liegt dies Bedürfniß in den Landes-Justiz-Collegien? Bedürfen sie erst noch des Raths, der Weisung um zu finden, was Rechtens ist? Was müßte das für ein Mann sein? Erleichterung der Entscheidung auf Beschwerden, kann er nicht gewähren und sie noch weniger befördern, weil er doch nicht darauf entscheiden, sondern nur an den Justiz-Minister darüber Bericht erstatten kann, und dazu erst die Ansicht des Gerichtshofes einholen müßte, es aber ungleich kürzer und angemeßner ist, daß der Gerichtshof selbst diesen Bericht erstattet und sich selbst über die wider ihn erhobene Beschwerde rechtfertigt. Die mancherlei Klagen und Beschwerden und die damit verbundenen Besorgnisse über die Einmischung des Justiz-Ministeriums in das gerichtliche Verfahren, besonders in das Civilverfahren, sind nicht gegründet aber bekannt, und sie würden von neuem belebt und gesteigert werden, wenn bei jedem Landesgericht ein eigenes Organ des Justiz-Ministeriums zur Aufsicht der Civil-Rechtspflege, zu Anträgen auf deren Verwaltung und zur Kenntnißnahme von derselben angestellt würde. Die übelwollende öffentliche Stimme würde darin die Absicht der Regierung finden, in bürgerliche Rechtssachen sich mehr zu mischen und auf die Gerichtshöfe einzuwirken. Auch auf die Rechtspflege selbst würde ein solcher Beamter nur von nachtheiligen Einfluß sein, indem seine Anträge, die Communicationen mit ihm und die Uebersendung der Acten an ihn den Prozeß aufhalten würden und dies mit der Eile, welche zum Theil mit Härte für die Parteien in den Prozeß gelegt wird, in welchem sie oft durch Versäumung einer Stunde ihr Recht verlieren, nicht in Consequenz stehen würde.

Es ist daher bei der Abfassung des vorliegenden Entwurfs auf ein öffentliches Ministerium überall nicht Rücksicht genommen.

So viel die M ü n d l i c h k e i t der Verhandlung im Civil-

Prozesse betrifft; so kann über die Vortheile oder Nachtheile derselben nicht im Allgemeinen abgesprochen, sondern darüber nur ein relatives Urtheil gefällt werden. Der Zweck des gerichtlichen Vortrages ist, dem Richter eine vollständige Uebersicht des Rechts-Streites, sowohl in factischer, als in rechtlicher Hinsicht zu geben; Beschaffenheit des Rechts und des Factums sind daher von dem wesentlichsten Einfluß auf die Frage, ob die Mündlichkeit, oder das schriftliche Verfahren rathsamer sei? Ist die Thatsache einfach und klar, bedarf sie keines umständlichen Beweises, kann der Richter die Thatverhältnisse aus einem kurzen Vortrage fassen und übersehen; so hat die Mündlichkeit unstreitig den Vorzug, wenn auch nicht der Gründlichkeit und Sicherheit, doch den der Schnelligkeit vor dem schriftlichen Verfahren. Sind die Thatsachen aber verwickelt, liegen sie zerstreut vor, und bedürfen eines mehrmaligen Vortrages, einer mühsamen Zusammenstellung und eines umständlichen Beweises; so dürfte dem schriftlichen Verfahren unstreitig der Vorzug gebühren. Auch das Recht hat Einfluß auf diese Frage. Ist das im Lande geltende Recht, wie in Frankreich, in einem kurzen und klaren Gesetzbuche enthalten und gelten außer demselben weder Provinzial- oder Lokal-Gesetze, noch Herkommen, sondern ist alles der Ansicht des Richters überlassen; so dürfte wiederum die Mündlichkeit den Vorzug verdienen. Verhält sich dagegen das Recht anders, ist zunächst das Orts-, dann das Provinzial-, das Gewohnheits- und endlich erst das gemeine Recht und über dasselbe noch eine Menge einzelner Gesetze zu berücksichtigen, sind überdem diese Gesetze in Ansehung ihres Inhalts und ihrer Gültigkeit und Sinnes oft dunkel und zweifelhaft und bedürfen einer näheren Entwickelung, Erörterung und Auslegung und eines oft mühsamen Studiums; so gewährt, zumal wenn auch das Factum erst einer mühsamen Ermittelung und Zusammenstellung bedarf, das schriftliche Verfahren unbedingt mehr Sicherheit und Gründlichkeit und verdient mithin vor der Mündlichkeit den Vorzug. Dies ist der Gesichtspunkt, aus welchem auch die Gesetzgebung in Deutschland und in allen deutschen Ländern, diesen Gegenstand stets angesehen und bestimmt hat. Alle deutsche Prozeß-Gesetze stimmen daher darin überein, daß sie die weder in facto, noch im Recht nicht zweifelhaften und nicht erheblichen — im Allgemeinen als summarische bezeichneten Sachen — zum mündlichen Verfahren, dagegen die verwickelteren zum schriftlichen — dem ordentlichen — Verfahren verweisen. Das mündliche Verfahren beschränkt sich indessen größtentheils auf Untergerichte, bei welchen die Mehrzahl der Rechtssachen summarische sind und daher das mündliche Verfahren zur Regel ward, insofern nicht wieder für verwickelte und erheblichere Sachen der ordentliche Prozeß eintritt. Bei den Obergerichten fand nur in den summarischen Sachen der Eximirten, oder, wie fast alle alten Gerichts-Ordnungen sich ausdrücken: „in Sachen, in welchen extra ordinem zu verfahren," die mündliche Verhandlung statt.

Allein diese mündliche Verhandlung ist von demjenigen, welche französische und andre auswärtige Prozeß-Gesetze aufstellen, sehr verschieden. Playdoyers der Advocaten, fanden überall nicht Statt, der Richter vernahm beide Theile, gab die Hauptmomente ihrer Erklärungen zu Protokoll und erließ auf letztres das Erkenntniß; es ward hauptsächlich deshalb ein mündliches genannt, weil keine Schriftsätze zugelassen wurden.

Der Grundsatz, daß die in Thatsachen oder im Recht verwickelten, in mehrere Theile sich spaltenden Prozesse, welche ihrer Wichtigkeit wegen, wiederholte, ernstere Erwägung erfordern, mit größerer Sicherheit und Gründlichkeit schriftlich, als mündlich verhandelt werden, liegt so tief in der Natur der Sache und ist so sehr durch die Erfahrung bestätigt, daß selbst die französische Prozeß-Ordnung ihn anerkennt und dem Richter gestattet, solche Sachen aus dem mündlichen Verfahren in das schriftliche zu verweisen, so wie auch deutsche Gesetzgebungen ihn anerkennen, indem sie dem Richter gestatten, summarische Sachen, wenn sie als verwickelt und altioris indaginis sich darstellen, zum schriftlichen Verfahren zu verweisen.

Wenn bisher vom mündlichen Verfahren die Rede war; so ist unter demselben die eigentliche und ganze Verhandlung der Sache, das ganze Gehör der Parteien und die gegenseitige Anführung der thatsächlichen und rechtlichen Verhältnisse der Sache verstanden. Es gehören dahin nicht die Verhandlung über Incident- und Nebenpunkte oder die bloß prozessualischen Anträge, z. B. Fristgesuche, Ungehorsams-Anklagen, Ueberreichung der Satzschriften und überhaupt alle Prozeß-Acte, welche ehedem in den dazu ein für alle Mal bestimmten Audienzen (Juridiken) auch im Preußischen das so genannte Constituiren, mündlich erfolgten.

Eine andere Ausnahme machten die so genannten Vorbescheide, welche die Gerichtshöfe ansetzten, um die im schriftlichen Prozesse nicht gehörig aufgeklärten, für die Entscheidung der Sache aber wesentlichen Punkte, durch mündliche Vernehmung der Parteien in ein näheres Licht zu setzen, ein Verfahren, welches indessen bei Obergerichten nicht so allgemein war, wie es verdiente. Dasselbe ward, obwohl mit Unrecht, nicht vereinbarlich mit dem Prinzip des gemeinrechtlichen Prozesses gehalten; denn, wenn gleich nach demselben dem Richter nicht gestattet ist, Thatsachen, welche die Parteien nicht vorgetragen haben, ex officio zu erforschen und geltend zu machen; so ist ihm doch nirgend untersagt, darauf zu achten, daß die von den Parteien selbst angeführten Thatsachen klar und verständlich vorliegen und dieses nicht bloß durch ein Interlokut sondern auch durch einen Vorbescheid anzuordnen. Dieses Verfahren ist indessen in späteren Zeiten, besonders in Beziehung auf die factischen Verhältnisse der Prozesse weiter ausgebildet. Es lag von selbst vor, daß, nachdem die punktweise Litis-Contestation auf jede der vom Kläger behaupteten Thatsache aufgehört und das Stillschweigen des Beklagten nur als Ableugnung derselben angesehen ward, die Nothwendigkeit der Interlocute sich vermehren mußte und daß besonders bei verwickelten Sachverhältnissen die Feststellung des Facti eine der schwierigsten Aufgaben für den erkennenden Richter, dagegen aber derjenige Punkt war, welcher der Chikane und den Verzögerungen der Prozesse den mehrsten Vorschub gab. Der durch die Preußische Prozeß-Gesetzgebung eingeführte status causae et controversiae fand zwar allgemeine Anerkennung, ward aber in andere Prozeßordnungen nicht aufgenommen, weil man ihn für unvereinbarlich mit dem Prinzip des gemeinen Prozesses hielt. Desto häufiger wurden aber Vorbescheide zur näheren Aufklärung und desto mehr auf die sorgfältigste und vollständigste Darstellung des Factums in den Relationen gehalten und diese als der wichtigste Theil derselben und als das vorzüglichste Talent eines tüchtigen Referenten angesehen, auf dessen Entwickelung besonders die vielfachen Anweisungen und selbst Vorlesungen über die Kunst zu referiren gerichtet waren. Einer der Rechtsgelehrten welcher sich darum besonders verdient gemacht hat, Pütter, äußerte schon den Gedanken, daß der factische Theil der Relation entweder den Parteien vor der Verlesung der Relation abschriftlich mitgetheilt oder in ihrer Gegenwart verlesen werden möge, um dadurch die Thatsache fest und mit Uebereinstimmung beider Theile festzustellen. Dieser Gedanke ist zwar noch später vielfach und auch bei der ersten Revision der Prozeß-Ordnung, wiederholt, jedoch in einem weiteren Umfange in neuere Prozeß-Ordnungen aufgenommen. Es lag zwar von selbst vor, daß bei Ober- und überhaupt collegialisch gebildeten Gerichtshöfen die ganze Verhandlung der zum ordentlichen Prozesse geeigneten Sache weder mündlich, noch vor dem ganzen Gerichtshofe erfolgen und dem Rechtsstreit weder Gründlichkeit, noch Sicherheit, noch dem Gerichtshofe eine vollständige Uebersicht derselben gewähren könne. Dagegen lag aber auch vor, daß in sehr vielen Fällen eine mündliche kurze Darstellung der Hauptmomente der schriftlichen Verhandlung die Uebersicht der Sache und die Auffassung des ausführlichern Vortrages des Referenten erleichtern werde und daß die Verlesung des die Thatsachen betreffenden Theils der Relation in Gegenwart der Parteien, welchen darüber ihre Zweifel und Einwendungen vorzutragen, gestattet ist, eine vollständige Controlle der Relation und ein sicheres Mittel zur Feststellung der thatsächlichen Momente und zur

Beseitigung von Zweifeln, Bedenken und Lücken, gewähre. Daher ist in mehreren Prozeß-Ordnungen eine mündliche Verhandlung vor dem erkennenden Richter zwischen dem Schluß der schriftlichen Verhandlung und der Abfassung des Erkenntnisses aufgenommen. Es ist zwar nicht zu verkennen, daß eine solche Verhandlung ihren Nutzen hauptsächlich in summarischen Sachen, seltener aber in Sachen des ordentlichen Prozesses bewähren und mit Zeitaufwand für den Richter und Kosten für die Parteien verbunden sein wird. Deshalb wird es nicht anzurathen sein, diese mündliche Verhandlung, als einen nothwendigen prozessualischen Act vorzuschreiben, sondern, wie auch schon im summarischen Prozeß geschehen ist, es von den Parteien abhängen zu lassen, ob er Statt finden soll. Unter dieser Modification, ist diese Verhandlung auch für den Ordentlichen Prozeß in dem vorliegenden Entwurf vorgeschlagen. Der Nutzen dieser mündlichen Verhandlung kann, insofern sie in ihren Grenzen gehalten wird, allerdings erheblich sein, sie wird dagegen aber, wenn sie diese Grenzen überschreitet oder ohne allen Grund angeordnet wird, nachtheilig und dies wird besonders dann der Fall sein, wenn sie der vorhergehenden Gründlichkeit der Verhandlungen oder des Erkenntnisses, worauf es doch vorzüglich ankommt, Abbruch thut, wenn sie ohne gehörige Vorbereitung des Richters abgehalten wird, wenn sie die Ordnung des Prozesses stört und dasjenige, was in dem Prozesse prozeßgesetzlich bereits feststeht, so präcludirte Einreden, von Neuem zur Erörterung zieht, so dadurch den ganzen bisherigen Prozeß auflöst und ihn von Neuem wieder hervorruft und überhaupt mehr verhandelt, als aufklärt und sichert. Indem der vorliegende Entwurf die mündliche Verhandlung auch in den ordentlichen Prozeß aufgenommen, hat er Vorschläge gemacht, um dem Mißbrauch derselben vorzubeugen.

Der vorliegende Entwurf ist zwar in seinen Grundzügen, der bestehenden Prozeß-Ordnung treu geblieben, ist dagegen aber in mehreren zum Theil Haupt-Grundsätzen, von derselben abgewichen. Da der Preußische Prozeß, ungeachtet seiner großen Vorzüge, doch Seiten hat, in Ansehung deren er mannigfacher Verbesserungen fähig ist, die um so weniger schwierig sind, als sie weniger Abweichungen von den Hauptgrundsätzen des deutschen Prozesses, welchem der Preußische sich wesentlich anschließt, als Modificationen der vorherrschenden Tendenz der Preußischen Prozeß-Gesetzgebung sind, die auf der einen Seite darin besteht, den Unterthanen den eigenen Betrieb ihrer Rechtssachen vor dem Richter möglichst zu erleichtern, ihnen aber hierbei die Belehrung, Warnung und Unterstützung des Richters selbst zu gewähren, auf der andern Seite aber den Richter auf den Grundsatz der offiziellen Erforschung der Wahrheit hinzuweisen und ihm zu diesem Zwecke das freieste Ermessen und die größte Selbstthätigkeit zu geben. Damit dieser Zweck desto sicherer erreicht werden könne sollte der Prozeß hauptsächlich in Terminen, selbst in Ober-Gerichten, selten in Satzschriften verhandelt werden, wodurch die Prozesse um so mehr verlängert und vertheuert werden, als die Fristen nur in einem schwachen Grade peremtorisch waren. Alle diese und andere hierher gehörige Gegenstände, werden in Verfolg der Motive der einzelnen Theile dieses Entwurfs näher erörtert werden. Bei der Revision der Gesetzgebung und der Abfassung des Entwurfs, ist im Allgemeinen dahin Bedacht genommen, den Parteien die Last und die Kosten der Prozesse, soviel die Ordnung irgend gestattet, zu erleichtern, ihnen ein gründliches erschöpfendes Gehör und ein unparteiisches, gründliches Erkenntniß zu gewähren. Das System der bestehenden Prozeß-Gesetzgebung, hat weder ganz verlassen, noch ganz beibehalten werden können; es ist versucht, die Vorzüge des gemeinen Prozesses mit den des Preußischen zu verbinden und beide Elemente in Einklang zu bringen. Berücksichtigt man lediglich den festen Gang des Prozesses; so dürfte allerdings bei den Ober-Gerichten in Sachen des ordentlichen Verfahrens dem gemeinen Prozeß ein größerer Einfluß gegeben worden sein, dies setzt indessen den Betrieb der Prozesse durch Sachwalter voraus und würde die nach der gegenwärtigen Verfassung den Unterthanen zustehende Freiheit, ihre Prozesse selbst zu führen, beschränken.

Dies ist aber ein, nicht blos in prozessualischer Rücksicht, sondern aus den vielseitigsten Standpunkten zu beurtheilender Gegenstand und hat daher vom Justiz-Ministerium für die Gesetz-Revision den fernern legislativen Stadien anheim gestellt werden müssen.

Entwurf.

Besonderer Theil.

Erstes Buch.

Von dem Verfahren in erster Instanz.

Erste Haupt-Abtheilung.

Von dem Prozesse über die Hauptsache.

Erster Titel.

Vom Verfahren vor collegialischen Gerichten.

Erste Abtheilung.

Von dem ordentlichen Prozesse.

Erster Abschnitt.

Von der Klage.

1. Form derselben.

§. 1.

Es hängt vom Kläger ab, ob er die Klage schriftlich einreichen, oder mündlich in Person, oder durch einen Bevollmächtigten vor dem, im Gerichtslocale zu diesem Zwecke befindlichen Deputirten des Gerichts zu Protokoll anbringen will.

2. Inhalt.

§. 2.

Die Klage muß außer der Bezeichnung des Gerichts, bei welchem sie angebracht wird, enthalten:

1. den Namen, Stand und Wohnort beider Theile,
2. die Thatsachen und Rechtsgründe, auf welche die Klage gegründet ist,
3. einen bestimmten Antrag des Klägers, d. i. die bestimmte Angabe desjenigen, was er vom Beklagten fordert oder wozu er will, daß dieser verurtheilt werde,
4. wird die Klage schriftlich angebracht; so muß der Kläger zugleich aus den zur Praxis bei dem Gericht zugelassenen Advokaten einen Anwalt mittelst Prozeßvollmacht bestellen und dieser die Klage, so wie die fernern schriftlichen Anträge unterschreiben.

§. 3.

In so fern die Klage auf Urkunden begründet ist, müssen letztere, oder der auf die Klage begründende Theil derselben, in deren Besitz der Kläger ist, und, wenn der eingeklagte Anspruch ursprünglich einem Andern zustand und von demselben an den Kläger übergegangen ist, auch die Uebertragungs-Urkunden ur- oder abschriftlich der Klage beigefügt werden.

§. 4.

Diejenigen, welche nicht in ihren eigenen Angelegenheiten, sondern für Andere klagen, müssen, insofern sie nicht gesetzlich zur gerichtlichen Vertretung derselben befugt und von einem Nachweise dieses Verhältnisses entbunden sind, dem Gerichte die Urkunden, aus welchen die Eigenschaft, in welcher sie auftreten und die mit derselben verbundene Befugniß, gerichtlich aufzutreten, hervorgeht, mit der Klage in Ur- oder Abschrift einreichen; falls nicht dieses Verhältniß und diese Berechtigung durch allgemeine oder besondere Gesetze angeordnet, oder in offener Notorität bekannt ist.

§. 5.

Ist außerdem die Autorisation oder die Genehmigung eines Andern zur Anstellung der Klage erforderlich; so muß auch diese mit der Klage ur- oder abschriftlich eingereicht werden.

3. Cumulation der Klagen.

§. 6.

Mehrere Personen, welche weder eine Corporation oder Gemeinde bilden, noch sonst gesezlich für eine Person zu achten sind, können nur gemeinschaftlich klagen und verklagt werden, wenn die Klage auf demselben Rechtsgrunde beruht.

§. 7.

Dieselbe Befugniß tritt auch ein, wenn eine Mehrzahl von Personen wegen Abgaben oder Leistungen klagt oder verklagt wird, die in einem gleichartigen persönlichen oder dinglichen Verhältnisse gegründet sind.

§. 8.

In so fern aber außer dem streitigen gleichartigen Verhältnisse in Ansehung eines einzelnen Streitgenossen noch ein besonderer Grund der Verpflichtung oder der Befreiung zur Entscheidung kömmt, kann jeder Theil auf die Verhandlung über diesen einzelnen Anspruch in einem besondren Processe antragen und der Richter auch ohne diesen Antrag diesen Anspruch zu einem besonderen Processe verweisen.

§. 9.

Mehrere Forderungen desselben Klägers wider denselben Beklagten können in eine Klage zusammengefaßt werden, wenn sie vor dasselbe Gericht und zu derselben Proceßart gehören; der Kläger kann jedoch zum Behufe der Klagencumulation auf eine schleunigere Proceßart verzichten.

§. 10.

Werden in den §§. 6, 7 und 9 gedachten Fällen die Klagen, der Zulässigkeit der Cumulation ungeachtet, abgesondert angebracht; so sind die Beklagten berechtigt, auf deren Vereinigung zu einem Processe anzutragen und muß das Gericht, in so fern nicht der im §. 8 gedachte Fall vorhanden ist, auf diesen Antrag die Verbindung verfügen.

§. 11.

Ist diese Verbindung verfügt; so können die Partheien und deren Bevollmächtigte nur die Erstattung derjenigen

Kosten fordern, welche sie verlangen konnten, wenn sie die mehrfachen Klagen von Anfang an cumulirt hätten.

4. Aenderung der Klage

§. 12.

Der Kläger kann seinen Antrag im Laufe der Instanz bis zum Schlusse derselben abändern, erweitern und beschränken, sofern der Grund der Klage unverändert bleibt, vorbehaltlich jedoch dessen, was hierbei wegen der Kosten bestimmt ist.

Zweiter Abschnitt.

Von der Verfügung auf die Klage.

§. 13.

Mangelt es der Klage an einem der vorgedachten Erfordernisse (§. 2 — 5), so muß dem Mangel vor Einleitung derselben abgeholfen werden.

Ist die ihrem Inhalte nach unvollständige Klage vom Kläger persönlich angebracht; so ist ein Termin zu deren Vervollständigung anzusetzen. Wenn die Klage schriftlich abgefaßt oder bei der persönlich angebrachten der Kläger mit einem Rechtsbeistande versehen ist; so weist das Gericht den Kläger an, binnen einer zu bestimmenden Frist den Mängeln abzuhelfen und verfügt, wenn dieser Anweisung keine Folge geleistet wird, oder in dem erstgedachten Falle der Kläger in dem angesetzten Termine ausbleibt, auf Kosten des Klägers die Reposition der Akten.

Betrifft dagegen der Mangel der Klage nicht den Inhalt, sondern andere Erfordernisse derselben, wohin insonderheit die Legitimation des Anwalts (§. 2) gehört; so wird der Kläger oder der Anwalt zu dessen Erledigung angewiesen, die Verfügung in der Sache selbst aber deshalb ausgesetzt.

§. 14.

Wenn dagegen die Klage die Vorschriften der §§. 6 — 9 verletzt oder sich überhaupt nicht zur richterlichen Cognition oder zur Competenz des Gerichts eignet, oder nach ihrem eigenen Inhalte offenbar nicht begründet oder unstatthaft ist; so ist dieselbe durch eine schriftliche Resolution unter Anführung der Gründe zurückzuweisen.

§. 15.

Gegen diese abweisende Resolution steht dem Kläger innerhalb drei Wochen der Weg der Beschwerde zu, und zwar, wenn die Resolution von einem Untergerichte ergangen ist, an das vorgesetzte Obergericht, gegen die Resolution eines Obergerichts aber an das Justiz-Ministerium.

§. 16.

Die Beschwerdeschrift muß die Gründe der Beschwerde enthalten und derselben die Klage und die abweisende Resolution ur- oder abschriftlich beigefügt sein.

§. 17.

Wenn die Klage die gesetzlichen Erfordernisse hat und zulässig ist; so setzt das Gericht einen Termin zur Beantwortung der Klage an und ladet zu demselben beide Theile, den Beklagten unter abschriftlicher Mittheilung der Klage.

§. 18.

Das Gericht ernennt zugleich einen Deputirten zur Leitung der Verhandlungen.

§. 19.

In der Vorladung ist dem Beklagten aufzugeben, die Antwort auf die Klage vor und spätestens in dem angesetzten Termine dem Deputirten einzureichen oder zu Protokoll zu erklären, widrigenfalls die in der Klage vorgetragenen Thatsachen für zugestanden und die beigefügten Urkunden für anerkannt angenommen, er mit seinen Einreden ausgeschlossen und was hiernach Rechtens erkannt werden solle. Dem Kläger ist eine Abschrift dieser Verfügung mitzutheilen.

§. 20.

Der Termin ist nach Beschaffenheit der Sache dergestalt zu bestimmen, daß der Beklagte mindestens eine Frist von vier Wochen, vom Tage der Insinuation der Klage angerechnet zu seiner Erklärung hat. Wohnt der Beklagte vom Sitze des Gerichts entfernt; so muß diese Frist um die zur Communication zwischen beiden Orten erforderliche Zeit verlängert werden.

Dritter Abschnitt.

Von der Klagebeantwortung.

I. Verfahren, wenn der Beklagte ausbleibt.

§. 21.

Wenn der Beklagte in dem Termine zur Klagebeantwortung ausbleibt, ohne vorher weder eine schriftliche Beantwortung eingereicht, noch die Verlegung des Termins nachgesucht und erhalten zu haben; so nimmt der Deputirte über das Ausbleiben desselben ein Protokoll auf. Ist der Kläger gegenwärtig; so kann er zu diesem Protokoll sofort seine Anträge machen, andern Falls wird ihm dasselbe zur Erklärung zugefertigt.

§. 22.

Trägt der Kläger auf Abfassung eines Contumacial-Urtheils an; so überreicht der Deputirte bei gehörig bescheinigter Insinuation der Vorladung die Akten dem Gericht, um nach den unten folgenden Vorschriften in der Sache zu erkennen.

§. 23.

Der Beklagte, oder dessen Bevollmächtigter müssen sich zu der in der Vorladung bestimmten Stunde an der zur Abhaltung des Termins bezeichneten Stelle einfinden. Wer länger als eine Stunde nach Ablauf der bestimmten ausbleibt, muß, wenn dadurch der Termin ganz oder theilweise vereitelt wird, die Kosten des anzusetzenden neuen Termins tragen.

§. 24.

Erscheint der Beklagte oder dessen Bevollmächtigter auch in dem angesetzten neuen Termine nicht innerhalb einer Stunde nach der in der Vorladung bestimmten Terminszeit; so kann auf Antrag des Klägers das Contumacial-Urtheil gegen den Beklagten ergehen. In beiden Fällen (§§. 23 und 24) ist der säumige Bevollmächtigte, in so fern derselbe zur Zahl der Justiz-Commissarien gehört, in eine Ordnungsstrafe zu nehmen.

§. 25.

Außer diesem Falle (§. 24) ist das gänzliche Ausbleiben des Beklagten oder seines Bevollmächtigten nur dann anzunehmen, wenn derselbe in einem auf den Vormittag anberaumten Termine nicht bis zwölf Uhr Mittags und in einem am Nachmittag anstehenden Termine nicht bis fünf Uhr bei dem ernannten Deputirten sich gemeldet hat.

§. 26.

Wenn der Beklagte die Klagebeantwortung noch vor Erlassung des Contumacial-Urtheils einreicht; so ist dieselbe zwar zuzulassen und die Sache an den Deputirten zur Einleitung des weitern Verfahrens zurückzusenden. Dem Beklagten fallen jedoch die Kosten des Termins und der spätern Verfügung zur Last und werden sogleich von ihm eingezogen.

§. 27.

Wenn in einem Processe dem Kläger mehrere Beklagte gegenüber stehen und von diesen einer oder einige in dem Klagebeantwortungs-Termine ausbleiben; so kann auf den Antrag des Klägers gegen die Ausgebliebenen ein besonderes, von dem Haupterkenntnisse unabhängiges Contumacial-Urtheil abgefaßt werden, in so fern dasselbe gegen den oder die einzelnen Beklagten ganz oder theilweise vollstreckbar ist.

II. Verfahren, wenn der Beklagte erscheint und 1) den ganzen Anspruch anerkennt.

§. 28.

Wenn der Beklagte erscheint und den Anspruch des Klägers überall anerkennt; so ist diese Erklärung zu Protokoll zu nehmen, dasselbe von dem Beklagten zu unterzeichnen und dem Kläger, wenn derselbe nicht gegenwärtig war, abschriftlich mitzutheilen.

§. 29.

Auf den Antrag des Klägers faßt das Gericht die, beiden Theilen zuzufertigende Agnitions-Resolution ab, in welcher festgesetzt werden muß, was der Beklagte seinem Anerkenntnisse gemäß dem Kläger zu leisten schuldig ist.

§. 30.

Zur Abfassung der Agnitions-Resolution genügt das von dem zum Prozesse legitimirten Bevollmächtigten des Beklagten erklärte Anerkenntniß des Anspruchs des Klägers, das schriftliche Anerkenntniß des nicht erschienenen Beklagten aber nur in so fern dasselbe beglaubigt ist, oder von einer öffentlichen Behörde herrührt, und findet vielmehr das Contumacial-Verfahren Statt.

Verfahren, wenn er den Anspruch 2) nur zum Theil anerkennt.

§. 31.

Erkennt der Beklagte den Anspruch des Klägers nur zum Theil, indem er entweder behauptet, weniger schuldig zu sein, als Letzterer gefordert hat, oder, in so fern der Anspruch aus mehreren Forderungen besteht, nur einige derselben an; so kann auf Antrag des Klägers in Ansehung der zugestandenen Forderungen die Agnitions-Resolution ergehen, in Ansehung der bestrittenen aber der Prozeß fortgesetzt werden, und muß der Beklagte in so weit die Klage vollständig beantworten.

III. Von der Klagebeantwortung.

1. Eigentliche Klagebeantwortung

§. 32.

Die Klagebeantwortung kann, wie die Klage, schriftlich übergeben, oder mündlich zum Protokolle des Deputirten erklärt werden. In dem ersten Falle muß sie, wie die folgenden Schriften, von einem bei dem Gerichte zur Praxis zugelassenen und gehörig legitimirten Anwalt unterzeichnet sein.

§. 33.

Die Klagebeantwortung muß eine genaue und vollständige Einlassung auf die Klage und eine Erklärung über die mit derselben beigebrachten Urkunden enthalten. Thatsachen und Urkunden, worüber keine Erklärung erfolgt ist, werden für zugestanden und anerkannt angenommen.

Erscheint der Beklagte in Person; so muß der Deputirte mit demselben die in der Klage angeführten Thatsachen sorgfältig durchgehen und von ihm über jede einzelne derselben die bestimmte und unumwundene Erklärung darüber, ob er sie einräumt oder bestreitet, erfordern und zu Protokoll nehmen. Daß dieser Vorschrift genügt sei, muß aus dem aufgenommenen Protokoll sich ergeben. Dasselbe Verfahren ist auch bei der Vernehmung über die Replik und Duplik zu beobachten.

2. Einreden.

A. Einreden gegen den Anspruch des Klägers.

§. 34.

In der Klagebeantwortung muß zugleich der Beklagte die sämmtlichen Einreden, unter Beifügung der Urkunden oder des Theils derselben, worauf sie sich gründen und in deren Besitze er sich befindet, unter dem Nachtheile bestimmt und deutlich vorbringen, daß er widrigenfalls dieselben, in so fern sie auf Thatumstände beruhen, die in der Klagebeantwortung nicht angeführt sind, in dieser Instanz nicht mehr vorbringen darf, in so fern sie sich nicht auf Thatsachen gründen, welche sich erst nach der Klagebeantwortung ereignet haben.

§. 35.

Die Klagebeantwortung muß endlich einen bestimmten Antrag enthalten. In wie weit mit derselben eine Widerklage verbunden werden kann, ist unten bestimmt.

B. Prozeß-Einreden.

a. Der mangelhaften Klage.

§. 36.

Behauptet der Beklagte, daß es der Klage an einem der in den §§. 2 und 3 vorgeschriebenen Erfordernisse fehle; so muß er diese Einrede dem Gerichte noch vor dem Termine zur Klagebeantwortung vortragen. Wird diese Einrede gegründet und der gerügte Mangel so erheblich befunden, daß vor dessen Erledigung die vollständige Einlassung des Beklagten auf die Klage nicht erfolgen, demselben aber bis zu dem Klage-Beantwortungs-Termine nicht abgeholfen werden kann; so ist der Termin ausdrücklich aufzuheben. Kann dem Mangel aber noch vor dem Termine abgeholfen werden; so ist derselbe nicht aufzuheben, sondern der Kläger anzuweisen, dem Mangel spätestens vor dem Termine abzuhelfen. Eine Abschrift der in dem einen oder andern Falle erlassenen Verfügung erhält der Beklagte zur Nachricht. Bei der Verfügung an den Kläger ist auf die Vorschrift des §. 13 Rücksicht zu nehmen.

§. 37.

Der Beklagte ist erst nach der Ergänzung der Klage (§. 36) zur Beantwortung derselben verpflichtet. Bringt der Beklagte indessen die Ausstellungen gegen die Vollständigkeit der Klage nicht vor, sondern erst in dem Klagebeantwortungs-Termine zur Sprache; so muß er sich bei Vermeidung der, in den §§. 33 und 34 angedrohten Nachtheile auf die Klage, selbst wenn seine Ausstellungen gegen dieselbe gegründet sein sollten, vollständig einlassen.

b. Der Caution für Kosten und Schäden.

§. 38.

Der im Auslande wohnende Kläger ist auf Verlangen des Beklagten verpflichtet, für die Schäden und Kosten, zu deren Ersatz er verurtheilt werden könnte, Caution zu bestellen, falls er nicht in den Königlichen Staaten hinreichende Sicherheit gewährende Grundstücke besitzt. Der Antrag auf Cautionsbestellung muß von dem Beklagten vor der Antwort auf die Klage gemacht werden, und ist nach derselben nicht mehr zulässig; der Antrag muß auf eine bestimmte Summe gerichtet sein, widrigenfalls anzunehmen ist, daß der Beklagte deren Bestimmung dem Gerichte überläßt.

§. 39.

Der Antrag auf Cautions-Bestellung ist dem Kläger zur Erklärung binnen einer nach den Umständen zu bestimmenden Frist zuzufertigen und nach Eingang der Erklärung oder nach fruchtlosen Ablauf der Frist sowohl über die Verbindlichkeit des Klägers zur Bestellung einer Caution, als über die Höhe derselben und die Frist, binnen welcher sie zu bestellen, zu verfügen.

§. 40.

Der Beklagte ist vor der Bestellung der Caution nicht verpflichtet, sich auf die Klage einzulassen, wenn jedoch vom Kläger ohne Antrag des Beklagten schon bei Anstellung der Klage eine Caution bestellt, und gegen dieselbe nur der Einwand gemacht worden, daß dieselbe unzureichend sei; so ist der Beklagte von der Einlassung auf die Klage nicht befreit, sondern bestimmt das Gericht, ob es bei der bestellten Cautions-Summe bewenden oder deren Betrag erhöht werden soll.

§. 41.

Läßt der Kläger die ihm gesetzte Frist verstreichen, ohne die Caution zu bestellen, oder im Falle des §. 40 zu erhöhen; so sind die Akten auf seine Kosten zu reponiren.

§. 42.

Gegen die den Cautionspunkt regulirende Verfügung findet aber nur der vorgeschriebene Weg der Beschwerde (§. 15) Statt, jedoch muß der Beklagte, dessen Antrag auf Cautionsleistung verworfen ist, oder der sich darüber beschwert, daß die Caution zu niedrig bestimmt sei, der Beschwerde ungeachtet, sich inzwischen auf die Klage einlassen, sobald im letzteren Falle der Kläger den durch die richterliche Verfügung festgesetzten Cautions-Betrag bestellt hat.

c. Der laufenden Deliberations-Frist.

§. 43.

Ein Erbe, welcher innerhalb der Ueberlegungsfrist verklagt ist, kann verlangen, daß gerichtliche Verhandlungen und der Termin zu seiner Einlassung auf die Klage bis nach deren Ablauf ausgesetzt werde.

d. Der Vorlegung der Urkunden.

§. 44.

Jede Partei ist berechtigt, darauf anzutragen, daß die vom Gegner beigebrachten Urkunden (§§. 33 und 34) im Originale vorgelegt werden, bevor sie sich darüber erklärt. Ein solcher Antrag muß jedoch sofort, nachdem der Parthei die Klage oder Klagebeantwortung behändigt ist, und jedenfalls so zeitig angebracht werden, daß der Gegner zur Vorlegung der Original-Urkunde in dem nächsten anstehenden Termine noch angewiesen werden kann. Ein späterer Antrag befreit sie nicht von der Erklärung über die Klage oder Klagebeantwortung.

Vierter Abschnitt.

Weiteres Verfahren — Instruction der Sache.

§. 45.

Auf die Klagebeantwortung hat das Gericht zu prüfen, ob sich die Sache zur weiteren Verhandlung im ordentlichen Prozesse oder zur Verweisung in eine andere Prozeß-Gattung eignet oder nicht. Es entscheidet hierüber durch Dekret, wogegen nur Recurs oder Beschwerde Statt findet.

Eignet sich die Sache zum ordentlichen Verfahren; so verbleibt sie in demselben und ist die weitere Instruction einzuleiten.

I. Replik.

§. 46.

Es ist daher die Klagebeantwortung mit allen Anlagen dem Kläger abschriftlich zuzufertigen und derselbe, wenn er seinen Prozeß in Person führt, zu einem Termine vorzuladen, um auf die Klagebeantwortung zu repliciren. Hat der Kläger dagegen einen Rechtsbeistand oder einen Anwalt; so wird ihm bei der abschriftlichen Mittheilung der Klagebeantwortung aufgegeben, darauf binnen einer vom Gericht zu bestimmenden Frist zu repliciren, und muß er binnen derselben bei Vermeidung der Präclusion die Replikschrift dem Gerichte einreichen. Bei Bestimmung des Termins und der Frist ist darauf Rücksicht zu nehmen, daß dem Kläger oder seinem Rechtsbeistand oder Sachwalter eine Frist von mindestens vier Wochen zur Replik frei bleibt. Abschrift dieser Verfügung erhält der Beklagte zur Nachricht.

II. Duplik.

§. 47.

Wenn die Replik aufgenommen oder schriftlich eingereicht ist, so ist der Beklagte über dieselbe mit der Duplik zu hören und treten in Ansehung des Verfahrens die für die Replik im §. 46 gegebenen Vorschriften ein.

III. Gemeinschaftliche Bestimmungen.

§. 48.

Sowohl die Replik, als die Duplik muß, wie die Klagebeantwortung und unter demselben Präjudiz (§. 33), eine genaue und vollständige Einlassung auf alle gegenseitigen Anführungen enthalten.

Auch ist den Partheien gestattet, in denselben die Beweismittel für die, der Klage und den Einreden zum Grunde gelegten Thatsachen, in so weit solche vom Gegentheil bestritten sind, anzugeben.

§. 49.

Jeder Parthei steht frei, in den zur Erklärung des andern Theils angesetzten Terminen mit zu erscheinen und, ohne die Verhandlung zu unterbrechen, am Schlusse derselben sofort ihre Gegenerklärung (Replik oder Duplik) abzugeben.

§. 50.

Den Partheien ist unbenommen, zur Beschleunigung der Sache die Schriften noch vor dem angesetzten Termine einzureichen, in welchem Falle letzterer, wenn nicht auch der Gegentheil zu verhandeln hat, aufgehoben werden muß.

§. 51.

Bleibt der Kläger mit der Replik, oder der Beklagte mit der Duplik ganz zurück; so ist anzunehmen, daß derselbe zur Sache nichts mehr anzuführen habe. Die Verhandlungen sind für geschlossen zu achten und es tritt in allen Fällen, in welchen eine Erklärung des Ausbleibenden fehlt, das im §. 33 bestimmte Präjudiz ein, ohne daß es dazu des Antrages des Gegners bedarf.

§. 52.

Mit der Duplik, welche dem Kläger abschriftlich mitzutheilen ist, wird das Instruktions-Verfahren geschlossen, in so fern nicht besondere Gründe vorliegen, dasselbe noch fortzusetzen.

Fünfter Abschnitt.

Von der Regulirung der Streitpunkte und der Beweis-Aufnahme nnd dem Versuche der Sühne

I. Status causae et controversiae.

§. 53.

Nachdem die Verhandlungen geschlossen (§. 52), oder nach §. 51 dafür zu achten sind, hat der Deputirte eine

Uebersicht der Sache und des Streites (status causae et controversiae) zu entwerfen.

§. 54.

Der status causae et controversiae muß

1) die Thatsachen und Rechtsverhältnisse, auf welche die gegenseitigen Anführungen der Partheien sich gründen und in so weit diese darüber nicht einig sind,

2) die streitig gebliebenen Umstände und die von den Partheien darüber bereits angegebenen Beweismittel

anführen. Ergiebt sich, daß die Partheien über die eine oder die andere Thatsache nicht vollständig genug sich ausgelassen haben, oder die den Rechtsstreit aufklärende Neben-Umstände ganz übergangen sind; so sind auch diejenigen Punkte, worüber es hiernach noch einer nähern Erklärung oder Erläuterung bedarf, genau anzugeben und die Partheien, in so weit dadurch die Bestimmungen der §§. 33 und 34 über Ausschließung neuer Thatsachen für diese Instanz nicht verletzt werden, darüber zu vernehmen.

§. 55.

Der Deputirte setzt einen Termin zur Erklärung über den status causae und zur Angabe der Beweismittel über die streitig gebliebenen Thatsachen, in so weit dieselben nicht schon früher angegeben sind, und zum Versuche der Sühne an, und ladet zu demselben unter abschriftlicher Mittheilung des status causae die Partheien vor. In diesem Termine sind die Partheien mit ihren Einwendungen gegen die angegebenen Beweismittel und mit ihren Erklärungen für oder wider die Erheblichkeit der Beweisaufnahme und über diejenigen Punkte, welche nach dem status causae et controversiae noch einer näheren Erklärung oder Erläuterung bedürfen, zu vernehmen.

§. 56.

Sind die Beweismittel erst in dem Termin zur Erklärung über den status causae et controversiae angegeben und befinden sich daher die Partheien außer Stande, ihre Erklärung darüber, oder ihre Einwendungen gegen dieselben sofort vorzubringen; so ist ihnen auf ihren Antrag, in so fern derselbe nicht offenbar unbegründet ist, zur schriftlichen Erklärung eine Frist von längstens drei Wochen zu bewilligen und nach deren fruchtlosem Ablauf mit der Aufnahme der vorgeschlagenen Beweismittel nach Vorschrift der §§. 63 fgg. zu verfahren.

§. 57.

In Ansehung des in diesem Termin (§. 55) ausbleibenden Theils wird angenommen, daß er gegen den entworfenen status causae et controversiae nichts zu erinnern habe, sich nicht vergleichen wolle und die Verfügung über die Beweisaufnahme dem Gerichte überlasse. Sind die streitig gebliebenen Thatsachen nicht schon in der Replik oder Duplik durch Beweismittel unterstützt; so ist überdies gegen den Ausbleibenden, in so fern ihm die Beweisführung obliegt, anzunehmen, daß er den Beweis nicht führen wolle. Kommt es noch auf eine Erklärung oder Erläuterung undeutlicher Auslassungen der Partheien an (§. 54); so wird denselben die Warnung gestellt, daß gegen den Ausbleibenden seine undeutliche Erklärung so ausgelegt werden solle, wie sie ihm am nachtheiligsten ist.

§. 58.

Sind die Partheien im Termin erschienen; so müssen sie sich erklären, ob sie den Status causae et controversiae als den Verhandlungen gemäß annehmen, die von ihnen erforderten Erklärungen und Erläuterungen undeutlicher Auslassungen geben und die Beweis- und Gegenbeweismittel über die streitigen Umstände anzeigen. Neue Anführungen und Verhandlungen über die Sache selbst sind nicht mehr zulässig.

§. 59.

Der Deputirte muß sich in diesem Termine angelegendlichst bemühen, in so fern die Sache dazu geeignet ist, die Partheien zu vergleichen, er kann ihnen zu dem Ende angemessene Vorschläge und Vorhaltungen machen und muß daß und wie dieses geschehen, in dem Protokolle bemerkt werden.

§. 60.

Kommt ein Vergleich zu Stande; so hat ihn der Deputirte zu Protokoll zu nehmen und hierbei insbesondere dahin sehen, daß dasjenige, was ein Theil dem andern zu leisten hat, deutlich und bestimmt gefaßt werde. Ist der Vergleich den vorstehenden Erfordernissen genügend und vollständig abgefaßt; so muß das Gericht denselben, in so fern es von einer oder beiden Partheien verlangt wird, ausfertigen, und kann aus dem bestätigten Vergleich die Execution eben so, wie aus einem rechtskräftigen Urtheile nachgesucht oder verfügt werden. Ergeben sich Mängel der Vollständigkeit des Vergleichs; so müssen dieselben in einem anzusetzenden neuen Termin zuvörderst beseitigt werden.

§. 61.

Erklärt sich der eine Theil zur Annahme des vorgeschlagenen Vergleichs bereit, der andere verweigert aber dieselbe; so muß Letzterer, wenn er hiernächst in keiner Instanz ein Mehreres erstreitet, als wozu Ersterer sich erboten hatte, die in dieser Instanz aufgelaufenen Kosten allein tragen und erstatten.

§. 62.

Sind Thatsachen streitig geblieben; so muß der Deputirte die Partheien darüber vernehmen, ob und über welche derselben nach ihrer Ansicht der Beweis aufzunehmen, und steht jedem Theil frei, eine schriftliche Ausführung ihrer Gründe für oder wider die Erheblichkeit des Beweises zu den Akten zu übergeben. Nachdem der Deputirte die Verhandlungen dem Gerichte eingereicht hat, muß der status causae et controversiae durch einen besondren Referenten ausführlich vorgetragen und die Beweisaufnahme, in so weit dieselbe erheblich ist, von dem Gericht verordnet werden.

§. 63.

Bedarf es nach dem Ermessen des Gerichts der Beweisaufnahme nicht, und ergiebt sich aus den Akten, daß Thatsachen unter den Partheien nicht streitig sind; so verweiset das Gericht unter Aussetzung der Beweisaufnahme, die Sache zum Spruche.

II. Verfahren über Präjudicialfragen.

§. 64.

Sind in derselben Sache mehrere Streitfragen zu entscheiden, welche einander dergestalt bedingen, daß der Ausfall der Entscheidung der einen die Erörterung der andern entbehrlich macht, und erfordert diese Erörterung eine weitläuftige und kostspielige Beweisaufnahme; so kann das Gericht, mit Aussetzung der Erörterung des zuletzt gedachten Streitpunktes, vorerst nur den Beweis der Präjudicialfrage verordnen. Es muß jedoch die ausgesetzte Beweisaufnahme durch eine Resolution nachholen lassen, wenn sich hiernächst ergiebt, daß die Entscheidung der Präjudicialfrage den Prozeß nicht beendigen würde.

§. 65.

Eine Ausnahme von der Vorschrift des §. 66 findet jedoch Statt, wenn die Partheien darüber einig sind, daß sämmtliche Streitfragen gleichzeitig erörtert und entschieden werden sollen, oder, daß über die Präjudicialfrage abgesondert erkannt werde, in welchem letztren Falle die ausgesetzten Streitpunkte zum besonderen Verfahren zu verweisen sind.

Sechster Abschnitt.

Vom Beweise.

§. 66.

Die Verfügung über die Beweisaufnahme ergeht durch eine Resolution, in welcher zu bestimmen ist, welche Thatsachen zu beweisen und welche Beweismittel darüber aufzunehmen sind. Die Sache geht hierauf an den Deputirten zurück, um dieser Resolution gemäß mit der Aufnahme des Beweises zu verfahren.

§. 67.

Die Resolution über die Beweisaufnahme wird nicht rechtskräftig und ist dagegen ein Rechtsmittel nicht anders, als nach und gegen das Erkenntniß in der Sache selbst zulässig.

§. 68.

Wer ein Recht oder eine Befreiung durch Klage oder Einrede vor Gericht geltend macht, muß das Vorhandensein der Thatsachen, von welchen das Recht oder die Befreiung abhängt, in so weit sie vom Gegner nicht zugestanden sind, beweisen.

§. 69.

Eine Ausnahme findet jedoch Statt, wenn dem Recht oder der Befreiung gesetzliche Vermuthungen zur Seite stehen, welche denjenigen, zu dessen Gunsten sie eintreten, vom Beweise befreien, und nur den Gegenbeweis, in so fern auch dieser nicht ausdrücklich gesetzlich untersagt ist, zulassen. Sind keine gesetzliche Vermuthungen vorhanden; so gilt der Grundsatz: daß keine Thatsache und keine Veränderung vermuthet wird.

Erstes Capitel.

Vom Geständnisse.

§. 70.

I. Gerichtliches.

Das gerichtliche Geständniß, welches eine Parhei über eine Thatsache, über welche sie sich nach den Vorschriften der Prozeß-Ordnung zu erklären schuldig war, entweder mündlich zum Protokoll oder in einer Prozeßschrift abgelegt hat, beweist für den Prozeß, in welchem es abgelegt ist, die zugestandene Thatsache vollständig.

§. 71.

Das, in einer Criminal- oder fiskalischen Untersuchung dem Richter von dem Thäter über die That abgelegte Geständniß, hat in dem, von dem Beschädigten im bürgerlichen Forum angestellten Entschädigungs-Processe ebenfalls volle Beweiskraft.

§. 72.

Nicht minder ist eine Thatsache als vollständig erwiesen anzunehmen, wenn sie von einer Parthei ihrem jetzigen Gegner in einem andern zwischen ihnen Statt gehabten Prozesse bereits zugestanden worden, in so fern die gestehende Parthei nicht nachzuweisen vermag, daß sie sich bei diesem Geständnisse im Irrthume befunden habe.

§. 73.

Das von einer Parthei in einem Prozesse mit einem andern Gegner abgelegte gerichtliche Geständniß hat dagegen in einem Prozesse zwischen jener und einer andern Parthei nicht die Kraft eines vollen Beweises, es bleibt jedoch der Beurtheilung des Gerichts überlassen, in wie weit auf dasselbe allein, oder in Verbindung mit den übrigen Umständen bei dem Erkenntnisse auf einen nothwendigen Eid Rücksicht zu nehmen sei.

II. Außergerichtliches.

§. 74.

Das Geständniß, welches der Gegenparthei in der Absicht, ihr etwas einzugestehen, außer dem Prozesse schriftlich oder mündlich abgelegt worden, bewirkt, in so fern dasselbe nachgewiesen werden kann, eben so, wie das gerichtliche Geständniß einen vollen Beweis. Ist aber die Absicht, etwas zuzugestehen, nach den Umständen nicht anzunehmen; so hat ein solches Geständniß nur zur Unterstützung anderer vorhandener Beweise einen Werth.

§. 75.

Außergerichtliche Aeußerungen gegen dritte Personen, welche das Eingeständniß einer im Prozesse streitigen Thatsache enthalten, haben zwar an sich keine Beweiskraft, es bleibt jedoch nach den Umständen der richterlichen Beurtheilung überlassen, in wie weit darauf zur Unterstützung des vorhandenen Beweises Rücksicht zu nehmen ist.

III. Geständniß der Litisconsorten.

§. 76.

Wenn von mehreren Mitberechtigten oder Mitverpflichteten Einige eine Thatsache zugestehen, Andere hingegen sie bestreiten; so ist, wenn der Gegenstand des Prozesses untheilbar ist, die Thatsache als bestritten anzusehen und der Beweis darüber aufzunehmen. In wie weit jedoch jenes Geständniß zur Verstärkung eines unvollständig geführten Beweises beitragen kann, bleibt nach den Umständen dem Ermessen des Richters überlassen. Bei theilbaren Sachen und Rechten steht dagegen jedem Mitgenossen sein Geständniß für seinen Antheil entgegen. Werden aber mehrere solidarisch Verpflichtete von dem Berechtigten in einem und demselben Prozesse in Anspruch genommen; so verpflichtet den Gestehenden sein Geständniß in Ansehung des Ganzen.

IV. Qualificirtes Geständniß.

§. 77.

Ein Geständniß darf zum Nachtheile des Gestehenden nicht getheilt werden. Sind dem Geständnisse Einschränkungen beigefügt; so befreit dasselbe den Gegentheil nur in so weit vom Beweise, als es alles dasjenige enthält, was das Gesetz zur Begründung der Klage oder der Einrede erfordert.

V. Annahme des Geständnisses.

§. 78.

Zur Kraft und Wirksamkeit eines Geständnisses ist die Annahme desselben von Seiten des andern Theils nicht nothwendig.

VI. Widerruf des Geständnisses.

§. 79.

Widerruft eine Parthei das von ihr abgelegte Geständniß (§. 70 — 72, 74) als aus Irrthum abgegeben; so verdient dieser Widerruf nur Rücksicht, wenn die Parthei die Veranlassung des Irrthums, so wie die wahre Bewandniß der Sache nachweiset. Der Richter hat, je nachdem dieser Nachweis mehr oder weniger überzeugend geführt ist und nach den Umständen, unter welchen das Geständniß abgelegt wurde, zu beurtheilen, welche Wirkung dem Widerrufe beizulegen ist.

§. 80.

Ein solcher Widerruf ist selbst in dem Termin zur mündlichen Verhandlung der Sache vor dem erkennenden Gerichte noch zulässig; es muß aber die Parthei, welche ein Geständniß widerruft, die dadurch entstehenden mehreren Kosten allein tragen und erstatten.

§. 81.

Der Widerruf und die vorstehenden Bestimmungen (§§. 79 und 80) finden auf diejenigen Zugeständnisse keine Anwendung, welche als stillschweigend abgelegt angenommen werden, wenn eine Parthei nach den Vorschriften der Gesetze sich über Thatsachen erklaren soll, sich aber nicht erklärt hat (§§. 33 und 49). Es ist jedoch der Parthei nachgelassen, die Wirkung des in contumaciam angenommenen Zugeständnisses der Thatsache durch den Beweis der Unwahrheit der letzteren zu entkräften. Dieser Nachweis steht der Parthei noch in dem Termin zur mündlichen Verhandlung vor dem erkennenden Gerichte in so fern zu, als sie die Thatsache nicht in den bis zu demselben erfolgten gerichtlichen Verhandlungen oder außergerichtlich zugestanden hat, sie muß aber die dadurch entstehenden mehreren Kosten allein tragen und erstatten.

Zweites Capitel.

Vom Beweise durch Urkunden.

I. Vorlegung der Urkunden.

§. 82.

Alle Urkunden, auf welche sich die Partheien zum Beweise der Klage oder Einreden beziehen, müssen in den Originalen und vollständig vorgelegt werden. Der Vorlegung der Originale bedarf es jedoch nicht, wenn die Partheien die beigebrachten Abschriften als richtig anerkennen, oder schon in diesem, oder in einem andern zwischen ihnen obgeschwebten Prozesse als richtig anerkannt haben, oder wenn mit Zuziehung sämmtlicher Interessenten oder desjenigen, gegen welchen sie producirt werden, beglaubte, dem Original gleich zu achtende Abschriften genommen, oder alte Dokumente unter Zuziehung sämmtlicher Interessenten oder wenigstens der Parthei, gegen welche sie vorgelegt werden, gerichtlich oder von einer andern öffentlichen Behörde erneuert worden sind.

§. 83.

Zur Vorlegung der Urkunden ist ein Termin anzuberaumen, zu welchem beide Theile unter Bekanntmachung des im §. 84 gedachten Nachtheils vorzuladen sind. Kann die vorzulegende Urkunde füglich nicht zur Gerichtsstelle gebracht werden; so muß die Produktion vor dem dazu geeigneten Gerichte durch das Prozeßgericht vermittelst Auftrages oder Requisition bewirkt werden und das von demselben darüber aufgenommene Protokoll die Beschaffenheit der Urkunde constatiren und demselben beglaubte Abschrift derselben beigelegt sein.

§. 84.

Versäumt derjenige, welcher die Urkunde vorlegen soll, diesen Termin, oder verweigert er die Vorlegung; so ist anzunehmen, daß er sich derselben für diese Instanz nicht bedienen wolle. Bleibt der Gegner aus; so wird die producirte Urkunde für anerkannt erachtet, in so weit es nach den unten folgenden Vorschriften überhaupt eines Anerkenntnisses derselben bedarf.

§. 85.

Enthält die Urkunde noch andere auf die zu erweisende Thatsache sich nicht beziehende Stellen, deren Bekanntmachung der Inhaber ablehnt; so genügt es, wenn er dem Gegentheile die betreffende Stelle nebst dem Eingange und Schlusse der Urkunde im Originale vorlegt und eine beglaubte Abschrift dieser Theile derselben zu den Akten übergiebt. Er muß aber die ganze Urkunde dem Deputirten und, auf Verlangen des Gegentheils auch dem Decernenten vorlegen und diese, wenn sie darin außer der extrahirten Stelle nichts zur Sache Gehöriges finden, dies auf der überreichten beglaubten Abschrift bezeugen.

§. 86.

Bezieht die producirte Urkunde sich auf eine andere; so muß auf Verlangen des Gegentheils, oder auf Verordnung des Gerichts auch die in Bezug genommene Urkunde im Originale vorgelegt werden, falls nicht jene über die streitige Thatsache schon vollständig Auskunft giebt.

§. 87.

Urkunden, die in einer fremden, dem Gerichte unbekannten Sprache abgefaßt sind, müssen durch einen und, auf Verlangen des Gegentheils, durch zwei, vom Richter von Amtswegen zu ernennende, vereidete Dollmetscher übersetzt werden. Dasselbe muß geschehen, wenn eine der Parteien der Sprache, in welcher die Urkunde abgefaßt ist, nicht kundig ist und die Uebersetzung verlangt.

II. Edition der zum Beweise dienenden Urkunden.

1) Im Allgemeinen.

§. 88.

Wenn eine Parthei die Urkunden, auf welche sie sich zum Beweise einer streitigen Thatsache bezieht, nicht selbst besitzt, sondern dieselben sich in den Händen des Gegentheils, oder eines Dritten befinden; so kann sie deren Edition fordern. Sie muß jedoch während der Verhandlungen und spätestens bei der Erklärung über den status causae et controversiae hierauf antragen.

§. 89.

In dem Editionsgesuche muß

1) die Thatsache und der Umstand genau angegeben seyn, welche durch die zu edirende Urkunde erwiesen werden sollen,
2) die Urkunde selbst dergestalt genau bezeichnet werden, daß sie sich von andern unterscheiden und erkennen läßt,
3) es wahrscheinlich gemacht werden, daß dieselbe im Besitze desjenigen, der sie ediren soll, sich wirklich befindet.

§. 90.

Entspricht das Gesuch den angegebenen Erfordernissen (§. 89) und ist die Thatsache, welche durch die zu edirende Urkunde erwiesen werden soll erheblich; so ist ein Termin zur Erklärung desjenigen, von welchem die Edition gefordert wird, und im Falle, daß derselbe dagegen nichts einzuwenden hat, zur Edition anzuberaumen und zu demselben sowohl der

Kläger und Beklagter, als der Dritte, wenn gegen ihn auf Edition geklagt ist, vorzuladen.

§. 91.

In diesem Termin muß derjenige, von welchem die Edition der Urkunde verlangt ist, sich erklären, ob er dieselbe besitze, oder nicht, und entweder die etwanigen Gründe, aus welchen er sich zur Edition nicht verpflichtet hält, vortragen, oder die in Frage stehende Urkunde ediren. Läugnet er den Besitz derselben und kann er auch nicht angeben, wo sich die Urkunde befindet; so muß er, bei feststehender Editions-Verbindlichkeit, auf Verlangen des Editionssuchers eidlich erhärten:

daß er die geforderte Urkunde nicht besitze, auch nicht wisse, wo sie sich befinde und dieselbe nicht böswilliger Weise abhänden gebracht habe.

§. 92.

Wenn die Edition von einer unter Vormundschaft stehenden Person gefordert wird; so ist das Editionsgesuch gegen den Vormund zu richten und von diesem der Editions-Eid zu leisten. Von dem Pflegebefohlenen selbst, im Falle er eidesfähig ist, kann die Ableistung des Editions-Eides nur gefordert werden, wenn besondere Umstände angeführt und bescheinigt sind, welche wahrscheinlich machen, daß der Pflegebefohlene die zu edirende Urkunde besitze, oder Kenntniß davon habe.

§. 93.

Wird eine öffentliche Behörde, Corporation oder öffentliche Anstalt auf Edition einer Urkunde in Anspruch genommen; so genügt es, wenn diejenigen, welche die Aufsicht über die Dokumente, Registratur oder das Archiv derselben führen, in so fern sie einen Diensteid geleistet haben, anstatt des Editions-Eides die amtliche Versicherung, auf ihren geleisteten Diensteid dahin geben, daß sich die geforderte Urkunde weder in ihrem Besitze, noch in der, ihrer Aufsicht anvertrauten Registratur rc. befinde, noch dieselbe von ihnen böswillger Weise abhänden gebracht sei. Die Vorgesetzten und andern Mitglieder der Behörde rc. sind zu dieser amtlichen Versicherung nur dann verpflichtet, wenn besondere Vermuthungen vorhanden sind, daß sich die

Urkunde in ihrem persönlichen Besitze befindet, oder daß sie Kenntniß von derselben haben.

2. Von Editionsgesuchen wider die Gegenparthei.

§. 94.

Ist das Editionsgesuch wider den Prozeßgegner gerichtet; so kann dasselbe mit den Verhandlungen über die Sache selbst, oder auch abgesondert angebracht werden. Das Gericht muß auf den Antrag des Editionssuchers die Verhandlung in der Hauptsache bis nach Erledigung des Editionspunktes aussetzen.

§. 95.

Die Gegenparthei ist schuldig, alle, zur Aufklärung der streitigen Thatsache dienenden, in ihrem Besitze befindlichen Urkunden, deren Edition von dem Editionssucher gefordert wird, vorzulegen, und ist darunter auch die Privatcorrespondenz begriffen, welche beide Theile selbst über das streitige Geschäft mit einander geführt haben.

§. 96.

Fiskalische und andere öffentliche Behörden sind auf das Editionsgesuch ihres Gegners im Prozesse zur Edition derjenigen Verhandlungen verbunden, welche den Gegenstand des Streits betreffen und zwischen ihnen und dem Gegentheil Statt gefunden haben, wogegen ihnen aber weder die Edition der Verhandlungen zwischen ihnen und den ihnen vorgesetzten oder untergeordneten Behörden oder Beamten, noch die, ihrer den Streitgegenstand betreffenden Akten angemuthet werden darf.

§. 97.

Wird von einer Parthei die Edition solcher Briefschaften oder andrer Schriften gefordert, welche sie von ihrem Erblasser oder von einem andern Dritten empfangen hat, und behauptet sie, daß sie nicht wisse, ob das zu edirende Dokument darunter befindlich sei; so muß sie, wenn sie unter diesen Umständen Anstand nimmt, den Editionseid zu leisten, und jene Briefschaften und Papiere nicht selbst durchsehen will, dieselben einer von ihr vorzuschlagenden Gerichtsperson zur Durchsicht vorlegen und zugleich eidlich erhärten:

daß sie weder wisse, noch glaube, daß das von ihr geforderte Dokument sich unter diesen Papieren befinde, sie dieselben dem Commissarius getreulich vorlegen wolle, davon weder etwas böswilliger Weise abhanden gebracht habe, noch bringen wolle, und sie auch nicht wisse, wo das geforderte Dokument sich befinde.

§. 98.

Gesteht die Parthei, welche ediren soll, den Besitz der geforderten Urkunde zwar ein, behauptet aber zugleich, daß darin über die streitige Thatsache nichts enthalten sei; so muß sie dennoch das Original dem Deputirten des Gerichts und auf Verlangen des Gegentheils auch dem Decernenten vorlegen, welche, wenn sie die Angabe richtig finden, eine Registratur darüber aufnehmen und zu den Akten übergeben.

§. 99.

Erscheint die Parthei, welche ediren soll, in dem anberaumten Termine (§. 90) nicht, oder verweigert sie sowohl die Edition, als auch die Ableistung des Editionseides; so ist, wenn die Weigerung unbegründet befunden worden, oder der Editionssucher eine Abschrift der Urkunde beigebracht hat, diese als richtig, beim Mangel einer Abschrift aber die Thatsache, zu deren Beweise die Edition gefordert wurde, als erwiesen anzunehmen.

3. Wider einen Dritten.

§. 100.

Editionsgesuche gegen dritte Personen müssen als besondere Klagen gegen dieselben in ihrem Gerichtsstande angebracht werden. Der Kläger muß nicht allein die Thatsache und den Umstand, der durch die Urkunde erwiesen werden soll, genau angeben und die letztere bestimmt bezeichnen, sondern auch dringend wahrscheinlich machen, daß der Beklagte dieselbe besitze, und nachweisen, daß er den ihm obliegenden Beweis ohne die geforderte Urkunde der Art nicht führen könne, auch ist er verbunden, auf Verlangen des Beklagten den Eid vor Gefährde abzulegen.

Dem Editionssucher steht die Befugniß zu, die Aussetzung der Verhandlung der Hauptsache bis nach Erledigung des Editionspunktes zu verlangen.

§. 101.

Der Dritte ist, in so fern der Kläger den Nachweis, daß er den ihm obliegenden Beweis ohne die geforderte Urkunde nicht zu führen vermag und der Edition derselben nicht besondere Bedenken entgegenstehen, zur Edition der im §. 95 bezeichneten Urkunden verpflichtet; zur Vorlegung der mit einer Parthei geführten Correspondenz, jedoch nur in dem Falle, wenn er von beiden streitenden Theilen als Vermittler zur Verhandlung oder Abschließung des den Gegenstand des Prozesses bildenden Geschäfts gebraucht worden ist. Den Partheien bleibt jedoch in allen Fällen unbenommen, sich auf sein Zeugniß zu berufen.

§. 102.

In dem nach Vorschrift des §. 90 anzusetzenden kurzen Termin ist der Dritte zuvörderst mit seinen Einwendungen gegen die geforderte Edition und seine Verbindlichkeit zu derselben zu hören. Findet das Gericht nach den Umständen und nach Beschaffenheit der Urkunde diese Einwendungen ungegründet; so hat dasselbe durch eine Resolution, widrigenfalls aber im Wege des summarischen Prozesses durch Erkenntniß über die Editions-Verbindlichkeit zu entscheiden, und ist im Fall des Ungehorsams gegen den Beklagten executivisch zu verfahren.

§. 103.

Ist der Dritte darüber in Zweifel, ob sich das geforderte Dokument in seinem Besitze befinde, ihm aber erinnerlich, daß dasselbe früher unter seinen Papieren befindlich gewesen sei; so steht ihm frei, die Letztern auf Kosten des Editionssuchers durch eine von ihm selbst zu wählende Gerichtsperson durchsehen zu lassen, in so fern er sich der Revision derselben nicht selbst unterziehen will. Er muß aber alsdann eidlich erhärten:

> daß er alle seine Schriften, unter welchen das geforderte Dokument möglicher Weise sich befinden könnte, der Gerichtsperson getreulich vorgelegt und nichts davon böslicher Weise zurückbehalten habe.

Kann er sich dagegen nicht erinnern, das geforderte Dokument unter seinen Schriften früher gesehen zu haben; so muß er diejenigen Papiere nachsehen, unter welchen nach seiner Vermuthung das Dokument sich möglicher Weise befinden könnte und demnächst eidlich erhärten:

daß er sich nicht erinnere, daß ihm das geforderte Dokument unter seinen Schriften jemals vorgekommen sei, er dasselbe auch bei der angestellten Nachsuchung nicht gefunden habe und er nach seiner besten Ueberzeugung nicht glaube, daß sich dasselbe unter seinen Schriften befinde.

§. 104.

Gesteht der Dritte, welcher ediren soll, den Besitz der geforderten Urkunde zwar zu, behauptet aber, daß darin über die streitige Thatsache nichts enthalten sei, und will er auch nicht die Urkunde nach Vorschrift des §. 98 dem Deputirten und Decernenten vorlegen; so steht ihm frei, seine Behauptung eidlich zu erhärten, und muß sich der Editionssucher hierbei beruhigen.

§. 105.

Ist das Editionsgesuch in einem zwischen dritten Personen anhängigen Processe gegen eine fiscalische oder andere öffentliche Behörde gerichtet; so ist dieselbe nur zur Edition derjenigen Dokumente und Verhandlungen verpflichtet, welche ein mit einem der streitenden Theile von ihr abgeschlossenes Geschäft betreffen, und zu deren Edition sie verbunden sein würde, wenn sie selbst Parthei wäre (§. 96). Wird die Edition von Urkunden oder Dokumenten aber von einer Königlichen Staatsbehörde, welche nicht zu den fiskalischen gehört, oder dieselbe nicht als fiskalische Behörde besitzt, verlangt; so findet auf deren Weigerung kein gerichtliches Verfahren, sondern nur der Verwaltungsweg Statt.

§. 106.

Wohnt der Dritte, welcher die Urkunde ediren soll, im Auslande; so muß der Richter das betreffende ausländische Gericht requiriren, von demselben die Edition der Urkunde zu bewirken. Erst, wenn dieser Requisition keine Folge geleistet wird, oder der Dritte die Herausgabe der Urkunde verweigert, ist dem Editionssucher die Herbeischaffung derselben binnen einer nach der Entfernung und nach den Umständen zu bestimmenden Frist aufzugeben. Wenn die Urkunde bis zum Ablaufe dieser Frist nicht beigebracht wird; so kann, falls nicht erhebliche Gründe entgegenstehen, die Fortsetzung der Sache auch ohne dieselbe erfolgen.

4. Verfügung wegen der Edition.

§. 107.

Ueber alle, den Editionspunkt betreffenden Streitigkeiten entscheidet das Gericht durch bloße Dekrete, gegen welche kein Rechtsmittel, sondern nur der Weg der Beschwerde Statt findet. Betrifft jedoch der Streit die Verbindlichkeit zur Edition; so ist auf Verlangen des auf die Edition in Anspruch genommenen Theils darüber durch Urtheil zu erkennen und gegen letzteres ein Rechtsmittel zulässig.

5. Kosten der Edition.

§. 108.

Die Kosten der Edition sind von derjenigen Parthei, welche dieselbe nachgesucht hat, vorzuschießen und müssen, wenn ein Dritter die Edition zu leisten hat, diesem von dem Editionssucher und vorschußweise aus der Salarienkasse sofort erstattet werden.

6. Fälle, in welchen ein Editionsgesuch nicht Statt findet.

§. 109.

Die Einsicht einer Mehreren gemeinschaftlichen Urkunde muß einem Jeden derselben auch außer dem Falle eines Prozesses oder der Beweisaufnahme zum ewigen Gedächtnisse von demjenigen, in dessen Besitz sich dieselbe befindet, zu jeder Zeit gestattet und ihm auf seine Kosten eine Abschrift derselben nehmen zu lassen, nachgelassen werden. Verweigert der Besitzer die Vorlegung der gemeinschaftlichen Urkunde; so ist zwar ein Editionsgesuch nicht zulässig, der Besitzer aber auf dem kürzesten Wege dazu anzuhalten.

§. 110.

Eben so wenig findet ein Editionsgesuch Statt, wenn Jemand nicht bloß die Vorlegung, sondern die Herausgabe einer Urkunde fordert, weil er als Eigenthümer, Pfandgläubiger, oder aus einem andern Grunde ein Recht auf deren Besitz zu haben behauptet, sondern es muß hierüber im ordentlichen Wege Rechtens verhandelt und erkannt werden.

III. Beweiskraft der Urkunden.

1. Allgemeine Bestimmungen.

§. 111.

Wenn in einer Urkunde etwas von einer verschiedenen Hand, oder mit anderer Tinte, oder zwischen den Zeilen, oder am Rande geschrieben, oder etwas verändert, durchstrichen, oder radirt ist, oder, wenn einzelne Blätter derselben ganz oder zum Theil abgerissen, oder unleserlich gemacht worden sind, oder wenn die Urkunde zerrissen, oder zerschnitten, oder das angehängt oder aufgedrückt gewesene Siegel abgerissen oder abgesprungen ist und der Gegentheil dieserhalb die Glaubwürdigkeit der Urkunde anficht; so bleibt es der Beurtheilung des Richters überlassen, ob und welche Beweiskraft der producirten mangelhaften Urkunde beizulegen sei. Der Richter muß hierbei hauptsächlich darauf Rücksicht nehmen, ob sich die Veränderung bei der eigentlichen Beweisstelle, oder am Eingange oder Schlusse der Urkunde vorfindet und ob die angegebenen Ursachen der Veränderung den Verdacht einer Verfälschung begründen.

§. 112.

Wenn eine Partei die zur Aufklärung der Wahrheit erforderlichen Urkunden vorsätzlich abhänden bringt, zerreißt, oder auf andere Art unleserlich macht; so wird die Angabe der Gegenpartei über deren Inhalt so lange für richtig angenommen, bis das Gegentheil klar erwiesen ist.

§. 113.

Ist eine Urkunde in Ansehung eines Umstandes verfälscht befunden worden; so kann die verfälschte Stelle nichts beweisen, der übrige, mit derselben nicht in Verbindung stehende, Inhalt der Urkunde verliert aber durch die Fälschung nichts von seiner Beweiskraft.

2. Der öffentlichen Urkunden.

§. 114.

Oeffentliche Urkunden sind diejenigen, welche von öffentlichen Beamten in Sachen ihres Amtes und innerhalb der Gränzen ihrer amtlichen Befugnisse mit den vorgeschriebenen Förmlichkeiten ausgefertigt sind. Dieselben beweisen, vorbehaltlich des Gegenbeweises gegen ihren Inhalt, vollständig und bedarf es keiner Recognition ihrer solchergestalt öffentlich beglaubigten Unterschriften.

§. 115.

Zu den öffentlichen Urkunden gehören auch die in den Journalen der Mäkler eingetragenen Vermerke, wenn deren Richtigkeit von Letzteren eidlich bestärkt worden ist.

§. 116.

Sind öffentliche Urkunden in Form der Atteste ausgestellt; so muß in denselben zugleich angegeben sein, worauf sie sich gründen. Atteste, welche auf Grund eines allgemeinen Gerüchts, oder der den Mitgliedern des Collegii beiwohnenden Privatwissenschaft ausgestellt sind, haben nicht die Beweiskraft öffentlicher Urkunden.

§. 117.

Die Concepte der öffentlichen Urkunden bewirken in Ermangelung der Original-Ausfertigung einen vollen Beweis, sobald die Richtigkeit des Concepts nicht bezweifelt wird und aus demselben zugleich erhellt, daß es wirklich ausgefertigt worden ist.

§. 118.

Oeffentliche ausländische Urkunden haben die Beweiskraft der im Inlande ausgefertigten öffentlichen Dokumente (§. 114), in so fern von der Gegenpartei nicht bestritten wird, daß dieselben von dem Aussteller wirklich herrühren und daß Letzterer zu deren Ausstellung befugt gewesen sei. Wird das Eine oder das Andere bestritten; so muß zuvörderst der Beweis über die Aechtheit der Urkunde, so wie darüber, daß der Aussteller zu deren Ausfertigung berechtigt war, in Gemäßheit der zu dem Ende gegebenen besonderen Instruktionen geführt werden.

§. 119.

Die Führung dieses Nachweises liegt dem Producenten ob und ist ihm dazu eine nach den Umständen zu bestimmende und zu verlängernde geräumige Frist zu bewilligen. Wenn diese Frist abgelaufen ist, ohne daß der Nachweis beigebracht oder eine Nachfrist bewilligt worden; so kann nach den Umständen und nach Maaßgabe des von dem Producenten nachgewiesenen Betriebs der Sache die Fortsetzung des Prozesses auch ohne jenen Nachweis abzuwarten, erfolgen und bleibt die Beweiskraft der Urkunde dem richterlichen Ermessen anheimgestellt (§. 121)

§. 120.

Wird von der Gegenpartei nicht allein bestritten, daß die Urkunde von dem angeblichen Aussteller herrühre und daß derselbe zu deren Ausfertigung befugt gewesen sei, sondern auch zugleich behauptet, daß die Urkunde in Beziehung auf ihren Inhalt und ihre Form nach den Gesetzen des Ortes, wo sie aufgenommen worden ist, ungültig sei; so muß der Producent die Rechtsbeständigkeit der Urkunde auf eben die Weise, wie jede andere im Prozesse streitig gewordene Thatsache beweisen.

§. 121.

Urkunden, welche wegen mangelnder Befugniß des Beamten, oder wegen Verabsäumung der gesetzlichen Förmlichkeiten für öffentliche nicht zu achten sind, können dennoch als Privaturkunden gelten, wenn sie von den Parteien unterzeichnet sind oder sonst die Erfordernisse der letztren haben.

§. 122.

Abschriften öffentlicher Urkunden, auch wenn deren Uebereinstimmung mit den Originalen beglaubigt ist, befreien nicht von der Verbindlichkeit, die Original-Urkunde vorzulegen.

Ist jedoch diese nicht mehr vorhanden; so können nicht nur beglaubigte, sondern selbst einfache Abschriften, in so fern letztere in öffentlichen Archiven und Registraturen gefunden werden, oder unverdächtige Spuren des Alters an sich tragen, einen Beweis liefern, dessen Stärke von den für oder wider ihre Aechtheit sprechenden Vermuthungen abhängt.

3. Der Privat-Urkunden.

a. im Allgemeinen

§. 123.

Privat-Urkunden beweisen nur alsdann, wenn sie anerkannt sind, oder ihre Aechtheit dargethan ist.

§. 124.

Jeder, welchem eine Privaturkunde vorgelegt wird, die er selbst ausgestellt haben soll, ist schuldig, sich zu erklären, ob er die darunter befindliche Unterschrift für die seinige anerkenne oder nicht, und im letzteren Falle eidlich zu erhärten:

daß er die Namensunterschrift unter dem ihm vorgelegten Instrumente nicht selbst geschrieben habe und daß dieselbe auch nicht an seiner Statt von einem Andern mit seinem Wissen und Willen geschrieben worden sei.

Kommt es nur auf den Beweis des Umstandes an, daß der Aussteller die Urkunde selbst unterschrieben habe; so kann der Producent von demselben die Ableistung des Diffessions-Eides nur dahin verlangen, daß er die Namensunterschrift nicht selbst unterzeichnet habe.

Eine Zurückschiebung des Diffessions-Eides und eine Vertretung des Gewissens durch Beweis finden nicht Statt.

§. 125.

Wird von dem Producenten die Erklärung, ob er die unter dem Instrumente befindliche Unterschrift selbst geschrieben habe, oder ob dieselbe an seiner Statt von einem Andern mit seinem Wissen und Willen geschrieben sei (§. 124), oder die Ableistung des Diffessions-Eides verweigert; so ist die Unterschrift in contumaciam für anerkannt zu achten.

§. 126.

Durch das Anerkenntniß der Unterschrift verliert der Aussteller seine Einwendungen gegen den Inhalt der Urkunde nicht, vielmehr bleibt ihm der Beweis der Unrichtigkeit des Inhalts vorbehalten.

§. 127.

Wenn der producirten Urkunde die Unterschrift des Ausstellers fehlt, die Thatsache aber, daß sie von Letztrem geschrieben sei, der fehlenden Unterschrift ungeachtet für die Entscheidung des Prozesses erheblich ist; so muß der Aussteller sich erklären, ob er die Urkunde geschrieben habe oder nicht, und im letzteren Falle dies eidlich erhärten. Verweigert er diese Erklärung, oder die Ableistung des Diffessions-Eides; so ist gegen ihn in contumaciam anzunehmen, daß er die Urkunde geschrieben hat.

§. 128.

Erben, Cessionarien, so wie alle diejenigen, welche in die Rechte Anderer getreten sind, oder die Handlungen Anderer wider sich gelten lassen müssen, sind schuldig, die von diesen ausgestellten Urkunden anzuerkennen, oder zu schwören:

daß sie nicht wissen und glauben, daß das Dokument von dem vorgeblichen Aussteller selbst, oder mit seinem Wissen und Willen in seinem Namen unterschrieben worden sei.

Sie sind jedoch befugt, von dem Producenten die Ableistung dieses Eides de credulitate zu verlangen.

§. 129.

Ist in dem Falle des §. 128 der Aussteller noch am Leben; so kann jeder der beiden Theile auf dessen Vorladung antragen, um ihm die Urkunde zur Erklärung vorzulegen. Erkennt er dieselbe an; so ist die Urkunde auch wider die Partei, welcher dieselbe entgegengesetzt wurde, für anerkannt zu achten. Erkennt er sie nicht an; so hat der Producent die Wahl, von ihm die eidliche Diffession, oder, mit Vorbehalt seiner Rechte gegen ihn, von der Gegenpartei die Ableistung des Eides de credulitate zu verlangen.

§. 130.

Vormünder und Curatoren sind schuldig, die von dem Erblasser ihrer Pflegebefohlenen ausgestellten Dokumente anzuerkennen, oder zu schwören:

daß sie nicht wissen, auch, aller angewandten Mühe ungeachtet, weder aus Briefschaften, noch sonst sich überzeugen können, daß das producirte Instrument von dem Erblasser ihrer Pflegebefohlenen ausgestellt worden sei.

§. 131.

Nimmt der Vormund oder Curator Anstand, diesen Eid zu leisten; so kann er verlangen, daß der Producent die Richtigkeit des Instruments eidlich bestärke.

§. 132.

Wie zu verfahren ist, wenn der Producent verlangt, daß der Minderjährige selbst den Diffessions-Eid ableiste, oder Letzterer sich zu dessen Ableistung erbietet, ist unten (§. 260 ffg.) im sechsten Capitel verordnet.

§. 133.

Wenn die Unterschrift einer Urkunde eidlich diffitirt ist; so findet der Beweis ihrer Aechtheit in demselben Prozesse nicht weiter Statt.

4. Beweis der Aechtheit.

§. 134.

Will der Producent den Gegentheil zur Ableistung des Diffessions-Eides nicht zulassen; so muß er sich zum Beweise der Aechtheit der Urkunde erbieten.

a. Durch Zeugen

§. 135.

Beruft er sich zu dem Ende auf Zeugen; so sind dieselben darüber zu vernehmen, ob die producirte Urkunde von dem angeblichen Aussteller selbst, oder mit dessen Wissen und Willen von einem Andern in seinem Namen unterschrieben worden ist, welche Umstände dabei vorgefallen sind und woher sie Kenntniß von der Sache erhalten haben.

§. 136.

Hat der Producent, außer den Zeugen, noch andere Beweismittel zur Aufklärung der Thatsache, welche durch die Urkunde erwiesen werden soll, angegeben; so muß der Deputirte, selbst wenn durch die Aussage der Zeugen die Richtigkeit der Unterschrift des Producten vollständig dargethan wird, dennoch mit der Aufnahme der anderweit angegebenen Beweismittel fortfahren.

b. Durch Vergleichung der Handschriften.

§. 137.

Will der Producent den Beweis der Aechtheit der Urkunde durch Vergleichung der Handschriften führen; so kann diese niemals aus der bloßen Namensunterschrift, sondern nur alsdann angestellt werden, wenn die bestrittene Urkunde ganz oder theilweise von der Hand desjenigen geschrieben ist, welcher als deren Urheber angegeben wird, und Letzterer zugleich die zur Vergleichung beigebrachten Urkunden als von seiner Hand geschrieben bereits früher anerkannt hat, oder gegenwärtig anerkennt.

§. 138.

Sind jedoch der Namensunterschrift einige Worte, als Vornamen, Stand oder Wohnort beigefügt, und ist derjenige, dem die Urkunde entgegengesetzt wird, nicht der Aussteller selbst; so kann zwar die Vergleichung der Handschriften zugelassen werden, jedoch ist ein vollständiger Beweis daraus nicht zu entnehmen

§. 139.

Die Vergleichung der Handschriften geschieht durch drei Sachverständige, welche, wenn sich die Parteien über deren Wahl nicht geeinigt haben, das Gericht von Amtswegen ernennt. Die Parteien können indessen übereinkommen, daß nur ein Sachverständiger ernannt werde.

§. 140.

Fehlt es gänzlich an Schriften zur Vergleichung; so muß der angebliche Aussteller der Urkunde dieselbe, indem sie ihm von dem Deputirten in die Feder diktirt wird, im Beisein der Sachverständigen und der Parteien, in so fern Letztere auf die an sie ergangene Vorladung erschienen sind, niederschreiben. Nur, wenn die Sachverständigen die auf diese Weise angefertigte Schrift zur Vergleichung der Handschriften allein noch nicht für genügend erachten, muß dem Producten auch noch ein anderer Aufsatz in die Feder diktirt werden. Weigert sich Letzterer, dieser Verfügung nachzukommen; so wird, wenn er Partei im Prozesse ist, die Urkunde für anerkannt geachtet; ist er aber ein Dritter, so kann er dazu auf eben die Art, wie ein Zeuge zur Ablegung eines Zeugnisses, angehalten werden.

§. 141.

Die Sachverständigen sind in Abwesenheit der Parteien und zwar ein Jeder besonders, ohne Beisein der Uebrigen und ohne mit denselben sich besprechen zu dürfen, zu vernehmen. Das von ihnen abzugebende Gutachten muß eine bestimmte Erklärung darüber, ob sie die Handschrift in den verglichenen Urkunden und Aufsätzen für dieselbe erachten oder nicht, so wie die Gründe für ihre Meinung enthalten. Weichen sie in ihren Gutachten von einander ab; so muß der Deputirte dieselben zusammenstellen und auf diese Weise die sich ergebenden Widersprüche zu heben sich bemühen.

§. 142.

Die Sachverständigen können ihr Gutachten unmittelbar nach geendigter Prüfung zum Protokolle des Deputirten mündlich erklären oder auch schriftlich einreichen.

§. 143.

Sind die Sachverständigen als solche nicht ein für allemal vereidigt; so müssen sie nach Abgabe ihres Gutachtens schwören:

> daß sie die Vergleichung der ihnen vorgelegten Handschriften mit Sorgfalt und Genauigkeit angestellt und ihr Gutachten darüber dem Befunde und ihrer Ueberzeugung gemäß unpartheisch und gewissenhaft abgegeben haben.

§. 144.

Wenn die Sachverständigen in ihren Gutachten unter einander nicht zu vereinigen sind; so steht dem Deputirten frei, falls ihm glaubwürdige Personen genannt werden, welche mit dem Aussteller in genauer Verbindung oder Correspondenz gestanden haben, diese darüber zu vernehmen, ob sie die producirte Urkunde für die Handschrift des angegebenen Ausstellers halten oder nicht.

§. 145.

Die abgeläugnete Urkunde und die zur Vergleichung derselben gebrauchten Schriften müssen bis zur rechtskräftigen Entscheidung der Sache in der Verwahrung des Gerichts verbleiben, oder, wenn sie bei besonderen Verhältnissen früher zurückgegeben werden müssen, Vorkehrungen getroffen werden, daß sie bis dahin in sicherem Verwahrsam bleiben, und auf dem Verlangen des Gerichts jederzeit wieder eingereicht werden können.

§. 146.

In wie weit der Beweis der Aechtheit der Urkunde durch das Gutachten der Sachverständigen als geführt anzusehen, bleibt dem Urtheile des Gerichts nach den sonst vorhandenen Beweisen oder Vermuthungen, welche dasselbe unterstützen oder entkräften, vorbehalten. Die Vorschrift des §. 136 findet, auch wenn die Aechtheit der Urkunde durch das Gutachten der Sachverständigen vollständig dargethan wird, Anwendung.

c. Strafe des Abläugnens der Handschriften.

§. 147.

Wird die Aechtheit der Urkunde als vollständig nachgewiesen angenommen; so muß die Partei, welche ihre Handschrift abgeläugnet hat, in dem Erkenntnisse über die Sache selbst nicht nur in eine willkürliche, jedoch nachdrückliche Geldbuße, welcher im Unvermögensfalle eine verhältnißmäßige Gefängnißstrafe zu substituiren ist, sondern auch zur Tragung und Erstattung der Kosten, welche durch die Feststellung der

Aechtheit der abgeläugneten Urkunde entstanden sind, ohne Rücksicht auf den Ausfall des Urtheils in der Hauptsache, verurtheilt werden.

5. Besondere Bestimmungen über die Beweiskraft der Privat-Urkunden.

§. 148.

Eine Privaturkunde, welche anerkannt oder deren Aechtheit dargethan ist, beweist wider den Aussteller und wider diejenigen, welche in seine Rechte oder Verbindlichkeiten getreten sind, oder welche der Aussteller durch seine Handlungen hat verpflichten können, vorbehaltlich des Gegenbeweises, vollständig. Steht der Aussteller gegen den Producten in keinem solchen Verhältnisse, so gelten seine in der Urkunde enthaltenen Angaben nur als ein unbeeidigtes Zeugniß.

§. 149.

Ist eine dritten Personen entgegengesetzte Privaturkunde von der Art, daß das Datum derselben auf die Rechte des Dritten von Einfluß ist; so muß das Letztere, wenn auch die Richtigkeit des Inhalts der Urkunde dargethan ist, dennoch auf andere Art, als durch die Urkunde selbst erwiesen werden.

§. 150.

Wenn eine von einer bereits verstorbenen Person ausgestellte Privaturkunde in dem Archive einer Königlichen Staats-Behörde gefunden wird; so begründet diese Art ihrer Aufbewahrung die Vermuthung, daß sie von dem angeblichen Aussteller herrühre und muß daher diejenige Partei, welche das Gegentheil behauptet, ihre Behauptung auf andere Weise, als durch den Diffessionseid darthun.

§. 151.

Gleiche Bewandniß hat es mit den Urbarien, Zins- und Steuerregistern, Kirchenmatrikeln oder andern ähnlichen Verzeichnissen, in so fern dieselben nicht mit Zuziehung sämmtlicher Interessenten aufgenommen sind und aus diesem Grunde einen vollen Beweis ausmachen.

§. 152.

Sind bei einer Rechnung Quittungen und Beläge producirt worden, gegen deren Richtigkeit keine besondere Ausstellung gemacht wird; so sind dieselben so lange für richtig und unverfälscht zu achten, bis das Gegentheil ausgemittelt worden.

§. 153.

Privat-Urkunden beweisen nichts für den Aussteller und diejenigen, die ihr Recht von ihm ableiten, doch muß derjenige, welcher sich auf sie beruft, auch das, was sie ihm Nachtheiliges enthalten, wider sich gelten lassen. Eine Ausnahme von diesem Grundsatze findet nur in folgenden Fällen Statt.

§. 154.

Durch die Hausbücher verstorbener Eltern kann, in Ermangelung andrer Beweismittel die Geburt, die Verheirathung und das Absterben der Kinder erwiesen werden.

§. 155.

Ordnungsmäßig geführte Handlungsbücher der Kaufleute, so wie die Lieferungs- oder Abrechnungs-Bücher andrer Gewerbtreibenden, beweisen in den Fällen und unter den Einschränkungen, welche in den sie betreffenden Gesetzen bestimmt sind.

§. 156.

Derjenige, wider welchen ein Beweis aus den Handlungsbüchern geführt werden soll, ist berechtigt, bei der Vorlegung derselben einen Sachverständigen als Beistand zuzuziehen, um durch ihn prüfen zn lassen, ob die Bücher in gehöriger Form und Ordnung geführt sind.

§. 157.

Werden Ausstellungen dagegen gemacht, welche jedoch speziell sein müssen; so ist, wenn der Producent deren Richtigkeit oder Erheblichkeit nicht einräumt, hierüber ein Gutachten von den Vorstehern der kaufmännischen Corporation, oder in deren Ermangelung von dazu ernannten Sachverständigen einzuholen.

§. 158.

Wohnt derjenige, welcher die Handlungsbücher vorlegen soll, nicht am Orte des Gerichts, vor welchem der Prozeß schwebt, und will er dieselben nicht dorthin versenden; so genügt ein beglaubigter Auszug derselben, wenn er mit einem Atteste, daß dieselben vorschriftsmäßig eingerichtet und geführt sind, versehen ist. Der Product kann jedoch in diesem Falle verlangen, daß ihm selbst oder seinem Bevollmächtigten die Handlungsbücher vor dem Gerichte des Wohnorts des Producenten zur Einsicht des ihn betreffenden Conto vorgelegt werden.

§. 159.

Wird gegen die Richtigkeit und Glaubwürdigkeit der Handlungsbücher kein Einwand gemacht; so kann die eidliche Bestärkung derselben in Fällen, wo sie nach den Gesetzen erforderlich ist, von dem Producenten sofort erfolgen, und ist dieselbe nur auf diejenige Stelle der Bücher zu richten, durch welche der Beweis geführt werden soll. Sind aber Ausstellungen gemacht und vom Producten Thatsachen angeführt, wodurch der daraus geführte Beweis widerlegt werden soll; so müssen diese Thatsachen zuvörderst erörtert und der Beweis darüber aufgenommen, die eidliche Bestärkung der Bücher aber ausgesetzt werden. In wiefern der Producent zu der letztren dennoch zu verstatten sei, muß in dem Endurtheile festgesetzt werden.

§. 160.

Kerbhölzer beweisen, so weit sie übereinstimmen, die behauptete Lieferung von Waaren, oder andere Thatsachen, zu deren Nachweise sie gehalten werden, vollständig. Kann eine Partei das ihrige nicht herbeischaffen; so muß der Gegner zur eidlichen Bestärkung des seinigen gelassen werden, in so fern er nicht überführt werden kann, daß das fehlende Kerbholz durch seine Schuld abhänden gekommen, oder vernichtet worden ist.

IV. Auslegung der Urkunden.

§. 161.

Bei der Auslegung der Urkunden sind zwar lediglich die gesetzlichen Vorschriften über die Auslegung der Willenserklä= zu befolgen, wenn es sich jedoch in einem Prozesse um die Auslegung von Staatsverträgen mit andern Mächten handelt und insbesondere über den Sinn einer in einem Staatsver= trage enthaltenen zur Entscheidung der Sache beitragenden Bestimmung oder über die Fragen, welcher von mehreren zu= gleich in Betracht kommenden Staatsverträgen und in wie weit dieser oder jener zum Grunde zu legen sei? oder ob und in wie weit ein in Bezug genommener Staatsvertrag über= haupt an und für sich als völkerrechtlich gültig anzusehen sei? unter den Parteien Streit entsteht; so müssen die Gerichte ohne Unterschied, ob der preußische Staat bei der Abschließung solcher Verträge concurrirt hat oder nicht, vor Abfassung des Er= kenntnisses die Aeußerung des Ministeriums der auswärtigen Angelegenheiten einholen und sich darnach bei der Entscheidung lediglich achten.

Drittes Capitel.

Vom Beweise durch Zeugen.

I. Vorladung der Zeugen.

§. 162.

Wird der Beweis durch Zeugen geführt; so ladet das Gericht die als solche ihrem Namen, Stande oder Gewerbe und Wohnorte nach genau bezeichneten Personen und die Parteien vor dem Deputirten der Sache bei Vermeidung der gesetzlichen Nachtheile (§. 168 ffg.) zu einem Termin vor. Den Zeugen ist in der Vorladung der Name der Parteien, der Ort, die Zeit und der Gegenstand ihrer Vernehmung be= kannt zu machen und zugleich aufzugeben, alle etwa in ihren Händen befindlichen schriftlichen Nachrichten, welche auf die streitige Thatsache Bezug haben, mit zur Stelle zu bringen.

§. 163.

Ein jeder Zeuge wird besonders vorgeladen; die an dem nämlichen Orte befindlichen Zeugen geringeren Standes können jedoch durch eine Currende vorgeladen werden, es muß aber einem jeden derselben eine Abschrift der seine Vorladung betreffenden Stelle der Currende zurückgelassen werden. Zeugen höheren Standes müssen jedoch allemal jeder besonders vorgeladen werden.

§. 164.

Zeugen, welche einer andern Jurisdiction unterworfen sind, werden mittelst Requisition ihres persönlichen Richters vorgeladen und ist Letzterer in dem Requisitionsschreiben zugleich zu ersuchen, die vorzuladenden Zeugen anzuweisen, sich vor dem Deputirten des requirirenden Gerichts zu ihrer Vernehmlassung zu gestellen.

§. 165.

Sind öffentliche Beamte oder Militairpersonen als Zeugen vorzuladen; so muß das Gericht zugleich die Dienstbehörde oder die unmittelbaren Vorgesetzten des Zeugen von der Vorladung in Kenntniß setzen und dieselben ersuchen, den Vorgeladenen zur Abwartung des Termins von seinen etwanigen Dienstgeschäften zu entbinden.

II. Ort der Vernehmung

§. 166.

Die Vernehmung des Zeugen muß an ordentlicher Gerichtsstelle erfolgen. Doch bleibt es dem Ermessen des Deputirten überlassen, einen Zeugen von hohem Range, oder Personen, die wegen Alters oder Krankheit vor Gericht nicht füglich erscheinen können, in ihrer Wohnung zu vernehmen.

III. Verpflichtung zum Zeugniß.

§. 167.

Der Vorladung, als Zeuge vor Gericht zu erschienen, ist ein Jeder Folge zu leisten schuldig, auch wenn er dem Gerichte, welches ihn vorgeladen hat, für seine Person nicht unterworfen ist.

VI. Strafe des Ausbleibens oder verweigerten Zeugnisses

§. 168.

Ein Zeuge, welcher verhindert ist, in dem angesetzten Termin zu erscheinen, muß hiervon dem Gerichte zeitig Anzeige machen. Bleibt er aus, ohne sich entschuldigt zu haben; so ist er auf seine Kosten von Neuem vorzuladen und dem Befinden nach in eine Geldbuße von 1 bis 10 Thaler zu nehmen, welche das Gericht festsetzt.

§. 169.

Wenn jedoch der Zeuge hierauf zu seiner Vernehmung erscheint und nachweiset, daß er verhindert war, an dem zuerst bestimmten Tage sich einzufinden; so kann ihm die Strafe erlassen werden. Die Kosten des neuen Termins bleiben ihm indessen zur Last, in so fern er nicht zu gleicher Zeit darthut, daß er sich in der Unmöglichkeit befand, das Hinderniß vorher anzuzeigen.

§. 170.

Der Zeuge, welcher auf wiederholte Vorladung ausbleibt, kann in eine Geldstrafe bis hundert Thaler, oder im Unvermögensfalle zu Gefängniß bis zu drei Monaten verurtheilt werden. Auch kann das Gericht seine persönliche Vorführung verordnen.

§. 171.

Sind diese Strafen fruchtlos angewandt, oder hat sich der Zeuge denselben zu entziehen gewußt; so bleibt der Partei, welche durch die Verweigerung des Zeugnisses Schaden leidet, der Regreß wider ihn vorbehalten und ist zur Begründung desselben anzunehmen, daß der Zeuge dasjenige wirklich ausgesagt haben würde, worüber sein Zeugniß verlangt ist. Es bleibt dem Zeugen jedoch in dem Regreßprozesse vorbehalten, diese Vermuthung durch Gegenbeweis zu entkräften.

§. 172.

Gleiche Strafen treffen denjenigen, der zwar erscheint, aber seine Vernehmlassung oder die Ableistung des Zeugeneides verweigert.

V. Von der Fähigkeit und Glaubwürdigkeit der Zeugen.

1. Absolut unfähige Zeugen.

§. 173.

Zur Ablegung eines Zeugnisses sind unfähig:

1) Rasende, Wahn- und Blödsinnige. Personen, die nur schwach am Verstande sind, können über Gegenstände, die das Maaß ihrer Verstandeskräfte nicht übersteigen, als Zeugen zugelassen werden. Ist Jemand nur zuweilen des Gebrauches seines Verstandes beraubt, so kann derselbe zwar in lichten Zwischenräumen über Umstände, welche sich in einem solchen Zeitraume zugetragen haben, abgehört werden, jedoch ist bei dessen Vernehmung mit der größten Vorsicht zu verfahren und seine Aussage hat niemals völlige Beweiskraft.

2) Blinde, in Ansehung solcher Gegenstände, zu deren Kenntniß der Sinn des Gesichts erfordert wird, wenn sie nicht diese Kenntniß schon erlangt haben, bevor sie blind geworden sind.

3) Taube, in so fern sie nicht lesen können; können sie lesen, so müssen ihnen die an sie zu richtenden Fragen schriftlich vorgelegt, ihre darauf zu Protokoll verzeichneten Antworten ihnen zum Durchlesen vorgelegt und von ihnen bei jedem Punkte mittelst Unterzeichnung genehmigt werden.

4) Taube und Stumme zugleich, in so fern dieselben nicht schreiben und lesen können; können sie Beides, so werden ihnen die Fragen schriftlich vorgelegt und ihre Antworten müssen sie selbst niederschreiben und unterschreiben.

5) Diejenigen, welche eines falschen Zeugnisses oder Meineides überführt sind.

6) Personen, welche das vierzehnte Jahr ihres Alters noch nicht zurückgelegt haben.

§. 174.

Auch wenn der Grund der Unfähigkeit eines Zeugen erst nach seiner Vernehmung entdeckt worden ist, darf auf die Aussage desselben keine Rücksicht genommen werden.

2. Zeugen, gegen welche Einwendungen stattfinden.

§. 175.

Nachstehende Personen können zwar als Zeugen vernommen werden, es finden jedoch Einwendungen gegen die Glaubwürdigkeit ihres Zeugnisses Statt:

1) leibliche Eltern einer Partei und andere Verwandte derselben in aufsteigender Linie. Wenn jedoch der Streit entweder unter Kindern obwaltet, oder es darauf ankommt, das Alter der Kinder, deren Verlobung, Verheirathung oder Absterben zu erweisen und die Wahrheit auf andere Art nicht ausgemittelt werden kann: so sind dieselben als Beweiszeugen zulässig;
2) leibliche Kinder einer Partei und andere Verwandte derselben in absteigender Linie;
3) Adoptiv- und Pflege-Eltern, und Adoptiv- und Pflege-Kinder;
4) Stief- und Schwieger-Eltern, imgleichen Stief- und Schwieger-Kinder;
5) Verwandte oder Verschwägerte einer Partei in einer Seitenlinie bis einschließlich des vierten Grades;
6) Ehegatten oder Verlobte;
7) derjenige, der von dem Ausfall der Sache Vortheil oder Schaden zu erwarten hat;
8) derjenige, der Geschenke oder Versprechungen für die Ablegung seines Zeugnisses angenommen hat;
9) derjenige, der zu einer Partei in einem Dienst-, Lohn- oder anderen Verhältnisse steht, welches ihm Verpflichtungen auferlegt;
10) derjenige, der einer Partei im Prozesse Rath ertheilt hat;
11) derjenige, der mit einer Partei in allgemein bekannter Feindschaft lebt;
12) Personen, welche das achtzehnte Jahr ihres Alters noch nicht zurückgelegt haben;
13) derjenige, der mit seinen Nebenzeugen wegen des abzulegenden Zeugnisses Abrede genommen hat;
14) Mitberechtigte oder Mitverpflichtete;

15) Litisdenuncianten oder Denuncianten oder Intervenienten;

16) Mitglieder eines Collegiums, einer Corporation oder Gemeinde, die in dem Prozesse verwickelt sind. Betrifft der Prozeß einen Gegenstand, an welchem die einzelnen Mitglieder kein Interesse haben; so können dergleichen Mitglieder auch als Beweiszeugen aufgestellt werden und bleibt ihre Glaubwürdigkeit nach Bewandniß der übrigen Umstände der richterlichen Beurtheilung vorbehalten. Betrifft der Prozeß nur einzelne Mitglieder; so können andere Mitglieder, die für sich selbst kein Interesse dabei haben, gültige Beweiszeugen sein. Personen, welche nicht als Mitglieder der Gemeinde anzusehen sind, können zwar als Zeugen vernommen werden, jedoch ist ihren Aussagen vollständige Beweiskraft nicht beizulegen. Die unter den Nummern 1—5 aufgeführten Verwandten eines oder mehrerer Mitglieder der Corporation oder Gemeinde können zwar ebenfalls als Beweiszeugen aufgestellt werden, die Glaubwürdigkeit ihres Zeugnisses wird aber durch diese Verwandschaft geschwächt. Von den Ehegatten und Verlobten der Mitglieder einer Gemeinde hingegen gilt dasselbe, was vorstehend von diesen Mitgliedern selbst verordnet ist;

17) der Bevollmächtigte einer Partei;

18) derjenige, der ein in der allgemeinen Meinung entehrendes Gewerbe betreibt;

19) derjenige, der für unfähig erklärt ist, in seiner eigenen Sache einen nothwendigen Eid zu schwören;

20) derjenige, der zu einer schweren Freiheitsstrafe, oder wegen Diebstahls und Betrugs verurtheilt, oder einer begangenen Untreue, oder eines vorsätzlichen oder muthwilligen Bankeruts gerichtlich überführt ist.

§. 176.

Die im §. 175 unter den Nummern 1 bis 4 und 6 bis 8 aufgeführten Personen dürfen, wenn ihrer Vernehmung vom Gegentheil widersprochen und der gegen sie gemachte Einwand gegründet ist, als Zeugen nicht vernommen werden; die übrigen sind des Einwandes ungeachtet zu vernehmen, der ihren Aussagen nach den Umständen beizulegende Glaube bleibt jedoch dem Ermessen des Richters überlassen.

§. 177.

Hat der Gegentheil desjenigen, mit welchem die im §. 175 unter den Nummern 1 bis 6, 9, 14 bis 17 aufgeführten Personen in dem daselbst bemerkten Verhältnisse stehen, diese selbst als Zeugen vorgeschlagen; so sind sie als gültige Beweiszeugen anzusehen.

3. Personen, welche das Zeugniß ganz verweigern können.

§. 178.

Zur Ablegung eines Zeugnisses wider denjenigen, mit dem sie in einer solchen nahen Verbindung stehen, können

1) Leibliche, Adoptiv-, Pflege-, Stief- und Schwieger-Eltern,
2) Leibliche, Adoptiv-, Pflege-, Stief- und Schwieger-Kinder;
3) Ehegatten und Verlobte,
4) der Bevollmächtigte einer Partei, in so fern er als Zeuge über Thatsachen vorgeschlagen wird, welche erst während des Prozesses vorgefallen und zu seiner Kenntniß gelangt sind,

nicht gezwungen werden. Die übrigen im §. 175 unter der Nummer 5 aufgeführten Verwandten einer Partei dürfen dagegen die Ablegung eines Zeugnisses wider Letztere nicht ablehnen, wenn nach der Natar des Geschäfts, über welches ihre Aussage verlangt wird, die Wahrheit auf andere Art nicht ausgemittelt werden kann.

§. 179.

Sind jedoch die im §. 178 aufgeführten Personen erbötig, ihr Zeugniß abzulegen; so ist diejenige Partei, mit welcher sie in der dort bezeichneten Verbindung stehen, ihr Zeugniß abzulehnen nicht berechtigt.

4. Personen, welche ihr Zeugniß theilweise verweigern dürfen.

§. 160.

Zur Verweigerung ihres Zeugnisses sind ferner befugt:

1) Geistliche, Sachwalter, Aerzte, Wundärzte und Hebeammen über Gegenstände, welche ihnen unter dem Siegel der Beichte oder der Amtsverschwiegenheit anvertraut sind, in so fern sie auf ihre Amtspflicht versichern, daß dieses der Fall sei. Auch über die dem Geistlichen beim Sühneversuche in Ehescheidungs-Prozessen von den Eheleuten gemachten Geständnisse darf dessen Vernehmung nicht erfolgen,

2) öffentliche Beamte über Gegenstände, von deren Bekanntwerdung sie befürchten, daß sie dem Staate nachtheilig sein könne. Wird dies von den Parteien in Zweifel gezogen; so ist darüber an das Justiz-Ministerium zu berichten, um mit der Dienstbehörde des Beamten Rücksprache zu nehmen.

3) Diejenigen, von denen die Entdeckung eines ihre Kunst oder ihr Gewerbe betreffenden Geheimnisses gefordert wird.

4) Diejenigen, denen angemuthet wird, ihre eigene oder ihrer nahen Anverwandten oder Ehegatten Schande zu bekunden.

5) Derjenige, welcher befürchtet, daß die Beantwortung einer mit der streitigen Thatsache offenbar nicht in Verbindung stehenden Frage für seine Person nachtheilige Folgen haben möchte.

6) Derjenige, welcher nicht bloß zur Aussage über Thatsachen, sondern zur Offenbarung seiner eigenen Meinungen, Gesinnungen oder Muthmaßungen vom Richter aufgefordert wird. Endlich

7) kann ein Zeuge zu der Aussage über die Meinungen, Gesinnungen oder Urtheile einer Partei oder eines Dritten, welche ihm nur durch eine solche Privatcorrespondenz, zu deren Edition er nach §. 95 nicht verbunden sein würde, oder durch eine vertrauliche Mittheilung be-

kannt geworden sind, wider ihren Willen nicht angehalten werden.

§. 181.

Die im §. 180 genannten Personen sind gleichwohl verbunden, in dem zu ihrer Vernehmung angesetzten Termine zu erscheinen und die Gründe ihrer Weigerung angeben.

VI. Zeit der Vorbringung der Einreden.

§. 182.

Die Einwendungen gegen die Person der Zeugen müssen vor deren Vernehmung angebracht werden. Später sind dieselben nur dann zulässig, wenn die Partei, welche sie vorbringt, nachweist, daß sie erst nach der Vernehmung der Zeugen zu ihrer Kenntniß gekommen sind.

§. 183.

Diese Einwendungen müssen zugleich mit der Vernehmung der Zeugen erörtert und in dem Endurtheile mit entschieden werden. Ist aber streitig, ob die Vernehmung eines Zeugen überhaupt zulässig sei oder nicht; so hat das Gericht darüber nach vorgängiger Erörterung dieses Incidentpunktes mit Vorbehalt der Rechte beider Theile durch eine Resolution zu entscheiden, gegen welche kein Rechtsmittel Statt findet.

§. 184.

Bleiben die Parteien in dem Termine zum Zeugenverhöre aus; so ist dessen ungeachtet mit demselben zu verfahren, die Parteien verlieren jedoch die Einwendungen gegen die Zeugen, die nicht entweder schon früher vorgebracht sind, oder sich aus den Aussagen der Zeugen selbst ergeben.

VII. Vernehmung der Zeugen.

§. 185.

Jeder Zeuge ist einzeln, ohne Beisein der Nebenzeugen und der Parteien, jedoch in Gegenwart der Sachwalter und Rechtsbeistände der Letztren zu vernehmen, vor seiner Vernehmung zur Wahrheit zu ermahnen und auf den zu leistenden Eid zu verweisen.

§. 186.

Nachdem der Zeuge seinen Namen, Stand oder Gewerbe, Alter, Wohnsitz und die Religionspartei, zu welcher er sich bekennt, angegeben hat, ist derselbe zuvörderst, in so fern der Richter nach den Umständen und nach dem Verhältnisse, in welchem der Zeuge zu den Parteien steht, die eine oder andere der nachstehenden Fragen an ihn zu richten für nöthig erachtet, darüber zu befragen: ob und in welchem Grade er mit einem der streitenden Theile verwandt oder verschwägert ist; ob er in einem Lohn-, Dienst- oder andrem Verhältnisse, welches ihm Verpflichtungen auflegt, zu einem derselben steht, ob er von dem Ausgange des Prozesses Nutzen oder Schaden zu erwarten; ob er einer der Parteien in dem Prozesse Rath ertheilt; ob er mit seinen Nebenzeugen wegen des abzulegenden Zeugnisses Abrede genommen; ob ihn Jemand zu unterrichten sich bemüht hat, was und wie er es aussagen soll; ob ihn Jemand durch Geschenke oder Versprechungen zur Ablegung eines günstigen Zeugnisses für den einen oder andern Theil hat vermögen wollen? Sind Einwendungen gegen die Glaubwürdigkeit des Zeugen vorgebracht, so ist Letzterer auch über diese zu befragen.

§. 187.

Demnächst muß der Deputirte dem Zeugen eine umständliche und zusammenhängende Erzählung der Thatsache, oder des Geschäfts, worüber er aussagen soll, abfordern; denselben über Umstände, worauf es nach dem status controversiae hauptsächlich ankommt, speziell befragen, und darauf achten, daß der Zeuge seine Wissenschaft und den Grund derselben so deutlich, bestimmt, unzweideutig und ausführlich als möglich angiebt. Ist die Darstellung und Aussage nicht deutlich, bestimmt und zusammenhängend genug und erforderlich daher eine nähere Entwickelung der bekundeten Umstände, oder finden sich darin unzusammenhängende, unwahrscheinliche oder sich widersprechende Angaben, oder kommt es noch darauf an, den Zeugen näher und genauer auf dasjenige zu führen, was nach dem status causae et controversiae ausgemittelt werden soll; so muß der Deputirte dem Zeugen die zur Beseitigung dieser Mängel erforderlichen Fragen speziell zur Beantwortung vorlegen.

§. 188.

Der Deputirte muß ferner darauf sehen, daß der Zeuge nur über eigentliche Thatsachen, die er mit seinen Sinnen erkannt und erfahren hat, aussagt und die daraus sich gebildeten Schlüsse und Folgerungen mit der Thatsache selbst nicht verwechselt.

§. 189.

Wenn sich in der Aussage des Zeugen über die ihm vorgelegten speziellen Fragen ein Widerspruch mit demjenigen, was derselbe in seiner summarischen Erzählung ausgesagt hat, ergiebt; so muß ihm dies vorgehalten und seine Erläuterung darüber zu Protokoll genommen werden.

§. 190.

Den Sachwaltern und Rechtsbeiständen steht frei, den Deputirten vor der Vernehmung der Zeugen schriftlich auf die Umstände, welche ihrer Meinung nach bei dieser Vernehmung vorzüglich zu berücksichtigen und durch spezielle Fragen besonders ins Licht zu setzen sein würden, aufmerksam zu machen. Es dürfen aber in dieser Schrift keine Thatsachen, welche in dem status causae et controversiae nicht enthalten sind, vorgebracht werden und hat der Deputirte auf dergleichen neue Thatsachen keine Rücksicht zu nehmen.

§. 191.

Bei jedem Zeugen-Verhöre ist ein Protokollführer zuzuziehen und von demselben das Protokoll aufzunehmen. Das Protokoll muß alle an den Zeugen gerichteten Fragen und die Antworten desselben genau und mit dessen eignen, in der ersten Person abgefaßten Ausdrücken enthalten.

§. 192.

Nach beendigter Vernehmung ist dem Zeugen das Protokoll vorzulesen und derselbe zu befragen, ob das, was darin niedergeschrieben worden, seine wahre und vollständige Aussage sei. Macht der Zeuge hierbei Abänderungen oder Zusätze; so sind diese nebst den Gründen der Aenderung in dem Protokolle besonders nachzutragen, die frühere Aussage aber nicht abzuändern.

VIII. Vereidung der Zeugen.

§. 193.

Nach geendigtem Verhöre hat der Zeuge, wenn bei seiner Vernehmung sich keine Umstände ergeben haben, welche sein Zeugniß unzulässig machen, den Zeugeneid dahin abzulegen:

> daß er von Allem, worüber er befragt und vernommen worden, seine Wissenschaft nach der reinen Wahrheit ausgesagt und dabei wissentlich weder etwas verschwiegen, noch etwas hinzugesetzt habe.

§. 194.

Sind bei der Vernehmung des Zeugen Umstände vorgekommen, über welche derselbe nach Maßgabe des §. 180 sein Zeugniß zu verweigern berechtigt war; so ist in dem Eide vor den Worten:

> „dabei wissentlich weder etwas verschwiegen"

die Einschränkung:

> außer den im Protokolle bemerkten Umständen, zu deren Offenbarung er sich nicht für schuldig halte,

einzuschalten.

§. 195.

Den Parteien, wenn sie in Person erschienen sind, steht frei, der Eidesleistung beizuwohnen, und ist ihnen das Protokoll vorzulesen.

§. 196.

Der Eidesleistung bedarf es nicht, wenn beide Theile erklären, daß sie die Aussage des Zeugen auch ohne Eid für wahr annehmen. Ein Anwalt und Bevollmächtigter kann dem Zeugen die Eidesleistung nur dann erlassen, wenn er dazu speziell bevollmächtigt ist.

§. 197.

Die Zeugnisse und Aussagen der in Eid und Pflicht stehenden Beamten über die von ihnen vorgenommenen amtlichen Handlungen bedürfen der Bestätigung durch den Zeugeneid nicht, sondern es genügt, wenn sie ihre Aussage mit Bezugnahme auf den von ihnen geleisteten Diensteid bekräftigen.

§. 198.

Vor der Abnahme des Eides muß der Zeuge an die Wichtigkeit und Heiligkeit desselben unter Bekanntmachung der Strafen des Meineides erinnert werden.

§. 199.

Der Zeugen-Eid wird nach den im Allgemeinen Theil über die Eidesleistung enthaltenen Vorschriften abgelegt.

§. 200.

Ein jeder Zeuge muß den Eid besonders ableisten.

§. 201.

In Prozessen zwischen Juden bedarf es bei jüdischen Zeugen keines Eides, sondern es sind dem Zeugen nur die zehn Gebote und die im mosaischen Gesetze ausdrücklich vorgeschriebene Pflicht als Zeuge, die Wahrheit zu sagen, von dem Rabbiner oder Gelehrten ernstlich vorzuhalten.

IX. Abschluß des Vernehmungs-Protokolls.

§. 202.

In dem Protokolle über die Vernehmung der Zeugen muß vermerkt werden, daß und wie die Vereidigung derselben, oder die anderweite Bekräftigung ihrer Aussagen erfolgt ist.

§. 203.

Die Zeugen sind vor ihrer Entlassung zu befragen, ob sie die, in der Sporteltaxe festgesetzten Reise-, Zehrungs- und Versäumniß-Kosten erstattet verlangen. Wird die Erstattung gefordert; so muß dieselbe sofort aus der Salarienkasse des

Gerichts erfolgen und der Betrag vom Producenten nachher eingezogen werden.

§. 204.

Wenn ein bereits abgehörter und vereideter Zeuge später anzeigt, daß er seinen Aussagen noch etwas hinzuzufügen oder darin zu berichtigen habe und auf seine nochmalige Vernehmung anträgt; so ist letztere sofort zu veranlassen und mit vorzüglicher Genauigkeit und Aufmerksamkeit vorzunehmen und dabei der Grund, weshalb der Zeuge bei seiner ersten Vernehmung anders ausgesagt hat, durch zweckmäßige Fragen und Verhaltungen so zuverlässig als möglich zu erforschen.

§. 205.

Wenn ein solcher Zeuge seine frühere Aussage verändert oder durch erhebliche Thatsachen ergänzt; so darf derselbe nicht sofort wieder mit dem Zeugen-Eide belegt werden, sondern bleibt die Bestimmung, ob es einer nochmaligen Vereidung desselben bedürfe oder dieselbe zulässig sei, dem Erkenntnisse der Hauptsache vorbehalten.

X. Von Widersprüchen in den Zeugenaussagen.

§. 206.

Finden zwischen den Aussagen der nach einander vernommenen Zeugen Widersprüche; so muß der Deputirte sie sowohl von Amtswegen, als auf Ansuchen einer Partei durch eine nochmalige Befragung der bereits abgetretenen Zeugen über die widersprechenden Umstände und nöthigenfalls durch die Zusammenstellung der sich in ihren Aussagen widersprechenden Zeugen zu beseitigen sich bemühen. Die Vereidigung sämmtlicher an einem Tage vorgeladenen Zeugen ist daher auch bis zur beendigten Vernehmung derselben auszusetzen. Hat das Zeugenverhör in verschiedenen Terminen Statt gefunden und es ergeben sich in den Aussagen der früher vernommenen Zeugen mit denen der später vernommenen

Widersprüche; so ist ein besonderer Termin zu deren Confrontation anzusetzen.

§. 207.

Wenn die Abhörung eines Zeugen nicht in einem Termine beendigt worden, oder dessen Vereidung in demselben nicht erfolgen kann; so muß dem Zeugen das aufgenommene Protokoll vorgelesen, er an den abzuleistenden Eid erinnert und sodann das Protokoll von ihm unterzeichnet werden. Ist dies geschehen und der Zeuge stirbt vor der Beendigung des ganzen Verhörs, oder vor Ableistung des Eides; so verlieren seine Aussagen dadurch nichts an ihrer Beweiskraft.

XI. Wiederholung des Zeugenverhörs.

§. 208.

Die Wiederholung eines Zeugenverhörs ist nur zulässig, wenn bei der Abfassung des Erkenntnisses sich ergeben, daß die Zeugenaussagen über den einen oder den andern erheblichen Umstand so dunkel und zweifelhaft ausgefallen sind, daß ihr eigentlicher Sinn daraus nicht entnommen werden kann, oder wenn das Zeugenvernehmungs-Protokoll verloren gegangen ist. In beiden Fällen sind die Zeugen mit Verweisung auf den bereits geleisteten Eid auf Kosten des früheren Deputirten oder dessen, der das Protokoll verloren hat, durch einen andern Deputirten nochmals zu vernehmen.

XII. Abhörung neuer Zeugen.

§. 209.

Wenn die vernommenen Zeugen über die streitige Thatsache entweder gar keine, oder keine genügende Auskunft ertheilen können, es sich aber aus ihren Aussagen ergiebt, daß andere Personen eine genauere oder vollständigere Kenntniß davon haben; so müssen dieselben auf Antrag der Parteien abgehört werden.

XIII. Vernehmung der der Landessprache nicht kundigen Zeugen.

§. 210.

Ist ein Zeuge der Landessprache nicht kundig; so sind bei seiner Vernehmung die im Allgemeinen Theile über die Verhandlungen mit den der Landessprache unkundigen Personen gegebenen Vorschriften zu beobachten.

XIV. Vernehmung der Zeugen durch Requisition.

§. 211.

Wohnt der Zeuge entfernt vom Sitze des Gerichts, oder ist er verhindert, sich dorthin zu begeben; so muß dessen Vernehmung durch Auftrag oder Requisition seines persönlichen Richters geschehen. Alle inländischen Gerichte sind schuldig, dergleichen Requisitionen unweigerlich und schleunig zu genügen.

§. 212.

Der Deputirte entwirft zu diesem Zwecke unter Zuziehung der Parteien eine Uebersicht der Sache, welche die Namen der streitenden Theile, das Sachverhältniß und den Punkt, auf deren Ermittelung es ankommt, so wie die speziellen Fragen, worüber der Zeuge vorgeschlagen und zu vernehmen ist, so vollständig als möglich enthalten muß.

§. 213.

Beiden Theilen ist gestattet, spezielle Fragen zu entwerfen, über welche die Zeugen zu vernehmen und welche daher dem auswärtigen Gerichte mit zu übersenden sind.

§. 214.

Wollen die Parteien dem Zeugenverhör in Person oder durch einen Bevollmächtigten beiwohnen; so müssen sie dem committirten oder requirirten Gerichte hiervon Anzeige machen und ist ihnen zu dem Ende ein Zeugenvernehmungs-Termin bekannt zu machen

XV. Vernehmung im Auslande wohnender Zeugen.

§. 215.

Sollen ausländische Behörden um die Vernehmung eines Zeugen requirirt werden; so ist der Requisition außer der im §. 213 gedachten Uebersicht auch eine Abschrift der in den §§. 185 — 207 enthaltenen Vorschriften beizufügen.

§. 216.

Ob diese Requisition unmittelbar an die ausländische Behörde zu erlassen, oder dem Königlichen Ministerium der auswärtigen Angelegenheiten zur weiteren Beförderung zu übersenden sei, ist nach den im Allgemeinen Theile über die Insinuation der Verfügung an die im Auslande wohnenden Parteien durch Requisition ausländischer Behörden gegebenen Vorschriften zu beurtheilen.

§. 217.

Hat die ausländische Behörde die Erfüllung der Requisition verweigert; so ist der Gegentheil des Producenten berechtigt, die Fortsetzung der Sache zu verlangen.

XVI. Vernehmung Königlicher im Auslande befindlicher Gesandten.

§. 218.

Soll ein im Auslande befindlicher Königlicher Gesandter, Minister-Resident oder Geschäftsträger, oder eine zur Gesandschaft gehörige Person als Zeuge vernommen werden; so ist darüber unter Einsendung der im §. 214 erwähnten Uebersicht an das Justiz-Ministerium zu berichten. Der Justiz-Minister wird sodann in Vereinigung mit dem Ministerium der auswärtigen Angelegenheiten die Person oder Behörde bestimmen, durch welche die Vernehmung geschehen soll.

XVII. Vernehmung fremder am Königlichen Hofe accreditirter Gesandten.

§. 219.

Die am Königlichen Hofe accreditirten Gesandten und andre diplomatische Personen, so wie die zu deren Gefolge und Dienerschaft gehörigen Personen, können, in so weit sie dem inländischen Gerichtsstande nicht unterworfen sind, von den inländischen Gerichten als Zeugen nicht vorgeladen werden. Wird in einem Prozesse auf das Zeugniß derselben Bezug genommen; so ist darüber unter Anführung der Thatsachen, über welche deren Vernehmung erforderlich ist, an das Justiz-Ministerium zur weitern Rücksprache mit dem Minister der auswärtigen Angelegenheiten Bericht zu erstatten.

XVIII. Beweiskraft der Zeugenaussagen.

§. 220.

Zwei vereidete, vollkommen glaubwürdige Zeugen geben einen vollständigen Beweis der Thatsache, welche sie aus eigner Wissenschaft mit völliger Zuverlässigkeit übereinstimmend bekunden.

Viertes Capitel.

Vom Gutachten der Sachverständigen.

I. Fälle, in welchen das Gutachten der Sachverständigen zulässig ist.

§. 221.

Hängt die Entscheidung eines Rechtsstreites von Fragen ab, zu deren Beurtheilung besondere Sachkenntniß erfordert wird; so kann das Gericht sowohl von Amtswegen, als auf den Antrag der Parteien verfügen, daß darüber von Sachverständigen ein Gutachten abgegeben werde.

II. Ernennung der Sachverständigen.

§. 222.

In diesem Falle muß jede Partei innerhalb der ihr vom Gericht dazu gestatteten Frist einen Sachverständigen ernennen, in so fern nicht beide Theile es bei dem Gutachten eines einzigen Sachverständigen bewenden lassen wollen.

§. 223.

Wenn eine Partei binnen der bestimmten Frist keinen Sachverständigen dem Gerichte anzeigt, ernennt dieses denselben.

§. 224.

Bei dieser Ernennung muß das Gericht vorzüglich auf die, bei demselben ein für allemal als Sachverständige angestellten und vereidigten Personen Rücksicht nehmen, in deren Ermangelung aber beim Erforderniſſe nicht gewöhnlicher Sachkenntniſſe mit derjenigen Behörde, welcher Personen dieser Art in Amtssachen untergeordnet sind, wegen deren Ernennung Rücksprache nehmen.

§. 225.

Haben die Parteien selbst Sachverständige erwählt und ihre Wahl ist auf andere, als die bei dem Gerichte angestellten Sachverständigen gefallen; so muß der Vorgeschlagene, in so fern er nicht in einem öffentlichen Amtsverhältniſſe steht, sich der unmittelbaren Aufforderung seines persönlichen Richters gemäß gestellen und eidlich vernehmen lassen. Steht derselbe aber in einem öffentlichen Amtsverhältniſſe; so muß das Gericht auf dessen Verlangen erst mit dessen vorgesetzter Amtsbehörde Rücksprache nehmen und nur nach deren Bewilligung die Vorladuug desselben veranlassen.

§. 226.

In der Vorladung der Sachverständigen sind denselben die Fragen, worüber ihr Gutachten verlangt wird und die darauf Bezug habenden Beweisstücke bekannt zu machen. Auch die Parteien sind zur Wahrnehmung ihrer Gerechtsame zum Termin vorzuladen; ihr Ausbleiben in demselben hindert jedoch die Vernehmung der Sachverständigen nicht.

III. Verbindlichkeit der Sachverständigen zur Abgabe eines Gutachtens.

§. 227.

Die erwählten oder ernannten Sachverständigen sind, in so fern sie als solche für das Fach, in welches der Gegenstand des von ihnen geforderten Gutachtens einschlägt, angestellt sind, oder die Wissenschaft, Kunst oder das Gewerbe, deren Betrieb sie zur Abgabe des geforderten Gutachtens befähigt, zu ihrer Hauptbeschäftigung machen, die Abgabe ihres Gutachtens nur aus eben den Gründen von sich abzulehnen, berechtigt, aus welchen ein Zeuge seine Aussage verweigern kann. Sie können dazu durch dieselben Zwangsmittel angehalten werden, wie ein Zeuge zur Ablegung seines Zeugnisses (§§. 168—172, 178 — 181.)

IV. Einwendungen gegen dieselben.

§. 228.

Gegen die erwählten oder ernannten Sachverständigen finden dieselben Einwendungen Statt, wie gegen Zeugen (§§. 175 — 177) und kommt über die Zeit der Vorbringung dieser Einwendungen die Vorschrift des §. 182 zur Anwendung.

§. 229.

Wird der gegen einen Sachverständigen vorgebrachte Einwand von dem Gegentheile anerkannt; so muß der Letztere sofort einen andern Sachverständigen vorschlagen, widrigenfalls dessen Ernennung durch das Gericht geschieht. Wird dem Einwande aber widersprochen; so entscheidet das Gericht darüber durch eine Resolution, gegen welche kein Rechtsmittel zulässig ist und in welcher es, wenn es den Einwand begründet findet, zugleich diejenige Partei, deren Sachverständiger nicht zugelassen ist, anweiset, einen andern Sachverständigen innerhalb der zu bestimmenden Frist unter dem Nachtheile vorzuschlagen, daß widrigenfalls das Gericht denselben ernennen werde. Läßt die Partei diese Frist verstreichen, ohne der Auflage nachzukommen, so erfolgt die Ernennung eines andern Sachverständigen durch das Gericht.

V. Vernehmung der Sachverständigen.

§. 230.

In dem, zur Vernehmung der Sachverständigen angesetzten Termine (§. 226) steht den Parteien frei, den den Sachverständigen vorzulegenden Fragen zur näheren Aufklärung ihnen angemessen scheinende Bemerkungen und Zusätze hinzuzufügen. Es wird den Sachverständigen, nachdem sie in Gemäßheit des §. 186 über ihre persönlichen Verhältnisse u. s. w. befragt sind, der Gegenstand ihres Gutachtens im Beisein der Parteien vorgezeigt und darauf jeder Sachverständige besonders, ohne Beisein des Andern und ohne mit demselben sich berathen zu haben, nachdem auch die Parteien abgetreten sind, mit seinem Gutachten zu Protokoll vernommen.

§. 231.

Den Sachverständigen ist jedoch nachgelassen, ihr Gutachten schriftlich abzugeben und ihnen zu dessen Einreichung eine angemessene Frist zu bewilligen. Nachdem die Gutachten eingegangen sind, wird unter Vorladung der Sachverständigen und Parteien, ein Termin zur Vereidigung der ersteren, in so weit es derselben noch bedarf (§. 236) und zur Vorlegung ihrer Gutachten an die Parteien anberaumt.

§. 232.

Bleiben die Sachverständigen in diesem Termine aus; so wird zu ihrer Vereidigung ein neuer Termin auf ihre Kosten angesetzt, erscheinen dagegen die Parteien nicht in demselben; so wird dennoch mit der Vereidigung der Sachverständigen verfahren und die Parteien verlieren ihre Einwendungen gegen die Gutachten, mit Vorbehalt jedoch der Ausführungen aus denselben.

§. 233.

Die Gutachten der Sachverständigen müssen den Befund der Sache, in so fern eine Besichtigung derselben damit verbunden war, genau und eine bestimmte Antwort auf die ihnen vorgelegten Fragen und die Gründe dafür angeben.

§. 234.

Den Gutachten ist die Liquidation der Gebühren und Auslagen beizufügen, welche der Deputirte nach der Sporteltaxe festsetzt und sofort auf Rechnung der Partei, welche auf das Gutachten angetragen hat, oder beider Theile, wenn dasselbe von Amtswegen erfordert wurde, aus der Salarienkasse des Gerichts vorschußweise zu berichtigen sind.

VI. Vereidigung der Sachverständigen.

§. 235.

Die Sachverständigen haben, nachdem sie ihr Gutachten abgegeben, nach vorgängiger Verwarnung vor dem Meineide, den Eid der Sachverständigen dahin zu leisten:

> daß sie das von ihnen geforderte und abgegebene Gutachten, nach sorgfältiger Prüfung, ihrer Kenntniß und Erfahrung gemäß unparteiisch und gewissenhaft abgegeben haben.

§. 236.

Sind öffentliche Beamten oder andere Personen zur Begutachtung von Gegenständen ihrer Wissenschaft oder Kunst, oder ihres Gewerbes ein für allemal vereidet; so bedarf es der Wiederholung des Eides in einzelnen Fällen nicht, sie müssen jedoch die Unparteilichkeit und Gewissenhaftigkeit ihres Gutachtens auf den ein für allemal geleisteten Sachverständigen-Eid versichern; und muß die ein für allemal erfolgte Vereidigung derselben von dem Deputirten im Protokoll bezeugt, oder von den Sachverständigen nachgewiesen werden.

VII. Wiederholung und Wirkung des Gutachtens.

§. 237.

Wenn das erkennende Gericht findet, daß die Gutachten die nöthigen Aufklärungen nicht gewähren, oder daß die Sachverständigen von unrichtigen Voraussetzungen ausgegangen, oder in Widersprüche verfallen sind; so kann dasselbe von Amtswegen ein neues Gutachten sowohl von denselben, als von andern Sachverständigen fordern. Widersprechen sich dagegen die Gutachten beider Sachverständigen; so muß das Gericht das Gutachten eines dritten Sachverständigen einholen, welches den Ausschlag giebt. Sind die Gutachten endlich nicht folgerecht begründet, oder erscheinen sie technisch nicht gerechtfertigt; so ist das Gericht berechtigt, vor der Entscheidung der Sache entweder die zur Abgabe von Gutachten in den höheren Instanzen bestellte Behörde, oder in deren Ermangelung einen besonders qualificirten Sachverständigen zur gutachtlichen Aeußerung darüber aufzufordern.

§. 238.

Bei dem Ausspruche der Behörde oder dieses Sachverständigen muß es sodann bewenden.

Fünftes Capitel.

Von der Besichtigung an Ort und Stelle.

I. Zulässigkeit derselben.

§. 239.

Die Besichtigung des Gegenstandes des Prozesses an Ort und Stelle kann in jeder Lage des Prozesses vom Gerichte von Amtswegen angeordnet, oder von einer Partei nachgesucht werden.

II. Verfahren dabei.

§. 240.

Die Parteien müssen zur Besichtigung vorgeladen werden, im Falle ihres Ausbleibens wird jedoch, dessen ungeachtet, die Besichtigung vorgenommen.

§. 241.

Wenn zugleich Zeugen vorgeschlagen sind, um die Identität des streitigen Gegenstandes oder dessen frühere Beschaffenheit oder andere Verhältnisse zu bekunden; so sind dieselben vorzuladen und an Ort und Stelle zu vernehmen.

§. 242.

Sind zur genaueren Untersuchung oder Beschreibung des zu besichtigenden Gegenstandes besondere Kenntnisse erforderlich; so kann das Gericht sowohl von Amtswegen, als auf den Antrag der Parteien, Sachverständige dabei zuziehen.

§. 243.

Auch kann das Gericht, wenn bei der Instruktion des Rechtsstreits Thatsachen vorkommen, deren Beurtheilung nähere Kenntniß und Uebung in einer Wissenschaft oder Kunst voraussetzt, dem Deputirten schon in dem Instruktionstermine einen Sachverständigen von Amtswegen beiordnen.

§. 244.

Die Sachverständigen, wenn sie nicht zu diesem Geschäft ein für allemal vereidet sind, müssen einen Eid dahin ableisten:

daß sie den Befund unparteiisch und gewissenhaft, ohne etwas verschwiegen oder hinzugesetzt zu haben, angezeigt haben.

Haben sie in der Sache zugleich ein Gutachten abgegeben; so ist dieser Eid mit dem im §. 235 vorgeschriebenen zu verbinden.

§. 245.

Das Protokoll über die Besichtigung muß die Erklärungen der Parteien und den Befund nach den eigenen Wahrnehmungen des Richters und den wörtlichen Angaben der Sachverständigen enthalten.

§. 246.

Wo es zur größern Deutlichkeit nöthig ist, muß der Richter eine Zeichnung beifügen, oder durch die Sachverständigen beifügen lassen.

§. 247.

Befindet sich die in Augenschein zu nehmende Sache außerhalb des Bezirks desjenigen Gerichts, bei welchem der Prozeß schwebt; so kann die Besichtigung dem Richter des Orts, wo sich die Sache befindet, mittelst Auftrags oder Requisition übertragen werden.

§. 248.

Dem Auftrage oder der Requisition ist in diesem Falle eine nach §. 213 abgefaßte Uebersicht mit genauer Angabe derjenigen Punkte, die durch die Besichtigung ausgemittelt werden sollen, oder auf welche es dabei vorzüglich ankommt, beizufügen.

§. 249.

Wollen die Parteien der Besichtignng an Ort und Stelle durch den requirirten Richter beiwohnen; so haben sie die Vorschrift des §. 215 zu beobachten.

Sechstes Capitel.

Vom Beweise durch Eid.

I. Zulässigkeit der Eideszuschiebung.

§. 250.

Jede Partei ist befugt, ihrem Gegner den Eid über jede streitige Thatsache zuzuschieben, mit Ausnahme jedoch der

Fälle, in welchen die Gesetze den Beweis durch Eidesdelation ausdrücklich untersagt haben.

§. 251.

Wird einer Partei über eine Thatsache, über welche sie aus eigner Wissenschaft nicht unterrichtet sein kann, der Eid zugeschoben; so ist sie denselben nur dahin

daß sie außer den zu den Akten von ihr angezeigten, oder darin enthaltenen Umständen von der Sache nichts wisse:

zu leisten verbunden.

§. 252.

Es steht ihr jedoch auch frei, den Eid dem Gegentheile zurückzuschieben, welcher, wenn er den Eid de veritate zu schwören außer Stande ist, denselben dahin

daß er seine Behauptung, daß ꝛc., seinem besten Wissen und Gewissen nach für wahr halte.

leisten muß.

§. 253.

Ist das Gegentheil der Thatsache, welche bewiesen werden soll, durch die Aufnahme der anderweit vorgeschlagenen Beweismittel dargethan; so findet die Eideszuschiebung über die Richtigkeit derselben nicht ferner Statt.

II. Befugniß, Eide zu deferiren.

§. 254.

Zur Eidesdelation sind alle diejenigen berechtigt, welche nach Vorschrift der Gesetze zur Sache gehörig legitimirt sind.

§. 255.

Bevollmächtigte einer Privatpartei oder einer öffentlichen Behörde, Kirche, Schule, milden Stiftung, Gemeinde und sonstiger Parteien, welche den Gesetzen uach als eine Person betrachtet werden, so wie deren gesetzliche Vertreter, imgleichen Vormünder und Curatoren sind nicht minder zur Eideszuschiebung befugt, in so fern in ihren Vollmachten, Autorisationen, oder sonst nicht ausdrücklich bestimmt ist, daß sie derselben sich nicht bedienen sollen.

III. Wem ein Eid deferirt werden kann.

§. 256.

Steht die Partei, welcher ein Eid zugeschoben werden soll, unter Vormundschaft; so muß der Eid dem Vormunde, selbst, wenn von einer Handlung des Pflegebefohlenen die Rede ist, zugeschoben werden; derselbe ist aber dann berechtigt, ihn nur de ignorantia zu leisten.

§. 257.

Wenn jedoch ein Minderjähriger das achtzehnte Jahr bereits zurückgelegt hat; so steht dem Gegner die Wahl zu, ob er von dem Vormunde den Eid de ignorantia, oder von dem Minderjährigen de veritate fordern will.

§. 258.

Hat der Minderjährige zwar das achtzehnte Jahr noch nicht zurückgelegt, dieser Zeitpunkt ist aber so nahe, daß aus dessen Abwartung kein erheblicher Aufenthalt in der Sache erwächst, und ist zugleich die streitige Thatsache dem Minderjährigen besser, als dem Vormunde bekannt; so kann das Gericht auf den Antrag der Gegenpartei die Eidesleistung bis nach dem zurückgelegten achtzehnten Jahre des Minderjährigen aussetzen.

§. 259.

Die Vorschrift des §. 257 findet auch auf die unter Curatel gestellten Verschwender Anwendung; trägt jedoch der Vormund Bedenken, es auf den Eid des Verschwenders ankommen zu lassen; so steht ihm frei, zuvörderst die Aufnahme der über die streitige Thatsache etwa vorhandenen andren Beweismittel zu verlangen.

§. 260.

Nur in Prozessen, welche Schulden des Verschwenders betreffen, die er aus Darlehnen oder gegebenem Credit gemacht hat, kann dem Verschwender der Eid ohne Zustimmung des Vormundes nicht zugeschoben werden. Will in diesem Falle der Vormund die Eideszuschiebung an den Verschwender nicht gestatten, sondern den Eid selbst ableisten; so kann der Gegner verlangen, daß der Verschwender über den Gegenstand des Eides vernommen und seine Aussage dem Vormunde vorgehalten wird.

§. 261.

Wird der Eid einer Behörde, Kirche, Schule, milden Stiftung, Gemeinde oder Corporation zugeschoben; so muß derselbe von denjenigen Vorstehern oder Mitgliedern abgeleistet werden, welche für die Behörde, Kirche ꝛc. in der Sache gehandelt haben, oder aus eigner Wahrnehmung von dem streitigen Umstande unterrichtet sind. Sind diese nicht mehr am Leben; so haben die derzeitigen Vorsteher oder Vertreter derselben den Eid de ignorantia zu leisten.

§. 262.

Wird dagegen der Eid mehreren Personen, welche weder eine Corporation oder Gemeinde ausmachen, noch sonst gesetzlich als eine Person zu betrachten, sondern als Mitberechtigte oder Mitverpflichtete in den Prozeß verwickelt sind, zugeschoben; so muß, der Gegenstand des Prozesses mag theilbar oder untheilbar sein, die Eidesdelation an sämmtliche Theilnehmer geschehen und der Eid von ihnen sämmtlich geleistet werden. Verweigern einige von ihnen die Eidesleistung und der Gegenstand des Prozesses ist theilbar; so ist gegen die Weigernden das, was aus der verweigerten Eidesleistung den Gesetzen nach folgt, zu erkennen, wenn aber der Gegenstand untheilbar ist, nach der Mehrheit der Stimmen zu beurtheilen, ob der Eid für verweigert, oder für geleistet zu erachten ist.

§. 263.

Sind Cessionarien oder solche Personen, welche in die Rechte Andrer getreten sind, oder deren Handlungen wider sich gelten lassen müssen, in einen Prozeß verwickelt und der

Cedent oder sonstige Autor befindet sich noch am Leben; so steht der Gegenpartei frei, denselben beiladen zu lassen und ihm den Eid de veritate zu deferiren.

§. 264.

Ist über das Vermögen einer Partei der Concurs eröffnet; so kann der Eid nur dem Curator der Concursmasse zugeschoben werden, welcher denselben, in so fern nicht von seinen eignen, sondern von Handlungen des Gemeinschuldners die Rede ist, de ignorantia abzuleisten hat. Dem Gegentheil steht jedoch frei, über Letztern den Gemeinschuldner als Zeugen abhören zu lassen.

IV. Befugniß deferirte Eide zu schwören.

§. 265.

Zur Ableistung eines von dem Gegner deferirten Eides ist eine jede Partei zu verstatten, selbst wenn sie wegen Meineides oder andrer Verbrechen für ehrlos oder für unfähig erklärt worden ist, einen nothwendigen Eid zu leisten.

V. Befugniß Eide zu erlassen.

§. 266.

Nur diejenigen, welchen die freie Verfügung über den streitigen Gegenstand zusteht, sind berechtigt, einen zugeschobenen und angenommenen Eid zu erlassen, oder für geschworen anzunehmen; Bevollmächtigte bedürfen dazu einer Spezialvollmacht, und Vormünder, Vorsteher, die Vertreter des Fiskus u. s. w. der ausdrücklichen Genehmigung ihrer vorgesetzten Behörde.

VI. Zeit der Eideszuschiebung.

§. 267.

Die Eideszuschiebung muß in dem Termine zur Erklärung über den status causae et controversiae erfolgen (§. 55) und der Eid in der Norm, in welcher dessen Ableistung gefordert wird, deferirt werden.

§. 268.

Ist jedoch eine streitige Thatsache erst nach diesem Termine zur Sprache gekommen, oder ist durch die zum Beweise der Thatsache früher vorgeschlagenen Beweismittel diese nicht vollständig oder gar nicht aufgeklärt worden; so steht demjenigen, welcher den Beweis jener Thatsache zu führen hat, frei, sich zum Beweise derselben noch bis zum Schlusse des Beweisverfahrens der Eidesdelation zu bedienen. Letztere kann auch, wenn sie in der ersten Instanz versäumt ist, in der Appellations-Instanz nachgeholt werden.

§. 269.

Wenn eine Partei zum Beweise einer streitigen Thatsache anfänglich Zeugen oder Urkunden in Vorschlag gebracht hat, aber von diesem Beweismittel wieder abgehen und es vielmehr auf den Eid des Gegentheils ankommen lassen will; so steht ihr zwar frei, so lange die Zeugen nicht vernommen und die Urkunden nicht vorgelegt sind, dem Gegentheil den Eid zuzuschieben, dieser kann jedoch, wenn er Bedenken findet, denselben anzunehmen oder zurückzuschieben, die Aufnahme der anfänglich von dem Beweisführer vorgeschlagenen Beweismittel verlangen. Gewährt diese Beweisaufnahme kein Resultat; so findet die Vorschrift des §. 274 Anwendung.

VII. Annahme und Zurückschiebung der Eide.

§. 270.

Die Partei, welcher der Eid zugeschoben ist, muß denselben entweder annehmen und ableisten, oder sie kann ihn dem Gegentheil zurückschieben.

§. 271.

Die Zurückschiebung eines deferirten Eides findet jedoch nicht Statt, wenn der Fiskus seinem Gegner den Eid zugeschoben hat. Wird einem Vertreter des Fiskus, dem Vorsteher einer Kirche, Schule, oder andern milden Stiftung oder einem Vormunde ein Eid de ignorantia zugeschoben;

so kann er denselben ohne ausdrückliche Genehmigung der vorgesetzten Behörde nicht zurückschieben.

§. 272.

Wenn von mehreren Vertretern derselben Partei, oder von mehreren Streitgenossen, welche Letztere wegen einer untheilbaren Sache gemeinschaftlich klagen, oder verklagt worden sind, einige den ihnen zugeschobenen Eid ableisten, andre denselben aber zurückschieben wollen, so ist nach der Mehrheit der Stimmen zu beurtheilen, ob der Eid für angenommen oder für zurückgeschoben zu achten ist. Bei theilbaren Streitgegenständen muß dagegen der Eid von denjenigen Streitgenossen, welche denselben angenommen haben, ohne Rücksicht darauf, ob er von der Mehr- oder Minderzahl zurückgeschoben ist, geleistet werden und eben so ist der Deferent den ihm von den übrigen Streitgenossen referirten Eid abzuschwören verbunden.

§. 273.

Nach erfolgter Annahme eines zugeschobenen Eides ist die Zurückschiebung desselben nicht mehr zulässig. Wenn jedoch in dem zu dessen Ableistung anstehenden Termine derjenige, welcher den Eid deferirt hat, der Gegenpartei Beweismittel, woraus das Gegentheil dessen, was geschworen werden soll, hervorzugehen scheint, z. B. Urkunden, oder von Zeugen an Eides Statt ausgestellte Atteste vorlegt, welche dieselbe zweifelhaft machen, ob sie den Eid mit gutem Gewissen ableisten könne, so ist ihr gestattet, entweder den Eid zurückzuschieben, oder die Aufnahme der von dem Deferenten angezeigten andern Beweismittel zu verlangen. In diesem Falle kommt die Vorschrift des §. 274 nicht zur Anwendung.

VIII. Beweis durch Gewissensvertretung.

§. 274.

Derjenige, welcher einen ihm zugeschobenen Eid weder selbst ableisten, noch zurückschieben will, ist berechtigt, das, was er beschwören soll, auf andre Art zu beweisen. Jedoch muß er in diesem Falle die Kosten dieser Beweisführung allein tragen, ohne deren Erstattung verlangen zu können und er darf, wenn der Beweis entweder gar nicht, oder nicht vollständig geführt ist, auf den angetragenen Eid nicht mehr zurückkommen, und daher denselben weder ableisten, noch zurückschieben.

IX. Zeit der Annahme oder Zurückschiebung des Eides.

§. 275.

Rücksichtlich der Frist, innerhalb welcher die Erklärung über die Annahme oder Zurückschiebung eines angetragenen Eides erfolgen muß, kommen die Vorschriften der §§. 55 und 56 zur Anwendung.

§. 276.

Wird dagegen ein Eid zurückgeschoben; so muß sich der Deferent über die Acceptation desselben, wenn der Eid ihm persönlich zurückgeschoben ist, sofort und ohne Bedenkzeit erklären.

§. 277.

Eine Partei, welche durch einen Sachwalter vertreten wird, muß daher denselben über die bei der erfolgenden Zurückschiebung des Eides abzugebende Erklärung mit näherer Anweisung versehen, oder sich gleich bei der Eidesdelation zu dessen Ableistung für den Fall der Zurückschiebung bereit erklären. Erfolgt die Zurückschiebung dem gegenwärtigen Deferenten oder seinem Stellvertreter mittelst schriftlicher Eingabe; so hat das Gericht demselben zu seiner Erklärung eine kurze Frist zu bestimmen.

X. Folge der Verweigerung des Eides.

§. 278.

Wer außer den Fällen der §§. 269, 273 und 274 die Annahme oder die Zurückschiebung eines ihm deferirten Eides verweigert, ist der Thatsache für geständig zu erachten, worüber der Eid gefordert wurde. Will der Deferent den ihm zurückgeschobenen Eid nicht ableisten; so ist er in Ansehung derjenigen Thatsache, über welche er den Eid deferirt hatte, für beweisfällig zu achten.

XI. Widerruf de- oder referirter Eide.

§. 279.

Ein einmal zugeschobener oder zurückgeschobener Eid kann, sobald sich der Gegentheil zu dessen Ableistung bereit erklärt hat, von der Partei, welche ihn zugeschoben oder zurückgeschoben hat, nicht mehr widerrufen werden.

§. 280.

Eine Ausnahme hiervon findet jedoch Statt:

1) wenn die den Eid zu- oder zurückschiebende Partei erst nachher erfährt, daß der Gegner wegen Meineides oder solcher Handlungen, welche nach §. 175 sein Zeugniß verdächtig machen würden, verurtheilt, oder wegen frevelhaften Läugnens für unfähig erklärt ist, in seiner eignen Sache einen nothwendigen Eid zu schwören;
2) wenn der Gegner zu einer religiösen Sekte gehört, nach deren Grundsätzen eigentliche Eidesleistungen unzulässig sind (§. 217) und dieses erst später zur Kenntniß der Partei gekommen ist, welche den Eid zu- oder zurückgeschoben hat;
3) wenn der Gegentheil während des Prozesses verstirbt, oder zur Eidesleistung unfähig wird und die Erben oder Vormünder desselben den Eid, um ihn vom Nichtwissen zu leisten, annehmen.

§. 281.

Ist ein Eid einmal widerrufen und sind andere Beweismittel zur Aufklärung der streitigen Thatsache angegeben worden; so findet nach deren Aufnahme eine Wiederholung der Eidesdelation nicht Statt, sondern es bleibt der richterlichen Beurtheilung überlassen, ob zur mehreren Aufklärung der Sache dem einen oder andern Theile noch ein nothwendiger Eid aufzulegen sei.

§. 282.

Wird in den Fällen des §. 280 ein zurückgeschobener Eid widerrufen; so ist der Widerrufende berechtigt, entweder sich zur eignen Ableistung desselben zu erbieten, oder die Aufnahme der sonst etwa vorhandenen Beweismittel zu verlangen. Im letzten Falle tritt die Vorschrift des §. 274 nicht ein.

XII. Erklärung über die Norm des Eides.

§. 283.

Der Deputirte muß bei Regulirung der Streitpunkte den Gegentheil zugleich mit seinen Erklärungen über die Annahme oder Relation des Eides und über die Norm, in welcher der Eid nach dem Antrage des Deferenten geschworen werden soll, hören, selbst wenn auch dessen Erheblichkeit noch bestritten sein sollte.

§. 284.

Erfolgt die Eideszuschiebung erst nach Regulirung der Streitpunkte; so muß die Partei die Norm, in welcher sie den Eid zuschiebt, dem vollständigen Inhalte desselben nach genau anführen. Der Deputirte setzt darauf zur Erklärung über die Zuschiebung und die Norm, so wie über die Annahme oder Zurückschiebung des Eides einen Termin an, zu welchem beide Theile vorzuladen sind. Bleibt die Partei aus, welche sich über den Eid erklären soll; so ist, wenn in der Eideszuschiebung die Eides-Norm vollständig ausgedrückt ist, dieselbe für den Eid verweigernd anzunehmen; ist dagegen die Norm des Eides nicht vollständig angegeben, auf Kosten des Deferenten ein anderer Termin anzusetzen. Bleibt dagegen der Deferent aus; so wird angenommen, daß er sich die vom Gegner beantragten Aenderungen der Eides-Norm gefallen lasse.

XIII. Abnahme des Eides.

§. 285.

Sind die Parteien über die Eidesformel und diejenige Partei, welche den Eid leisten soll, einig; so hat das Gericht, in so fern es den Eid für erheblich erachtet, zu dessen Abnahme einen möglichst nahen Termin anzusetzen und zu demselben beide Parteien vorzuladen, und zwar denjenigen, welcher schwören soll, unter dem Nachtheile, daß im Falle seines Ausbleibens angenommen werden solle, es könne oder wolle den Eid nicht leisten; die Gegenpartei aber mit der Eröffnung, daß bei ihrem Ausbleiben die Eidesabnahme dennoch erfolgen werde.

§. 286.

Ist hingegen unter den Parteien streitig, ob die zu beschwörende Thatsache erheblich, oder wie und von wem der Eid zu leisten sei; so muß die Entscheidung hierüber und die Abnahme des Eides zum Erkenntniß ausgesetzt werden.

§. 287.

Betrifft jedoch im Falle des §. 286 der Eid eine Präjudicialfrage (§. 66), welche, wenn der Eid abgeleistet wird, die Erörterung der übrigen Streitfragen und die Beweisaufnahme darüber unnöthig macht; so bestimmt das Gericht durch eine Resolution, ob, wie oder von wem der Eid zu leisten ist. Je nachdem dieser Eid verweigert oder abgeleistet wird, ist sodann mit der übrigen Beweisaufnahme zu verfahren, oder nicht.

§. 288.

Dem Schwörenden ist nicht erlaubt, die festgesetzte Eidesformel eigenmächtig zu ändern; soll er jedoch eidlich erhärten, daß er ein gewisses Quantum zu fordern habe; so steht ihm frei, im Schwörungstermine den Eid auf ein geringeres Quantum zu richten. Soll er dagegen eidlich ablehnen, ein gewisses Quantum schuldig zu sein; so muß er entweder schwören, daß er gar nichts schuldig sei, oder, wenn er zugesteht, dem Gegner ein geringeres Quantum zu verschulden, eidlich erhärten, daß er dem Gegner nicht mehr, als er eingeräumt hat, schuldig geworden sei.

§. 289.

Wenn durch den Eid zwei oder mehrere Thatsachen abgelehnt werden sollen, welche nur dann, wenn sie insgesammt richtig wären, die rechtliche Folge, auf die es ankommt, begründen würden; so muß der Schwörende, wenn er auch eine oder die andere dieser Thatsachen einräumt, dennoch zur eidlichen Ablehnung der übrigen zugelassen werden.

XIV. Beweis gegen den geleisteten Eid.

§. 290.

Ist der zugeschobene oder zurückgeschobene Eid geleistet; so findet der Beweis, daß falsch geschworen sei, in dem Prozesse nicht Statt. Ist jedoch der Schwörende noch vor der rechtskräftigen Entscheidung des Prozesses in der inzwischen eingeleiteten Criminal-Untersuchung überführt worden, daß er falsch geschworen hat und daher zu den Strafen des Meineides verurtheilt; so kann auf den von ihm geleisteten falschen Eid keine Rücksicht genommen, vielmehr muß das Urtheil nach Maßgabe der in der Criminal-Untersuchung ermittelten wahren Bewandniß der Sache abgefaßt werden.

§. 291.

Gegen einen de ignorantia geleisteten Eid ist jedoch ein Beweis im Prozesse in so weit zulässig, als dadurch nur die Thatsache, deren Nichtwissen der Gegner beschworen hat, nicht aber der Umstand, daß derselbe um diese Thatsache gewußt habe, dargethan werden soll

XV. Verfahren bei der Eides-Ableistung.

§. 292.

Der Eid ist von der Partei im Beisein des Gegentheils, welcher zu dem Schwörungstermine vorgeladen werden muß, unter Beobachtung der im Allgemeinen Theile enthaltenen Vorschriften abzuleisten. Das Protokoll über die Eidesleistung muß die etwanigen Erklärungen der Parteien und die Eidesformel enthalten.

XVI. Folgen des Ausbleibens im Schwörungs-Termine.

§. 293.

Bleibt die Partei, welche schwören soll, in dem dazu angesetzten Termine aus; so ist der Eid für verweigert zu achten.

§. 294.

Vermag jedoch die Partei ihr Ausbleiben hiernächst zu entschuldigen; so kann sie zwar, wenn es sich von einem vor dem Erkenntnisse zu leistenden Eide handelt, bis zum Schlusse der Sache und selbst noch in der Appellations-Instanz zur Ableistung desselben gelassen werden, sie muß aber die durch ihr Ausbleiben verursachten Kosten allein tragen.

§. 295.

War aber der Eid im Erkenntniß auferlegt und ist bereits wegen Ausbleibens der Partei im Schwörungs-Termine die Purificatoria erlassen und insinuirt worden; so steht derselben hiegegen nur die Restitution nach Maßgabe der unten folgenden Vorschriften frei.

§. 296.

Eine Partei, welche vor oder in dem Schwörungs-Termin ausdrücklich erklärt hat, daß sie den Eid nicht schwören könne oder wolle, kann, wenn sie sich später dazu erbietet, zur Eidesleistung nicht mehr zugelassen werden.

§. 297.

Wenn ein zu- oder zurückgeschobener Eid unbedingt und ohne Vorbehalt angenommen worden ist, und der Acceptant vor der wirklichen Ableistung stirbt; so wird derselbe für geschworen geachtet. Ist hingegen die Annahme nur unter dem Vorbehalte eines eingewandten Rechtsmittels erfolgt; so ist derselbe von den Erben noch zu leisten, denselben steht jedoch bei dergleichen ihrem Erblasser angetragenen und von diesem angenommenen Eiden die Zurückschiebung frei.

§. 298.

Diese Vorschrift (§. 297) findet auch bei nothwendigen, von dem Richter erkannten Eiden Statt; es genügt jedoch nicht, daß die Partei, welche schwören soll, das Urtheil, in welchem auf den Eid erkannt worden ist, hat rechtskräftig werden lassen, sondern es muß auch noch die ausdrückliche Erklärung derselben, daß sie den Eid leisten wolle, hinzukommen. Ermangelt es an dieser; so müssen ihre Erben denselben nach Beschaffenheit der Umstände, so wie in dem Falle des §. 297, de ignorantia ableisten.

§. 299.

Wenn der Gegentheil desjenigen, der den Eid ableisten soll, in dem Schwörungs-Termine ausbleibt; so wird dennoch mit der Abnahme des Eides verfahren.

Sechster Abschnitt.

Von der Beweisausführung.

§. 300.

Jeder Partei steht nach vollendeter Beweisaufnahme frei, eine Rechts-Ausführung der Resultate derselben binnen einer präclusivischen Frist von vierzehn Tagen bis vier Wochen einzureichen. Ein Schriftwechsel findet über dieselben nicht Statt, sondern die Beweis-Ausführungen werden vom Gerichte beiden Theilen gegenseitig nur zur Kenntniß abschriftlich mitgetheilt.

§. 301.

In dieser Schrift hat die Partei unter dem §. 315 gedachten Nachtheil zugleich zu erklären, ob sie die mündliche

Verhandlung der Sache verlange. Wenn kein Beweis aufgenommen oder die §. 300 gedachte Beweis-Ausführung nicht erfolgt oder präcludirt ist; so muß jeder Theil binnen gleicher präclusivischer Frist und unter dem eben erwähnten Nachtheil anzeigen, ob er die mündliche Verhandlung verlange.

Siebenter Abschnitt.
Vom Erkenntniße.

A. Vorläufige Rücksprache.

§. 302.

Wenn in Prozessen zwischen Privatpersonen Gegenstände und Rechtsfragen zur Sprache kommen, auf welche Principien der Landesverfassung, Staatsverwaltung, Staatswirthschaft, Polizei und Gewerbkunde Einfluß haben und durch klare Gesetze nicht bestimmt sind; so müssen die Gerichte über dergleichen Gegenstände und Rechtsfragen vor Abfassung des Erkenntnisses ein Gutachten von der Regierung einholen und sich darnach, als nach einem consultativen Votum achten.

§. 303.

Wenn bei Einleitung und Entscheidung von Prozessen gegen Militair-Institute und Militair-Personen es einer Auskunft über Militair-Oeconomie oder sonstige militairische Dienstverhältnisse bedarf; so müssen die Gerichte deshalb an den Justiz-Minister zum Zweck der Rücksprache mit dem Kriegs-Minister vor Abfassung des Erkenntnisses Bericht erstatten.

§. 304.

In Bergwerks-Prozessen, worin es auf Umstände ankommt, zu deren vollständiger Erläuterung und Beurtheilung theoretische und praktische Kenntnisse der Bergwerks-Wissenschaft erforderlich sind, muß bei Abfassung der Erkenntnisse ein von dem Bergamte der Provinz auf Requisition des Gerichts zu ernennender Sachverständiger zugezogen werden.

B. Distribution der Akten zum Spruch.

§. 305.

Die Akten sind, sobald sie geschlossen sind, zur Vorbereitung des Referenten schon vor Eingang der Beweis-Deductionen von dem Dirigenten des Gerichts zum Spruche zu distribuiren.

Der Referent hat die Abfassung der Relation nach Maßgabe der Wichtigkeit der Sache und der Ausführlichkeit der Prozeßführung so sehr zu befördern, als mit der Gründlichkeit der Relation vereinbarlich ist.

Wenn beide Theile oder ein Theil auf die mündliche Verhandlung angetragen; so zeigt der Referent, ehe er die Relation vollendet, dies dem Gerichte an.

C. Mündliche Verhandlung.

§. 306.

In diesem Falle bestimmt das Gericht mit Rücksicht auf die zur Vollendung der Relation noch erforderliche Zeit den Tag zur mündlichen Verhandlung vor dem versammelten erkennenden Gericht und ladet die Parteien vor, unter dem im §. 312 bestimmten Nachtheil zur mündlichen Verhandlung sich an dem gedachten Tage zu der in der Vorladung zu bestimmenden Stunde einzufinden.

In Fällen, in welchen es auf Abfassung eines Contumacial-Urtheils gegen den ausgebliebenen Beklagten ankommt, bedarf es jedoch der Vorladung des Letztren zu diesem Termine nicht. Der Aushängung des Verzeichnisses der zur mündlichen Verhandlung stehenden Prozesse bedarf es nicht.

§. 307.

Die Verhandlung beginnt damit, daß der Referent die schriftliche Relation, so weit sie das Sachverhältniß, die von den Parteien angeführten Rechtsgründe und gemachten Anträge, so wie die Resultate der Beweisaufnahme enthält, im versammelten Gericht in Gegenwart der Parteien und ihrer Sachwalter verlieset. Hierauf werden die Parteien mit ihren Bemerkungen, Vorträgen und Rechtsausführungen gehört, wobei der Kläger den Anfang macht, der Beklagte aber das letzte Wort behält.

§. 308.

Es dürfen jedoch hierbei weder neue Thatsachen oder Beweise, welche in den schriftlichen Verhandlungen nicht vorgekommen sind, vorgebracht, noch die einmal gestellten Anträge abgeändert werden, in so fern nicht dadurch Letztere beschränkt oder Zugeständnisse gemacht werden sollen.

§. 309.

Die ihre Prozesse in Person führenden Parteien können ihre Rechte selbst vertheidigen; werden dieselben aber durch Sachwalter vertreten, so müssen Letztere für sie das Wort führen, in so fern dasselbe ihnen vom Dirigenten nicht auch gestattet wird.

§. 310.

Das Gericht ist befugt, die Vorträge der Parteien oder Sachwalter abzukürzen, und, wenn es hinlänglich informirt ist, die mündliche Verhandlung zu schließen, und die Parteien, wenn sie zu weitläuftig werden, ungehörige Dinge einmischen, oder sich wiederholen, zur Ordnung zu verweisen.

§. 311.

Der Vorsitzende leitet die mündliche Verhandlung, jedoch ist jedes Mitglied des Gerichts befugt, an die Parteien Fragen zu stellen und von denselben Auskunft über alles dasjenige zu verlangen, was zur Aufklärung der Sache nöthig erscheint.

§. 312.

Sind beide Theile zu der in der Vorladung bestimmten Stunde nicht erschienen; so ist anzunehmen, daß sie auf die mündliche Verhandlung verzichten und zur Unterstützung ihrer Behauptungen und Anträge nichts weiter anzuführen haben, und wird dann das Erkenntniß ohne jene Verhandlung abgefaßt. Ist nur ein Theil erschienen; so erfolgt der Vortrag (§. 307) in Gegenwart desselben, und bleibt ihm unbenommen, das, was er zur Sache noch anzuführen hat, dem versammelten Gerichte vorzutragen.

§. 313.

Ueber die Verhandlung in der Gerichtssitzung ist ein Protokoll aufzunehmen, welches

1) die Namen der anwesenden Gerichtsmitglieder,
2) die Namen der Parteien und ihrer Sachwalter, mit der Bemerkung, ob sie erschienen sind oder nicht,
3) den Gegenstand des Rechtsstreits,
4) den Gang der stattgefundenen Verhandlungen im Allgemeinen,
5) die Zugeständnisse oder andre Erklärungen der Parteien, deren Aufzeichnung entweder von denselben verlangt oder vom Gericht erheblich gehalten wird,

beurkunden muß. Das Protokoll ist den Parteien vorzulesen und diese sind mit ihren Bemerkungen über dessen Fassung zu hören.

§. 314.

Wenn die Sache so einfach ist, daß das Erkenntniß, unbeschadet der Gründlichkeit, nach geschlossener mündlicher Verhandlung abgefaßt werden kann und das Gericht ohne Nachtheile für andere vorgeladene Parteien und unbeschadet andrer Geschäfte dazu die erforderliche Zeit hat; so steht dem Gericht frei, nach Entfernung der Parteien und Vorlesung des, das Gutachten der Referenten enthaltenen Theils der Relation und vorheriger Berathschlagung das Urtheil noch in diesem Termine abzufassen. Dies ist den Parteien sofort zu publiciren. Entgegengesetzten Falls ist das Erkenntniß auszusetzen, dessen Abfassung aber so viel als möglich zu beschleunigen.

D. Von der Abfassung des Erkenntnisses.

I. Verfahren bei derselben.

§. 315.

Findet eine mündliche Verhandlung nicht Statt; so hat der Referent und, wenn ein Correferent bestellt ist, auch dieser die schriftlichen Relationen im versammelten Gericht zu verlesen.

§. 313.

Das Urtheil wird nach der in dem Haupt-Resultate sich ergebenden Stimmenmehrheit abgefaßt, wenn auch eine Uebereinstimmung in den Gründen nicht hat erreicht werden können. Bei vorhandener Stimmengleichheit giebt die Meinung des Vorsitzenden des Gerichts den Ausschlag.

§. 317.

In collegialischen Gerichten müssen in Obergerichten mindestens fünf, und in Untergerichten mindestens drei Mitglieder, mit Einschluß des Vorsitzenden an der Abfassung eines Urtheils erster Instanz Theil nehmen. Das Concept des Urtheils muß von allen Mitgliedern des Gerichts, welche an der Abfassung desselben Theil genommen haben, unterzeichnet und das Urtheil vorher nicht ausgefertigt werden.

In nicht collegialisch besetzten Untergerichten wird das Urtheil von den Mitgliedern desselben ohne Rücksicht auf deren Anzahl und, wenn sie nur aus einem Richter bestehen, nur von diesem abgefaßt.

II. Grundsätze, welche bei der Abfassung des Erkenntnisses zu befolgen.

1. Vorläufige Resolution.

§. 318.

Findet das Gericht die Sache zur definitiven Entscheidung noch nicht reif, weil noch ein Anfangs für unerheblich geachteter Beweis aufzunehmen, oder ein übersehener Umstand aufzuklären ist, oder aus andern Gründen; so verfügt es dieserhalb das Nöthige durch eine Resolution.

§. 319.

Diese Vorschrift (§. 318) findet jedoch auf den Fall keine Anwendung, wenn zwar über eine Thatsache der Eid de- oder referirt, aber entweder über die Erheblichkeit dieses Eides, oder über die Norm desselben, oder endlich darüber, wer den Eid zu leisten habe, unter den Parteien Streit entstanden und Letzterer deshalb zum Erkenntnisse gestellt ist. In diesem Falle muß das Gericht das Endurtheil abfassen und darin über die Erheblichkeit des Eides, oder über dessen Norm, oder darüber entscheiden, von wem derselbe geleistet werden soll. Hiervon findet nur in dem Falle des §. 287 eine Ausnahme Statt; nicht minder steht dem Gerichte frei, die Abnahme eines streitigen Eides durch eine Resolution zu verordnen, wenn von der Ableistung oder Nichtableistung desselben die Erheblichkeit eines zweiten Eides in demselben Prozesse abhängt.

2. Erkenntniß auf einen nothwendigen Eid.

§. 320.

Ist der Beweis einer streitigen Thatsache entweder nicht vollständig geführt, oder mangelt es den aufgenommenen Beweismitteln an voller Glaubwürdigkeit, so ist der Richter befugt, der einen oder andern Partei von Amtswegen, sowohl zum Behufe der Ermittelung der Thatsachen, von denen die Entscheidung abhängt, den Ergänzungs- oder Ablehnungs-Eid, als auch um den anderweit nicht zu ermittelnden Werth einer Sache oder den Betrag eines Schadens festzustellen, den Schätzungs-Eid aufzuerlegen.

§. 321.

Welchem von beiden Theilen der Eid aufzulegen und ob zur Ergänzung oder Widerlegung eines unvollständigen

Beweises, hat der Richter, soweit die Gesetze darüber keine ausdrückliche Bestimmung enthalten, nach den Umständen des Falles, der Stärke der vorhandenen Beweise und den für den einen oder andern Theil sprechenden Vermuthungen zu beurtheilen.

§. 322.

Der Ergänzungs-Eid darf insonderheit nur unter folgenden Bedingungen auferlegt werden, wenn

1) die zu beschwörenden Thatsachen nicht vollständig erwiesen sind,
2) es den aufgenommenen Beweismitteln an vollkommener Glaubwürdigkeit mangelt.

Ist dagegen die Thatsache zwar nicht von allem Beweise entblößt, der Beweis aber nicht so weit geführt, daß nach dem Vorstehenden auf den Ergänzungs-Eid erkannt werden kann; so muß dem Gegner dessen, der den Beweis zu führen hatte, der Ablehnungs-Eid auferlegt werden. Sind diese Bedingungen vorhanden; so kann der Richter in allen Fällen auf den einen oder andern Eid erkennen, wo ihn nicht die Gesetze, weil sie einen vollständigen Beweis erfordern, ausdrücklich ausgeschlossen haben.

§. 323.

Ist diejenige Partei, welcher nach Vorschrift der §§. 321 und 322 der Eid auferlegt werden mußte, für unfähig erklärt, einen nothwendigen Eid zu schwören; so muß der Eid ihrem Gegner auferlegt werden.

§. 324.

Die im §. 173 No. 1 — 4 aufgeführten Personen sind nur unter denselben Voraussetzungen zu einem Ergänzungs- oder Ablehnungs-Eide zu verstatten, unter welchen sie zur Ablegung eines Zeugnisses fähig sind.

§. 325.

Ist einer Partei vom Richter der Eid auferlegt worden; so muß sie denselben ableisten und kann nicht verlangen, daß derselbe vom Gegentheile geschworen werde.

3. Erkenntniß, wenn die Partei vor Ableistung des Eides verstirbt oder eidesunfähig wird.

§. 326.

Wenn derjenige, welchem der Ergänzungs- oder Ablehnungs-Eid auferlegt ist, vor dessen Ableistung verstirbt und der Eid nach Vorschrift des §. 298 nicht für geschworen angesehen werden kann, oder er außer dem Falle des §. 323 zur Ableistung des Eides unfähig wird; so sind seine Erben oder Vertreter nur schuldig, den Eid de ignorantia zu leisten.

§. 327.

Kann in dem Falle des §. 326 der Gegentheil de veritate schwören, und ist das Urtheil, welches den Eid auferlegt hat, bereits rechtskräftig; so kann derselbe darauf antragen, daß über die Frage, wer nunmehr zum Eide zuzulassen, von dem Richter, welcher zuletzt in der Sache gesprochen hat, noch einmal erkannt werde. Der Antrag hierauf muß jedoch angebracht werden, bevor die Erben oder Vertreter den Eid de ignorantia geleistet haben, und ein nochmaliges Verfahren in der Sache selbst findet so wenig, als ein Rechtsmittel gegen das darauf ergehende Erkenntniß Statt.

4. Vom Schätzungs-Eide.

§. 328.

Zum Schätzungs-Eide kann eine Partei nur dann verstattet werden, wenn der Werth oder Betrag anf andre Weise nicht auszumitteln und jener Eid unter dieser Voraussetzung nach den Vorschriften des Allgemeinen Gesetzbuchs für zulässig erklärt ist. In Bagatellsachen steht dem Richter frei, ein den Umständen nach der Wahrscheinlichkeit angemessenes Quantum auch ohne vorherige Eidesleistung festzusetzen.

§. 329.

Die Vorschrift des §. 323 findet zwar auch auf den Schätzungs-Eid Anwendung, ausnahmsweise sind jedoch die darin bezeichneten Personen zu diesem Eide zuzulassen, wenn sich der Gegner eines Betruges oder einer vorsätzlichen Beschädigung gegen sie schuldig gemacht hat.

§. 330.

Wenn der Richter auf den Schätzungs-Eid erkennt; so muß er zugleich die Summe bestimmen, auf welche derselbe zu richten ist. Der Partei, welche denselben zu leisten hat, steht gleichwohl frei, eine geringere Summe zu beschwören.

§. 331.

Der Schätzungs-Eid ist dahin zu fassen, daß der Schwörende den Werth der streitigen Sache, oder den Betrag des zugefügten Schadens nach seiner Ueberzeugung auf so hoch, als vom Richter bestimmt ist, oder wie viel weniger, wirklich schätze.

5. Form des Erkenntnisses, in welchen auf einen Eid erkannt wird.

§. 332.

Ein Urtheil, welches die Entscheidung der Sache von der Ableistung eines Eides abhängig macht, muß die Folgen für beide Fälle, wenn der Eid geleistet, oder wenn er nicht geleistet wird, festsetzen. Die Gerichte haben sich hierbei der nachstehenden Formel zu bedienen:

1) daß, sofern die Partei nach gewissenhafter Erwägung einen Eid dahin:

   daß rc.

   zu leisten vermöchte;

2) Falls sie aber diesen Eid nicht schwören könne, oder wolle, u. s. w.

Am Schlusse des unter I. gedachten Eides ist die gesetzliche Folge des Eides, wenn er geleistet, und am Schlusse von No. 2 das, was aus der verweigerten Ableistung desselben folgen soll, auszusprechen.

§. 333.

In Fällen, in welchen das Gericht das Erkenntniß nach Vorschrift des §. 314 sofort in der zur mündlichen Verhandlung der Sache anberaumten Sitzung abfaßt und den Parteien publicirt, muß dem Theile, welcher den Eid leisten soll, noch eine Frist von acht Tagen bis zur wirklichen Ableistung desselben frei gelassen werden.

§. 334.

Nach eingetretener Rechtskraft des Urtheils und je nachdem der Eid geleistet ist oder nicht, erklärt der Richter erster Instanz die für diesen Fall bestimmten Folgen durch eine Resolution (Purificatoria) für eingetreten.

6. Erkenntnisse, in welchen über mehrere Forderungen erkannt wird.

§. 335.

Betrifft der Prozeß mehrere Forderungen oder Klagepunkte; so muß in dem Urtheile ein jeder derselben einzeln und abgesondert von den übrigen entschieden und in der Erkenntnißformel bemerkt werden, und genügt es nicht, in der letztren nur die Summe dessen, wozu ein Theil gegen den andern verurtheilt wird, im Gesammtbetrage anzuführen.

§. 336.

In Pacht- und Rechnungs-Prozessen, so wie in allen andern ähnlichen Fällen, besonders wenn mehrere Forderungen und Gegenforderungen streitig gewesen sind, steht es dem Gerichte nach Befinden der Umstände frei, nach Aburtelung aller einzelnen Posten, die Gesammtsumme, welche ein Theil dem andern zu geben, oder gut zn schreiben hat, durch einen Calculator berechnen zu lassen und in dem Urtheil festzusetzen.

§. 337.

Wenn sowohl der Grund, als der Betrag einer Forderung bestritten ist; so hat das Gericht, in so fern es den

Klagegrund verwirft, nur über diesen zu erkennen, wenn auch die Instruktion zugleich auf die Ausmittelung des Betrages mit gerichtet worden ist. Es steht jedoch in letzterem Falle einem jeden Theile frei, auch ein eventuelles Erkenntniß über den Betrag der Forderung zu beantragen, und muß diesem Statt gegeben werden. Haben die Parteien diesen Antrag unterlassen, und ist demzufolge über den Betrag der Forderung in erster Instanz nicht erkannt; so muß der Appellationsrichter, wenn er den Grund der Klage demnächst für erheblich erachtet, und das vorige Urtheil abändert, auch zugleich über den Betrag der Forderung erkennen.

7. Prozeßkosten, Zinsen, Schäden und Früchte.

§. 338.

Jedes Erkenntniß über die Hauptsache muß zugleich über die Prozeßkosten, so wie über Zinsen, Früchte oder Schäden, die ein Theil dem andern zu erstatten hat, entscheiden. Auf die Erstattung der Prozeßkosten muß der Richter erkennen, selbst wenn dieselbe vom Gegner nicht beantragt worden ist.

§. 339.

Sind Zinsen, Früchte und Schäden, welche gefordert wurden, im Erkenntnisse übergangen; so sind sie für aberkannt zu achten. Die gerichtlichen und außergeeichtlichen, mit Einschluß der dem Gegner zu erstattenden Kosten, treffen im gleichen Falle den in der Hauptsache unterliegenden Theil.

D. Von der Form des Urtheils.

§. 340.

Das Urtheil muß enthalten:

1) den Namen, Stand oder das Gewerbe und den Wohnort der Haupt- und Neben-Parteien, sowie die Eigenschaft, in der sie aufgetreten sind;

2) die Erkenntnißformel, in welcher zugleich das Klagefundament ausdrücklich angegeben werden muß;

3) die Erkenntnißgründe, welche eine vollständige und zusammenhängende Darstellung der dem Prozesse zum Grunde liegenden Thatsachen und der von beiden Theilen angeführten Rechtsgründe, so wie eine vollständige Ausführung der Gründe des gerichtlichen Erkenntnisses und müssen zugleich die von der unterliegenden Partei angeführten, von dem Gericht aber nicht für gerechtfertigt gehaltenen Gründe geprüft werden.

§. 341.

Alle Ausfertigungen der Urtheile, Agnitions-Resolutionen und Purificatorien müssen im Namen des erkennenden Gerichts, ohne Anführung der bei der Abfassung anwesend gewesenen Mitglieder abgefaßt und von dem Dirigenten desselben vollzogen, von dem Sekretair contrasignirt nnd mit dem Siegel des Gerichts beglaubigt werden. Sind jene Entscheidungen von einer Abtheilung des erkennenden Gerichts erlassen; so sind sie im Namen des Gerichts, aber unter Beifügung der Abtheilung, jedoch ebenfalls ohne Anführung der anwesend gewesenen Mitglieder abzufassen und von dem Dirigenten dieser Abtheilung zu unterzeichnen.

E. Von der Publikation und Insinuation der Erkenntnisse.

§. 342.

Wenn Erkenntnisse persönlich anwesenden Parteien publizirt werden; so erfolgt dies dadurch, daß dieselben vor dem Gerichte oder dem Deputirten durch einen Gerichtsbeamten in Gegenwart der Parteien oder ihr Sachwalter verlesen und ihnen eine Ausfertigung des Erkenntnisses zugesandt wird.

Findet eine solche Publication nicht Statt; so werden die gedachten richterlichen Erkenntnisse durch Insinuation zur Kenntniß der Parteien gebracht.

Diese erfolgt:

1) wenn die Parteien den Prozeß persönlich führen, dem von ihnen bei dem Gericht bestellten Procurator und in dessen Ermangelung ihnen selbst;

2) wenn die Partei den Prozeß durch einen Sachwalt führt, diesem in so fern dies in der Vollmacht oder sonst nicht ausdrücklich untersagt ist, in welchem Falle jedoch dem Sachwalt eine Abschrift des Erkenntnisses zugesandt wird.

§. 343.

Die Insinuation der Erkenntnisse geschieht nach den im Allgemeinen Theil über die Insinuation richterlicher Verfügungen enthaltenen Vorschriften. Es treten hierbei jedoch nachstehende nähere Bestimmungen ein:

1) sind Litisconsortrn vorhanden und diese sämmtlich an einem und demselben Orte wohnhaft; so ist die Ausfertigung des Erkenntnisses ꝛc. nur einem derselben zuzustellen. Die übrigen Theilnehmer sind jedoch hiervon unter Beifügung einer Abschrift des Tenors der Entscheidung zu benachrichtigen; diese Benachrichtigung kann auch durch eine Currende geschehen. Wohnen die Litisconsorten dagegen an verschiedenen Orten; so muß jedem eine besondere Ausfertigang des Erkenntnisses ertheilt werden. Bei Litisconsorten, welche zur Verhandlung des Prozesses Deputirte aus ihrer Mitte bestellt haben, erfolgt die Zustellung nur an diese.

2) Die Publikation des auf eine Ediktal-Ladung ergangenen Präclusionsbescheides erfolgt durch einen öffentlichen Aushang an der Gerichtsstelle. Hat der Präclusions-Bescheid vierzehn Tage lang ausgehangen, so ist die Insinuation für bewirkt anzunehmen.

3) wenn eine Partei bei Publikation des Erkenntnisses ꝛc. oder später erklärt, daß sie die Zustellung einer Ausferfertigung des Erkenntnisses nicht verlange, ebenso, wenn sie dasselbe anzunehmen, oder einen Empfangschein zu ertheilen verweigert; so vertritt die darüber aufgenom-

mene Registratur oder die Anzeige des mit der Zustellung beauftragten Beamten die Stelle der Insinuation.

§. 344.

Wenn wider einen Offizier in einer Schuldsache rechtskräftig erkannt worden ist; so ist von dem Ausfalle des Erkenntnisses unter Beilegung einer Abschrift desselben, dem Commandeur des Regiments, bei welchem der in Anspruch genommene Offizier angestellt ist, jedesmal Nachricht zu geben.

Zweite Abtheilung.

Von

den summarischen Prozessen.

Erster Abschnitt.

Allgemeine Bestimmungen.

§. 345.

In den summarischen Prozessen kommen die Vorschriften des Allgemeinen Theils und der ersten Abtheilung des besonderen Theils der gegenwärtigen Prozeßordnung in so weit zur Anwendung, als für die summarischen Prozesse nicht abweichende Bestimmungen vorhanden sind.

§. 346.

Klage und Klagebeantwortung können mithin sowohl mündlich zu Protokoll, als schriftlich in oder vor dem dazu anberaumten Termine eingereicht werden; führt eine Partei den Prozeß durch einen Sachwalt, so muß die Klage oder Klagebeantwortung schriftlich abgefaßt und überreicht werden.

§. 347.

In allen Fällen, in welchen die Klage oder Klagebeantwortung schriftlich eingereicht wird, muß dem Schriftsatze eine Abschrift desselben für die Gegenpartei beigefügt werden. Auch ist von einer ihren Prozeß in Person führenden Partei ein Schriftsatz nur dann anzunehmen, wenn derselbe von einem bei dem Gerichte zugelassenen Sachwalt mit unterzeichnet ist.

§. 348.

Sämmtliche prozeßleitende Verfügungen sind mittelst Decrets-Abschriften, welche von dem Kanzlei-Vorstande beglaubigt werden müssen, an die Parteien, Zeugen u. s. w. zu erlassen.

§. 349.

Zu den Verhandlungen des Mandats und summarischen Prozesses sind bei collegialischen Gerichten drei Mitglieder in der ersten, und fünf Mitglieder in der zweiten Instanz erforderlich; ist ein Gericht nur mit drei Mitgliedern besetzt, so wird im Verhinderungsfalle eines derselben, dessen Stelle durch einen Referendar oder durch einen zum Richteramte verpflichteten Aktuarius vertreten. Ist ein Referendar oder ein solcher Aktuarius bei dem Gerichte nicht vorhanden; so tritt das, für nicht collegialische Gerichte vorgeschriebene Verfahren ein (§. 420 fg.). Bei allen Instruktions-Verhandlungen ist auch im summarischen und Bagatell-Prozesse ein Protokollführer zuzuziehen.

§. 350.

Eignet sich eine Forderung nach den Bestimmungen der zweiten, dritten oder vierten Abschnitts zu mehreren der darin gedachten Prozeß-Arten; so geht der Mandats-Prozeß dem summarischen und Bagatell-Prozesse, letzterer aber dem summarischen vor.

§. 351.

Den Parteien steht es, außer dem §. 9 gedachten Fall, nicht frei, eine andere als die vorgeschriebene Prozeß-Art zu wählen.

§. 352.

In so fern in der Prozeß-Ordnung ein besonderes oder abgekürztes Verfahren für Gegenstände, welche nicht zu den in den zweiten und dritten Abschnitten bezeichneten gehören, angeordnet ist, hat es bei jenem Verfahren sein Bewenden.

Zweiter Abschnitt.

Vom Mandats-Prozesse.

I. Statthaftigkeit des Mandats-Prozesses.

§. 353.

Der Mandats-Prozeß findet Statt:

1) wegen aller Verbindlichkeiten aus einseitigen Geschäften, wenn die darüber errichtete Urkunde

entweder nach §. 114 für eine öffentliche inländische Urkunde zu achten ist, ohne Unterschied, ob dieselbe von einem inländischen Gerichte oder Notar aufgenommen oder ob vor einem inländischen Gerichte oder Notar nur die Anerkennung ihres Inhalts und ihrer Unterschrift Seitens des Ausstellers erfolgt ist;

oder von einer öffentlichen Behörde in eigener Angelegenheit ausgestellt worden ist;

2) wegen aller, auch aus zweiseitigen Geschäften herrührenden Forderungen von Capitalien, Zinsen und zu bestimmten Zeiten wiederkehrenden Leistungen, wenn diese Forderungen aus dem Hypothekenbuche hervorgehen, oder wenn über dieselben in Ermangelung eines vollendeten Hypothekenbuchs eine Recognition von der Hypotheken-Behörde ertheilt worden ist. Hierher sind auch die aus

besonderen Contracten oder testamentarischen Dispositionen herrührenden, auf Grundstücken haftenden jährlichen Abgaben an Kirchen und Schulen, in so fern sie eingetragen sind, zu rechnen; nicht minder kann anstatt aller im Hypothekenbuche eingetragenen Naturalprästationen, wenn sie in dem Fälligkeits-Termine nicht abgeführt sind, deren Marktpreis auf ein, diesen Marktpreis feststellendes öffentliches Attest im Mandats-Prozesse eingeklagt werden;

3) wegen Ansprüche aus einem, die Execution nicht mehr zulassenden Erkenntnisse, in so weit denselben die Verjährung nicht entgegensteht;

4) wegen Forderungen der Geistlichen, Kirchen- und Schulbediente, der Commissarien öffentlicher Behörden, der Justiz-Commissarien und gerichtlichen Sachwalte, der Notare, der Feldmesser, Condukteure, der Auktions-Commissarien und überhaupt aller derjenigen Personen, welche zur Besorgung bestimmter Geschäfte öffentlich bestellt oder zugelassen sind, für Gebühren und Auslagen, wenn dieselben durch die vorgesetzte Behörde festgesetzt worden sind und das Festsetzungs-Dekret mit der Klage überreicht wird;

5) wegen Forderungen öffentlich concessionirter Privat-Schul- und Erziehungs-Anstalten an rückständigem durch ihren Einrichtungsplan festgesetzten Schul- und Pensionsgelde aus dem Zeitraume eines Jahres von Einreichung der Klage zurückgerechnet;

6) wegen Forderungen der Medizinalpersonen und Apotheker für ihre Besuche, Operationen und Arzneimittel aus dem letzten Jahre vor Anstellung der Klage, in so fern die Liquidationen der Medizinalpersonen eine spezielle Angabe der Dienstleistungen und die Berechnung einer jeden Dienstleistung nach den Bestimmungen der Medizinaltaxe enthalten und die Rechnungen der Apotheker mit den ärztlichen Rezepten und einem Festsetzungs-Dekrete belegt sind.

§. 354.

Wegen der im §. 353 unter No. 1 und 2 aufgeführten Forderungen findet die Mandatsklage auch noch vor deren Verfallzeit Statt. Räumt in einem solchen Falle der Schuldner seine Verbindlichkeit zur Zahlung mit der Verfallzeit unumwunden ein und leistet er dieselbe zur gehörigen Zeit wirklich; so muß der Kläger demselben alle Kosten erstatten.

§. 355.

Will der Kläger in dem §. 354 gedachten Falle nicht die Forderung einklagen, sondern nur über die zur gehörigen Zeit erfolgte Kündigung eine Bescheinigung erhalten; so wird das Gesuch dem Schuldner auf Kosten des Klägers zu seiner Nachricht und Achtung zugefertigt und das Insinuations-Document dem Kläger zugestellt.

§. 356.

Jeder Mandatsklage muß die Urkunde, auf welche sie sich gründet, in der Original-Ausfertigung beigelegt werden. Wenn jedoch nur Zinsen einer Forderung, sie sei in das Hypothekenbuch eingetragen oder nicht, oder bestimmte jährliche aus dem Hypothekenbuche ersichtliche Leistungen, eingeklagt werden; so genügt die Einreichung einer beglaubten Abschrift der Urkunde, oder, wenn der Anspruch aus dem Hypothekenbuche ersichtlich ist und der Richter, bei dem die Klage angestellt wird, zugleich das Hypothekenbuch führt, die bloße Bezugnahme auf den Inhalt des Letzteren.

§. 357.

Wird die Klage aus einem Judikate bei dem Richter des Vor-Prozesses angestellt; so genügt die Bezugnahme auf die früher verhandelten Acten. Gründet sich aber der zuerkannte Anspruch auf eine Urkunde, die eine Uebertragung desselben auf einen Dritten zuläßt und ist die Urkunde nicht mehr bei den Akten; so muß dieselbe erst wieder eingereicht werden, bevor das Mandat erlassen werden kann.

§. 358.

Wird eine auf Kündigung gestellte Forderung eingeklagt; so muß bei Anstellung der Mandatsklage zugleich die zur gehörigen Zeit erfolgte Aufkündigung derselben durch eine öffentliche Urkunde nachgewiesen werden.

§. 359.

Die in das Hypothekenbuch eingetragenen Forderungen können im Wege des Mandats-Prozesses gegen den Besitzer des dafür verpfändeten Grundstücks mit der Wirkung der Vollstreckbarkeit des Mandats in das verpfändete Grundstück nur dann eingeklagt werden, wenn nachgewiesen wird, daß der Besitztitel für den Beklagten berichtigt, oder das Eigenthum des Grundstücks durch dessen Uebergabe auf ihn übergegangen ist.

II. Cumulation der Mandats-Klagen.

§. 360.

Wegen Forderungen, welche in Geld oder Naturalzinsen oder andern zu bestimmten Zeiten wiederkehrenden Leistungen bestehen und die aus einem Erbpacht-, Erbzins- oder Zins-Verhältnisse herrühren, ist rücksichtlich der städtischen Kassen oder Verwaltungen, Gutsherrschaften oder sonstigen in gleichem Verhältnisse stehenden Berechtigten eine Cumulation der Mandatsklage in der Art zulässig, daß wegen dergleichen Ansprüche im dinglichen Gerichtsstande mehrere Verpflichtete in einer und derselben Klage belangt werden können, und hat es bei dem, für diesen Fall durch die Verordnung vom 2ten September 1837 vorgeschriebenen Verfahren sein Bewenden.

III. Verfügung auf die Klage.

§. 361.

Ist die Mandatsklage zulässig; so wird auf dieselbe unter abschriftlicher Mittheilung derselben und ihrer Beilagen ein Mandat an den Beklagten erlassen, binnen vierzehn Tagen vom Tage der Insinuation des Mandats ab, entweder den Kläger klaglos zu stellen, oder seine Einwendungen gegen die Forderung mündlich zu Protokoll oder schriftlich anzubringen, widrigenfalls auf Antrag des Klägers die Execution verfügt werden würde. Der Richter ist jedoch befugt, in besonderen Fällen die Frist auf acht Tage zu verkürzen oder bis auf sechs Wochen zu verlängern. Der Tag der Insinuation des Mandats an den Beklagten ist dem Kläger durch Abschrift der Insinuations-Bescheinigung bekannt zu machen.

§. 362.

Im Falle des §. 355 ist das Mandat dahin zu erlassen, daß der Beklagte den Kläger mit dem Eintritte der Verfallzeit der Forderung befriedigen, oder seine etwanigen Einwendungen binnen der bestimmten Frist anbringen solle, widrigenfalls nach Ablauf der Verfallzeit auf des Klägers Anrufen die Execution ohne Weiteres erfolgen würde.

IV. Verfahren

1. wenn erhebliche und liquide Einwendungen vorgebracht worden.

§. 363.

Gegen dieses Mandat (§§. 361) sind nur solche Einwendungen zulässig, welche nicht allein erheblich, sondern auch durch sofort beweisende Urkunden oder sonst bei ihrer Vorbringung bescheinigt und liquide sind.

§. 364.

Als liquide sollen auch diejenigen Einwendungen angesehen werden, welche der Beklagte bei ihrer Anbringung durch Zeugen und Urkunden, deren unvorzüglicher Abhörung oder Vorlegung kein Hinderniß entgegensteht, und durch Eideszuschiebung sofort bescheinigt.

§. 365.

Hat der Beklagte dergleichen Einreden (§§. 363 und 364) innerhalb der im Mandat dazu gestatteten Frist vorgebracht; so sind beide Theile zu einem möglichst nahen und spätestens drei Wochen entfernten Termine zur mündlichen Verhandlung vorzuladen. Im Fall sich der Beklagte zum Beweise seiner Einreden auf Zeugen berufen hat; so müssen auch diese zu ihrer Vernehmung zu dem angesetzten Termine vorgeladen und, wenn Beklagter auf Urkunden, deren Vorlegung erforderlich ist, sich beruft, deshalb die weiteren Verfügungen erlassen werden.

§. 366.

Der Beklagte wird zu diesem Termine unter der Warnung, daß im Falle seines Ausbleibens auf die vorgebrachten Einwendungen keine Rücksicht genommen und das erlassene Mandat gegen ihn vollstreckt werden würde, der Kläger unter dem Präjudiz der Akten-Reposition vorgeladen.

§. 367.

Werden die Einreden erheblich und liquide befunden; so erläßt das Gericht am Schlusse des über die Verhandlung aufzunehmenden Protokolls eine Resolution, wodurch das Mandat zurückgenommen und dem Kläger die Verfolgung seines Anspruchs im geeigneten Wege des Prozesses vorbehalten wird.

§. 368.

Gegen diese Resolution findet kein Rechtsmittel, sondern nur die Beschwerde an den Appellations-Richter Statt.

§. 369.

Sind dagegen in diesem Termine die Einwendungen weder erheblich, noch liquide befunden; so faßt das Gericht sofort auf das Protokoll eine Resolution dahin ab, daß die vorgebrachten Einreden im Mandats-Prozesse verworfen werden und es vielmehr bei dem erlassenen Mandate sein Bewenden habe, und der Beklagte schuldig sei, demselben binnen einer nach den Umständen anderweit zu bestimmenden Frist bei Vermeidung der Execution Folge zu leisten, ihm jedoch die

Verfolgung seiner Einwendungen im geeigneten Wege des Prozesses vorbehalten bleibe.

§. 370.

Gegen diese Resolution ist die Appellation oder der Rekurs in Gemäßheit der unten folgenden Vorschriften zwar zulässig, die Vollstreckung derselben wird jedoch durch das eingelegte Rechtsmittel nicht aufgehalten. Der Beklagte ist aber befugt, zur Abwendung der Execution entweder die streitige Sache oder Summe in gerichtliche Gewahrsam zu geben, oder, wenn der Prozeß andere Verpflichtungen zum Gegenstande hat, eine vom Richter festzusetzende Caution zu bestellen und sich dadurch vor der wirklichen Vollstreckung des Erkenntnisses zu schützen oder vom Kläger eine genügende Sicherheitsbestellung für die Rückerstattung im Falle eines in der Sache selbst erstrittenen abschläglichen Erkenntnisses zu verlangen.

§. 371.

Ist in den Fällen der §§. 367 und 369 die Klage so vollständig, daß auf dieselbe das weitere Verfahren im geeigneten Wege des Prozesses eingeleitet werden kann; so hat das Gericht auf den Antrag der einen oder der andern Partei zugleich das Nöthige wegen Einleitung dieses Verfahrens zu verfügen.

2 Wenn unerhebliche und illiquide Einwendungen gemacht worden.

§. 372.

Sind die Einwendungen entweder unerheblich, oder bei der Anbringung weder liquide, noch durch geeignete Beweismittel unterstützt (§§. 363 und 364); so verwirft das Gericht dieselben im Mandats-Prozesse durch ein Dekret, durch welches bestimmt wird, daß es, unerheblichen oder unbescheinigten Einwendens ungeachtet, bei dem ergangenen Mandate verbleibe und der Beklagte demselben binnen einer anderweit zu bestimmenden Frist bei Vermeidung der Execution ein Genüge zu leisten habe, ihm jedoch seine Einwendungen im geeigneten Prozesse vorbehalten bleiben. Tritt die Bedingung des §. 371 ein; so ist auch in diesem Falle das Nöthige wegen Einleitung der Sache im geeigneten Wege des Prozesses zu verfügen.

§. 373.

Gegen dieses Dekret (§. 372) findet, ohne daß dadurch die Vollstreckung des Mandats aufgehalten wird, die Beschwerde bei dem Appellationsrichter Statt, der Beklagte ist jedoch, wie im Falle des §. 370 zur Deposition oder Bestellung oder Forderung einer Caution befugt.

3. Wenn die Einwendungen nach Ablauf der im Mandate festgesetzten Frist angebracht worden.

§. 374.

Werden die Einwendungen erst nach Ablauf der im Mandate bestimmten Frist vorgebracht; so sind dieselben wie illiquide Einwendungen anzusehen und ist in diesem Falle nach Vorschrift der §§. 372 und 373 zu verfahren.

V. Von Reconventionen im Mandats-Prozesse.

§. 375.

Eine Reconvention, in so weit sie sich nicht zu einer liquiden Compensations-Einrede eignet, hat im Mandats-Prozesse nur die Begründung des Gerichtsstandes zur Folge.

Dritter Abschnitt.

Vom summarischen Prozesse.

Statthaftigkeit des summarischen Prozesses.

§. 376.

Der summarische Prozeß findet Statt:

1) aus Privat-Urkunden über einseitige Geschäfte, in denen sich der Aussteller verpflichtet hat, in einem bestimmten Termine eine Geldsumme oder andere bestimmte Quantität verbrauchbarer Sachen zu zahlen oder zu liefern; ferner aus Handlungsbillets und kaufmännischen Assignationen, aus einer Assecuranz-Police auf Zahlung der versprochenen Prämie, aus den ordnungsmäßig geführten Büchern der öffentlich bestellten Pfandleiher auf Zahlung der eingetragenen Pfandschulden und aus Schuld-Instrumenten, welche von Personen, die sich wechselmäßig nicht verpflichten können, in Wechselform ausgestellt sind, in so fern deren Wechselkraft, wenn sie von wechselfähigen Personen ausgestellt wären, noch nicht verjährt ist;

2) aus inländischen öffentlichen Urkunden über zweiseitige Geschäfte (§. 114), ohne Unterschied, ob dieselben von einem inländischen Gerichte oder Notar aufgenommen worden, oder von einem inländischen Gerichte oder Notar nur die Anerkennung ihres Inhalts und ihrer Unterschrift Seitens der Contrahenten erfolgt ist.

3) aus Urkunden über zweiseitige Geschäfte, welche von einer öffentlichen Behörde in eigner Angelegenheit ausgestellt worden sind;

4) aus öffentlichen ausländischen Urkunden über ein- oder zweiseitige Geschäfte;

5) aus Privat-Urkunden über Darlehns-, Verwahrungs- und Leih-Verträge, so wie über Kauf-, Tausch-, Lieferungs- und Miethts-Verträge,

6) aus Privat-Urkunden über versprochene Pensionen, Besoldungen, Alimente, Renten und alle zu bestimmten Zeiten wiederkehrende Leistungen;

7) wegen Forderungen

a) der Fabrik-Unternehmer, Kaufleute, Krämer, Künstler und Handwerker für Arbeiten und gelieferte Waaren, so wie für Vorschüsse an ihre Arbeiter;

b) der Medizinal-Personen und Apotheker für ihre Besuche, Operationen und Arzneimittel, in so weit nicht nach Vorschrift des §. 353 No. 6 der Mandats-Prozeß zugelassen ist;

c) der Kirchen, oder der geistlichen und andern Kirchen- und Schulbedienten, wegen der Gebühren für kirchliche Handlungen und des Schulgeldes, in so fern wegen fehlenden Festsetzungs-Dekrets der Mandats-Prozeß nicht Statt findet (§. 353. No. 4);

d) der öffentlichen und concessionirten Privat-Schul-, Erziehungs-, Pensions- und Verpflegungs-Anstalten, in so weit nicht nach §. 353 No. 5 der Mandatsprozeß zulässig ist;

e) der öffentlichen und Privat-Lehrer hinsichtlich des Honorars;

f) der Lehrherrn hinsichtlich des Lehrgeldes;

g) der Haus- und Wirthschafts-Officianten, Handlungsgehülfen und des Gesindes um Gehalt und Lohn;

h) der Fabrikarbeiter, Handwerksgesellen, Tagelöhner und andren gemeinen Handarbeiter, hinsichtlich ihres Lohnes;

i) der Fuhrleute und Schiffer, hinsichtlich des Fuhr- und Frachtgeldes und ihrer Auslagen;

k) der Gast- und Speisewirthe, für die von ihnen gegebene Wohnung und die gelieferte Beköstigung.

8) in Rechtsstreitigkeiten über Interventions-Ansprüche bei Auspfändungen und in den nach Anleitung des Gesetzes vom 26. April 1835 (Gesetzsamml. von 1835. S. 56) zulässigen Klagen auf Annullirung der von zahlungsunfähigen Schuldnern geschlossenen Verträge;

9) bei Erörterung der in der Executions-Instanz gegen ein rechtskräftiges Urtheil zulässigen Einwendungen;

10) in Injurien-Sachen, in so fern sie sich nicht zum Untersuchungs-Verfahren eignen.

§. 377.

Den Gerichten steht in jeder Lage des Prozesses die Befugniß zu, wenn sie finden, daß eine der im §. 376 gedachten Sachen zur Verhandlung und Entscheidung im Wege des summarischen Prozesses sich nicht eignet, dieselbe zum ordentlichen Prozeß-Verfahren zu verweisen, so wie auf den übereinstimmenden Antrag der Parteien außer den vorerwähnten Klagesachen auch andere Rechtsstreitigkeiten im summarischen Prozesse zn verhandeln. Bevollmächtigte sind zu einem solchen Antrage jedoch nur befugt, wenn sie in ihrer Vollmacht ausdrücklich dazu ermächtigt sind. Gegen diese Verfügungen des Gerichts findet der Weg der Beschwerde an die vorgesetzte Behörde Statt.

II. Verfügung auf die Klage.

§. 378.

Findet das Gericht die Klage, in welcher zugleich die für die derselben zum Grunde liegenden Thatsachen anzuführenden Beweismittel angegeben sein müssen, vollständig und begründet; so ist der Beklagte unter abschriftlicher Mittheilung derselben und ihrer Anlagen mit Androhung der in den §§. 383 und 384 bestimmten Nachtheile vor einen Deputirten des Gerichts zur Klagebeantwortung vorzuladen.

§. 379.

Der Termin wird dergestalt anberaumt, daß dem Beklagten eine Frist von vierzehn Tagen, vom Tage der Insinuation an gerechnet, zur Vorbereitung seiner Einlassung frei bleibt. Wohnt der Beklagte nicht am Sitze des Gerichts; so ist die Frist nach Verhältniß der Entfernung seines Wohnorts vom Sitze des Gerichts zu verlängern. In besonders schleunigen Sachen kann die Frist auch kürzer bestimmt werden.

§. 380.

Der Kläger wird zu dem Termine unter der Verwarnung mit vorgeladen, daß bei seinem Ausbleiben die Akten auf seine Kosten reponirt werden würden.

III. Von Prorogationen.

§. 381.

Die Verlegung des Termins ist nur unter den im Allgemeinen Theile dieser Prozeßordnung festgesetzten Bedingungen zulässig. Bei Anberaumung des neuen Termins soll zwar in der Regel die im §. 379 vorgeschriebene Frist beobachtet, doch muß dieselbe auch mit Rücksicht auf die Beschaffenheit der Hinderungs-Ursachen dergestalt verlängert werden, daß dem Beklagten hinreichende Zeit zur Vertheidigung seiner Rechte bleibt.

§. 382.

Der Deputirte ist nicht berechtigt, auf ein Prorogationsgesuch selbst zu verfügen, er hat vielmehr das darauf gerichtete Gesuch dem Dirigenten des Gerichts oder der für summarische Sachen bestimmten Abtheilung derselben zur Verfügung vorzulegen, welche nicht bloß den Sachwaltern, sondern auch den Parteien abschriftlich mitzutheilen ist.

IV. Weiteres Verfahren

1) wenn der Beklagte nicht erscheint, oder die Forderung einräumt.

§. 383.

Bleibt der Beklagte in dem Termine aus, oder erkennt er die Forderung an; so nimmt der Deputirte eine Verhandlung darüber auf, trägt in der nächsten Sitzung der Deputation die Sache und den Contumacial- oder Agnitions-Bescheid, in so fern der Kläger auf deren Erlassung angetragen hat, vor.

2) Klagebeantwortung.

§. 384.

Bestreitet der Beklagte den Anspruch; so muß er die Klage vollständig beantworten. Diese Klagebeantwortung muß enthalten:

1) eine genaue und vollständige Auslassung auf die Klage und eine Erklärung über die mit derselben überreichten Urkunden und die übrigen darin angeführten Beweismittel. Thatsachen und Urkunden, über welche keine Erklärung erfolgt ist, werden für zugestanden oder anerkannt geachtet;
2) sämmtliche Einreden, unter Beifügung der Urkunden oder Angabe der anderweitigen Beweismittel, worauf sie sich stützen. Fernere Einreden, welche auf Thatsachen beruhen, darf der Beklagte späterhin für diese Instanz nicht mehr vorbringen, falls sie nicht auf Thatsachen beruhten, welche sich erst nach der Klagebeantwortung ereignet haben;
3) einen bestimmten Antrag.

3) Reconvention

§. 385.

Eine Widerklage, in so weit dieselbe nach den unten folgenden Vorschriften mit der Klage in einem Prozesse verhandelt werden kann, ist spätestens mit der Beantwortung der Klage anzubringen. Eignet sich dieselbe nicht zur Verhandlung im summarischen Prozesse; so sind Klage und Widerklage zum ordentlichen Prozesse zu verweisen. Eignen beide sich aber zum summarischen Prozesse; so ist die Widerklage dem Kläger zur Beantwortung nach §§. 378 und 379 abschriftlich mitzutheilen und darauf nach erfolgter Beantwortung oder nach Ablauf der Frist nach Vorschrift der §§. 388 seq, zu verfahren.

4) Von Editionsgesuchen.

§. 386.

Editionsgesuche einer Partei gegen die andere müssen in der Klage oder in der Klagebeantwortung angebracht werden und es ist darüber zugleich mit der Hauptsache zu verhandeln. Editionsklagen gegen Dritte sind jedoch im summarischen Prozesse nur dann, wenn sie an sich dazu sich eignen, sonst im ordentlichen Prozesse zu verhandeln. Auf den Antrag des Editionssuchers kann die Verhandlung der Hauptsache bis zur Erledigung des Editionspunktes ausgesetzt werden.

5) Weitere Verhandlung im Klagebeantwortungs-Termine.

§. 387.

Sind beide Parteien in dem Klagebeantwortungs-Termine erschienen; so hat der Deputirte nach erfolgter Beantwortung der Klage die Sühne ernstlich zu versuchen und wenn sie nicht erreicht ist und beide Theile darüber einig, daß die mündliche Verhandlung vor dem erkennenden Gerichte entbehrt werden kann, die Akten sofort zum Spruche vorzulegen, zu welchem sie baldmöglichst zu befördern sind.

V. Von der mündlichen Verhandlung vor dem erkennenden Gerichte.

§. 388.

Außer diesem Falle (§. 387) sind die Parteien, sobald die Klagebeantwortung eingereicht ist, unter Mittheilung einer Abschrift derselben an den Kläger, zur mündlichen Verhandlung der Sache vor das erkennende Gericht mit Androhung der in den §§. 392 — 394 gedachten Nachtheile und mit der Aufforderung vorzuladen, die nur in Abschrift beigebrachten oder in Bezug genommenen Urkunden urschriftlich zur Stelle zu bringen.

§. 389.

Eine Verlegung der zur mündlichen Verhandlung der Sache anberaumten Sitzung findet nur auf den übereinstimmenden Antrag beider Parteien, oder auch eines Theils Statt, in so fern der die Verlegung Nachsuchende sich in der Unmöglichkeit befindet, in der Sitzung persönlich oder durch einen Bevollmächtigten zu erscheinen und er dies nachweist.

§. 390.

Die mündliche Verhandlung vor dem erkennenden Gericht geschieht nach der Reihenfolge, in welcher die Parteien der Zeit nach vorgeladen worden sind, Falls nicht dringende Ursachen nach dem Ermessen des Gerichts eine Ausnahme erfordern. Erscheint eine Partei nicht zu der in der Vorladung für sie besonders zu bestimmenden Stunde; so treten die Vorschriften der §§. 392—394 ein.

§. 391.

Sämmtlichen richterlichen Beamten, Referendarien, Auscultatoren und Justizcommissarien ist der Zutritt zu dem zur mündlichen Verhandlung anberaumten Termine gestattet, sie sind jedoch auch in Ansehung derselben zur Amtsverschwiegenheit verpflichtet und müssen sich entfernen, sobald eine der Parteien darauf anträgt, oder das Gericht aus Gründen der öffentlichen

Ordnung oder der Sittlichkeit dies für angemessen erachtet. Auch die Parteien haben Zutritt zu dieser Sitzung, jedoch nur während in derselben ihre Sache verhandelt wird.

§. 392.

Erscheinen beide Parteien in der zur mündlichen Verhandlung bestimmten Sitzung nicht; so sind die Akten auf Kosten des Klägers zu reponiren.

§. 393.

Erscheint die eine der Parteien nicht, oder läßt sie sich auf die Sache nicht ein; so kann die andere Partei auf Reposition der Akten auf Kosten des Gegners, oder auf Kontumacial-Verhandlung antragen.

§. 394.

Bei der Contumacial-Verhandlung werden alle streitige, von dem Nichterschienenen angeführte, mit schriftlichen Beweisen nicht unterstützte Thatsachen für nicht angeführt und alle vom Gegentheil angeführten Thatsachen, denen noch nicht ausdrücklich widersprochen worden, für zugestanden, so wie die vom Gegentheil beigebrachten Urkunden für anerkannt angenommen. Eben so wird es gehalten, wenn eine erschienene Partei sich auf solche neuen Umstände, welche bei der mündlichen Verhandlung noch vorgebracht werden dürfen (§. 384), nicht einläßt.

§. 395.

Der mündliche Vortrag, welchem durch den Deputirten, oder bei dessen Verhinderung durch ein anderes Mitglied des Gerichts eine mündliche oder nach den Umständen eine schriftliche Darstellung der Sache voranzuschicken ist, wird in der Gerichtssitzung durch die Partei in Person, oder durch einen von ihr zu wählenden gesetzlich zulässigen Bevollmächtigten, oder durch einen auf ihr Verlangen ihr zugeordneten Rechts-Beistand gehalten und gebührt dabei dem Beklagten das letzte Wort.

§. 396.

Werden bei der mündlichen Verhandlung von einer Partei Thatumstände, in so weit sie nach §. 384 noch zulässig sind, und Beweismittel angebracht, auf welche die andere Partei nicht vorbereitet sein konnte; so ist durch mündliche Verfügung des Gerichts, welche zugleich die Stelle der Vorladung vertritt, eine andere Sitzung zur Fortsetzung der Verhandlung 'anzuberaumen. Erscheinen in dieser anderweiten Sitzung die Parteien nicht; so sind die §§. 392 — 394 zur Anwendung zu bringen.

§. 397.

Die Leitung der mündlichen Verhandlung, die Sorge für die gehörige Erörterung der Sache, der nochmalige Versuch der Sühne, die Befugniß zur Schließung der Verhandlung, gebühren dem Vorsitzenden des Gerichts, welcher jedoch hierbei auf die Meinung der übrigen Mitglieder des Gerichts Rücksicht zu nehmen und diejenigen Fragen, welche Letztere den Parteien vorgelegt zu sehen wünschen, zu stellen hat.

VI. Abfassung des Erkenntnisses.

§. 398.

Ist die Sache zum Endurtheile reif; so wird das Erkenntniß mit den Entscheidungsgründen den der Parteien noch in der nämlichen, oder in einer noch zu bestimmenden, möglichst nahen Sitzung publizirt oder sonst auf gesetzliche Art insinuirt.

§. 399.

Ist eine Beweisaufnahme erforderlich; so muß dieselbe durch eine sofort abzufassende Resolution, welche die zu beweisenden Thatsachen und die Beweismittel festsetzt, verfügt werden. Es steht jedoch auch in diesem Falle dem Gerichte die Befugniß zu, den Beschluß über die zu veranlassende Beweisaufnahme wie im §. 398 auszusetzen.

§. 400.

Soll nach diesem Beschluß von einer Partei, welche am Orte des Gerichts oder in dessen Nähe wohnt, ein Eid geleistet werden; so ist derselbe in der Gerichtssitzung, jedoch nicht früher als acht Tage nach Auferlegung desselben abzunehmen.

§. 401.

Ist die Partei, welche den Eid zu leisten hat, am Orte des Gerichts oder in dessen Nähe nicht wohnhaft; so requirirt das erkennende Gericht denjenigen Richter, dem die Partei in persönlichen Rechtsangelegenheiten unterworfen ist, nm die Abnahme des Eides.

§. 402.

Soll eine andere Beweisaufnahme erfolgen; so ist dazu ein Commissarius zu ernennen, oder, wenn sie auswärts erfolgen muß, das auswärtige Gericht zur Ernennung eines Commissarius zu requiriren.

§. 403.

Nach dem Schlusse der Beweis-Verhandlungen wird ein Termin zur mündlichen Verhandlung uud zur Entscheidung der Sache vor dem erkennenden Gericht angesetzt und sind zu demselben die Parteien unter abschriftlicher Mittheilung der Verhandlungen mit der Verwarnung vorzuladen, daß gegen den Ausbleibenden angenommen werden würde, er habe zur Unterstützung seiner Behauptungen und Anträge nichts weiter anzuführen.

§. 404.

Das Gericht darf die Aufnahme neuer Beweise, sobald derselben eine der Parteien widerspricht, nur dann gestatten, wenn sich dieselben erst aus dem aufgenommenen Beweise als vorhanden ergeben haben. Die Eideszuschiebung, so weit sie überhaupt Statt findet, ist jedoch bis zum Schlusse der mündlichen Verhandlung zulässig.

VII. Sitzungsprotokoll.

§. 405.

Ueber die mündlichen Verhandlungen wird ein Protokoll aufgenommen, welches enthalten muß:

1) die Namen der anwesenden Gerichtsmitglieder;
2) die Namen der Parteien und ihrer Sachwalter mit der Bemerkung, ob dieselben erschienen sind oder nicht;
3) die Bezeichnung des Gegenstandes des Rechtsstreits;
4) den Gang der stattgefundenen Verhandlungen im Allgemeinen.
5) die Zugeständnisse der Parteien, deren Aufzeichnung verlangt wird, so wie diejenigen Erklärungen der Parteien, deren Aufnahme das Gericht für erheblich hält.

Dieser letztere Vermerk ist den Parteien vorzulesen und diese müssen mit ihren Bemerkungen über dessen Fassung gehört werden.

VIII. Insinuation der Erkenntnisse.

§. 406.

Wegen der Ausfertigung und Insinuation der Erkenntnisse an die Parteien oder deren Bevollmächtigte finden die betreffenden Vorschriften des siebenten Abschnitts auch im summarischen Prozesse Anwendung.

Vierter Abschnitt.

Vom Bagatell-Prozesse.

I. Begriff der Bagatellsachen.

§. 407.

Bagatellsachen sind diejenigen Rechtsstreitigkeiten, deren Gegenstand einschließlich der mit eingeklagten Früchte, Schäden, Kosten und Zinsen nach Gelde abgeschätzt bei Anstellung der Klage die Summe von funfzig Thalern nicht übersteigt. Vergrößert sich diese Summe während der Instruktion, so wird dadurch in dem Verfahren für die laufende Instanz nichts verändert.

II Verfahren.

§. 408.

Auch auf Bagatellsachen finden die Vorschriften des dritten Abschnitts überall Anwendung, in so weit die nachstehenden Vorschriften keine Abweichungen enthalten.

§. 409.

Bei collegialischen Gerichten sind zur Verhandlung und Entscheidung der Bagatellsachen einzelne Commissarien aus den Mitgliedern des Gerichts bestellen.

§. 410.

Auf die Klage, wenn sie für zulässig erachtet wird, ist ein Termin zur Beantwortung derselben und zur weiteren mündlichen Verhandlung anzuberaumen, wozu beide Parteien, der Beklagte unter abschriftlicher Mittheilung der Klage und ihrer Beilagen, vorgeladen werden.

§. 411.

In der ersten an den Beklagten ergehenden Vorladung ist zugleich zu bestimmen, was derselbe dem Kläger zu leisten hat, mit der Verwarnung, daß, Falls die Klage nicht vor, oder in dem angesetzten Termine von ihm beantwortet wird, die erlassene Bestimmung, gleich einem Contumacial-Erkenntnisse, ohne Weiteres zur Vollstreckung gebracht werden würde.

§. 412.

Gegen diese, beim Ausbleiben des Beklagten in dem angesetzten Termine die Stelle eines Contumacial-Erkenntnisses vertretende Verfügung ist jedoch die Restitution zulässig.

§. 413.

Erscheinen die Parteien in dem angesetzten Termine; so ist nach beendigter mundlicher Verhandlung ein Protokoll aufzunehmen, welches das Sachverhältniß, die Streitpunkte und die Anträge der Parteien in ihren Resultaten enthält. Dieses Protokoll wird den Parteien, welche dabei mit ihren Erinnerungen zu hören sind, vorgelesen und zur Unterschrift vorgelegt.

§. 414.

Nach dem Schlusse des Protokolls ist unter demselben die Verfügung wegen Aufnahme des Beweises sofort zu erlassen, und, wenn es keiner Beweisaufnahme bedarf, in der Regel das Erkenntniß zu fassen und mit dem Protokolle auszufertigen.

§. 415.

Die Beweise können sogleich in dem Klagebeantwortungs-Termine aufgenommen und Zeugen und Sachverständige, welche sich am Orte des Gerichts befinden, unverzüglich zur Gerichtsstelle beschieden werden.

Zweiter Titel.

Von dem

Verfahren vor nicht-collegialischen Gerichten.

Allgemeine Bestimmung.

§. 416.

Die im Allgemeinen Theile der gegenwärtigen Prozeß-Ordnung enthaltenen Vorschriften finden auch bei nicht collegialischen, d. h. solchen Gerichten, welche nur mit einem oder zwei Richtern besetzt sind, sowohl im ordentlichen, als in den summarischen Prozessen (dem Mandats-, summarischen und Bagatell-Prozesse) in so weit Anwendung, als davon keine Ausnahmen gemacht sind, oder aus der Verschiedenheit der Einrichtung dieser Gerichte sich von selbst ergeben.

Erste Abtheilung.

Vom ordentlichen Prozesse.

---

§. 417.

Im ordentlichen Prozesse sollen auch den nicht-collegialischen Gerichten die in den §§. 1 — 344 des zweiten Theils der gegenwärtigen Prozeß-Ordnung gegebenen Vorschriften über die Klage, Klagebeantwortung, Replik, Duplik, die Regulirung des status causae et controversiae, die Beweisaufnahme, die Rechtsausführungen und über die Abfassung der Erkenntnisse überall zur Richtschnur dienen, in so weit nicht die nachfolgenden Bestimmungen Ausnahmen davon vorschreiben oder gestatten.

§. 418.

Nicht minder ist es den bei nicht-collegialischen Gerichten Recht nehmenden Parteien zwar gestattet, ihre Klagen und übrigen Satzschriften und Anträge schriftlich einzureichen und sich durch Bevollmächtigte oder durch Sachwalter vertreten zu lassen.

§. 419.

Bei allen Prozeß-Verhandlungen muß der Richter den ihm beigeordneten Aktuarius, Sekretair oder verpflichteten Protokollführer von Anfang bis zum Ende derselben zuziehen und demselben das Protokoll in Gegenwart der Parteien laut in die Feder diktiren. In Ermangelung eines vereideten Protokollführers oder Behinderung desselben muß dessen Stelle durch zwei vereidete Gerichtsschöppen vertreten werden. Wenn indessen ein Gerichtsbeisitzer zugezogen wird (§. 420); so genügt zur Stellvertretung des Protokollführers ein Gerichtsschöppe.

§. 420.

Außer dem Protokollführer oder dessen Vertreter muß bei allen Prozeß=Verhandlungen, in welchen die Parteien oder eine derselben, Zeugen oder Kunstverständige vernommen werden, oder Augenschein eingenommen wird, neben dem Richter entweder eine mit richterlicher Glaubwürdigkeit versehene Person, oder in deren Ermangelung ein Beisitzer gegenwärtig sein.

§. 421.

Der Richter hat den Beisitzer aus den des öffentlichen Vertrauens würdigen Ortseinwohnern zu wählen und bedarf es, wenn derselbe einen Amtseid oder einen Bürgereid geschworen hat, nur des Handschlags auf denselben, sonst aber der Versicherung mittelst Handschlags an Eidesstatt auf den Inhalt des Eides der Gerichtsschöppen (§. 422).

Für die Patrimonial=Gerichte bestellt der Patrimonial=Gerichtsherr von Zeit zu Zeit einige vertrauenswerthe Eingesessene, aus welchen der Justitiar zu den einzelnen Gerichts=Verhandlungen einen zu wählen hat und welche nach ihrer Bestellung den Eid der Gerichts=Schöppen (§. 422) zu leisten haben.

§. 422.

Die Gerichtsschöppen (§. 419) sind von dem Gerichtsherrn ein für allemal zu bestellen und aus den Gerichtseingesessenen zu wählen. Sie müssen unbescholtenen Rufes, des Lesens und Schreibens kundig sein und dahin vereidet werden:

daß sie auf den Hergang der gerichtlichen Verhandlungen, bei welchen sie zugezogen werden und darauf, daß dieselben so, wie sie sich wirklich ereignet haben, niederge=

schrieben werden, genau Acht haben, auch das Protokoll nicht anders, als wenn sie dessen Inhalt diesem wahren Hergange der Sache gemäß finden und nachdem dasselbe den Parteien vorgelesen und von denselben genehmigt ist, mit ihrer Unterschrift bekräftigen wollen.

§. 423.

Ist der Gerichtsbezirk so klein, daß es nicht möglich ist, zwei nach Vorschrift des §. 421 qualificirte Gerichtsschöppen zu finden; so genügt es, wenn auch nur ein Gerichtsschöppe ein für allemal bestellt wird. In Abwesenheit oder nothwendiger Behinderung dieses oder der §. 419 gedachten Schöppen steht dem Richter frei, zu den Verhandlungen einen glaubwürdigen Eingesessenen als Zeugen zuzuziehen, bei welchen keiner von denjenigen Mängeln, wodurch er zur Ablegung eines Zeugnisses überhaupt, oder in dem zur Instruktion gestellten besonderen Rechtsstreite unfähig sein würde, vorhanden sein und der mittelst Handschlages an Eides Statt dahin zu verpflichten ist, daß er auf dasjenige, was verhandelt wird, seine volle und ungetheilte Aufmerksamkeit richten und das Protokoll nicht anders unterzeichnen wolle, als bis die Verhandlungen so, wie sie sich wirklich ereignet haben, niedergeschrieben sind und das Protokoll den Parteien vorgelesen und von ihnen genehmigt ist.

§. 424.

Die Termine sind bei nicht collegialischen Gerichten nach Maßgabe der geringeren Entfernung der Parteien von dem Gerichtsorte näher anzuberaumen und die Fristen kürzer zu bestimmen und es darf in der Regel kein Termin oder keine Frist auf mehr, als drei Wochen hinausgerückt oder bewilligt werden.

§. 425.

Zu dem Klagebeantwortungs-Termine ist auch der Kläger neben der Warnung mit vorzuladen, daß im Falle seines Ausbleibens die Akten auf seine Kosten reponirt werden würden.

§. 426.

Erscheinen beide Parteien oder ihre Bevollmächtigte in dem Klagebeantwortungs-Termine; so muß der Richter zuvörderst alles Fleißes sich bemühen, sie gütlich zu vereinigen und ihnen die hierzu geeigneten Vorstellungen machen. Kommt ein Vergleich nicht zu Stande; so sind nach erfolgter Klagebeantwortung diejenigen Sachen, deren Weitläuftigkeit oder Verwickeltheit nicht eine besondere Replik und Duplik erfordern, bis zum Schluß zu instruiren und auch, wo möglich der status causae et controversiae und das Beweisverfahren zu reguliren oder, wenn dies nicht zu erreichen ist, sofort zu diesem Behufe ein andrer Termin anzuberaumen.

§. 427.

Zu dem Termine wegen Aufnehmung des status causae et controversiae sind beide Theile unter der Warnung vorzuladen, daß jede streitige Thatsache gegen den Ausbleibenden für zugestanden oder nicht angebracht, je nachdem es ihm am nachtheiligsten sein wird, angenommen, der status causae et controversiae demnächst regulirt und der Ausbleibende aller seiner Einwendungen gegen die vom Gegentheile über die bereits bestrittenen Thatsachen angeführten Beweismittel für verlustig erklärt werden soll.

§. 428.

Das Gericht hat die Beweisaufnahme in möglichst kurzer Frist zu verfügen und sind die Zeugen, wenn sie vor dem Gericht vernommen werden, falls letztres aus zwei Mitgliedern besteht, vor versammeltem Gerichte zu vereidigen und abzuhören.

§. 429.

Ist das nicht-collegialische Gericht nur mit einem Richter besetzt und in einem von demselben instruirten Prozesse eine Beweisaufnahme nicht erfolgt; so bedarf es vor Abfassung des Erkenntnisses keiner mündlichen Verhandlung, vielmehr hat der Richter nach regulirtem und von den Parteien genehmigten status causae et controversiae sofort das Erkenntniß abzufassen. Diese Vorschrift findet auch dann Statt, wenn das Gericht mit zwei Richtern besetzt, aber entweder gar kein Beweis aufgenommen oder derselbe ganz einfach ist, indem alsdann der zum Referenten bestellte Richter die Relation mit den Akten dem andern Richter zur schriftlichen Abgabe seines Votums oder zur gemeinschaftlichen Berathung zugehen läßt.

§. 430.

Hat dagegen eine umständliche, verwickelte Beweisaufnahme Statt gefunden; so muß, in so fern die Parteien nicht darauf verzichten, dem Erkenntnisse die mündliche Verhandlung vor dem erkennenden Gerichte vorangehen.

§. 431.

Verfügungen, welche bei collegialischen Gerichten nur auf den Beschluß des Collegii erlassen werden können, so wie alle übrigen prozeßleitenden Dekrete, erläßt bei nicht-collegialischen Gerichten, welche nur mit einem Richter besetzt sind, dieser sofort am Schlusse des Protokolls und bestimmt zugleich den Termin zur Fortsetzung der Sache, welche Bestimmung für die Parteien die Stelle der Vorladung vertritt, aber die gesetzmäßige Warnung enthalten und den Parteien abschriftlich mitgetheilt werden muß.

Zweite Abtheilung.

Vom

Mandats-, summarischen und Bagatell-Prozesse.

---

§. 432.

Im Mandats-, summarischen und Bagatell-Prozesse kommen auch bei nicht-collegialischen Gerichten die Vorschriften der §§. 345 — 415 der gegenwärtigen Prozeß-Ordnung in so weit zur Anwendung, als die nachstehenden Vorschriften keine Abweichungen enthalten.

§. 433.

An Orten, wo ein für allemal bestimmte Gerichtstage bestehen, können in eiligen, geringfügigen oder einfachen Sachen sich die Parteien einzeln oder gemeinschaftlich auch unvorgeladen vor Gericht stellen und demselben ihren Rechtsstreit zur Entscheidung vortragen. Der Kläger kann entweder persönlich oder durch einen Bevollmächtigten die Klage mündlich oder in einer den Grund und den Gegenstand der Forderung enthaltenden kurzen Vorstellung vortragen. Der Richter setzt auf dieses mündliche oder schriftliche Anbringen, in so fern er darüber nicht gleich entscheiden kann, einen Termin zur Instruktion und Entscheidung an.

§. 434.

In allen summarischen Prozessen ist auf die Klage ein Termin zur Beantwortung derselben und zur weiteren mündlichen Verhandlung anzusetzen, zu welchem beide Theile, der Beklagte unter abschriftlicher Mittheilung der Klage, vorgeladen werden.

§. 435.

Der Richter hat darauf zu halten, daß die Parteien auf die gegenseitig vorgetragenen Thatsachen und gemachten Anträge sich bestimmt und unumwunden erklären, ihnen die prozeßordnungsmäßigen Warnungen zu stellen und überhaupt dahin zu sehen, daß in diesem Termine die Thatsachen möglichst festgestellt werden und der status causae et controversiae, in so fern er einer besseren Feststellung bedarf, regulirt werde. In so fern nicht die Beförderung der Sache oder die besondere Erheblichkeit einer Erklärung die sofortige Aufnahme derselben in das Protokoll erfordert, ist das letztere erst nach geschlossener mündlicher Verhandlung aufzunehmen. Das Protokoll muß die Streitpunkte und die Erklärungen und Anträge der Parteien ihrem wesentlichen Inhalte nach enthalten; es steht jedoch einer Partei frei, zu verlangen, daß ihre, Thatsachen betreffende oder sonst erheblichen Erklärungen mit ihren eigenen Worten niedergeschrieben werden. Die Parteien, welchen das Protokoll deutlich und vernehmlich vorzulesen, sind darüber mit ihren Erinnerungen zu hören und diese zum Protokoll zu nehmen; Letzteres muß von ihnen unterzeichnet und, wenn sie nicht unterschreiben wollen oder können, dies am Schlusse des Protokolls bemerkt werden.

§. 436.

Wenn in diesem Termine die Sache so weit erörtert ist, daß die Aufnahme des Beweises angeordnet werden kann; so ist darüber die Verfügung sofort zum Protokolle, wenn dies aber nicht geschehen kann, baldmöglichst zu erlassen. Bedarf es keiner Beweisaufnahme; so ist, so weit es unbeschadet der Gründlichkeit der Erwägung und Abfassung geschehen kann, das Erkenntniß in der Regel gleich nach verlesenem Protokoll abzufassen und unter demselben niederzuschreiben.

§. 437.

Den Parteien steht frei, die Zeugen in dem für Klagebeantwortung oder zur mündlichen Verhandlung angesetzten Termine mit zur Stelle zu bringen und der Richter muß dann sofort zu deren Vernehmung schreiten, in so fern er dieselbe erheblich findet. Er kann dies in eiligen Sachen den Parteien zur Pflicht machen, oder auch selbst die Zeugen zu dem Termine mit vorladen.

Zweite Haupt-Abtheilung.

Von

dem Prozesse über Nebenpunkte.

Erster Abschnitt.

Von der Litisdenunciation.

I. Allgemeine Bestimmungen.

§. 438.

Eine Partei, sowohl Kläger, als Beklagter, welche sich für berechtigt hält, in Beziehung auf den Gegenstand des Prozesses Gewährsleistung oder Schadloshaltung von einem Dritten zu fordern, kann Letzterem litem denunciiren.

§. 439.

In welchen Fällen Jemand von einem Andern Gewährsleistung oder Schadloshaltung zu fordern berechtigt ist und wie weit er sich hierbei mit Uebergehung seines unmittelbaren Vormannes auch an den entfernteren halten kann, und welche Folgen die unterlassene Litisdenunciation nach sichzieht ,ist in dem Allgemeinen Gesetzbuche verordnet.

§. 440.

Die Litisdenunciation ist bei demjenigen Gerichte, vor welchem die Hauptsache anhängig ist, anzubringen, der Dritte mag demselben unterworfen sein oder nicht.

II. Anbringung der Litisdenunciation.

§. 441.

Die Litisdenunciation ist schriftlich oder zum Protokolle, in beiden Fällen aber abgesondert von den Verhandlungen in der Hauptsache, anzubringen. Sie muß die Thatsachen und Rechtsgründe enthalten, auf welche die Verpflichtung des Litisdenunciaten zur Gewährsleistung oder Schadloshaltung gestützt wird.

III. Zeit ihrer Anbringung.

§. 442.

War der Grund zur Litisdenunciation schon bei Anstellung der Klage oder deren Beantwortung vorhanden und bekannt; so muß dieselbe vom Kläger gleichzeitig mit der Klage und vom Beklagten innerhalb der Frist zu deren Beantwortung angebracht werden. Später ist dieselbe nur dann zulässig, wenn die Veranlassung dazu sich erst aus einer späteren Verhandlung ergiebt; sie muß aber auch in diesem Falle zugleich mit der Erwiederung auf diese spätere Verhandlung erfolgen. Mit dieser Einschränkung ist die Litisdenunciation auch in der Appellations-Instanz gestattet; in dritter Instanz ist sie dagegen nur in so weit zulässig, als sie sich auf solche neue Thatsachen gründet, welche in der dritten Instanz noch vorgebracht werden dürfen.

§. 443.

Wird die Litisdenunciation nicht mit der Klage oder Klagebeantwortung angebracht, so ist der Litisdenunciat sich nur in so fern auf dieselbe einzulassen schuldig, als die von ihm anzubringenden neuen Thatsachen nach Lage des Prozesses noch berücksichtigt werden können (§. 34) und der Litisdenunciant durch seine bereits abgegebenen Erklärungen denselben noch nicht präjudizirt hat. Im entgegengesetzten Falle hat der Litisdenunciat die Wahl, ob er dem Litisdenuncianten assistiren und den Prozeß in der Lage, in welcher derselbe sich zur Zeit der Litisdenunciation befindet, übernehmen, oder die Assistenz ablehnen und sich die von ihm anzubringenden neuen Thatsachen für den von dem Litisdenuncianten gegen ihn anzustellenden Separatprozeß vorbehalten will.

§. 444.

Ist die Litisdenunciation nach den Bestimmungen des §. 442 verspätet, so ist derselben zwar Statt zu geben, jedoch darf der Fortgang der Instruktion der Hauptsache dadurch nicht aufgehalten werden.

IV. Verfahren auf die Litisdenunciation.

§. 445.

Die angebrachte Litisdenunciation wird, mit den Verhandlungen in der Hauptsache, so weit sie darauf Bezug haben, dem Litisdenunciaten mitgetheilt, um unter dem im §. 452 enthaltenen Präjudize entweder in dem dazu anzusetzenden Termine sich zu Protokoll oder vor oder in demselben sich schriftlich zu erklären.

§. 446.

Der Litisdenunciat muß sich erklären:

1) ob er den wider ihn behaupteten Regreß anerkenne;
2) ob er dem Litisdenuncianten in dem Prozesse assistiren wolle;

und wenn er sich hierzu bereit erklärt,

3) zugleich dasjenige beibringen, was er zu dessen Unterstützung oder Vertheidigung anzuführen hat.

§. 447.

Der Litisdenunciat, welcher einen gleichen Regreßanspruch an einen Andern zu haben behauptet, kann diesem seinem Gewährsmann ebenfalls litem denunciiren. Er muß dies aber zugleich mit seiner Erklärung auf die gegen ihn gerichtete Litisdenunciation thun. Dasselbe gilt in Ansehung aller weiteren Gewährsmänner, so viel deren vorhanden sind und wird in Ansehung dieser fernern Litisdenunciation nach Vorschrift des §. 445 verfahren.

§. 448.

Die Fristen zur Erklärung des Litisdenunciaten und, wenn mehrere Litisdenunciationen Statt fanden, auch der übrigen Litisdenunciaten, kommen dem Litisdenuncianten dergestalt zu Gute, daß während des Laufes derselben kein Contumacial-Verfahren und keine Präclusion wider ihn eintreten darf, vorausgesetzt, daß die Litisdenunciation nicht verspätet war.

§. 449.

Behauptet jedoch der Gegentheil, daß ein gesetzlicher Grund zur Litisdenunciation nicht vorhanden und dieselbe nur zur Verzögerung der Hauptsache nachgesucht sei; so kann das Gericht, wenn es diese Behauptung gegründet findet, die Fortsetzung der Hauptsache der Litisdenunciation ungeachtet, verordnen.

V. Verfahren, wenn der Litisdenunciat nicht erscheint.

§. 450.

Wenn der Litisdenunciat in dem angesetzten Termine sich weder schriftlich noch mündlich erklärt; so ist ohne Anstand mit den Verhandlungen der Hauptsache fortzufahren. Eine später eingehende Erklärung desselben kann nur in so weit noch berücksichtigt werden, als die Lage und der ununterbrochene Fortgang des Prozesses dies zulassen. Eben so ist es zu halten, wenn die Litisdenunciation verspätet war, oder der Fall des §. 449 eintritt.

VI. Verfahren, wenn der Litisdenunciat erscheint.

§. 451.

Erscheint und erklärt dagegen der Litisdenunciat, dem Litisdenuncianten assistiren zu wollen; so ist seine Erklärung über die Litisdenunciation beiden Parteien mitzutheilen, das weitere Verfahren nach der Prozeßart, wozu die Sache gehört, einzuleiten und der Litisdenunciat bei allen ferneren Verhandlungen zuzuziehen.

VII. Wirkung der Litisdenunciation.

§. 452.

Die Wirkung der Litisdenunciation, wenn sie rechtzeitig erfolgt (§. 442), oder der Litisdenunciat nach näherer Anweisung des §. 443 entweder schuldig ist, sich auf eine verspätete Litisdenunciation noch einzulassen, oder sich freiwillig darauf einläßt, besteht darin, daß der Litisdenunciat, mag er sich gemeldet und an dem Prozesse Theil genommen haben oder nicht; das hierin ergehende Urtheil gegen sich gelten lassen muß und bei der wider ihn angestellten Regreßklage mit keinen die Hauptsache betreffenden Einwendungen weiter gehört werden kann.

VIII. Urtheil

§. 453.

Das in der Hauptsache ergehende Urtheil kann den Litisdenunciaten nur in dem Falle zugleich zur Gewährsleistung oder Schadloshaltung verurtheilen, wenn er seine Verbindlichkeit hierzu in den Litisdenunciations-Verhandlungen ausdrücklich anerkannt hat.

§. 454.

Außer diesem Falle bleibt die Frage hierüber zur besondern Verhandlung und Entscheidung im ordentlichen Gerichtsstande des Litisdenunciaten ausgesetzt. Der Litisdenunciant kann diese Regreßklage sofort anstellen, ohne den Ausgang des Hauptprozesses abzuwarten.

IX. In wie fern der Litisdenunciant aus dem Prozesse entlassen werden kann.

§. 455.

Hat der Litisdenunciat nicht bloß seine Regreßpflichtigkeit anerkannt, sondern sich zugleich bereit erklärt, den Prozeß für die von ihm zu vertretende Partei zu übernehmen; so kann Letztere dennoch nur mit Einwilligung des Gegners aus dem Prozesse entlassen werden.

X. Rechtsmittel des Litisdenunciaten.

§. 456.

Die in der Hauptsache ergehenden Urtheile müssen dem Litisdenunciaten insinuirt werden, mag er sich gemeldet haben oder nicht, und er kann gegen dieselben die gesetzlich zulässigen Rechtsmittel auch dann einwenden, wenn der Litisdenunciant von ihnen keinen Gebrauch macht.

XI. Vollstreckung des Urtheils.

§. 457.

Diese Urtheile sind jedoch nur zwischen den Parteien in der Hauptsache vollstreckbar, mit Ausnahme des Falles, wenn der Litisdenunciat mit Einwilligung des Gegners die Sache des Litisdenuncianten übernommen hat (§. 455), oder in so weit er gegen Letzteren zur Gewährsleistung oder Schadloshaltung verurtheilt ist (§. 453).

XII. Litisdenunciation gegen einen subsidiarisch Verpflichteten.

§. 458.

In so fern eine Partei vor der ihr nach den Gesetzen zustehenden Befugniß, einem subsidiarisch Verpflichteten litem zu denunciiren, Gebrauch macht, kommen zwar die Vorschriften der §§. 438 seq. ebenfalls zur Anwendung, jedoch ist in diesem Falle der Litisdenunciat mit Rücksicht auf die der einen Partei zu leistenden Assistenz (§. 446 No. 2) zu der Erklärung aufzufordern, ob er dem Gegner des Litisdenuncianten zu assistiren bereit sei.

Zweiter Abschnitt.

Von der Nomination.

I. Verbindlichkeit zur Nomination.

§. 459.

Ein Beklagter, der als Besitzer einer beweglichen oder unbeweglichen Sache in Anspruch genommen wird, welche er nicht für sich, sondern im Namen eines Andern besitzt, ist schuldig, gleich nach insinuirter Klage oder spätestens in dem Termine zur Beantwortung derselben anzuzeigen und erforderlichen Falls zu bescheinigen, für wen er besitzt und wo der Eigenthümer derselben sich aufhält. Unterläßt er dies und läßt er sich mit dem Kläger in den Prozeß ein, oder wider sich in contumaciam verfahren, so macht er sich dem Kläger wegen aller Kosten und des aus dem Verzuge entstehenden Interesses verantwortlich.

II. Verfahren bei erfolgter Nomination.

§. 460.

Nennt der Beklagte denjenigen, in dessen Namen er besitzt; so ist seine Anzeige sofort dem Kläger mitzutheilen und derselbe anzuweisen, die Klage gegen den genannten Eigenthümer fortzusetzen oder seine Weigerungsgründe anzubringen.

§. 461.

Findet der Kläger Bedenken, dieser Anweisung Folge zu leisten; so muß zuvörderst der angezeigte Eigenthümer unter dem im §. 463 gedachten Präjudize aufgefordert werden, sich innerhalb einer ihm zu bestimmenden kurzen Frist zu erklären, ob er sich als Eigenthümer der streitigen Sache bekennen und in dieser Eigenschaft sich mit dem Kläger einlassen wolle.

§. 462.

Das Gericht, bei welchem die Klage angestellt ist, ist auch, wenn der angezeigte Eigenthümer seiner Gerichtsbarkeit nicht unterworfen ist, berechtigt, die im §. 461 erwähnte Aufforderung an denselben zu erlassen, muß sie jedoch in diesem Falle durch den persönlichen Richter des Eigenthümers insinuiren lassen. Erkennt der Eigenthümer sein Eigenthum an und erklärt er zur Fortsetzung des Prozesses mit dem Kläger sich bereit; so erfolgt dieselbe bei dem competenten Gerichte des Ersteren. Der frühere Beklagte scheidet in diesem Falle bei den ferneren Verhandlungen aus.

§. 463.

Wenn der angezeigte Eigenthümer sich nicht meldet oder sich auf die an ihn ergangene Aufforderung vor Gericht erklärt, daß ihn die Sache nichts angehe; so ist der Prozeß mit dem früheren Beklagten fortzusetzen und der Nominat kann späterhin weder den Nominanten deshalb irgend in Anspruch nehmen, noch dem zwischen diesem und dem Kläger ergangenen Urtheile und dessen Vollstreckung etwas entgegensetzen.

III. Unstatthaftigkeit der Nomination.

§. 464.

Wird derjenige, der nicht für sich, sondern im Namen eines Andern besitzt, der Sache halber aus seiner eigenen Handlung belangt; so kann er sich durch die Nomination des Eigenthümers von der Einlassung auf die Klage nicht befreien.

IV. Allgemeine Vorschrift.

§. 465.

Wenn der Kläger seine Verbindlichkeit, sich an den Nominaten verweisen und den Beklagten außer Anspruch zu lassen, nicht einräumt; so muß diese Verbindlichkeit präjudiziell entschieden werden.

Dritter Abschnitt.

Von der Intervention.

I. Von der Intervention überhaupt.

§. 466.

Wer bei einem Rechtsstreite zwischen andern Parteien betheiligt zu sein behauptet, kann in demselben als Intervenient auftreten, um dieses sein Interesse gegen beide streitenden Theile oder gegen einen derselben geltend zu machen.

II. Zulässigkeit derselben.

§. 467.

Die Intervention ist so lange zulässig, als der Prozeß, in welchem sie angebracht ist, zwischen den Parteien, die ihn führen, durch die Vollstreckung des Urtheils noch nicht völlig beendigt ist.

III. Von der Haupt-Intervention (Interventio principalis).

1. Form

§. 468.

Ist die Intervention gegen beide streitenden Theile gerichtet, indem der Intervenient den Gegenstand des Prozesses ganz oder theilweise für sich selbst in Anspruch nimmt, so ist sie in Form einer gewöhnlichen Klage anzubringen und einzuleiten, wobei die Parteien in dem schon anhängigen Prozesse als Intervenienten die Stelle der beklagten Partei einnehmen. Dem Intervenienten steht jedoch frei, einen der streitenden Theile in dessen persönlichem Gerichtsstande in Anspruch zu nehmen.

2. Gerichtsstand.

§. 469.

Verfolgt er aber sein Recht in Gemäßheit des §. 468 durch die Haupt-Intervention; so muß dieselbe bei demjenigen Gerichte angebracht werden, bei welchem der Prozeß zwischen den Intervenienten in erster Instanz schwebt, oder geschwebt hat.

3. Verfahren.

§. 470.

Sie ist in der Regel von dem zwischen den Interventen schwebenden Prozesse in besonderen Protokollen oder Schriften zu verhandeln und zu entscheiden und darf weder den Fortgang dieses Prozesses noch die Vollstreckung des darin ergangenen Urtheils aufhalten. Auf Deposition oder Sequestration des streitigen Gegenstandes anzutragen, oder Caution zu fordern, ist der Intervenient nur in so weit befugt, als er einen Arrest auszubringen und zu justificiren vermag.

§. 471.

Ist jedoch die Intervention in der ersten Instanz vor Abfassung des Erkenntnisses angebracht; so steht dem Gerichte frei, dieselbe mit der Hauptsache zu verbinden, in so fern beide conner sind und eine Verwirrung aus ihrer Vereinigung nicht zu besorgen ist. Nicht minder bleibt es dem Intervenienten unbenommen, auch wenn der Hauptprozeß schon in die höheren Instanzen vorgerückt sein sollte, wegen eines gemeinschaftlichen Interesses mit dem einen Theile gegen den andern nach Maßgabe der §§. 473 ffg. daran noch Theil zu nehmen.

§. 472.

Ist die Haupt-Intervention abgesondert von dem Haupt-Prozesse verhandelt und dieser früher beendigt als jene; so kann diejenige Partei, deren Besitz oder Recht an der streitigen Sache hiermit aufgehört hat, darauf antragen, aus dem Interventions-Prozesse entlassen zu werden.

IV. Von der accessorischen Intervention.

1. Gerichtsstand.

§. 473.

Geht die Absicht des Intervenienten nur dahin, an dem Prozesse Theil zu nehmen, um einer von beiden Parteien, mit welcher er ein gemeinschaftliches Interesse hat, Beistand zu leisten; so ist die Intervention bei demjenigen Gerichte anzubringen, bei welchem jener Prozeß anhängig ist.

2. Inhalt.

§. 474.

Die Interventionsschrift muß die Thatsachen und Rechtsgründe enthalten, auf welche das Interesse gegründet wird, so weit dieselben nicht schon aus der Hauptsache hervorgehen; derselben sind die Beweisurkunden beizufügen und die sonstigen Beweismittel darin anzugeben. Ist sie nach diesen Vorschriften substantiirt; so muß sie den Parteien abschriftlich zur Nachricht mitgetheilt werden.

3. Verfahren.

§. 475.

Widerspricht der eine oder der andere Theil der Zulassung des Intervenienten; so entscheidet das Gericht hierüber durch eine Resolution, gegen welche kein Rechtsmittel zulässig ist.

§. 476.

Wird das Gesuch zugelassen; so ist der Intervenient bei allen ferneren Verhandlungen zuzuziehen und müssen ihm alle

Schriften mitgetheilt werden. Er muß aber den Prozeß in der Lage annehmen, in welcher er ihn findet und kann keine neuen Fristen für sich verlangen.

§. 477.

Von seinen Befugnissen im Prozesse und von den Wirkungen des Urtheils gilt dasselbe, was in den §§. 450 und 457 für den Fall der Litisdenunciation verordnet ist.

Vierter Abschnitt.

Von der Widerklage.

I. Von der Widerklage überhaupt.

§. 478.

Ein Beklagter, der nicht bloß im Wege der Einrede durch Vorbringung seiner Gegen-Ansprüche an den Kläger die Abweisung des Letzteren bezweckt, sondern außerdem auf den Grund jener Ansprüche Anforderungen an den Kläger macht, kann diese durch eine Widerklage bei demjenigen Gerichte geltend machen, bei welchem die Klage anhängig ist.

§. 479.

Diese Widerklage ist jedoch nur so weit zulässig, als beide Theile hierbei in derselben Eigenschaft handeln, in welcher sie in Ansehung der Klage aufgetreten sind.

§. 480.

War die eingeklagte Forderung von einem Dritten an den Kläger gediehen; so findet in den Fällen, in welchen der Beklagte berechtigt ist, dem Kläger die Gegenforderungen, welche er an dessen Auktor hat, entgegenzusetzen, die Widerklage wegen solcher Gegenforderungen zwar ebenfalls Statt, doch kann der Kläger gegen den Beklagten nicht zu Mehrerem verurtheilt werden, als er von ihm durch die Klage erstreitet.

§. 481.

Dem Beklagten steht aber hierbei frei, wenn seine Gegenforderung die Forderung übersteigt, zur Vermeidung eines doppelten Prozesses den Auktor des Klägers mit vorladen zu lassen und dieser ist schuldig, bei dem Gerichte, vor welchem die Sache schwebt, auf die Widerklage sich einzulassen, auch wenn er diesem Gerichte für seine Person nicht unterworfen ist.

§. 482.

Wenn die Widerklage angebracht unb vom Gerichte zugelassen ist; so kann der Kläger dieselbe dadurch, daß er der Klage entsagt, nicht wieder rückgängig machen.

§. 483.

Die Widerklage muß aber vor oder zugleich mit der Antwort auf die Klage angebracht werden und ist später nicht mehr zulässig, sondern der Beklagte damit zum besonderen Prozesse an das competente Gericht zu verweisen.

II. Widerklage, die mit der Klage in einem Prozesse verhandelt wird.

(Eigentliche Widerklage)

§. 484.

Wenn die Widerklage mit der Klage oder den gegen dieselbe zulässigen Einreden connex ist und nicht etwa die eine oder die andere zu denjenigen Sachen gehört, für welche ein besonderes Prozeß-Verfahren vorgeschrieben ist, so kann die Widerklage mit der Antwort auf die Klage verbunden werden und es ist sodann über Beide in einem Prozesse zu verhandeln und durch ein Urtheil zu erkennen.

§. 485.

Dasselbe findet Statt unter Kaufleuten und anderen Parteien, welche in einem fortgesetzten Handelsverkehr mit einander gestanden haben, wenn sowohl die Klage, als auch die Widerklage sich auf diesen Verkehr beziehen, wenn sie gleich verschiedenartige Ansprüche zum Gegenstande haben.

§. 486.

Ist die Klage im ordentlichen Prozesse angebracht, so beantwortet der Kläger die Widerklage mit der Replik, der Beklagte replicirt mit der Duplik und dem Kläger ist hiernächst in Bezug auf die Widerklage noch eine Schlußverhandlung oder Schrift zu gestatten. Alle auf die Widerklage sich beziehenden Verhandlungen müssen jedoch in besonderen Protokollen oder Schriften abgefaßt sein.

§. 487.

Wie es zu halten ist, wenn sich die Klage zum summarischen Verfahren, die Widerklage aber zum ordentlichen Prozesse eignet, oder wenn Klage und Widerklage im summarischen Verfahren verhandelt werden können, ist im §. 385 vorgeschrieben.

III. Widerklage, welche abgesondert zu verhandeln ist.

(Uneigentliche Widerklage.)

§. 488.

Wenn dagegen die Widerklage einen mit der Klage nicht zusammenhängenden Anspruch zum Gegenstande hat und auch der Fall des §. 485 nicht vorhanden, oder für eine von Beiden ein besonderes Verfahren vorgeschrieben ist; so kann die Widerklage zwar bei dem Gerichte, bei welchem die Klage anhängig ist, angebracht werden, muß aber in einem besonderen Prozesse in besonderen Schriften und Protokollen verhandelt werden.

§. 489.

Der Prozeß über dieselbe ist daher getrennt von demjenigen über die Klage zu verhandeln und abgesondert in beiden zu erkennen, ohne daß der eine den Fortgang des andern und die Vollstreckung des darin ergangenen Urtheils hemmen darf. Durch Deposition oder Sicherheitsbestellung kann sich der unterliegende Theil gegen die Vollziehung des Urtheils nur in so weit schützen, als er die gesetzlichen Erfordernisse eines Arrestschlages nachzuweisen vermag.

§. 490.

Die eigentliche Widerklage (§§. 488 und 489) hat daher nur die Wirkung, daß, wenn sie rechtzeitig angebracht ist (§. 483), der Kläger bei demselben Gerichte, bei welchem er geklagt hat, als Widerbeklagter Recht zu nehmen verbunden ist, wenn er gleich sonst einen andern Gerichtsstand hätte.

§. 491.

Dieselbe Widerklage hat jedoch diese Wirkung nicht:

1) wenn die Widerklage einen Realanspruch auf eine unbewegliche Sache zum Gegenstande hat; in welchem Falle der Widerkläger mit derselben an das Gericht der gelegenen Sache zu verweisen ist. Ist aber die Klage wegen eines Realanspruchs im Gerichtsstande der gelegenen Sache angestellt; so ist die Widerklage wegen persönlicher Gegenforderungen bei demselben Gerichte zulässig;
2) wenn entweder die Klage oder die Widerklage vor ein besonderes Gericht der Sache (forum speciale causae) gehört; in welchem Falle die Widerklage an das ordentliche oder Spezial-Gericht zu verweisen ist,
3) wenn die Prinzen oder Prinzessinnen des Königlichen Hauses, die Königlichen, an auswärtigen Höfen accreditirten Gesandten, Residenten und Geschäftsträger, als

Kläger auftreten; in welchem Falle der Widerkläger an den mit dem Kammergerichte verbundenen Geheimen Justiz-Rath zu verweisen ist;

4) wenn regierende Fürsten, Standesherrn aus den ehemals Reichsständischen Häusern und der Fiskus bei Untergerichten und eximirte Gutsherrschaften bei Patrimonial-Gerichten Klage erhoben haben; so ist eine Widerklage unzulässig und der Widerkläger an deren ordentlichen Richter zu verweisen;

5) wenn die Gerichtsbarkeit über die Dienstboten der Eximirten einem Untergerichte delegirt ist; so findet an den Orten, in welchem das Gericht, vor welchem die eximirte Dienstherrschaft ihren ordentlichen Gerichtsstand hat, auf die Klage derselben wider ihren Dienstboten eine eigentliche Widerklage (§. 488) bei dem Untergericht nicht Statt, sondern ist dieselbe an das Obergericht zu verweisen.

IV. Verfahren, wenn es streitig wird, ob die Widerklage sich zur Verhandlung in demselben Prozesse eignet.

§. 492.

Der Kläger kann, wenn er die Zulässigkeit der Widerklage in demselben Prozesse bestreitet, vor oder bei der Einlassung auf dieselbe auf deren Trennung und Verweisung zum besonderen Prozeß antragen.

§. 493.

Das Gericht entscheidet hierüber durch eine Resolution, welcher gemäß das weitere Verfahren in beiden Sachen einzuleiten ist.

§. 494.

Dem Beklagten bleibt gleichwohl vorbehalten, nach ergangenem Urtheil über die Klage gegen die Verweisung zu appelliren und der Appellationsrichter, wenn er die Beschwerde gegründet findet, kann verordnen, daß der Vollstreckung des Urtheils bis nach entschiedener Widerklage Anstand gegeben werde. Ueber die Letztere, Falls darüber in der ersten Instanz noch nicht erkannt ist, hat er sich jedoch der Entscheidung zu enthalten, vielmehr muß er dieselbe zur ersten Instanz verweisen.

§. 495.

Wird die Widerklage von dem Richter der Klage deshalb zurückgewiesen, weil er dieselbe für unzulässig oder verspätet, oder zufolge §. 491 den Gerichtsstand nicht für begründet hält; so steht dem Beklagten und Widerkläger, der sich hierdurch beschwert glaubt, gegen die abweisende Verfügung der Weg der Beschwerde an die dem Richter vorgesetzte Behörde frei.

Fünfter Abschnitt.

Von der Aufnahme des Beweises zum ewigen Gedächtnisse.

I. Allgemeine Vorschriften.

§. 496.

Die Aufnahme des Beweises zum ewigen Gedächtnisse ist zulässig, wenn die Partei, welche sich eines Beweismittels künftig bedienen will, wahrscheinliche Gründe der Besorgniß anzuführen vermag, daß dasselbe bis zur Anstellung der Klage, oder, falls die Letztere schon angestellt ist, bis zur Regulirung des Beweisverfahrens verloren gehen möchte.

§. 497.

Sowohl der Zeugenbeweis, als der Beweis durch Urkunden und der durch Augenschein kann zum ewigen Gedächtnisse aufgenommen werden.

§. 498.

Bei der Aufnahme des Beweises zum ewigen Gedächtnisse sind die für die ordentliche Beweisaufnahme im Prozeß gegebenen Vorschriften zu beobachten.

II. Verfahren

1. wenn die Klage noch nicht angestellt ist.

§. 499.

Ist die Klage noch nicht angestellt; so hat der Provocant die Wahl, das auf die Aufnahme des Beweises zum ewigen Gedächtnisse gerichtete Gesuch entweder bei demjenigen Gerichte, bei welchem die künftige Klage anzustellen sein wird, oder bei demjenigen anzubringen, in dessen Bezirke die Sache, welche den Gegenstand des Streits ausmacht, gelegen ist.

§. 500.

Dieses Gesuch kann schriftlich oder mündlich zum Protokoll angebracht werden und muß

1) die Thatsachen, worüber der Beweis aufgenommen werden soll, bestimmt anzeigen;
2) erhebliche Ursachen, weshalb die Klage noch nicht angestellt werden kann, angeben und
3) wahrscheinliche Gründe der Besorgniß, daß das Beweismittel bis zur Anstellung der Klage und bei längerem Aufenthalte verloren gehen oder geschwächt werden möchte, anführen.

§. 501.

Das Gericht theilt diesen Antrag dem Provocaten, d. h. demjenigen, der, wenn der Prozeß bereits anhängig wäre, in demselben der Gegner des Provocanten sein würde, abschriftlich mit, mit dem Befehle, darüber binnen der zu bestimmenden kurzen Frist sich zu erklären, widrigenfalls der Beweis zum ewigen Gedächtnisse angetragenermaßen aufgenommen werden würde.

§. 502.

Wenn der Provocat in dieser Erklärung die Thatsachen, über welche der Provocant die Aufnahme zum ewigen Beweise verlangt, vollständig dergestalt eingesteht, wie der letztre sie vorgetragen hat; so ist diese Erklärung dem Provocanten mitzutheilen, um sich zu erklären, ob er es bei jener Erklärung bewenden lassen wolle oder eine noch bestimmtere zum gerichtlichen Protokoll verlange, in welchem letztren Fall zur Abgabe derselben unter Vorladung beider Theile ein Termin anzusetzen und in demselben der Provocant umständlich zu Protokoll zu vernehmen ist.

§. 503.

Dem Provocanten steht jedoch frei, der in §. 502 gedachten Erklärungen des Provocaten ungeachtet, auf die Aufnahme des Beweises zum ewigen Gedächtnisse zu bestehen.

§. 504.

Hat der Provocat gegen die vom Provocanten vorgetragenen Thatsachen (§. 500) Erinnerungen oder Zusätze gemacht, oder Gegenbeweiszeugen vorgeschlagen; so ist in Ansehung der Gegenbeweiszeugen zu verfahren und muß der Deputirte einen status causae specialis entwerfen, welcher bei der Aufnahme des Beweises zum Grunde zu legen ist. Ist zur Entwerfung dieses status ein Termin erforderlich; so ist derselbe anzusetzen.

§. 505.

Hat der Provocat Einwendungen gegen die Qualität des Beweismittels und die Zeugen gemacht; so muß, wenn der Provocant dieselben nicht anerkennt, deren nähere Erörterung bei der Beweisaufnahme zugleich erfolgen. Bestreitet er endlich die Erheblichkeit der auszumittelnden Thatsache, oder die Zulässigkeit der Aufnahme des Beweises zum ewigen Gedächtnisse, so darf die Letztere zwar nicht ausgesetzt werden, dem Provocaten steht aber frei, seine umständlichen Erklärungen schriftlich zu den Akten oder mündlich zum Protokoll zu geben.

§. 506.

Ist das Gesuch um Aufnahme des Beweises zum ewigen Gedächtnisse gegründet (§. 500); so verfügt das Gericht dieselbe, und setzt, wenn sie vor ihm selbst erfolgt, dazu einen nahen Termin, zu welchem beide Theile und die zum Beweis und Gegenbeweis zu vernehmenden Zeugen, und zwar der Provocat unter der Verwarnung, daß bei seinem Ausbleiben dennoch mit der Aufnahme des Beweises werde verfahren werden, vorzuladen sind. Ist bei einer Besichtigung an Ort und Stelle die Zuziehung von Sachverständigen erforderlich; so hat das Gericht dieselben zu ernennen, es steht jedoch auch jeder Partei frei, in dem angesetzten Termine Sachverständige zur Stelle zu bringen, welche eben so wie die vom Richter ernannten, mit ihrem Gutachten vernommen werden müssen.

§. 507.

Muß die Aufnahme des Beweises mittelst Auftrages oder Requisition eines anderen Gerichts erfolgen; so ist wie vorstehend (§§. 502 u. 503) zu verfahren und dem requirirten Gerichte nebst einer nach Vorschrift des §. 227 abgefaßten Uebersicht des Sachverhältnisses (status causae specialis) zu übersenden.

§. 508.

Ist eine so nahe und dringende Gefahr des Verlustes eines Beweismittels vorhanden, daß, wie in einem solchen Falle allerdings zulässig ist, ohne erst die Erklärung des Provocaten abzuwarten, unverzüglich verfahren werden muß, so ist dessen ungeachtet die nachträgliche Vernehmung des

Provocaten nach Anleitung der §§. 502 — 506 zu veranlassen und müssen die von demselben gegen die species facti oder die Qualität des Beweismittels vorgebrachten Einwendungen durch eine Wiederholung der Beweisaufnahme, in so fern diese noch möglich ist, erörtert und die vom Provocaten vorgeschlagenen Gegenbeweiszeugen nachträglich vernommen werden.

§. 509.

Wenn der Provocant bescheinigt, daß die im Verzuge obwaltende Gefahr eines gänzlichen Verlustes seines Beweismittels so dringend sei, daß es ihm an der zur Anbringung seines Gesuchs bei dem competenten Richter (§. 499) erforderlichen Zeit fehle; so kann zwar ein jedes Gericht, in dessen Bezirke die zu vernehmenden Zeugen oder die zu besichtigende Sache sich befinden, die Beweisaufnahme zum ewigen Gedächtnisse veranlassen; es müssen aber in diesem Falle dem Provocaten ein Beistand zugeordnet, und die aufgenommene Verhandlung mit der Provocation dem competenten Gerichte im Originale übersandt werden, um den Provocaten nachträglich mit seinen Einwendungen zu hören und wenn solche vorgebracht oder Gegenbeweiszeugen vorgeschlagen werden, nach Vorschrift des §. 506 zu verfahren.

2. Wenn die Klage bereits anhängig ist.

§. 510.

Ist die Klage bereits angestellt, so ist die Angabe von Umständen, welche den Verlust eines Beweismittels besorgen lassen (§. 500), hinreichend, das Gesuch um Aufnahme des Beweises zum ewigen Gedächtnisse zu begründen, und hat das Gericht nach den Vorschriften der §§. 500 ffg. zu verfahren.

3. Nach der Aufnahme des Beweises.

§. 511 a.

Die aufgenommenen Verhandlungen sind in der Registratur des Gerichts aufzubewahren und ist dem Provocanten auf sein Verlangen darüber ein Recognitions-Attest zu ertheilen.

§. 511 b.

Die Kosten der Beweisaufnahme zum ewigen Gedächtnisse sind zwar von dem Provocanten einzuziehen, er ist jedoch befugt, deren Ersatz vom Gegner zu verlangen, wenn er künftig in der Hauptsache ein obsiegliches Urtheil erstreitet.

Sechster Abschnitt.

Von der Wiederaufnahme (Reassumtion) des Prozesses.

I. Von der Wiederaufnahme des Prozesses im Falle des Absterbens einer Partei oder der Veränderung ihres Zustandes.

§. 512.

Das Absterben einer Partei, die Veränderung ihres Zustandes, oder das Aufhören der Eigenschaft, in welcher sie aufgetreten ist, bewirkt nur alsdann eine Unterbrechung des Verfahrens, wenn das Eine oder das Andere dem Gerichte angezeigt ist.

§. 513.

Ist die Anzeige erfolgt und haben die Erben, Nachfolger oder gesetzlichen Vertreter derjenigen Partei, mit welcher die Veränderung vorgegangen ist, den Prozeß nicht zugleich wiederaufgenommen; so muß das Gericht sie zu dem Ende vorladen oder zur schriftlichen Erklärung auffordern.

§. 514.

Wenn in diesem Falle eine unfähige Partei noch mit keinem Vormunde oder Curator versehen ist, so sind wegen dessen Bestellung die im Allgemeinen Theile gegebenen Vorschriften zu beobachten.

§. 515.

Meldet sich der Vorgeladene oder Aufgeforderte innerhalb der bestimmten Frist nicht; so ist der Prozeß für wiederaufgenommen zu achten und derselbe eben so, wie im Falle, wenn der Vorgeladene sich gemeldet hat, nach der Lage, in welcher er sich befindet, fortzusetzen.

§. 516.

Den Erben kommt jedoch, wenn sie es verlangen, hierbei noch die Ueberlegungsfrist zu Statten.

§. 517.

War die im §. 512 vorgeschriebene Anzeige gemacht worden; so sind alle seit dieser Anzeige erfolgten Verhandlungen rücksichtlich der nicht gehörten Partei nichtig, wenn diese zur Wiederaufnahme des Prozesses nicht vorgeladen ist.

§. 518.

War die verstorbene Partei durch einen Sachwalt vertreten; so ist die Vorladung ihrer Erben nicht erforderlich (§. 513), vielmehr der Prozeß mit dem bisherigen Bevollmächtigten der verstorbenen Partei bis zum Schlusse fortzusetzen.

§. 519.

Ist jedoch der Gegenstand des Streits von dem Erblasser auf einen successor singularis übergegangen, oder hat sich in dem Zustande der Partei eine Veränderung zugetragen, oder die Eigenschaft aufgehört, in welcher sie aufgetreten war; so muß der bisherige Bevollmächtigte sich durch eine neue Vollmacht derjenigen, welche den gesetzlichen Bestimmungen gemäß in Folge der vorgefallenen Veränderung bei der Instruktion des Prozesses zuzuziehen sind, zum Prozesse legitimiren. In diesen Fällen sind die als Partei zuzuziehenden Interessenten, deren vom Gericht bestellte oder gesetzliche Vertreter oder Beistände, binnen einer zu bestimmenden Frist zur Erklärung aufzufordern, ob sie den bisherigen Bevollmächtigten beibehalten wollen und ist, wenn sie die ihnen gestattete Frist, ohne eine Erklärung abgegeben zu haben, verstreichen lassen, anzunehmen, daß sie die Fortsetzung des Prozesses mit dem bisherigen Bevollmächtigten genehmigen.

II. Im Falle der Sachwalter verstirbt oder seine Funktionen aufhören.

§. 520.

Wenn der Sachwalter einer Partei im Laufe des Prozesses verstirbt, oder seine Funktionen aufgiebt, von seinem Amte suspendirt, desselben entsetzt, oder zu dessen Ausübung sonst unfähig wird; so muß das Gericht die Partei von Amtswegen hiervon benachrichtigen und dieselbe auffordern, binnen einer zu bestimmenden Frist einen andern Bevollmächtigten zu bestellen.

§. 521.

Von dem Tage, wo die Partei einen andern Bevollmächtigten bestellt hat, oder, wenn sie dieses unterläßt, mit dem Ablaufe der ihr dazu gestatteten Frist, nimmt der Prozeß wieder seinen Fortgang und es sind im letzteren Falle alle ferneren Verfügungen an die Partei selbst zu richten.

§. 522.

Ist die im §. 520 gedachte Aufforderung, oder im Falle des §. 521 die persönliche Zuziehung der Partei unterblieben; so sind alle ferneren Verhandlungen rücksichtlich der nicht gehörten Partei nichtig.

III. Wiederaufnahme des Prozesses nach Reposition der Akten.

§. 523.

Eine Partei, wider welche, weil sie der richterlichen Auflage nicht nachgekommen, die Reposition der Akten verfügt ist, kann den Prozeß innerhalb Jahresfrist vom Tage der Insinuation dieser Verfügung wieder aufnehmen, indem sie der richterlichen Auflage ein Genüge leistet, oder die Fortsetzung der Sache nachsucht.

§. 524.

Nach Ablauf dieser Frist fallen die Wirkungen der auf die Klage erfolgten Citation des Beklagten hinweg und der Kläger muß, wenn er die Sache fortsetzen will, eine neue Klage anstellen.

§. 525.

Wegen der rechtlichen Wirkungen einer in der zweiten oder dritten Instanz verfügten Reposition der Akten ist bei den Vorschriften über die Rechtsmittel das Nöthige bestimmt worden.

Siebenter Abschnitt.

Von der Entsagung des Prozesses.

---

§. 526.

Will der Kläger dem angestellten Prozesse wiederum entsagen; so muß er dies in einer Anzeige an das Gericht thun, welche Letzteres dem Beklagten, in so fern derselbe bereits citirt war, zur Erklärung mitzutheilen hat.

§. 527.

Wird die Entsagung vom Beklagten angenommen, so bringt sie die Sache in die Lage zurück, worin sie sich vor Anstellung der Klage befand. Sie verpflichtet zugleich den Kläger zur Erstattung aller Kosten an den Beklagten, wozu jener ohne Urtheil auf eine bloße Verfügung des Gerichts angehalten werden kann.

§. 528.

Der Beklagte ist nicht schuldig, die Entsagung anzunehmen, sondern er kann darauf bestehen, daß die Sache fortgesetzt und darüber erkannt werde, oder daß der Kläger mit dem Prozesse auch seinem Anspruche entsage.

Motive.

Besonderer Theil.

Erstes Buch.
Von dem Verfahren in erster Instanz.

Erster Titel.
Von
dem Verfahren vor collegialischen Gerichten.
Erste Abtheilung.
Von dem ordentlichen Prozesse.

Erster Abschnitt.
Von der Klage.

Zum §. 1.

Die Allgemeine Gerichtsordnung enthält im vierten Titel Vorschriften über die Anmeldung der Klage. Dieser Titel ist im vorliegenden Entwurf ganz ausgefallen, weil, wenn eine Klage mündlich oder schriftlich angebracht wird, es der vorläufigen Anmeldung derselben gar nicht bedarf. Die Wirkungen, welche das Allgemeine Landrecht Thl. 1. Tit. 9. §. 551 ff. der Klageanmeldung in Ansehung der Unterbrechung der Verjährung beilegt, werden dadurch nicht alterirt, weil es sich von selbst versteht, daß die Einreichung oder Anbringung der Klage bei dem Gericht die Stelle der Klageanmeldung vertritt.

Der §. 1. des Entwurfs weicht von den §§. 1 und 16. der Allg. Gerichtsordnung Tit. 5. in so weit ab, als er die Einreichung einer schriftlichen Klage ganz allgemein gestattet, während die Allg. Gerichtsordnung dieselbe nur dann zuläßt, wenn der Kläger durch einen Anwalt vertreten wird. Diese Vorschrift enthält einen unnöthigen Zwang für das prozeßführende Publikum, da es in der That nicht einleuchtet, weshalb man dem Kläger, der dazu fähig ist, untersagen will, seine Klage selbst anzufertigen und dem Gerichte zu überreichen. Nur das möchte sich dagegen erinnern lassen, daß die Klage die Grundlage der Instruction bildet und daß daher, wenn sie unvollständig ist, auch die Instruction unvollständig werden würde. Allein dieses Bedenken ist dadurch beseitigt, daß der Richter das Recht und die Pflicht hat, die Vervollständigung einer mangelhaften Klage zu bewirken und überdem der Justizkommissarius, dessen Unterschrift zu einer solchen Klage erforderlich ist, darauf hinwirken wird. Es ist hierbei von dem Grundsatz ausgegangen, daß den Parteien zwar die Wahl nachzulassen sei, ob sie die Klage persönlich beim Richter anbringen oder schriftlich abfassen und ihm überreichen wollen. Es liegt vor und ist auch durch die Erfahrung bestätigt, daß die persönliche Anbringung einer Klage, zumal bei einem kollegialisch formirten Gerichtshofe überhaupt, ganz besonders aber über erhebliche und verwickelte Gegenstände nicht angemessen und daher auch in andern Staaten nicht üblich ist. Eine vollständig abgefaßte Klage bildet die Grundlage des ganzen Prozesses und erfordert daher eine umsichtige, gründliche Abfassung. Die persönliche Anbringung der Klage sollte daher auf nicht kollegialisch eingerichtete Gerichte und auf einfache, unerhebliche Gegenstände, deren Werth durch die Kosten der schriftlichen Abfassung bedeutend absorbirt werden würde, beschränkt werden. Der vorliegende Entwurf würde diese Beschränkung vorgeschlagen haben, wenn nicht eines Theils dies eine sehr grelle Abweichung von der bestehenden Prozeßordnung wäre, andern Theils aber auch bei formirten Gerichten erster Instanz Klagen angebracht werden, deren persönliche Anbringung füglich zulässig und besonders anwesenden Parteien vortheilhaft sein kann. Ueberdem hat das Bedürfniß dasjenige eingeführt, was durch die angeführte Bestimmung bezweckt werden würde, indem, wie die Erfahrung lehrt, in erheblichen und verwickelten Verhältnissen die Klagen wenigstens bei den Obergerichten schriftlich angebracht werden. Wenn der Kläger in Gemäßheit der ihm nachgelassenen Wahl den Weg der schriftlichen Abfassung der Klage wählt; so sprechen die erheblichsten Gründe und der Vorgang anderer Gesetzgebungen dafür, daß die Klage von einem bei dem Gerichte zur gerichtlichen Praxis zugelassenen Anwalt unterzeichnet werden müsse. Dies giebt eine Gewähr gegen unförmliche, offenbar ungeziemende und unangemessene Klagen, welche dem Kläger Zeitverlust und Kosten und dem Gerichte die Arbeit der Vervollständigung der Klage, so weit jene möglich ist, verursachen; diese Unterschrift sichert zugleich gegen Unziemlichkeiten, mit welchen gerichtliche Anträge oft gegen den Gegentheil und den Richter selbst angefüllt sind und welche die Partheien in Rügen, Kosten und Strafen verwickeln und dem Ausgange des Prozesses hinderlich sind, endlich erleichtert diese Bestellung eines zwischen dem Gerichtshofe und der Parthei stehenden Organs die Insinuation und andre Communication zwischen dem Richter und der Partei. Aus diesen Gründen ist schon bei der frühern Revision (vergl. deren Entwurf §. 103.) vorgeschlagen, daß die schriftliche Klage, so wie überhaupt die schriftlichen Anträge der Parteien von einem Anwalt unterzeichnet sein müssen. Der vorliegende Entwurf hat diesen Grundsatz ebenfalls angenommen, wie schon aus den Motiven zu dem allgemeinen Theil hervorgeht. Es ist dagegen zwar bemerkt, daß von dieser Vorschrift wenigstens die am Sitze des Gerichts wohnenden Parteien auszunehmen sein dürften, da die für diese Vorschrift angeführten Gründe bei ihnen nicht eintreten; der revidirte Entwurf hat indessen diese Ausnahme nicht angenommen, da die oben erwähnten Gründe und gerade die erheblicheren, allenfalls mit Ausnahme der erleichterten Insinuation, auch bei anwesenden Parteien eintreten. Wenn ferner angeführt worden, daß rechtskundigen Parteien die eigene Abfassung ihrer gerichtlichen Schriften füglich nicht untersagt werden könne; so beruht dies auf einem Mißverständnisse, indem ihnen durch diese Vorschrift die Befugniß, ihre Schriften selbst zu verfassen, überall nicht entzogen, sondern nur die Unterschrift eines gerichtlichen Geschäftsmannes erfordert wird. Die Gränzen zwischen den, zur eigenen Abfassung der Schriften fähigen und nicht fähigen Personen würden überdem sehr problematisch sein und unangenehme Erörterungen veranlassen.

Zu §§. 2 und 3.

Der §. 2. des Entwurfs stimmt mit dem correspondirenden §. 17. Tit. 5. der Allg. Gerichtsordnung überein. Wenn er bestimmt, daß die Klage nicht bloß die Thatsachen, sondern auch die Rechtsgründe aufnehmen müsse; so beruht die anscheinende Abweichung von der Allg. Gerichtsordnung in einem Mißverständnisse.

Die Klage ist die Verfolgung eines Rechts vor Gericht. Das Recht setzt zwar immer ein factisches Verhältniß voraus, allein es hat seinen Grund nicht in diesem allein, sondern zugleich in dem Gesetz, welches das Recht an jene factischen Bedingungen geknüpft hat; daher entspringen auch aus einer und derselben Handlung mehrfache Rechte und Verbindlichkeiten, je nachdem dieselbe unter verschiedene Gesetze subsumirt wird. Wer also ein Recht durch eine Klage verfolgen will, der muß sowohl den factischen Grund desselben, als auch den gesetzlichen und das Recht angeben, welches er darauf gründet, und es läßt sich keine Klage denken, die nicht auf einer Schlußfolge aus Rechtssätzen beruhete.

Die Angabe der Beweismittel in der Klage, welche die Gerichtsordnung erfordert, steht mit dem Prozeß-System der Letzteren in genauer Verbindung. Da, wo dem Richter die ganze Instruction des Prozesses übertragen ist und er zugleich den Anwalt der Partheien machen muß, läßt es sich allerdings rechtfertigen, daß er bei Aufnahme der Klage auch erforschen müsse, in wie weit der Kläger im Stande sein werde, seine Behauptungen zu erweisen, mithin nach den Beweismitteln frage und diese im Protokolle verzeichne. Mit dem Zweck und der Bestimmung der Klage stimmt aber diese Angabe der Beweismittel nicht überein. Sie ist eine ganz unnöthige und dem Kläger oft nachtheilige Forderung an denselben.

Die strenge Sonderung der Begründung von dem Beweise der Klage läuft durch den ganzen Prozeß und muß, wenn letzterer eine feste Basis bekommen soll, aufrecht erhalten werden. Die Begründung der Klage erfordert freilich die Beibringung des Fundaments, auf welchem sie beruht, allein daraus folgt keinesweges die Nothwendigkeit, die Beweismittel über diese Thatsachen schon bevor sie vom Gegentheil bestritten werden und daher der Beweis erforderlich ist, anzugeben. Diese Angabe ist daher eine nutzlose, die Rechte des Klägers beschränkende Belästigung, indem sie ihn, wenn sie strenge aufrecht erhalten würde, in der Wahl seiner Beweismittel beschränkt und ihn nöthigt, den Beklagten zum Voraus übersehen zu lassen, ob er über diesen oder jenen Thatumstand Beweismittel habe und worin sie bestehen. Daher ist diese Vorschrift bei schriftlichen Klagen fast ganz außer Anwendung gekommen oder wird wenigstens nicht strenge beobachtet, auch läßt die Gerichtsordnug selbst die nachträgliche Beibringung von Beweismitteln zu. Dre revidirte Entwurf hat daher diese Bestimmung nicht übernommen. Die Vorschrift der Gerichtsordnung, daß Urkunden, worauf die Klage gestützt ist, beigefügt werden müssen, verhält sich jedoch anders, in sofern in diesen Urkunden das fundamentum agendi enthalten ist. Solche Urkunden werden zur Begründung, keinesweges aber zum Beweise beigebracht; von letzterem ist erst die Frage, wenn der Beklagte die Existenz oder Relevanz der Umstände, auf welche die Klage sich gründet, bestreitet. Es würde eine unbillige Anmuthung sein, wenn man von dem Kläger forderte, daß er über ThatsachenBeweise beibringen soll, von welchen noch ungewiß ist, ob und wie weit derBeklagte sie in Abrede stellen wird und welche er in der Replik noch immer beibringen kann. Man erschwert hierdurch ohne Noth die Klage, macht dem Kläger die vergebliche Mühe und Kosten, Beweise für noch unbestrittene Thatsachen zu sammeln und nöthigt ihn zugleich, seine Blößen dem Gegner zu zeigen, der selten eine Thatsache zugestehen wird, von der er im Voraus weiß, daß sie der Kläger gar nicht oder nur unvollständig beweisen kann. Ist die Erheblichkeit der Thatsache zweifelhaft oder rechnet der

Kläger auf das Zugeständniß des Beklagten; so greift er aus Bequemlichkeit und um nur die Klage zu begründen, selbst beim Vorhandensein anderer Beweismittel, zur Eidesdelation, welchen Eid dann der Beklagte leichtsinnig annimmt.

Der Sinn der Allgeminen Gerichtsordnung geht eigentlich auch nur dahin, daß die Urkunden der Klage beigefügt werden sollen, auf welche die Klage sich gründet und kann daher die in Frage stehende Vorschrift nicht auf alle Urkunden ausgedehnt werden, deren der Kläger sich künftig im Beweisverfahren bedienen will.

Zum §. 3.

Der §. 3. des Entwurfs ist schon in dem Vorstehenden motivirt worden und weicht in so weit von dem §. 17. Nr. 2. Tit. 5. der Allg. Gerichtsordnung ab, als darin, falls die Urkunden der Klage nicht im Original beigelegt worden, eine beglaubigte Abschrift derselben erfordert wird. Zu dieser Abweichung ist man dadurch geführt worden, daß es zur Vermeidung von Weiterungen nothwendig erscheint, sowohl dem Richter, welcher auf Grund der beigefügten Urkunde die Zulässigkeit der Klage prüfen soll, als auch der Partei, welche zur Erklärung über dieselbe aufgefordert wird, die Gewißheit darüber zu verschaffen, daß die beigebrachte Abschrift mit dem Originale übereinstimme. Einfache Abschriften schließen die Möglichkeit nicht aus, daß sie vom Originale abweichen, oder wohl gar ganz falsch sind, sie können mithin weder dem Richter, noch der Gegenpartei genügen und es ist deshalb auch keine unnöthige Strenge, wenn man auf die Beibringung beglaubter Abschriften hält. Diese Vorschrift gewährt auch noch den Vortheil, daß die Parteien zur Vermeidung der Kosten der Vidimation oft sofort die Original-Urkunde einreichen und dadurch den sonst erforderlichen Termin zur Production derselben entbehrlich machen werden. Der Schlußsatz des §. 3. des Entwurfs bedarf keiner Rechtfertigung.

Zu §§. 4 und 5.

Die §§. 4 und 5. des Entwurfs sind dem §. 4. Nr. 6. Tit. 5. der Allgem. Gerichtsordnung entlehnt und haben nur eine allgemeinere Fassung erhalten.

Zu §§. 6—11.

Die §§. 6—11. des Entwurfs enthalten die Vorschriften von der Cumulation der Klagen. Vergl. §§. 35—37. Tit. 1. und §. 24. Tit. 5. der Allgemeinen Gerichtsordnung, Rescript vom 19. Februar 1836 und Cabinetsordre vom 7. Mai 1838 (von den Jahrbüchern der Preußischen Rechtswissenschaft Bd. 51. S. 374—378). Sie entsprechen den vom Justiz-Ministerium für die Gesetz-Revision gemachten Vorschlägen zu dem Entwurfe einer Verordnung über die Berechnung der Appellations- und Revisions-Summe bei der subjectiven Cumulation der Klagen, und wird zu deren Rechtfertigung Folgendes bemerkt:

Der vom Staatsrathe angenommene und durch die Königliche Cabinetsordre vom 21. März 1840 (**Acta Minist. R. 4. 1836. fol. 144.**) Allerhöchst genehmigte Grundsatz, daß in den sogenannten Unterthanen-Prozessen die Gesammtsumme der Forderungen oder Leistungen mehrerer Streitgenossen über die Zulässigkeit der Rechtsmittel entscheidet, ist auch auf analoge Rechtsverhältnisse auszudehnen. Die hiermit übereinstimmenden Gutachten des Geheimen Ober-Tribunals, des Ober-Appellations-Senates des Kammergerichts und des Ober-Appellationsgerichts zu Posen haben die Ansicht, daß überhaupt bei der subjectiven Klagen-Cumulation die Zulässigkeit der Rechtsmittel nach dem Gesammtbetrage der Forderungen oder Leistungen aller Streitgenossen zu bestimmen sei, nur noch mehr befestigen können. Denn mit Recht wird dafür angeführt:

1) daß in solchen analogen Verhältnissen immer ein gemeinsames materielles Band zwischen den verschiedenen Klägern oder Beklagten zum Grunde liege, welches nur durch die Länge der Zeit unkenntlich geworden sei

und in der Gegenwart sich nicht mehr anders, als durch ein gemeinsames Gewohnheitsrecht beurkunde;

2) daß ein, den Separat-Interessen der einzelnen Streitgenossen zusammen genommen, gleichkommendes Interesse immer auf Seiten des Gegners in einer Person sich vereinige;

3) daß die besondere Wichtigkeit solcher Rechtsverhältnisse, welche oftmals die ganze Existenz irgend einer gemeinsamen Anstalt bedingen, so wie die besondere Schwierigkeit in der rechtlichen Beurtheilung derselben, es wünschenswerth mache, die Entscheidung über dieselben in die höheren Instanzen zu bringen;

4) daß endlich die nothwendige Einheit und Gleichförmigkeit der Rechtspflege es erfordere, derartige Rechtsverhältnisse in ihrem ganzen Umfange einem und demselben Richterspruche zu unterwerfen, ein Grundsatz, welcher auch

5) schon in der Allg. Gerichtsordnung Thl. I. Tit. 14. §§. 13 und 14[a] enthalten ist.

Vergleicht man diese Gründe mit denjenigen, welche dem erwähnten Princip in Gemäßheit der Cabinetsordre vom 26. August 1835 und 9. April 1836 bei allen vor den General-Commissionen, als Auseinandersetzungs-Behörden, schwebenden Prozessen, so wie in Gemäßheit der Cabinetsordre vom 21. März 1840 bei den sogenannten Unterthanen-Prozessen bereits Geltung verschafft haben; so spricht sich darin eine solche Uebereinstimmung der Motive aus, daß man schon deshalb geneigt sein muß, die gedachten Allerhöchsten Bestimmungen weit eher, als Fortbildung eines an sich richtigen Grundsatzes und einer gemeinsamen Regel, als wie eine Ausnahme von dem entgegengesetzten Grundsatz anzusehen. Dieser noch immer nicht vollständig ins Leben getretene Grundsatz dürfte dann aber wirklich darin zu finden sein:

daß das Recht oder die demselben entsprechende Verpflichtung, welche in einem und demselben Prozesse zur Entscheidung gestellt ist, dadurch an seinem Werthe nichts verlieren kann, daß dem streitigen Rechte mehrere Personen als Verpflichtete gegenüber stehen.

Es soll daher in diesem Falle auch nur der Betrag des streitigen Rechts, nicht aber die Verpflichtung eines einzelnen Streitgenossen über die Zulässigkeit der Rechtsmittel entscheiden. Mit diesem Grundsatze, oder der hiernach auszusprechenden Regel, würde man ausreichen können, wenn unzweifelhaft fest stände, welche Rechte in demselben Prozesse gegen mehrere Personen zur Entscheidung gebracht werden können. Die Vorschriften der Gerichtsordnung Tit. 1. §§. 35—37. über die subjective Klagen-Cumulation geben aber in dieser Hinsicht keinen genügenden Anhalt. Die Zulässigkeit eines gemeinschaftlichen Prozesses kann nicht, wie §. 36. a. a. O. geschieht, davon allein abhängig gemacht werden, daß mehrere Personen als Mitberechtigte oder Mitverpflichtete zu betrachten sind, die aus einerlei Geschäft, Vertrag, oder unerlaubter Handlung, etwas fordern, oder in Anspruch genommen werden. Die Erfahrung hat gelehrt, daß mit diesen Bestimmungen nicht auszureichen ist, daß vielmehr die subjective Klagenhäufung in allen Fällen zugelassen werden muß, in welchen es sich von gleichartigen, auf denselben rechtlichen Verhältnissen beruhenden Leistungen handelt. Daher ist die subjective Klagen-Cumulation in allen Fällen dieser Art durch die Königlichen Cabinetsordres vom 8. Oktober 1827, 22. Mai 1829 und 7. Mai 1838 (Jahrbücher Bd. 51. S. 377 u. 378.) bereits gestattet worden. Nach dieser Erweiterung der subjectiven Klagen-Cumulation ist dieselbe jetzt schon bei den in sogenannten Unterthanen-Prozessen analogen Rechtsverhältnissen statthaft. Es ist unläugbar das einfachste, wenn die Gesetzgebung hiermit in Uebereinstimmung bleibt und daher den über die Zulässigkeit der Rechtsmittel bei den Unterthanen-Prozessen bereits adoptirten Grundsatz auch auf die analogen Rechtverhältnisse ausdehnt. Es würde dann nur einer Bestimmung über die Zulässigkeit der subjectiven Klagen-Cumulation, so wie der gleichzeitigen, hierauf verweisenden Vorschrift bedürfen, daß in denselben Fällen die Gesammtsumme der streitigen Leistungen, nicht aber der Betrag der streitigen Verpflichtung eines einzelnen Streitgenossen über die Zulässigkeit der Rechtsmittel entscheiden solle.

Dafür, daß die Gesetzgebung bei der Erweiterung der subjectiven Klagen-Cumulation und bei der Gestattung der Rechtsmittel in diesen Prozessen solchergestalt gleichen Schritt halte, spricht aber außerdem auch der innere Grund, daß bei allen denjenigen Rechten, in Ansehung deren gegenwärtig die subjective Klagen-Cumulation bereits nachgelassen worden ist, eben dieselben Motive für die Gestattung der Rechtsmittel nach Maaßgabe der Gesammtsumme der streitigen Leistungen sprechen, wie bei den sogenannten Unterthanen-Prozessen. Die consequente Anwendung des bei den Letzteren angenommenen Prinzips führt also von selbst schon zu dessen Anwendung auf dieselben Rechtsverhältnisse, bei denen jetzt die subjective Klagenhäufung gesetzlich schon stattfindet. Gegen diese Anwendung kann nicht angeführt werden, daß die Zulässigkeit des Rechtsmittels alsdann von der Zufälligkeit der subjectiven Klagen-Cumulation abhängig sein würde; denn diese letztere ist zwar zur Vermeidung der Vervielfältigung der Prozesse und zur Ersparung der Kosten nachgelassen, keinesweges aber durch diese äußeren Motive, sondern durch den Umstand bedingt, daß die in Rede stehenden Leistungen in irgend einem gemeinsamen persönlichen oder dinglichen Verhältnisse gegründet sind. Diese materielle Begränzung schließt die Willkühr der subjectiven Klage-Cumulation, sobald man das Recht, auf die Vereinigung zu einem Prozesse anzutragen, in den bestimmten Fällen beiden Partheien gestattet, von selbst aus. Auch kann der Einwand, daß bei der weiteren Verfolgung des bei den Unterthanen-Prozessen angenommenen Prinzips die nützliche Vorschrift des §. 37. Tit. 1. der Allg. Gerichtsordnung aufgegeben werden müsse, für erheblich nicht erachtet werden; denn, wenn hier dem richterlichen Ermessen anheim gestellt worden ist, die vereinigten Ansprüche wieder zu trennen und zu besonderen Prozessen zu verweisen, sobald aus der Vereinigung Verwirrungen in der Sache selbst zu besorgen sind; so ist hierdurch dem richterlichen Ermessen überhaupt ein zu großer Spielraum gegeben. Den Parteien kann es gleichgültig sein, ob der Richter zur Vermeidung von Verwirrungen in den Acten, wie dies der §. 25. Tit. 5. der Allg. Gerichtsordnung bei der objectiven Klagenhäufung anordnet, besondere Protokolle und Special-Acten anlegt; dagegen sind sie bei der Trennung vereinigter Ansprüche und deren Verweisung zu besonderen Prozessen zu wesentlich interessirt, als daß dies dem Ermessen des Richters lediglich überlassen und nur von der formellen minderen oder größeren Schwierigkeit der Bearbeitung der Sache abhängig gemacht werden könnte. Beruht die Klage wirklich auf demselben Rechtsgrunde, oder auf einem, den in Anspruch genommenen mehreren Personen gemeinsamen persönlichen oder dinglichen Verhältnisse; so müssen die Parteien auf die Vereinigung dieser streitigen Ansprüche zu einem und demselben Prozesse bestehen können, falls nicht außer dem streitigen gemeinsamen Verhältnisse in Ansehung eines einzelnen Streitgenossen noch ein besonderer Verpflichtungs- oder Befreiungsgrund zur Entscheidung gestellt wäre. In diesem letzteren Falle müssen sowohl die Parteien auf die Verhandlung über diesen Anspruch in einem besondern Prozesse antragen können, als auch dem Richter überlassen bleiben, diese Trennung von Amtswegen zu veranlassen.

Hierauf gründen sich die §§. 6—8 und 10. des Entwurfs. Der §. 9. ist aus dem §. 24. Tit. 5. der Allg. Gerichtsordnung übergenommen, hat jedoch den Zusatz erhalten:

> daß der Kläger zum Behufe der Klagen-Cumulation auf eine schleunigere Prozeßart verzichten könne:

eine Befugniß, welche dem Kläger um so mehr zugestanden werden kann, als der Beklagte dadurch nicht nur nicht benachtheiligt wird, sondern auch die mehreren Kosten der Vereinzelung der verschiedenen Prozesse erspart. Der §. 11. endlich bedarf keiner besonderen Rechtfertigung.

In dem ersten Entwurf war im §. 113. noch die Bestimmung enthalten:

> Possessorische und petitorische Klagen können nicht mit einander verbunden werden. Wer die letztere einmal gewählt hat, kann nicht mehr auf die erstere zurückgehen.

Diese Bestimmung ist jedoch hier übergangen, theils, weil sie sich vom selbst versteht, theils weil sie nicht allgemein richtig erscheint. Der erste Satz folgt nämlich aus der Natur der possessorischen und petitorischen Klagen von selbst; der zweite ist aber in so fern nicht richtig, als, wenn das Petitorium angestellt ist, inzwischen aber neue Besitzstörungen vorkommen, der in seinem Besitze Gestörte unbestritten das Recht hat, sich gegen dergleichen Störungen neben dem Petitorium durch Anstellung des **Possessorii summarissimi** zu schützen.

Zum §. 12.

Der §. 12. ist den §§. 21—23. Tit. 5. der Allg. Gerichtsordnung entlehnt.

Hierbei entsteht die Frage:

> was ist der Klagegrund, das **fundamentum agendi**, welches nicht geändert werden darf?

Es ist allerdings das der Klage zum Grunde liegende Factum, aber unter eine bestimmte Rechtsform gebracht, nicht die nackte Thatsache, sondern ein qualificirtes Factum, aus welchem ein Recht hergeleitet wird, das die Gesetze daran geknüpft haben. Besteht also der Klagegrund in diesen Beiden, dem Factum und dem Recht und ihrer Beziehung auf einander, so kann es keine Aenderung desselben sein, wenn neue Thatsachen angeführt werden, ohne daraus ein neues Recht herzuleiten. Denn in diesem Falle wird nur das Factum ergänzt und die Intention verstärkt, dieselbe bleibt aber die nämliche. Eben so wenig ist es als eine Aenderung des Klagegrundes anzusehen, wenn das Factum unverändert gelassen und nur ein anderes Recht, als zuvor, daraus abgeleitet wird. Denn da die factischen Bedingungen desselben in der Klage angegeben waren; so muß angenommen werden, daß das hieraus fließende Recht hat verfolgt werden sollen, und indem dies jetzt richtiger qualificirt wird, ist die Intention nur verbessert. Eine Aenderung des Klagegrundes tritt folglich erst dann ein, wenn Factum und Recht zugleich geändert, wenn neue Thatsachen angeführt werden und zugleich ein neues Recht daraus hergeleitet wird; denn in diesem Falle wird die ursprüngliche

Intention verlassen. Hiernach lassen sich ohne Schwierigkeit die Gränzen bestimmen, innerhalb welcher die Parteien berechtigt sind, sowohl nova anzubringen, als das petitum zu ändern. Die Erläuterung, welche hierüber von Einigen gewünscht ist, gehört jedoch nicht in das Gesetz, sondern zur Theorie.

Zweiter Abschnitt.

Von der Verfügung auf die Klage.

Zum §. 13.

Der §. 13. des Entwurfs giebt die §§. 1—6. Tit. 6. der Allgemeinen Gerichtsordnung mit Hinweglassung der instructiven Vorschriften für das Gericht im Wesentlichen wieder; er umfaßt die Fälle, wenn der Inhalt der Klage mangelhaft ist und derselben die zu deren Begründung erforderlichen Urkunden nicht beigefügt sind, er unterscheidet ferner, ob der Kläger den Prozeß in Person führt, oder nicht und läßt nur in dem Falle dem Mangel der Klage in einem anzusetzenden Termin abhelfen, wo zu besorgen ist, daß derselbe auf andere Weise gründlich nicht wird beseitigt werden können. Dieser Fall ist nur dann vorhanden, wenn der Kläger seinen Prozeß selbst führt und der Mangel zugleich den Inhalt der Klage betrifft. Es ist deshalb auch nur für diesen Fall ein Termin zur Verbesserung der Klage nöthig erachtet. Da indessen solche Mängel so unerheblich sind und ihnen so leicht abgeholfen werden kann; so ist darüber das richterliche Ermessen vorbehalten.

Zum §. 14.

(§. 7. Tit. 6. der Allgemeinen Gerichtsordnung.) Es ist in einigen Gutachten darauf angetragen, den Gerichten die Befugniß, eine Klage als ungegründet zurückzuweisen, zu entziehen, weil eines Theils der Begriff von offenbarer Unzulässigkeit der Klage sehr relativ und unbestimmt sei, andern Theils aber das vorläufige Verfahren über die Zulässigkeit einer Klage auch ohne rechtliche Wirkung sei, wenn nach der Auslegung, welche die Praxis gemacht hat, eine zurückgewiesene Klage nichts desto weniger zu jeder Zeit von neuem angestellt werden könne.

Es ist indeß nicht zu verkennen, daß diese Vorschrift der Allgem. Gerichtsordnung auf erheblichen Gründen beruht und sich in der Anwendung bewährt hat und daher nicht allein in der Allgem. Gerichtsordnung, sondern auch in Prozeß-Gesetzen anderer Staaten enthalten ist.

Die Jahrbücher eines jeden Gerichtshofes enthalten eine Menge von offenbar unbegründeten Klagen, welche bei ihm angebracht werden sollten oder wirklich angebracht wurden und wenn sie nicht gleich abgewiesen, sondern zur Verhandlung zugelassen worden wären, ganz unnöthigerweise dem Gerichte die Zeit entzogen und der Partei selbst Kosten und oft Schadensersatz zugezogen haben würden. Die Gesetzgebung geht daher von einer eben so richtigen, als wohlthätigen Ansicht aus, daß sie auf der einen Seite für offenbar unbegründete Prozesse keine Gerichtshöfe hält und durch deren Verhandlung die Rechtspflege für gegründete Prozesse nicht verzögern lassen will, auf der andern Seite aber die Unterthanen vor ungegründeten Prozessen, Chicanen und vergeblichen Kosten bewahrt. Es giebt unendlich viele Fälle, in welchen streitlustige Parteien hoffen, ihre ungegründeten Forderungen an minder streitlustige Personen durch die Furcht vor einem Prozesse wenigstens theilweise geltend zu machen. Es kann, so wie über alles, die Ansicht über Unzulässigkeit einer Klage allerdings oft zweifelhaft sein. Allein hier ist nicht sowohl von der Unzulässigkeit derselben überhaupt, als vielmehr davon die Rede: ob sie unbegründet ist? Dies ist sie, wenn aus ihr selbst hervorgeht, daß, wäre alles, was in derselben angeführt ist, gegründet, dennoch daraus das in Anspruch genommene Recht nicht folgen würde. Sollte die angeführte Praxis wirklich vorhanden sein; so würde sie nicht gerechtfertigt werden können. Allerdings kann die Klage nachher noch zugelassen werden, allein nicht deshalb, weil sie von neuem angestellt worden, sondern nur, wenn sie entweder vor dem vorigen Richter oder auf dem Wege der Beschwerde besser begründet und den früher vorhandenen Mängeln abgeholfen ist. Aus diesen Gründen ist bei der Revision die Bestimmung der Allg. Gerichtsordnung beibehalten.

Zu §§. 15 und 16.

Die §§. 15 und 16. des Entwurfs handeln von dem Wege, welchen eine Parthei einzuschlagen hat, die sich bei der per decretum erfolgten Zurückweisung der Klage nicht beruhigen will und gründen sich auf den §. 7. Tit. 6. der Allg. Gerichtsordnung und die Cabinetsordre vom 6. September 1815 (G. S. von 1815. S. 198).

Zu §§. 17—20.

Die §§. 17—20. des Entwurfs enthalten die Bestimmungen darüber, was auf eine vollständige Klage zu verfügen ist. Die Gerichtsordnung unterscheidet in den §§. 11 seq. Tit. 6. zwischen den Fällen, in welchen der Termin bloß zur Beantwortung der Klage oder zugleich zur weiteren Instruction anzusetzen ist. Allein eines Theils kommt es dennoch in dem ersten Termine selten zu etwas Mehrerem, als der Einlassung des Beklagten, andern Theils ist für die einfacheren Sachen bereits ein summarisches Verfahren angeordnet, so daß für das hier vorgeschriebene Verfahren nur die wichtigeren Sachen übrig bleiben. Ueberhaupt führt das gleichzeitige Verhandeln mit beiden Theilen selten zu einem günstigen Resultate, die Folge desselben ist vielmehr häufig die, daß der Prozeß durch einzelne Erklärungen und Gegenerklärungen zersplittert wird, daß die Instruction mit Verlassung der Hauptsache auf Nebenpunkte abschweift, daß die Partheien viel Unerhebliches einmischen, daß die Termine dadurch vervielfältigt werden und daß es endlich dem Ganzen an Uebersicht und Ordnung gebricht, die auch durch die Regulirung des status causae et controversiae nicht immer wieder hergestellt wird. Der Nutzen, den diese Verhandlung mit beiden Theilen gewähren kann, ist dagegen nur gering. Denn erscheinen die Parteien durch Mandatarien; so sind diese in der Regel außer Stande, sich sogleich vollständig zu erklären; erscheinen die Parteien in Person, so verleitet sie ihre Befangenheit und die Hitze des Streits leicht zu Behauptungen und Geständnissen, die sie später zurücknehmen und modificiren wollen. Daher scheint es für die Ordnung und den sichern Gang des Prozesses vortheilhafter, die Parteien mit ihrer Klagebeantwortung, Replik oder Duplik abgesondert schriftlich oder in den einzelnen Terminen zu hören, ohne gleichwohl dem Gegentheil die Befugniß zu nehmen, falls er dazu im Stande ist, am Schluß der Verhandlung sofort zu erwidern. Hierdurch wird bewirkt, daß die Partheien oder deren Mandatarien zu den Terminen stets vorbereitet erscheinen und daß dadurch der Prozeß ohne Unterbrechung in einer sich gleichbleibenden Ordnung fortschreitet, den Parteien viel Zeit und unnöthiges Warten in den Gerichtsstuben erspart wird. Erst nach vollständiger Auslassung beider Theile, bei Regulirung des status causae et controversiae, kann es von Nutzen sein, die Parteien zusammen zu bringen, um einen Vergleich über das Ganze oder eine Vereinigung über einzelne Streitpunkte zu versuchen. Diesem Grundsatze ist daher nicht bloß bei der Klagebeantwortung, sondern auch bei den weiteren Verhandlungen gefolgt.

Was die einzelnen Bestimmungen betrifft; so entspricht der §. 17. des Entwurfs dem §. 14. Tit. 6. der Allg. Gerichtsordnung und wird derselbe keiner weiteren Rechtfertigung bedürfen.

Der §. 18. ist dem §. 5. Tit. 8. der Allg. Gerichtsordnung und dem §. 62. des Anhanges entlehnt, Letztere haben jedoch eine Aenderung erlitten. Es heißt nämlich im §. 5. l. c., daß, wenn ein Termin aus Versehen auf einen Sonn- oder Festtag angesetzt worden, darunter stets der Montag, oder der auf das Fest zunächst folgende Tag zu verstehen sei. Soll aber der Vorgeladene sich vor versammelten Gerichte stellen, so müsse dies an dem auf den genannten Sonn- oder Festtag zunächst folgenden Gerichtstage geschehen. Allein woher soll es denn die Partei wissen, daß unter dem Sonntag der Montag zu verstehen sei, wenn es ihr nicht in der Vorladung zugleich bekannt gemacht wird? Denn daß ein Jeder, der vor Gericht geladen wird, die Prozeß-Ordnung so genau kennt, ist nicht wohl zu verlangen. Ungerecht würde es daher sein, gegen eine Partei, die am Montag oder in der Gerichtssitzung nicht erscheint, in contumaciam zu verfahren. Und wenn sie wirklich erscheint, so ist zu besorgen, daß sie den Deputirten nicht finden wird. Denn in den wenigsten Fällen wird das Versehen darin bestehen, daß der Deputirte den Termin wider die bestimmte Vorschrift des Gesetzes auf einen Sonn- oder Festtag angesetzt hat, sondern er wird ihn aus Irrthum oder Verwechselung auf einen andern Tag bei sich notirt haben. Eine neue Verwirrung kann endlich entstehen, wenn nun einmal im dringenden Falle ein Termin an einem Sonn- oder Festtage abgehalten werden soll. Versehen der Art, — denn es sind deren noch andere möglich, z. B. die Ansetzung eines Termins auf den 29. Februar in einem gewöhnlichen Jahre, auf den 31sten eines Monats, der nur 30 Tage hat ꝛc. — müssen vermieden werden. Kommen sie dennoch einmal vor, so muß ihnen das Gericht oder der Deputirte nach den Umständen auf die bestmöglichste Weise abzuhelfen suchen; das Gesetz aber thut besser, sie gar nicht zu beachten, als ihnen auf diese Weise zu prospiciren.

Ferner erlaubt der §. 62. des Anhanges zur Gerichtsordnung nur, wenn von einem schleunigen und dringenden Arreste die Rede ist, dessen Anlegung und Rechtfertigung ohne die höchste Gefahr nicht ausgesetzt werden kann, das Geschäft an einem Sonn- oder Festtage vorzunehmen. Es giebt jedoch auch andere Fälle, in welchen die Gefahr nicht minder groß und noch größer sein kann, z. B. bei Einwendungen gegen die Execution und insbesondere gegen die Personal-Execution, in Possessorien-Sachen, wenn ein Zeuge eine weite Reise anzutreten im Begriff ist, wenn ein Schade abzuschätzen, oder eine Besichtigung vorzunehmen ist, die vielleicht schon am folgenden Tage kein Resultat mehr gewährt u. s. w. Man wird es daher dem Ermessen des Gerichts unbedenklich überlassen können, zu bestimmen, ob der Fall dringend genug sei, um eine Ausnahme zu rechtfertigen, zumal kein Grund zu der Besorgniß vorhanden ist, daß die Richter diese Befugniß mißbrauchen, oder zu weit ausdehnen werden; weshalb die Vorschrift allgemein gefaßt ist. — Die §§. 1. 3 und 4. Tit. 8. der Allg. Gerichtsordnung sind übergangen, weil sie ihrem Inhalte nach nicht in die Prozeß-Ordnung, sondern in ein Reglement für den Geschäftsgang der Gerichte gehören.

Der §. 19. des Entwurfs entspricht dem §. 14. Nr. 5. Tit. 6. der Allg. Gerichtsordnung und hat nur den unbedenklichen Zusatz erhalten, daß die mit der Klage eingereichten Urkunden gegen den ausbleibenden Beklagten für anerkannt erachtet werden sollen.

Der §. 20. giebt den §. 2. Tit. 8. der Allg. Gerichtsordnung wieder und ist der Letztere nur in sofern geändert, als es nicht zweckmäßig erschien, dem Richter die längste Frist, bis zu welcher der Klagebeantwortungs-Termin hinausgerückt werden könne, vorzuschreiben, weil es vorauszusehen ist, daß Fälle vorkommen werden, in welchen das Innehalten jener Frist sich nicht thun läßt.

Dritter Abschnitt.

Von der Klagebeantwortung.

Dieser Abschnitt handelt von dem Verfahren bis zur Regulirung des **status causae et controversiae**, dem sogenannten ersten Verfahren des gemeinen Prozesses, er umfaßt mithin alles dasjenige, was die Gerichtsordnung im achten, neunten und in den ersten 27 Paragraphen des zehnten Titels enthält. In der That läßt sich zwischen diesen Vorschriften nicht füglich ein Abschnitt machen, ohne dasjenige zu trennen, was zusammen gehört; und ist die Gerichtsordnung, indem sie dies dennoch gethan hat, dadurch zum Theil zu Wiederholungen genöthigt worden, zum Theil entsprechen die Ueberschriften der Titel nicht völlig deren Inhalte. Denn der achte

Titel handelt nicht blos von der Anberaumung und der Verlegung der Termine und vom Contumazialverfahren, sondern auch vom Erscheinen des Beklagten und namentlich von dem Falle, wenn der Beklagte die Klage ganz oder zum Theil einräumt. Eben so ist im neunten Titel nicht blos, wie die Ueberschrift besagt, von der Beantwortung der Klage und der Verfügung darauf die Rede, sondern zugleich von der weitern Instruction (§. 26 seq.) und nochmals von Verlegung der Termine (§. 45 seq.). Der zehnte Titel endlich fängt mit der Wiederholung dessen an, was Tit. 9. §. 29 seq. über die Instruction verordnet war und umfaßt hiernächst noch so viele und verschiedene Gegenstände, die mit besserem Rechte eine Absonderung verdienten und unten gefunden haben. Im Uebrigen folgt der Entwurf der Anordnung der Gerichtsordnung, so weit als dies bei den in der Sache getroffenen Aenderungen und bei Vermeidung unnöthiger Wiederholungen nur immer geschehen konnte.

Zu §§. 21 und 22.

Die §§. 21 und 22. des Entwurfs weichen in sofern von den §§. 9 und 10. Tit. 8. der Allg. Gerichtsordnung ab, als nach den Letzteren der Contumazialbescheid gegen den ausgebliebenen Beklagten auch ohne Antrag des Klägers abgefaßt werden kann. Allein dieser Antrag erscheint jedenfalls erforderlich, weil der Kläger inzwischen befriedigt sein kann, oder dem Beklagten vielleicht eine längere Frist bewilligen will, überdies auch kein Grund ersichtlich ist, welcher hier das Einschreiten des Richters von Amtswegen nöthig machte. Die §§. 10—12. Tit. 8. der Allg. Gerichtsordnung, welche von der Abfassung, Publikation und den Wirkungen des Contumazial-Urtheils handeln, sind hier übergangen und in dem Abschnitt „vom Erkenntnisse" aufgenommen worden, wohin sie gehören.

Zu §§. 23—25.

Die §§. 23—25. des Entwurfs gründen sich auf den §. 8. Tit. 8. der Allgem. Grichtsordnung, dessen Abänderung von vielen Seiten gewünscht worden ist. Man hat darauf angetragen, für jede versäumte Stunde eine Ordnungsstrafe festzusetzen, oder nach Ablauf einer Stunde vergeblichen Wartens das Contumazial-Verfahren eintreten zu lassen, oder endlich, sofort in contumaciam zu verfahren, wenn der Vorgeladene zur bestimmten Stunde nicht erschienen ist. Für diese Anträge ist angeführt, daß es unangemessen sei, wenn der Richter auf die Parteien warten solle und dies durch das Gesetz ausgesprochen werde; daß ferner diese Vorschrift einen ganz andern, als den beabsichtigten Erfolg gehabt habe, weil, da so wenig die Deputirten als die Parteien ihre Zeit durch vergebliches Warten verlieren wollen, beide in der Regel sich erst gegen 12 und 5 Uhr, als der eigentlichen Terminsstunde, einfinden. Die Bestimmung einer frühern Terminsstunde würde daher nicht helfen und die Zeit, welche zu den Instructions-Verhandlungen verbleibe, sei immer zu kurz. Wüßten dagegen die Parteien, daß die in der Vorladung bestimmte Stunde unter dem gesetzten Präjudiz strenge inne gehalten werden müsse; so würden sie sich ohne Zweifel eben so pünktlich zu dieser Stunde einfinden, als sie jetzt regelmäßig um 12 oder 5 Uhr erschienen. In dem frühern Entwurf ist aus diesen Gründen der letztere der drei oben angeführten Vorschläge angenommen und bemerkt, daß das Gesetz die Entschuldigungsgründe, welche die säumige Partei anführen dürfe, nicht reguliren könne und man es daher dem Deputirten überlassen müsse, auf die obwaltenden besonderen Umstände eine billige Rücksicht zu nehmen. Wollte man indeß diesen Vorschlag annehmen, so würde man wiederum der richterlichen Willkühr einen zu großen Spielraum einräumen und damit zu den Mängeln der Gerichtsordnung zurückkehren. Es ist daher rathsam, eine gesetzliche Bestimmung zu treffen, welche unabänderlich beobachtet werden muß. Von diesem Gesichtspunkte ausgehend hat man zwar die angeführten Vorschläge einer genaueren Prüfung unterzogen, sich jedoch für keinen derselben entscheiden können. Ordnungsstrafen werden, wenn deren Betrag mit den Vortheilen, welche der Säumige aus der Versäumniß des Termins erwartet, nicht im Verhältnisse steht,

Letztere vielmehr den Betrag der Ersteren überwiegen, nicht wirken. Die andern beiden Vorschläge, nach Ablauf einer Stunde vergeblichen Wartens, oder sofort das Contumazial-Verfahren eintreten zu lassen, sind dagegen wieder zu strenge. Eine Partei kann durch irgend einen Zufall um kurze Zeit und selbst um eine Stunde sich leicht verspäten und es würde zu hart sein, sie eines unverschuldeten Zufalls wegen leiden zu lassen. Deshalb ist vorgezogen, zu der Vorschrift der Allgemeinen Gerichtsordnung im Wesentlichen zurückzukehren und von derselben nur in sofern davon abzuweichen, als für den Fall, daß die Partei auch in dem neu angesetzten Termine länger, als eine Stunde nach der in der Vorladung angesetzten Terminszeit auf sich warten läßt, das Contumazial-Verfahren eintreten kann, weil andernfalls zu besorgen ist, daß eine Partei, der es um die Verzögerung der Sache zu thun ist, durch die Terminskosten allein nicht bewogen werde, sich auf die ergangene neue Vorladung pünktlich zu gestellen. Man kann überhaupt annehmen, daß die Parteien selbst mehr aus Versehen und Mangel an Kenntniß der gerichtlichen Verfassung, als vorsätzlich in den Terminen ausbleiben. Der Vorwurf, in den angesetzten Terminen nicht zur gehörigen Zeit zu erscheinen, trifft hauptsächlich die Advokaten, weshalb, zumal sie zur pünktlichen Erfüllung der gerichtlichen Anordnungen besonders verpflichtet und fähig sind, vorgeschlagen ist, dieselben für diese Termins-Versäumnisse noch besonders in eine Ordnungsstrafe zu nehmen.

Zum §. 26.

Der §. 26. des Entwurfs enthält nicht sowohl eine Aenderung, als nur eine Declaration der Gerichtsordnung. Denn nach dem §. 44. Tit. 9. derselben kann die Partei die Folge ihres Ungehorsams dadurch von sich abwenden, daß sie noch vor dem Schlusse der Instruction der richterlichen Auflage, von welcher die Rede ist, vollständig genügt und zugleich dem Gegentheil die durch die Zögerung entstandenen Kosten und Schäden ersetzt. Diese Vorschrift spricht zwar zunächst nur von der Folge des Ungehorsams, der nach erfolgter Einlassung begangen wird.

Allein der Schluß derselben, worin des Rechtsmittels der Restitution erwähnt wird, macht es zweifelhaft, ob sie nicht auch auf die Einlassung selbst anzuwenden sei und jedenfalls verdient sie diese Anwendung a potiori eben deshalb, weil hier die Restitution zulässig ist und weil mithin, wenn die Einlassung selbst nach dem Urtheil noch erfolgen kann, sie um so mehr vor demselben anzunehmen ist. Aus diesen Gründen dürfte die Aufnahme des §. 26. gerechtfertigt sein.

Zum §. 27.

Der §. 27. enthält eine neue Vorschrift, die ausdrücklich aufgenommen ist, weil mehrere Gerichte darüber zweifelhaft sind, ob, wenn von mehreren Beklagten einer oder einige im Klagebeantwortungs-Termine ausbleiben, gegen die Ausgebliebenen ein von dem Haupturtheile zu trennendes Contumazial-Erkenntniß abgefaßt werden könne, oder nicht? Das Rescript vom 7. Juli 1837 (in den Jahrbüchern Bd. 50. S. 101.) hat diese Frage rücksichtlich solcher Streitgenossen, bei welchen eine Klagen-Cumulation wegen Gleichheit des Rechtsverhältnisses zwar zulässig, aber kein wahres Litisconsortium vorhanden ist, affirmativ, rücksichtlich derjenigen aber, auf welche die Vorschriften des §. 36. Tit. 1., §. 4. Nr. 8. Tit. 5. und §. 14. Tit. 14. der Allgem. Gerichtsordnung Anwendung finden, negativ beantwortet. Der hierin gemachte Unterschied erscheint indeß nicht begründet, vielmehr kann es lediglich nur darauf ankommen, ob das zu erlassende abgesonderte Contumazial-Urtheil gegen den zu Contumazirenden ganz oder theilweise vollstreckt werden kann. Denn ist dieses der Fall, so kann das zwischen den Streitgenossen Statt findende Verhältniß die Abfassung des Contumazial-Urtheils nicht hindern. Mit dieser Modification ist daher das allegirte Rescript in den Entwurf übernommen.

Zu §§. 28 und 29.

(§§. 14 und 15. Tit. 8. der Allgemeinen Gerichtsordnung.) Auch hier ist die Vorschrift der Allgem. Gerichtsordnung dahin modificirt, daß die Agnitoria nur auf den Antrag des Klägers ergehen darf, weil der Letztere bei dem bloßen Anerkenntnisse des Beklagten sich kann beruhigen wollen, ein Fall, den die Gerichtsordnung selbst §. 16. h. t. bei einem unförmlichen, in einer Privaterklärung abgegebenen Geständnisse voraussetzt, und der mithin um so eher bei einem gerichtlichen Geständnisse eintreten kann. — Der erste Absatz des §. 16 Tit. 8. der Allgem. Gerichtsordnung ist hier übergangen, weil einmal die Publication der Agnitoria nach der Verordnung vom 5. Mai 1838 (Ges. S. von 1838. S. 273.), wonach der Lauf der Frist zur Einlegung der Rechtsmittel von der Insinuation der Erkenntnisse abhängt, überflüssig geworden ist (vergl. die Instruction vom 7. April 1839 Nr. 42. Ges. S. von 1839. S. 149.), dann aber die Bestimmung über die Vollstreckbarkeit der Agnitoria in den Titel von Executionen gehört.

Zum §. 30.

Der §. 30. des Entwurfs ist aus den §§. 14 und 16. Tit. 8. der Allgem. Gerichtsordnung und dem §. 63. des Anhanges abgefaßt und weicht vom Texte in zwei Punkten ab. Es heißt nämlich

1) in §. 14. l. c.: „Hat er aber die Erklärung (das Anerkenntniß) durch einen Bevollmächtigten abgegeben; so muß dieser nicht nur überhaupt nach Vorschrift des dritten Titels mit Vollmacht legitimirt sein, sondern es muß auch sein Auftrag zu einer solchen Erklärung entweder aus der Vollmacht selbst oder aus Briefen, Instructionen u. s. w., welche der Bevollmächtigte zu den Acten geben muß, hinlänglich erhellen." Hier scheint indeß die Gerichtsordnung mit sich selbst im Widerspruche zu stehen, weil nach dem §. 16. h. t. schriftliche Privaterklärungen einer abwesenden Partei, welche dieselbe unmittelbar an das Gericht einsendet, zur Abfassung einer Agnitions-Resolution nicht hinreichend sind, hiermit sich aber nicht vereinigen läßt, daß dennoch eben diese Privaterklärungen genügen sollen, wenn sie dem Gerichte durch einen Bevollmächtigten vorgelegt werden.

Man sollte vielmehr glauben, daß die Gefahr im letzteren Falle größer sei, wenn nämlich die Vollmacht ebenfalls eine Privaterklärung ist. Es ist daher darauf angetragen, von dem Bevollmächtigten, welcher den Anspruch einräumt, keine andere Legitimation zu fordern, als die Vorlegung einer Prozeß-Vollmacht, weil nach dem §. 87. Tit. 10. der Allgem. Gerichtsordnung das Geständniß des Bevollmächtigten eben so verbindlich ist, wie das der Partei selbst und diese nur den Regreß gegen jenen hat und weil auch, wenn der Bevollmächtigte ausbleibt, gegen die Partei in contumaciam verfahren wird. Obgleich sich hiergegen einwenden läßt, daß ein erheblicher Unterschied zwischen dem Geständniß von Thatsachen und dem Einräumen eines Anspruchs in sofern Statt findet, als das Letztere zugleich die Entsagung aller gegen den Anspruch zu erhebenden Einwendungen involvirt, so hat man sich dennoch für den obigen Antrag entschieden, weil nicht vorauszusetzen ist, daß der Bevollmächtigte seiner Information zuwider einen Anspruch einräumen wird und, wenn dies dennoch geschehen sollte, die Partei durch den Regreßanspruch gegen den Bevollmächtigten gesichert ist.

2) Zufolge des §. 16. Tit. 8. der Allgem. Gerichtsordnung soll, wenn der Beklagte den Anspruch des Klägers durch eine schriftliche Erklärung anerkannt hat, dieselbe dem Kläger mitgetheilt und demselben überlassen werden, ob er sich dabei beruhigen und die Reposition der Acten nachsuchen, oder ob er auf eine gerichtliche Wiederholung des Anerkenntnisses dringen wolle. Hiergegen ist von mehreren Gerichten erinnert worden, daß auf eine dergleichen Privaterklärung gar keine Rücksicht zu nehmen sei, vielmehr das Contumazial-Verfahren eintreten müsse. Diese Ansicht ist allerdings gegründet, weil, wenn auf eine solche Privaterklärung des Beklagten keine Rücksicht genommen werden soll, die Sache eben so liegt, als wenn derselbe in dem Termine gar nicht erschienen wäre und sonach der Abfassung des Con-

tumazial=Bescheides, wenn der Kläger darauf anträgt, nichts im Wege steht.

Der erste Entwurf war zwar ebenfalls dieser Ansicht, aber dafür, daß es keiner Vorschrift darüber bedürfe, weil dieselbe sich schon von selbst verstehe. Da aber dennoch hin und wieder bei verschiedenen Gerichten darüber, was in einem solchen Falle verfügt werden müsse, Zweifel entstanden sind, so ist es rathsam, dieselben durch eine ausdrückliche Bestimmung zu beseitigen.

Zum §. 31.

Der §. 31. entspricht den §§. 17 und 18. Tit. 8. der Allgem. Gerichtsordnung; sein Schluß enthält jedoch einen Zusatz zur Gerichtsordnung, welche im §. 18. h. t. nur empfiehlt, auf die gütliche Beilegung oder doch möglichste Abkürzung der Sache vorzüglich Bedacht zu nehmen. Es scheint indeß mehr eine bloße Auslassung, als die Absicht des Gesetzbuches vorzuliegen, in dem Falle des §. 31. die Agnitoria auszuschließen, wozu kein Grund vorhanden und was seinem Geiste so wenig gemäß ist. In der Unterweisung für die Parteien von Suarez und Goßler S. 39. wird als unzweifelhaft vorausgesetzt, daß, wenngleich das Anerkenntniß des Beklagten nicht die ganze klägerische Forderung umfaßt, nichts desto weniger eine Agnitions=Resolution abgefaßt werden müsse. Die Gerichte scheinen jedoch den §. 18. h. t. nicht überall so auszulegen, wie schon daraus hervorgeht, daß von mehreren Seiten darauf angetragen ist, die Abfassung einer Agnitions=Resolution in dem erwähnten Falle zu verordnen. Diesem Antrage nachzugeben, liegt kein Bedenken vor, doch konnte auf der andern Seite der Kläger nur für befugt erklärt werden, die Resolution zu verlangen, weil, wenn er wirklich das Ganze zu fordern hat, ihm nach §. 57. Tit. 16. Thl. I. des Allgem. Landrechts wider seinen Willen keine Abschlagszahlung aufgedrungen werden kann.

Die §§. 20 seq. Tit. 8. der Allgem. Gerichtsordnung, welche von Prorogationsgesuchen handeln, sind hier übergangen und in den allgemeinen Theil mit übernommen worden.

Zum §. 32.

Der §. 32. des Entwurfs gestattet, im Einklange mit dem §. 1. des Entwurfs, auch dem, den Prozeß in Person führenden Beklagten, eine schriftliche Klagebeantwortung einzureichen. Der vorligende Entwurf hat dies zwar beibehalten, jedoch wegen des in den folgenden Paragraphen bestimmten strengen Präjudizes darauf Bedacht nehmen zu müssen geglaubt, den Beklagten in diesem Falle vor einer unvollständigen Einlassung möglichst zu bewahren und deshalb vorgeschrieben, daß die vom Beklagten einzureichende schriftliche Klagebeantwortung von einem Anwalt mit unterzeichnet sein müsse, indem hierdurch der Besorgniß, daß unvollständige Klagebeantwortungen eingehen werden, hinlänglich begegnet ist, weil kein Anwalt mangelhafte Einlassungen des Beklagten unterzeichnen wird, überdem aber in Ansehung der Nothwendigkeit eines beim Gerichte befindlichen Organs der Parteien die oben rücksichtlich des Klägers angeführten Gründe in eben dem Maaße in Beziehung auf den Beklagten eintreten.

Zu §§. 33 — 35.

Die §§. 33 — 35. des Entwurfs disponiren über den Inhalt der Klagebeantwortung und stimmen im Wesentlichen mit dem §. 16. Tit. 9. der Allgem. Gerichtsordnung überein, insonderheit harmonirt auch das im §. 33. des Entwurfs angeordnete Präjudiz mit demjenigen, welches im §. 14. Tit. 6., §. 10. Tit. 8. und §. 44. Tit. 9. der Allgem. Gerichtsordnung vorgeschrieben ist. Nur darin ist man von den bisherigen Vorschriften abgewichen, daß eine purgatio morae nicht mehr zulässig ist, wenn der Beklagte in dem Klagebeantwortungs-Termine sich auf die eine oder andere der in der Klage angeführten Thatsachen nicht eingelassen hat, weil ohne diese Bestimmung die Präjudizialität der bestimmten Termine und Fristen und überhaupt ein geregeltes Verfahren nicht aufrecht erhalten werden, sondern das Instructions-Verfahren nicht abgeschlossen werden kann und so lange fortgesetzt und so viele Male von Neuem wieder aufgenommen werden aufgenommen werden muß, als es dem Beklagten genehm sein wird, die von ihm versäumten Erklärungen nach einander nachträglich abzugeben. Eben dies würde auch in Ansehung der im §. 34. des Entwurfs erwähnten Einreden der Fall sein müssen. Wenn Ordnung in dem Prozesse erhalten und derselbe zu Ende gebracht werden soll; so muß der Beklagte sämmtliche Einreden bei Strafe des Verlustes derselben mit der Klagebeantwortung auf einmal anbringen. Je mehr sich eine Prozeßordnung von diesem Grundsatze entfernt, je mehr Einwendungen sie abgesondert vorzubringen und darüber zu erkennen gestattet, um so mehr ist der Prozeß zersplittert und um eben so viele Stadien das Endurtheil hinausgerückt. Um diesem großen Uebelstande des früheren Verfahrens abzuhelfen, verordnete die Gerichtsordnung, daß jeder Prozeß durch ein ein einziges Urtheil definitiv entschieden und die vorkommenden Incidentpunkte provisorisch durch bloße Decrete sollten regulirt werden. Für das Vorbringen der Parteien aber bestimmte sie keine Präclusivfristen, weil sie es dem Richter zur Pflicht machte, das wahre Sachverhältniß und hiermit auch die dem Beklagten zu Statten kommenden Einwendungen auf dem kürzesten Wege selbst zu ermitteln und weil, wenn dieses geschah, es keiner Fristbestimmung bedurfte. Allein bei der zunehmenden Menge der Geschäfte reichte auch die angestrengteste Thätigkeit des Richters nicht mehr hin, den Anforderungen der Gerichtsordnung in dieser Hinsicht stets zu genügen, noch besaß er ferner die Mittel dazu, nachdem die Parteien von dem persönlichen Erscheinen entbunden waren. Hier hatte ihn das Gesetz verlassen. Der Vernachlässigung jenes Grundsatzes in Bezug auf das Vorbringen der Parteien ist es zuzuschreiben, daß die Prozesse einen so wenig geregelten Gang nehmen und so lang ausgesponnen werden können, als es den Parteien gefällt, da erst ihre Erklärung, daß sie nichts mehr anzuführen haben, dem Verfahren ein Ziel setzt.

Hiernach werden sich die Bestimmungen der §§. 32 und 33. rechtfertigen. Nur hat man es für nöthig erachtet, in den §. 32. den §. 3. Tit. 9. der Allgem. Gerichtsordnung wieder aufzunehmen, weil sich das strenge Präjudiz gegen die ihren Prozeß selbst führende Partei nur dann rechtfertigt, wenn sich aus den Acten ergiebt, daß sie über sämmtliche Thatsachen ausdrücklich befragt worden ist. Anders verhält es sich mit den Einreden; hier ist es lediglich Sache der Partei, dieselben vorzubringen und der Deputirte hat weder das Recht, noch die Pflicht, die Partei zu befragen, ob und welche Einreden sie der Klage rc. entgegen zu setzen habe? Daß Einreden, welche sich auf Thatsachen, die sich erst nach der Klagebeantwortung ereignet haben, gründen, später noch angebracht werden können, wie der Schluß des §. 34. bestimmt, ist unbedenklich, und eben so bedarf der §. 35. des Entwurfs keiner weiteren Rechtfertigung.

Die Gerichtsordnung spricht an mehreren Orten (Tit. 5. §. 11., Tit. 9. §. 12. 19—23.) von Anständen, die sich theils bei der Information zur Klage, theils bei derjenigen zur Klagebeantwortung, theils bei der Verfügung auf Letztere hervorthun können. Sie rechnet dahin, jedoch nur beispielsweise:

a) wenn über die Competenz des Gerichts, bei welchem geklagt ist, oder
b) über die von einem anderen Richter angemaaßte Praevention, oder
c) über die Legitimation des Klägers zur Sache Bedenken obwalten;
d) wenn eine vollständige Information ohne Vorladung und Vernehmung des Autors der Partei nicht zu erlangen ist;
e) wenn der Kläger oder Beklagte sich auf ein Document beziehen und dessen Edition fordern, das sich in den Händen des Gegentheils oder eines Dritten befindet.

Diese Anstände soll der Richter möglichst vor Aufnahme der Klage, Klagebeantwortung, oder Einleitung der Instruction zu heben bemüht sein. Kann dies aber nicht geschehen, und betrifft der Anstand eine vorläufige Einwendung des Beklagten, um die Einlassung auf die Klage aufzuhalten; so soll dessen Erörterung zum Instructions-Termine verwiesen werden. In einigen Fällen (cfr. Tit. 10. §§. 79—81., wo diese Anstände oder ein Theil derselben exceptiones litis ingressum impedientes genannt werden) kann sogar abgesondert mit Aussetzung der Hauptsache darüber verhandelt und erkannt werden.

Die Praxis pflegt sich mit jenen Anständen weniger zu beschäftigen. Die Klage, wenn sie nur den Erfordernissen des §. 17. Tit. 5. der Allgem. Gerichtsordnung entspricht, wird dem Beklagten mitgetheilt, dieser beantwortet sie, der Kläger replicirt hierauf u. s. w., dem Referenten bleibt es überlassen, nach dem Schlusse der Sache zu untersuchen, ob Anstände vorhanden waren, die deren Einleitung hindern konnten, darüber zu entscheiden, wenn sie durch die Instruction genugsam erörtert sind und wenn nicht ihre Hebung nachträglich durch ein Resolut zu bewirken ist. Daß in der That allgemein so verfahren wird, dies würde, wenn es noch eines Beweises bedürfte, auch daraus hervorgehen, daß, so viele Schwierigkeiten die allegirten Vorschriften der Gerichtsordnung auch darbieten, doch von keinem Gerichte, noch sonst Jemandem in den eingegangenen Gutachten eine einzige Bemerkung darüber gemacht ist.

Bei einer Revision dieser Materie kann jedoch mit der Praxis nicht über jene Vorschriften hinweg gegangen werden und die Sache auf sich beruhen bleiben, vielmehr macht eben der Umstand, daß sie, wie es scheint, außer Anwendung gekommen sind, es um so mehr nöthig, näher zu untersuchen:

1) was eigentlich die Gerichtsordnung in den allegirten Stellen vorgeschrieben und beabsichtigt hat?
2) wodurch diese Vorschriften außer Gebrauch gekommen sind? und
3) was davon beizubehalten und in die neue Prozeß-Ordnung aufzunehmen ist?

Ad 1. Die Gerichtsordnung begreift unter der Rubrik von Anständen zwei sehr verschiedene Gegenstände, einmal jeden Mangel und jede Unvollständigkeit der Nachrichten, oder

Beweismittel über die der Klage oder Klagebeantwortung zum Grunde liegenden Thatsachen; sodann gewisse Einwendungen, welche die Klage noch vor der Einlassung auf dieselbe als unzulässig darstellen können. Diese Vermischung so heterogener Gegenstände erklärt sich einigermaaßen aus dem Standpunkte, von welchem aus und dem Zusammenhange, in welchem jene Vorschriften ertheilt sind. Der Deputirte sollte zuerst von dem Kläger, wie von dem Beklagten, eine umständliche Information einziehen und hieraus die Klage und resp. Klagebeantwortung anfertigen. Alles also, was sich der Vollendung dieses Geschäfts entgegenstellte, Ungewißheit der Thatsachen und rechtliche Bedenken wurden unter der gemeinschaftlichen Benennung von Anständen zusammengefaßt und dem Richter mit der Informations-Einziehung die Pflicht auferlegt, diese Anstände möglichst zu beseitigen. Bei der Verfügung auf die Klagebeantwortung zeigte sich jedoch das hierin liegende Ungleichartige und das Unvollkommene dieser Ansicht und Benennung. Denn was in Bezug auf die Klage allerdings ein Anstand genannt werden konnte, das war für den Beklagten ein gültiger Einwand, um ihn von der Einlassung auf die Klage zu befreien. Die Gerichtsordnung sah sich hierdurch selbst genöthigt, an dieser Stelle (Tit. 9. §. 20.) zum Behuf des weiteren Verfahrens einen Unterschied zu machen und das Ungleichartige zu trennen, ohne gleichwohl, wie sich unten zeigen wird, die Verschiedenheit der Fälle nach ihrer eigentlichen Beschaffenheit und in allen ihren Beziehungen zu würdigen. Was nun zuvörderst die Anstände bei der Klage betrifft, wie soll und kann sie der Richter nach der Gerichtsordnung heben? Bleibt man bei den Anständen stehen, welche die Gerichtsordnung beispielsweise angeführt hat, so wird man mit denjenigen anfangen müssen, welche sich in einer Unvollständigkeit der Nachrichten über das Sachverhältniß gründen. Hierher gehören die beiden letzten der §. 11. Tit. 5. aufgestellten Fälle, nämlich

sub d, wenn sich findet, daß eine vollständige Information ohne Vorladung und Vernehmung des Autors des Klägers nicht zu erlangen ist;

sub c, wenn der Kläger sich in der Hauptsache auf ein Document bezieht, wovon er weder Original, noch Abschrift in Händen hat und dessen Herausgabe vom Beklagten oder einem Dritten fordert.

Mit dem ersten Falle sind die Vorschriften Tit. 17. §§. 5—7. der Allgem. Gerichtsordnung in Verbindung zu setzen und aus ihnen ergiebt sich, wie der Anstand gehoben werden kann und soll. Der Richter soll den Autor vorladen und zur Erlangung einer vollständigen Information vernehmen. Der Autor muß erscheinen und kann selbst durch Zwangsmittel angehalten werden, die Information zu geben und den Richter hierdurch in den Stand zu setzen, eine substantiirte Klage für den Kläger aufzunehmen. Erklärt der Kläger bei dieser Vernehmung seines Autors, daß er gesonnen sei, seinen Regreß an ihn zu nehmen; so wird dieser hierdurch Litisdenunciat und in den Prozeß verwickelt, selbst ehe noch die Klage angefertigt oder zugelassen ist, wobei zugleich der Widerspruch eintritt, daß der Litisdenunciat als solcher nicht verbunden ist, sich auf die Klage einzulassen.

Im anderen Falle kann der Richter zur Hebung des Anstandes die Edition des begehrten Dokuments verfügen, wozu ihm der §. 91. Tit. 10. der Allgem. Gerichtsordnung die ausgedehnteste Befugniß ertheilt und zwar gegen den Beklagten unter dem Präjudiz, daß im Weigerungsfalle das Dokument für edirt und die dadurch zu erweisende Thatsache für erwiesen wird angenommen werden (cfr. §. 100. l. c.), gegen einen Dritten aber bei Geld- oder Gefängniß- oder anderer Strafe (§. 105. ibid.). Eine Schwierigkeit wird man jedoch in diesem Falle, wie in dem vorigen, darin finden müssen, daß nach der hier gemachten Voraussetzung die Klage noch gar nicht aufgenommen und zugelassen ist, daß mithin der Beklagte eigentlich noch nicht Beklagter ist, daß dieser Einwendungen haben kann, die ihn von der Einlassung auf die Klage und folglich auch von der Verbindlichkeit zur Edition befreien. Kann nun dessenungeachtet jenes Präjudiz gegen ihn realisirt werden? Soll ihn der Richter mit diesen Einwendungen hören und so gewissermaaßen den Prozeß noch vor der Klage instruiren? Dürfte nicht auch darin zu weit gegangen sein, daß der Dritte bei Strafe die Edition zur Begründung einer erst anzustellenden Klage leisten soll? Mit gleichem Fug und Recht würde der Richter zu demselben Zwecke auch die Zeugen vorläufig vernehmen können. Was endlich geschehen soll, wenn die Editionsforderung kein Resultat gewährt hat (wenn der Editionseid geleistet ist, oder das edirte Dokument nichts zur Sache Dienliches enthält) und mithin der Anstand nicht gehoben ist, darüber schweigt die Gerichtsordnung. Man wird indeß nach §. 12. Tit. 5. annehmen können, daß in diesem Falle die Klage, wenn sie nur nicht offenbar ungegründet ist, auch mit dem Anstande wird aufgenommen und zugelassen werden müssen.

Gründet sich aber der Anstand darin, daß, wie die Gerichtsordnung Tit. 5. §. 11. sagt, noch ein Bedenken obwaltet:

a) über die Competenz des Gerichts, oder
b) über die von einem anderen Richter sich angemaaßte Prävention, oder
c) über die Legitimation des Klägers zur Sache;

so fragt sich zuerst, was der Richter zur Hebung dieser Bedenken verfügen soll und wie weit er hierbei gehen kann? Soll er den Beklagten darum befragen, was in den meisten Fällen das Kürzeste sein möchte? Soll er Bescheinigungen sammeln, Erkundigung einziehen, Acten abfordern? Kann er Zeugen darüber verhören u. s. w.? Die Gerichtsordnung hat hier keine Grenze gezogen und ohne diese dürfte er zu dem Einen so sehr berechtigt sein, als zu dem Andern.

Sieht man hiernächst auf das Resultat dieser Ermittelungen; so kann dasselbe ein dreifaches sein. Einmal kann dadurch der Anstand zu Gunsten des Klägers gehoben sein, wenn die Competenz des Gerichts außer Zweifel gesetzt ist, die vermuthete Litispendenz sich als nicht vorhanden zeigt, die Legitimation des Klägers zur Sache dargethan ist. In diesem Falle wird die Klage zugelassen und der Prozeß eingeleitet. Oder die Ermittelung fällt zum Nachtheile des Klägers aus, oder es ergiebt sich, daß der Gerichtsstand nicht begründet ist ɪc. In diesem Falle wird die Klage nach §. 12. Tit. 5. und §. 7. Tit. 6. der Allgem. Gerichtsordnung als unstatthaft per decretum zurückzuweisen sein. Hinsichts der legitimatio ad causam ist dies jedoch nicht außer Zweifel und hängt mit der Frage zusammen, wie weit der Richter hierauf von Amtswegen zu sehen habe? Der §. 12. Tit. 5. der Allgem. Gerichtsordnung hat diesen Mangel als Grund der Abweisung nicht ausdrücklich aufgeführt. Oder endlich die Ermittelung hat kein gewisses Resultat gewährt und der Anstand ist mithin noch nicht gehoben. Was soll in diesem Falle geschehen? Muß der Richter neue Ausmittelungen verfügen und diese so lange fortsetzen, bis er zu einem sicheren Resultate gelangt ist? Aber es ist möglich, daß dieses überall nicht zu erlangen und ohne Eid nicht aus der Sache zu kommen ist. Oder kann er sich mit dem gemachten Versuche begnügen und die Klage nun zulassen? Hierüber schweigt die Gerichtsordnung.

Was ferner die Anstände der Klagebeantwortung betrifft, so sind es ganz dieselben, wie bei der Klage, welche die Gerichtsordnung hier aufführt (cfr. Tit. 9. §§. 12 und 20.). Allein die Lage der Sache hat sich geändert, der Beklagte ist citirt und es handelt sich jetzt nicht mehr um Zulassung der Klage, sondern um Entscheidung eines anhängigen Rechtsstreites. Auf jene Anstände zwar, die sich in der Unvollständigkeit der Nachrichten gründen, ist dies von keinem Einfluß; hinsichts ihrer verfährt der Richter, wie zuvor, er citirt den Autor u. s. w. Was aber vorher nur ein Bedenken des Richters gegen die Zulässigkeit der Klage war, das ist jetzt ein vom Beklagten aufgestellter Einwand, wodurch, wie die Gerichtsordnung Tit. 9. §. 20. Nr. 1. sagt, die Einlassung auf die Klage aufgehalten werden soll. Wie soll und kann der Richter einen Anstand der Art jetzt noch heben? Hierüber spricht der §. 21. l. c., indem er bestimmt:

> Wenn ein solcher Anstand durch eine vorläufige Verfügung sofort gehoben werden kann, so muß der Richter diese Verfügung unverzüglich erlassen und daß derselben ohne Aufenthalt genügt werde, von Amtswegen

betreiben. Findet sich aber, daß dergleichen Einwand durch eine solche vorläufige Verfügung nicht sofort aufgeklärt und bei Seite geschafft werden kann, sondern zur Erörterung desselben eine förmliche Untersuchung und wohl gar die Aufnehmung eines Beweises gehören würde; so muß dadurch die Sache nicht aufgehalten, sondern die nähere Erörterung des Einwandes mit zum Instructions-Termine verwiesen werden.

Diese Vorschrift gewährt indessen wenig Belehrung. Der erste Theil besagt, daß der Richter den Anstand durch eine vorläufige Verfügung sofort heben müsse, wenn er gehoben werden kann. Soll also der Richter auf die Klagebeantwortung jetzt das Gegentheil von dem zu ermitteln versuchen, was er vielleicht eben erst auf die Klage glaubte richtig gestellt zu haben? Und wenn sich aus dieser Ausmittelung oder auch ohne dieselbe ergiebt, daß der Einwand des Beklagten begründet, das Gericht incompetent, oder Litispendenz vorhanden, oder der Kläger nicht ad causam legitimirt ist; soll nun die bereits zugelassene Klage noch per decretum zurückgewiesen werden, ohne selbst den Kläger über den Einwand zu hören? Wie anders kann der Anstand in diesem Falle gehoben werden? Oder muß sich dessenungeachtet der Beklagte auf die unstatthafte Klage einlassen? Aber dann war auch die vorläufige Verfügung unnütz und eigentlich kein Anstand vorhanden.

Ist der Einwand durch die vorläufige Verfügung nicht sofort aufgeklärt; so soll nach dem zweiten Theile der Vorschrift die Sache dadurch nicht aufgehalten, sondern die nähere Erörterung des Einwandes mit zum Instructions-Termine verwiesen werden. In diesem Falle muß sich also der Beklagte, des Anstandes ungeachtet, auf die Sache selbst einlassen, und man dürfte hieraus vielleicht a contrario schließen, daß er es folglich im ersten Falle nicht nöthig habe. Aber wenn nun im Instructions-Termine oder auch später der Einwand aufgeklärt und ermittelt wird, daß er gegründet ist, hemmt dies den Fortgang der Hauptsache und kann nun noch der Anstand und mit ihm die Klage durch ein bloßes Decret beseitigt werden? Oder muß der Beklagte die Sache fortsetzen und kann diese nur per sententiam beendigt werden?

Die Gerichtsordnung verläßt uns hierüber an dieser Stelle, sie berührt indeß diese Anstände noch einmal im Tit. 10. §§. 79 — 81., wo sie unter dem Namen exceptiones litis ingressum impedientes vorkommen. Hier ist verordnet, daß, wenn der Richter dieselben durch eine vorläufige Verfügung nicht hat ins Licht setzen können, sondern deren nähere Erörterung zum Instructions-Termin hat verweisen müssen, alsdann darüber entweder mit oder abgesondert von der Hauptsache und im letzteren Falle entweder vor oder nach dieser, jenachdem beide, die Einwendung und die Hauptsache rc. gleich weitläuftig, verwickelt und kostspielig, oder die Instruction der Einen weitläuftiger rc. ist, als der Andern, instruirt und erkannt werden solle.

Dennoch ist so viel gewiß, daß, wenn die Erörterung des vorläufigen Einwandes zum Instructions-Termin verwiesen ist, alsdann darüber erkannt werden muß. Ob der Beklagte dadurch von der Einlassung auf die Klage befreit werde, was nach Tit. 9. §. 20. Nr. 1. der Allgem. Gerichtsordnung der eigentliche Zweck des Einwandes zu sein schien, hängt davon ab, ob die Instruction desselben weniger weitläuftig rc. ist, als die der Hauptsache. Ist aber der Einwand durch eine vorläufige Verfügung des Richters ins Licht gesetzt; so scheint es, daß darüber per decretum entschieden werden könne; denn mit völliger Sicherheit läßt sich dies wegen der angezeigten Schwierigkeiten und beim Mangel einer ausdrücklichen Bestimmung nicht behaupten. Man muß es gleichwohl annehmen, weil sonst nicht bloß diese Unterscheidung, sondern auch die sämmtlichen allegirten sich hierauf beziehenden Vorschriften leer und nutzlos wären. Nimmt man dieses also an, so gelangt man zu dem Resultate, daß über die Einwendungen der Incompetenz, Litispendenz und der fehlenden Legitimation des Klägers zur Sache, jenachdem dieselben leichter oder schwerer erweislich zu machen sind, oder richtiger, um mit der Gerichtsordnung zu reden, nach welcher (§. 7. der Einleitung) es der Richter ist, der den Grund oder Ungrund der in einem Prozesse vorkommenden Thatsachen selbst und unmittelbar zu untersuchen hat, jenachdem der Richter den Grund oder Ungrund derselben sogleich bei Aufnahme der Klagebeantwortung oder erst später untersucht, bald per decretum, bald per sententiam entschieden werden kann und entschieden werden muß. So viel möglich, soll das Erstere geschehen

Die Gerichtsordnung hat aber die genannten drei Einwendungen ausdrücklich nur beispielsweise aufgeführt. Dasselbe muß folglich von mehreren gelten, und es fragt sich: von welchen? Sieht man auf die Definition Tit. 9. §. 20. Nr. 1., wo die Gerichtsordnung jene Einwendungen als solche beschreibt, „durch welche die Einlassung auf die Klage aufgehalten werden soll," so gehören ohne Zweifel diejenigen Einreden hierzu, welche die Gerichtsordnung Tit. 10. §. 60. exceptiones litis finitae nennt, nämlich der Einwand der Zahlung, Remission, Verjährung, des Vergleichs und die exceptio rei judicatae. Denn diese Einreden haben auch das mit jenen gemein, daß unter der oben angegebenen Bedingung darüber abgesondert noch vor der Hauptsache erkannt werden kann. Man wird indeß kürzer zu einer Antwort auf jene Frage kommen, wenn man dieselbe umkehrt und fragt: von welchen Einreden das Gesagte nicht gilt? Vergebens dürfte man nach einer Ausnahme suchen; denn von allen und jeder gilt es auf gleiche Weise, daß sie die Einlassung auf die Klage aufhalten sollen und, wenn sie erwiesen sind, wirklich davon befreien; sie sind insgesammt Anstände im Sinne der Gerichtsordnung.

Daher sind nach gemeinem Prozeß nicht bloß die verzögerlichen, sondern auch alle peremtorischen Einreden prozeßhindernd (litis ingressum impedientes), in sofern sie sofort liquide gemacht werden können, und es wird in diesem Falle vorläufig darüber erkannt, auf Abweisung der Klage, wenn die Einrede gegründet, oder auf Einlassung, wenn dieselbe ungegründet ist. — Dies wollte, wie es scheint, die Gerichtsordnung vermeiden; über dergleichen sofort liquide zu machende Einwendungen sollte kein förmlicher Prozeß und Erkenntniß

Statt finden, sondern durch ein bloßes Decret entschieden werden.

Ad 2. Nach dieser Erläuterung der allegirten Vorschriften wird es nicht schwer fallen, die Gründe aufzufinden, weshalb dieselben außer Anwendung gekommen, oder vielleicht nie beobachtet sind. Nicht bloß fehlte es dem Richter an Zeit, sie zu beobachten, ein stärkerer Grund aber lag darin, daß diese Vorschriften Widersprechendes von ihm forderten.

Wenn der Richter bei Einziehung der Information vom Kläger und bei Aufnahme der Klage die Wahrheit und Vollständigkeit der vorgetragenen Thatsachen untersuchen, wenn er die fehlenden Nachrichten und Beweismittel herbeischaffen und die entgegenstehenden Einwendungen durch vorläufige Verfügungen aufzuklären und zu beseitigen suchen soll; so ist dies eine Instruction des Prozesses vor dem Prozesse. Der Richter prüft hierdurch den Grund oder Ungrund der Klage und das Resultat dieser Prüfung muß nothwendig ein Urtheil sein, welches in diesem Falle durch das Decret über die Zulassung oder Verwerfung der Klage ausgesprochen wird. Aber indem er nunmehr auf gleiche Weise die Information von dem Beklagten einzuziehen und die Klagebeantwortung aufzunehmen hat; so muß er denselben Weg nach der entgegengesetzten Richtung noch einmal zurücklegen. Er instruirt den Prozeß zum zweiten Male und prüft die Sache von Neuem im Interesse des Beklagten. In wie weit er das Resultat dieser Prüfung jetzt schon aussprechen darf, ist ad 1. gezeigt worden. Kommt es endlich zur wirklichen Instruction, so macht er denselben Weg zum dritten Male mit beiden Theilen, bald vorwärts, bald rückwärts, jenachdem ihn der Eine hierhin, der Andere dorthin zieht. Man begreift freilich kaum, wie es hierzu kommen oder was für diese Instruction übrig bleiben kann, als etwa die Vernehmung eines Zeugen und es erscheint nur als eine Inconsequenz, daß der Richter nicht auch diesen zur Erforschung der Wahrheit vorläufig abhört, da er zu gleichem Zwecke jeden Vormann einer Partei, ohne Unterschied, ob derselben ein Regreß wider ihn zusteht oder nicht, noch vor der Instruction vernehmen kann (Tit. 17. §. 5.). Seine Vollendung erhielt dieses System in der Gerichtsordnung dadurch, daß nach Tit. 10. §. 52., wenn es auf eine zweifelhafte Rechtsfrage ankam, wovon die Beweisaufnahme abhing, hierüber schon bei Regulirung des status causae et controversiae ein Conclusum der Gesetz-Commission eingeholt werden konnte. Durch alles dieses sollten die Prozesse gleichsam im Keime erstickt werden und gleichwohl sind sie nirgends häufiger, als in den Provinzen, wo die Gerichtsordnung gilt.

Man wird vielleicht einwenden, daß die Sache auf die Spitze gestellt sei, daß die Gerichtsordnung nur eine vorläufige Prüfung der Klage und Klagebeantwortung verlange, um von unstatthaften Prozessen abzuhalten. Ein gutes Gesetz soll es aber vertragen, auf die Spitze gestellt zu werden und dies ist sogar als der Prüfstein seiner Güte anzusehen. Fragt man ferner: wo ist die Gränze jener vorläufigen Prüfung? wo das wesentliche Merkmal, welches sie von der richterlichen Thätigkeit bei der Fällung des Urtheils scheidet? Weil keine Gränze gezogen ist, noch gezogen werden kann, weil beides dasselbe ist, weil der Richter die vorläufige Prüfung und Beseitigung aller Anstände in dem Maaße, wie die Gerichtsordnung sie vorschreibt, nicht vornehmen konnte, ohne sich selbst zu präjudiziren; so unterblieb dieselbe gänzlich. Selbst im gemeinen Prozeß, wo diese Prüfung in einem viel geringeren Grade eintritt und sich nur in Zurechtweisungen der Parteien durch Decrete äußern soll, ist sie dennoch bedeutend außer Gebrauch gekommen und die Verfügungen der Gerichte beschränken sich auf die bloße Mittheilung.

Hiermit soll indeß keinesweges gesagt werden, daß in dieser Beziehung gar nichts geschehen solle, vielmehr ist sehr zu wünschen, daß die Sache eines Jeden, der eine Klage anstellen oder es auf den Prozeß ankommen lassen will, vorher einer Prüfung nach den Vorschriften der Gerichtsordnung unterworfen, daß die Richtigkeit und Vollständigkeit der Thatsachen geprüft, die fehlenden Nachrichten und Begründungsmittel herbeigeschafft und die entgegenstehenden Einwendungen sorgfältig erwogen werden. Allein dies Geschäft ist in diesem Umfange unverträglich mit dem Amte des Richters, es gehört für den Sachwalter. Daß dasselbe in einem solchen Umfange den Richtern übertragen und die Advokaten abgeschafft wurden, darin liegt eine der Ursachen, denen das Ueberhandnehmen der Prozesse zuzuschreiben ist.

Ad 3. Es bleibt nur noch die letzte und für den gegenwärtigen Zweck wichtigste Frage übrig:

Was von jenen Vorschriften der Gerichtsordnung beizubehalten sein dürfte?

Ueber die Anstände der Klage ist schon oben in den §§. 13 und 14. des Entwurfs das Nöthige verordnet. Der Richter soll, wenn die Klage in der Form mangelhaft ist, die Ergänzung des Mangels verfügen. Ist der Gerichtsstand nicht begründet, oder der Anspruch nicht zur richterlichen Cognition geeignet, oder offenbar unstatthaft; so weist er die Klage zurück. Dies letztere ist auch dann der Fall, wenn die Klage ihrem Inhalte nach nicht begründet, weder logisch noch rechtlich, und weder die Folgerungen, noch der Klageantrag aus den factischen oder rechtlichen Prämissen sich ergeben, sondern außer allem Verhältnisse zu einander stehen. Eine Klage muß so abgefaßt sein, daß wenn alle darin angeführte Thatsachen bewiesen und alle darin enthaltene rechtliche Behauptungen gegründet und ihr keine peremtorischen Einreden entgegengesetzt würden, nach dem Klageantrage erkannt werden müßte. Auf den Beweis der Thatsachen kommt es bei der Klage überall nicht an, in wie fern er nothwendig ist, ergiebt sich erst aus den Erklärungen des Beklagten, die Begründung der Klage und die Concludenz und Consequenz ihres Inhalts ist aber ein wesentliches Erforderniß, ohne welches der ganze Prozeß keine rechtliche, mithin auch keine feste Grundlage hat. Soll dem Richter die Prozeß-Direction zustehen; so gehört die Beurtheilung, ob die Klage begründet sei, nothwendig zu dieser Direction, weil sonst der Richter eine Klage, die schon aus sich selbst als unbegründet erscheint, zulassen würde. Die Fürsorge um den Beweis der Klage liegt dagegen außer der richterlichen Wirksamkeit und ist lediglich Sache der Partei. In so weit stimmt der vorliegende Entwurf mit der Gerichtsordnung überein und weicht nur darin von ihr ab, daß der Richter keine Ausmittelungen von Amtswegen vorzunehmen hat, um die fehlenden Erfordernisse zu erledigen, oder die entgegenstehenden Einwendungen wegzuräumen, sondern nur darauf wacht, daß die Klage mit den zu ihrem Wesen erforderlichen innern und äußern Eigenschaften versehen sei, deren Bewirkung aber den Parteien aufgiebt oder überläßt.

Schwieriger ist aber die Frage in Bezug auf die vorläufigen Einwendungen des Beklagten. Die Gerichtsordnung geht von dem Grundsatz aus, daß jeder Rechtsstreit, so viel als möglich, durch ein Urtheil definitiv entschieden werden müsse. Dieser Grundsatz ist, in sofern er die Entscheidung der Hauptsache betrifft, allerdings richtig, darf aber ohne Nachtheil für die Rechtspflege nicht auf Nebenpunkte erstreckt werden. Demgemäß sind sämmtliche Einreden, deren besondere Beschaffenheit es nicht etwa nöthig macht, sie hiervon auszunehmen, zugleich mit der Einlassung auf die Klage vorzubringen und es muß über sie zugleich mit der Klage erkannt werden.

Es erscheint unstatthaft, daß über einen Einwand, jenachdem sein Beweis leichter oder schwerer fällt und derselbe früher oder später hat ins Licht gesetzt werden können, bald per decretum, bald per sententiam soll entschieden werden; dies kann vielmehr, so weit das Erstere überhaupt für zulässig erachtet wird, nur nach der Beschaffenheit des Einwandes bestimmt werden. Mithin bedarf es zu diesem Zweck keiner vorläufigen Verfügungen des Richters.

Hiernach wird es darauf ankommen:

ob es Einwendungen von solcher Beschaffenheit giebt, daß sie nothwendig vor der Einlassung auf die Klage beseitigt werden müssen?

und wenn dies der Fall ist:

ob darüber per decretum oder per sententiam entschieden werden muß?

Diese Einwendungen würden Anstände in einem andern (eingeschränkteren) Sinne sein, als welchen die Gerichtsordnung mit diesem Worte verbindet, wahre prozeßhindernde

Einreden. Die sogenannten prozeßhindernden Einreden des gemeinen Prozesses sind dies größtentheils nur zufällig, weil ihnen die Praxis diese Wirkung ohne inneren nothwendigen Grund beigelegt hat. Es wird nöthig sein, die in der Gerichtsordnung aufgezählten Anstände unter diesem Gesichtspunkte noch einmal zu betrachten.

Ad a. In Betreff des Einwandes der Incompetenz sind Bedenken darüber erhoben, ob über diesen Einwand ein förmliches Erkenntniß zulässig sei oder nicht, vielmehr die Competenz des Gerichts vorab durch ein bloßes Decret festgestellt werden müsse. Sieht man zuerst auf die gegenwärtige Lage der Gesetzgebung über diesen Gegenstand; so ergiebt sich aus der Vergleichung des §. 79. Tit. 10. mit §. 21. Tit. 9. der Allgem. Gerichtsordnung und dem oben ad 1. Gesagten ganz klar, daß allerdings in allen den Fällen, wo der Einwand der Incompetenz nicht sofort hat ins Licht gesetzt werden können, ein förmliches Erkenntniß darüber erfolgen muß. Jenes Bedenken scheint nur veranlaßt durch die schon gerügte Unbestimmtheit dieser Vorschriften der Gerichtsordnung und durch das Unzureichende des Grundes, aus welchem in dem einen Falle per decretum und im andern per sententiam darüber entschieden werden soll.

Nach den §§. 384—386. Thl. I. Tit. 9. des Allgem. Landrechts steht dem Erben eine Deliberationsfrist von resp. 6 Wochen und 3 Monaten nach erlangter Wissenschaft des Erbanfalls zu, während welcher derselbe nicht verbunden ist, auf Forderungen der Erbschaftsgläubiger sich einzulassen und Prozesse, die von dem Erblasser oder gegen denselben angestellt sind, fortzusetzen. Soll diese Vorschrift nicht ohne Wirkung sein, so ist klar, daß der Erbe während jener Frist jede selbst eventuelle Einlassung auf die Klage verweigern und die Frist zur Klagebeantwortung für ihn erst mit dem Tage anfangen kann, wo die Ueberlegungsfrist abgelaufen ist. — Aber eben so einleuchtend ist auch, daß über die Frage, ob die Frist noch läuft und wann sie abgelaufen ist, kein förmlicher Prozeß zugelassen werden kann, dessen rechtskräftige Entscheidung mehr Zeit erfordern würde, als die Frist selbst.

Sonach giebt es also, um mit der Gerichtsordnung zu reden, in der That einige Anstände, welche die Einlassung auf die Klage hindern können und deshalb einer vorläufigen Entscheidung, wenn auch nur per decretum, bedürfen, nämlich:

a) wenn der Beklagte Ausstellungen gegen die Förmlichkeit der Klage macht,
b) wenn er vom Kläger eine Kaution für die Kosten fordert,
c) wenn der Erbe sich auf die Deliberationsfrist beruft,
d) wenn ein Theil, bevor er sich über die von dem Andern abschriftlich producirten Urkunden erklärt, die Vorlegung der Originalien verlangt.

Das Letztere ist allgemein ausgedrückt, weil es auch vom Kläger in Bezug auf die vom Beklagten mit der Klagebeantwortung producirten Urkunden gilt.

Hierauf gründen sich die Bestimmungen der §§. 36—44. des Entwurfs, welche an die Stelle desjenigen getreten sind, was die Gerichtsordnung in den oben allegirten Vorschriften verordnet hat. Nur von den sogenannten Präjudizialfragen wird weiter unten bei der Verfügung der Beweisaufnahme noch die Rede sein.

Zu §§. 36 und 37.

Hat der Richter bei der Prüfung der Klage etwas übersehen; so muß dem Beklagten frei stehen, den etwanigen Mangel zu rügen und dessen vorläufige Abhülfe vor seiner Einlassung auf die Klage zu verlangen.

Es ist dabei aber von dem Gesichtspunkte ausgegangen, daß die Einlassung des Beklagten auf die Klage durch die Rüge eines Mangels derselben nur dann aufgehalten werden könne, wenn sie vor dem Klagebeantwortungs-Termine angebracht und der gerügte Mangel so erheblich ist, daß vor seiner Erledigung eine vollständige Beantwortung der Klage nicht erfolgen kann. Denn minder erhebliche Mängel, in so weit sie eine vollständige Einlassung auf die Klage nicht unzulässig machen, konnen einen Aufenthalt in der Sache nicht rechtfertigen, vielmehr genügt es in diesen Fällen, dem Kläger die Beseitigung derselben im Laufe der Instruction aufzugeben. Man hat ferner die Fälle unterschieden, wo eine Abhülfe des Mangels bis zum Klagebeantwortungs-Termine noch erfolgen und wo dies nicht geschehen kann und nur für den letzten Fall die Aufhebung dieses Termins gestattet, im ersteren Falle aber den Richter angewiesen, dem Kläger die Erledigung des Mangels bis zu dem Klagebeantwortungs-Termine aufzugeben, um auf diese Weise die Sache so wenig, als möglich, aufzuhalten. Nach diesen Grundsätzen sind die §§. 36 u. 37. gefaßt und enthält der letztere noch die Bestimmung, daß, wenn der Beklagte den Mangel erst im Klagebeantwortungs-Termine rüge, er sich im Uebrigen auf dieselbe vollständig einlassen müsse, eine Vorschrift, welche nöthig erschien, um den Beklagten darauf aufmerksam zu machen, daß der Einwand der mangelhaften Klage vor dem Klagebeantwortungs-Termine angebracht werden müsse, wenn er ihn von der Einlassung auf die Klage entbinden solle und um zu verhüten, daß dieser Einwand, was sonst häufig geschehen möchte, zum Verschleif der Sache angebracht wird.

Eine ausdrückliche Bestimmung darüber, was das Gericht zu thun habe, wenn es den Einwand für unbegründet halte, schien dagegen nicht erforderlich, da alsdann die Sache in ihrem Gange bleibt.

Zu §§. 38—42.

Wenn der Beklagte vom Kläger eine Kaution für die Kosten fordert; so leidet dieser Incidentpunkt keinen Aufschub bis zur Entscheidung in der Hauptsache, vielmehr muß vorab darüber entschieden werden, weil sonst das Recht des Beklagten auf die Kautions-Bestellung verloren geht. Eines Erkenntnisses über die hierbei etwa vorkommenden Streitigkeiten wird es indeß nicht bedürfen, weil die Verbindlichkeit zur Kautions-Bestellung nicht leicht streitig werden kann und also die richterliche Entscheidung sich darauf beschränkt, das Quantum der Kaution festzusetzen.

Die Gerichtsordnung berechtigt übrigens im Titel 21. den Beklagten, nicht nur von Ausländern, sondern in der Regel von jedem Kläger Kaution wegen der Kosten zu fordern. Sie macht jedoch im §. 2. l. c. rücksichtlich der Sachen und Personen, welche von der Kautions-Bestellung befreit sein sollen, so viele Ausnahmen, daß dadurch jene Regel größtentheils wieder aufgehoben wird. Indem sie zugleich in Ansehung der Personen (sub No. 5.) dem Ermessen der Richter ein weites Feld eingeräumt und dieses Ermessen sich hierbei mit Recht stets sehr nachsichtig bewiesen hat, so ist die Folge hiervon gewesen, daß von jener Befugniß gegen Inländer höchst selten noch Gebrauch gemacht wird. Daher ist von mehrern Seiten darauf angetragen, diese Vorschriften, so weit sie die Kautionsleistung inländischer Parteien betreffen, als veraltet aufzuheben und sie auf Ausländer zu beschränken. Diesem Antrage ist bei der Revision um so mehr beigetreten, als dadurch ein meistentheils unnöthiger oder fruchtloser Incidentstreit vermieden wird, und als es hart erscheint gegen den Kläger, wegen der von ihm vielleicht zu erstattenden Kosten, den Anfang mit der Execution zu machen und, wenn der Kläger im Lande wohnt, nichts die Vollstreckung des Erkenntnisses hindert. Endlich aber und vorzüglich kann, aus der Besorgniß, daß der Kläger am Ende unvermögend sein möchte, dem Beklagten die Prozeßkosten zu erstatten, kein Grund entnommen werden, ihm den Rechtsweg zu verschließen. Werden mit Recht diejenigen zur Klage zugelassen, deren Unvermögen zur Kostenzahlung erwiesen ist, so kann ihnen die Rechtsverfolgung noch weniger versagt oder auch nur erschwert werden, deren Zahlungsfähigkeit nur noch zweifelhaft ist. Die Kautionsforderung würde weniger bemittelte Personen von der Verfolgung ihres Rechts abhalten, oder auch dazu außer Stand setzen, und könnte zu Bedrückungen gemißbraucht werden.

Aus diesen Gründen hat man bei der Revision sich dafür entschieden, die Kautionsleistung auf Ausländer zu beschränken, diese aber mit alleiniger Ausnahme des Falles, daß sie im Inlande mit Grundstücken, welche eine hinreichende Sicherheit gewähren, angesessen sind, auch unbedingt zur Kautions-Bestellung zu verpflichten, sobald der Beklagte dieselbe verlangt. Die gemachte Ausnahme rechtfertigt sich dadurch, daß, wenn der Ausländer Grundstücke im Inlande besitzt, die Vollstreckung hiesiger Erkenntnisse keine Schwierigkeiten hat. Dagegen erschien jede andere Ausnahme von der Regel, namentlich in den im §. 2. Tit. 21. der Allgem. Gerichtsordnung angegebenen Fällen und in Handelssachen, welche vom Revisor vorgeschlagen waren, nicht rathsam, weil auswärtige Staaten rücksichtlich der diesseitigen Unterthanen dergleichen Ausnahmen ebenfalls nicht zulassen und das jus retorsionis mithin zu gleichen Maaßregeln berechtigt. In wie weit im Wechsel- und Concursprozesse von diesem Grundsatze abzuweichen sein dürfte, darauf wird man an den betreffenden Stellen zurückkommen.

Die Gerichtsordnung macht im Titel 21. §. 13. noch den Unterschied, ob die Klage des Ausländers leichter oder schwerer erweislich scheint und bestimmt, daß im ersten Falle der Beklagte sich auf die Klage einlassen müsse, wenn auch die Kaution noch nicht berichtigt sei. Indeß auch dieser Unterschied ist beseitigt worden, weil es sich selten voraussehen läßt, ob der Beweis leicht geführt werden wird oder nicht.

Was insbesondere den Inhalt des §. 38. betrifft; so bedarf es nur noch der Rechtfertigung des Satzes, daß der Beklagte die Kaution nur vor der Beantwortung der Klage fordern könne, nach derselben aber dazu nicht mehr berechtigt sei. Nach §. 40. des Entwurfs ist der Beklagte befugt, seine Einlassung auf die Klage bis dahin zu verweigern, wo die Kaution bestellt ist. Macht er von dieser Befugniß keinen Gebrauch, sondern beantwortet die Klage, ohne die Kautions-Bestellung zu fordern; so ist der vorläufige Anstand, welcher der ferneren Einleitung der Sache entgegen stand, beseitigt und der Grund des Gesetzes fällt fort. Man kann ferner in diesem Falle annehmen, daß der Beklagte gegen die Begründung der Klage nichts Erhebliches einzuwenden habe und deshalb nicht besorge, der Kläger werde in die Kosten verurtheilt werden. Es läßt sich daher auch vollkommen rechtfertigen, der Anbringung der Kautionsforderung eine präclusorische Frist zu setzen und auf diese Weise einem die fernere Instruction störenden Incidentstreite entgegen zu wirken.

Hinsichts des §. 39. ist zu bemerken, daß es zur Erklärung des Klägers über die Kautionsforderung der Ansetzung eines Termins nicht bedarf, weil einmal der Fall wohl nicht vorkommen wird, daß ein ausländischer Kläger seinen Prozeß vor den hiesigen Gerichten in Person führt, dann aber auch, wenn dies einmal ausnahmsweise der Fall sein sollte, die abzugebende Erklärung so einfach ist, daß man ohne Nachtheil für die Partei unter allen Umständen deren schriftliche Abgabe erfordern kann.

Der §. 41. enthält den Zusatz, daß die Reposition der Akten erfolgen solle, wenn die Kaution nicht innerhalb der vom Richter bestimmten Frist bestellt werde und bedarf derselbe keiner besonderen Rechtfertigung.

Eben so wenig wird die Bestimmung des §. 42., daß der Beklagte, wenn er gegen die den Kautionspunkt betreffende richterliche Verfügung Beschwerde führt, dessenungeachtet die Klage beantworten müsse, ein Bedenken finden. Denn der Lauf des Prozesses darf durch dergleichen Beschwerden nicht aufgehalten werden, wenn sie nicht von den Parteien zum Verschleif der Sache gemißbraucht werden sollen.

Zum §. 43.

Diese Vorschrift hat ihre Rechtfertigung bereits oben gefunden. Bei dem ersten Entwurf war vorgeschlagen, daß das Gericht die von dem Erben nachgesuchte Verlegung des Termins bewilligen müsse, wenn seiner Angabe über den Zeitpunkt der erlangten Wissenschaft von dem Erbanfalle nichts entgegen steht; daß aber, wenn sich später die Unrichtigkeit dieser Angabe findet, der Erbe für die aus der Zögerung entstandenen Schäden und Kosten dem Gegner persönlich verhaftet bleibt und zu deren Ersatz in dem Haupturtheile mit zu verurtheilen sei. Diese Vorschriften sind jedoch fortgelassen, weil sie sich theils von selbst verstehen, theils schon in den allgemeinen gesetzlichen Bestimmungen über den Schadensersatz enthalten sind, theils endlich in den Vorschriften über Erkenntnisse ihre Erledigung finden werden.

Zum §. 44.

Der erste Entwurf hatte die Vorschriften über die Production der Originalurkunden hier eingeschaltet und mithin die Fälle, in welchen die Vorlegung des Originals zum Erweise einer streitigen Thatsache und diejenigen, in welchen dieselbe nur um deswillen erfolgen soll, um den Producten in den Stand zu setzen, sich auf die Klage oder Klagebeantwortung vollständig einlassen zu können, vermischt. Offenbar gehört aber nur der letzte Fall hierher, der erste dagegen in den Titel vom Beweise, und ist hiernach der vorliegende Entwurf abgefaßt worden. Bei der Redaction des §. 44. ist man von dem Gesichtspunkte ausgegangen, daß der Lauf der Sache durch das Verlangen der Vorlegung des Originals einer Urkunde nicht aufgehalten werden dürfe. Es ist deshalb bestimmt, daß ein darauf gerichtetes Gesuch, wenn es von der Einlassung auf die Klage befreien solle, dergestalt zeitig vor dem nächsten anstehenden Termine angebracht werden müsse, daß dem Gegner noch aufgegeben werden könne, die Original-Urkunde in diesem Termine vorzulegen. Hierin wird keine Härte für den Producten gefunden werden können, da er bereits bei der Insinuation der Klage oder Klagebeantwortung davon unterrichtet wird, ob das Original der Urkunde eingereicht ist oder nicht, und ihm sonach hinlängliche Zeit zu dem Gesuche verbleibt. Der Satz, daß ein späterer Antrag auf Production der Original-Urkunde von der Einlassung auf die Klage oder Klagebeantwortung nicht befreie, erscheint hiernach vollkommen gerechtfertigt, da der Beklagte sich wenigstens eventualiter einlassen kann.

Zum §. 45.

Diese Vorschrift gründet sich auf den §. 7. der Verordnung vom 1. Juni 1833 (Ges. Samml. von 1833 S. 39). Dort ist zwar dem Richter nur dann nachgelassen, eine Sache aus dem ordentlichen Prozesse in den summarischen zu verweisen, wenn beide Parteien darauf antragen; es wird indeß kein Bedenken haben, dem Richter diese Befugniß auch ohne den Antrag der Parteien zuzugestehen.

Zu §§. 46 — 52.

Die §§. 46 — 52. bestimmen das weitere Verfahren bis zur Regulirung des status causae et controversiae. Dasselbe ist auf zwei Termine oder Prozeßschriften, die Replik und Duplik, beschränkt, da dies vollkommen genügt, eine vollständige Instruction zu erreichen. Es gewährt dies den Vortheil, daß der Prozeß in einem sicheren und geregelten Gange fortschreitet. Denn ist die Klagebeantwortung eingereicht; so muß in zwei Terminen oder Prozeßschriften die Instruction bis zum status causae et controversiae geschlossen sein und den Parteien, welchen an der Beschleunigung der Sache gelegen ist, gestattet überdies der §. 50., diese Termine zu anticipiren, oder die Schriften noch vor denselben einzureichen. Jeder Partei stehen hiernach mit Hinzurechnung der Klage und Klagebeantwortung zwei Erklärungen zu und diese sind hinreichend selbst für die verwickeltsten Sachen, sobald nur die Parteien das, was sie vorzutragen haben, zusammenfassen und auf einmal vortragen. Sie versäumen hierbei weniger, als jetzt, wo die Sicherheit, das Versäumte nachholen zu können, sorglos macht und bewirkt, daß die Prozesse oft mit unvollständiger Information, ohne Plan und Ordnung angefangen und eben so planlos und ohne Zusammenhang fortgesetzt werden. Sie werden endlich an Zeit gewinnen, welche sie jetzt durch die Abwartung einer Menge von Terminen, worin wenig oder nichts geschieht, verlieren und welche die Mandatarien nützlicher auf die Ausarbeitung der Prozeßschriften verwenden können. Was die einzelnen Vorschriften betrifft, so ist insonderheit hinsichts der §§. 46 und 47. zu bemerken, daß man aus den oben schon entwickelten Gründen zur Abgabe der Replik und Duplik Termine nicht für nöthig gehalten hat, wenn die Partien durch Sachwalte oder Rechtsbeistände vertreten werden, indem alsdann diese beiden Sätze füglich schriftlich abgefaßt und eingereicht werden können, wozu den Parteien eine den Umständen angemessene Frist gestattet ist.

Der §. 48. bestimmt den nothwendigen Inhalt der Replik und Duplik. Die Replik des Klägers wird enthalten müssen

1) eine bestimmte Erwiderung auf die Beantwortung der Klage,
2) eine bestimmte Erklärung und Einlassung auf die vom Beklagten vorgebrachten Einreden und producirten Urkunden.

Es ist im §. 48. den Parteien gestattet, zugleich die Beweismittel für die der Klage oder den Einreden zum Grunde liegenden Thatsachen anzugeben. In wiefern dies zugelassen sei? darüber sind die Ansichten sehr verschieden gewesen. Auf der einen Seite war man der Meinung, daß es bei der Vorschrift der Allgemeinen Gerichtsordnung zu belassen, nach welcher diese Beweismittel in der Klage und in der Klagebeantwortung angegeben.

Dagegen ward im ersten Entwurf vorgeschlagen, die Parteien nicht eher zur Angabe der Beweismittel aufzufordern, als bis durch eine interlokutorische Verfügung des Gerichts feststeht, was und von wem zu beweisen sei. Dieser Vorschlag ist allerdings gegründet und stimmt mit der Theorie und dem Wesen des Prozesses überein. Eine feste Scheidung des Instructionsverfahrens von dem Beweisverfahren ist ein wesentliches Erforderniß einer guten Prozeßleitung und das Durcheinanderlaufen beider Verfahren für eine sichere Basis des ganzen Prozesses nachtheilig. Daher sind auch in dem vorliegenden Entwurf §. 3. die schon in der Klage beizubringenden Urkunden auf diejenigen beschränkt, durch welche die Klage begründet wird, aber nicht auch auf diejenigen erstreckt, durch welche das fundamentum agendi bewiesen werden soll, welche offenbar in das Beweisverfahren gehören, wie in den Motiven zum §. 3. näher ausgeführt worden ist. Mit Recht ist daher bei dem ersten Entwurf von der Ansicht ausgegangen, daß eine Anticipation des Beweises, zu dessen

Aufnahme es vielleicht nicht kommt, das Verfahren stört und die Aufmerksamkeit von der Hauptsache abzieht und unnöthigerweise Zeitverlust und Kosten verursacht.

Dem ersten Entwurf würde unbedingt beizutreten sein, wenn der Preußische Prozeß lediglich der gemeinrechtliche wäre und nicht in dem status causae et controversiae eine ihm eigenthümliche, dem gemeinen Prozeß unbekannte Einrichtung besäße, die theils dem Instructions-, theils dem Beweisverfahren angehört und das letztere zu einem bedeutenden Theil abkürzt. Der status causae et controversiae stellt die unter den Parteien streitig gebliebenen Punkte klar und bestimmt heraus und der Richter urtheilt durch die Verfügung auf den status causae et controversiae über die Relevanz derselben. Die Parteien können daher bei der Regulirung des status causae ihre Beweismittel füglich angeben, ohne daß es des vorgängigen interlokutorischen Erkenntnisses bedarf. Dies hat überdem den Vortheil, daß es nicht weiter einer besonderen Beweisantretung und einer Erklärung des Gegentheils darüber bedarf, daß das Decret, welches das thema probandum feststellt, zugleich die Aufnahme des Beweises verfügen kann und daß der Streit über die Zulässigkeit des Beweismittels und über die Einwendungen gegen die Zeugen zum Voraus erledigt wird. Wenn zugleich der Vorschlag gemacht ward, die Beweismittel für die Thatsachen sub poena praeclusionis in der nächstfolgenden Schrift und daher in der Replik und Duplik zu erfordern und dieselben nur ausnahmsweise in dem Termine zur Erklärung über den status causae et controversiae noch zu gestatten; so hat der vorliegende Entwurf diesen Vorschlag nicht aufnehmen können. Will man das Beweisverfahren von dem Instructionsverfahren trennen, und dies ist nöthig, um durch die Vermischung beider die Sache nicht zu verwirren, so darf man die Antretung des Beweises erst nach beendigtem Instructionsverfahren erfordern. Nur bei Festhaltung dieses Grundsatzes kann man bestimmte, streng von einander gesonderte Abschnitte des Prozeßverfahrens erhalten und dadurch eine Uebersicht der Sache bewirken, die im entgegengesetzten Falle, wenn auch nicht unmöglich, doch im höchsten Grade erschwert sein wird. Es wird dadurch auch zugleich der Vortheil erreicht, daß die frühere Angabe der Beweismittel auf die Erklärungen des Gegentheils nicht mehr influiren und er aus der Beschaffenheit der Beweismittel nicht einen Grund entnehmen kann, Thatsachen zu bestreiten, welche er sonst vielleicht zugestanden haben würde.

Aus diesen Gründen ist der Grundsatz festgehalten, daß die Angabe der Beweismittel unter präklusivischem Nachtheil erst in dem Termine zur Erklärung über den status causae et controversiae, mithin nach völligem Abschluß des Instructionsverfahrens, zu erfordern und die Verfügung des Gerichts über die Beweisaufnahme bis dahin auszusetzen sei, daß die Beweismittel angegeben und die Parteien mit ihren Einwendungen dagegen gehört sind, um hierdurch zugleich einer zweimaligen Entscheidung des Gerichts über die Beweisaufnahme vorzubeugen. Gleichwohl erschien es nicht gerechtfertigt, den Parteien alle und jede frühere Angabe der Beweismittel zu untersagen, weil die für den Richter schwierigere Bearbeitung der Sache keinen Grund abgeben kann, die Parteien in ihren Erklärungen zu beschränken und es allerdings Prozesse geben dürfte, in welchen diese Anticipation nützlich sein kann.

Was über den Inhalt der Replik des Klägers gesagt ist, gilt auch von der Duplik des Beklagten, welche nach denselben Grundsätzen abzufassen ist.

Der §. 50. bedarf keiner besonderen Rechtfertigung.

Der §. 51. weicht von den bisherigen Vorschriften ab. Die Gerichtsordnung unterscheidet nämlich in den §§. 42 und 43. Tit. 9. in dem, im §. 51. unterstellten Falle, wenn der erste Termin bloß zur Klagebeantwortung angestanden hat, ob der im Instructions-Termine ausbleibende Kläger seine Absicht, den Prozeß fortzusetzen, vorher auf irgend eine Weise zu erkennen gegeben habe, oder nicht. Im ersteren Falle soll die Instruction wider ihn in contumaciam fortgesetzt, im letzteren aber sollen die Akten auf seine Kosten reponirt werden, weil in diesem Falle anzunehmen sei, daß er sich der Fortsetzung des Prozesses begeben habe; der Kläger kann gleichwohl den Prozeß innerhalb vier Wochen nach abgelaufenem Termine reassumiren (§. 20. Tit. 20. der Allgem. Gerichtsordnung), der Beklagte aber, wenn er die Sache fortsetzen und entschieden haben will, muß jenen ad agendum provociren.

Diese Unterscheidung ist in den Entwurf nicht aufgenommen, weil sie nicht bloß zu unnöthigen Weiterungen führt, sondern auch auf keinem richtigen Grunde beruht. Denn aus dem Ausbleiben einer Partei kann nie mehr gefolgert werden, als daß sie zu ihrer Vertheidigung nichts anzuführen oder zu erwidern habe. Nur der Handlung, zu der der Termin anstand, kann sie dadurch verlustig gehen und ein Verzicht auf etwas Anderes, als hierauf, darf aus ihrem Ausbleiben nicht gefolgert werden. Der Kläger hat durch die Anstellung der Klage hinlänglich zu erkennen gegeben, daß er den Prozeß will und den Ausspruch des Richters darüber begehrt. Warum soll er diese Intention nach erfolgter Einlassung des Beklagten noch einmal erklären? Sie muß vielmehr so lange als fortbestehend angesehen werden, bis sie ausdrücklich zurückgenommen ist. Könnte bei der unterlassenen Erklärung, den Prozeß fortsetzen zu wollen, aus dem Ausbleiben des Klägers im Instructions-Termine ein Verzicht auf den Prozeß gefolgert werden; so müßte aus gleichem Grunde dieselbe Folgerung auch bei jeder späteren Versäumniß des Klägers Platz greifen und es würde sehr überflüssig sein, mit der Gerichtsordnung in Tit. 20. von einer ausdrücklichen Renunciation zu reden, wenn der Prozeß nur so lange dauern sollte, als ihn der Kläger fortsetzt.

Eben so wenig ist abzusehen, warum der Beklagte nicht befugt sein sollte, die Fortsetzung der Sache und ein richterliches Erkenntniß zu verlangen? Warum soll er den Kläger erst ad agendum provociren, da ja die Klage schon angestellt und von ihm beantwortet ist? Und was soll geschehen, wenn nun die Klage in Folge der Provocation von Neuem angestellt und beantwortet ist, der Kläger aber im Instructions-Termine abermals ausbleibt? Sollen die Akten wiederum reponirt werden und der Beklagte von Neuem provociren u. s. w.? Oder hat Letzterer nunmehr durch die Provocation die Befugniß erlangt, auf die Entscheidung der Sache zu dringen?

Dann müßte ein Unterschied im Verfahren gemacht werden, jenachdem eine Klage auf vorgängige Provocation oder ohne dieselbe angestellt ist. Aber zu einer solchen Unterscheidung ist auch nicht der entfernteste Grund vorhanden, und überhaupt nicht abzusehen, weshalb der Beklagte, um zu jener Befugniß zu gelangen, die Sache mittelst einer Provocation auf einen Punkt zurückbringen soll, auf welchem sie sich schon vorher befand.

Aus diesen Gründen erschien es richtiger und einfacher, der Sache, wenn der Kläger mit der Replik ausbleibt, ihren Lauf zu lassen. Will Letzterer den Prozeß nicht fortgesetzt wissen; so mag er renunciiren, worüber weiter unten das Nähere bestimmt ist.

Der §. 52. ist schon früher motivirt worden.

Außerdem war in dem §. 181. des ersten Entwurfs noch die Vorschrift aufgenommen

> daß Schriften, welche nach Ablauf des Termins, jedoch vor der Regulirung des status causae et controversiae nachgebracht würden, noch zuzulassen seien;

und zu deren Begründung bemerkt, daß dieselbe keine Abweichung von der Gerichtsordnung enthalte, sondern eine Befugniß zugestehe, welche der §. 44. Tit. 9. der Allgem. Gerichtsordnung den Parteien ebenfalls einräumt. Es haben sich jedoch hiergegen in den eingegangenen Gutachten sehr viele Stimmen erhoben und dagegen angeführt, daß eben diese Vorschrift sehr zur Verzögerung der Prozesse gereicht habe und noch gereiche und demgemäß vorgeschlagen, mit Abänderung derselben es lediglich bei dem zu belassen, was einmal in contumaciam für zugestanden oder nicht angebracht erachtet sei, die Nachbringung aber entweder gar nicht oder doch nur in dem Falle zu gestatten, wenn erhebliche Hinderungsursachen angezeigt und sofort bescheinigt sind.

Es ist nicht zu bestreiten, daß in dem bisherigen Verfahren die allegirte Vorschrift eine Hauptursache der Zögerung ist. Sie ist es so sehr, daß in der Regel nicht einmal in contumaciam instruirt wird, weil man dies für eine vergebliche Mühe ansieht. Bei dem vorliegenden Entwurf ist daher gedachter §. 181. des früheren Entwurfs um so mehr ausgefallen, als es durchaus nicht consequent sein würde, nach Ablauf des peremtorischen Termins oder der Frist noch eine Schrift zuzulassen. Bei dieser Nachlassung würde die ganze Präclusivität der Fristen illusorisch sein und der Prozeß jeder festen Basis ermangeln.

Fünfter Abschnitt.

Von der Regulirung der Streitpunkte und der Beweis-Aufnahme und dem Versuche der Sühne.

Zum §. 53.

Der Referent bei dem ersten Entwurf hielt die Regulirung des status causae et controversiae weder für nothwendig, noch für nützlich Der status causae et controversiae, sagt er, sei eine den Parteien gemachte Relation über das, was sie gegenseitig angeführt oder geläugnet haben; es sei nicht abzusehen, wozu sie ihnen gemacht war und wozu es nütze, daß ihnen dieselbe zur Anerkennung vorgelegt werde, da ja ihre eigenen Erklärungen, aus welchen jene entnommen ist, in den Akten vorliegen. Entweder stimme die species facti mit diesen Erklärungen überein, und dann bedürfe sie keiner Anerkennung, oder sie stimme damit nicht überein, und dann sei zweifelhaft, was gelten soll, das, was die Parteien wirklich erklärt haben, oder das, was der Deputirte sie in dem status causae habe erklären lassen? Nach der Gerichtsordnung (Tit. 10. §. 38[a]) habe die Regulirung des status causae et controversiae den Zweck, daß dadurch sowohl die Parteien, als der Instruent, in den Stand gesetzt werden, etwanige Irrthümer oder Mißverständnisse zu berichtigen, Lücken zu ergänzen, übersehene Umstände nachzutragen rc.; dieser Zweck falle aber weg, wenn den Parteien die Befugniß genommen, neue Thatsachen nach regulirtem **status causae et controversiae** vorzubringen. Dagegen sei zu besorgen, daß die Erklärung über den **status causae** nicht nur an sich zu unnöthigen und unangenehmen Weiterungen Anlaß gebe, sondern daß auch die Parteien diese Erklärung mißbrauchen würden, um mittelst derselben ordnungswidrig neue Umstände einzuschwärzen und hierdurch den Prozeß zu verwirren oder zu verzögern; was hiernach als Zweck der Regulirung des **status causae et controversiae** noch übrig bleibe, sei die Vereinigung der Parteien über die Beweisaufnahme; allein diese sei selbst zwecklos und komme auch in praxi selten oder niemals zu Stande. Denn, wenn der Richter den Prozeß entscheiden soll; so müsse er auch bestimmen, was und von wem Behufs der Entscheidung zu beweisen sei und diese Bestimmung könne nicht der Vereinigung der Parteien überlassen werden, was nichts anderes heiße, als von ihnen verlangen, daß sie das Urtheil selbst machen. Die Einigung der Parteien über die Beweisaufnahme, wenn sie wirklich erfolgt, habe demnach keinen Werth und keine Wirkung, als in so fern der Richter damit einverstanden ist und deshalb hätten jene auch kein Interesse, sich zu einigen, sondern stellen die Beweisaufnahme stets der Verfügung des Richters anheim, wenn sie nicht Gründe haben, derselben ausdrücklich zu widersprechen; bedürfe es aber keiner Anerkennung des **status causae et controversiae** Seitens der Parteien, und sei auch von einer Einigung derselben über die Beweisaufnahme kein brauchbares Resultat zu erwarten; sondern offenbar kürzer, wenn der Deputirte denselben zwar anfertigte, ihn jedoch ohne vorgängige Erklärung der Parteien darüber sofort dem Gerichte zur Fassung eines Beschlusses vortrage, da hierdurch nicht nur an Zeit gespart, sondern auch jede Veranlassung zu einer Nachinstruction abgeschnitten werde.

Dieser Ausführung ungeachtet, hat man sich jedoch für die Beibehaltung des **status causae et controversiae** in dem revidirten Entwurf entschieden. Die gegen denselben angeführten Gründe dürften bei näherer Erwägung in sich selbst zerfallen. Der status causae et controversiae, wenn er nach der Vorschrift aufgenommen wird, gehört in vielfachen Beziehungen zu den vorzüglichsten Eigenthümlichkeiten des Preußischen Prozesses, schneidet viele überflüssige Zeitversäumnisse des gemeinen Prozesses ab und giebt dem ganzen Prozesse und zwar sowohl dem Instructions- als dem Beweisverfahren eine feste Grundlage. Der Status giebt dem Richter, wie den Parteien, eine klare, zusammenhängende Uebersicht der Sache, wie sie sich bis dahin entwickelt hat, und hebt dadurch die Momente heraus, über welche der Beweis erforderlich ist, und zugleich Veranlassung, sich über die Beweisaufnahme zu erklären, was ohne eine klare und kurze Uebersicht des Sachverhältnisses nicht vollständig geschehen kann. Es wird dadurch die bedeutende Zeit erspart, die im gemeinen Prozeß hierauf, so wie auf das beweiseinleitende Verfahren und zu den Erörterungen über die dabei vorfallenden Incidentpunkte verwandt werden muß und denen im Preußischen Prozeß lediglich durch den status causae vorgebeugt wird. Materiell gewährt derselbe den Nutzen, daß er gleichsam eine Revision des Instructionsverfahrens, das oft sehr verwickelte, von den Parteien nicht selten absichtlich verwickelt gelassene factum aus den Akten heraushebt und klar und deutlich feststellt und, so von den Parteien anerkannt, zur Kenntniß des Richters bringt. Dasselbe giebt zugleich die Gelegenheit, Irrthümer und Dunkelheiten in den Vorträgen der Parteien zu berichtigen und aufzuklären, wozu nach gemeinem Prozeß der erkennende Richter oft eigene Vorbescheide ansetzen und dadurch Zeit- und Kostenverlust veranlassen muß. Die Befürchtung, daß dies benutzt werde, neue Thatsachen anzuführen, ist bei gehöriger Beobachtung der gesetzlichen Vorschriften ungegründet und tritt bei der Vernachlässigung dieser Vorschriften auch ein, wenn dieser Termin nicht Statt hat, weil alsdann die Parteien auch noch dem Aktenschlusse nova beibringen könnten. Es giebt aber Lücken und Nebenpunkte in Prozessen, die keine nova sind, aber dennoch zur Aufklärung der Sache beitragen und zu deren Beibringung es kein zweckmäßigeres Mittel als diesen Termin giebt.

Es ist aber überdem von dem Referenten der zweite, sehr erhebliche Zweck dieses Termins, der Versuch der Sühne, ganz übersehen. Man hat zwar in neuern Zeiten hin und wieder behauptet, daß nur die Entscheidung, nicht aber der Versuch der Sühne, zum richterlichen Amt gehöre und, daß der Versuch solcher gütlichen Hinlegung der Sache nie oder wenigstens höchst selten gelinge. Der letztern Behauptung widerspricht indessen die Erfahrung, auch in Ansehung sehr verwickelter, aus einer Menge einzelner, schwer zu entwickelnder Verhältnisse bestehenden Prozesse, aus welchen die Parteien bedeutenden Zeitverlust und Kostenaufwand befürchten. Der Beruf des Richters, die Sühne zu stiften, gehört aber zu seinen vorzüglichsten Pflichten und unterscheidet ihn von dem bloßen Fakultisten und Urtheilsfinder und trägt besonders dazu bei, ihm die Achtung und das Vertrauen des Publikums zu gewinnen. Der Termin zur Erklärung über den status causae et controversiae ist der allergeeignetste Zeitpunkt zu diesem Versuch. Die Sühne in dem Termin zur Beantwortung der Klage zu machen, würde allerdings noch erwünschter sein, ist aber mit Erfolg sehr schwierig, weil in demselben die Parteien noch von ihrem Rechte zu sehr eingenommen und oft auch gegen einander zu erbittert sind, auch der Deputirte noch zu wenig mit der Sache vertraut ist, um die Lage und Vergleichsfähigkeit derselben ganz übersehen zu können. Im Termin zur Erklärung des status causae haben diese Verhältnisse sich mehrentheils geändert; die Parteien haben eine klare Uebersicht und mit derselben eine klare Ansicht der Sache erhalten, und Rechthaberei und Groll in dem Blick auf den ihnen noch bevorstehenden langen und kostbaren, dennoch aber zweifelhaften Gang des Prozesses nicht selten ein Gegengewicht erhalten. Die in neuern Zeiten unter dem Namen Schiedsmänner errichteten Vergleichs-Commissionen haben die große Nützlichkeit der Sühneversuche hinreichend beurkundet, können indessen den

Beruf der Gerichtshöfe zu solchen Versuchen nicht schwächen. Wenn jene Schiedsmänner ihren Beruf ausüben, befinden die Parteien sich nicht einmal in der Lage, wie in dem Termin zur Beantwortung der Klage und werden selten durch Schiedsmänner in der Ueberzeugung ihres Rechts herabgestimmt werden, diese Lage wird sich aber in dem Termin zur Aufnahme des **status causae et controversiae** geändert haben. Der revidirte Entwurf hat daher den **status causae** um so mehr beibehalten, als von keinem einzigen Gerichtshofe auf die Aufhebung desselben angetragen ist.

Der Referent des ersten Entwurfs hatte, wenn der **status causae** beibehalten werde, zur Entwerfung desselben dem Deputirten eine Frist von 8 Tagen nach Abschluß der Instruction bestimmen wollen. Der vorliegende Entwurf ist darauf nicht eingegangen. Abgesehen davon, daß diese Frist nach Maaßgabe der Sache bald zu eng, bald zu weit ist, sind solche Fristen für Arbeiten, die nur durch ihre Gründlichkeit nützlich sein können, überhaupt unangemessen. Der Dirigent wird säumige Deputirten ohnehin zur Erledigung ihrer Arbeiten anhalten.

Zum §. 54.

Dieser §. rechtfertigt sich durch die §§. 28 und 38. Tit. 10. der Allgem. Gerichtsordnung und die obigen allgemeinen Bemerkungen.

Zum §. 55.

(§§. 39 und 41. Tit. 10. der Allgem. Gerichtsordnung.) Daß die Beweismittel in dem Termine zur Erklärung über den **status causae et controversiae** angegeben werden müssen, geht schon aus den Motiven zum §. 49. hervor, so wie, daß die Parteien auch über diejenigen Punkte zu vernehmen sind, welche nach dem **status causae et controversiae** noch einer näheren Erklärung bedürfen, aus den Motiven zum §. 53. Desto mehr bedarf es aber der Anführung der Gründe, aus welchen die Vorschrift der §§. 43 und 44. Tit. 10. der Allgem. Gerichtsordnung:

> daß der Deputirte sich mit den Parteien über die Punkte, welche durch Beweis ins Licht gestellt werden sollen, zu vereinigen suchen und, wenn diese Vereinigung zu Stande komme, danach mit der Aufnahme des Beweises verfahren solle,

in dem revidirten Entwurf nicht beibehalten ist. Schon bei dem ersten Entwurf ist bemerkt, daß diese Vereinigung in so fern zwecklos sei, als der Richter durch dieselbe nicht gebunden werde, sondern, wenn er die Aufklärung noch anderer streitiger Thatsachen zur Entscheidung der Sache für nöthig erachtet, dieselbe der entgegenstehenden Vereinigung der Parteien ungeachtet zu veranlassen befugt sei. Das ist allerdings gegründet, aber eben deshalb kann dem Deputirten nicht nachgelassen werden, mit der Beweisaufnahme vorzuschreiten, bevor der Richter sich darüber ausgesprochen hat. Die Vereinigung der Parteien über die Beweispunkte ist aus dem angeführten Grunde zwar unerheblich, aber aus eben dem Grunde auch unpräjudicirlich. Es ist allerdings rathsam, die Parteien mit ihren Gründen für und wider die Erheblichkeit einer Beweisaufnahme zu hören, weil jene oft von Einfluß auf die Entscheidung des Gerichts sein können, allein ein Beschluß darüber, was durch Beweis ins Licht gestellt werden soll, kann ihnen nicht zugestanden werden. Noch weit weniger kann aber diesem Beschluß das Gewicht, und dem Instruenten die Befugniß beigelegt werden, ohne Einwirkung des Richters sogleich mit der Aufnahme des Beweises vorzuschreiten. Durch ein solches Verfahren überschreitet der Deputirte die Gränzen seiner Befugnisse und geht nicht allein in die richterliche Wirksamkeit über, sondern greift derselben durch das Urtheil über die Relevanz des **thema probandum** vor, worüber das Urtheil nur dem erkennenden Richter, da der Beweis ihm geführt wird, allein zusteht. Durch diese, dem Deputirten zustehende Befugniß können mit großem Zeit- und Kostenaufwand Beweise aufgenommen werden, welche der erkennende Richter für ganz überflüssig hält und dagegen über die von demselben für nicht relevant erachteten Thatsachen die Aufnahme des Beweises unterlassen werden. Der revidirte Entwurf hat den

Grundsatz angenommen, daß kein Beweis, bevor der Richter über dessen Erheblichkeit entschieden hat, aufgenommen werden darf.

Zum §. 56.

Es wird, wenn die Beweismittel erst in dem Termin zur Erklärung über den **status causae et controversiae** angegeben werden, der Fall nicht selten sein, daß die Parteien sich außer Stande befinden, sofort die etwanigen Einwendungen gegen die vorgeschlagenen Beweismittel vorzubringen oder ihre Erklärungen über letztere abzugeben. Auch wird es, wenn Zeugen vorgeschlagen, oder Eide deferirt und die Parteien durch Bevollmächtigte vertreten werden, in der Regel erst einer Anfrage bei den Mandanten darüber bedürfen, ob sie Einwendungen gegen die Glaubwürdigkeit der Zeugen anbringen und den Eid annehmen, oder referiren wollen. Es ist daher nöthig, für solche Fälle eine Frist zu der Erklärung oder zur Vorbringung der Einwendungen gegen die Beweismittel zu gestatten, zugleich aber für den Fall, daß diese Frist nicht inne gehalten wird, zu bestimmen, daß sodann die vorgeschlagenen Beweismittel aufgenommen werden würden, um die Sache nicht ohne Noth aufzuhalten. Eines Termins zur Abgabe dieser Erklärungen oder Einwendungen wird es selten bedürfen, sondern dies schriftlich erfolgen können.

Damit die obgedachte Frist nicht zur Verschleppung der Sache gemißbraucht werde, sind die Fälle offenbar unbegründeter Anträge ausgenommen und dem richterlichen Ermessen überlassen.

Zum §. 57.

Die in diesem §. ausgesprochenen Präjudicien bedürfen keiner weitern Rechtfertigung, da sie zum Theil mit den Vorschriften der Allgem. Gerichtsordnung übereinstimmen, zum Theil schon früher motivirt sind, zum Theil endlich aus der Sache selbst folgen.

Zum §. 58.

Conf. §. 55. des Entwurfs, dessen Motive auch diesen Paragraphen berühren.

Zu §§. 59—61.

Es ist bereits in den Motiven zum §. 53. bemerkt, daß der Beruf und die Angemessenheit des Richters, die gütliche Beilegung der Sache zu versuchen, in neuern Zeiten vielfach bezweifelt worden, wie denn die Oesterreichische Prozeß-Ordnung dem Richter nur in dem Fall gestattet, die Sühne zu versuchen, wenn er von beiden Theilen darum ersucht worden. Die Preußische, so wie die Prozeß-Ordnungen der mehrsten andern Länder machen diesen Versuch den Richtern zur angelegentlichen Pflicht, insonderheit den Untergerichten, bei welchen er am zweckmäßigsten gleich nach dem Termin zur Klagebeantwortung gemacht wird. Diese Bedenken gegen die richterlichen Sühneversuche werden mit auf die Erfolglosigkeit derselben gegründet. Dieses Argument dürfte indessen nicht von erheblichem Gewicht sein. Man klagt auch über sehr unerschöpfende Instructionen, verwirft aber deshalb nicht dieselben in thesi, sondern setzt die Mängel derselben auf die unzureichende Qualification der Instruenten und deren Mangel an Aufmerksamkeit und Fleiß. Da die Versuche der Sühne mit der Instruction verbunden sind; so ist es wohl begreiflich, daß sie ein gleiches Schicksal, wie diese haben und man kann daher von solchen Vergleichsversuchen auf Versuche, wie sie sein und gehalten werden sollten, nicht schließen. Es sind keine Gründe vorhanden, von dem System unserer Gesetzgebung abzugehen und sind daher deren Vorschriften über diesen Gegenstand beibehalten.

Daß, so viel den §. 59. betrifft, der Termin zur Erklärung über den status causae dazu besonders geeignet sei, ist bereits zum §. 53. angeführt.

Der §. 60. entspricht den §§. 8. 9 und 13. Tit. 11. der Allgem. Gerichtsordnung. Der Referent des ersten Entwurfs hatte hier vorgeschlagen (§. 192. seines Entwurfs), daß ein solcher Vergleich, um die Kraft eines rechtskräftigen Urtheils zu haben und vollstreckt werden zu können, vom Gerichte bestätigt werden müsse, weil es nicht unmöglich sei, daß ein vom Deputirten in Eile aufgenommener Vergleich mitunter ungültige und gesetzwidrige Bestimmungen enthalte und es überdies dem Systeme der Gerichts-Ordnung gemäßer sein dürfe, daß die Gerichte nichts vollstrecken lassen, was sie nicht geprüft und dem sie ihre Autorität nicht beigefügt haben. Diesen Vorschlag, welcher überdies den Vorschriften der Gerichtsordnung zuwiderläuft, hat der revidirte Entwurf nicht aufgenommen. Das Gericht hat den materiellen Inhalt eines Vergleichs nicht zu prüfen, vielmehr kommt es in dieser Beziehung auf die Vereinigung der Interessenten an. Das Gericht hat nur dahin zu sehen, daß der Vergleich seiner Form nach den gesetzlichen Erfordernissen entspricht, um etwanigen Mängeln, wie es bei den Akten der freiwilligen Gerichtsbarkeit geschieht, sofort abhelfen zu lassen und dadurch neuen Prozessen vorzubeugen, so wie auch darauf zu achten, daß der Vergleich keine offenbare Gesetzwidrigkeiten enthält. Um dieser Obliegenheit zu genügen, bedarf es aber nicht der gerichtlichen Bestätigung, sondern giebt die nachgesuchte richterliche Hülfe die vollkommenste Gelegenheit. Die Voraussetzung, daß der Deputirte des Gerichts in Eile einen Vergleich aufnehmen und darin gesetzwidrige und ungültige Bestimmungen aufnehmen möchte, dürfte wohl schwerlich auszusprechen und als Motiv angenommen werden können, um die gerichtlichen Vergleiche so zu erschweren und den Parteien Kosten zu verursachen. Nach diesen Grundsätzen ist der §. 60. abgefaßt.

Der §. 61. ist aus dem §. 14. Tit. 11. der Allgemeinen Gerichtsordnung übernommen, jedoch etwas modificirt worden. Nach dem §. 14. soll nämlich die Partei, welche den Vergleich ablehnt, in dem untergestellten Falle die ferneren Kosten nur alsdann tragen, „wenn der Vergleichsvorschlag zu einer „Zeit geschehen ist, da die Sache schon so weit auseinandergesetzt war, daß die Partei über das Verhältniß desselben zu „dem Objecte des Prozesses und dessen wahrscheinlichen Erfolg „nach vernünftigen Gründen ein Urtheil fällen konnte." Dies möchte jedoch in jedem concreten Falle schwer zu bestimmen sein und von der Urtheilskraft und der Rechtskenntniß der Partei abhangen. Aber auch wenn sie hierzu außer Stande war und mithin der Irrthum zu entschuldigen ist, so bleibt es doch ihr Irrthum und es wäre ungerecht, dem Gegentheil, der diesen Irrthum nicht theilte, sondern dasjenige, wozu er nur verurtheilt werden konnte, freiwillig anbot, dennoch Kosten aufzubürden. Diese Einschränkung läßt sich daher an sich nicht rechtfertigen und hebt den Zweck der Vorschrift, die Vergleiche zu befördern, zum Theil wieder auf. Der revidirte Entwurf hat daher diese Beschränkung nicht aufgenommen. Er hat dagegen die Bedingung, unter welcher der den Vergleich ablehnenden Partei die Kosten und welche Kosten derselben aufzuerlegen seien, genauer als die Gerichtsordnung bezeichnet. Nach der letzteren soll nur die Partei in die Kosten verurtheilt werden, welche temere litigirt und dieser Vorwurf kann die den Vergleich ablehnende Partei nur in dem Falle treffen, wenn sie demnächst in keiner Instanz ein Mehreres erstreitet, als ihr vergleichsweise angeboten worden ist. Der Ausdruck des §. 14. Tit. 11. der Allgem. Gerichtsordnung „in dem künftigen Erkenntnisse" ist mithin nicht richtig, da, wenn dasselbe in den folgenden Instanzen zu Gunsten der den Vergleich ablehnenden Partei abgeändert wird, von einem temere Litigiren derselben nicht weiter die Rede sein kann. Eben so wenig genügt der in der Gerichtsordnung a. a. O. gebrauchte Ausdruck „diejenigen Kosten, welche durch die ferneren Verhandlungen nach dem Sühneversuch entstehen." Denn hierunter können auch die Kosten der ferneren Instanzen begriffen werden, welche in so fern nicht in Betracht kommen können, als die Verbindlichkeit zu deren Tragung lediglich durch den Ausfall des Appellations- und resp. Revisions-Urtheils bestimmt wird.

Zu §§. 62 und 63.

Abweichend vom §. 47. Tit. 10. der Allgem. Gerichtsordnung ist hier bestimmt worden, daß der Vortrag des status causae et controversiae Behufs des zu fassenden Beschlusses über die Beweisaufnahme nicht durch den Decernenten, sondern durch einen Referenten geschehen soll. Zu dieser Abweichung ist man dadurch veranlaßt worden, daß das bisherige Verfahren nicht die gehörige Gewißheit darüber gewährt, ob die Beweisaufnahme von dem Collegio mit gehöriger Kenntniß des Sachverhältnisses verfügt sei und daß nicht selten Fälle vorgekommen sind, in welchen der Decernent ohne vorherigen Vortrag die Beweisaufnahme allein verfügt hat. Es war zur Beseitigung der Mängel des bisherigen Verfahrens vorgeschlagen, nicht allein den status causae et controversiae von einem Referenten anfertigen, sondern auch denselben in Gegenwart der Parteien dem Collegio vortragen zu lassen und dieselben mit ihren Erinnerungen dagegen zu hören. Man nahm dabei an, daß unter dieser Voraussetzung, wenn eine Beweisaufnahme nicht erforderlich ist, sofort das Definitiv-Erkenntniß abgefaßt werden könne, wodurch nicht nur Zeit gespart, sondern auch der Uebelstand vermieden würde, daß das Gericht denselben Streit zweimal entscheiden muß. Denn wenn die Beweisaufnahme als unerheblich ausgesetzt werden müsse, wird angeführt, so liege hierin schon die Entscheidung der Hauptsache, der Vortrag der Parteien komme zu spät und es sei kaum zu erwarten, daß sich die Richter der Prüfung einer schon entschiedenen Frage noch einmal mit derselben Sorgfalt unterziehen würden.

Abgesehen indeß davon, daß in den wichtigeren Sachen höchst selten die Beweisaufnahme wegfällt, die einfacheren aber nach §. 45. des Entwurfs zum summarischen Prozesse verwiesen worden sind, und daß mithin der vom Revisor zur Unterstützung seines Vorschlages angeführte Fall nicht häufig, oder vielleicht gar nicht vorkommen wird; so hat, wiewohl sich die Zweckmäßigkeit des erwähnten Vorschlages nicht verkennen läßt, doch auf der andern Seite nicht übersehen werden können, daß das vorgeschlagene Verfahren die Geschäfte des Gerichts um ein Bedeutendes vermehren würde. Jede Sache, in welcher eine Beweisaufnahme nöthig ist, würde sodann in zwei Spruchsitzungen zum Vortrage gebracht und mithin auf deren Entscheidung die doppelte Zeit verwandt werden müssen. Auch in diesem Falle würde bei dem zweiten Vortrage die gerügte Besorgniß eintreten und diese hier von um so bedenklicheren Folgen sein, als möglicherweise bei der Verfügung über die Beweisaufnahme geirrt sein könnte. Dagegen wird das im §. 62. vorgeschlagene Verfahren den Parteien nicht minder die Gewißheit verschaffen, daß das Collegium die Beweisaufnahme mit völliger Kenntniß der Sache verfügt hat, da dem Referenten zur Pflicht gemacht ist, den von den Parteien genehmigten **status causae et controversiae** vorzutragen und es bedarf nur der Andeutung, daß dieser Vortrag kaum die Hälfte der Zeit wegnehmen wird, welche erforderlich sein würde, wenn die Parteien dabei zugegen wären und gleichzeitig mit ihren Erinnerungen gegen den **status causae et controversiae** und mit den Erklärungen über die zu veranlassende Beweisaufnahme gehört werden sollten. Einer Erklärung der Parteien über den **status causae** bedarf es nicht mehr, da er von ihnen genehmigt und unterschrieben ist, und würden ihnen daher ganz unnöthige Kosten verursacht werden. Um ihre Rechte ganz zu sichern, ist ihnen noch nachgelassen, sich über die zu veranlassende Beweisaufnahme schriftlich zu äußern. Aus diesen Gründen konnte jener Vorschlag nicht angenommen werden.

Zu §§. 64 und 65.

Diese Vorschriften entsprechen im Wesentlichen dem §. 57. Tit. 10. der Allgem. Gerichtsordnung und wird es einer weiteren Rechtfertigung derselben nicht bedürfen.

Zu §§. 66 und 67.

Diese Bestimmungen stimmen mit demjenigen überein, was in den §§. 60—81 b Tit. 10. der Allgem. Gerichtsordnung verordnet ist. Die Gerichtsordnung hat an dieser Stelle insbesondere die sogenannten **exceptiones litis finitae** (der Zahlung, des Erlasses, Vergleichs, der Verjährung und der **rei judicatae**) im Auge und nimmt den Fall an, in welchem der Klagegrund bestritten und zugleich eine Einrede der gedachten Art entgegengesetzt wird. In der Regel und wenn nicht die Ausmittelung des einen oder des andern (des Klagegrundes oder des Einwandes) einen unverhältnißmäßig größeren Zeit- und Kostenaufwand erfordert, soll beides gleichzeitig instruirt und abgeurtheilt werden. Ist aber ein solches Mißverhältniß vorhanden; so unterscheidet die Gerichtsordnung weiter:

a) ob die Hauptsache leicht auszumitteln, die Instruction des Einwandes aber weit aussehend ist.

In diesem Falle soll mit Beiseitsetzung des Einwandes die Hauptsache geschlossen und zum Spruch vorgelegt werden. Findet sich alsdann, daß die Klage ungegründet ist, so wird der Kläger abgewiesen; erscheint aber die Klage an sich gegründet; so erkennt der Richter in der Hauptsache noch nicht, sondern verordnet nunmehr durch eine Resolution die Ausmittelung des Einwandes. (§§. 64—67. l. c.)

b) Oder die Erörterung des Einwandes ist leicht und die der Hauptsache weitläuftig, verwickelt und kostbar.

In diesem Falle wird mit Aussetzung der Hauptsache zuerst der Einwand instruirt. Allein mag nun der Einwand für gegründet oder für ungegründet angenommen werden; so muß der Richter in beiden Fällen definitiv darüber erkennen, ohne die Instruction der Hauptsache zuvor nachzuholen und damit zu verbinden. Wird der Einwand durch das Urtheil verworfen; so hat dies nur die Folge, daß nun die Instruction der Hauptsache sofort in separato vorgenommen wird, wiewohl darin nicht eher erkannt werden kann, als bis das den Einwand verwerfende Urtheil rechtskräftig geworden ist; während, wenn der Einwand in erster Instanz für erheblich erachtet war, die Instruction der Hauptsache so lange ausgesetzt werden muß, bis dieses Urtheil in den folgenden Instanzen rechtskräftig abgeändert worden ist. Es unterscheidet sich also in diesem Falle das Verfahren von dem in dem vorigen wesentlich dadurch, daß hier die Hauptsache und der Einwand stets in abgesonderten Prozessen verhandelt werden.

Was hierin zunächst für die exceptiones litis finitae im Gegensatz zur Hauptsache vorgeschrieben ist, gilt auch noch von andern Einwendungen und von Präjudizialfragen im

Verhältniß zu einander und zu der Hauptsache. Dies hat auch die Gerichtsordnung anerkannt und sie verweist daher in den §§. 79—81[b] l. c., wo von vorläufigen Einwendungen und Präjudizialpunkten die Rede ist, auf die vorangehenden Vorschriften. Allein diese Vorschriften, bei welchen die Gerichtsordnung von einem engeren Gesichtspunkte ausgegangen ist, finden hierauf keine genaue Anwendung. Denn wenn z. B. der beklagte Schuldner dem klagenden Cessionarius den Einwand der fehlenden Legitimation zur Sache entgegengesetzt und zugleich die Tilgung der Schuld an den Cedenten behauptet, und mithin zwei Einwendungen concurriren, deren jede für sich die Klage entkräften kann, oder wenn bei einer Schadensklage der Beklagte sowohl seine Verpflichtung zum Schadensersatze, als daß ein Schade geschehen ist, in Abrede stellt (in welchem Falle nur der Klagegrund bestritten wird, der sich jedoch in zwei Fragen theilt, deren eine die andere präjudizirt); so muß der Richter in beiden Fällen ungewiß sein, ob er das Verfahren sub a, oder das sub b einschlagen soll. Schon aus diesem Grunde würden daher die allegirten Vorschriften der Gerichtsordnung einer Modification und allgemeineren Fassung bedürfen.

Aber auch für die exceptiones litis finitae und das Verhältniß dieser oder anderer Einwendungen zur Hauptsache scheint kein hinreichender Grund vorhanden zu sein, welcher die Verschiedenheit des in der Gerichtsordnung vorgeschriebenen Verfahrens rechtfertigen könnte. Wenn in dem einen Falle, wo der Klagegrund zuerst untersucht ist, diese Untersuchung aber kein endliches Resultat gewährt hat, die Instruction des Einwandes vor dem Erkenntnisse nachgeholt werden muß, warum soll dasselbe im andern Falle und wenn den Einwand zuerst die Reihe trifft, mit dem Klagegrunde nicht geschehen? Warum soll im letzteren Falle der Prozeß gespalten und über den Klagegrund, so wie über den Einwand, abgesondert verhandelt und erkannt werden? Worin besteht der Grund zu dieser Ungleichheit des Verfahrens? Nimmt man an, daß in dem vorangeführten Beispiele der debitor cessus zugleich die Richtigkeit oder Gültigkeit der Forderung bestritte und daß diese einer weitläuftigen Ausmittelung bedürfte; so könnten sogar drei Prozesse aus einem entstehen, wenn über die Einwendungen einzeln und abgesondert vorweg erkannt werden müßte. Dies würde von der Willkühr des Richters abhangen, der leicht veranlaßt sein könnte, den für sie kürzesten Weg zu wählen, der für die Parteien der weiteste ist. In der That sind die Verweisungen ad separatum und die Abweisungen angebrachtermaaßen nicht gar selten und gleichwohl widersprechen dieselben so sehr dem Geiste der Gerichtsordnung, daß es selbst an einer Bestimmung darüber fehlt, wie sich der Appellationsrichter bei einer Beschwerde hiergegen zu verhalten hat.

Die Gerichtsordnung will, daß jeder Rechtsstreit durch ein Urtheil entschieden werde, und dieser Grundsatz ist es vor allen andern, durch welchen sie eine Verbesserung der Rechtspflege bewirkt hat. Nicht ohne die dringendste Noth wird man sich daher von ihm entfernen dürfen. Kommen in einem Prozesse mehrere Thatsachen und Streitfragen zur Untersuchung und liefert schon die Prüfung einer derselben ein solches Resultat, welches den ganzen Streit entscheidet, so wäre es allerdings nutzlos, wenn der Richter jetzt noch die Ausmittelung der übrigen Streitpunkte verfügen wollte. Hat sich aber jenes Resultat nicht ergeben, so ist es nun an ihm, die übrigen Momente des Streits zu erwägen. Ein theilweises Urtheil über einen einzelnen Einwand, das den Streit selbst nicht entscheidet, ist in diesem Falle eben so unnütz, als in jenem die weitere Untersuchung. Denn wenn hinterher die Sache aus andern Gründen dennoch zu Gunsten der Partei entschieden wird, deren Einwand verworfen war; so ist jene erste Entscheidung ohne Wirkung und hat kein praktisches, sondern nur ein theoretisches Interesse. Dies ist es aber, wovor man sich zu hüten hat.

Demgemäß ist der §. 66. gefaßt worden. Dem Grundsatze der Gerichtsordnung wird darin mehr gefolgt, als diese selbst ihn festhält, und sind dadurch zugleich die complicirten Bestimmungen unnöthig geworden, welche die Gerichtsordnung für den Fall enthält, wenn das Urtheil über den Einwand in zweiter oder dritter Instanz abgeändert wird.

Der §. 65 des Entwurfs enthält die Ausnahme (§. 75. Tit. 10. der Allgem. Gerichtsordnung), wenn nämlich die Parteien sich anders geeinigt haben, welche nach der veränderten Regel ebenfalls eine Modification hat erleiden müssen. Die Parteien können sich sowohl darüber einigen, daß sämmtliche Streitfragen, des möglicherweise dadurch vermehrten Zeit- und Kostenaufwandes ungeachtet, gleichzeitig entschieden werden, als auch darüber, daß bloß über eine Präjudizialfrage erkannt werden soll, obgleich dieses der Regel nach nicht geschehen würde.

Der §. 75. Tit. 10. der Allgem. Gerichtsordnung fügt als Ausnahme noch die Aufnahme des Beweises zum ewigen Gedächtnisse hinzu. Dieser Fall gehört indeß nicht hierher und bildet keine Ausnahme von der hier aufgestellten Regel, sondern ein eigenes Verfahren, von dem unten gehandelt werden wird.

Sechster Abschnitt.

Vom Beweise.

Die Gerichtsordnung handelt in der Lehre vom Beweise nicht nur von der Aufnahme, sondern auch von den Wirkungen des Beweises, insbesondere von der Beweiskraft der Urkunden. Sie wiederholt das hierüber Gesagte im Titel vom Erkenntnisse und fügt dem noch Einiges hinzu, da, wo von der Beurtheilung streitiger Thatsachen und von der Collision der Beweismittel die Rede ist. (Tit. 13. §§. 8—26.) Soll die Prozeß-Ordnung ein Gesetz über das gerichtliche Verfahren in bürgerlichen Rechtsstreitigkeiten sein, so dürfte es sich rechtfertigen lassen, die Vorschriften über die Wirkungen des Beweises, die Beweiskraft der Urkunden und die Collision der Beweismittel, in so weit sie nicht von Einfluß auf das Verfahren sind und nur das Materielle der Entscheidung betreffen, ganz aus derselben zu verweisen. Allein das Allgemeine Landrecht, wiewohl es im Einzelnen sehr viele hierher gehörige Bestimmungen enthält, z. B. von der Beweiskraft der Handlungsbücher, der Mäkler-Atteste, daß die Quittung des Ehemannes die Illata der Frau gegen dessen Gläubiger nicht beweist, daß zum Gegenbeweise gegen eine Quittung den Erben des Schuldners nach Verlauf von drei Monaten der Eid nicht mehr deferirt werden kann u. s. w., giebt doch nirgends allgemeine Vorschriften über den Beweis durch Urkunden, Zeugen oder Eid, so daß jene besonderen Bestimmungen als Ausnahmen erscheinen von einer Regel, die nicht in dem Landrechte, sondern in der Prozeß-Ordnung zu suchen ist, wo man sie auch bisher zu finden gewohnt war.

Deshalb sind diese Vorschriften denn auch hier beibehalten worden, jedoch nur so viel davon, als wirklich auf positiven Bestimmungen beruht und derselben bedarf, nicht aber dasjenige, was nur der Theorie angehört. Denn diese durch Gesetze zu fixiren, ist überall ein verfehltes und schädliches Unternehmen, welches den Fortschritt der Wissenschaft hemmt und, wenn sich dieser nicht hemmen läßt, die Jurisprudenz mit dem Gesetze in Widerspruch bringt und hierdurch das Recht ungewiß macht. Man hat es endlich auch für zweckmäßiger gehalten die Vorschriften über die Wirkungen des Beweises, welche die Gerichtsordnung theils an diesem Orte, theils im Titel vom Erkenntnisse enthält, hier zusammen zu fassen, zumal dieselben nach dem eben Gesagten auf wenige Bestimmungen zurückkommen werden. Denn eine Collision der Beweismittel, wovon die Gerichtsordnung im dreizehnten Titel hauptsächlich handelt, ist im eigentlichen Sinne so wenig denkbar, als die Thatsachen, welche dadurch bewiesen werden sollen, nicht zugleich wahr und nicht wahr sein können. Der Widerspruch zwischen Beweis und Gegenbeweis kann daher kein wirklicher, sondern nur ein scheinbarer und die Frage nur die sein, ob das Beweismittel im concreten Falle die Thatsache, auf welche es ankommt, wirklich beweist? Hierüber lassen sich nach der Natur des Gegenstandes keine allgemeinen und erschöpfenden Vorschriften geben und was die Gerichts-Ordnung enthält, dürfte nur eine ungenügende Anweisung sein, wie der Richter in einigen Fällen verfahren kann, die aber, allgemein angewandt, eben so oft irre führen wird.

Zum §. 68.

Diese Bestimmungen betreffen die Frage:

wer eine im Prozesse streitig gewordene Thatsache zu beweisen habe?

Die Gerichtsordnung, indem sie dem Richter die Pflicht auflegte, alle dem Rechtsstreite zum Grunde liegenden erheblichen Thatsachen von Amtswegen zu erforschen und die Interlocute ganz abschaffen wollte, berührte die Beweislast nicht näher. Im Laufe des Prozesses sollte nie hiervon die Rede, sondern die Parteien sollten schuldig sein, ohne Rücksicht hierauf dem Richter ihre Wissenschaft von den Thatsachen und die Mittel zu deren Erforschung anzugeben. Hiernach hatte es zwar den Anschein, als wenn es in der Gerichtsordnung einer Bestimmung über die Beweislast nicht bedürfe, allein sie konnte derselben dennoch nicht gänzlich entbehren und stellte daher im Titel vom Erkenntniß (Tit. 13. §. 28.) den Grundsatz auf, daß, wenn keine rechtlichen Präsumtionen vorhanden sind, der Satz den Ausschlag geben solle, „daß keine Thatsache und keine Veränderung vermuthet werde" und daß mithin, wenn ein Klagepunkt oder Einwand bloß in einem bestrittenen und nicht erwiesenen facto beruhe, ein solcher Klagepunkt oder Einwand verworfen werden müsse. Sie hat hierdurch die Prüfung der Frage, wer beweisen muß, bis nach geführtem Beweis zum Endurtheil hinausgesetzt und durch diese Stellung bewirkt, daß auch hier wiederum die Regel einen schwankenden und nicht ganz angemessenen Ausdruck gefunden hat, da der Grundsatz, daß keine Thatsache und keine Veränderung vermuthet werde, über die Beweislast keine ausreichende Vorschrift enthält. Gesetzt, daß einer ein Darlehn einklagt und daß der Beklagte zwar den Empfang des Geldes zugesteht, aber einwendet, daß er dasselbe nicht als Darlehn, sondern zur Aufbewahrung erhalten habe und daß es ihm mittelst gewaltsamen Einbruchs entwendet sei; gesetzt ferner, dieser letztere Umstand würde ermittelt, es wäre aber völlig im Dunkeln geblieben, ob das Geld als Darlehn oder zur Aufbewahrung gegeben sei. Wie würde man in diesem Falle mit der Regel der Allgem. Gerichts-Ordnung ausreichen? Denn es stehen hier zwei Facta gegenüber, das mutuum und depositum, von denen das Eine so wenig und nicht mehr als das Andere vermuthet werden kann.

Aber auch darin kann man der Gerichtsordnung nicht beistimmen, daß sie jene Regel bis zum Erkenntnisse verschoben hat und erst bei diesem, also nach geführtem Beweise geprüft werden soll, wer ihn zu führen hatte. Denn die Frage, wer beweisen muß, hängt genau mit der zusammen, was zu beweisen ist, und es läßt sich die eine ohne die andere nicht gründlich untersuchen. Unterbleibt diese Prüfung; so geschieht die Beweisaufnahme gleichsam aufs Gerathewohl und es fehlt ihr Richtung und Ziel. Auch den Parteien muß daran gelegen sein, daß sich der Richter über beide Fragen im Voraus (vor der Beweisführung) entscheide, damit sie nicht vergebliche Anstrengungen machen, dann werden sie die Beweisführung mit größerem Eifer betreiben, wenn sie wissen, daß hiervon die Anerkennung ihres Rechts abhängt, als wenn sie in der Ungewißheit bleiben, ob ihnen selbst oder ihrem Gegner der Beweis obliege und ob sie ihren Zweck nicht auch ohne denselben erreichen werden. Wie leicht kann in dem vorhin angeführten Beispiele eine Partei es für hinreichend halten, daß der Gegner den Empfang des Geldes eingestanden hat und in der Meinung, Letzterer müsse nunmehr das Depositum erweisen, hierüber den Beweis des Darlehns vernachlässigen.

Aus diesen Gründen war es nothwendig, nicht allein die Frage über die Beweislast durch eine ausdrückliche Bestimmung zu entscheiden, sondern auch dies hier eintreten zu lassen. Die Frage selbst: wer muß beweisen? hat die Lehrer des Prozesses vielfach beschäftigt, indem sie bemüht waren, einen allgemeinen Grundsatz, oder eine Formel zu finden, welche die Lösung der Frage für jeden gegebenen Fall enthielte. Weber hat dieselben in seiner Schrift über die Beweisführung

Seite 154 seq. aufgezählt und sich selbst für den in den §. 68 des vorliegenden Entwurfs aufgenommenen Grundsatz entschieden, welchem vor allen übrigen, deren Aufführung hier zu weit führen dürfte, unstreitig der Vorzug gebührt. Die Gerichtsordnung selbst stimmt diesem Grundsatz auch bei, wenn sie in den §§. 16 u. 17 der Einleitung vorschreibt, daß vornehmlich derjenige Theil, der sich auf eine bestrittene Thatsache gründet, schuldig sei, dem Richter die Mittel anzuzeigen, durch welche die Wahrheit derselben an den Tag gebracht werden könne; jedoch solle der Richter an diese Angabe nicht gebunden sein, sondern das Recht und die Pflicht haben, auch andere Mittel, die aus dem Vortrage der Parteien und aus dem Zusammenhange ihrer Verhandlungen sich ergeben, zur Erforschung der Wahrheit, selbst ohne das ausdrückliche Verlangen der Parteien, anzuwenden. Diese Vorschriften unterscheiden sich von der Bestimmung des §. 68 dadurch, daß nach ihnen der Richter nur solche Thatsachen ausmitteln soll, „auf welche sich die Partei gründet," die sie mithin als Grund des von ihr behaupteten Rechts oder der Befreiung angeführt haben muß, während die Bestimmung des Entwurfs dem Richter freiläßt, auch den Beweis und die Ermittelung solcher Thatsachen anzuordnen, welche die Partei nicht angeführt hat und von welchen gleichwohl das Recht oder die Befreiung wirklich abhangen. Die Bestimmung des Entwurfs beschränkt daher nicht die Befugniß des Richters, in dieser Beziehung, sondern erweitert sie vielmehr, weil nur der Richter übersehen und bestimmen kann, was zum Beweise der Klage oder der Einrede erforderlich ist.

Zum §. 69.

Der §. 69 enthält die Ausnahme vom Grundsatz des §. 68. Von den Thatsachen, welche bewiesen werden müssen, pflegt man auszunehmen:

a) die notorischen,

b) die vom Gegner zugestandenen und

c) diejenigen, für welche eine gesetzliche Vermuthung streitet.

Die Gerichtsordnung verordnet im §. 56. Tit. 10. ebenfalls, daß notorische Thatsachen keines Beweises bedürfen.

Sie handelt vom Zugeständnisse nach derselben Ansicht in einem besonderen Abschnitte.

Der rechtlichen Vermuthung aber erwähnt sie nur im Titel vom Erkenntnisse (§. 27. Tit. 13.), indem sie bestimmt, daß, wenn durch den aufgenommenen Beweis nichts ausgemittelt worden, diejenige Partei ein obsiegliches Urtheil erhalten solle, welcher rechtliche Vermuthungen zu Statten kommen.

Wegen des Notorischen scheint es jedoch keiner Vorschrift zu bedürfen. Dieser Begriff ist dem Römischen Rechte fremd und aus dem canonischen Rechte, wo er besonderen Zwecken diente, (um Erörterungen über den Kirchenglauben und die Kirchendisciplin zu vermeiden), in die Lehrbücher des Prozesses übergegangen. In keinem derselben findet man jedoch eine genügende Bestimmung dessen, was notorisch ist. Die Gerichtsordnung nennt in der allegirten Stelle diejenigen Thatsachen notorisch, „welche dergestalt allgemein bekannt sind, daß kein vernünftiger Grund, dieselben in Zweifel zu ziehen, vorhanden ist." Allein wenn nun ein Theil eine dafür ausgegebene Thatsache dennoch bestreitet, und eben hierdurch zu erkennen giebt, daß sie nicht allgemein bekannt ist? Soll nun, wie in der That einige Rechtslehrer meinen, der Beweis darüber aufgenommen werden, daß die Thatsache notorisch sei, oder soll die Erklärung des Richters dazu hinreichen? Aber woher weiß es dieser, daß, was ihm nicht unbekannt ist, allen bekannt sei? Und welche ausgedehnte und gefährliche Gewalt wäre hierdurch in die Hände des Richters gegeben? Die Vorschrift, daß das Notorische keines Beweises bedarf, ist daher überflüssig, wenn darunter dasjenige verstanden wird, was Niemand läugnen kann und daher auch nicht läugnen wird. Sie ist aber unrichtig und führt zu Mißbräuchen, wenn dasjenige notorisch sein soll, was der Richter für allgemein bekannt hält oder erklärt. Es ist daher der §. 56, Tit. 10 der Allgemeinen Gerichts-Ordnung in den Entwurf nicht aufgenommen.

Dagegen konnten die rechtlichen Vermuthungen nicht unerwähnt bleiben, denen hier mit gleichem Rechte ein Platz gebührt, wie dem Geständnisse. Denn es genügt nicht, erst beim Erkenntnisse zu sagen, daß, im Falle nichts erwiesen worden, diejenige Partei ein obsiegliches Urtheil erhalten solle, für welche eine Rechtsvermuthung streitet, sondern es dürfen Thatsachen, welchen eine gesetzliche Vermuthung zur Seite steht, und welche daher das Gesetz voraussetzt, da sie keines Beweises bedürfen, überall nicht noch zum Beweise gestellt und die Partei mit einem völlig überflüssigen Beweise belastet werden. Dies liegt auch in der Gerichts-Ordnung, indem, wenn die Partei, der eine Rechtsvermuthung zur Seite steht, auch ohne Beweis ein obsiegliches Urtheil erhält, sie nicht erst nöthig hat, einen Beweis zu führen. Die Fassung ist indessen so unbestimmt, daß es den Anschein gewinnen könnte, als wenn der Beweis zuvor wenigstens versucht werden müsse.

Die Einschränkung im §. 69: „in so fern das Gesetz den Gegenbeweis nicht ausdrücklich untersucht hat," bezieht sich nicht bloß auf die sogenannten praesumtiones juris et de jure, sondern auch darauf, daß das Allgemeine Landrecht in einigen Fällen gewisse Arten des Gegenbeweises ausgeschlossen hat (conf. Thl. I. Tit. 4. §. 49. Tit. 16. §. 107). Der Schluß des §. 69 ist dem §. 28 Tit. 13 der Allgemeinen Gerichts-Ordnung entlehnt und der §. 106 des Anhanges daselbst, welcher ein für die Regel gegebenes Beispiel enthält, als entbehrlich übergangen.

Erstes Capitel.

Vom Geständnisse.

Die Lehre vom Geständnisse ist so wenig in der Gerichts-Ordnung, als in dem ersten Entwurfe zweckmäßig behandelt worden, da man an beiden Orten von einem unrichtigen Begriff des Geständnisses ausging und den wahren Charakter desselben übersah. Der Ausdruck: Geständniß hat zu dieser Mißdeutung mit Anlaß gegeben, welche vermieden werden würde, wenn man der Bezeichnung: Zugeständniß sich bediente. Denn das Wesen und das Gewicht des Geständnisses liegt darin, daß der eine Theil in Beziehung auf den zwischen ihnen schwebenden Rechtsstreit die Thatsache, worauf es ankommt, als wahr einräumt oder für einräumend gesetzlich angenommen wird. Jede Aeußerung über die Wahrheit dieser Thatsache, jede Erzählung derselben, als einer wahren Thatsache, ist nicht ein Geständniß im rechtlichen Sinne und unverbindlich; um diesen Charakter zu erhalten, ist die Absicht des Confitenten dem Gegner in Beziehung auf zwischen ihnen streitigen Rechtsverhältnisse die Wahrheit der in Frage stehenden Thatsache einzuräumen und zuzugestehen, erforderlich. Es liegt von selbst vor, daß die Meinung des Confitenten über die Wahrheit und bloße Aeußerungen seiner Meinung über die Wahrheit der Thatsache nicht entscheiden und den Gegentheil des Beweises derselben nicht überheben könne; nur die Eideszuschiebung ist ihm gestattet. Das Geständniß muß mithin in der Absicht geschehen sein, dem Gegentheile die streitige Thatsache zuzugestehen und einzuräumen und ihn dadurch der Last des Beweises zu überheben. Allgemeine, zufällige, absichtslose Aeußerungen haben diese Vermuthungen nicht. Nimis indignum esse judicamus — sagt L. 13 C. in fine de non numerata pecunia, quod sua quisque voce dilucide protestatus est, id in eundem casum infirmare, testimonioque resistere, welches c. 10 X. de probationibus wiederholt.

Hiermit stimmen die bewährtesten Rechtsgelehrten überein:

Linde bemerkt im Lehrbuch des deutschen gemeinen Civil-Prozesses (1828) §. 266: das Einräumen oder Anführen eines dem Erklärenden nachtheiligen Thatumstandes ist ein Zugeständniß und beziehungsweise ein Bekenntniß. Wegen der freien Dispositionsbefugniß der Parteien über ihre Rechte wird der, dem Erklärenden nachtheilige Thatumstand als juristisch gewiß für diesen Rechtsstreit angenommen, wofern der Erklärende die vorausgesetzte Veräußerungsbefugniß wirklich hat und frei und ungezwungen auch in der Absicht gestehen zu wollen den Thatumstand ausdrücklich als wahr angiebt und das Dasein dieser Erklärung nicht zweifelhaft ist. Unter diesen Voraussetzungen hat das gerichtliche und außergerichtliche Geständniß, mögen beide mündlich oder schriftlich abgelegt sein, gleiche Wirkung.

Weber über die Verbindlichkeit zur Beweisführung in Civilprozessen (1832) Cap. IV. §. 3, S. 42. Darin sind wohl alle einig, daß nicht einer jeden Erzählung oder Aeußerung, die Jemand von sich oder von Dingen, die ihn angehen, irgend einmal gemacht hat, schon eine entscheidende Beweiskraft gegen ihn beigelegt werden kann. Nur darauf kommt es an, ob das Geständniß unter Umständen und in Verhältnissen abgelegt wurde, die nicht sogleich eine andre Absicht, als die nach Ueberzeugung die Wahrheit zu sagen oder gewisse Rechte und Verbindlichkeiten dadurch zu begründen vermuthen lassen. Dahin gehört unstreitig, wenn es gegen Personen abgelegt worden, die ein vollkommenes Recht hatten, aufrichtige Erklärung zu fordern oder denen man dies Recht wenigstens zugestand.

Gönner in den von ihm umgearbeiteten Grundsätzen des ordentlichen Prozesses von Danz. Fünfte Ausgabe. Stuttgart. 1821. Seite 435: „Es kommt Alles darauf an, ob der, der ein Geständniß ablegt, dabei den Zweck hat, eine Schuldigkeit einzuräumen und ob die Darstellung, die er von einem Geschäft oder einer Begebenheit gegen öffentliche oder Privatpersonen schriftlich oder mündlich macht, in der Absicht geschieht, daß solche als ein Beweisthum angesehen werden solle, oder ob die Erklärung und das Geständniß aus andern Ursachen oder nur beiläufig in Geschäften mit andern Personen geschieht. In dem ersten Falle wird durch das Geständniß, es mag solches gerichtlich oder außergerichtlich geschehen sein, das Geschäft und das Recht, oder die Verbindlichkeit, die daraus folgt, hinreichend erwiesen sind; in dem zweiten Falle hingegen ist solches zum Beweise der Thatsache oder Begebenheit, woraus ein Recht oder eine Verbindlichkeit hergeleitet werden will, nicht allezeit hinlänglich.

Pratoberera, Abhandl. von dem Beweise durch Geständnisse (in den Materialien für Gesetzkunde und Rechtspflege in den Oesterreichischen Staaten. Bd. III. Seite 64 ffg.: Das Geständniß ist die Einräumung einer Thatsache. Aus dem Begriffe, daß das Geständniß eine wichtige, verbindliche Willenserklärung sei, ergiebt sich, daß das Geständniß eine freie, ernstliche, deutliche und überlegte Erklärung enthalten muß. Insbesondere hat das gerichtliche Geständniß die natürliche Vermuthung für sich, daß man vor dem Richter, dem man Ehrerbietung und Wahrheit schuldig ist, ernstlich und wahr mit der Absicht zu gestehen (animo confitendi), nicht aber scherzweise, zum Scheine u. s. w. eine Erklärung habe ablegen wollen, ja diese Absicht zu gestehen, kann bei abgelegten Geständnissen nicht in Zweifel gezogen oder bestritten werden.

Es lassen sich mehrere Fälle darstellen, in welchen ein Geständniß abgelegt werden kann. Nämlich

1) in einem schwebenden Prozesse von Seiten einer Partei der andern in der gerichtlichen Verhandlung mündlich oder schriftlich;
2) in einem andren Prozesse zwischen denselben Parteien;
3) in einer Untersuchungssache gegen eine Partei dem Richter, und
4) außergerichtlich von einer Partei der andren oder einem Dritten.

In allen diesen Fällen kommt es lediglich darauf an, ob die Absicht des Confitenten dem Gegentheil die streitige Thatsache einzuräumen und zuzugestehen vorhanden sei. Fehlt diese Absicht; so fehlt die Ernstlichkeit des Willens, mithin das Zugeständniß und die Wirkung des Letztren. Wenn aber dieser animus confitendi vorhanden ist; so hat das Geständniß die Kraft des Beweises.

Nach diesen Grundsätzen sind die Bestimmungen über die Wirkung des Geständnisses in dem vorliegenden Entwurf abgefaßt.

Zum §. 70.

Das gerichtlich abgelegte Geständniß kann seiner Natur nach nicht anders, als ernstlich, mithin **animo confitendi**, abgelegt sein und constirt aus gerichtlichen Akten; es liegt mithin die volle Beweiskraft desselben vor.

Zum §. 71.

In dem §. 71 unterstellten Falle ist das Geständniß nicht dem Beschädigten gemacht, aber dem Richter abgelegt worden. Die Thatsache ist daher mit voller Absicht, sie einzugestehen und mit Bewußtsein gestanden und dies Geständniß daher gewöhnlich ein noch ernstres als wenn es, wie gemeinhin in Civil-Prozessen abgelegt wäre, es kann daher demselben auch im Civilverfahren die Kraft eines gerichtlichen Geständnisses um so weniger abgesprochen werden, als es der Acceptation des Geständnisses nicht bedarf.

Zum §. 72.

In wie fern das, von einer Partei in einem andern Prozesse abgelegte Geständniß in einem andern Prozesse volle Beweiskraft habe, ist unter den Rechtsgelehrten eine streitige Frage. Selbst Linde verneint sie in dem oben angeführten Werke §. 250, andre legen demselben nur die Kraft eines halben Beweises bei. Die Allgemeine Gerichtsordnung §. 88 giebt ihm zwar nur die gleiche Wirkung, wie dem außergerichtlichen, fügt jedoch hinzu, daß ihm die Vermuthung, wodurch der Irrthum ausgeschlossen wird, in einem höhern Grade, als dem bloß außergerichtlichen zur Seite stehe. Hierbei scheinen aber nur Prozesse vorgeschwebt zu haben, die nicht zwischen den nämlichen Parteien obgeschwebt haben. Die Sache stellt sich aber anders, wenn das Faktum zwischen eben den Parteien, von deren Prozeß jetzt die Rede ist, in einem andren Prozeß zwischen ihnen streitig war und von der einen der andren gerichtlich zugestanden ist. Es treten für die Gültigkeit dieses Geständnisses in dem spätern Prozeß eben die Gründe, als für die Kraft ein, welche es haben würde, wenn es in dem letztren abgelegt wäre. Es müßte sonst dasjenige, was schon bewiesen ist, noch einmal bewiesen werden. Daher wird auch von den mehrsten Rechtsgelehrten dem in einem andren Prozesse zwischen den nämlichen Parteien abgelegten Geständnisse eben die Kraft beigelegt, als wenn es in dem gegenwärtigen Prozesse abgelegt wäre, so

Voet com. in D. Lib. 42, Tit. 2, §. 7.
Mevii Decis. Lib. VII. dec. 154.
Pratovebera a. a. O. S. 75.

Der revidirte Entwurf hat aus diesen Gründen einem solchen Geständnisse zwar in thesi die Kraft eines gerichtlichen beigelegt, allein doch eine nothwendig scheinende Beschränkung hinzugefügt. Es kann, wie Pratovebera schon bemerkt, der erste Prozeß so unerheblich sein, daß die eine Partei, um in den Prozeß sich nicht einzulassen, die Angabe des Gegners eingeräumt hat, ohne dadurch der Vertheidigung ihres Rechts sich auch für andere Fälle zu begeben. Ein Nichterbe kann wegen einer unbedeutenden Erbschaftsschuld in Anspruch genommen sein und um dem Prozesse zu entgehen, einräumen, daß er Erbe geworden, und den Kläger befriedigen. Es wird sowohl dem Systeme, als der Billigkeit entgegen sein, wenn dem Nichterben, wenn er nachher von eben dem Gläubiger wegen einer bedeutenden Schuld in Anspruch genommen würde, sein früher abgelegtes Geständniß, daß er Erbe geworden, in dem Maaße entgegenstehen sollte, daß er nicht einmahl nachweisen dürfte, daß er bei demselben sich im Irrthume befunden habe.

Zum §. 73.

Die Bestimmung dieses §. rechtfertigt sich aus allgemeinen Rechtsgrundsätzen und aus den Vorschriften der Gerichtsordnung ohne weitere Ausführung. Da das gerichtlich abgelegte Geständniß indessen allemal die Vermuthung der ernsten Ueberlegung und der Wahrhaftigkeit für sich hat; so kann es unter dem Hinzutritt andrer Umstände allerdings der Berücksichtigung des Richters besonders gegen die Partei, welche es früher ablegte, verdienen.

Zum §. 74.

Das Geständniß, wenn dasselbe die innern Erfordernisse desselben hat und in der Absicht des Zugeständnisses der Thatsache abgelegt ist, unterscheidet sich von dem gerichtlichen (§. 70) nur in Ansehung des geführten Beweises, daß es abgelegt sei, mithin wesentlich überall nicht. Es hat daher demselben auch die volle Beweiskraft beigelegt werden müssen. Der Schlußsatz versteht sich von selbst, weil in dem vorausgesetzten Falle die Absicht zuzugestehen zweifelhaft, ja selbst unwahrscheinlich ist.

Zum §. 75.

Dieser §. rechtfertigt sich schon daraus, daß eine Partei über eine in einem Prozesse mit einem Andern streitige Thatsache einem Dritten gar kein Geständniß ablegen kann und daß alles, was er demselben darüber erzählt oder auf andere Art mittheilt, im rechtlichen Sinne kein Geständniß, sondern nur Aeßerungen und sehr entfernt von der Absicht sind, daß sie in jenem Prozesse beachtet werden und den Beweis unnöthig machen sollten. Wollte man solchen Aeußerungen Beweiskraft beilegen; so würde daraus ein alle geselligen Verhältnisse störender Zwang entstehen.

Zum §. 76.

Die Gerichtsordnung bestimmt in §. 86, Tit. 10, daß, wenn von mehreren Mitberechtigten oder Verpflichteten in causa individua einige eine Thatsache zugestehen, andere hingegen bestreiten, der Beweis darüber aufgenommen werden müsse, und fügt hinzu, daß von dem Geständniß jener zur Ausforschung der Wahrheit Gebrauch zu machen sei; es kann daher nach Beschaffenheit der Umstände und Unterschied der Fälle ein solcher Litisconsorte als Zeuge abgehört, oder auch, wenn es am Ende auf einen nothwendigen Eid ankommt, bei Bestimmung der Frage, wem von beiden Theilen derselbe aufzulegen sei, darauf, daß die streitige Thatsache von einem der Litisconsorten eingestanden worden, Rücksicht genommen werden.

Gegen diesen Zusatz ist jedoch mit Recht erinnert, daß hierin eine Vermischung des Zugeständnisses und des Zeugnisses liege und daß der Gestehende nicht füglich zur Beeidigung seiner Aussage angehalten werden könne. In der That kann eine Partei nicht zugleich Zeuge sein und, will man ihn auch nach Art eines Zeugen abhören, doch sein wahres Verhältniß dadurch nicht geändert werden, sondern es wird seine Aussage immer eine Einlassung auf die Klage oder Exception oder ein Geständniß bleiben. Auch der übrige Theil des Satzes ist schwankend ausgedrückt Nach der Rechtsregel: confessio nocet confitenti, tertio nec nocet, nec prodest, kann das Geständniß des einen Litisconsorten dem andern nicht schaden, mithin auch keinen Beweis gegen ihn abgeben. Nur eine faktische Vermuthung (praesumtio hominis) kann unter Umständen daraus entnommen werden und zur Verstärkung eines unvollständig geführten Beweises dienen. Hiernach ist der §. 76 gefaßt und hat derselbe noch den die Solidar-Verpflichteten betreffenden Zusatz erhalten, daß, wenn mehrere Solidarverpflichtete in einem und demselben Prozesse in Anspruch genommen werden und einer oder einige von ihnen den Anspruch zugestehen, sie auf das Ganze verurtheilt werden müssen, in so fern der Correal-Vertrag nicht ein Anderes festgesetzt. conf. §§. 424. seq. Thl. I Tit. 5 des Allgemeinen Landrechts.

Zum §. 77.

Von mehreren Seiten ist es als eine Unvollständigkeit der Gerichtsordnung gerügt worden, daß dieselbe nichts vom qualificirten (bedingten) Geständnisse enthalte und es werden Bestimmungen darüber gewünscht, in wie weit ein solches Geständniß getrennt werden könne und wer den Beweis der Limitation zu führen habe. Die Gerichts-Ordnung ist über das bedingte Geständniß mit Stillschweigen weggegangen, weil sie, dem Principe der Wahrheitserforschung gemäß, die Beweislast überall nicht berührt. Es ist indeß schon oben gezeigt worden, daß für die Praxis hiermit nicht durchzukommen war und das praktische Bedürfniß, welches sich durch diese Rüge kund gegeben hat, bestätigt dies aufs Neue. Wenn einmal die Lehre vom Beweise, nicht bloß das Beweisverfahren, in der Prozeß-Ordnung ihren Platz haben soll; so fordert die Vollständigkeit das qualificirte Geständniß und die Frage, wer im Falle desselben den Beweis zu führen habe, ist nicht zu übergehen.

Die Frage selbst ist bekanntlich unter den Rechtslehrern stets streitig gewesen. Die Schriften darüber und die verschiedenen Ansichten sind bei Weber von der Beweisführung Seite 321 und in Gönners Handbuch, zweite Ausgabe, Bd. II. Seite 385 seq. angeführt. Man stritt jedoch weniger über die Sache, denn Niemand stellte in Abrede, daß der Satz in civilibus confessio non scinditur in einem gewissen Grade wahr sei, als man vielmehr hier wiederum bemüht war, eine Formel oder Regel zu finden, woraus sich für jeden gegebenen Fall mit Leichtigkeit erkennen lasse, ob ein untheilbares Geständniß vorhanden sei, oder die Limitation nur eine Einrede enthalte, welche der Gestehende beweisen müsse.

Das Gesetz soll aber keine Theorien aufstellen, der Gesetzgeber hat nur seinen Willen kund zu thun, was geschehen soll. Er überläßt es den Richtern, die einzelnen Fälle dem Gesetze unterzuordnen und die Theorie mag Regeln und Cautelen erfinden, um die Anwendung desselben zu erleichtern, und vor Irrthum und Mißgriffen zu bewahren. So bildet sich die Jurisprudenz neben der Gesetzgebung aus und diese kann die Fortschritte jener in sich aufnehmen.

In dieser Beziehung wird es daher genügen, zu bemerken, daß das Geständniß zum Nachtheile des Gestehenden nicht getheilt werden darf, da dieser Satz den Willen des Gesetzes hinlänglich ausdrückt. Es ist indeß dem §. 77 noch eine Erläuterung hinzugefügt, welche die Anwendung der Regel erleichtern wird, indem sie die Ansicht hervorhebt, von welcher man dabei auszugehen hat. Im Allgemeinen muß ein Jeder, wie der §. 68 des Entwurfs bestimmt, die Thatsachen erweisen, welche nach den Gesetzen zur Begründung seiner Intention erforderlich sind. Das Zugeständniß der Gegenpartei befreit ihn von diesem Beweise. Es befreit ihn aber von dem Beweise nur dann und nur in so weit, als darin jene Thatsachen vollständig zugestanden sind. Ist dies nicht der Fall; so ist das Geständniß untheilbar, d. h. das zugestandene Faktum kann ohne die Einschränkung nicht für wahr angenommen werden, letztere darf nicht davon getrennt und der Beweis derselben als einer für sich stehenden Behauptung nicht vom Gestehenden gefordert werden. Enthält aber das qualificirte Geständniß Alles, was nöthig ist, um die Intention des Gegners für gerechtfertigt zu halten, so kann die Wirkung der beigefügten Einschränkung nur noch die sein, jene Intention zu entkräften. Die Einschränkung ist also eine Einrede, welche der Gestehende beweisen muß. Wenn der Kläger ex mutuo klagt und der Beklagte erwiedert, er habe das Geld nicht als Darlehn, sondern zur Aufbewahrung erhalten, es sei ihm aber durch gewaltsamen Einbruch verloren gegangen; so enthält der erste Theil dieser Einlassung ein Geständniß, das nicht zum Nachtheil des Beklagten getrennt werden darf, sondern der Kläger muß das Darlehn erweisen. Die hinzugefügte Behauptung aber, daß das Geld durch Einbruch entwendet sei, stellt eine Einrede dar, die der Beklagte beweisen muß. Denn mag er das Geld als depositum oder als Darlehn empfangen haben, in beiden Fällen ist die Rückforderung des Klägers an sich begründet.

Diese Ansicht unterscheidet sich von der gewöhnlichen dadurch, daß nach letzterer das Geständniß als ein Beweismittel angesehen wird. Man argumentirt demgemäß so: weil die Behauptung des Klägers im Allgemeinen (der Empfang des Geldes) durch das Zugeständniß des Beklagten erwiesen ist; so muß nun Letzterer das Besondere (die Einschränkung, hier das Depositum) darthun; oder man glaubt auch wohl in andern Fällen, jenen auf den Grund eines unvollständig geführten Beweises zum Erfüllungseide verstatten zu müssen. Allein das Geständniß ist seinem Wesen nach kein Beweis, sondern befreit vom Beweise. Jenes Raisonnement würde richtig sein, wenn in dem gesetzten Falle der Beklagte den Empfang des Geldes geläugnet und der Kläger nur diesen dargethan hätte. Eben hierin zeigt sich die praktische Folge jenes Unterschiedes zwischen Geständniß und Beweis und nur der Verwechselung beider ist es zuzuschreiben, daß diese sonst einfache Frage über die Wirkung des qualificirten Geständnisses in der Anwendung so häufig Schwierigkeiten findet.

Zum §. 78.

(§. 88 a. Tit. 10 der Allg. Ger. Ord.)

Diese Bestimmung stimmt mit der Gerichtsordnung überein. Auch nach gemeinem Recht bedarf es der Acceptation eines Geständnisses nicht, dagegen muß nach demselben das Zugeständniß dem Gegentheile selbst oder seinem Bevollmächtigten oder Stellvertreter gemacht werden. Dies Letztere ist zwar in unsren Gesetzen so deutlich und bestimmt nicht vorgeschrieben, dagegen aber der Begriff des Geständnisses so normirt, daß dieses in demselben liegt und darnach erforderlich ist. Es scheint dennoch nicht überflüssig bei der definitiven Redaction dies noch schärfer zu bestimmen und dabei zugleich anzuführen, in wie fern das dem Bevollmächtigten und dem Anwalde, außer der gerichtlichen Verhandlung gemachte Geständniß eben die Kraft habe, als wenn es der Parthei selbst geschehen sei.

Zu §§. 79. und 80.

conf. §§. 27. a. b. und §. 88 b Tit. 10. der Allgem. Ger. Ord., welche mit Rücksicht auf den oben erörterten Grundsatz in so weit geändert sind, daß der Widerruf eines Geständnisses nur alsdann gestattet, wenn ein solches im Sinne des Gesetzes vorhanden ist.

Zum §. 81.

Dieser §. verdankt einem auffallenden Bedenken seine Entstehung, welches aus unrichtiger Auffassung des Präjudizes in den §§. 33. und 49. entstanden, nach welchem Thatsachen in contumaciam für zugestanden angesehen werden sollen, mithin ein fingirtes oder stillschweigendes Zugeständniß angenommen wird. Es ist daher das Bedenken geäußert, daß, da das fingirte Geständniß auch ein Geständniß ist, die Grundsätze vom Widerruf des Geständnisses, auch auf das fingirte angewandt werden mögten. Der Ungrund dieser Befürchtung liegt von selbst vor, da aus der Sache selbst folgt, daß der Widerruf ein ausdrückliches Zugeständniß voraussetzt und da weder Stillschweigen widerrufen, noch die Wirkung der Contumacia ohne Restitution aufgehoben werden, noch Widerruf die Stelle der Restitution vertreten kann. Ueberhaupt ist die Schlußfolge von dem fingirten Geständnisse auf das ausdrückliche und umgekehrt ganz unzulässig. Das in einem andern Prozesse zwischen den nämlichen Partheien abgelegte ausdrückliche Geständniß steht den Confitenten auch in einem andern Prozesse mit dem Gegner entgegen (§. 72.), allein Niemand kann wohl auf den Gedanken kommen, daß ihm in allen Prozessen mit diesem Gegner ein fingirtes Geständniß entgegen stehe, er mithin nicht befugt sei, in andern Prozessen in der Klagebeantwortung eine Thatsache, deren er in einem frühern Prozesse in contumaciam für geständig angenommen worden, zu läugnen und daß die in einem Prozesse ergangene Präclusion und Contumacialstrafe für alle Prozesse mit dem nämlichen Gegner rechtskräftig feststehe, obwohl sie nicht einmal in jenem Prozeß für das Appellatorium feststeht. Es ist mit diesem Bedenken noch ein andres, nicht mehr begründetes Bedenken entstanden; man hat es nämlich zu hart erfunden, das in contumaciam zugestandene Factum, ohne Zulassung eines Gegenbeweises für erwiesen zu halten. Mit Recht ist dies für zu hart gehalten; allein dagegen ist schon durch das Prozeßrecht hinreichend gesorgt. Die Folge der Contumaz und des fingirten Geständnisses ist nur, daß der Gegner von der Last des Beweises der Thatsache entbunden und dieselbe als bewiesen angenommen wird. Dadurch wird aber dem Gegentheil der Gegenbeweis nicht abgeschnitten, sondern steht demselben eben so zu, als wenn die Thatsache durch jedes andre Beweismittel bewiesen wäre. Der gegenwärtige §. ist daher nur zur Vorbeugung der gedachten Mißverständnisse, wenigstens in den vorliegenden Entwurf aufgenommen und muß anheim gestellt werden, in wie fern er bei weitrer Berathung ausfallen würde.

Die §§. 84. und 85. Tit. 10. der Allgem. Gerichts-Ordnung sind übergangen; denn der erstere wiederholt nur die schon in §. enthaltene Vorschrift und der letztere giebt eine materielle Bestimmung, welche, wie von allen Willenserklärungen, so auch vom Geständnisse gilt, hier aber um so weniger einer nochmaligen Erwähnung bedurfte, als ein Unfähiger nicht facultatem standi in judicio besitzt.

Eben so ist auch der §. 87. Tit. 20. der Allgem. Ger. Ord. weggelassen, da der Zusatz, daß, wenn ein Bevollmächtigter, der seiner Instruktion zuwider ein Geständniß abgelegt, dieses nur eine Regreßklage wider denselben begründet, die auf den Grund des Geständnisses erfolgte Verhandlung aber deshalb nicht angefochten werden kann, eines Theils schon aus dem Verhältnisse des Mandatarius zum Mandanten und den materiellen Gesetzen, andern Theils aus dem Vorangehenden von selbst folgt und daher entbehrlich schien. Auch bedurfte es darüber hier keiner ausdrücklichen Vorschrift, daß das Geständniß des Mandatars mit dem des Mandanten von gleicher Wirkung sei, da hierüber schon der §. 30. des Entwurfs das Nöthige bestimmt.

Zweites Capitel
Vom Beweise durch Urkunden.

So wenig in der Allgem. Gerichts-Ordnung, als in dem ersten Entwurfe, sind die Vorschriften über die Production der Urkunden, über die Edition derselben und darüber, wenn bloß die Einsicht einer gemeinschaftlichen Urkunde verlangt wird, scharf genug von einander gesondert, und dadurch hat der ganze Abschnitt an Uebersichtlichkeit verloren. Es ist daher dieser Abschnitt umgearbeitet und zwar zuerst von der Production der Urkunden, in den §§. 82—87., sodann von deren Edition in den §§. 88—108. und endlich in den §§. 109. und 110. von den Fällen gehandelt, in welchen nur die Vorlegung einer gemeinschaftlichen Urkunde außer dem Prozesse gefordert wird und daher ein eigentliches Editions-Gesuch nicht Statt findet.

Zu §. 82.

(§. 110. und 111. Tit. 10. der Allgem. Ger. Ord.); der §. 111. hat nur den Zusatz erhalten, daß die Erneuerung auch durch eine andere öffentliche Behörde geschehen könne, was rücksichtlich solcher Urkunden, die ursprünglich nicht von einem Gerichte, sondern von einer andern öffentlichen Behörde ausgefertigt worden sind, kein Bedenken haben kann. In dem ersten Entwurf waren von den in §. 111. l. c. aufgeführten Ausnahmen nur die erste beibehalten alle übrigen aber weggelassen, weil sie nicht für richtig gehalten wurden, da ein früheres Anerkenntniß widerrufen oder modificirt werden könne und der Streit sich eben darum drehe, ob nicht die beglaubte Abschrift, oder die erneuerte Urkunde dennoch von dem Originale abweiche. So richtig auch diese Bemerkung an sich ist; so kann sie doch die Weglassung jener Bestimmungen nicht rechtfertigen, indem die in dem citirten Paragraphen aufgeführten Ausnahmen in so fern von Wichtigkeit sind, als sie, wenn das Original-Document zufällig verloren gegangen sein sollte, über die Beweislast entscheiden und der Widerruf des frühern Anerkenntnisses einer angefertigten beglaubigten Abschrift einer Urkunde schon an sich sehr unwahrscheinlich ist, auch auf der Abschrift bemerkt sein würde und jedenfalls nicht zu vermuthen ist.

Zu den §§. 83. und 84.

conf. §. 109. Tit. 10. der Allg. Ger. Ord., welcher bloß etwas umständlicher gefaßt ist. Die im §. 84. bestimmten Präjudicien werden keiner Rechtfertigung bedürfen.

Zu §. 85.

(conf. §. 112. Tit. 10. der Allg. Ger. Ord.) Dem bei der ersten Revision gemachten Vorschlage, daß das Original der Urkunde nur dem Deputirten vorgelegt zu werden brauche, weil es genüge, wenn eine Gerichtsperson sich von der Richtigkeit der Angabe des Producenten überzeuge und darüber ein Attest ausstelle, ist nicht beigetreten, weil der angeführte Grund nicht ausreichend erschien, von der den Parteien durch die Allgem. Gerichts-Ordnung eingeräumten ausgedehnteren Befugniß abzugehen und die Sicherheit, welche diese den Parteien gewährt, zu mindern, was allerdings der Fall ist, wenn man die Concurrenz mehrerer Gerichtspersonen aufhebt und insonderheit den Decernenten der in der Regel Mitglied des Gerichtshofs ist, ausscheiden und den Instruenten, der oft ein Referendar ist, stehen läßt. Es ist überdem gar kein Motiv zu dieser Veränderung angeführt, da hierbei von einen Zeitverlust überall die Rede nicht sein kann. Zugleich ist bestimmt, daß den Producten wenigstens der Eingang und Schluß und insbesondere die betreffende Stelle der Original-Urkunde vorgezeigt werden müsse, da sie ein jus quaesitum hat, dieselben einzusehen und sich von deren Inhalte zu überzeugen, überdies auch sich leicht Veranstaltungen treffen lassen werden, welche ihr die Einsicht des übrigen Inhalts der Urkunde unmöglich machen.

Zu §. 86.

Der §. 113. Tit. 10. der Allg. Ger. Ord. unterscheidet zwischen der eigentlichen Beziehung und der bloßen Erwähnung eines andern Documents. Diese Unterscheidung als solche gehört indeß der Theorie an, für die Praxis würde es darauf ankommen, zu bestimmen, wann eine eigentliche Beziehung und wann eine bloße Erwähnung vorhanden sei. Hierüber lassen sich jedoch keine Vorschriften geben, vielmehr muß man dies der Beurtheilung des Richters überlassen und ist deshalb auch die Unterscheidung unnöthig.

Die Gerichts-Ordnung nimmt ferner vier verschiedene Fälle an, in welchen die Beibringung des documenti relati soll unterbleiben können. Allein diese vier Fälle reduciren sich auf den letzten, daß nämlich die vorgelegte Urkunde (das documentum referens) für sich allein zum Beweise hinreicht. Denn in den ersten drei Fällen kann die Beibringung des documenti relati allerdings sehr erheblich sein zur Auslegung und Erklärung dunkler Stellen in der vorgelegten Urkunde, zur Beurtheilung seiner formellen Gültigkeit, zum Gegenbeweise rc. Die Gerichts-Ordnung setzt freilich hierbei voraus, daß die Herbeischaffung des documenti relati entweder unmöglich, oder mit großen Weitläuftigkeiten und Kosten verknüpft sei und sagt nur, daß dieselbe unter diesen Umständen in den genannten vier Fällen unterbleiben könne. Es ist jedoch einleuchtend, daß nach der ersten Voraussetzung die Beibringung der bezogenen Urkunde in allen Fällen unterbleiben kann. Welche Beweiskraft alsdann das documentum referens für sich allein hat, hängt von der Beschaffenheit desselben und der zu erweisenden Thatsache ab und läßt sich im Allgemeinen nicht bestimmen. Auf der andern Seite wird in der zweiten Voraussetzung wegen der Weitläuftigkeit und der Kosten die Herbeischaffung der bezogenen Urkunde niemals unterbleiben können, wenn diese auf die Entscheidung der Streitfrage von Einfluß ist. Dagegen bedarf es in dem vierten Falle, wenn das documentum referens für sich allein vollständige Auskunft giebt, der Beibringung des documenti relati auch alsdann nicht, wenn jene Voraussetzungen fehlen. Die Vorschrift kommt also darauf hinaus, daß die bezogene Urkunde beigebracht werden muß, wenn deren Beibringung möglich und nützlich ist. Die sub a. bis c. des §. 113. Tit. 10. aufgeführten Ausnahmen sind daher weggelassen worden. Ueberhaupt muß von dem Grundsatz ausgegangen werden, daß die bezogenen Urkunden so viel möglichst auch producirt werden müssen.

Zum §. 87.

(conf. §. 114. Tit. 10. der Allg. Ger. Ord.) Der Schlußsatz desselben ist übergangen, weil er nicht in die Prozeß-Ordnung, sondern in eine Instruction für die Gerichte gehört.

Zu §. 88.

Der §. 91. Tit. 10. der Allg. Ger. Ord. ermächtigt den Richter, auch von Amtswegen die Edition aller Urkunden zu verfügen, welche zur Aufklärung der Sache beitragen können, mögen sich dieselben hinter einer der Parteien oder hinter einem Dritten befinden. Mit Recht wird jedoch in einigen Gutachten bemerkt, daß die Gerichts-Ordnung hierin zu weit gehe. Schon die Befugniß, welche sie in dieser Hinsicht den Parteien einräumt, ist ausgedehnter, als nach gemeinem Rechte, sie aber noch dem Richter zu übertragen, ja ihm zur Pflicht zu machen, übersteigt die Schranken, welche der §. 5 b

Tit. 10. der Allg. Ger. Ord. den richterlichen Nachforschungen gesetzt hat. Diese Bestimmung ist daher im revidirten Entwurfe fortgelassen. Von der Edition im eigentlichen Sinne kann hier die Rede überhaupt nicht sein und noch weniger die Befugniß des Richters, von einer Parthei, oder vollends von einem Dritten die Vorlegung einer Urkunde fordern, nach den Grundsätzen dieses Capitels beurtheilt werden. Hierüber geben nur die Grundsätze von der Prozeßleitenden Gewalt des Richters die Normen an die Hand.

Was die Verbindlichkeit zur Edition zwischen den Parteien betrifft; so ist dieselbe im gemeinen Rechte durch die manchen Ausnahmen unterworfene Rechtsregel: nemo tenetur edere contra se beschränkt; über die Verbindlichkeit eines Dritten zur Edition sind dagegen die Rechtslehrer verschiedener Meinung, indem einige ihn hierzu nur in dem Falle für verbunden achten, wenn der Editionsforderer ein eigenes Recht an der Urkunde und am Gebrauch derselben hat, (ein Fall, der überall nicht in die Lehre von der Edition gehört), andere ihn aber allgemein dazu verpflichten, sofern ihm aus der Edition kein Nachtheil erwächst, andere aber zwischen dem Kläger und dem Beklagten unterscheiden und jenen für verpflichtet halten, diesem zu ediren, letzteren aber von dieser Verpflichtung dem ersteren gegenüber aus dem oben angeführten Princip entbinden.

Die Allg Ger.-Ordnung hat aber nicht allein alle diese Distinctionen beseitigt und den Parteien die gleiche und unbedingte Verpflichtung zur Edition auferlegt, sondern sie ist sogar so weit gegangen, daß sie eben diese Verbindlichkeit dritten Personen auferlegt hat. In Ansehung der letztern ist sie von der Analogie der Verbindlichkeit eines jeden zur Ablegung eines Zeugnisses ausgegangen. Der Unterschied zwischen der Ablegung eines Zeugnisses und der Vorlegung von Urkunden und dem gestatteten Einblick in die Verhältnisse des Edenten, liegt aber von selbst so klar vor, daß es keiner Ausführung bedarf, um die Unzulässigkeit dieser Analogie darzulegen. Der vorliegende Entwurf hat daher in Ansehung der Editions-Verbindlichkeit die Parteien von dritten Personen geschieden und die Bestimmungen über die letztren in den §§. 100—106 besonders gefaßt.

So viel diese Verbindlichkeit zwischen den Parteien selbst betrifft; so ist die darüber angenommene Gleichheit unter denselben allerdings unbillig, es ist selbst hart, dem in Anspruch genommenen Beklagten anzumuthen, dem Kläger die Waffen, um ihn zu bekämpfen, in die Hand zu geben. Da dieser Grundsatz indessen einmal in der Gerichts-Ordnung angenommen ist; so ist er um so mehr beibehalten, als von keiner Seite Erinnerungen gegen denselben gemacht worden sind.

Die §§. 89—93 enthalten allgemeine Grundsätze über die Edition überhaupt, ohne Unterschied, ob sie von einer Parthei oder von einem Dritten geschieht.

Zu §. 89.

(cfr. §. 92 b Tit. 10. der Allg. Ger. Ord.) Der Schlußsatz desselben versteht sich von selbst und ist daher übergangen.

Zu §. 90.

Diese Vorschrift bedarf keiner besonderen Rechtfertigung. Wenn auch die Editionsverbindlichkeit zwischen Parteien unter einander in thesi feststeht; so folgt daraus doch noch nicht, daß die Edition sofort und unbedingt aufgegeben und der Gegentheil darüber nicht zu hören sei, weil in einzelnen Fällen Gründe gegen diese Verbindlichkeit eintreten können (§. 91.)

Zu §. 91.

(cfr. §. 94. Tit. 10. der Allg. Ger. Ord.) Die aufgenommene Bestimmung weicht darin von der Gerichtsordnung ab, daß sie auch den Fall berücksichtigt, wenn derjenige, von welchem die Edition gefordert wird, die Urkunde zwar nicht edirt, aber anzeigt, wo sich dieselbe befindet. In diesem Falle kann er unmöglich zur Ableistung des Editionseides angehalten werden, der hiermit viemehr in Widerspruch stehen würde. In der Eidesformel sind den Ausdrücken „in seiner Gewahrsam haben" und „gefährlicher Weise," deren letzerer insbesondere leicht mißverstanden werden könnte, die Worte „besitzen" und „böslicherweise" substituirt.

Zu §. 92.

Der §. 96. Tit. 10. der Allg. Ger. Ord., ist hier im Wesentlichen unverändert aufgenommen worden.

Zu §. 93.

(cfr. §. 97. Tit. 10. der Allg. Ger. Ord.) Die aufgenommene Bestimmung weicht von dem Texte in so fern ab, als die darin genannten Beamten, in so fern sie einen Diensteid geleistet haben, nicht zur Ableistung des Editionseides, sondern nur zur Abgabe einer amtseidlichen Versicherung verpflichtet sind. Da in allen übrigen Fällen die Versicherung auf den geleisteten Amtseid für genügend erachtet wird, um die dadurch bekräftigte Anzeige des Beamten für wahr anzunehmen; so ist kein Grund ersichtlich, weshalb diese Versicherung nicht auch bei einem Editionsgesuche ausreichen soll.

Zu §. 94.

Diese Vorschrift, welche einen Zusatz zu der Gerichts-Ordnung enthält, schien nöthig, um bei der veränderten, einer strengeren Form unterworfenen Procedur das Verfahren über den Editionspunkt zu reguliren. Häufig soll nämlich die zu edirende Urkunde, deren Inhalt der Editionssucher kennt, nur zum Beweise dienen; das Editionsgesuch pflegt alsdann mit der Klage, Exceptionsschrift u. s. w. verbunden zu werden und es hindert in diesem Falle nichts, Beides bis zur Beweisaufnahme verbunden zu lassen. Es bedarf weder eines abgesonderten Verfahrens, noch einer besonderen Verfügung darüber. In andern Fällen aber will der Editionssucher aus der zu edirenden Urkunde erst den Stoff zu seinen Einwendungen oder Repliken entnehmen und kann sich daher nicht eher vollständig einlassen, als bis er die Urkunde eingesehen, oder doch Gewißheit über deren Existenz oder Nicht-Existenz erlangt hat. Hier muß der Editionspunkt vorab erledigt werden. Diese Verschiedenheit der Fälle ist in der obigen Bestimmung berücksichtigt und die Vorschrift am Schlusse dieses §. für nothwendig geachtet, damit nicht der Richter, um den Proceß zu beschleunigen, die Parthei denselben fortsetzen lasse, ohne auf die zu erwartende Edition Rücksicht zu nehmen und dadurch der Parthei das rechtliche Gehör verkürze.

Zu §. 95.

conf. §. 92a Tit. 10. der Allg. Ger. Ord., welcher, in so weit er die von der Gegenparthei zu leistende Edition betrifft, hierin aufgenommen worden ist.

Zu §. 96.

Bei Gelegenheit einer Beschwerde der Regierung zu Potsdam über das Kammergericht, entstand Meinungsverschiedenheit darüber:

ob die Regierung in fiscalischen Prozessen verbunden sei, die Rechnungen, in welchen über den Streitgegenstand etwas vorkommt und die Berichte der Unterbehörden über solche Gegenstände zu ediren?

Dieser Gegenstand ist im Allgemeinen aufgenommen und erhält vielleicht auf administrativem Wege noch eine nähere Bestimmung.

Die in diesen §. aufgenommenen Bestimmungen, sind den bestehenden Grundsätzen gemäß. Im Allgemeinen ist es unbezweifelt, daß fiscalische Behörden nach eben denselben Grundsätzen wie Privat-Personen zu beurtheilen sind. Eben dies ist der Fall in Ansehung der übrigen öffentlichen Behörden, insofern sie überhaupt der richterlichen Gewalt unterworfen sind, indem in Ansehung der übrigen diese Frage überhaupt nicht entstehen kann. Es ist daher unzweifelhaft, daß solche Behörden in eben dem Umfange, wie Privat-Personen, verbunden sind ihrem Prozeßgegner die den Rechtsstreit betreffenden Urkunden zu ediren. Allein weiter, wie Privat-Personen liegt ihnen diese Verbindlichkeit nicht ob, letztere überschreitet daher auch nicht die im §. 95 bestimmte Grenze. Es versteht sich daher von selbst, daß diese Behörden die mit ihrem Gegner aufgenommenen Urkunden und andre Actenstücke oder gewechselte Schriften ediren müssen, daß diese Verbindlichkeit sich aber nicht auf Schriften und Verhandlungen mit andern erstrecken könne. So wenig eine Privat-Parthei verbunden ist, juristische oder ökonomische Gutachten, welche sie über den Streitgegenstand erfordert hat, oder Correspondenzen, welche sie darüber mit andern geführt hat, ihrem Gegner zu ediren, eben so wenig kann von fiscalischen oder andern öffentlichen Behörden die Edition der Gutachten oder Berichte, die Edition der, in diese letzte Kathegorie gehörigen Urkunden und Schriften gefordert werden. Am wenigsten ist dies aber in Ansehung ganzer Acten der Fall, da diese eine, nach dem Zweck des Geschäftsganges angelegte Sammlung mehrerer Schriften sind, auf deren Einsicht und Herausgabe Niemand dadurch ein Recht erhalten kann, weil sie mit einer ihn betreffenden Schrift in ein Volumen gelegt ist.

Die Editions-Verbindlichkeit der öffentlichen Behörden dürfte überhaupt in engen Schranken zu halten sein, da eines Theils dadurch häufig die Rechte dritter Personen berührt werden und Nachtheile für die Verwaltung, Commune u. s. w. zu besorgen sind, andren Theils aber gegen ungegründete und selbst unbillige Verweigerungen der Edition Remedur bei den vorgesetzten Behörden zu finden ist. Demgemäß ist der §. 96 gefaßt worden.

Zum §. 97.

conf. §. 95. Tit. 10 der A. G. O.)

Bei der ersten Berathung war diese Vorschrift ausgelassen. Es ward darüber angeführt:

Warum kann die Partei die ererbten Papiere nicht selbst nachsehen? Warum soll eine Gerichtsperson ihr dieses Geschäft abnehmen? Hat das Gesetz hierdurch nur für die Bequemlichkeit der Parteien sorgen und dieselben der Mühe des Suchens überheben wollen; so dürften doch die Gerichte zu einem Geschäfte, das ihrem Amte so fremd ist, noch weniger Zeit und Verpflichtung haben. Oder man hat gefürchtet, das Gewissen der Parteien zu beschweren, wenn von ihnen ein Eid über den Nichtbesitz eines Dokuments gefordert würde, von dessen Dasein oder Nichtdasein sie erst die volle Gewißheit durch Einsicht ihrer Papiere erlangen können? Aber der Fall, daß Jemand ungewiß ist, ob er ein Dokument besitzt oder nicht und mithin darnach suchen muß, kann eben sowohl bei ursprünglich erworbenen, als bei ererbten oder sonst aus Dritter Hand empfangenen Papieren vorkommen und wenn also jenes Bedenken gegründet wäre; so könnte der Editionseid niemals gefordert und mit gutem Gewissen geleistet werden und müßte eine völlige Abänderung erleiden. Denn es bliebe immer möglich, daß dem Schwörenden unbewußt das Dokument sich dennoch bei ihm befände; man hat indeß nicht nöthig, sich bei Scrupeln der Art aufzuhalten, sondern kann von einem Jeden, der seinen Sachen selbst vorzustehen fähig ist, verlangen, daß er wisse, was er besitzt und wenn er es nicht weiß, daß er sich davon unterrichte. Auch ererbte Papiere darf Niemand ununtersucht bei Seite legen, ohne die dadurch entstehenden Nachtheile zu tragen.

Diese Gründe sind indessen von der Art, daß sie einer Widerlegung kaum bedürfen, sie berühren den eigentlichen Punkt gar nicht. Warum soll die spätere Gesetzgebung dem Publikum eine Erleichterung entziehen, welche die frühere ihm nicht aufdringt, sondern gewährt? Dies ist die Frage, auf welche es ankommt. Ist es dem Besitzer von Papiermassen leicht, sie zu durchsuchen; so steht ihm dies frei und er wird zu dem ihm nachgelassenen Beneficium die Zuflucht nicht nehmen; je gewissenhafter er ist, desto willkommener wird ihm aber das letztre sein. Der Partei, welche der Urkunde bedarf, ist dieses Beneficium ebenfalls vortheilhaft, weil der Wust von Schriften desto gründlicher untersucht wird.

Der vorliegende Entwurf hat daher die Bestimmung der Allgemeinen Gerichtsordnung beibehalten.

Es war im ersten Entwurf die Entbindung von der Verbindlichkeit, den Editionseid zu leisten, für den Fall vorgeschlagen, daß Jemand seine Angelegenheiten oder einen Theil derselben nicht selbst besorgt, sondern durch Andere verwalten läßt, in diesem Falle die Ableistung des Editionseides von Seiten des Verwalters für genügend erklärt. Eine solche Ausdehnung der Vorschrift des §. 93 des Entwurfs auf Privatverwalter dürfte aber zu weit und selbst dahin führen, daß die Eidesdelation an Privatverwalter zulässig wäre. Auch dürfte nicht in allen Fällen bei einem Privatverwalter die vollständige Kenntniß aller Papiere seines Principals vorauszusetzen und daher letztrer doch nicht vom Editions-Eide ganz zu entbinden sein. Dieser Vorschlag ist daher nicht angenommen.

Zu §. 98.

Es ist auch hier aus den zu §. 85 des Entwurfs angeführten Gründen gegen den ersten Entwurf die Bestimmung beibehalten, daß die Gegenpartei verlangen könne, daß die Urkunde auch dem Decernenten zur Einsicht vorgelegt werde, da dies zur Sicherheit des Zeugnisses beiträgt.

Zu §. 99.

(conf. §. 100. Tit. 10 der Allg. Gerichts-Ordnung.)

Ueber das Präjudiz der verweigerten Edition und Ableistung des Editions-Eides enthält der oben angeführte §. 100 noch die besondere Bestimmung: daß, wenn bei der im Editionsgesuche angegebenen Thatsache die Quantität oder Summe, oder irgend ein anderer Nebenumstand, auf den es mit ankommt, nicht sogleich mit angezeigt worden, der Editionsforderer alsdann noch zu dieser Angabe gelassen und darauf bei Bestimmung der rechtlichen Folgen des von dem Gegentheile begangenen Ungehorsams Rücksicht genommen werden soll. Hiernach scheint es, daß dergleichen später angeführte Nebenumstände für erwiesen zu achten sind, obwohl dies der Ausdruck „darauf Rücksicht nehmen" nicht deutlich besagt. Aus §. 12. No. 4. Tit. 22 der Allgemeinen Gerichtsordnung würde man vielleicht folgern können, daß der Editionsforderer in diesem Falle zum juramentum in litem zu verstatten sei, wenn nicht die bei dieser Stelle befindlichen Allegate eine solche Beziehung ausschlössen. Wie dem aber auch sei, so entspricht es einer richtigen Prozeß-Theorie nicht, daß der Editionsforderer aus einer Nachlässigkeit Vortheil ziehen, noch daß denjenigen, von welchem die Edition gefordert ist, ein Nachtheil soll treffen können, welcher ihm nicht angedroht, noch vorauszusehen war. Hierzu kommt noch eine andere Schwierigkeit, daß nämlich außer dem angeführten Falle, wo es sich um eine Quantität oder Summe handelt, unbestimmt gelassen ist und auch unbestimmbar sein dürfte, was in dieser Beziehung ein Haupt- und ein Neben-Umstand sei. Dies macht die Anwendung der Vorschrift von dem Ermessen des Richters nach der besonderen Beschaffenheit des Falles abhängig und daher diese selbst unnöthig. Aus diesen Gründen ist der Schluß des §. 100 Tit. 10 der Allgemeinen Gerichtsordnung fortgelassen worden und man wird denselben um so weniger vermissen, als eine Klage, in welcher die hier angegebenen Punkte fehlen, gar nicht einzuleiten ist, sondern sofort per decretum zurückgewiesen werden muß.

Zu §§. 100 und 102.

Die Gerichts-Ordnung ist in der Richtung, den Prozeß zu beschleunigen, so weit gegangen, daß sie bei der Verbindlichkeit zur Edition zwischen der Gegenpartei und einem Dritten den zwischen beiden liegenden bedeutenden Unterschied macht. Schon in Rücksicht auf die Parteien geht sie weiter, wie das gemeine Recht, indem sie den in demselben gegründeten Unterschied nicht beachtet, nach welchem die Befugniß des Beklagten, vom Kläger die Edition von Urkunden zu fordern, größer war, als die des letztren gegen den erstren, da es für hart angesehen wurde, dem vom Kläger angegriffenen Beklagten anzumuthen, demselben Waffen gegen sich selbst in die Hände zu liefern. Vollends hart ist es aber, einen Dritten verpflichtet zu halten, ihm ganz fremden Personen unbedingt diejenigen Schriften zu ediren, die ihnen in dem Prozesse, den sie gegen einander führen, nützlich sein können. Es ist zur Begründung einer solchen Verpflichtung kein Grund vorhanden; der Dritte kann oft die erheblichsten Gründe haben, seine Papiere nicht zu ediren und öffentlich bekannt werden zu lassen, wenigstens ist ihm darüber Gehör und Erkenntniß nicht zu versagen und kann die Verhandlung über seine Editions-Verbindlichkeit nicht als ein Nebenakt eines ihm durchaus fremden Prozesses, sondern nur als ein eigner Prozeß zwischen ihm und dem Editionssucher behandelt werden.

Es ist schon hart, den Dritten in die Weiterungen des Editions-Prozesses und in die Nothwendigkeit der mancherlei Editions-Prozesse zu verwickeln, noch härter aber, ihn der

Gefahr auszusetzen, daß Jeder, der die im §. 89 des Entwurfs gedachten Erfordernisse erfüllt, die Edition der Papiere eines Dritten fordern könne. Es giebt keine Schriften, deren Edition bei diesen Erfordernissen nicht aus Chikane, Neugierde oder andren unlautren Absichten selbst ohne Noth gefordert werden könnten. Die Allgemeine Gerichtsordnung beugt dem einigermaßen durch die Vorschrift vor:

1) daß der Editionssucher in einem höheren Grad von Glaubwürdigkeit nachweisen müsse, daß der Dritte die Urkunden hinter sich habe und

2) daß derselbe auf Verlangen des Dritten die Ableistuug des juramenti calumniae abzuleisten verbunden sei.

Die erste Vorschrift kann keinem Bedenken unterworfen sein, weil keinem gestattet werden kann, auf das Geradezu oder nur auf Wahrscheinlichkeit und ohne Begründung Klagen anzustellen und mit denselben zu überziehen und der Umstand, daß ein Prozeß mit einem Andren schwebt, diese Abweichung von der Regel nicht zu rechtfertigen vermag.

Auch das juramentum calumniae dürfte beizubehalten sein. So wenig Eide dieser Art Begünstigung verdienen, so dürfte doch dieser hier recht an seiner Stelle stehen, weil er einigermaßen eine Sicherheit gegen Chikane, Neugierde und andre verwerfliche Absichten der Editions-Klage gewährt und es billig und gerecht ist, daß der Editionssucher, welcher von dem Beklagten nicht allein die Vorlegung seiner Papiere, sondern auch den in dem §. 103 gedachten Eid vor Gefährde zu fordern berechtigt, auch von seiner Seite denselben ableiste.

Es dürfte aber auch noch ein andres Erforderniß zur Editions-Klage von einem Dritten erforderlich sein. Auch wenn man die Editions-Verbindlichkeit eines Dritten annimmt, so kann doch der äußerste Umfang derselben doch nur auf den Fall beschränkt sein, daß der Editionssucher den ihm obliegenden Beweis schlechthin auf keine andre Art zu führen vermag, weil es nicht zulässig sein kann, einem Dritten ohne alle Noth die Verbindlichkeit der Edition und die Unannehmlichkeit derselben aufzulegen.

Endlich ist eine Bestimmung über das Forum, bei welchem die Editionsklage gegen einen Dritten anzustellen ist, erforderlich. Da sie zwar zum Behufe der Hauptsache erhoben wird, aber mit derselben außer aller Verbindung steht, sondern ein besondrer Prozeß ist; so liegt von selbst vor, daß, wenn der Editionsbeklagte dem Gerichtsstande des Richters der Hauptsache nicht unterworfen ist, sie nicht bei demselben, sondern bei dem persönlichen Richter des Beklagten angebracht werden müsse.

Hiernach sind die §§. 100 und 101 abgefaßt.

Zum §. 102.

Die Bestimmungen dieses §. folgen von selbst aus dem in den §§. 100 und 101 angenommenen Grundsatz. Die Rücksicht auf die Beschleunigung eines Prozesses kann kein Grund abgeben, in einem andern das rechtliche Gehör zu versagen, nur so viel Rücksicht kann darauf genommen werden, daß die Formen des Prozesses besonders dann abgekürzt werden, wenn die Unerheblichkeit der Einwendungen vorliegt. Es kommt hierbei allerdings vorzüglich auf die Erheblichkeit der Urkunden, deren Edition verlangt wird, und auf das Interesse an, welches die Bekanntmachung derselben für den Beklagten hat, ob sie in unerheblichen Rechnungsbelägen oder in Erbschafts-Verhandlungen, Verträgen, Familien-Papieren u. s. w. bestehen. Es ist früher angenommen, daß gegen den beklagten Dritten, der die Herausgabe der Urkunden verweigert, eben das Verfahren, wie gegen den, sein Zeugniß verweigernden Zeugen stattfinden müsse, da er diesem gleich stehe. Diese Parität dürfte sich aber nicht rechtfertigen lassen, vielmehr ist zwischen der Beurkundung einer Thatsache und der Mittheilung und Vorlegung der oft für erhebliche Verhältnisse des Lebens und des Vermögens wichtigen Urkunden und deren Veröffentlichung ein sehr erheblicher Unterschied vorhanden. Es ist daher vorgeschlagen, den gewöhnlichen executivischen Weg eintreten zu lassen.

Zum §. 103.

(§. 104 Tit. 10 der Allg. Ger. Ord.)

Diese Vorschrift ist in den frühern Entwurf nicht aufgenommen und zur Rechtfertigung Folgendes angeführt:

Der Dritte könne keine Vermuthungen darüber hegen, wo sich das Dokument befinde. Vermuthungen der Art würden sehr unsicher sein. Die Gerichts-Ordnung setze hier Individuen voraus, deren Vorrath an Dokumenten eben so groß, als ihr Erinnerungsvermögen gering ist und will ihnen jede Mühe des vergeblichen Suchens ersparen; allein der Fall dürfte selten sein, daß Jemand nicht sogleich anzugeben weiß, ob er das geforderte Dokument besitzt oder nicht, noch seltener aber der, daß er nicht mit leichter Mühe hierüber sich sollte Gewißheit verschaffen können; sollte dieser Fall aber in der That so denkbar oder häufig sein, daß das Gesetz darauf Rücksicht zu nehmen hätte; so würde kein Grund vorhanden sein, ihn bei dem Editionsgesuche gegen eine Partei weniger zu berücksichtigen, als bei demjenigen gegen einen Dritten. Von der Befugniß des Dritten, darauf anzutragen, daß seine Schriften durch eine von ihm selbst vorzuschlagende Gerichtsperson revidirt werden, gelte Alles, was oben über die ähnliche Befugniß der Partei angeführt ist (zu §. 97 des Entwurfs). Daß diese Befugniß dem Dritten, welcher ediren soll, uneingeschränkt ertheilt worden, während sie der Partei nur bei ererbten 2c. Papieren beigelegt war, beweise zugleich, wie willkürlich die Bestimmung sei, und daß sie nur durch die Rücksicht auf die möglichste Bequemlichkeit des Dritten motivirt worden. Die Gerichts-Ordnung habe die Verpflichtung zur Edition weiter ausgedehnt, als das gemeine Recht und hierin müsse man den Grund suchen, weshalb sie zugleich ängstlich bemüht gewesen, zu verhüten, daß die erweiterte Verpflichtung lästig werde und zu Beschwerden Anlaß gebe. Aus diesem Bestreben sind diese Vorschriften hervorgegangen (conf. §. 105 Tit. 10 der A. G. O.). Allein wenn das Princip der Gerichts-Ordnung richtig ist, so bedürfe es dieser ängstlichen Rücksichten und vielfachen Bestimmungen nicht, die, während sie auf der einen Seite die Edition erleichtern und gegen unnöthige oder gar arglistige Editionsgesuche schützen sollen, auf der anderen um so mehr die Gerichte belästigen und zur Verzögerung, so wie zur Umgehung der Edition gemißbraucht werden können.

Bei der gegenwärtigen Revision hat man indessen dieser Ansicht nicht beitreten können. Es treten die in den Motiven zum §. 97 des Entwurfs angeführten Gründe bei dem Editionsgesuche gegen einen Dritten in einem noch höheren Grade, als bei dem gegen die andere Partei ein, indem der Dritte in dem Prozeß gar nicht verwickelt ist, die Partei aber in demselben entweder einen Anspruch geltend machen oder gegen denselben sich vertheidigen will, also bei demselben betheiligt ist, mithin veranlaßt ist, die den Gegenstand betreffenden Papiere nachzusehen. Hat die Gerichts-Ordnung, wie zugestanden wird, die Editions-Verbindlichkeit des Dritten schon über das gemeine Recht hinaus erweitert, so schließt dieß die Rücksicht, sie ihm möglichst zu erleichtern, keinesweges aus, sondern macht es vielmehr zur Pflicht, sie ihm so wenig als möglich lästig zu machen. Ein Mißbrauch ist von dieser Befugniß schwerlich zu besorgen, da ohne Noth wohl Niemand seine Papiere von einem Dritten wird revidiren lassen.

Der Entwurf hat daher die Bestimmung des §. 104 der Allgemeinen Gerichts-Ordnung beibehalten.

Zum §. 104.

(§. 103 Tit. 10 der A. G. O.)

Nach dieser Vorschrift soll der Dritte, wenn er behauptet, daß das zu edirende Dokument nichts zur Sache Gehöriges enthalte, diese Angabe beeidigen und hierdurch von der Edition frei werden. Abgesehen, daß hierin vorausgesetzt wird, daß der Dritte den Gegenstand des Rechtsstreites, oder die Streitfrage, auf welche es ankommt, genau kenne, wird dieser Eid in den meisten Fällen ein Urtheil involviren, wovon nicht erhellet, ob der Schwörende die Fähigkeit besaß, es richtig zu fällen. Man hat es daher vorgezogen, den Ausdruck der Gerichtsordnung dahin zu ändern, daß darin über die streitige Thatsache nichts enthalten sei.

Im ersten Entwurfe war auch diese Vorschrift weggeblieben, weil kein zureichender Grund abzusehen sei, warum in diesem Falle der Dritte der Partei nicht ganz gleich gestellt werden solle (c. §. 98 des Entwurfs). Das Verhältniß des Dritten zum Editionssucher ist aber, wie schon oben erwähnt wurde, ein ganz anderes, als das des Letztren zu der Gegenpartei und daher erscheint auch die Verschiedenheit der Vorschriften der A. G. O. gerechtfertigt.

Zum §. 105.

Hierbei wird auf die Anmerkung zum §. 96 Bezug genommen. Der Schluß dieses Paragraphen, welcher die den Gerichten nicht unterworfenen Königl. Staats-Behörden betrifft, wird keiner Rechtfertigung bedürfen. Keiner öffentlichen Behörde darf überhaupt die Edition ihrer Akten zugemuthet werden. Sie gehören zu ihren Einrichtungen und hängt die Anordnung derselben von ihrer Bestimmung ab, aus welcher weder der Gegner, noch ein Dritter ein Recht erwerben kann. Sie gehören in der Kathegorie, in welcher bei Privatpersonen die Correspondenzen stehen.

Zum §. 106.
(§. 107 Tit. 10 der A. G. O.)

Es ist hier, wenn der dritte Besitzer der Urkunde im Auslande wohnt, der Partei deren Herbeischaffung überlassen, zugleich soll jedoch auch das Gericht, unter welchem der Dritte steht, darum requirirt werden. Es ist nicht abzusehen, weshalb beide Wege gleichzeitig verbunden werden sollen und nicht vielmehr dieselben nach einander zu gehen und mit der Requisition anzufangen, wenn diese aber ohne Erfolg bleibt, der Partei selbst noch eine hinreichende Frist zur Herbeischaffung des Dokuments zu bewilligen. Es würde allerdings nur der letztre Weg zuerst einzuschlagen sein; bei dem Werthe, welcher auf Requisitionen auswärtiger Gerichte gelegt wird, dürfte dieser indessen leichter als die Klage der Partei zum Ziele führen und ist daher derselbe zur Beförderung der Sache zunächst vorgeschlagen und hiernach der §. 106 gefaßt. Bei der frühern Berathung war zwar auf die gänzliche Beseitigung der gerichtlichen Requisition in diesem Falle angetragen, weil dieselbe deshalb keinen Effekt haben werde, indem nach allen andern Prozeßordnungen der Dritte nicht ohne vorgängiges Verfahren und Erkenntniß zur Edition angehalten werden könne. Dies ist allerdings gegründet und soll auch durch die Requisition nicht beseitigt werden; es schien indessen rathsam, wenigstens den Versuch zu machen, die Edition auf kürzerem Wege in den Fällen zu bewirken, in welchen der Besitzer der Urkunde selbst nicht den Rechtsweg verlangt.

Der §. 107 Tit. 10 der Allgemeinen Gerichts-Ordnung handelt am Schlusse noch von den Collusionen der Gegenpartei mit dem Inhaber der Urkunde, um die Edition zu vereiteln. Dies ist ein späterer Zusatz zum corpus juris Frider. Th. I. Tit. 10. §. 38, der jedoch, so gut er gemeint ist, unpraktisch erscheint und zur Willkür führen kann, und deshalb nicht beibehalten ist.

Der §. 106 Tit. 10 der Allgemeinen Gerichts-Ordnung ist übergangen, da die Bestimmung, daß, wenn die Partei den Aufenthalt des dritten Besitzers der Urkunde nicht angeben kann, auf ihr Editionsgesuch keine Rücksicht zu nehmen sei, sich von selbst versteht.

Zum §. 107.

conf. §. 108 Tit. 10 der Allgemeinen Gerichts-Ordnung.

Zum §. 108.

Conf. §. 109 Tit. 10 der Allgemeinen Gerichts-Ordnung, dessen übriger Inhalt schon früher berücksichtigt worden ist (§. 83 des Entwurfs) die Bestimmung, daß beide Theile die Kosten der Edition gemeinschaftlich vorschießen sollen, wenn der Richter die Edition einer Urkunde gefordert hat, mußte mit der Aufhebung dieser Befugniß des Richters zugleich wegfallen.

Zum §. 109.

Diese Vorschrift, welche einen Zusatz zur Allgemeinen Gerichts-Ordnung enthält, bezieht sich auf die gemeinschaftlichen Urkunden (documenta communia), deren Einsicht einem Jeden, in Ansehung dessen die Urkunde als eine gemeinschaftliche zu betrachten ist, gestattet werden muß. Auch außer dem Prozesse wird sich der Fall häufig ereignen, daß einem Interessenten die Einsicht einer solchen gemeinschaftlichen Urkunde nöthig oder wünschenswerth wird. Dieser Fall ist jedoch von demjenigen, in welchem die Edition einer Urkunde zum Erweise einer im Prozesse streitigen Thatsache gefordert wird, durchaus verschieden, die Vorschriften über die Editionsgesuche in Prozessen können mithin auf denselben keine Anwendung finden; will also derjenige, in dessen Besitze sich die einzusehende gemeinschaftliche Urkunde befindet, dieselbe nicht vorlegen, so kann er dazu nicht durch ein Editionsgesuch, sondern nur im geeigneten Wege des Prozesses angehalten werden. Dies ist in dem §. 109 ausdrücklich bemerkt, um eine unrichtige Anwendung der die Edition der Urkunden betreffenden Vorschriften zu verhüten.

Zum §. 110

Dieser Paragraph enthält den §. 93 Tit. 10 der Allgemeinen Gerichtsordnung und gehört eigentlich überall nicht in die Lehre von der Edition der Urkunden, sondern betrifft die Vindication der letztren. Diese Bestimmung würde in den veränderten Entwurf gar nicht aufgenommen worden sein, wenn sie nicht in der Allgemeinen Gerichts-Ordnung befindlich wäre und dazu beitrüge, die Lehre von der Edition desto mehr abzugränzen und vor Vermischung mit fremdartigen Gegenständen zu bewahren.

Zu §§. 111 bis 113.

Die Gerichts-Ordnung handelt von den Urkunden als Beweismitteln, in so fern dadurch die Wahrheit streitiger Thatsachen dargethan werden soll. Ob diese Thatsachen geeignet sind, ein Recht oder eine Befreiung zu begründen, darauf hat sie nicht zu sehen. Wollte sie bestimmen, was die Urkunden enthalten müssen, um z. B. ein gültiges Darlehn, ein Mandat, einen Kauf u. s. w. beweisen; so würde sie genöthigt sein, auf die Natur und die Essentialien aller rechtlichen Geschäfte einzugehen und auch das materielle Recht zu erschöpfen. Die Gesetzmäßigkeit des Inhalts der Urkunde geht sie also nichts an. In so fern jene Thatsachen in Willenserklärungen bestehen; erfordert das Gesetz zur Gültigkeit eines großen Theils derselben nicht nur im Allgemeinen, daß sie schriftlich errichtet sind, sondern hat auch bei vielen die schriftliche Errichtung noch an besondre Förmlichkeiten geknüpft, ohne welche die Willenserklärung keinen rechtlichen Effekt hat, oder, was dasselbe ist, nicht als vorhanden angesehen wird. Eine Urkunde, durch welche eine solche Willenserklärung erwiesen werden soll, muß also nothwendig mit jenen Förmlichkeiten versehen sein. Wollte die Prozeß-Ordnung sich darauf einlassen, Vorschriften über die Beweiskraft der Urkunden in dieser Beziehung zu ertheilen, so würden diese zwar nicht einen so ausgedehnten Umfang, wie im ersten Falle haben, aber dennoch einen großen Theil des materiellen Rechts in sich aufnehmen. Denn es müßten die besonderen Förmlichkeiten aller Geschäfte, bei welchen dergleichen vorgeschrieben sind, der Testamente, Fideicommiß-Stiftungen, Erbschaftskäufe u. s. w. hergezählt werden. Die Form der Urkunden, in so weit davon die Rechtsbeständigkeit des Geschäfts abhängt, kann mithin eben so wenig Gegenstand der Prozeßordnung sein.

Sie kann vielmehr dieselben nur als Beweise von Thatsachen, als geschichtliche Zeugnisse eines Herganges, gelten lassen, und das Einzige, worauf es in dieser Beziehung ankommt, ist ihre Glaubwürdigkeit. Die Urkunden zerfallen hiernach in öffentliche und in Privat-Urkunden.

Von diesem Gesichtspunkte ist auch die Gerichtsordnung ausgegangen, sie hat ihn jedoch nicht immer fest im Auge behalten, sondern Mehreres mit aufgenommen, was nach dieser Begränzung in das materielle Recht gehört, sich dort auch vorfindet und dessen Wiederholung und Generalisirung hier nur zu unrichtigen Folgerungen verleiten kann. Dahin sind die §§. 115 — 117 und 122 Tit. 10 der Allgemeinen Gerichts-Ordnung zu rechnen. Eine nähere Prüfung dieser Vorschriften wird dies noch deutlicher machen.

Im §. 115 l. c. ist angeführt, daß, wenn über die Gültigkeit einer Urkunde in Ansehung der Form gestritten wird und die Gesetze des Orts, wo dieselbe verbindliche Kraft erhalten hat, von den Gesetzen des Orts, wo der Prozeß schwebt, abweichen, die ersteren entscheiden sollen.

Hierin ist von der formellen Rechtsbeständigkeit des Geschäfts die Rede, worüber die Urkunde ausgestellt ist, wie der Ausdruck „verbindliche Kraft erhalten" zeigt und die Vorschrift enthält eine materielle Bestimmung darüber, nach welchen Gesetzen die Form der schriftlichen Willenserklärungen und Verträge zu beurtheilen ist, nämlich eine negative, daß solche nicht nach den Gesetzen des Orts, wo der Prozeß schwebt, zu beurtheilen ist und eine positive, daß darauf die Gesetze des Orts, wo die Willenserklärung oder der Vertrag ihre verbindliche Kraft erhalten haben, zur Anwendung kommen. Das Erstere wird indessen bei den entgegenstehenden Bestimmungen der materiellen Gesetze ohnehin Niemand annehmen und die Letztere wiederholt eben diese Bestimmungen. Aber sie wiederholt dieselben unvollständig, denn es kommt dabei nicht bloß auf den Ort, sondern auch auf die Zeit an, und in einer Allgemeinheit, die nicht zulässig ist. Denn, um nur eine Ausnahme anzuführen, so müssen nach dem §. 115 Thl. I. Tit. 5 des Allgemeinen Landrechts bei Verträgen über unbewegliche Sachen in Ansehung der Form die Gesetze des Orts, wo die Sache liegt, beobachtet werden. Wird endlich die Vorschrift auf die Form des Beweises angewandt; so ist sie ebenfalls unrichtig. Denn diese muß sich allerdings nach den Gesetzen richten, die bei den Gerichten gelten, wo der Prozeß verhandelt wird; daher z. B. fremde öffentliche Urkunden, um als solche vor hiesigen Gerichten zu beweisen, auf die vorgeschriebene Art legalisirt sein müssen.

Der §. 115 Tit. 10 ist dieserhalb übergangen werden.

Der §. 116 l. c. verordnet: „Sind bei einer Art von Urkunden gewisse Erfordernisse bei Strafe der Nichtigkeit gesetzlich vorgeschrieben, so wirkt jeder dabei entdeckte Mangel, daß einer vorgelegten Urkunde die Eigenschaft nicht beigelegt werden kann, zu deren Begründung gedachte Erfordernisse gehören.

So abstrakt, wie diese Vorschrift gefaßt ist, besagt sie eigentlich nichts, als daß eine Sache, wenn es nicht die nothwendigen Erfordernisse hat, um diese Sache zu sein, diese Sache nicht ist; sie kann aber eine andere Sache sein. Welche Anwendung von diesem Satze für den Prozeß zu machen sei, dürfte schwer zu bestimmen sein. Wie die Worte: „bei Strafe der Nichtigkeit" zu beweisen scheinen, hat die Gerichtsordnung hierbei wiederum die Rechtsbeständigkeit des in der Urkunde enthaltenen Geschäfts vor Augen gehabt und sagen wollen, daß, wenn auch die Willenserklärung oder der Vertrag wegen Mangels einer bei Strafe der Nichtigkeit vorgeschriebenen Formalität nichtig sei, doch die Urkunde dadurch nicht alle Beweiskraft, sondern nur die Eigenschaft verliere, welche sie vermöge ihres Inhalts zu haben bestimmt war, eines Testaments, einer Vollmacht ꝛc. Zugleich gilt aber auch das Gesagte von der Urkunde an sich, abgesehen von ihrem Inhalte und der hierdurch bedingten Form. Die Urkunde ist also hier in einer doppelten Beziehung genommen, einmal als das, was sie durch ihren Inhalt unter vorausgesetzter Rechtsbeständigkeit der Form ist (als rechtliches Geschäft) und sodann als schriftlicher Beweis und der Vermischung dieser verschiedenartigen Bestimmung ist die abstrakte Fassung der Paragraphen zuzuschreiben. Dieser Ansicht nach sind jedoch die Urkunden in der Prozeß-Ordnung nur von der letzteren Seite zu betrachten und es giebt hiernach nur zwei Arten derselben, nämlich öffentliche und Privat-Urkunden. Auf diese angewandt, wird die Vorschrift dahin lauten müssen, daß öffentliche Urkunden, wenn sie wegen Abgangs der gesetzlichen Förmlichkeiten diesen Charakter verlieren, dennoch als Privat-Scripturen gelten können, wenn sie von den Parteien unterzeichnet sind. In dieser Fassung ist die Vorschrift im §. 121 des Entwurfs aufgenommen worden.

In §. 117. Tit. 10. der Allg. Ger. Ord. ist von Widersprüchen im Inhalte der Urkunde und von deren Unverständlichkeit die Rede und in beiden Fällen, insofern nicht der

Widerspruch aus einem einleuchtenden oder nachzuweisenden Irrthum herrührt, die Urkunde für nichts beweisend erklärt. Allein die Vorschriften über die Auslegung der Urkunden gehören zum materiellen Recht und finden sich dort entwickelt. Sie sind verschieden nach der Verschiedenheit der Willenserklärungen oder des Geschäfts, welches die Urkunde enthält, der Personen, welche sie ausgestellt haben u. s. w. und lassen sich in eine allgemeine Regel nicht einschließen. So gilt bei Wechseln, wenn die in der Ueberschrift oder unter dem Wechsel vermerkte Summe von der im Context ausgedrückten verschieden ist, die Letztere und wenn im Wechsel selbst die mit Ziffern bezeichnete Summe von der mit Buchstaben geschriebenen abweicht, so ist die Letztere für die richtige zu achten; cfr. §§. 756 u. 757. Thl. II. Tit. 8. des A. L. R. So enthält das A. L. R. nicht minder allgemeine und besondere Vorschriften darüber, wie zweifelhafte Stellen in Willenserklärungen und Verträgen, die an sich einer doppelten Deutung fähig sind, ausgelegt werden sollen, cfr. §§. 67—74. Tit. 4. §§. 252—269. Tit. 5. §. 519. squ. Tit. 12. Thl. I. des A. L. R. In allen diesen Fällen ist mithin die sich widersprechende oder undeutliche Urkunde mit Hülfe der gesetzlichen Auslegungsregeln gegen die allegirte Vorschrift der Gerichts-Ordnung dennoch beweisend. Es ist daher vorgezogen, dieselbe in der Prozeß-Ordnung ganz fortzulassen.

Im §. 122. Tit. 10. wird unter der Rubrik von „verlornen Documenten" verordnet, daß auf das Vorgeben einer Partei, die zum Beweise ihrer Gerechtsame dienenden Urkunden verloren zu haben, nur alsdann Rücksicht zu nehmen sei, wenn die Partei nachweiset, daß ein solches Document wirklich existirt habe und wenn sie zugleich den Inhalt auf andre Art darthut. Hierin ist jedoch nicht, sowohl von verlornen Documenten, über deren Beweiskraft sich nichts verordnen läßt, als von dem Vorgeben des Verlustes die Rede, und man begreift vom Standpunkte der Prozeß-Ordnung aus weder, warum diese ein solches Vorgeben berücksichtigt, noch weshalb, wenn der Inhalt der Urkunde auf andre Art dargethan ist, die Existenz derselben noch nachgewiesen werden soll. Die dabei allegirte Stelle des A. L. R. Thl. I. Tit. 5. §. 169, worin bestimmt ist, daß, wenn ein schriftlich abgefaßter Vertrag verloren gegangen, zur Ausmittelung seines Inhalts alle in den Gesetzen gebilligten Beweismittel zulässig sind, giebt hierüber Aufschluß. Demgemäß hätte die Vorschrift der Gerichts-Ordnung dahin lauten müssen, daß in Fällen, in welchen zur Gültigkeit eines Vertrages die schriftliche Abfassung erforderlich ist, der Verlust des Documents nur durch den doppelten Nachweis seiner Existenz und seines Inhalts ersetzt werden könne. So, wie diese Vorschrift in der Gerichts-Ordnung ausgedrückt ist, kann sie einmal zu dem Mißverständnisse Anlaß geben, als ob in allen Fällen, wo man sich auf eine verlorene Urkunde beruft, zu dem anderweitigen Beweise der streitigen Thatsache, noch der Nachweis der Existenz des Documents hinzukommen müsse und anderen Theils hat die Gerichts-Ordnung das, was das Allg. Landrecht nur von schriftlichen Verträgen verordnet, mit Unrecht generalisirt, da der Verlust aller Documente sich nicht auf dieselbe Weise ersetzen läßt. Bei verlornen Testamenten und Codicillen ist zwar die Ausmittelung des Inhalts durch Beweis zulässig, doch wird dazu ein vollständiger Beweis erfordert, welcher durch einen Erfüllungs-Eid nicht ergänzt werden kann (§§. 602 u. 603. Thl. I. Tit. 12. des A. L. R.) Ueber verlorene Wechsel enthalten die §§. 1159. sq. Thl. II. Tit. 8. des A. L. R. ganz specielle Vorschriften und nach Verschiedenheit der Fälle kann der Eigenthümer des Wechsels mit dem Verluste desselben auch seines Anspruches ganz oder theilweise verlustig gehen. In vielen andern Fällen muß die Mortification des verlorenen Instruments hinzukommen. Dies wird genügen, um zu zeigen, daß die allegirte Vorschrift ganz dem materiellen Rechte angehört und in demselben vieleu Modificationen unterworfen ist, die man ebenfalls in die Prozeß-Ordnung aufnehmen müßte, oder mit denen man in Widerspruch geräth. Aus diesen Gründen ist auch der §. 122. Tit. 10. der A. G. O. übergangen worden.

Die §§. 118 u. 119 l. c. sind dagegen in den §§. 111 des Entwurfs aufgenommen. Bei der frühern Berathung war vorgeschlagen, auch diese Vorschriften wegzulassen, weil sich über die Beweiskraft von Documenten, in welchen Correcturen und Rasuren vorkommen, keine allgemeinen Regeln geben lassen, vielmehr alles von den besondern Umständen des Falles, von den Thatsachen, welche Gegenstand des Beweises sind und von den Einwendungen, welche gegen die Urkunde gemacht wurden, abhange; weil ferner zerrissene und zerschnittene Documente unter Umständen namentlich die Aufhebung der Verbindlichkeit und das aufgehobene Schuldverhältniß vollständig erweisen könnten. Es erschien jedoch, wenn man auch dieser Ansicht im Allgemeinen beitritt, zweckmäßig, den Richter wenigstens darauf aufmerksam zu machen, daß dergleichen mangelhafte Documente, deren der §. 111 des Entwurfs gedenkt, als tadelfreie Beweisstücke nicht angesehen werden können und daß er nach den im concreten Falle ausgemittelten Umständen zu beurtheilen habe, ob und welche Beweiskraft dem mangelhaften Documente beizulegen sei. Es sind daher die §§. 118 u. 119 l. c. beibehalten und nur etwas anders gefaßt.

Der §. 112 des Entwurfs ist aus dem §. 120 Tit. 10 der A. G. O. entlehnt, jedoch der Letztere etwas geändert worden. Er ist hier nämlich dahin gefaßt, daß, wenn eine Partei die zur Aufklärung der Wahrheit erforderlichen Urkunden vorsätzlich abhänden bringt, zerreißt, oder auf andere Art unleserlich macht, ihr Gegner jederzeit zur eidlichen Bestärkung des Inhalts der auf diese Art dem Auge des Richters entzogenen Urkunde gelassen werden solle. Diese Vorschrift steht sowohl mit der Gerichts-Ordnung, als mit dem Allgemeinen Landrechte in Widerspruch. Denn nach §. 100 Tit. 10. der A. G. O., wird, wenn die Partei zu beschwören sich weigert, daß sie die Urkunde nicht gefährlicher Weise abhänden gebracht habe, die Angabe ihres Gegners für richtig angenommen, ohne daß es deren Beeidigung bedarf. Warum soll nun die eidliche Bestärkung alsdann eintreten, wenn die Partei dasjenige ausdrücklich zugesteht, oder dessen überführt ist, was dort nur aus dem verweigerten Editionseide gefolgert werden konnte? Das Allgemeine Landrecht verordnet in der Lehre von Verträgen (§. 170. Thl. I. Tit. 5): „Hat einer der Contrahenten den Verlust oder die Vernichtung des Instruments vorsätzlich veranlaßt, so wird die Angabe des Andern von dem Inhalte so lange für richtig angenommen, bis das Gegentheil klar erwiesen ist.“ Diesen Widerspruch des Allg. Landrechts mit dem §. 120. Tit. 10. der A. G. O. hat schon Siewert in den Materialien Heft I. S. 259 bemerkt; v. Strombeck in seinen Ergänzungen Bd. I. S. 91 und Grävell im Commentar zur Gerichts-Ordnung Bd. II. S. 272 wollen ihn dadurch heben, daß sie annehmen, die Gerichts-Ordnung enthalte die Regel für alle Documente, das Allgemeine Landrecht aber die Ausnahme für Verträge und daß das Allg. Landrecht die Vernichtung des über einen Vertrag aufgenommenen Instruments strenger bestrafe, habe darin seinen Grund, weil jeder schriftliche Vertrag von Hause aus ein gemeinschaftliches Eigenthum (documentum commune) sei und derjenige, in dessen Händen das darüber ausgefertigte Document gelassen werde, wenn er dasselbe vernichtet, das in ihn gesetzte Zutrauen der treuen Aufbewahrung betrüge.

Allein abgesehen davon, daß die Gerichts-Ordnung keine Ausnahme zuläßt und daß es nicht den Widerspruch heben heißt, wenn man die Vorschrift des einen Gesetzbuchs als eine Ausnahme von derjenigen des andern hinstellt, so fällt auch dieser Grund da hinweg, wo der Vertrag in mehreren Exemplaren ausgefertigt war. Er ist auf der andern Seite vorhanden, bei allen documentis communibus, deren es noch viele andere giebt, außer den einfach ausgefertigten Verträgen und auf welche die Ausnahme sich gleichwohl nicht erstreckt. Ja, a potiori müßte dies noch vielmehr eintreten, wenn die vernichtete Urkunde das alleinige Eigenthum des Gegners (ein documentum proprium) war. Der Grund, weshalb das eine und das andere Gesetz die vorsätzliche Vernichtung der Urkunde auf verschiedene Weise strafen, kann also in der Beschaffenheit der Documente nicht gefunden werden. Beim ersten Entwurf war die gänzliche Fortlassung des §. 120. Tit. 10. beantragt und zur Rechtfertigung dieses Antrages bemerkt: daß diese Antinomie in der Praxis nicht öfter bemerkt worden und daher schon gehoben sei, erklärt sich vielleicht daraus, daß die vorsätzliche Vernichtung einer Urkunde, außer dem Falle eines Editionsgesuches, im Prozesse nicht wohl zur Sprache kommen könne, in welchem Falle das Präjudiz des §. 100. Tit. 10. eintrete. Um so mehr könne der §. 120. l. c. entbehrt werden. Diesem Antrage konnte man jedoch nicht Statt geben, denn mag auch der in Rede stehende Fall, nur bei einem Editionsgesuche zur Sprache kommen und zwar in der Art, daß diejenige Partei, welche eine Urkunde ediren soll, behauptet, dieselbe vernichtet zu haben, so reicht der §. 100. Tit. 10. für diesen Fall nicht aus, da er denselben nicht berücksichtigt hat. Es erschien deshalb die Aufnahme des §. 120. l. c. in den Entwurf nöthig und ist gleichzeitig auch die gerügte Antinomie beseitigt worden.

Der §. 113 des Entwurfs endlich giebt den §. 121. Tit. 10. der A. G. O., jedoch verändert wieder. Bei dem ersten Entwurf, war dessen Fortlassung beantragt und zwar aus folgenden Gründen:

Der §. 121, wird angeführt, handelt von der Verfälschung der Urkunden und bestimmt zuerst, daß die Verfälschung nicht vermuthet werde. Dieser Bestimmung bedarf es indeß so wenig, als des am Schluß des Paragraphen hinzugefügten Verbots, sich einer verfälschten Urkunde zu bedienen und die Androhung der Criminalstrafen in die Prozeß-Ordnung gehört. Der allegirte §. sagt ferner, daß, wenn ein Document in Ansehung eines Umstandes verfälscht befunden worden sei, dadurch dessen Glaubwürdigkeit überhaupt geschwächt werde. Allein was heißt das? Soll das in Ansehung eines Umstandes verfälschte Document nun gar nichts, oder doch noch etwas und wieviel beweisen? Man sollte meinen, daß, wenn die Urkunde nur an einer Stelle verfälscht ist, dies dem übrigen unverfälschten Inhalte nicht nachtheilig sein könne. Ja selbst die verfälschte Stelle wird noch einen vollständigen Beweis liefern können, wenn der ursprüngliche und wahre Inhalt dargethan ist. Gesetzt es wird aus einem Schuldschein geklagt, der Beklagte macht den Einwand, daß er bei Contrahirung der Schuld noch minderjährig gewesen und das

Datum des Scheins verfälscht sei und er erweist die Verfälschung. Sollte deshalb die recognoscirte Urkunde im Uebrigen keinen Glauben verdienen, wenn vielleicht der Kläger die nützliche Verwendung darthun kann? Oder es ist in einem Behufs der Legitimation producirten Taufscheine ein Vorname verändert, die Verfälschung wird ausgemittelt und zugleich, wie der Name ursprünglich geheißen. Was hindert, daß nicht der Taufschein in diesem Falle vollständig beweisen sollte? Der richtige Sinn jener Vorschrift scheint nur der sein zu können, daß, wenn die Verfälschung einer Urkunde an mehreren Stellen behauptet wird und solche auch nur in Ansehung eines Umstandes dargethan ist, hieraus einen Verdacht gegen den übrigen Inhalt entspringen kann. Allein dies ist eine bloß factische Vermuthung, die ihre Rechtfertigung in den besonderen Umständen des Falles finden muß. Sie zu einer gesetzlichen und hierdurch allgemeinen Präsumtion zu erheben, ist unzulässig und jeden Falls die Prozeß-Ordnung nicht der Ort dazu.

Die Gerichts-Ordnung hat a. a. O. offenbar nur bestimmen wollen, daß Jemand der eine Urkunde an einer Stelle verfälscht habe, dieselbe auch ihrem übrigen Inhalte nach, für sich nicht als ein untadelhaftes Beweismittel gebrauchen könne; denn einem Andern, als dem Fälscher, kann die vorgenommene Fälschung nicht nachtheilig sein. Sie hat mithin gegen den Fälscher, außer den Strafen des Criminalrechts, auch noch einen civilrechtlichen Nachtheil eintreten lassen wollen. Dies erscheint aber keinen Falls gerechtfertigt; denn die civilrechtlichen Folgen seines Verbrechens können keine anderen sein, als daß der Fälscher die verfälschte Urkunde, in soweit sie verfälscht ist, nicht als ein Beweismittel für seinen daraus geltend gemachten Anspruch gebrauchen kann, weil Letzterer sich in Folge der vorgenommenen Fälschung durch die Urkunde mit Sicherheit nicht mehr darthun läßt. Auf den übrigen nicht verfälschten Inhalt derselben findet dieser Grund dagegen keine Anwendung, mithin läßt sich auch nicht absehen, weshalb demselben die Beweiskraft abgesprochen werden sollte. Hiernach ist der §. 121. l. c. geändert und in den Entwurf aufgenommen worden, da der vom Revisor für die Weglassung der Vorschrift angeführte Grund jetzt, nachdem dieselbe auf die angedeutete Weise geändert ist, nicht mehr paßt.

Zum §. 114.

Die Gerichts-Ordnung unterscheidet öffentliche und Privat-Urkunden, und bei jenen wiederum

1) gerichtlich aufgenommene,
2) gerichtlich anerkannte und
3) außergerichtliche öffentliche Urkunden.

Welchen Werth die letztere Unterscheidung auch in anderer Beziehung haben mag, so scheint dieselbe doch für den Zweck, worauf es hier nur ankommt, unnöthig, ja schädlich zu sein und wiederum auf einer Vermischung der Rechtsbeständigkeit des Inhalts der Urkunden mit ihrer Wirkung als schriftlicher Beweise zu beruhen.

Die Gerichts-Ordnung nennt im §. 123. Tit. 10. öffentliche Urkunden diejenigen, „welchen eine vorzügliche Glaubwürdigkeit um deswillen beigelegt ist, weil die Aussteller derselben im Staate dazu bestellt worden, dergleichen Urkunden aufzunehmen, oder zu bekräftigen. Ist diesen Personen der gerichtliche Glaube beigelegt und die Urkunde vor ihnen mit den im Gesetze vorgeschriebenen Erfordernissen vollzogen worden, so heißt sie eine gerichtliche Urkunde." Als solche werden §§. 124 u. 125 die gerichtlich aufgenommen und die von den Interessenten vor Gericht anerkannten Urkunden bezeichnet und wegen der zu beobachtenden Erfordernisse ist auf den zweiten Theil der Gerichts-Ordnung verwiesen.

Hieraus und aus dem §. 127 h. t. ersieht man, daß die Gerichts-Ordnung den Ausdruck, „gerichtliche Urkunden" in einer sehr eingeschränkten Bedeutuug nimmt und darunter nur solche Verhandlungen versteht, die von den Parteien in nicht streitigen Rechtsangelegenheiten vor Gericht vollzogen worden. Dagegen sollen Atteste, welche die Gerichte über die zu ihrem Ressort gehörigen, vor ihnen erfolgten Verhandlungen, mit Bezug auf die deshalb aufgenommenen Protokolle oder geführten Register und Bücher ausstellen, mithin Recognitions-

und Legitimations-Atteste, Hypothekenscheine, Deposital-Quittungen, auch Urtheile u. s. w., so wie die Atteste und Verhandlungen aller andern öffentlichen Behörden und die Urkunden der Notarien als öffentliche außergerichtliche Urkunden betrachtet werden (§§. 127—130 l. c.) Beide Arten der öffentlichen Urkunden kommen hinsichtlich ihrer Wirkungen darin überein, daß sie keiner Recognition bedürfen (§§. 126. 131. l. c.) und daß sie die beurkundeten Thatsachen vorbehaltlich des Gegenbeweises vollständig erweisen (Tit. 13. §. 10. Nr. 1.) Hierin besteht also die vorzügliche Glaubwürdigkeit, welche die Gerichts-Ordnung den öffentlichen Urkunden überhaupt beilegt. Vermöge des gerichtlichen Glaubens aber, welcher die gerichtlichen von den außergerichtlichen Urkunden scheidet, sollen erstere nur wegen fehlender Erfordernisse und wegen Irrthums angefochten werden können und andre Einwendungen gegen die Richtigkeit ihres Inhalts nicht gestattet sein (§. 126), wogegen es bei letzteren auch außer dem Falle eines behaupteten Irrthums zulässig ist, Beweismittel darüber beizubringen, daß der Inhalt unrichtig sei (§. 131). Zu Folge §. 14. Tit. 13. der Allg. Ger. Ord. soll ferner bei einem Widerspruche zwischen Documenten die öffentliche außergerichtliche Urkunde der gerichtlichen nachstehen und bei einem Widerspruche zwischen Documenten und Zeugen soll das gerichtliche Document jederzeit den Vorzug vor den Aussagen der Zeugen haben, während die außergerichtliche öffentliche Urkunde diesen Vorzug nur in Sachen erhält, welche sich vor sehr geraumer Zeit ereignet haben, oder wo es auf Namen, Zahlen, Maaß oder Gewicht und überhaupt auf Umstände ankommt, welche leicht dem Gedächtnisse entfallen können, oder wenn die Zeugen keinen wahrscheinlichen Grund des obwaltenden Widerspruchs angegeben haben, oder ihre Aussagen nicht von solcher Beschaffenheit sind, um an und für sich eine volle Ueberzeugung zu wirken (§. 20. Tit. 13).

Hierbei muß zuerst auffallen, daß nur einige der vom Richter ausgehenden Acte den Vorzug der gerichtlichen Urkunden geniessen, andere aber nicht. Warum sollen die Gerichte weniger Glauben finden, wenn sie etwas als in ihren Protokollen, Registern oder Büchern enthalten attestiren, als wenn sie die Erklärungen der Parteien in nicht streitigen Angelegenheiten, oder ein Anerkenntniß derselben beurkunden? Scheint es nicht eine schlimme contradictio in adjecto, ein Urtheil hiernach einen außergerichtlichen Act zu nennen, wie man doch gestehen müßte? Der gerichtliche Glaube ist den Richtern, als öffentlichen Beamten in Sachen ihres Amtes beigelegt, er muß also nicht bloß einigen, sondern allen von ihnen ausgehenden Acten zukommen, vorausgesetzt, daß die vorgeschriebenen Formalitäten dabei beobachtet sind. Er gebührt aus demselben Grunde nicht bloß den Richtern, sondern allen öffentlichen Beamten in Sachen ihres Amts und kann auch den Notarien nicht versagt werden, welche dazu bestellt sind, solchen Handlungen, die von keiner amtlichen Autorität ausgehen oder begleitet sind, durch ihre Dazwischenkunft den öffentlichen Glauben zu verleihen. Dieser öffentliche Glaube beruht also, wie auch die Gerichts-Ordnung sagt, auf der amtlichen Qualität, er beschränkt sich daher auf Sachen, die zum Amte gehören und ist bedingt durch Beobachtung der gesetzlichen Förmlichkeiten. Er bewirkt, daß dasjenige, was auf solche Art beurkundet ist, bis zum Beweise des Gegentheils für wahr angenommen werden muß und da es in der Wahrheit kein Mehr oder Weniger giebt, so leidet er auch keine Abstufungen.

Wenn die Gerichts-Ordnung gleichwohl einen Unterschied gemacht und den gerichtlichen Urkunden einen Vorzug vor andern öffentlichen Acten eingeräumt hat; so kann dies seinen Grund nur darin haben, daß sie die Rechtsbeständigkeit des Geschäfts mit der Glaubwürdigkeit des Acts verwechselt oder vermischt hat, woraus sich auch zugleich erklärt, warum der gerichtliche Glaube auf Handlungen der freiwilligen Gerichtsbarkeit beschränkt ist. Wohl mag ein Vertrag, der vor dem Richter und unter dessen Leitung abgeschlossen ist, die Vermuthung der Gesetzmäßigkeit für sich haben; es mögen dadurch die Einwendungen des Irrthums, der mißverstandenen Sache, des Betruges, der Simulation, der Furcht, des Zwanges, der Verletzung u. s. w., mehr oder weniger ausgeschlossen werden; man wird den Ernst und die Gewißheit einer vor dem

Richter abgegebenen Willenserklärung nicht bezweifeln können und hierdurch rechtfertigt es sich, aus einseitigen Erklärungen der Art ein abgekürztes Verfahren zuzulassen. Aber dies ist es nicht, worum es sich hier handelt, wo nur von der Glaubwürdigkeit der Urkunde, als eines öffentlichen Acts die Rede ist. Indem die Gerichts-Ordnung die Vermuthung für die Rechtsbeständigkeit des Geschäfts, welches aus der richterlichen Mitwirkung entsteht, auf die Glaubwürdigkeit der Urkunde übertragen und diese um deshalb erhöhen zu müssen gemeint hat, so konnte es nicht fehlen, daß die hierauf sich beziehenden Bestimmungen schwankend und doppelsinnig sein mußten.

Die Glaubwürdigkeit einer öffentlichen Urkunde kann überhaupt nur aus zwei Gründen angefochten werden, indem entweder behauptet wird, daß es derselben an den Erfordernissen eines öffentlichen Actes ermangele, oder daß eine Unrichtigkeit sich darin eingeschlichen habe, absichtlich oder unabsichtlich, Fälschung oder Irrthum. Die letztere Behauptung muß allerdings bewiesen werden, aber der Beweis ist auch gegen eine gerichtliche Urkunde zulässig und die Gerichts-Ordnung §. 126 h t. befiehlt selbst dessen Aufnahme. Wenn aber an dieser Stelle hinzugefügt wird, „daß außer diesen Fällen einer Partei nicht gestattet werden könne, die Richtigkeit des Inhalts einer solchen gehörig vollzogenen gerichtlichen Urkunde anzufechten," wogegen im §. 131. l. c. bei einer außergerichtlichen öffentlichen Urkunde den Parteien nachgelassen ist, auch darüber, daß ihr Inhalt unrichtig sei, Beweismittel beizubringen, so sieht man nicht, wie außer den genannten Fällen, die Richtigkeit des Inhalts angefochten werden könne und worin also dieser Unterschied der beiden Urkunden eigentlich bestehe. Man muß daher auf den Gedanken kommen, daß die Gerichts-Ordnung unter dem Ausdrucke „Richtigkeit des Inhalts" etwas Anderes verstanden habe. Es hat daher das Ober-Landesgericht zu Marienwerder nicht mit Unrecht diesen Ausdruck als zweideutig gerügt, indem es zugleich der Meinung ist, daß sich derselbe nur darauf, daß die Erklärung in der beurkundeten Art wirklich von den Parteien abgegeben sei, 'nicht aber auf die Richtigkeit des Erklärten sich beziehen könne.

Wenn die Gerichts-Ordnung ferner bestimmt, daß im Falle eines wirklichen Widerspruchs die öffentliche außergerichtliche Urkunde der gerichtlichen nachstehen solle; so ist hierin nicht minder dunkel und doppelsinnig, was unter einem „wirklichen Widerspruch" zu verstehen sei. Zwei Urkunden können sich in der Beziehung, wovon hier die Rede ist, (als Beweise der in ihnen beurkundeten Thatsache oder Erklärung), nur in so fern widersprechen, als aus der einen die Unrichtigkeit der andern folgt. Welche Urkunde in diesem Falle die richtige sei, dies hängt nicht von der äußeren Form derselben, sondern davon ab, durch welche der Nachweis des Irrthums geführt ist. So z. B. kann es keinem Zweifel unterliegen, daß, wenn in einer gerichtlichen Urkunde die Interessenten als dispositionsfähig aufgeführt sind, der Taufschein eines derselben, der dessen Minderjährigkeit darthut, den vollständigen Gegenbeweis liefert. Widersprechen sich aber die Erklärungen der Parteien in zwei verschiedenen Urkunden, oder können die daraus abgeleiteten Rechte nicht neben einander bestehen, so ist dies kein Widerspruch der Urkunden, sondern ein Streit über deren Wirkungen, der nach den Vorschriften des materiellen Rechts zu schlichten ist und wobei die gerichtliche Urkunde keineswegs den Ausschlag giebt. Wenn z. B. über das Eigenthum einer Sache gestritten wird und jeder der streitenden Theile zum Erweise desselben einen mit dem vorigen Käufer abgeschlossenen Kaufcontrakt produzirt, so kommt es nicht darauf an, wessen Vertrag vor Gericht aufgenommen, sondern welcher der frühere ist. Die Vorschrift der Gerichts-Ordnung hält also in keiner Beziehung die Prüfung aus.

Dasselbe gilt endlich von dem Vorzuge, den die Gerichts-Ordnung Tit. 13. §. 20. den gerichtlichen Documenten vor den Zeugenaussagen giebt und welchen sie den öffentlichen außergerichtlichen Urkunden nur unter mehrfachen Bedingungen zugesteht.

Weder ist diese Unterscheidung zwischen gerichtlichen und außergerichtlichen öffentlichen Urkunden begründet, noch kann im Allgemeinen gesagt werden, daß Urkunden den Zeugenaussagen vorgehen, da ja, wie die Gerichts-Ordnung selbst zugiebt, auch die Verfälschung oder Unrichtigkeit einer Urkunde durch Zeugen nachgewiesen werden kann. Es heißt zwar §. 19. l. c., daß in diesem Falle wo die Glaubwürdigkeit des Documents durch die Aussagen der Zeugen angefochten werde, eigentlich kein Widerspruch vorhanden sei; allein vielmehr ist außer diesem Falle kein Widerspruch vorhanden und man sieht nicht, wie aus den Aussagen der Zeugen (nach §. 20) das Gegentheil desjenigen gefolgert werden kann, was die Documente ergeben, wenn nicht die Glaubwürdigkeit dieser angefochten, d. h. eine Unrichtigkeit derselben dargethan oder wahrscheinlich gemacht ist.

Dem gemäß, ist in dem Entwurfe der Unterschied zwischen öffentlichen gerichtlichen und außergerichtlichen Urkunden ganz bei Seite gelassen und danach der §. 114 des Entwurfs gefaßt worden.

Die Gerichts-Ordnung macht von der Regel, daß öffentliche Urkunden vollständig beweisen, im §. 126 in fine Tit. 10 eine Ausnahme, indem hier bestimmt wird, daß, wenn die Gerichtsperson, welche die Urkunde aufgenommen hat, verübter Fälschungen in ihrem Amte, sei es auch nur bei andern von ihr verfertigten Urkunden, gerichtlich überwiesen ist, die Glaubwürdigkeit der Urkunde geschwächt werden soll. Allein was heißt es: die Glaubwürdigkeit der Urkunde wird geschwächt? verliert sie dadurch den öffentlichen Glauben, oder nicht? Hierzwischen giebt es kein Drittes. Auch der Grund des Gesetzes selbst scheint nicht richtig zu sein und sowohl die öffentliche Autorität, als die Sicherheit der Rechte zu gefährden. Denn wie kann daraus, daß ein Beamter sich einer Fälschung schuldig gemacht hat, auf die Falschheit aller von ihm ausgegangenen Acte geschlossen werden? Um eine öffentliche Urkunde als falsch anzugeben, dazu ist immer ein spezieller Verdacht und Beweis erforderlich. Dieser kann durch den Umstand, daß der Aussteller anderer Fälschungen überführt ist, verstärkt werden, eine allgemeine Präsumtion gegen alle von ihm ausgefertigten Urkunden, läßt sich jedoch hieraus nicht entnehmen und jede öffentliche Urkunde muß so lange als ächt angesehen werden, bis deren Verfälschung nachgewiesen ist. Aus vorstehenden Gründen ist daher der §. 126. Tit. 10. der Allg. Ger. Ord. in den vorliegenden Entwurf nicht aufgenommen.

Zum §. 115.

Die Gerichts-Ordnung erwähnt der Journale der Mäkler im §. 163 Tit. 10 und zwar unter denjenigen Urkunden, welche Ausnahmsweise für den Aussteller beweisen. Dieselben beweisen jedoch nicht für den Mäkler, sondern die durch seine Vermittelung zwischen dritten Personen abgeschlossenen Geschäfte und stehen mithin in der Gerichts-Ordnung nicht an der richtigen Stelle aufgeführt. Da sie zu den öffentlichen Urkunden gehören, welche, wenn die eidliche Bestärkung derselben Seitens des Mäklers hinzukommt, nach §. 1366 Thl. II. Tit. 8. des Allg. Landrechts vollständig beweisen, so hat man es für angemessener erachtet, sie hier ausdrücklich aufzuführen, als, wie im ersten Entwurf vorgeschlagen ist, sie ganz unerwähnt zu lassen, indem man sonst der Meinung sein möchte, daß die rücksichtlich der Beweiskraft der Mäklerjournale im Allgemeinen Landrechte enthaltenen Vorschriften hätten aufgehoben werden sollen.

Zum §. 116.

Im §. 127. Tit. 10. bestimmt die Gerichts-Ordnung, daß, wenn eine Gerichts- oder andere Behörde ein Attest ausstellt, das auf den allgemeinen Ruf, oder die den Mitgliedern des Collegiums beiwohnende Privatwissenschaft gegründet ist, oder ein solches, worin auf Zeugenaussagen Bezug genommen wird, dasselbe im ersten Falle nur als ein Privatdocument zu betrachten und im andern seine Beweiskraft von der Glaubwürdigkeit der Zeugen abhängig sei. Diese Bestimmung hat der Revisor angefochten, indem er bemerkt:

Nimmt man den Ausdruck „Privatwissenschaft" im Gegensatz einer amtlichen Kenntniß, so daß er eine Wissenschaft von Gegenständen, die nicht zum Amte gehören, bedeutet, so würde allerdings ein Zeugniß hierüber nicht als eine öffentliche Urkunde gelten können. Wenn aber das Attest eine amtliche Kenntniß der Behörde bezeugt, mag sich dieselbe auf den allgemeinen Ruf oder auf die persönliche Wissenschaft der Mitglieder oder endlich auf Zeugenaussagen gründen, so ist dasselbe um nichts weniger eine öffentliche Urkunde, welche vollständig erweist, daß die Behörde auf die angezeigte Art zur Kenntniß der Thatsache gelangt ist. Was aber hieraus für die Richtigkeit der Thatsache und für den Erweis des daraus abgeleiteten Rechts folgt, dies ist eine andre Frage, die in dem zuletzt gedachten Falle allerdings von der Glaubwürdigkeit der Zeugen abhangen kann.

Es erschien jedoch nicht rathsam, der bei dem ersten Entwurfe angenommenen Ansicht zu folgen und die oben allegirte Vorschrift fortzulassen, da sich besorgen läßt, daß mit der vorgeblichen Notorietät häufig Mißbrauch getrieben werden möchte. Die obige Bestimmung der Allgemeinen Gerichts-Ordnung ist mithin aufgenommen, jedoch der Schlußsatz des §. 127. l. c. weggeblieben, weil zu erwarten steht, daß die Gerichte Atteste auf Grund der Aussagen nicht völlig glaubwürdiger Zeugen nicht ausstellen werden. Die Beseitigung des §. 79 des Anhanges zur Gerichts-Ordnung ist durch die Aufnahme jener Vorschrift bedingt, weil sich andern Falls aus dem Atteste nicht ersehen läßt, ob dasselbe nicht auf blosser Privatwissenschaft rc. beruht.

Die Gerichts-Ordnung hat ferner im §. 128. Tit. 10. hinsichtlich der aus den Kirchenbüchern ertheilten Atteste vorgeschrieben, daß, wenn die Eigenschaft des Ausstellers dem Gerichte, bei welchem das Kirchen-Zeugniß vorgelegt wird, nicht bekannt ist, darunter von den Gerichten des Orts attestirt werden müsse, daß der Aussteller zur Ertheilung von Extracten aus den Kirchenbüchern legitimirt sei. Dasselbe muß aber auch von andern Urkunden gelten, so oft die Qualität des Ausstellers, oder die Aechtheit der Unterschrift und des Siegels zweifelhaft ist. Jedoch bedarf es dieses Nachweises erst alsdann, wenn die Urkunde in dieser Beziehung angefochten wird, es ist deshalb auch jene singulaire Vorschrift übergangen worden.

Zum §. 117.

conf. §. 124. Tit. 10. der Allgem. Gerichts=Ordnung. Die Vorschrift über die Beweiskraft der Abschriften der Urkunden ist weiter unten berücksichtigt worden.

Zu §§. 118—120.

Ueber die Glaubwürdigkeit der im Auslande aufgenommenen öffentlichen Urkunden hat die Gerichts=Ordnung keine Vorschriften. Nach dem Rescripte vom 26sten Novemb. 1811 sollen Urkunden, die in Frankreich aufgenommen sind, nur dann als öffentliche Urkunden gelten, wenn die Unterschriften und Siegel, so wie die Befugniß der Aussteller beglaubigt sind. Diese Bestimmung ist später durch das Rescript vom 2ten Februar 1813 (in den Jahrbüchern, Bd. 2. S. 44.) auf das Herzogthum Warschau und das Königsreich Westphalen ausgedehnt. Der Referent des ersten Entwurfs hat Bedenken getragen, dieselbe ihrer Partikularität wegen aufzunehmen, noch mehr aber sie zu generalisiren, weil eines Theils ihre Ausdehnung auf andere Staaten, wo das französische Recht gilt, durch das zuletzt allegirte Rescript untersagt ist, andern Theils, weil er sie für überflüssig hält. Denn, bemerkt er, damit eine Urkunde als öffentliche gelte, muß allerdings feststehen, sowohl, daß dieselbe vom Aussteller wirklich herrührt, daß Unterschriften und Siegel ächt sind, als auch, daß dieser zu deren Ausstellung befugt war. Ist dies ungewiß und bestritten; so muß es mithin bewiesen werden. Dieser Fall kann indeß nicht bloß bei fremden, sondern auch bei inländischen Urkunden vorkommen, wenn von letzteren Gebrauch an entfernten Orten gemacht werden soll. Bei Urkunden, die im Auslande aufgenommen sind, wird er jedoch öfter eintreten, und es ist vielleicht den Parteien anzurathen, hier zur Vermeidung des Einwandes die Legalisation, gemäß dem allegirten Rescripte, in Zeiten, vornehmen zu lassen. Diesen Nachweis aber als eine nothwendige Form und besondere Bedingung der Glaubwürdigkeit fremder Urkunden vorzuschreiben, dazu scheint kein Grund vorhanden, da er in der That die allgemeine Bedingung der Glaubwürdigkeit aller öffentlichen Urkunden ist.

Wenn man nun auch der Ansicht beitreten mußte, daß eine Vorschrift, welche die Legalisation ausländischer Urkunden zur Bedingung ihrer Glaubwürdigkeit macht, sich nicht rechtfertige, und daß man den Einwand gegen ihre Aechtheit u. s. w. lediglich abwarten könne, so konnte doch auf der andern Seite die Sache nicht ganz mit Stillschweigen übergangen werden, vielmehr war eine Bestimmung über das Verfahren, wenn die Aechtheit nicht legalisirter fremder Urkunden angefochten wird, nothwendig. Nicht minder mußte das Verfahren vorgeschrieben werden, welches Behufs der Beseitigung eines solchen Einwandes einzuschlagen ist, wenn man nicht eine Lücke im Gesetz zurücklassen wollte. Hiernach sind die §§. 118—120 des Entwurfs, welche sich auf die das Verfahren der Legalisation ausländischer Urkunden betreffende Instruction der Ministerien der Justiz und der Auswärtigen Angelegenheiten vom 22ten März 1833 (Jahrbücher, Bd. 41. S. 220.) gründen, gefaßt. Das Legalisations-Verfahren selbst konnte darin nicht vorgeschrieben werden, weil dasselbe der Natur der Sache nach häufigen Abänderungen unterliegt und werden die aufgenommenen Vorschriften völlig genügen, die bisherige Lücke in der Gerichts-Ordnung auszufüllen.

Zum §. 121.

Diese Vorschrift ist schon in den Bemerkungen zu den §§. 111—113 des Entwurfs (ad §. 116. Tit. 10. der Allg. Ger. Ord.) gerechtfertigt, und wird daher auf dieselben Bezug genommen.

Zum §. 122.

(conf. §. 124. Tit. 10. der Allg. Ger. Ord.) Die Allg. Gerichts-Ordnung bestimmt, l. c. daß die im §. 122. des Entwurfs in fine erwähnten Abschriften eine rechtliche Vermuthung begründen sollen. Dieser Ausdruck ist jedoch nicht ganz angemessen und die Gerichts-Ordnung scheint ihn hier, wie öfter, nicht in der eigentlichen Bedeutung, sondern für Wahrscheinlichkeit, Vermuthung überhaupt, genommen zu haben. Denn eine rechtliche Vermuthung ist eine solche, vermöge welcher das Gesetz etwas so lange als wahr angesehen wissen will, bis das Gegentheil erwiesen ist. Sie würde die in den Archiven gefundenen oder alten Abschriften geradezu den Originalen gleichstellen. Dies kann jedoch die Meinung der Gerichts-Ordnung nicht gewesen sein, sondern die Aechtheit der Abschriften muß in allen Fällen nachgewiesen sein, wenn sie beweisen sollen. Der Ort, wo die Abschrift gefunden ist und ihr Alter, sind nur Umstände, durch welche dieser Nachweis unterstützt werden kann. Er kann hierdurch in einzelnen Fällen auf das vollständigste geführt sein und in diesem Falle beweisen auch die Abschriften vollständig. Hiernach ist die Vorschrift der Gerichts-Ordnung modificirt.

Zum §. 123.

Der §. 133 Tit. 10 der Allgemeinen Gerichts-Ordnung fügt noch hinzu: „daß es alsdann keiner Recognition bedürfe, wenn die Partei oder derjenige, von welchem diese ihre Rechte herleitet, dasselbe bereits gerichtlich, oder vor Notar und Zeugen anerkannt hat. Doch sollen auch gegen ein solches für recognoscirt anzunehmendes Dokument alle Einwendungen zulässig sein, welche jeder andern Privat-Urkunde entgegengesetzt werden können.' Allein in diesem Falle ist das Dokument in so fern eine öffentliche Urkunde, als die Anerkennung der Unterschrift beglaubigt ist. Der Unterschied, welchen die Gerichts-Ordnung zwischen anerkannten, d. h. nach ihrem ganzen Inhalte genehmigten Urkunden und der bloßen Recognition der Unterschrift macht, ist in dieser Beziehung unerheblich, da die Anerkennung der Unterschrift die Genehmigung des Inhalts gesetzlich involvirt. Eine Privat-Urkunde, welche anerkannt wird, beweist gegen den Aussteller genau eben so viel, als ein öffentliches Dokument. Daher auch der obige Zusatz überflüssig ist und nur zur Bestätigung dessen dient, was oben über diese Vermischung der Rechtsbeständigkeit mit der Beweiskraft der Urkunden gesagt ist.

Zum §. 124.

Nach §. 134 Tit. 10 der Allgemeinen Gerichts-Ordnung soll der Diffitent schwören „daß er die Namens-Unterschrift unter dem ihm vorgelegten Instrumente nicht selbst geschrieben habe und daß dieselbe auch nicht an seiner Statt von einem Andern mit seinem Wissen und Willen geschrieben worden sei." Gegen diese Eidesformel ist bei der ersten Revision erinnert:

1) daß dieselbe mangelhaft sei, weil der Eid nur auf die Unterschrift gerichtet sei, wohl aber Fälle vorkommen könnten, in welchen eine Privatscriptur auch ohne Unterschrift beweisend sei, z. B. in einer Correspondenz über die Bedingungen eines mündlichen, oder zur Auslegung eines auf den Grund einer solchen Scriptur später abgefaßten schriftlichen Vertrages. Das Allgemeine Landrecht Theil I. Tit. 5 §. 118 verordne nur, daß eigenhändig geschriebene Aufsätze vor hinzugekommener Unterschrift nicht für vollendete Verträge zu achten seien, wodurch denselben keinesweges alle Beweiskraft abgesprochen werde, (conf. das Rescript vom 10. Februar 1823, in den Jahrbüchern, Bd. 21, S. 268). Diese Bemerkung ist gegründet und daher die im Gesetz vorhandene Lücke durch den §. 127 des Entwurfs ausgefüllt worden.

2) Ist die letzte Hälfte des Eides, daß die Urkunde nicht von einem Andern mit Wissen und Willen des Diffitenten geschrieben sei, für unnütz und unzulässig gehalten, und bemerkt, daß der Diffessionseid im römischen Rechte nirgends vorgeschrieben sei und sich durch die Praxis gebildet habe, er sei ein deferirter Eid, nur mit dem Unterschiede, daß er nicht zurückgeschoben werden dürfe und die Vertretung des Gewissens durch Beweis dabei nicht gestattet sei. Da nach gemeinem Rechte in der Regel die schriftliche Abfassung zur Gültigkeit einer Willenserklärung oder eines Vertrages nicht erforderlich sei, sondern der bloße consensus hinreiche, so habe man zur Abkürzung und um einem hierunter verborgenen dolus im Voraus zu begegnen, jenen Zusatz in die Eidesformel aufgenommen, wiewohl derselbe eine zweite, von der ersten verschiedene Behauptung enthalte. Man konnte voraussetzen, daß der Producent, wenn der Andere die Urkunde als von seiner Hand geschrieben eidlich diffitirt hatte, in allen Fällen auf diese subsidiäre Behauptung zurückkommen werde; so sei die Formel in die Gerichts-Ordnung übergegangen.

Allein nach dem Allgemeinen Landrechte Thl. I. Tit. 5 §§. 131 und 133 sollen Verträge und Willenserklärungen, deren Gegenstand sich über 50 Thaler beläuft, schriftlich errichtet werden; Personen, welche des Schreibens unkundig, oder daran verhindert sind, müssen in solchem Falle ihre Verträge gerichtlich, oder von einem Justiz-Commissarius aufnehmen lassen (conf. §. 172 l. c.) und wenn ein Vertrag vermöge des Gesetzes oder einer Abrede der Parteien schriftlich geschlossen werden soll, so erlangt derselbe seine Gültigkeit erst durch die Unterschrift (§. 116 l. c.); hiernach ist es mithin nicht mehr dasselbe, ob Jemand eine Urkunde selbst ausgestellt hat, oder ob dies mit seinem Wissen und Willen durch einen Andern geschehen ist und nicht in allen, ja in den wenigsten Fällen hat das Letztere mit dem Ersteren gleiche Wirkung. Die Einwilligung in das, was ein Anderer geschrieben hat, ersetzt nicht den Mangel der eignen Schrift da, wo es dieser bedarf, daher ist es unnöthig, den Diffitenten in diesem Falle beschwören zu lassen, daß er jene nicht ertheilt habe, selbst ein dolus kann hierin nicht immer gefunden werden, und jedenfalls würde dieser einen verschiedenen Klagegrund darstellen und andere rechtliche Folgen nach sich ziehen. Soll aber in allen Fällen, wo der Diffitent, obwohl er die Urkunde nicht selbst ausgestellt hat, dennoch nicht schwören kann, daß sie nicht von einem Andern mit seinem Wissen und Willen geschrieben sei, dasselbe gelten, als wenn er die Urkunde eigenhändig ausgestellt hätte, so widerspricht dieses Präjudiz geradezu den allegirten Vorschriften des Allgemeinen Landrechts. „Die vorstehende Ausführung des Referenten der ersten Revision leidet indeß, wie er selbst zugestehen muß, nicht auf alle Fälle Anwendung, und man würde in allen den Fällen, in welchen nach den Gesetzen ein schriftlicher Auftrag zur gültigen Verrichtung der Unterschrift für einen Andern nicht erforderlich ist, den Betrügereien Thor und Thür öffnen, wenn man dem Vorschlage des Referenten folgen wollte. Durch den Diffessionseid soll nur festgestellt werden, ob die Unterschrift von dem angeblichen Aussteller der Urkunde herrührt, welche rechtliche Wirkung diese Unterschrift hat, namentlich ob der Unterschreibende durch dieselbe eine Verbindlichkeit überkommt, das ist altioris indaginis und hat mit der Feststellung der Thatsache, ob die Urkunde von dem angeblichen Aussteller derselben unterschrieben ist, nichts gemein. Hiernach leidet es keinen Zweifel, daß, ganz davon abgesehen, ob ein Dritter die Unterschrift für den Aussteller der Urkunde nur auf Grund einer schriftlichen Vollmacht mit rechtlicher Wirkung verrichten konnte, das Faktum festgestellt werden muß, ob der Dritte im Auftrage des Ausstellers unterschrieben hat. Ist dieses Faktum nicht erheblich, weil nach den Gesetzen ein schriftlicher Auftrag erforderlich war, dann wird der Aussteller ohnedies vom Richter eben so wenig zur eidlichen Ablehnung desselben angehalten werden, als dieser ihn gegenwärtig schon nicht zur eidlichen Diffession einer von ihm selbst unterschriebenen Urkunde zuläßt, die den Aussteller zu nichts verpflichtet.

Aus diesen Gründen ist die im §. 134 Tit. 10 der Allgemeinen Gerichts-Ordnung vorgeschriebene Eidesformel zwar unverändert aufgenommen, in den §. 124 des Entwurfs aber noch der Satz eingeschaltet, „daß, wenn es nur auf den Beweis des Umstandes ankommt, daß der Aussteller die Urkunde selbst unterschrieben habe, der Producent die Ableistung des Diffessionseides nur dahin verlangen könne, daß er die Namens-Unterschrift nicht selbst unterzeichnet habe." Hierdurch wird zugleich der Richter darauf hingewiesen, daß er nach den Umständen jedes einzelnen Falles den vorgeschriebenen Eid ganz oder nur theilweise abnehmen dürfe.

Der Schlußsatz des §. 124 des Entwurfs endlich enthält einen Zusatz zur Gerichts-Ordnung. Dieselbe erklärt zwar im §. 135 Tit. 10 nicht, daß eine Zurückschiebung des Diffessionseides unstatthaft sei, es folgt aber aus der unbedingten Verpflichtung zur Ableistung des Eides, aus dem Stillschweigen hierüber und daraus, daß den Vormündern und Andern, die nicht de veritate zu diffitiren brauchen, die Zurückschiebung ausdrücklich gestattet ist. Die Frage ist im gemeinen Rechte controvers und schien daher eine bestimmte Entscheidung unzweideutig auszusprechen.

Zum §. 125.

Conf. §. 135 Tit. 10 der Allgemeinen Gerichts-Ordnung.

Zum §. 126.

Conf. §. 136 Tit. 10 der Allgemeinen Gerichtsordnung.

Die hierin enthaltene Vorschrift, daß der Produkt, wenn er die Unterschrift einer Urkunde recognoscirt hat, zur eidlichen Diffession des Inhals derselben nicht verstattet werden könne, leidet an einem Mangel in der Fassung. Denn, wie auch der allegirte §. 136 am Schlusse ganz klar ergiebt, so steht es dem Produkten, der Recognition seiner Unterschrift ungeachtet, frei, seine Einwendungen gegen den Inhalt der Urkunde geltend zu machen und sich zu deren Beweise aller zulässigen Beweismittel zu bedienen. Unter dieser Voraussetzung wird der Fall nicht selten sein, daß der Produkt den Inhalt der Urkunde, sei es durch einen ihm referirten, oder durch einen ihm auferlegten nothwendigen Eid entkräften muß. Wenn nun auch die Allgemeine Gerichts-Ordnung wohl nur andeuten will, daß der Produkt, welcher seine Unterschrift habe anerkennen müssen, sich nicht zur eidlichen Diffession des Inhalts der Urkunde erbieten könne; so läßt die Fassung der Vorschrift doch auch die Deutung zu, daß der Produkt, wenn es auf eine Widerlegung des Inhals der Urkunde ankomme, überhaupt nicht zu einem Eide darüber verstattet werden dürfe. Deshalb schien es nöthig, die Fassung zu modificiren.

Zum §. 127

ist die Anmerkung ad 1 zum §. 124 des Entwurfs zu vergleichen.

Zu §§. 128 und 129.

Diese Bestimmungen kommen im Wesentlichen mit demjenigen überein, was die Gerichts-Ordnung in den §§. 138 und 139 Tit. 10 verordnet. Wenngleich in dem ersten Paragraphen nur von Dokumenten solcher Personen die Rede ist, die den Produkten durch ihre Handlungen haben verpflichten können und als Beispiele der Bevollmächtigte und

Institor genannt werden; so kann es doch keinem Zweifel unterliegen, daß bei Erben, Cessionarien und allen, die ex titulo singulari in die Rechte Anderer getreten sind, Hinsichts der von ihren Autoren ausgestellten Urkunden ganz dasselbe gelten muß. Demgemäß hat der §. 128 eine allgemeinere Fassung erhalten.

Zu §§. 130—132.

Conf. §. 141 — 143 Tit. 10 der Allgemeinen Gerichts-Ordnung. Bei der ersten Revision sind diese Vorschriften übergangen, weil angenommen wird, daß Vormünder, als Vertreter minderjähriger Erben, schon unter den im §. 128 des Entwurfs aufgeführten Personen mit begriffen seien und kein Grund ersichtlich sei, weshalb die Vormünder in dieser Eigenschaft einen andern und schwierigeren Eid leisten sollen, als denjenigen, welchen die Erben, selbst wenn sie majorenn sind, zu leisten haben würden. Der im §. 141 l. c. vorgeschriebene Eid erscheint indeß aus dem Grunde gerechtfertigt, weil man in Betracht der den Vormündern hinsichtlich ihrer Pflegebefohlenen obliegenden Pflichten von ihnen verlangen kann, daß sie bei der Prüfung der Aechtheit der gegen ihre Pflegebefohlenen gebrauchten Urkunden mit größerer Sorgfalt zu Werke gehen, und der erste Grund des Referenten nicht zutrifft, weil nicht immer bloß Erben durch Vormünder oder Curatoren vertreten werden. Die §§. 141—143 Tit. 10 der Allgemeinen Gerichts-Ordnung sind daher beibehalten worden, wogegen die §§. 137 und 140 Tit. 10 der Allgemeinen Gerichts-Ordnung als offenbar entbehrlich übergangen sind.

Zum §. 133.

(conf. §. 144 Tit. 10 der Allg. Ger. Ord.)

Die hierin noch enthaltene Anweisung für den Producenten, den Producten allenfalls wegen begangenen Meineides zu belangen, wird ohne Nachtheil wegbleiben können.

Zum §. 134.

Conf. §. 145 Tit. 10 der Allgemeinen Gerichtsordnung.

Zu §§. 135 und 136.

Diese Vorschriften entsprechen im Wesentlichen den §§. 146 und 147 Tit. 10 der Allgemeinen Gerichts-Ordnung. Aus dem ersten ist die, die Vereidigung der Zeugen betreffende Bestimmung weggeblieben, weil hierüber die Bestimmungen in dem Abschnitte vom Zeugenbeweise erfolgen werden und aus dem letzteren nur die für die Prozeß-Ordnung nöthige materielle Vorschrift aufgenommen worden.

Zu §§. 137 und 138.

(conf. §§. 149 a und b Tit. 10 der Allgemeinen Gerichts-Ordnung.) Im §. 149 b läßt die Gerichts-Ordnung die comparatio literarum aus der Unterschrift, sofern dem Namen noch etwas beigefügt ist, ausnahmsweise nur wider die Erben des Ausstellers zu. Der Grund dieser Bestimmungen ist ohne Zweifel der, daß, da die Erben den Eid nur de credulitate zu leisten haben, die comparatio literarum, wie unsicher ihr Resultat auch in diesem Falle ist, doch so viel bewirken oder dazu beitragen kann, den Producenten zu jenem Eide zu verstatten. Dieser Grund ist aber überall vorhanden, wo der Product nicht der Aussteller ist und nicht de veritate zu diffitiren braucht und ist deshalb im §. 138 des Entwurfs die Vorschrift generalisirt.

Der Producent, der sich der comparatio literarum bedienen will, soll ferner nach §. 150 Tit. 10 der Allgemeinen Gerichts-Ordnung zuförderst das juramentum calumniae mit dem Anhange schwören:

> daß er von der Richtigkeit des Instruments überzeugt sei und kein anderes Mittel, selbige darzuthun, zur Hand habe.

Schon oben in der Anmerkung 2 zum §. 101 des Entwurfs ist darauf hingewiesen worden, daß die gänzliche Beseitigung des juramenti calumniae beantragt sei. Was diesen besondern Fall und die angehängte Modification betrifft, so steht der letzte Theil derselben im Widerspruche mit dem unmittelbar vorhergehenden Paragraphen der Gerichtsordnung. Denn in dem dort bestimmten Falle soll die comparatio literarum nur Statt finden zur Unterstützung anderer vorhandenen Beweismittel. Hier wird von dem Producenten der Eid gefordert, daß er kein anderes Mittel zur Hand habe. Warum soll auch die Vergleichung der Handschrift nicht mit der Aufnahme anderer Beweise verbunden werden können? Warum sollen letztere zuvor fruchtlos versucht und erschöpft werden, bevor man zu jener schreitet, zumal wenn vorauszusehen ist, daß die anderweiten Beweismittel doch kein vollständiges Resultat liefern und die comparaio literarum nicht entbehrlich machen? Und wenn es nun zweifelhaft wird, ob der Beweis der Aechtheit durch die andern Mittel hergestellt ist, soll dann die comparatio literarum ausgesetzt bleiben, bis der erkennende Richter den Zweifel gelöst und durch ein Resolut die Nachholung derselben verfügt hat? Alles dies scheint unnöthiger Aufenthalt und kein Grund vorhanden zu sein, die Wahl der Beweismittel und ihre Verbindung in diesem Falle zu beschränken.

Der Producent soll ferner schwören, daß er von der Richtigkeit des Instruments überzeugt sei. Er beschwört hierdurch im Voraus de credulitate die Richtigkeit dessen, was er beweisen will, um zu diesem Beweise gelassen zu werden. Aber wenn er nun hierüber im Voraus keine Ueberzeugung hat, sondern diese erst von dem Resultate der Beweisführung erwartet, soll ihm deshalb der Beweis abgeschnitten sein? Und wozu bedarf es dieses Eides, oder welche Wirkung soll er haben? Ist die comparatio literarum ein gesetzliches Beweismittel, ein Mittel zur Erforschung der Wahrheit, warum soll sein Gebrauch mehr erschwert sein, als z. B. der des Zeugenbeweises? Warum muß der Weg dazu durch einen Eid de credulitate gebahnt werden? Soll die Beweiskraft der comparatio literarum dadurch verstärkt werden, und der Eid in dieser Beziehung ein suppletorium sein; so ist es doch besser, erst den Erfolg derselben abzuwarten, und den Eid bis dahin auszusetzen, da es alsdann desselben vielleicht nicht mehr bedürfen und jedenfalls der Schwörende mehr Gründe für seine Ueberzeugung haben wird. Die Gerichts-Ordnung §§. 147 und 155 unterstellt den Fall, daß der Richter nach erfolgter comparatio literarum noch für nöthig findet, einem oder dem andern Theile, mithin auch dem Producenten, einen Eid abzufordern. Muß in diesem Falle der Producent seinen Glauben noch einmal beschwören? Und wenn dies geschehen muß, macht es nicht den früheren Eid unnütz und wirkungslos?

Die comparatio literarum ist allerdings ein unsicheres Beweismittel, weil Handschriften ähnlich, auch wohl nachgemacht sein können. Dies mögen die Sachverständigen bei der Prüfung und die Richter in ihrem Urtheil erwägen. Aber um deshalb ist beim Gebrauche desselben nicht immer Gefährde und Arglist vorauszusetzen. Bei der Mangelhaftigkeit der menschlichen Kenntnisse wird es viele Fälle geben, in welchen der Ausspruch der Sachverständigen kein gewisseres Resultat liefert und gleichwohl hat noch Niemand die Berufung auf ihr Gutachten für eine Chikane gehalten. Eine Arglist würde in diesem Falle nur dann vorhanden sein, wenn der Producent selbst die Handschrift nachgemacht, oder wissentlich einer nachgemachten Urkunde sich bedient hätte. Aber dies wäre mehr als Arglist, dies wäre das Verbrechen der Fälschung, das nie zu vermuthen und von dessen Verdacht durch einen Eid sich zu reinigen eben so wenig zulässig ist. Aus diesen Gründen ist dem Producenten das juramentum calumniae erlassen.

Zum §. 139.

Nach Inhalt der §§. 151, 153 und 154 Tit. 10 der Allgemeinen Gerichts-Ordnung geschieht die Vergleichung der Handschriften durch einen oder zwei Sachverständige, welche die Parteien vorschlagen, eventualiter der Instruent von Amtswegen ernennt. Diese schreiten abgesondert und ohne mit einander zu conferiren, zur Untersuchung der Handschriften und werden hiernächst vom Instruenten mit ihrem Gutachten zu Protokoll vernommen. Sind sie verschiedener Meinung; so steht dem Instruenten frei, andere glaubwürdige Personen, von welchen ihm bekannt ist, daß sie mit dem Aussteller in genauer Verbindung oder Correspondenz gestanden haben, über die Aechtheit der Urkunde zu vernehmen. Kann auf diesem Wege zu mehrerer Gewißheit nicht gelangt werden; so soll der Richter von einem Dritten von Amtswegen zu ernennenden Sachverständigen ein Gutachten fordern.

Es scheint jedoch nicht rathsam, nur durch zwei Sachverständige die Prüfung vornehmen zu lassen. Denn zwei Personen, welche verschiedener Meinung sind, werden entweder einander selten überzeugen und sich vereinigen, weil es an einer Vermittelung fehlt und keiner dem Andern eine Autorität über sich wird einräumen wollen, oder der eine wird dem andern imponiren. Eine Zusammenstellung derselben wird daher ohne Nutzen sein. Auch lehrt die Erfahrung, daß durch die Vernehmung zweier Sachverständigen, zumal wenn jede Partei einen derselben ernannt hat, höchst selten ein übereinstimmendes Resultat erlangt wird. Der Widerwille, nachzugeben, ohne überstimmt zu sein, verbunden mit dem Interesse der Partei, die ihn erwählt hat, läßt jeden auf das Hartnäckigste bei seiner Meinung beharren und eifrig nach Gründen zu deren Vertheidigung suchen, so daß zuweilen eine einfache Frage, über welche kaum eine verschiedene Ansicht möglich schien, erst durch diesen Streit verwickelt wird und den Richter in Verlegenheit bringt.

Um diesen Uebelständen zu begegnen, bleibt nur der Ausweg, einen dritten Sachverständigen zuzuziehen und muß daher im Falle eines Widerspruchs hierauf doch zurückgegangen werden. Ist nach den obigen Bemerkungen anzunehmen, daß dieser Fall nicht der seltenere sein wird, so scheint es in jeder Hinsicht gerathener, nicht erst den Versuch zu machen, ob vielleicht die Gutachten zweier Sachverständigen übereinstimmen werden, sondern die Prüfung sogleich durch drei Sachverständige vornehmen zu lassen, in so fern nicht die Parteien selbst mit dem Gutachten eines Einzigen sich begnügen wollen.

Hiernach ist die Vorschrift des §. 151 Tit. 10 der Allgemeinen Gerichtsordnug geändert und zugleich angenommen, daß die Ernennung der Sachverständigen, wenn sie nicht von den Parteien geschieht, nicht mehr durch den Deputirten, sondern durch das Gericht erfolgen müsse, weil Ersterem in der Regel die dazu nöthige Personal-Kenntniß ermangeln wird

Zum §. 140.

Conf. §. 151 Tit. 10 der Allgemeinen Gerichtsordnung. Es wird unbedingt zu einem sichereren Resultate führen, wenn dem Producten diejenige Urkunde, rücksichtlich deren die Vergleichung angestellt werden soll, in die Feder diktirt wird, man hat daher dem Deputirten in dem §. 140 des Entwurfs diese Anweisung gegeben und das Diktiren noch anderer Aufsätze nur für den Fall für nothwendig erklärt, wenn die producirte Urkunde nicht umfangreich genug ist, und die Sachverständigen noch das Niederschreiben eines andern Aufsatzes verlangen. Uebrigens fehlt in der Gerichts-Ordnung das Präjudiz, wenn der angebliche Aussteller der Urkunde sich weigert, den zur Vergleichung nöthigen Aufsatz niederzuschreiben. Dasselbe ist im §. 140 des Entwurfs ebenfalls supplirt, auch schien es nöthig, zu verordnen, daß das Niederschreiben in Gegenwart der Sachverständigen geschehen müsse. In einem der eingekommenen Gutachten ist sogar darauf angetragen, daß Letztere auch die Federn dazu schneiden möchten; hierin ist die Vorsicht aber wohl zu weit getrieben.

Zum §. 141.

Conf. §. 153 Tit. 10 der Allgemeinen Gerichtsordnung. Bei der ersten Revision war vorgeschlagen, die Prüfung der Handschriften durch alle drei Sachverständigen gemeinschaftlich vornehmen zu lassen und in dieser Beziehung bemerkt:

„Die Gerichts-Ordnung scheine hier, wie anderwärts, die Sachverständigen als Zeugen anzusehen und erfordere daher das Gutachten zweier Sachverständigen und lasse dieselben einzeln und abgesondert bei der Prüfung zu Werke gehen, um, wie bei Zeugen, aus deren unverabredeter Uebereinstimmung die Wahrheit oder Gewißheit zu folgern. Allein Sachverständige seien keine Zeugen, sondern Richter in facto; sie sollen kein Zeugniß, keinen bloßen Befund, wie es in der Eidesformel §. 152 Tit. 10 der Allgemeinen Gerichtsordnung heißt, sondern ein Gutachten, d. h. ein Urtheil abgeben, welches, wenn es auch die Richter nicht schlechterdings bindet, doch von dem größten Einflusse auf ihre Entscheidung sein müsse. Was mit den Sinnen wahrgenommen werden kann, der Befund, liege ja auch dem Richter vor Augen und in den wenigsten Fällen werde es zu dessen Feststellung der Zuziehung eines Sachverständigen bedürfen; aber nicht auf diesen Befund, sondern darauf komme es an, was nach den Grundsätzen der Wissenschaft oder den Regeln der Kunst, welche Nachdenken und Erfahrung an die Hand gegeben haben, aus ihm folgt; je klarer sich die Sachverständigen diese Grundsätze und Regeln machen, je mehr ihrer Erfahrung früher vorgekommene Fälle sie sich zurückrufen und mit dem vorliegenden Falle vergleichen können, um so richtiger werde ihr Gutachten sein. Deshalb erscheine es unerläßlich, daß die Sachverständigen vor Abgabe desselben mit einander conferiren, ihre Erfahrungen gegenseitig ergänzen, ihre Ansichten austauschen und gegenseitig berichtigen; dies sei aber so nothwendig, als daß die Richter ihr Urtheil gemeinschaftlich berathen; ja in dem Grade nothwendiger, als die Principien der Wissenschaft oder Kunst, auf welche das Gutachten sich stützt, schwankender, oder die Sachverständigen weniger gebildet sind, als die Rechtswissenschaft und die Richter; erst hieraus könne die Gewißheit hervorgehen, daß kein erhebliches Moment übersehen, und daß die Gründe, welche den Ausspruch der Sachverständigen, wie der Richter, motivirt haben, erwogen sind; ohne eine solche Berathung könne gar wohl der Fall eintreten, daß mehrere Sachverständige aus verschiedenen Gründen ein übereinstimmendes Gutachten abgeben, welches sie, wenn es zuvor berathen und hierdurch jeder Einzelne von der Unrichtigkeit seiner Voraussetzung überzeugt worden wäre, eben so einstimmig würden verworfen haben."

Dieser Ansicht, so scheinbar sie auch ist, hat man jedoch bei der gegenwärtigen Revision nicht beitreten können; denn soll es außer Zweifel sein, daß jeder Sachverständige sein eignes Gutachten abgegeben habe und das Letztere wird doch beabsichtigt; so muß man von einer gemeinschaftlichen Berathung der Sachverständigen über den Gegenstand ihres Gutachtens ganz abstrahiren. Bei der Verschiedenheit der menschlichen Fähigkeiten und Ansichten möchte der Fall wohl nicht vorkommen, daß drei Sachverständige von ganz gleichen Kenntnissen gefunden werden. Der Fähigere wird mithin leicht ein Uebergewicht über die minder Fähigen erlangen und dadurch nicht nur nachtheilig auf die freien Aeußerungen ihrer Ansichten wirken, sondern sie auch leicht von seiner Meinung überzeugen und ihre Zustimmung zu derselben gewinnen, die sie, wenn ihr Urtheil nicht auf eine solche Weise geleitet worden wäre, vielleicht nie gehabt und ausgesprochen haben würden. Es liegt in der Natur des Menschen, daß er, vor demjenigen, dessen geistiges Uebergewicht er anerkennen muß, mit seinen Ansichten frei herauszutreten sich scheut, weil er fürchtet, sich Blößen zu geben. Der Schwächere wird daher auch, wenn er sein Urtheil mit dem Stärkeren über einen Gegenstand gemeinschaftlich abgeben soll, die Aeußerung des Letzteren zuförderst abwarten und derselben, selbst wenn er von deren Richtigkeit nicht überzeugt ist, beipflichten, weil er es entweder nicht wagt, sich mit diesem in Erörterungen über die Gründe seiner abweichenden Meinung einzulassen, oder weil er in dem vielleicht irrthümlichen Glauben steht, daß seine Ansicht sich nicht vertheidigen läßt. Man wird daher in der Regel von drei Sachverständigen nur das Gutachten eines Einzigen erhalten und zu einem Resultate gelangen, welches die abgesonderte Vernehmung der Sachverständigen vielleicht nie gewährt haben würde. Aus diesen Gründen ist zu der Vorschrift des §. 153 Tit. 10 der Allgemeinen Gerichts-Ordnung zurückgekehrt und dem Deputirten gleichzeitig auferlegt, bei sich ergebenden Widersprüchen in den Gutachten der Sachverständigen die Letzteren zu confrontiren und sich zu bemühen, sie auf diese Weise in ihren Ansichten zu vereinigen, da, wenn die Sachverständigen einmal ihre Meinung ausgesprochen haben, nicht zu besorgen ist, daß sie durch andere, als durch überzeugende Gründe davon abzugehen, werden bewogen werden und die Confrontation wenigstens die Berichtigung offenbar irriger Ansichten erwarten läßt.

Zum §. 142.

Conf. §. 153 Tit. 10 der Allgemeinen Gerichtsordnung. Dieser Paragraph enthält den unbedenklichen Zusatz, daß die Sachverständigen ihr Gutachten auch schriftlich einreichen können.

Zum §. 143.

Nach dem §. 152 der Allgemeinen Gerichts-Ordnung sollen die Sachverständigen vor Abgabe ihres Gutachtens vereidigt werden. Es ist hierbei die Vermuthung geäußert, daß es wohl auf einem Redactionsfehler beruhen möge, wenn hier allein die Vereidung vor dem Gutachten geschehen solle. Diese Vermuthung ist jedoch nicht gegründet. Allerdings lautet die im §. 202 Tit. 10 der Allgemeinen Gerichts-Ordnung für andere Sachverständige vorgeschriebene Eidesformel so, daß sie voraussetzt, der Eid werde erst nach dem Gutachten abgeleistet; allein mit Berücksichtigung des §. 388 l. c. wird diese Vorschrift vielmehr für einen Redactionsfehler zu halten sein, welcher in der Verbindung des Eides der Sachverständigen mit dem Zeugeneide seinen Grund hat. Nach den bestehenden Gesetzen muß mithin die Vereidigung der Sachverständigen vor Abgabe ihres Gutachtens erfolgen.

Bei der ersten Revision ist auch de lege ferenda die vorherige Vereidigung der Sachverständigen angenommen, weil das, was von dem Sachverständigen gefordert und ihm übertragen werde, ein Amt, eine Funktion, ein Geschäft sei, zu dessen gewissenhafter Erfüllung er durch den Eid verpflichtet werden solle, weshalb es auch von Seiten derjenigen Sachverständigen, „welche schon in Pflichten stehen," nach §. 388 Tit. 10 der Allgemeinen Gerichts-Ordnung keines Eides bedürfe und der §. 203 Nr. 4 ihre Vereidigung ein für allemal zulasse. Wolle man sie also im einzelnen Falle gleichwohl nach Abgabe ihres Gutachtens vereiden; so sei dies, da die Dauer des Geschäfts oder Amtes in dieser Beziehung keinen Unterschied machen könne, ungefähr dasselbe, als wenn man einen Vormund oder Beamten ex post zur redlichen Verwaltung oder treuen Amtsführung verpflichten wolle.

Welchen Zweck solle auch der Eid nach abgegebenem Gutachten noch erfüllen? Entweder sei der Sachverständige dabei gewissenhaft zu Werke gegangen und dann sei der Eid unnöthig; oder er müsse bekennen, daß er das Geschäft nicht mit dem Fleiße und der Gewissenhaftigkeit verrichtet habe, zu welchen ihn ein eidliches Angelöbniß würde verpflichtet haben, so sei der Fehler einmal begangen und der Sachverständige könne selbst nicht zugelassen werden, ihn zu verbessern; es werde nicht leicht Jemand ein solches Bekenntniß ablegen und der Sachverständige schwöre in diesem Falle streng genommen einen Meineid; wolle man sagen, daß ihm die Hinweisung anf den später zu leistenden Eid doch zur Gewissenhaftigkeit antreiben müsse, so sei dies richtig, aber das eidliche Angelöbniß werde dies in einem höheren Grade vermögen."

Dieser Gründe ungeachtet scheint es indeß zweckmäßig, die Vereidigung der Sachverständigen, in so weit Letztere nicht ein für allemal in Pflicht genommen sind, erst nach abgegebenem Gutachten eintreten zu lassen. Die Aufgabe der Sachverständigen kann nicht als ein Amt angesehen werden, höchstens könnte dies auf die ein für allemal vereideten Sachverständigen anwendbar sein. Hiernach kann es nur darauf ankommen, ob die Vereidigung vor oder nach dem Gutachten eine bessere Garantie für dessen gewissenhafte Abgabe gewähre? Die Beantwortung dieser Frage mußte für die letzte Alternative ausfallen. Der promissorische Eid eines Sachverständigen liefert überhaupt für den erkennenden Richter kein gewisses Resultat, denn, da der Sachverständige nur beschwört, sein Gutachten dem Befunde gemäß gewissenhaft abgeben zu wollen, so leidet es keinen Zweifel, daß er dasselbe, wenn er es auch bereits abgegeben hat und später eine andere Ueberzeugung gewinnt, abzuändern, oder zu berichtigen befugt ist. Es wird ihm dies selbst dann noch frei stehen, und er wird es zur Bewahrung der Ruhe seines Gewissens thun müssen, wenn auch schon in der Sache erkannt und dabei auf sein früheres Gutachten, welches er jetzt vielleicht selbst für irrthümlich hält, Rücksicht genommen worden ist. Ganz anders stellt sich dagegen die Sache, wenn der Sachverständige das bereits abgegebene Gutachten beschwört, dann ist der erkennende Richter sicher, daß dasselbe unverändert bleibt, denn für den Prozeß gilt dieses Gutachten als unumstößliche Wahrheit, auch wenn es falsch sein sollte.

Der Sachverständige wird ferner an der Begutachtung nicht nur unbedingt sorgfältiger zu Werke gehen, wenn er nachher das Resultat derselben beschwören muß, sondern auch im Stande sein, Irrthümer noch zu berichtigen, welche er begangen hat und die im entgegengesetzten Falle vielleicht gar nicht zur Sprache gebracht wären. Diese Vortheile, welche ein promissorischer Eid nicht gewährt und nicht gewähren kann, dürften die vorgeschlagene Abänderung vollkommen rechtfertigen.

Die Eidesformel des §. 152 Tit. 10 der Allgemeinen Gerichts-Ordnung ist nach diesen Grundsätzen geändert, man hat es auch vorgezogen, zu sagen, daß die Sachverständigen nicht „ihren Befund" sondern „ihr Gutachten dem Befunde und ihrer Ueberzeugung gemäß" abgegeben haben, da Letzteres sprachrichtiger ist.

Zum §. 144.
(§. 154 Tit. 10 der A. G. O.)

Bei der ersten Revision ist diese Vorschrift übergangen und dafür angeführt:

„Die Gerichts-Ordnung lasse diesen Beweis von Anfang nicht zu, es sei aber kein Grund vorhanden, ihn zuzulassen, wenn sich die Gutachten der Sachverständigen widersprechen und die Frage hierdurch schwieriger geworden sei. Wenn die Zeugen darüber vernommen werden sollen, ob sie die producirte Urkunde für die Handschrift des angegebenen Ausstellers halten oder nicht, so sei dies kein Zeugniß, sondern ein Gutachten, wie die Gerichts-Ordnung §. 154 selbst es nenne. Ihre Qualification zur Abgabe desselben gründe nach der Gerichts-Ordnung sich darin, daß sie mit dem Aussteller in näheren Verhältnissen gestanden; dies könne jedoch nur befähigen, die Handschrift des Ausstellers, wenn sie ihnen vorgelegt werde, wieder zu erkennen; hier aber komme es darauf an, ähnliche oder nachgemachte Schriftzüge von ächten zu unterscheiden, das Eigenthümliche einer Handschrift aufzufassen und die Nachbildung als solche zu erkennen. Wäre dazu die bloße Bekanntschaft mit der Handschrift des Ausstellers hinreichend, so dürfe man nicht erst nach Personen suchen, die mit ihm in genauer Verbindung oder Correspondenz gestanden hätten, sondern diese Bekanntschaft könne ein Jeder durch Einsicht der zur Vergleichung dienenden Schriften erlangen. Aber wozu bedürfe es derselben, da die Handschrift selbst vorliege? Eine recognitio per testes könne ebenfalls dann von einigem Gewichte sein, wenn es an Schriften zur Vergleichung ganz fehle und mithin die comparatio literarum durch Sachverständige nicht angestellt werden könne. Aber selbst in diesem Falle lege die Gerichts-Ordnung mit Recht derselben kein Gewicht bei und lasse sie als Beweismittel nicht gelten; ein um so größerer Widerspruch scheine es also, sie da zuzulassen, wo man ein Gutachten von Sachverständigen aus der Vergleichung der Handschriften haben könne."

Allerdings läßt sich nicht in Abrede stellen, daß die Gerichts-Ordnung a. a. O. streng genommen ein Gutachten von Zeugen erfordert und dadurch gewissermaßen mit ihren Prinzipien in Widerspruch geräth. Nichts desto weniger erscheint aber die angefochtene Vorschrift als eine sehr zweckmäßige. Sie kommt nur alsdann zur Anwendung, wenn die Gutachten der Sachverständigen nicht übereinstimmen, mithin die comparatio literarum kein genügendes Resultat gewährt hat. In solchen Fallen wird es in der Regel auf einen nothwendigen Eid ankommen und also gleichzeitig die Frage zu entscheiden sein, wem von beiden Theilen derselbe aufzulegen ist. Hier ist es nöthig, daß alles versucht wird, den zu führenden Beweis so vollständig, als möglich zu erhalten und von diesem Gesichtspunkte aus betrachtet, läßt sich auch die Vorschrift der Gerichts-Ordnung nur rechtfertigen. Sie verlangt von den im §. 154 l. c. bezeichneten Personen kein durch wissenschaftliche Gründe motivirtes Gutachten, sondern nur ihre Meinung darüber, ob sie das ihnen vorgelegte Scriptum für die Handschrift des angegebenen Ausstellers halten, um auf diese Weise den zum Theil geführten Beweis noch zu verstärken. Es ist daher die Vorschrift der Gerichts-Ordnung um so mehr beibehalten, als sich von der Vernehmung der in derselben genannten Personen in der Regel ein günstiges Resultat wird erwarten lassen.

Zum §. 145.

(conf. §. 157 Tit. 10 der Allg. Ger. Ord. in fine.)

Es ist hier hinzugefügt worden, daß auch die zur Vergleichung gebrauchten Schriften bis zur rechtskräftigen Entscheidung der Sache in der Verwahrung des Gerichts verbleiben müssen, weil es dem Richter bei der Würdigung der Gutachten der Sachverständigen sehr auf deren Einsicht ankommen kann. Der übrige Inhalt des §. 157 l. c. versteht sich von selbst und ist daher übergangen worden. Auch der §. 156 l. c. schien entbehrlich.

Zum §. 146.

(§. 155 Tit. 10 der A. G. O.)

Zum §. 147.

(conf. §. 148 Tit. 10 der Allgemeinen Gerichts-Ordnung.)

Hiernach soll derjenige, welcher eine Urkunde, deren Aechtheit vollständig erwiesen ist, abgeläugnet hat, nicht nur wegen versuchten Meineides mit willkürlicher Geld- oder Gefängniß- oder anderer Leibesstrafe belegt werden, sondern es sollen ihn auch außerdem die im 23sten Titel festgesetzten Strafen des muthwilligen Läugnens treffen. Allein, obgleich man nur damit einverstanden sein kann, daß in diesem Falle eine Strafe eintreten muß, so ist doch daraus, daß Jemand eine Urkunde abläugnet und der andere Theil den Beweis der Aechtheit derselben führt, noch kein Versuch eines Meineides zu folgern. Wäre derselbe aber auch gedenkbar, so würde er nach den Vorschriften der Criminalgesetze zu bestrafen, in der Prozeß-Ordnung aber darüber nichts zu bestimmen sein. Bei der ersten Revision war die willkürliche Strafe nach Anleitung des §. 35 Thl. II. Tit. 20 des Allgemeinen Landrechts bestimmt, es erschien indeß angemessener, dem richterlichen Arbitrium völlig freie Hand zu lassen und ihn auf diese Weise für befugt zu erklären, die Höhe der Strafe nach den Umständen des einzelnen Falles und nach den Verhältnissen dessen, welcher die Urkunde abgeläugnet hat, zweckmäßig abzumessen. Hinzugefügt ist noch, daß, wenn die Aechtheit der Urkunde erwiesen worden, derjenige, welcher dieselbe abgeläugnet hat, die Kosten der Feststellung der Aechtheit der Urkunde ohne Rücksicht auf den Ausfall des Endurtheils tragen müsse und wird dieser Zusatz kein Bedenken finden.

Zu §§. 148 und 149.

(conf. §. 158 a. b. Tit. 10 der Allg. Gerichts-Ordnung.)

Der §. 148 des Entwurfs weicht zuerst darin von dem §. 158 a. l. c. ab, daß er allgemein ausspricht, was Letzterer auf den Beweis einer übernommenen Verbindlichkeit beschränkt. Der Inhalt einer Privaturkunde kann jedoch ein dreifacher sein. Sie kann enthalten: einmal ein Geständniß von Thatsachen, sodann die Uebernahme einer Verbindlichkeit, und drittens einseitige Dispositionen (letztwillige Verfügungen, Aufträge und Instructionen an Andere). In allen diesen Beziehungen ist die Urkunde gegen den Aussteller rc. gleich beweisend, und die darin enthaltene Erklärung muß bis zum Beweise des Gegentheils als wahr angenommen werden. Ob aber diese Erklärung gültig sei? und ob daraus eine Verbindlichkeit folge? dies kann in der Prozeß-Ordnung nicht bestimmt werden. Nach dem oben angegebenen Gesichtspunkte muß hier von der Rechtsbeständigkeit der Form, wie des Inhalts ganz abgesehen werden.

Das Ober-Landesgericht zu Marienwerder hat zu diesem Paragraph bemerkt, daß der Ausdruck: „Beweis einer übernommenen Verbindlichkeit" und der Unterschied, welcher im §. 158 b. l. c. zwischen einem solchen und dem Beweise anderer erheblichen Thatsachen gemacht worden, nicht richtig scheine, da nicht eine Verbindlichkeit, sondern nur die Thatsachen, aus welchen sie entspringt, Gegenstand des Beweises sein können. Diese Bemerkung bestätigt dasjenige, was oben angeführt ist. Wollte man jedoch deshalb den gemißbilligten Ausdruck in den andern verwandeln „Beweis der darin enthaltenen Thatsachen," so könnte dies ebenfalls zu Mißverständnissen führen. Denn im Grunde ist es nur eine Thatsache, welche die Urkunde beweist, nämlich die, daß der Aussteller die darin enthaltene Erklärung abgegeben hat, welchem zu Folge diese Erklärung so lange wider ihn als richtig angenommen werden muß, bis das Gegentheil erwiesen ist. Ein solcher Gegenbeweis ist z. B. in dem Falle geführt, wenn die Erklärung vermöge ihres Inhalts an gewisse Solennitäten gebunden ist, die dem Privatact fehlen, wenn es dem Aussteller an der Fähigkeit dazu gebrach, oder wenn dargethan wird, daß die Erklärung durch Irrthum oder Betrug bewirkt ist rc. Hierin gründet sich zugleich die oben schon vorgekommene Bestimmung, daß, wer seine Unterschrift anerkennt, den Inhalt der Urkunde gegen sich gelten lassen muß, weil nämlich die Unterschrift für sich allein schon das Factum der Ausstellung der Urkunde beweist. Hieraus folgt aber, wie oben schon bemerkt wurde, keinesweges umgekehrt, daß ein Privatact ohne Unterschrift nun gar nichts beweisen könne.

Die Gerichts-Ordnung §. 158a sagt ferner, daß die Privaturkunde nur wider den Aussteller u. s. w. beweise. Steht der Aussteller zu der Partei, welcher die Urkunde entgegengesetzt wird, im Verhältnisse eines Dritten; so soll dieselbe, wenn von einer übernommenen Verbindlichkeit die Rede ist, als ein unbeeidetes Zeugniß gelten. Ist jedoch der Aussteller als ein Mann von unbescholtenem Rufe gestorben, hat er von der bezeugten Thatsache hinlängliche Wissenschaft besitzen können und ist seine Hand anerkannt oder sonst nachgewiesen, so kann dergleichen Urkunde eine Vermuthung wirken und nach Beschaffenheit der Umstände den Richter zur Erkennung eines nothwendigen Eides veranlassen. Soll durch dergleichen von einem Dritten ausgestellte Privaturkunde, heißt es im §. 158b weiter, nicht eine übernommene Verbindlichkeit, sondern irgend eine andere erhebliche Thatsache dargethan werden, so findet eben das, was im vorigen §. verordnet ist, Anwendung. Besonders wird in diesem Falle die Vermuthung erhöhet, wenn von einer eigenen Handlung des Ausstellers die Rede ist und kein vernünftiger Grund sich angeben läßt, warum derselbe in der Urkunde eine Unwahrheit hätte niederschreiben sollen.

So weit die Gerichts-Ordnung. Es muß sich auf den ersten Blick die Richtigkeit der vorhin angeführten Bemerkung des Ober-Landesgerichts zu Marienwerder aufdringen, daß nämlich der hier gemachte Unterschied unstatthaft oder eigentlich keiner ist. In der That haben beide Vorschriften selbst den Worten nach ganz denselben Fall vor Augen, wo eine Thatsache von einem Dritten schriftlich bezeugt ist, nur daß die Erstere eine solche Thatsache voraussetzt, aus welcher eine übernommene Verbindlichkeit des Producten gefolgert wird, während die Letztere von „andern erheblichen Thatsachen" spricht. Aber was ist denn eine erhebliche Thatsache, wenn nicht eine solche, die auf das streitige Rechtsverhältniß von Einfluß ist, aus der mithin ein Recht, oder eine Verbindlichkeit, oder eine Befreiung von Beiden hergeleitet wird? Daher dürfte schwerlich ein Grund vorhanden sein, die Vermuthung, welche das unbeeidete Zeugniß wirken soll, im letzteren Falle noch zu erhöhen, wenn dieselbe überall Platz greifen kann. Man hielt es daher für gerechtfertigt, den hierin gemachten Unterschied zu beseitigen. Bei der ersten Revision ist aber noch weiter gegangen, indem sie auch die Vorschrift des §. 158a „steht der Aussteller gegen den Producten in „keinem solchen Verhältnisse, so gelten seine in der Urkunde „enthaltenen Angaben nur so viel, als ein unbeeidetes Zeug„niß," für unrichtig erklärt.

Der Referent sagt in dieser Hinsicht:

„Die Gerichts-Ordnung scheint hierbei einen oft vorkommenden Fall gänzlich übersehen zu haben, welcher die Ansicht dieser Materie durchaus ändern muß, den nämlich, daß sich Jemand auf eine von einem Dritten ausgestellte Urkunde, als auf einen Titel beruft, aus welchem er Rechte für sich herleitet, die er gegen den Producten geltend machen will. Man darf hier nur an die so häufigen Interventionen gegen die Auspfändung, so wie an alle die Fälle erinnern, in welchen ein Käufer oder Cessionarius das ihm übertragene Recht gegen den debitor cessus oder gegen dritte Personen verfolgt, die gleichfalls einen Anspruch auf die Sache oder Forderung behaupten. In diesen Fällen gilt die Urkunde für den Producenten nicht bloß als ein unbeeidetes Zeugniß der darin enthaltenen Uebertragung, sondern sie ist sein Titel; sie beweist, wenn ihre Aechtheit dargethan ist, diesen Uebertrag vollständig auch gegen den Producten. Ueberhaupt beweist jede Privaturkunde, wenn sie anerkannt oder ihre Aechtheit außer Zweifel ist, eben so wohl gegen dritte Personen, als gegen den Aussteller selbst, daß die darin enthaltene Erklärung von Letzterem abgegeben ist. Als res inter alios acta wird diese Erklärung dem Dritten nicht entgegenstehen und für ihn gleichgültig sein, kann sie ihm aber entgegengesetzt werden, so ist sie durch die Urkunde vollständig erwiesen. Dieser Satz leidet jedoch eine Einschränkung. Wenn gleich die Existenz der Erklärung durch die anerkannte Privaturkunde außer Zweifel gesetzt ist, so folgt hieraus doch noch nicht, daß dieselbe zu der darin angegebenen Zeit existirt habe, da ja der Aussteller der Urkunde jedes beliebige Datum beifügen konnte. Dieser Umstand aber (der Zeitpunkt ihrer Entstehung) ist es eben, auf welchen es in den meisten Fällen, wo eine Privaturkunde einem Dritten entgegengesetzt wird, ankommen wird. Der Aussteller, so wie diejenigen, die in seine Rechte und Verbindlichkeiten getreten sind, müssen allerdings auch das Datum der Urkunde gegen sich gelten lassen, weil die Urkunde von ihnen oder ihrem Autor herrührt und weil Letzterer durch das Datum die Existenz und Wirkung der darin enthaltenen Erklärung von diesem Tage ab gegen sich anerkannt hat. Einem Dritten aber steht diese Erklärung nur vermöge ihrer wirklichen Existenz entgegen und in allen Fällen also, wo es darauf ankommt, ob die Urkunde zu einer gewissen Zeit existirt habe, kann dieses gegen den Dritten nicht durch das Datum derselben, welches nur ein Anerkenntniß Seitens des Autors enthält, sondern muß anders wodurch nachgewiesen werden.

„Hierdurch unterscheidet sich die Beweiskraft der Privaturkunden gegen Dritte von derjenigen gegen den Aussteller und die in seine Rechte getreten sind, und dies ist auch der einzige wahre und praktische Unterschied, der hier in Betracht kommen kann. Denn was den Fall betrifft, welchen die Gerichts-Ordnung vor Augen hat, wenn eine Partei auf die von einem Dritten herrührende Privaturkunde sich nicht als auf einen Titel bezieht, aus dem sie ein Recht oder eine Befreiung für sich ableitet, sondern daraus nur ein Zeugniß für die Wahrheit einer Thatsache für sich entnehmen will, so beweist die Urkunde auch in diesem Falle, was sie nur beweisen kann, daß der Dritte das Zeugniß ausgestellt hat. Allein es kommt nun weiter auf die Beweiskraft dieses Zeugnisses an. Hierbei handelt es sich jedoch nicht mehr um die Urkunde, sondern um die Glaubwürdigkeit des Zeugnisses als solchen, wobei es selbst gleichgültig ist, ob dasselbe schriftlich oder mündlich abgegeben wurde. Dieses ist aber nach den Regeln vom Zeugenbeweise zu beurtheilen. Indem also die Gerichts-Ordnung eine Privaturkunde gegen dritte Personen stets nur als ein unbeeidetes Zeugniß gelten läßt, so ist dies einerseits unrichtig und andrerseits gehört auch dasjenige, was sie ferner über die Wirkung eines solchen Zeugnisses bestimmt, nicht hierher, sondern in den folgenden Abschnitt."

Dieser Ausführung des Referenten in der ersten Revision hat man jedoch nicht beitreten können. Privaturkunden können gegen dritte Personen, welche zu dem Aussteller nicht in einem der im §. 149 des Entwurfs angeführten Verhältnisse stehen oder gestanden haben, überhaupt nichts beweisen und läßt sich auch in Beziehung auf den Inhalt derselben der von dem Referenten gemachte Unterschied, ob dieselben dem Dritten entgegengesetzt werden können, oder nicht, nicht rechtfertigen. Was ist es anders, wenn der Producent sich auf die producirte Urkunde, als auf einen Titel, aus welchem er Rechte gegen den Dritten herleiten will, beruft, als die Absicht eine Thatsache durch dieselbe nachzuweisen? Die nämlich, daß das Recht auf ihn übergegangen ist. Auch in diesem Falle kann die Urkunde nur als eine schriftliche Erklärung des Ausstellers, daß er dem Producenten das Recht abgetreten habe, gelten und kann oder will der Product dieselbe nicht recognosciren, so müssen die Abtretung des Rechts sowohl, so wie deren Bedingungen, wie jede andere Thatsache erwiesen werden. Die Urkunde selbst kann dabei nicht in Betracht kommen, ihr Inhalt ist dem Dritten durchaus nicht nachtheilig. Hiermit stimmt auch das überein, was der Revisor rücksichtlich des Datums einer solchen Privaturkunde gesagt hat, wenn es nämlich auf das Letztere ankommt und der Revisor legt selbst dadurch an den Tag, daß sich seine Ausführung nicht halten läßt. Denn nimmt er einmal an, daß die Urkunde, sobald sie anerkannt oder ihre Aechtheit nachgewiesen ist, auch gegen den Dritten vollständig beweist, dann darf er auch, um consequent zu sein, nicht einen einzelnen Punkt derselben ausnehmen, der durch jene Urkunde nicht soll erwiesen werden können, widrigen Falls er den Satz aufstellt, daß die Urkunde zum Theil wahr, zum Theil nicht wahr seyn solle. Aus diesen Gründen hat man den im §. 158a aufgestellten Satz, daß Privaturkunden gegen dritte Personen, welche zu dem Aussteller nicht in einem der dort erwähnten Verhältnisse stehen, nur als ein unbeeidetes Zeugniß gelten konnen, für durchaus richtig erachten und jede Ausnahme von demselben für unzulässig erklären müssen. Auch schien dessen Aufnahme, wenn er auch aus der Natur der Sache sich von selbst ergiebt, nothwendig, um nicht zu der Meinung Anlaß zu geben, daß man beabsichtigt habe, dergleichen Urkunden eine Beweiskraft beizulegen. Der §. 149 des Entwurfs stimmt mit dem §. 8. des Gesetzes vom 26 April 1835 (Gesetz-Sammlung von 1835 Seite 55) im Wesentlichen überein und kommt auch mit dem Obigen in so fern nicht in Widerspruch, als darin bestimmt wird, daß die Privaturkunde gegen den Dritten nur in so weit beweise, als ihr Inhalt, sei es durch Anerkenntniß, oder auf andere Art nachgewiesen worden ist. Die Vorschrift selbst füllt eine Lücke in der Gesetzgebung und wird dazu beitragen, den häufigen Interventionen und dem Mißbrauche der Scheinverträge zu steuern, worauf das allegirte Gesetz besonders sein Augenmerk richtet.

Zu §§. 150 und 152

(conf. §. 158c — 160. Tit. 10. der Allgem. Gerichts-

Ordnung). In dem vom Revisor vorgelegten frühern Entwurfe sind diese Vorschriften übergangen und dafür folgende Gründe angeführt:

Im §. 158 c handele die Gerichts-Ordnung von der Beweiskraft der in Archiven oder Registraturen gefundenen Privaturkunden. Hieraus solle einmal die rechtliche Vermuthung entspringen, daß sie wirklich von dem angegebenen Aussteller herrühren; dann solle aber auch die Glaubwürdigkeit der Urkunde d. i. des darin enthaltenen unbeeideten Zeugnisses, dergestalt dadurch gesteigert werden, daß unter den Umständen, unter welchen dieses Zeugniß nach §. 158 a eine Vermuthung wirken könnte, nunmehr ein voller Beweis daraus entnommen werden könne. Das Erste betreffe nicht die Beweiskraft der Privaturkunden, sondern den Beweis ihrer Aechtheit und würde daher zu dieser Materie gehören, wenn es richtig wäre. Allein es sei nicht abzusehen, worauf sich jene Vermuthung gründen solle, welche die in Archiven und Registraturen gefundenen Privaturkunden gewisser Maaßen zu öffentlichen erheben würde. Allerdings werde die Art und Weise, wie die Urkunde in das Archiv gekommen sei, in einigen Fällen zugleich eine Vermuthung oder auch einen Beweis für die Aechtheit derselben liefern, z. B. wenn der Aussteller sie der Behörde selbst eingereicht habe. In andern Fällen aber, wenn sie durch einen Dritten in das Archiv gekommen, werde hieraus auch nicht die geringste Vermuthung hervorgehen. Was könnten z. B. Privaturkunden, die zu einem Nachlasse oder zu einer Concursmasse gehörten, dadurch an Aechtheit gewinnen, daß sie der Vormund oder Curator zur gerichtlichen Verwahrung abgeliefert habe? Also nicht der Ort ihrer Aufbewahrung, das Archiv, sondern nur die Art und Weise, wie sie dahin gekommen, könne unter Umständen eine Vermuthung für die Aechtheit der Privaturkunden begründen. Aber diese Umstände könnten nicht selbst wieder vermuthet, sondern müßten nachgewiesen werden, um daraus im einzelnen Falle auf die Aechtheit der Urkunde zu schliessen. Noch weniger lasse sich einsehen, wie durch den Ort der Aufbewahrung die Beweiskraft eines unbeeideten Zeugnisses bis zum vollen Beweise gesteigert werden könne, da nach §. 127 h. t. selbst öffentliche Urkunden, worin etwas auf den Grund förmlicher Zeugenaussagen attestirt sei, nur in so weit beweisen sollten, als die Zeugen Glauben verdienten. Diesem Grundsatze zu Folge müsse also auch das in einer Privaturkunde ertheilte schriftliche Zeugniß nach den Regeln des Zeugenbeweises beurtheilt werden. Hiernach würde dasselbe aber in gewöhnlichen Fällen gar nichts beweisen und in keinem Falle könne der Ort der Aufbewahrung des Zeugnisses die Glaubwürdigkeit des Zeugen erhöhen."

Gleiche Bewandniß solle es nach §. 159 l. c. mit den Urbarien, Zins- und Steuer-Registern und ähnlichen Verzeichnissen haben, in so fern dieselben wegen verabsäumter Zuziehung der Interessenten keinen vollen Beweis ausmachten. Der Sinn dieser durch ihre Stellung in der Gerichts-Ordnung dunklen Vorschrift ergebe sich aus der Vergleichung des corpus juris Friedericianum Thl. IV. Tit. 6. §. 50, aus welchem sie wörtlich entnommen und wo sie durch den Zusammenhang deutlicher sei. Dergleichen Register sollten, wenn sie in öffentlichen Archiven gefunden würden, eine Vermuthung für sich haben. Hiergegen gelte die vorige Bemerkung. Nicht der Ort der Aufbewahrung, sondern nur der Umstand, daß bisher nach solchen Registern verfahren, die Abgaben darnach ohne Widerspruch erhoben seien, könne eine Vermuthung für dieselben begründen. Was würde aber ein einseitig angelegtes Register, auch wenn es in einem Archive gefunden sei, gegen die bestehende Observanz beweisen können?

Eine fernere Ausnahme von der aufgestellten Regel, daß Privaturkunden gegen dritte Personen nur so viel, als ein unbeeidetes Zeugniß d. h. so viel als nichts bewiesen, mache die Gerichts-Ordnung im §. 160 hinsichtlich der Quittungen und Beläge, die einer Rechnung beigefügt seien. Diese sollten nämlich, wenn gegen deren Richtigkeit keine besonderen Ausstellungen gemacht werden könnten, so lange für richtig und unverfälscht angenommen werden, bis das Gegentheil ausgemittelt sei. Es könne zweifelhaft scheinen, was hiermit gemeint sei. Sollten Quittungen und Beläge einer Rechnung als ächt vermuthet, oder solle ihr Inhalt (das darin bezeugte

Factum der Zahlung ꝛc.) für wahr, mithin die Urkunde für beweisend angenommen werden? Da sich nicht wohl begreifen lasse, wie Privaturkunden dadurch, daß sie einer Rechnung beigelegt seien, den Stempel der Aechtheit erlangen könnten und da eine Privaturkunde, um auch nur als unbeeidetes Zeugniß zu gelten, doch anerkannt, oder ihre Aechtheit erwiesen sein müsse, so werde man die Vorschrift nur dahin verstehen können, daß Quittungen und Beläge einer Rechnung gegen den Rechnungsnehmer nicht bloß als unbeeidete Zeugnisse, sondern vollständig bewiesen, wiewohl mit Vorbehalt des Gegenbeweises. So verstanden sei auch der Satz an sich ganz richtig und nur das daran zu tadeln, daß er als Ausnahme und mit der Beschränkung auf Rechnungen ausgestellt sei. Im Princip der Gerichts-Ordnung möchte sich diese Ausnahme schwerlich rechtfertigen lassen, denn auch hier könnte wiederum gefragt werden, warum Urkunden, wenn sie einer Rechnung beigefügt seien, mehr beweisen sollten, als anderwärts. Allein nach demjenigen, was oben gesagt, falle die Ausnahme mit der Regel hinweg, oder vielmehr die Ausnahme sei die Regel und bestätige das dort Gesagte. Denn auch Quittungen und Beläge, in so fern man unter letzteren überhaupt justificirende Titel verstehe, bewiesen gegen dritte Personen nicht bloß, wenn sie einer Rechnung beigefügt seien, sondern in allen Fällen, wo sie ihnen entgegengesetzt würden.

Was zunächst den §. 158c betrifft; so ist die Gerichts-Ordnung darin offenbar zu weit gegangen, daß sie auch hinsichtlich der in den Registraturen aufbewahrten Privaturkunden die Vermuthung für deren Aechtheit ausspricht und daß sie überhaupt den in den Archiven und Registraturen aufbewahrten Urkunden unter gewissen Bedingungen eine volle Beweiskraft beilegt und konnte man dem Revisor nur beitreten, wenn er auf die Beseitigung dieser Vorschriften anträgt. Allein es ist auf der andern Seite eben so gerechtfertigt, in Ansehung der in den Archiven der Königlichen Staats-Behörden gefundenen Privaturkunden bereits verstorbener Personen anzunehmen, daß die Vermuthung für deren Aechtheit streite, weil der Ort der Aufbewahrung jedenfalls annehmen läßt, daß sie von dem Aussteller auf irgend eine erhebliche Veranlassung eingereicht sind. Ein Mehreres kann aber aus der Art der Aufbewahrung nicht gefolgert und daher auch nur die hieraus sich ergebende Bestimmung, daß, wenn die Aechtheit der Urkunde dennoch bestritten wird, diese Exception auf andre Weise als durch das Erbieten zum Diffessionseide zu erweisen sei, aufgenommen werden. Es ist deshalb in so weit die Vorschrift des §. 158 c beibehalten.

Die §. 159 und 160 sind dagegen ganz unverändert aufgenommen, sie gründen sich auf das praktische Bedürfniß und haben sich als sehr zweckmäßige Vorschriften bisher bewährt, es ist deshalb um so weniger ein Grund vorhanden, sie ausfallen zu lassen.

Zum §. 153.

(conf. §. 161. Tit. 10. der Allgem. Gerichts-Ordnung). Der Zusatz schien nicht überflüssig, er ist demjenigen analog, was oben über die Untheilbarkeit des Geständnisses gesagt ist.

Zu §§. 154—157.

conf. die §§. 162—166. Tit. 10. der Allgemeinen-Gerichts-Ordnung.

Zum §. 158.

Dieser §. enthält einen Zusatz zu den Vorschriften der Allg. Gerichts-Ordnung. Es erschien nämlich bedenklich, eine Versendung der Handlungsbücher überhaupt anzuordnen, theils wegen der Gefahr des Verlusts derselben, theils auch, weil der Kaufmann seine Handlungsbücher jeden Augenblick gebraucht. Es ist daher in den freien Willen des Kaufmanns gestellt worden, ob, wenn der Prozeß an einem andern Orte schwebt, er seine Bücher an das den Prozeß leitende Gericht einsenden will, oder nicht. Für den Fall, daß er die Einsendung verweigert, wird ein beglaubter Extrakt ans den Handlungsbüchern nebst einem Atteste, daß dieselben vorschriftsmäßig geführt sind, genügen können, um so mehr, als dem Producten das Recht unbenommen bleibt, auf die Vorlegung der

Handlungsbücher bei dem Gerichte des Wohnortes des Producenten anzutragen. Die Praxis hat ein solches Verfahren, bereits eingeführt und wird sonach der §. 158 des Entwurfs um so weniger ein Bedenken finden.

Zum §. 159.

(conf. §§. 167 und 168. Tit. 10. der Allgem. Gerichts-Ordnung.)

Zum §. 160.

(cfr. §. 164. Tit. 10. der A. G. O.) Hierin ist den Kerbhölzern nur dann Beweiskraft beigelegt, wenn sie übereinstimmen; es ist indeß nicht abzusehen, weshalb, wenn auch auf dem einen Kerbholze sich mehr Einschnitte befinden, als auf dem andern, dieselben die Lieferungen nicht in so weit, als sie übereinstimmen, erweisen sollen und hat man hiernach die Vorschrift der Gerichts-Ordnung geändert.

Zum §. 161.

Diese Vorschrift ist der Verordnung vom 25 Januar 1823 (Ges. Samml. von 1823, S. 19) entlehnt. Es ist zu wünschen, daß diese Verordnung näher bestimmt und insonderheit der Grundsatz außer Zweifel gesetzt werde, daß den Gerichten freistehe, die rechtlichen Folgen zu bestimmen, welche aus dem Staatsvertrage, nach dessen vom Ministerium gegebenen Interpretation hervorgehen. Auch ist darüber Zweifel entstanden, ob diese Vorschrift sich auf völkerrechtliche Verträge beschränke? oder ob sie auch auf Verträge sich beziehe, welche das innere Staatsrecht des Landes betreffen, insonderheit auf die deutsche Bundes-Acte und die in derselben bestimmten Verhältnisse, die nicht in das Völkerrecht, sondern in das innere Staatsrecht einschlagen?

Drittes Capitel.

Vom Beweise durch Zeugen.

Diesem Abschnitte sind zwei kurze Bemerkungen voranzuschicken.

1) Die Erste betrifft einen in mehreren Gutachten gemachten Antrag, den Zeugenbeweis bei Gegenständen über 50 Thlr. entweder ganz, oder doch in dem Falle auszuschliessen, in welchem vom Beweise eines Vertrages, der Erfüllung desselben, oder einer Entsagung die Rede ist.

Hierbei scheint übersehen zu sein, daß nach Vorschrift des Allgem. Landrechts, Thl. I. Tit. 5. §§. 131 — 134 alle Verträge über 50 Thlr. und selbst einseitige Willenserklärungen wenn sie ihre Folgen auf die Zukunft hinaus erstrecken sollen, so wie alle Entsagungen und Verzichtleistungen zu ihrer Gültigkeit schriftlich abgefaßt sein müssen und das hierdurch nicht bloß der Zeugenbeweis, sondern auch die Eidesdelation ausgeschlossen sind. Sodann ist einleuchtend, daß sich die vorgeschlagene Beschränkung nicht auf Verbindlichkeiten aus Quasicontracten, aus Delicten und Quasidelicten und überhaupt nicht auf solche Fälle beziehen könne, in denen es unmöglich oder nicht wohl thunlich ist, einen schriftlichen Act zu errichten. In Fällen der letzteren Art hat daher auch das Allgem. Landrecht Ausnahmen von jener Regel, der schriftlichen Entrichtung der Verträge gestattet (§. 144 squ. l. c.).

Hiernach kann die Frage nur noch die sein: ob der Zeugenbeweis bei Zahlungen und sonstiger Erfüllung einer Verbindlichkeit, zu deren Beweise das Allgemeine Landrecht schriftliche Urkunden nicht erfordert, zu beschränken sei? eine Frage, die wegen Unsicherheit des Zeugenbeweises vielleicht eine Prüfung verdient, jedoch der Revision des materiellen Rechts überlassen werden muß.

2) Die Gerichts-Ordnung handelt in diesem Abschnitte zugleich vom Gutachten der Sachverständigen, jedoch nur in so weit, daß sie den von ihnen zu leistenden Eid vorschreibt

(§§. 202. 203. Tit. 10.), indem sie im Uebrigen dieselben den Zeugen ganz gleichstellt. Allein zwischen beiden ist ein wesentlicher Unterschied, sowohl in der Sache selbst, da ein Gutachten kein Zeugniß ist und auch die Wirkungen beider verschieden sind, als im Verfahren, wie bereits oben bemerkt ist. Es ist deshalb das Gutachten der Sachverständigen vom Zeugenbeweise in einem besondern Capitel getrennt.

Zum §. 162.

(cfr. §§. 169, 171 und 173. Tit. 10. der A. G. O.) Nach dem letzteren Paragraphen soll den Zeugen die Thatsache, worüber sie zu vernehmen sind, im Allgemeinen bekannt gemacht, die bestimmteren Umstände aber nur in besonderen Fällen, insonderheit, wenn die Sache in entfernte Zeiten zurückgeht und nur mit vorzüglicher Vorsicht und Behutsamkeit eröffnet werden. Dieser Unterschied ist an sich schwankend und die Anwendung dem Ermessen des Richters überlassen, man hat ihn deshalb beseitigen zu müssen geglaubt, um so mehr, als es in allen Fällen zweckmäßig sein wird, den Zeugen den Gegenstand ihrer Vernehmung gleich bei der Vorladung genau bekannt zu machen, damit sie sich auf ihre Aussage vorbereiten können und die Termine nicht durch die in Handelssachen nicht selten vorkommenden Anträge der Zeugen, ihnen zuvörderst die Einsicht ihrer Bücher oder Scripturen zu gestatten, vereitelt werden.

Der §. 170. Tit. 10. der A. G. O. erlaubt die Vorladung der Zeugen zum Instruktions-Termine, sie wird jedoch im ordentlichen Prozesse nie verfügt und würde nur die Ordnung des Verfahrens stören. Diese Bestimmung ist deshalb auch übergangen, zumal für den Fall, wo die Partei das Absterben eines Zeugen befürchtet, die Vorschriften vom Beweise zum ewigen Gedächtnisse ausreichen. Eben so hat man auch die Bestimmung des §. 173 l. c., daß auf Zeugen, deren Aufenthalt nicht angegeben werden könne, keine Rücksicht zu nehmen sei, ausgelassen, da sie sich von selbst zu verstehen scheint. Der Revisor hatte dieselbe zwar aufgenommrn, weil dadurch die Edictal-Citation der Zeugen ausgeschlossen werde, diese aber ohne eine ausdrückliche Vorschrift auch ohnehin nicht würde haben erlassen werden können. Endlich ist der §. 174 l. c. beseitigt worden. Hierin ist verordnet, daß, wenn eine Partei entfernte Zeugen vorschlägt und sich ein Verdacht hervorthut, daß dieses ohne Noth und zum Verschleife der Sache geschehe, von derselben zuvörderst das juramentum calumniae gefordert werden könnte. Aber wie kann sich ein solcher Verdacht hervorthun und wie soll er constatirt werden? Da die Erheblichkeit der Thatsache und die Zulässigkeit des Zeugnisses im Voraus entschieden sein muß; so kann der Verdacht nur in der Vermuthung bestehen, daß der Zeuge nichts werde bekunden können; woraus will man nun diese Vermuthung schöpfen, ohne den Zeugen deshalb befragt zu haben? Die Vorschrift ist daher auch längst außer Anwendung gekommen.

Zum §. 163.

(cfr. §. 175 Tit. 10 der A. G. O.) Diese Vorschrift hat zunächst den Zusatz erhalten, daß jedem Zeugen eine Abschrift der ihn betreffenden Vorladung zurückgelassen werde, da sonst nur Aufenthalt und Irrungen entstehen und in vielen Fällen die Vorladung ihren Zweck verfehlen könnte. Die Vorladung durch eine Currende ist auf den Fall beschränkt, daß nicht Zeugen höhern und niedern Standes gemeinschaftlich vorgeladen werden, weil es allerdings anstößig ist, wenn der Gutsherr und mehrere seiner Hirten oder niedern Dienstboten, der Dienstherr und sein Dienstbote wegen Ersparung der geringfügigen Citationskosten, durch eine gemeinschaftliche Currende vorgeladen werden.

Zum §. 164.

(cfr. §. 176 Tit. 10 der A. G. O.) Der erste Revisor hat auf die Abschaffung des mandati parendi angetragen, weil ihm dasselbe entbehrlich schien, da dasselbe nicht verweigert werden könne und es kürzer sei, den Zeugen diese Verpflichtung durch das Gesetz aufzulegen. Dieser Grund reicht indeß nicht aus; jeder Zeuge hat zwar die Pflicht, den Ladungen seines persönlichen Richters Folge zu leisten, dagegen ist er nicht schuldig, auf die Vorladung eines fremden Richters zu erscheinen. Es ist aber bedenklich, das Gegentheil zu bestimmen, weil hierdurch leicht Eingriffe in fremde Jurisdictions-Rechte herbeigeführt werden können. Ueberdies wird, da die Vorladung eines einem anderen Richter unterworfenen Zeugen doch durch die Requisition des Letzteren insinuirt werden muß, die Sache durch die Beifügung des mandati parendi nicht weitläuftiger und scheint es aus dem angeführten Grunde rathsamer, bei der Vorschrift der Gerichts-Ordnung stehen zu bleiben.

Die §§. 177 und 178 Tit. 10 der A. G. O. sind als entbehrlich übergangen worden.

Zum §. 165.

Wenn die Gerichte öffentliche Beamte oder Militär-Personen als Zeugen vorladen; so sind sie rücksichtlich einiger derselben und unter verschiedenen Modificationen angewiesen, hiervon zugleich die vorgesetzte Dienstbehörde des Zeugen zu benachrichtigen. cfr. §§. 52 und 55 des Anh. zur A. G. O., das Edict vom 21. Februar 1816 §. 4 (Ges. Samml. von 1816 S. 105) ꝛc. Der erste Revisor hat darauf angetragen, auch diese Bestimmungen aufzuheben, weil sie nutzlos seien und eben sowohl diejenigen Behörden, an welche sie erlassen würden, wie die Gerichte belästigten. Der Zweck derselben sei, daß der Staatsdienst darunter nicht leide, in den meisten Fällen aber werde der öffentliche Beamte die Abwartung des Termins ohne Schwierigkeit mit der Verrichtung seiner Dienst-Geschäfte zu vereinigen wissen, oder die Verlegung desselben auf eine ihm bequemere Stunde nachsuchen; wo aber schlechterdings Vorkehrungen deshalb nöthig seien, da sei es Sache des Beamten, der Behörde hiervon Anzeige zu machen, wie in anderen Verhinderungsfällen.

Anstand und gegenseitige Achtung der Behörden widerlegen schon diesen Vorschlag und der öffentliche Dienst erfordert die Beibehaltung der bestehenden Einrichtung. Die Besorgung eines öffentlichen Amtes ist für den Staat eben so wichtig, als daß ein Zeuge an diesem und nicht an einem andern Tage abgehört werde. Wie diese Einrichtung das Gericht und die Dienstbehörde belästigen könne, ist schwerlich abzusehen, da sie beiden willkommen sein muß, weil letztere zur Dienst-Vertretung des Beamten Vorkehrungen treffen und das Gericht so wie die Partei daher mit desto größerer Zuversicht auf das Erscheinen der Zeugen rechnen kann. Es ist daher jene nur auf einzelne Klassen der Beamten Anwendung findende Vorschrift generalisirt worden.

Zum §. 166.

(conf. §. 172 und 182 Tit. 10 der Allg. Ger. Ord.)

Eine ganz besondere Ausnahme hiervon enthält das Rescript vom 21. August 1816 (in den Jahrbüchern Bd. VIII. S. 16), daß nämlich die Vernehmung eines Staabs-Officiers durch das Civilgericht in dem militairischen Verhörszimmer, wo ein solches vorhanden ist, geschehen soll und wenn keins vorhanden ist, die Militairbehörde das Local zur Vernehmung angeben kann. Diese Bestimmung, selbst wenn man sie beibehalten wollte, eignet sich jedoch wegen ihrer Singularität nicht zur Aufnahme in die Prozeß-Ordnung.

Zum §. 167.

(conf. §. 179 Tit. 10 der Allg. Ger. Ord.)

Diese Vorschrift spricht die allgemeine Verpflichtung zum Zeugniß aus und steht der Schluß derselben demnach mit dem §. 164 des Entwurfs in fine nicht in Widerspruch.

Zu §§. 168 — 172.

(conf. §§. 183 — 186 Tit. 10 der Allg. Ger. Ord.)

Diese Paragraphen sind nur bestimmter gefaßt und ist insbesondere der Fall des Ausbleibens im ersten Termine von dem Ausbleiben auf wiederholte Vorladung geschieden, weil die Unbestimmtheit der Gerichts-Ordnung bewirkt hat, daß die angedrohten Strafen entweder gar nicht oder nach Willkür angewandt werden. Gewöhnlich bleibt es bei Drohungen und die Zeugenverhöre schleppen sich durch viele Termine.

Die Strafe des ungehorsamen Zeugen muß jedoch eine Grenze haben; es ist daher diejenige gewählt, welche die Gerichts-Ordnung §. 52 Tit. 24 für die executio ad faciendum festgesetzt hat. Der Fall ist analog und, wie dort die Liquidation des Interesses, so bleibt hier, wenn die Strafe fruchtlos angewandt ist, der Regreß-Anspruch übrig. Was insbesondere den §. 171 des Entwurfs betrifft; so ist die darin enthaltene Vorschrift zwar sehr bedenklich, aber zur Substantiirung der Regreßklage unentbehrlich, man wird jedoch dem widerspenstigen Zeugen in dem wider ihn angestrengten Regreßprozesse den Beweis nicht abschneiden können, daß er über den Gegenstand, über welchen er im Vorprozesse vernommen werden sollte, nichts gewußt habe und hat man es daher für zweckmäßig erachtet, ihm diese Befugniß ausdrücklich vorzubehalten.

Zu §§. 173 und 174.

Die Gerichts-Ordnung hat die Vorschriften über die Vernehmung und Vereidigung der Zeugen der Lehre von der Zulässigkeit und Glaubwürdigkeit derselben vorangeschickt. Diese Anordnung ist jedoch nicht die richtige, vielmehr ist, bevor man zu der Vernehmung und Vereidigung der Zeugen kommt, zuerst über die Fähigkeit der Personen zum Zeugniß zu handeln. Hiernach ist das gegenwärtige Capitel umgearbeitet worden.

In der Lehre von der Zulässigkeit und Glaubwürdigkeit der Zeugen unterscheidet die Gerichtsordnung in den §§. 227 — 244 Tit. 10:

1) solche Personen, die zum Zeugnisse gar nicht zuzulassen sind (§. 227);
2) solche, die nicht als Beweiszeugen, sondern nur zur Information vernommen werden können (§§. 228 und 230);
3) solche, deren Zeugniß keinen vollen Glauben verdient (§. 233).

Zur ersten Klasse gehören diejenigen, welche wegen physischer Gebrechen, oder moralischer Mängel (gewisser Verbrechen) für absolut unfähig zum Zeugniß geachtet sind, weil ihre Aussage, soweit es möglich ist, solche zu erhalten, unter keinerlei Umständen das Mindeste soll beweisen können.

In die zweite Klasse setzt die Gerichts-Ordnung eines Theils diejenigen, die wegen ihres Verhältnisses zu einer der Parteien (z. B. nahe Verwandte, oder wegen ihres Verhältnisses zur Sache ihres Interesses) ebenfalls keinen Glauben finden sollen (§§. 228 und 230 No. 1—11). Doch werden sie glaubwürdig und sind als Beweiszeugen zulässig, wenn entweder der Gegentheil desjenigen, mit welchem sie in einer solchen Verbindung stehen, oder dessen Interesse sie theilen, sich auf ihr Zeugniß beruft, oder wenn sie gegen ihren Verwandten oder gegen ihr Interesse aussagen (§. 229 init. und §. 232 in fine). Der gemeine Prozeß nennt sie deshalb relativ-unfähige (verwerfliche) Zeugen. Anderntheils rechnet die Gerichts-Ordnung zu dieser Klasse wiederum solche, die wegen persönlicher Eigenschaften (wegen ihres religiösen Glaubens, Unmündigkeit, ehrlosen Gewerbes und gewisser verbrecherischer Handlungen) für ganz unglaubwürdig angesehen werden und mithin ebenfalls absolut unfähig sind (§. 230 No. 12—16). Der Unterschied dieser, so wie der relativ-unfähigen, wenn die Bedingung, welche sie glaubwürdig machen kann, nicht vorhanden ist, von denen der ersten Klasse besteht aber darin, daß die unfähigen Zeugen der zweiten Klasse dennoch, wie die Gerichts-Ordnung sagt, zur näheren Erkundigung vernommen werden können. Ergeben sich aus dieser Vernehmung Spuren anderer Beweismittel; so soll davon unvorzüglich zur Erforschung der Wahrheit Gebrauch gemacht werden (§. 231). Die Criminal-Ordnung vom 11. Dezember 1805, welche übrigens derselben Eintheilung gefolgt ist, hat diesen Unterschied zum Theil wieder verwischt, indem sie am Schluß des §. 356, worin die Personen der ersten Klasse aufgezählt sind, hinzufügt:

Dem Richter steht jedoch frei, alle vorgenannte Personen, in so fern es ihre persönlichen Eigenschaften erlauben, ohne Eid zu vernehmen, wenn es nicht unwahrscheinlich ist, daß ihre Aussage zur Entdeckung der Wahrheit führen werde.

Sie hat hierin Recht, da kein Grund vorhanden ist, warum diese Personen nicht eben sowohl, wie die der zweiten Klasse, zur näheren Aufklärung vernommen werden könnten. Allein die Eintheilung ist dadurch fehlerhaft geworden. Der revidirte Entwurf der Strafprozeßordnung hat dies richtiger gesondert, indem er zu den ganz unfähigen Zeugen nur diejenigen rechnet, welche wegen physischer Gebrechen gar nicht vernommen werden können.

Im §. 232 verordnet die Gerichts-Ordnung weiter:

> In wie fern hiernächst die Angaben solcher Personen, welche nur um nähere Erkundigung einzuziehen, vernommen werden, zur Entscheidung der Sache etwas beitragen können und sie also mit dem Zeugeneide zu belegen sind, bleibt dem Ermessen des Gerichts überlassen.

Diese Bestimmung scheint in der That alles bisher Gesagte wieder aufzuheben, und eine nicht zu lösende Verwirrung in die Materie zu bringen. Denn hierdurch ist es ganz in das Ermessen des Gerichts gestellt, die für unfähig erklärten Personen der zweiten Klasse dennoch als Beweiszeugen anzunehmen und zu vereiden, ohne daß selbst angedeutet ist, was dem Richter bei diesem Ermessen leiten soll und kann. Nicht ohne Grund ist daher in dem eingegangenen Gutachten theils angefragt, ob diese dem Richter eingeräumte Befugniß sich auch auf andere Fälle erstrecke, als diejenigen, in welchen die relativ-unfähigen Zeugen fähig werden, was nach der allegirten Stelle unzweifelhaft sein dürfte, theils um nähere Bestimmungen zur Leitung des richterlichen Ermessens gebeten.

Zur dritten Klasse endlich werden die verdächtigen Zeugen gerechnet, d. h. solche, die zwar zuzulassen und stets eidlich abzuhören sind, denen jedoch der Richter keinen vollen Glauben beilegen soll.

Soweit das System der Gerichts-Ordnung. Das Eigenthümliche darin und das, wodurch sich die Gerichts-Ordnung in dieser Materie von andern Civil-Prozeß-Ordnungen unterscheidet, ist die Vernehmung von Zeugen nicht zum Beweise, den sie nicht liefern können, sondern zur nähern Erkundigung. Man sieht leicht, daß diese Bestimmung aus dem Criminal-Prozesse herübergenommen ist, und mit der Grundidee zusammenhängt, von welcher der erste Entwurf der Gerichts-Ordnung vom 18. August 1774 ausgegangen war, der nämlich die Inquisitions-Methode des Criminal-Prozesses auf das Verfahren in Civilsachen anzuwenden verordnet. Allein es ist bereits gezeigt worden, daß diese Idee nicht durchgeführt wurde, noch durchgeführt werden konnte, weil der Stoff, die Natur des Civilprozesses, widerstrebte und dasselbe giebt sich auch in dieser Materie kund.

Da die Parteien im Civilprozeß die freie Verfügung über den Gegenstand des Streits behalten, und mithin von ihren Rechten so viel nachgeben und geltend machen können, als ihnen beliebt; so war die Gerichts-Ordnung zuerst genöthigt, auf diese Befugniß und den Willen der Parteien Rücksicht zu nehmen. Sie mußte die Unfähigkeit gewisser Personen, welche für den Criminalrichter absolut ist, in eine relative verwandeln, welche hinwegfiel, wenn der Gegentheil desjenigen, dessen Verbindung mit den Zeugen, oder gemeinschaftliches Interesse den Grund ihrer Unfähigkeit enthielt, sich selbst auf ihr Zeugniß berufen hatte. Die Gerichts-Ordnung hätte aber hinzusetzen sollen: „oder nichts gegen sie eingewendet hatte;" denn hierdurch mußten sie eben sowohl zulässig werden. Aber auch der Gegenstand des Criminal-Prozesses ist ein anderer, als im Civil-Prozesse. Dort gilt es die Sicherheit der Gesellschaft und Leben, Ehre und Freiheit der Individuen, welche diese gefährdet haben; hier handelt es sich oft nur um ein geringfügiges Geldinteresse. Dieser Unterschied kann nicht ohne Einfluß auf die Zulässigkeit der Zeugen bleiben. Denn, wenn einige Personen deshalb als Zeugen nicht zugelassen werden, weil das Gesetz annimmt, daß Verwandschaft oder gemeinsames Interesse sie die Wahrheit entweder nicht sehen oder nicht sagen lassen; so müssen doch diese Motive um so stärker auf sie einwirken, je größer die Gefahr ist, die ihnen selbst oder den Ihrigen droht. Vielleicht aus diesem Grunde hat die Gerichts-Ordnung in der vorher angeführten widersprechenden Bestimmung des §. 232 es dem Ermessen des Richters überlassen, den Aussagen der nur zur Information vernommenen Personen, dennoch einiges Gewicht beizulegen und sie als Zeugen zu vereiden. Sie hat aber hierdurch zugleich selbst den Beweis gegeben, daß das, was von Vernehmung der Zeugen im Criminal-Prozeß gilt, nicht im gleichen Maaße auf den Civilprozeß anwendbar ist.

Und welchen Zweck soll es haben, daß der Civilrichter Zeugen der Erkundigung wegen vernimmt, deren Aussagen er seiner Entscheidung doch nicht zum Grunde legen darf? Da, wo die Formen der Criminal-Procedur sich denen des Civilverfahrens nähern, im sogenannten accusatorischen Prozesse, dienen die eingezogenen Informationen dem öffentlichen Ankläger dazu, um hieraus die Anklage zu bilden. Die Gerichts-Ordnung hat umgekehrt die Civilprocedur dem Criminal-Verfahren nachbilden wollen. Aber dann hätte sie, um consequent zu sein, die Erkundigungen der Klage oder Klagebeantwortung müssen vorangehen lassen, statt dieselben an das Ende des Prozesses zu verlegen. Was hilft es den Parteien, wenn der Richter zuletzt von Amtswegen ermittelt, daß sie andere und bessere Rechte hätten geltend machen können, als sie wirklich geltend gemacht, oder daß sie sich anderer Beweismittel hätten bedienen können, als deren sie sich bedient haben? Was nützt dem Richter die erforschte Wahrheit, wenn er, gebunden durch die Anträge und Erklärungen der Parteien, keinen vollständigen Gebrauch davon machen darf? Es ist Sache der Parteien, diese Informationen vor Anstellung der Klage oder vor Einlassung auf dieselbe selbst einzuziehen, sowie es ihr Privat-Interesse ist, welches sie vor Gericht verfolgen oder vertheidigen.

Der Richter kann sich damit nicht befassen, ohne seine Unparteilichkeit zu gefährden, so wenig im Laufe des Prozesses, als vor demselben, und die Praxis hat ihn von der Verpflichtung dazu längst entbunden.

Giebt man den Gedanken auf, die Inquisitionsmethode des Criminalprozesses auf das Civilverfahren anzuwenden, so müssen hiermit auch die Vernehmungen pro informatione wegfallen. Man wird ferner mehr Rücksicht darauf nehmen müssen, worauf der Unterschied zwischen dem Civil- und Criminal-Prozeß beruht, daß es sich nur um ein Privatinteresse der Parteien handelt, worüber diese frei verfügen können.

Demgemäß ist die Materie nach folgendem Schema abgehandelt:

1) Personen, die unfähig zum Zeugniß sind, d. h. solche, die selbst mit Einwilligung der Parteien als Zeugen nicht zuzulassen sind;
2) Personen, gegen welche Einwendungen Statt haben und diese Einwendungen können entweder bewirken:
   a) daß der Zeuge gar nicht abzuhören ist (verwerfliche Zeugen), oder
   b) daß nur seine Glaubwürdigkeit geschwächt wird (verdächtige Zeugen).

Diesen folgen sodann:

3) diejenigen Personen, welche ihr Zeugniß ganz, und
4) diejenigen, welche dasselbe zum Theil verweigern können.

Was insbesondere den §. 173 des Entwurfs betrifft, welcher die zum Zeugniß absolut unfähigen Personen aufführt, so ist derselbe dem §. 227 Tit. 10 der Allgemeinen Gerichts-Ordnung entlehnt und sind darin die unter den Nummern 1 bis 4 und Nummer 6 daselbst enthaltenen Vorschriften wörtlich aufgenommen. Außerdem hat man sub No. 6 die hieher gehörige Vorschrift des §. 230. No. 13. Tit. 10 der Allgemeinen Gerichts-Ordnung eingeschaltet, die übrigen Bestimmungen des §. 227 l. c. aber weggelassen, weil auf die aufgenommenen Vorschriften die Lehre von der Unfähigkeit der Zeugen im Civil-Prozesse zu beschränken ist, wenn man darunter eine absolute Unfähigkeit, die von dem Willen der Parteien nicht abhängig ist, versteht. Was die Gerichts-Ordnung außerdem noch dazu rechnet, stellt nur einen Einwand gegen die Zulässigkeit oder Glaubwürdigkeit der Zeugen dar. Denn daraus, daß ein Zeuge Geschenke oder Versprechungen von einer Partei angenommen hat (§. 227 No. 5), folgt noch nicht, daß er ein falsches Zeugniß abgelegt haben würde, am wenigsten, wenn er erstres selbst eingesteht. Wollte man ihn deshalb, wie den des Meineides Ueberführten, für absolut unfähig zur Eidesleistung erklären; so würde man hierdurch zugleich die unschuldige Partei strafen, die vielleicht kein anderes Beweismittel hat und dessen ungeachtet die Vernehmung des Zeugen verlangt. Ferner, wer zu einer entehrenden Strafe verurtheilt ist (§. 227 No. 7), mag allerdings geringen Glauben verdienen, allein es kann deshalb doch nicht vermuthet werden, daß er, ohne ein besonderes Motiv dazu, auch ein falsches Zeugniß ablegen werde; nur eine solche Vermuthung würde es aber rechtfertigen, ihn vom Zeugnisse gänzlich auszuschließen.

Der Referent bei der ersten Revision hatte im §. 312 seines Entwurfs sub No. 3 auch „diejenigen, welche Haupt- oder Nebenparteien im Prozesse sind" für absolut unfähige Zeugen erklärt und in dieser Beziehung bemerkt, daß zwar die Gerichts-Ordnung im §. 228. No. 8. Tit. 10. Die Litisdenuncianten, Deuunciaten und Intervenienten unter diejenigen Personen rechne, welche nach §. 229 l. c. auf Verlangen des Gegentheils als Zeugen vernommen werden könnten, daß aber eine Partei nie Zeuge sein könne, weil ihre Aussage entweder als Zugeständnisse oder als Behauptungen gelten müßten, deren Beweis ihr obliege und auch der Gegentheil ihre Beeidigung nicht verlangen, sondern nur den decisorischen Eid antragen könne.

Allerdings widerspricht zwar die allegirte Bestimmung No. 8 des §. 228 l. c. der Regel, daß eine Partei niemals zugleich Zeuge sein könne, indeß scheint diese Ausnahme doch in einem praktischen Bedürfnisse ihren Grund zu haben, und es kann um so weniger ein Bedenken haben, sie beizubehalten, als der Gegentheil dadurch, daß er gegen das Zeugniß der genannten Personen protestirt, völlig gesichert ist.

Die Vorschrift des §. 174 des Entwurfs, welcher man vielleicht entgegensetzen wird, daß sie sich von selbst verstehe, schien wegen des Folgenden nöthig, um die Gründe der Unfähigkeit von den bloßen Einwendungen zu unterscheiden. Jene, welche im Interesse der öffentlichen Ordnung vorgeschrieben sind, müssen ihre Wirkung stets äußern, die Vorbringung dieser, da sie vom Willen der Parteien abhängig sind, kann dagegen an Fristen gebunden werden.

Zum §. 175.

(conf. §§. 228, 230 u. 233 Tit. 10 der Allg. Ger. Ord.)

Die Vorschriften unter den Nummern 1, 2, 4, 14, 15, 16, 17, 19 und 20 sind aus der Gerichts-Ordnung übernommen und werden keiner weiteren Rechtfertigung bedürfen.

No. 3 enthält dagegen einen Zusatz. Daß die Verhältnisse zwischen Adoptiv-Eltern und Adoptiv-Kindern und zwischen Pflege-Eltern und Pflege-Kindern auf die Fähigkeit derselben zum Zeugnisse für einander von dem größten Einflusse sein müssen, kann nicht wohl ein Bedenken haben, man wird dieselben sogar dem Verhältnisse zwischen den leiblichen Eltern und Kindern völlig gleichstellen können, da das Interesse jener und dieser ein durchaus gleiches ist. Deshalb sind auch sie hier ausdrücklich aufgenommen. Hierbei war noch zur Sprache gebracht, ob es nicht auch der Aufführung solcher Personen bedürfe, welche von einer Partei eine zu bestimmten Zeiten wiederkehrende Unterstützung erhalten, indem diese Personen die Vermuthung wider sich haben, daß sie, wenn sie von ihrem Wohlthäter zum Zeugniß aufgefordert, wider die Wahrheit zu dessen Gunsten aussagen würden. Diese Personen sind jedoch schon zu den sub 9 genannten, welche zu einer Partei in einem solchen Verhältnisse stehen, das ihnen Verpflichtungen auferlegt, zu rechnen, und ist daher deren besondere Anführung unterblieben.

No. 5 umfaßt die Nummern 4 und 5, §. 228 Tit. 10 der Allgemeinen Gerichts-Ordnung, dehnt aber die letztere Vorschrift weiter aus. Die Gerichts-Ordnung läßt nämlich in der Seitenlinie nur die Verwandschaft oder Schwägerschaft des zweiten Grades (zwischen Geschwistern, Schwägern und Schwägerinnen) als einen Grund zur Verwerfung der Zeugen gelten, Verwandschaft oder Schwägerschaft in den weiteren Graden, schwächt aber nicht einmal die Glaubwürdigkeit derselben, dies scheint einestheils damit nicht vereinbarlich, daß doch ein jedes Dienstverhältniß, ja selbst das Verhältniß eines

Gutsunterthanen zur Herrschaft den Zeugen verdächtig macht, (§. 233 No. 5 u. 6) anderntheils widerspricht es demjenigen, was die Gerichts-Ordnung Tit. 2. §. 143 von der Recusation der Richter verordnet, und die Verordnung vom 14. Dezember 1833, §. 5, No. 5 (Gesetzsamml. von 1833 S. 303) neuerdings adoptirt hat. Hiernach kann ein Richter wegen Verwandschaft oder Schwägerschaft mit einer Partei bis zum vierten Grade recusirt werden. Was aber die Unparteilichkeit des Richters verdächtig macht, muß auch Verdacht gegen den Zeugen erwecken und sind daher beide Vorschriften in Uebereinstimmung gebracht.

No. 6 weicht vom §. 228. No. 6. Tit. 10 der Allgemeinen Gerichts-Ordnung nur in so fern ab, als anstatt „öffentlich Verlobte" bloß „Verlobte" gesagt ist. Denn es kann weniger darauf ankommen, ob das Verlöbniß nach den Vorschriften der §§. 82 seq. Thl. II. Tit. 1 des Allgemeinen Landrechts formell geschlossen ist und daher eine Klage auf Vollziehung der Ehe begründet, als darauf, daß überhaupt zwischen zwei Personen eine Verlobung Statt gefunden hat und dieselbe bekannt gemacht worden ist. Das Wort „öffentlich" ist deshalb fortgelassen worden, zumal es sehr zweifelhaft ist, was darunter zu verstehen und dazu erforderlich ist, der Grund aber eben sowohl in dem einen, als in dem andern Falle eintritt.

Der Revisor bei der ersten Revision hatte darauf angetragen, Verlobte einer Partei überhaupt nicht zu denjenigen Zeugen zu rechnen, welche recusirt werden könnten, weil ein solches Verhältniß auf Neigung beruhe und widerruflich sei, auch dessen Ausmittelung ein Eindringen in Familiengeheimnisse nöthig mache. Allein wenn das Verlöbniß zur Zeit der Vernehmung des Zeugen wirklich besteht, dann dürfte ein solches Verhältniß einen mehr als hinreichenden Grund abgeben, den Zeugen für suspekt zu halten und noch weniger kann hier von einem undelikaten Eindringen in Familiengeheimnisse die Rede sein, wo entweder die stattgehabte Verlobung schon bekannt ist, oder von dem Zeugen selbst angezeigt wird. Man konnte daher dem Antrage des Revisors nicht beitreten.

No. 7 entspricht dem §. 228. No. 9. Tit. 10 der Allgemeinen Gerichts-Ordnung. Der Revisor hatte vorgeschlagen, anstatt dieser Vorschrift zu sagen:

„gegen den, der ein unmittelbares Interesse beim Ausgange des Prozesses hat,"

weil nur ein solches Interesse die Verwerfung des Zeugnisses rechtfertige; denn derjenige, welcher dasselbe habe, werde dadurch berechtigt, bei der Sache zu interveniren und könne mithin, wenn er nicht Partei sei, es doch jederzeit werden. Mittelbare und deshalb zufällige Vortheile oder Schäden, welche Jemand von dem Ausgange eines ihm fremden Prozesses zu erwarten habe, könne dagegen das Gesetz nicht berücksichtigen, sondern müsse solches, als praesumtiones facti dem Ermessen des Richters überlassen. Es seien dann hierunter auch zugleich die Mitberechtigten und Verpflichteten mit begriffen, deren besondre Erwähnung, wie die Gerichts-Ordnung §. 228 No. 7 thue, daher unnöthig werde.

Die vorgeschlagene Abänderung erschien jedoch bedenklich, da sie Fälle ausschließt, in denen ein so nahes Interesse vorhanden ist, welches die Vermuthung, daß der Zeuge sich dadurch zu einer unwahren Aussage werde verleiten lassen, im höchsten Grade begründet erscheinen läßt. Wenn z. B. Jemand einen Prozeß über einen bedeutenden Theil seines Vermögens führt und sich auf das Zeugniß solcher Personen beruft, die seine muthmaßlichen Erben sein werden, was sie auch werden können, ohne gerade zu den Verwandten des Klägers, die nach den Gesetzen recusirt werden dürfen, zu gehören. Hier haben unbedenklich die Zeugen ein sehr wichtiges Interesse dabei, daß der Prozeß nicht verloren geht, aber nicht das Recht zur Intervention, man müßte sie mithin nach der Ansicht des Revisors als ganz tadelfreie Zeugen zulassen. Daß sie dies unter den vorwaltenden Umständen aber nicht sein können, leuchtet von selbst ein, man hat es deshalb auch vorgezogen, den Vorschlag des Revisors bei Seite liegen zu lassen und bei den Vorschriften der Gerichts-Ordnung stehen zu bleiben.

No. 8 enthält dasjenige, was die Gerichts-Ordnung §. 227 No. 5 zur absoluten Unfähigkeit gerechnet hat, die aus den in der Anmerkung zum §. 173 des Entwurfs angeführten Gründen in eine relative verwandelt ist.

No. 9 (conf. §. 233. No. 5. Tit. 10 der Allgemeinen Gerichts-Ordnung). Hier sind einmal die Ausnahmen übergangen, welche die Gerichts-Ordnung a. a. O. sub a — c aufgestellt hat, weil sich dieselben theils von selbst verstehen, theils die Würdigung dieser Verdachtsgründe überhaupt dem Richter nach den besonderen Umständen des Falles überlassen werden muß. Es ist gefährlich, hier das Ermessen des Richters durch casuistische Bestimmungen in zu enge Grenzen einzuschließen. Sodann ist die Vorschrift auf jedes andere Verhältniß ausgedehnt, welches dem Zeugen Verpflichtungen gegen eine der Parteien auferlegt, z. B. das Verhältniß eines Schuldners zu seinem Gläubiger, desjenigen, der von einer Partei fortwährende Unterstützungen genießt, oder denselben zu gewissen Prästationen, Diensten rc. verpflichtet ist, denn in diesen Fällen waltet derselbe Grund, wie beim Dienst- und Lohnverhältnisse vor.

No. 10. Diese Bestimmung fehlt in der Gerichts-Ordnung, sie scheint aber in der That nur übersehen zu sein. Denn nicht nur macht eben dieser Umstand den Richter verdächtig, sondern es muß auch der Zeuge in den Generalfragen ausdrücklich darum befragt werden (conf. § 190 No. 5 Tit. 10 der Allgemeinen Gerichts-Ordnung). Wozu aber diese Frage, wenn dabei nicht vorausgesetzt wäre, daß der Umstand auf die Glaubwürdigkeit der Zeugen von Einfluß sei? In der allegirten Stelle der Gerichtsordnung ist übrigens die Vorschrift dahin gefaßt:

„ob sie dem einen oder dem andern Theile entweder in dem Geschäfte oder Handel, worüber jetzt ihr Zeugniß verlangt wird, oder auch in dem jetzt darüber schwebenden Prozesse selbst Rath gegeben haben.“

Hierin geht die Gerichts-Ordnung aber offenbar zu weit, da man nun auch nicht umhin kann, einen solchen Zeugen für verwerflich zu erklären, welcher einer Partei nur ganz im Allgemeinen den Abschluß des Handels oder Geschäfts angerathen hat. Dies läßt sich aber unter keinen Umständen rechtfertigen. Wollte man die Vorschrift der Gerichts-Ordnung unverändert aufnehmen, so dürfte man nur in sehr seltenen Fällen einen Zeugen aufstellen können, dem nicht auf Grund derselben auf die eine oder andere Weise ein Vorwurf gegen seine Glaubwürdigkeit gemacht werden könnte. Nur der Zeuge scheint mit Recht verwerflich, der in dem Prozesse selbst Rath ertheilt hat, denn er ist gehalten, seine Aussage so einzurichten, daß dadurch der ertheilte Rath als ein guter Rath bewährt wird. Hiernach ist denn auch die Vorschrift geändert.

Nr. 11 entspricht dem §. 233 Nr. 3 Tit. 10 der Allg. Gerichts-Ordnung, nur ist statt „notorischer Feindschaft" — „bekannte Feindschaft" gesagt, und das Allegat fortgeblieben, da es noch andere, als die in den §. 145 u. 146 Thl. II. Tit. 18 des Allgemeinen Landrechts aufgeführten Fälle geben kann, in denen zwischen zwei Personen eine solche Feindschaft Statt findet, welche die eine zu einer unrichtigen Aussage gegen die andere verleiten möchte.

Nr. 12 giebt den §. 230 Nr. 13 Tit. 10 der Allgem. Gerichts-Ordnung, in so weit derselbe nicht im §. 173 des Entwurfs berücksichtigt ist, wieder; was davon hier weggelassen ist, ist unten generell aufgenommen.

Nr. 13 enthält einen Zusatz aus dem §. 190 Nr. 4 Tit. 10 der Allg. Gerichts-Ordnung, hinsichtlich dessen das ad Nr. 10 Gesagte ebenfalls gilt. Nur ist die Vorschrift der Gerichts-Ordnung, welche dahin lautet:

„ob sie sich wegen des abzulegenden Zeugnisses mit ihren Nebenzeugen besprochen haben:"

in der Fassung geändert, denn der Umstand kann allein auf die Glaubwürdigkeit eines Zeugen nachtheilig einwirken, wenn er mit seinen Nebenzeugen wegen des abzulegenden Zeugnisses Abrede genommen hat. Haben sich zwei Zeugen dagegen bloß mitgetheilt, daß sie in einem Prozesse zum Zeugnisse vorgeschlagen sind und was sie von der Sache wissen, ohne sich darüber zu besprechen, was und wie sie bei ihrer Vernehmung aussagen wollen, so kann dies noch keinen Verdacht gegen ihre Glaubwürdigkeit begründen.

Nr. 18 cfr. §. 230 Nr. 14 Tit. 10 der Allg. Ger. Ord. Ein Geschäft, mit welchem der Verlust der bürgerlichen Ehre verknüpft wäre, giebt es nach dem gegenwärtigen Stande unserer Gesetzgebung nicht mehr. Der Revisor hat deshalb auch diese Vorschrift übergangen. Sie scheint jedoch nicht entbehrlich, da es allerdings Gewerbe giebt, deren Betrieb einen Mangel an ehrliebenden Gesinnungen voraussetzt und daher auch Verdacht gegen die Glaubwürdigkeit derjenigen Personen, welche dasselbe betreiben, schöpfen läßt. Beispielsweise sollen hier nur die Henkersknechte, Bordellwirthe und öffentlichen Huren genannt werden, deren Gewerbe die allgemeine Stimme als ein entehrendes bezeichnet. Das Rescript vom 11. October 1806 (Mathis Bd. 10 S. 38) erklärt auch die Abdecker für unzulässige Zeugen und wenn gleich dieselben nach der Cabinets-Ordre vom 4. Dezember 1819 (Annalen für die innere Staatsverwaltung Bd. 4 S. 142) gegenwärtig zum Militärdienste fähig sind, so haftet doch nach der allgemeinen Meinung dessen ungeachtet die **levis notae macula** in so fern auf ihnen, als sie gleichzeitig den Dienst der Henkersknechte versehen. Aus diesen Gründen ist zwar die Vorschrift der Gerichts-Ordnung geändert, jedoch konnte sie nicht gänzlich übergangen werden.

Nr. 20 cfr. §. 227 Nr. 7 und §. 230 Nr. 15 Tit. 10 der Allg. Gerichts-Ordnung, so wie die Anmerkuug zu §. 173 des Entwurfs.

Die Gerichts-Ordnung hat die Vormünder und Curatoren unter den nicht völlig glaubwürdigen Zeugen nicht aufgeführt, obwohl sich doch wohl Fälle ereignen mögen, wo dieselben für ihre Curanden ein Zeugniß ablegen sollen. Dieser Mangel ist jedoch von keiner Seite gerügt, es scheint mithin in der Praxis das Bedürfniß zu einer solchen Vorschrift nicht vorhanden zu sein und ist deshalb auch von deren Erlaß abstrahirt worden.

Von den Bestimmungen der Gerichts-Ordnung sind übergangen:

1) Nr. 12 §. 230 Tit. 10. Denn die bestandene Unfähigkeit der Juden ist durch das Edict vom 11. März 1812 und durch den §. 88 des Anhanges zur Gerichts-Ordnung für diejenigen Juden aufgehoben, welche die Rechte der Preussischen Staatsbürger erlangt haben. Das Ober-Landesgericht zu Paderborn hält diese Aufhebung für bedenklich und hat darauf angetragen, die Vorschrift des Anhanges einstweilen und bis zu einem veränderten Culturzustande der Juden zurückzunehmen. Aber wenn es der Zweck des Edicts vom 11. März 1812 war, den Culturzustand der Juden durch Gleichstellung derselben mit den anderen Staatsbürgern zu verbessern, so befindet man sich im Zirkel, wenn man der Anwendung des Mittels widerspricht, weil der Erfolg noch nicht vorhanden ist. Vorübergehende Nachtheile sind mit jeder Verbesserung verbunden, die man jedoch um des Zweckes Willen tragen muß. Es ist vielmehr bei der gegenwärtigen Revision die Vorschrift des Anhanges auf fremde Juden, sowohl eigentlich fremde, als auf solche, die nach §. 6 des Edikts dafür zu achten sind, auszudehnen, da, wenn ihr religiöser Glaube nicht im Wege steht, sie in einem Prozesse eines ihrer Glaubensgenossen gegen einen Christen als Zeugen zuzulassen und wenn sie alle ohne Ausnahme gewürdigt sind, das Staatsbürgerrecht zu erlangen, es darauf, ob sie dieses wirklich erlangt haben, in dieser Beziehung so wenig weiter ankommen kann, als bei den Bekennern anderer Religionen ihre Zulassung zum Zeugniß an die Qualität eines Preussischen Staatsbürgers gebunden ist.

2) Nr. 1 §. 233 Tit. 10, weil die Verschwendung im Allgemeinen keinen Verdacht gegen die Wahrhaftigkeit eines Menschen begründen kann und selbst Minderjährige über 18 Jahre einwandsfreie Zeugen sind.

3) Nr. 2 §. 233 Tit. 10, weil das was ad 2 angeführt ist, auch auf diejenigen Anwendung findet, über deren Vermögen Concurs eröffnet ist, in so fern sie sich nicht eines vorsätzlichen oder muthwilligen Bankeruts schuldig gemacht haben, (cfr. §. 175 Nr. 20 des Entwurfs).

4) Nr. 4 §. 233 Tit. 10. Denn muß man auch zuge-

ben, daß die Glaubwürdigkeit von Personen, welche mit einer Partei einen verdächtigen vertrauten Umgang unterhalten, durch dieses Verhältniß in einzelnen Fällen geschwächt werden kann, so dürfte dies doch nicht allgemein anzunehmen sein. Jeden Falls scheinen die Rücksichten für das Wohl der Familien die Erforschung solcher Verhältnisse, die der Beweis des Einwandes erfordern würde, zu untersagen.

5) Nr. 6 §. 233 Tit. 10, weil das Unterthänigkeits-Verhältniß aufgehört hat und die daraus übrig gebliebenen Verpflichtungen unter die Cathegorie der Nr. 9 §. 175 des Entwurfs fallen.

Zu §§. 176 u. 177.

(cfr. §. 229 Tit. 10 der A. G. O.)

Hier ist ein Unterschied zwischen Verwandten in grader und denen in der Seitenlinie gemacht. Jene sind mit den Ehegatten und den Verlobten zu den verwerflichen Zeugen gezählt, diese nur zu den verdächtigen. Auch die Gerichts-Ordnung unterscheidet zwischen beiden, jedoch nur in so weit, daß Eltern, Kinder und Ehegatten niemals zur Ablegung eines Zeugnisses wider ihre Angehörigen gezwungen werden sollen, während andere Verwandte auf Verlangen des Gegentheils alsdann dazu schuldig sind, wenn die Wahrheit auf andere Art nicht auszumitteln ist. Allein Gesetz und Sitte bilden einen weiteren Abstand und rechtfertigen es, die Scheidung schärfer zu bestimmen. Wenn gleich die väterliche Gewalt, wie die eheliche, in unserer Gesetzgebung nicht mehr den Umfang hat, wie im römischen Recht, und nicht, wie dort, eine **unitas personae** zwischen Eltern und Kindern angenommen wird, so besteht doch eine Einheit des Interesses zwischen ihnen; sie sind nothwendig Erben von einander, sie bleiben einander fortwährend zur wechselseitigen Unterstützung verbunden und auch nach aufgehobener väterlichen Gewalt fordert das Gesetz, daß die Pflicht der kindlichen Ehrerbietung, wie das Band der elterlichen Liebe fortdauern (A. L. R. Thl. II. Tit. 2 §. 249 **seq.**). Ihr Zeugniß kann daher für die Ihrigen und gegen einen Dritten nichts beweisen, in so fern dieser nicht selbst darauf provozirt hat und es wider sich gelten lassen will. Gleiche Verhältnisse walten aber bei Seitenverwandten nicht ob und hat daher auch rücksichtlich ihrer ein Unterschied gemacht werden müssen.

Abweichend von der Gerichts-Ordnung sind auch die Schwieger-, Adoptiv- und Pflege-Eltern und Kinder den leiblichen Eltern und Kindern gleichgestellt. Dies beruht theils auf der völligen Einheit und Untrennbarkeit aller Interessen der Ehegatten; die Eltern und Kindern des Einen sollen auch die des Andern sein; so will es die öffentliche Moral, die Sitte und selbst der Sprachgebrauch, welchen diese erzeugt hat; das Gesetz kann hierzwischen nicht unterscheiden, ohne zugleich die Gemeinschaft zwischen den Ehegatten zu zerreißen; theils ist der Grund dafür bereits in der Anmerkung zum §. 175 ad Nr. 3 angegeben worden.

Zu §§. 178 und 179.

cfr. §§. 229 u. 230 Nr. 11 in fine Tit. 10 der A. G. O.

Zum §. 180.

(cfr. §. 180 Tit. 10 der A. G. O.)

Der §. 180 hat jedoch einige Aenderungen erleiden müssen.

ad Nr. 1 sind den Geistlichen die Sachwalter, Aerzte, Wundärzte und Hebeammen, nach Thl. III. Tit. 7 §§. 23, 24 und 26 Litt. d: und nach §. 505 Thl. II. Tit. 20 des A. L. R. hinzugefügt und hat diese Vorschrift gleichzeitig auf Grund der Cabinets-Ordre vom 30. Mai 1841 (Just. Min. Bl. von 1841 S. 220) den Zusatz erhalten,

„daß Geistliche auch über die ihnen beim Sühneversuche in Ehescheidungsprozessen von den Eheleuten gemachten Mittheilungen nicht vernommen werden dürfen."

Nr. 2 entspricht der Nr. 2 des §. 180 l. c., eben so Nr. 3 der Nr. 5 des §. 180 l. c.

Der frühere Referent hat hierbei bemerkt, daß er diese Ausnahme nur deshalb beibehalten habe, weil sie in der Gerichts-Ordnung stehe und gegen dieselbe an sich nichts zu erinnern sei, obwohl er nicht einsehe, wie der Fall, daß von einem Zeugen die Entdeckung eines Geheimnisses gefordert werde, jemals vorkommen könne. Denn so wenig die Thatsache, worüber der Zeuge vernommen wird, ein Geheimniß sein könne, so wenig scheine auch die Aussage über deren Existenz oder Nicht-Existenz die Entdeckung eines solchen herbeiführen zu können. Nur bei Sachverständigen sei es denkbar, daß ihr Gutachten durch Kenntnisse motivirt werde, die ein Geheimniß ihrer Kunst oder ihres Gewerbes ausmachen, und da die Gerichts-Ordnung Zeugen und Sachverständige zusammenwerfe, so sei es vielleicht dieser Fall, den sie vor Augen gehabt habe. Allein der Eid der Sachverständigen verpflichte dieselben auf keine Weise, in den Motiven ihres Gutachtens Geheimnisse zu offenbaren, deren Entdeckung ihnen schädlich werden könne und sie würden dies auch ohne gesetzliche Autorisation unterlassen. Dem ungeachtet hat man doch mit der bei der ersten Revision geäußerten Ansicht, sich nicht einverstanden erklären können. Auch bei Sachverständigen können ohne Zweifel Fälle vorkommen, in welchen ein Gutachten nicht anders motivirt werden kann, als durch Gründe, die ein Kunst- oder Gewerbe-Geheimniß sind und will man den Sachverständigen, der gehalten ist, sein Gutachten durch technische Gründe zu unterstützen, vor dessen Entdeckung schützen, so kann man die Sache nicht ganz mit Stillschweigen übergehen.

Allein auch bei Zeugen kann der Fall wohl vorkommen, daß ihnen Fragen vorgelegt werden, zu deren vollständiger Beantwortung Geheimnisse der Kunst oder des Gewerbes berührt werden müssen, besonders kann dies durch die den Parteien freistehenden Interrogatorien herbeigeführt werden. Es sind Geheimnisse der Kunst und es ist die Kunst nicht immer auf mechanische und chemische Gegenstände beschränkt, sondern sie betrifft oft auch Lokal-Verhältnisse und Einrichtungen, die Gegenstand eines Zeugnisses werden können. Der Umstand, daß der Fall der Anwendung einer Vorschrift demjenigen, der den Gegenstand bearbeitet, sich nicht sogleich als oft eintretend darstellt, ist überhaupt kein Grund, die Vorschrift selbst aufzuheben. Sie befindet sich in der Allgemeinen Gerichts-Ordnung und müssen daher doch wohl das Justiz-Ministerium, das General-

Directorium und das Kriegs-Ministerium hinreichende Gründe zur Aufnahme dieser Vorschrift gehabt haben, die, wenn sie anwendbar ist, allerdings erheblich ist. Der revidirte Entwurf hat sie daher beibehalten.

Nr. 4 entspricht dem §. 180 Nr. 3 Tit. 10 der Allg. Gerichts-Ordnung.

Der Referent bei der ersten Revision, hat die Fortlassung dieser Vorschrift beantragt, weil er es für eine Begünstigung solcher Handlungen hält, wenn dem Zeugen die Befugniß ertheilt wird, über facta, welche ihm selbst oder seinen nahen Anverwandten Schande bringen können, sein Zeugniß zu verweigern, wenn gleich davon die Rechte dritter Personen abhangen. Eine solche Begünstigung der erwähnten Handlungen kann aber in der allegirten Vorschrift nicht gefunden werden, sondern nur eine Achtung des natürlichen, menschlichen Gefühls und der Billigkeit, jemandem nicht anzumuthen, um einem Dritten die Verfolgung seiner Rechte zu erleichtern, über seinen Ehegatten und nahen Verwandten Schande zu verbreiten, ihre äußere Ehre zu verkürzen und ihr Angeber zu werden. Dies ist eine Anmuthung, welche die Gesetzgebung nicht einmal wegen des Interesses der öffentlichen Sicherheit stellt und welche daher ein Dritter wegen seiner pecuniären Verhältnisse noch weit weniger zu fordern berechtigt sein kann. Es muß die Gesetzgebung aus diesen Gründen um so mehr einer so nahe vorliegenden Veranlassung zum Meineide vorbeugen.

Nr. 5—7 sind wörtlich dem §. 180 Nr. 6—8 l. c. entlehnt. Die Nummer 4 des §. 180 l. c. ist dagegen weggelassen, weil man voraussetzen kann, daß der Richter Fragen, welche die Ehrbarkeit verletzen, an den Zeugen nicht richten wird.

Im §. 181 Tit 10 schreibt die Gerichts-Ordnung vor, was geschehen soll, „wenn der Instruent dergleichen Weigerung für unerheblich hält," wobei ein Unterschied in Ansehung des Verfahrens gemacht wird, jenachdem der Prozeß vor einem Untergerichte schwebt, oder nicht. Unerheblich kann jedoch eine Weigerung niemals sein, die sich auf eine ausdrückliche Bestimmung des Gesetzes gründet, sondern es wird nur darauf ankommen, ob der gesetzlich bestimmte Weigerungsgrund in abstracto vorhanden ist. In dieser Beziehung ist hinzugefügt, daß den ad 1 genannten Personen geglaubt werden soll, wenn sie auf ihre Amtspflicht versichern, daß ihnen ein Umstand unter dem Siegel der Amtsverschwiegenheit anvertraut worden sei, welche Versicherung genügen muß. Für den Fall ad 2 und wenn von den Parteien in Zweifel gezogen wird, ob die Befürchtung des Beamten begründet sei; denn außerdem ist keine Veranlassung dazu vorhanden, ist nach dem Vorgange des revidirten Entwurfs der Criminal-Ordnung bestimmt, daß alsdann an das Justiz-Ministerium zu berichten, um durch Rücksprache mit der Dienstbehörde des Beamten den Zweifel zu heben. Die übrigen Fälle lassen keinen Zweifel über das Dasein des Weigerungsgrundes zu. Hierdurch wird das Verfahren unnöthig, welches die Gerichts-Ordnung §. 181 vorschreibt, das ohnehin nicht angemessen sein dürfte.

Zum §. 181.

Diese Vorschrift wird keiner besonderen Rechtfertigung bedürfen.

Zum §. 182.

Die Gerichts-Ordnung läßt im §. 234 Tit. 10 Einwendungen, welche nicht vor der Abhörung des Zeugen angebracht sind, in derselben Instanz gar nicht mehr zu. Hierin scheint sie jedoch unbedingt zu weit zu gehen; denn wenn der Zweck jener Vorschrift eines Theils der ist, daß der Zeuge über den Einwand selbst befragt werden soll und andern Theils zu verhüten, daß nicht das Beweisverfahren, durch dergleichen Einwendungen in die Länge gezogen wird, so darf man der Partei doch nicht diejenigen Einwendungen gegen den Zeugen abschneiden, welche erweislich erst nach der Vernehmung des Letzteren zu ihrer Kenntniß gelangt sind. Hiermit ist auch der Revisor einverstanden, er will aber die später angebrachten Exceptionen gegen die Glaubwürdigkeit der Zeugen nur in dem einzigen Falle berücksichtigen, wenn dieselben durch Urkunden dargethan sind. Dies würde aber wiederum die

Befugniß der Parteien zu sehr beschränken, denn nur in den wenigsten Fällen möchte es ihnen möglich sein, den erwähnten Nachweis durch Urkunden zu führen.

Zum §. 183.

conf. §. 234 in fine und §. 235 Tit. 10 der Allgem. Ger. Ord. Es schien nöthig, die Fälle, wo Einwendungen gegen die Glaubwürdigkeit eines Zeugen vorgebracht werden und wo gegen die Zulässigkeit seiner Abhörung überhaupt protestirt wird, mehr von einander zu halten, als es die Gerichts-Ordnung gethan hat, um das für beide Fälle einzuschlagende Verfahren klarer anzudeuten.

Zum §. 184.

Diese Vorschrift bedarf keiner Rechtfertigung.

Zum §. 185.

(conf. §. 189 Tit. 10 der Allg. Ger. Ord.)

Die Gerichts-Ordnung bestimmt nicht ausdrücklich, daß die Zeugen einzeln und abgesondert zu vernehmen sind, sie setzt dies aber voraus. Nur in einem Gutachten ist darauf angetragen, die gemeinschaftliche Vernehmung der Zeugen zu gestatten, dem jedoch bei der Revision um so weniger beizupflichten ist, als die Stärke des Zeugenbeweises eben in der nicht verabredeten Uebereinstimmung der Zeugen besteht. Die gemeinschaftliche Vernehmung ist vielmehr in jeder Beziehung höchst mißlich für die Zuverlässigkeit und Treue der Zeugen-Aussagen, weil sie leicht dahin führt, daß ein Zeuge sich nach andern richtet oder auf seinen Nebenzeugen Rücksicht nimmt, seine ganze Wissenschaft auszusagen. Ungleich besser ist das Verfahren, daß jeder Zeuge zwar besonders, allein in Gegenwart seiner vor ihm verhörten Mitzeugen vernommen wird, allein auch dies ist mit Nachtheilen verbunden und daher das bestehende Verfahren, jedem Zeugen einzeln und allein abzuhören, beibehalten.

In mehreren Gutachten ist gefordert, die Parteien in Person beim Zeugenverhör zuzulassen, wogegen ein anderes will, daß der Richter ermächtigt sein soll, auch die Sachwalter und Rechtsbeistände auszuschliessen. Die Zulassung der Parteien würde allerdings von Nutzen sein und zur besseren Vernehmung der Zeugen beitragen. Doch ist auf der andern Seite zu besorgen, daß sich die Parteien nicht immer werden mäßigen können, daß sie den Zeugen unterbrechen und ihn verwirren oder einschüchtern, zumal im Falle dieser in einem Dienst- oder Abhängigkeits-Verhältnisse zu einem streitenden Theile steht. Es erscheint daher gerathener, es auch hier bei der Vorschrift der Gerichts-Ordnung zu belassen. Dagegen ist kein Grund, die Sachwalter zu entfernen, vorhanden.

Der §. 81 des Anhangs zur Gerichts-Ordnung schreibt ferner vor, daß den Zeugen vor ihrer Abhörung eine gedruckte Vorhaltung zum Durchlesen gegeben oder vorgelesen werden soll (conf. dieselbe am Schlusse des Tit. 10 der Allg. Ger. Ord.). Diese Vorschrift erscheint jedoch nicht zweckmäßig; denn ein solches Schema, wie man es auch einrichten mag, kann nicht für Alle taugen und man darf es dem Richter wohl zutrauen, daß er auch ohne jene Hülfe im Stande sein werde, dem Zeugen seine Pflicht auf eine dem Grade seiner Bildung angemessene Weise zu erklären und einzuschärfen. Jedenfalls wird diese Vorhaltung, wenn sie unmittelbar vom Richter ausgeht und sich nach den Bedürfnissen des Zeugen richtet, dadurch an Eindringlichkeit und Wirksamkeit gewinnen, was sie vielleicht an Breite und an Motiven verliert. Der §. 81 des Anhanges ist daher übergangen worden.

Zum §. 186.

(conf. §. 190 Tit. 10 der A. G. O.) Es ist in der Gerichts-Ordnung dem Richter zur unerläßlichen Pflicht gemacht, dem Zeugen die in dem allegirten §. 190 vorgeschriebenen sechs allgemeinen Fragen (Generalfragen) vorzulegen und daß dies geschehen, mit den Antworten in dem Protokolle zu vermerken. Ein solches Befragen des Zeugen über Umstände, die augenscheinlich in einem besondern Falle in Bezug auf ihn nicht eintreten können, erscheint indeß nicht allein zwecklos, sondern sogar bedenklich, da die eine oder die andere Frage für den

Zeugen beleidigend sein wird. Jedenfalls dürfte es daher gerathener sein, davon ganz abzugehen, als die Vorlegung der Generalfragen als ein Essentiale des Zeugenverhörs anzuordnen. Es wird genügen, dem Richter eine allgemeine Anweisung darüber zu geben, über welche die Glaubwürdigkeit des Zeugen betreffenden Umstände eine specielle Befragung desselben nöthig sei, es aber zugleich seinem vernünftigen Ermessen zu überlassen, welche von diesen Fragen er nach den besonderen Umständen eines jeden einzelnen Falles an den Zeugen zu richten für nöthig und angemessen erachtet. Hiernach ist der §. 186 des Entwurfs gefaßt worden.

Uebrigens hatte der Revisor vorgeschlagen, die Fragen Nr. 3, 4 und 6 des §. 190 l. c. gänzlich zu übergehen und zur Rechtfertigung dieses Vorschlages bemerkt, daß alle sich nicht auf das persönliche Verhältniß des Zeugen zu den streitenden Theilen und zu dem Rechtsstreite beziehenden Fragen nur dann vorzulegen seien, wenn sie durch die Exceptionen des Gegentheils begründet wären. Die bezeichneten drei Fragen erschöpften die Sache nicht, oder sie müßten verdoppelt und verdreifacht werden; so sei es aber inconsequent, daß die Gerichts-Ordnung einige heraushebe, namentlich solche, welche ein Verbrechen voraussetzen. Allein in der Regel wird der Gegentheil davon, daß der Zeuge bestochen sei, daß er mit Nebenzeugen über das abzulegende Zeugniß Abrede genommen habe u. s. w., nicht anders, als durch die eigene Angabe des Zeugen Kenntniß erlangen können, mithin würde er die ihm zuständige Exception gegen dessen Glaubwürdigkeit gar nicht in Erfahrung bringen, wenn das Gesetz jene Fragen untersagen wollte. Es schien daher zweckmäßiger, die Bestimmungen der Gerichts-Ordnung beizubehalten und dabei um so weniger Gefahr zu sein, wenn in der Folge dem richterlichen Ermessen anheim gegeben wird, ob er es für angemessen findet, dem Zeugen jene Fragen vorzulegen, wozu er nur unter besonders dazu angethanen Umständen schreiten wird. Die Abänderungen der Nr. 4 bis 5 des §. 190 l. c. sind schon in der Anmerkung zum §. 175 des Entwurfs ad Nr. 10 u. 13 gerechtfertigt.

Sind andre Einwendungen, als die in den Generalfragen liegen, noch vor der Vernehmung des Zeugen vorgebracht, so muß derselbe hierüber ebenfalls befragt werden, nicht bloß, weil der Einwand auf diesem Wege am kürzesten ausgemittelt wird, sondern auch weil er den Zeugen persönlich angeht und dieser ein Interesse hat, darüber gehört zu werden. Dies rechtfertigt den Zusatz am Schluß des §. 186 des Entwurfs.

Zu §§. 187—190.

conf. §§. 191, 194, 196 und 197 Tit. 10 der Allg. Ger. Ord., aus denen nur das fortgelassen ist, was zur näheren Instruktion des Deputirten über das Verhalten bei der Vernehmung der Zeugen gereicht. Die Gerichts-Ordnung weicht auch bei dem Verfahren der Zeugenvernehmung von andern Prozeß-Ordnungen ab. Während diese von den Parteien Artikel oder Fragstücke entwerfen lassen, worüber die Zeugen vernommen werden, hat die Gerichts-Ordnung die Vernehmung ganz in die Hände des Deputirten gelegt, welcher dem Zeugen zuerst eine umständliche und zusammenhängende Erzählung der Thatsache oder des Hergangs, worauf es ankommt, abfordern und demnächst durch zweckmäßige Fragen diese Erzählung zu vervollständigen, das Undeutliche näher zu bestimmen und den Grund der Wissenschaft des Zeugen zu erforschen suchen soll. Nicht den Parteien selbst, wohl aber den Rechtsbeiständen derselben ist es gestattet, der Vernehmung beizuwohnen und dem Zeugen durch den Instruenten ebenfalls Fragen vorlegen zu lassen.

Es ist in mehreren Gutachten gerügt, daß in praxi bei den Zeugenverhören nicht immer mit der gehörigen Sorgfalt verfahren werde, daß auch die Rechtsbeistände denselben nur selten beiwohnen und man hat aus diesen Gründen darauf angetragen, „die Fragstücke wieder einzuführen,“ welche entweder bei Regulirung des status causae et controversiae entworfen werden könnten, oder welche der Producent einreichen und nach eingegangener Erklärung des Producten das Gericht per decretum festsetzen soll.

Die Rüge ist allerdings begründet, daß die Protocolle über

die Zeugenvernehmung häufig mangelhaft aufgenommen werden. Sie liefern in der Regel nur das Resultat der Vernehmung. Man ersieht daraus nicht, ob der Zeuge über alle Umstände, auf welche es ankam, gehörig befragt ist und ob mithin die niedergeschriebene Aussage seine ganze Wissenschaft von der Sache enthält. Man erfährt nicht, was der Zeuge gleich anfangs und aus eigner Bewegung ausgesagt und was er vielleicht erst später in Folge einer Vorhaltung oder speciellen Frage berichtigt hat. Man ist endlich außer Stande, die geringere oder größere Bestimmtheit und Sicherheit des Zeugen in seiner Aussage zu erkennen. Hierdurch geschieht es, das häufig alle Data zur Beurtheilung der inneren Glaubwürdigkeit der Aussage fehlen. Allein diese Mängel sind nicht den Vorschriften der Gerichts-Ordnung, sondern der Praxis und dem Uebermaaße der Geschäfte zuzurechnen und konnte man dadurch daher nicht bestimmt werden, von der Gerichts-Ordnung abzuweichen und zu den Artikeln und Fragestücken zurückzukehren. Die Vernehmung über diese liefert ebenfalls nur ein einseitiges Resultat, weil der Zeuge abgehalten ist, seine ganze Wissenschaft vollständig und im Zusammenhange zu erklären. Dieser Uebelstand ist im gemeinen Prozesse fühlbar geworden, daher man neuerlich versucht hat, die Methode der Gerichts-Ordnung mit dem Verfahren des gemeinen Prozesses zu verbinden. Im gemeinen Prozesse sind die Beweisartikel und Fragestücke unentbehrlich, weil dort das Interlocut den Beweissatz in der Regel nur ganz im Allgemeinen ausspricht, auch die Sachwalter so wenig wie die Parteien, zum Zeugenverhör zugelassen werden. Nach der Gerichts-Ordnung muß dagegen die streitige Thatsache, worüber die Zeugen zu vernehmen sind, schon im status causae et controversiae bestimmt angegeben sein und es ist den Sachwaltern gestattet, nicht bloß der Vernehmung beizuwohnen, sondern auch selbst Fragen vorzulegen. Machen die Rechtsbeistände von dieser Befugniß einen seltenen Gebrauch, wie man klagt, so ist dies ihre Sache, die Gesetzgebung kann nicht mehr thun, als den Parteien die Mittel zur Wahrnehmung ihrer Gerechtsame an die Hand zu geben. Und werden sie besser daran sein, wenn die Sachwalter die Einreichung der Artikel und Fragestücke versäumen?

Zweierlei ist jedoch vorgeschlagen, um den gerügten Mängeln, so viel es geschehen kann, zu begegnen:

1) den Instruenten zu verpflichten, alle dem Zeugen von Amtswegen, oder auf das Ansuchen der Sachwalter gemachten Vorhaltungen und an ihn gerichteten Fragen so wie die Antworten des Zeugen genau und mit den eigenen Ausdrücken desselben in das Protokoll aufzunehmen;
2) die Zuziehung eines Protocollführers bei dem Zeugenverhör zu verordnen, theils um dem Richter das ebengedachte Geschäft zu erleichtern und ihn dazu in Stand zu setzen, theils zur Controlle besonders für den Fall, wenn die Parteien nicht mit Rechtsbeiständen versehen sind oder diese ausbleiben.

Diesen sehr zweckmäßigen Vorschlägen hat man sich unbedingt angeschlossen.

Zum §. 191.

Diese Bestimmung findet in der vorstehenden Anmerkung bereits ihre Rechtfertigung.

Zum §. 192.

(conf. §§. 200 u. 201 Tit. 10 der A. G. O.)

Zum §. 193.

(conf. §. 202 Tit. 10 der Allg. Ger. Ord.) Von allen Seiten ist die Länge und Unangemessenheit der in der Gerichts-Ordnung vorgeschriebenen Eidesformel gerügt worden und gewiß ist hier Einfachheit und Kürze das erste Bedürfniß. Die Abänderung der Eidesformel ist bereits Gegenstand der besonderen Berathung geworden und die vom Justiz-Ministerium für die Gesetz-Revision vorgeschlagene Form des Eides hier aufgenommen. Einer Wiederholung der dort dafür angegebenen Gründe kann es hier nicht bedürfen, vielmehr wird eine Bezugnahme auf dieselben genügen. In der ersten Revision ist nur der wieder aufgenommene Ausdruck „seine Wissenschaft" getadelt und wird bemerkt, daß derselbe einerseits nicht ganz verständlich und angemessen, andrerseits aber mindestens ungewöhnlich und daher zu vermeiden sei. Diese Bedenken haben indeß für begründet nicht erachtet werden können.

Bei dieser Gelegenheit hat die erste Revision auch die Frage ihrer Prüfung unterzogen:

ob die Vereidigung der Zeugen vor oder nach ihrer Vernehmung am zweckmäßigsten sei?

Der Revisor entschied sich aus folgenden Gründen für die erste Alternative.

Von allen mir bekannten Prozeß-Ordnungen ist, bemerkte er, die Ger. Ord. die einzige, welche den Zeugen nach seiner Vernehmung schwören läßt, daß er die Wahrheit gesagt habe, während alle übrigen das eidliche Angelöbniß hierzu vorher von ihm erfordern. Man hat geglaubt, durch jenes Verfahren das Gewissen des Zeugen stärker zu binden und ein zuverlässigeres Resultat zu erlangen. Meine Ansicht über diesen Gegenstand ist folgende:

Der Eid eines Zeugen kann seiner Natur nach nur dahin gehen, die Wahrheit sagen zu wollen. Ob dasjenige, was der Zeuge für wahr hält, auch wirklich wahr sei, d. i. die objective Wahrheit seiner Aussage, kann er nicht beschwören, noch ein solcher Eid von ihm verlangt werden. Aber auch die subjective Wahrheit seiner Aussage, daß dieselbe, wie die Gerichts-Ordnung sich ausdrückt, seiner eigentlichen Wissenschaft gemäß sei, steht nicht immer in der Gewalt des Zeugen. Denn eines Theils läßt das Wissen Grade zu und es dürfte dem Zeugen oft schwer fallen, mit sich selbst darüber einig zu werden, was seine eigentliche Wissenschaft von der Sache sei. Andern Theils gehört schon ein gewisser Grad der Bildung dazu, um seine Wissenschaft von einer Sache richtig ausdrücken zu können. Dasjenige was der Zeuge sagt, ist sehr oft nicht das, was er hat sagen wollen und selbst bei der Erzählung des einfachsten Factum wird es selten unterbleiben, daß er nicht etwas von dem Seinigen beimischt. — Genug, wenn er dies nur nicht wissentlich thut.

Zum Beweise des Gesagten kann ich mich auf die Gerichts-Ordnung selbst berufen, auf die Vorschriften, worin sie den Instruenten umständlich anweist, was er zu thun habe, um die eigentliche Wissenschaft der Zeugen zu erforschen, auf die Vorschrift und Sorgfalt, welche sie ihm hierbei empfiehlt, auf die Controlle durch die Rechtsbeistände, welcher sie ihn unterworfen hat. Wenn nun aber der Instruent diese Vorschriften gehörig anzuwenden unterläßt oder nicht versteht, wenn auch die Rechtsbeistände die ihnen übertragene Controlle nicht ausüben, oder, was noch häufiger, gar nicht erscheinen und der Zeuge schwört dennoch, wie er muß, daß er seine eigentliche Wissenschaft nach der reinen und unverfälschten Wahrheit gesagt habe rc., so würde er, den Worten nach einen Meineid geschworen haben. Ja dieser Eid kann stets nur eine approximative Richtigkeit haben, die von der Individualität des Zeugen und der Geschicklichkeit des Richters abhängig ist. In einigen Fällen präsumirt sogar das Gesetz selbst die Unrichtigkeit dieses Eides, da nämlich, wo es das Zeugniß gewisser Personen wegen ihres Verhältnisses zu einer der Parteien für verdächtig erklärt. Es nimmt an, daß diese Personen durch das Interesse, welches ihr Verhältniß ihnen einflößt, verblendet, nicht fähig sind, die Sache in ihrer wahren Gestalt zu sehen und ihre eigentliche Wissenschaft darüber auszusagen. Denn anzunehmen, daß diese Personen ihres Interesses wegen falsch schwören würden, wäre eine eben so ungerechte als inconsequente Voraussetzung, da man sie als dann gar nicht zum Eide verstatten müßte.

Ein von dem Zeugen hinterher (nach seiner Vernehmung) zu leistender Eid, wenn er mit gutem Gewissen soll geschworen werden können, muß daher, wie man ihn auch fassen mag, stets darauf hinaus kommen:

daß der Zeuge wissentlich nichts Unwahres gesagt, die Wahrheit vorsetzlich nicht entstellt habe,

oder in dem einfachsten und zugleich positiven Ausdruck:

daß er die Wahrheit habe sagen wollen.

Der Zweck des Eides kann nicht der sein, den Zeugen

die Wahrheit seiner Aussage beschwören zu lassen, sondern ihn zur Wahrhaftigkeit zu verpflichten.

Dieser Zweck aber und jener Ausdruck, in welchen sich jede richtige Eidesformel muß auflösen lassen, machen es einleuchtend, daß es viel natürlicher und angemessener ist, den Zeugen vor seiner Vernehmung schwören zu lassen.

Es scheint eine zwecklose Umkehrung des natürlichen Verhältnisses, daß man ihn erst reden läßt und dann verpflichtet, die Wahrheit zu sagen. Denn die nachkommende eidliche Verpflichtung ist ja, wenn der Zeuge derselben schon genügt hat, überflüssig und hat er ihr nicht genügt, so wird der Eid hinterher selten eine Abänderung der einmal gethanen Aussage bewirken, selbst aber, wenn er diese bewirkt, hierdurch zugleich die Glaubwürdigkeit des Zeugen schwächen.

Die Gerichts-Ordnung sucht sich in dieser Beziehung dadurch zu helfen, daß sie (§. 188 h. t.) die Zeugen vor ihrer Vernehmung zur Wahrheit ermahnen und darauf hinweisen läßt:

> daß sie nach geschlossenem Verhör die Richtigkeit ihrer Aussage eidlich bestätigen müssen.

Aber warum soll an die Stelle dieser Ermahnung und Hinweisung nicht der Eid selbst treten? Was jene bewirken sollen, wird dieser im hoheren Grade leisten und hält man eine nochmalige Bekräftigung am Schlusse des Verhörs für nothwendig, so mag der Zeuge alsdann versichern, daß die ihm vorgehaltene Aussage seinem Eide gemäß sei, was doch besser scheint, als ihn nun erst, nach gethaner Aussage zur Wahrhaftigkeit zu verpflichten und ihn vor derselben bloß auf die künftige Verpflichtung zu verweisen.

Dieses Verfahren ist zugleich von den nachtheiligsten Folgen für die Partei. Durch die Beeidigung am Schlusse des Verhörs und durch die anfängliche Hinweisung auf diesen Eid muß nämlich der Zeuge veranlaßt werden, zu glauben, daß er die objektive Wahrheit seiner Aussage beschwören solle, und die angeführten Worte der Gerichts-Ordnung, mit welchen die Hinweisung geschieht, sind ganz dazu geeignet, ihn in dieser Meinung zu bestärken. Indem man so den Eid gleichsam als ein Schreckbild gebraucht und dem Zeugen unaufhörlich zuruft: „hüte Dich, Du mußt es beschwören!“ verliert dieser nothwendig die Unbefangenheit und je gewissenhafter er ist, um so ängstlicher und zurückhaltender wird er sein. Er hält es für sicherer, zu schweigen, als etwas zu sagen, dessen er nicht völlig gewiß zu seyn glaubt, aus Furcht sein Gewissen zu belasten. Ich habe es mehr als einmal erlebt, daß ein Zeuge, der bei seiner Vernehmung von einem Vorgange nichts zu wissen angegeben hatte, wenn er hinterher von der Partei, oder einem Mitzeugen darüber zur Rede gestellt wurde, äußerte: „er habe wohl um den Vorgang gewußt, aber nicht mit solcher Gewißheit, um es beschwören zu können; er könne sich geirrt haben, wolle sich nicht der Gefahr eines Meineides aussetzen und dergleichen.“ Welcher Praktiker hat nicht ähnliche Erfahrungen gemacht. Keine Vorhaltung wird diese irrige Vorstellung berichtigen können, so lange das Verfahren den Glauben unterhält, das die Wahrheit des Gesagten durch den Eid bekräftigt werden solle und nicht bloß die Wahrhaftigkeit des Zeugen.

Eine andere, nicht minder nachtheilige Folge hiervon ist die so häufige Scheu vor der Ablegung eines gerichtlichen Zeugnisses, dem sich ein Jeder möglichst zu entziehen sucht. Oft wird die Weigerung darin gegründet, daß der Gegenstand zu geringfügig sei, um deshalb einen Eid zu schwören; oder der Zeuge findet es anstößig, unziemliche Dinge, Schimpfreden, die ein Theil gegen den andern geführt hat ꝛc., eidlich zu bekräftigen. Gegen Gewissensscrupel der Art, auch wenn sie ungegründet sind, die Strafen des verweigerten Zeugnisses anzuwenden, hat etwas Gehässiges, und die Gesetzgebung muß das Aufkommen derselben zu verhüten suchen, viel weniger selbst dazu Anlaß geben. Sie werden aber vermieden werden und mit jener irrigen Vorstellung verschwinden, wenn der Zeuge vor seiner Vernehmung schwört, die Wahrheit zu sagen. Niemand kann ein Bedenken dabei finden, dasjenige eidlich anzugeloben, was er ohnedies für seine Pflicht halten muß und kein Zeuge wird daher dieses Angelöbniß verweigern.

Dieser Ansicht sind doch nur einige Mitglieder der damaligen Revisions-Commission gewesen, die Majorität dagegen war der Meinung, es bei dem bisherigen Verfahren zu belassen. Man hat dafür angeführt, daß der Zeugeneid, wenn er vor der Vernehmung geleistet werde, die Natur eines promissorischen Eides annehme. Promissorische Eide gewährten aber weniger Sicherheit als assertorische. Es liege allerdings ein stärkeres Motiv für den Zeugen darin, und dieser werde aufmerksamer und besorgter sein, die Wahrheit zu sagen, wenn er wisse, daß er den Eid noch leisten solle, als wenn er ihn bereits geleistet habe. Auch könne im letzteren Falle der Zeuge, welcher sich augenblicklich geirrt habe, durch die Besorgniß, schon als Meineidiger zu erscheinen, verhindert werden, die irrthümliche Angabe zurückzunehmen. Endlich trage das Verfahren der Gerichts-Ordnung dazu bei, die Eide zu vermindern; denn es stehe den Parteien am Schlusse des Verhörs noch frei, dem Zeugen, in dessen Aussage sie kein Mißtrauen setzen, den Eid zu erlassen, was, wenn der Zeuge vor seiner Vernehmung schwören müsse, niemals geschehen werde.

Der letzteren Meinung ist bei der gegenwärtigen Revision aus den angeführten Gründen um so mehr unbedingt beigetreten, als gegen das vorgeschriebene Verfahren der Gerichts-Ordnung kein Monitum erhoben ist und die vom Revisor gerügten Uebelstände auch dann in geringerem oder stärkerem Grade sich hervorthun würden, wenn der Zeuge vor seiner Vernehmung schwört.

Zum §. 194.

(conf. §. 202 Tit. 10 der Allg. Ger. Ord.)

Zum §. 195.

Die Gerichts-Ordnung bestimmt nicht ausdrücklich, daß die Zeugen in Gegenwart der Parteien vereidigt werden sollen; dies folgt jedoch aus der Bestimmung des §. 85 des Anhanges.

Zum §. 196.

(conf. §. 203 No. 3 Tit. 10 der Allg. Ger. Ord. und §. 83 des Anhanges.)

Zum §. 197.

conf. §. 203. No. 2 Tit. 10. der Allgemeinen Gerichts-Ordnung, welcher nur eine andere Fassung erhalten hat. Bei der ersten Revision war diese Vorschrift übergangen, indem man annahm, daß derjenige Beamte, welcher in einem Civil-Prozesse als Zeuge vernommen werde, hierbei niemals vermöge seines Amts handeln, mithin auch die Verweisung auf den Amtseid nicht genügen könne. Dieser Ansicht hat man jedoch nicht beitreten können, denn wird ein Beamter über die von ihm vorgenommenen Amtshandlungen als Zeuge vernommen; so ist durchaus kein Grund ersichtlich, weshalb er sein Zeugniß in diesem Falle noch mit einem besonderen Eide bekräftigen und es nicht vielmehr genügen soll, wenn er seine Aussage auf den geleisteten Amtseid nimmt.

Zum §. 198.

(cfr. §. 204 Tit. 10 der A. G. O.)

Zum §. 199.

(conf. §§. 316 Tit. 10. der Allgem. Gerichts-Ordnung und die Cabinets-Ordre vom 8. August 1835 (Gesetzsamml. von 1835 S. 182). Es ist hierin an den bestehenden Vorschriften zwar nichts geändert, jedoch kann die Bemerkung nicht unterdrückt werden, daß es zweckmäßiger sein dürfte, für die Eide der evangelischen und katholischen Christen eine gleiche Schlußformel einzuführen. Die im §. 199 des Entwurfs für die Evangelischen angeordnete Schlußformel würde auch für die Katholiken ausreichen können.

Zum §. 200.

(cfr. §. 203. Tit. 10. der A. G. O.)

Es wird hier auf die Motive zum §. 185 Bezug genommen. Die Gerichts-Ordnung spricht sich ferner nicht bestimmt darüber aus, ob, wenn mehrere Zeugen zu vereiden sind, der Eid von Jedem besonders geleistet werden müsse und es ist daher in der Praxis allgemein üblich, mehrere Zeugen auf einmal zu vereiden. Abgesehen davon, daß dieses Verfahren der Würde der Handlung schadet, hat es auch noch den Nachtheil, daß dabei der Deputirte sich außer Stande befindet, zu hören, ob auch jeder einzelne Zeuge den Eid wirklich vollständig leistet. Aus diesem Grunde hat man sich dafür entschieden, die besondere Vereidung eines jeden einzelnen Zeugen zu verordnen.

Zum §. 201.

Diese Bestimmung beruht auf die Allg. Ger. Ord. Thl. I. Tit. 10 §. 342.

Zum §. 202.

(cfr. §. 200 fg. Tit. 10 der A. G. O.)

Zum §. 203.

(conf. §. 187 Tit. 10 der A. G. O.

Dieser Paragraph ist hierher versetzt, weil er dort, wo er in der Gerichts-Ordnung steht, als Motiv, weshalb die Zeugen ihr Zeugniß um so weniger sollen verweigern können, nicht an seiner Stelle schien. Er hat daher auch in seiner Fassuug geändert werden müssen. Da es nicht die Absicht des Gesetzes sein kann, den Zeugen für sein Zeugniß zu belohnen, sondern nur, ihm die bei Gelegenheit seiner Vernehmung gehabten Schäden und Kosten zu erstatten. Die Gerichts-Ordnung schreibt a. a. O. vor, daß dem Zeugen die liquidirten Kosten nur dann vorschußweise aus der Salarien-Kasse gezahlt werden sollen, wenn der Producent nicht gegenwärtig ist, oder seinen Sachwalter nicht mit dem dazu erforderlichen Vorschusse versehen hat. Bei der Redaction ist angenommen, daß diese Kosten in jedem Falle von der Salarien-Kasse vorgeschossen und dem Zeugen nicht von der Partei gezahlt werden müssen, um alle Geld-Verhältnisse und Collusionen unter denselben zu verhindern und bei dem Zeugen die bei dem gemeinen Manne oft vorgefundene Ansicht, als wenn die Partei ihm das Zeugniß bezahle, zu beseitigen; es fehlt nicht an Beispielen, daß Zeugen dem Producenten sagen, er werde ihnen wohl ein gutes Geld geben, da sie für ihn gut ausgesagt hätten.

Zu §§. 204 u. 205.
(conf. §. 212 Tit. 10 der Allg. Ger. Ord.)

Auch dieser Paragraph war bei der ersten Revision als überflüssig weggelassen, indem es der ausdrücklichen Bestimmung, daß ein Zusatz oder eine Berichtigung, welche ein Zeuge nach seiner Vereidigung macht, noch aufgenommen werden müsse, nicht bedürfe. Da diese Bestimmung indeß nicht die einzige ist, welche der allegirte §. 212 enthält, sondern darin sich auch noch die materielle Vorschrift über die eventuelle nochmalige Vereidung eines solchen Zeugen vorfindet, und da ferner die obige Bestimmung den Zeugen darüber sehr zweckmäßig belehrt, was er im Falle einer abgegebenen unvollständigen Aussage zu thun habe; so kann der §. 212 l. c. nicht wohl entbehrt werden.

Zum §. 206.
(conf. §. 207 Tit. 10 der Allg. Ger. Ord.)

Die Confrontation der Zeugen ist beibehalten, da mit dem Referenten in der ersten Revision nicht angenommen werden kann, daß sie mit der Inquisitions-Methode wegfalle, indem in der Regel die Confrontation nur zur Hebung vorhandener Widersprüche zwischen den Aussagen der verschiedenen Zeugen erfolgen wird und sie daher zur Erforschung der Wahrheit nothwendig und deshalb auch nach gemeinem Rechte zuläßig und nothwendig ist. Dagegen mußte die Vorschrift des §. 208 l. c., welche eine Confrontation der Zeugen mit den Parteien gestattet, als eine im Civilprozesse unzuläßige Maaßregel erscheinen und ist dieselbe daher übergangen.

Zum §. 207.
(conf. §. 209 Tit. 10 der A. G. O.)

Diese Vorschrift war bei der ersten Revision gleichfalls unterdrückt, weil sie im Civilprozesse selten oder nie vorkommen werde, und weil sie überhaupt nicht begründet sei, indem, wenn die eidliche Bestärkung zur Beweiskraft eines Zeugnisses im Allgemeinen erforderlich, kein Grund abzusehen sei, warum sie in diesem Falle entbehrt werden könne, und es zwar wahrscheinlich, aber nicht gewiß sei, daß der Zeuge den Eid geleistet und seine Aussage vor dessen Ableistung nicht würde geändert haben. Diese Wahrscheinlichkeit wird angenommen, lasse, wie jede, verschiedene Grade zu und könne eben deshalb nur eine Vermuthung begründen, deren Beurtheilung in concreto nach den obwaltenden Umständen dem Richter überlassen bleiben müsse; die Bestimmung des §. 209 sei ein späterer Zusatz der Gerichts-Ordnung zum corpus juris Frieder., wodurch man einem Einwande, der gegen die Vereidung der Zeugen nach dem Verhöre gemacht war, habe begegnen wollen, allein der Fall käme zu selten vor, um eine Berücksichtigung zu verdienen.

Der vorliegende Entwurf ist indessen bei der Allgemeinen Gerichts-Ordnung geblieben. Mag der erwähnte Fall in der Praxis zu den Seltenheiten gehören; so erscheint es doch nicht gerechtfertigt, diese Ausnahme von der Regel, welche außer dem noch einmal im §. 378 Tit. 10 der Allgemeinen Gerichts-Ordnung vorkommt, gänzlich zu beseitigen. Der Grundsatz, daß der Tod die Eidesleistung ersetze, ist schon in dem gemeinen Rechte angenommen und wenn man erwägt, daß vielleicht eine Partei durch den vor seiner Vereidiguug erfolgten Tod eines Zeugen ihr einziges Beweismittel verlieren könnte, so dürfte derselbe wenigstens nicht von jedem Motive entblößt sein, zumal in der Regel jeder Zeuge seine Aussage so beschwört, wie er sie gleich Anfangs abgegeben hat. Der Zeuge ist überdem beim Ende eines jeden Verhörs daran erinnert, daß er seine Aussage werde beschwören müssen.

Zum §. 208.
(conf. §§. 210 und 211 Tit. 10 der A. G. O.)

Auch die Vorschriften, daß das Zeugenverhör zu wiederholen sei,

1) wenn die Zeugenaussagen über einen erheblichen Umstand so dunkel und zweifelhaft ausgefallen, daß ihr eigent-

licher Sinn und Meinung daraus nicht mit Zuverlässigkeit zu entnehmen steht, und

2) wenn das aufgenommene Protokoll verloren gegangen oder sonst weggekommen ist,

waren bei der ersten Revision übergangen. Es war im ersten Falle die Wiederholung des Zeugenverhörs unstatthaft gehalten, weil, wenn der Zeuge vorschriftsmäßig und eidlich abgehört sei, nichts zu der Annahme berechtige, daß seine nochmalige Abhörung ein anderes Resultat liefern werde und wenn sich die Parteien bei seiner Aussage beruhigt hätten, auch der Richter keine Veranlassung habe, von Amtswegen eine andere Auslassung zu fordern, sondern dieselbe nehmen, wie er sie findet, und auslegen müsse, wie er könne. Den zweiten Fall dürfte die Prozeß-Ordnung besser gar nicht voraussetzen und wenn er doch einmal eintreten sollte; so sei er nach den allgemeinen Grundsätzen von verlornen Urkunden zu beurtheilen, woraus von selbst folge, daß alle Mittel zur Wiedererlangung oder Herstellung des verlornen Protokolls zulässig seien.

Diese Gründe können indeß die Weglassung der allegirten Vorschriften nicht motiviren, namentlich die der Ersteren nicht, wo von einer durchaus unverständlichen Zeugenaussage die Rede ist, bei welcher der Richter mit den gesetzlichen Auslegungsregeln nicht ausreichen wird. Die allegirten Paragraphen sind deshalb beibehalten worden.

Der Revisor hatte ferner im §. 295 seines Entwurfs noch folgende Vorschrift vorgeschlagen:

Die Vorschriften der §§. 278 — 292 sind bei Strafe der Nichtigkeit zu beobachten. Wird die Nichtigkeit von den Parteien gerügt; so muß das Zeugenverhör auf Kosten desjenigen, der das Versehen begangen hat, wiederholt werden. Doch zieht die Nichtigkeit, welche bei der Vernehmung eines oder mehrerer Zeugen begangen ist, nicht die des ganzen Zeugenverhörs nach sich.

Ganz abgesehen davon, daß diese Bestimmung auf sämmtliche, in den allegirten Paragraphen enthaltenen Vorschriften über die Vernehmung und Vereidung der Zeugen nicht ausgedehnt werden könnte, scheint dieselbe gerade in dieser Materie um so entbehrlicher, als man es sehr füglich hier der richterlichen Beurtheilung überlassen kann, ob ein begangener Verstoß gegen die gesetzlichen Vorschriften die Wiederholung des Akts nöthig macht oder nicht. Die vorgeschlagene Bestimmung ist deshalb auch nicht in den revidirten Entwurf übernommen worden. Die damit in Verbindung stehenden §§. 296 und 297 des Entwurfs des Revisors mußten mit jener Vorschrift zugleich wegfallen.

Zum §. 209.

Diese Vorschrift, welche in der Gerichts-Ordnung fehlt, weil sie sich dort von selbst verstand, schien hier nöthig, da die Parteien außer diesem Falle nach regulirtem Beweisverfahren neue Zeugen nicht vorschlagen dürfen. Die Ausnahme selbst beruht auf dem Grundsatz, daß kein Präjudiz über seinen Zweck hinausgehen und mithin die Parteien kein Nachtheil treffen darf, wo eine schuldbare Zögerung nicht anzunehmen ist.

Zum §. 210.

Man hat es vorgezogen, die Vorschriften über die Vernehmung von Zeugen, welche der Landessprache nicht kundig sind, dort gleichzeitig mit abzuhandeln, wo von dem Verfahren mit den der deutschen Sprache nicht mächtigen Parteien die Rede ist. Das Verfahren ist dasselbe und wird dadurch eine Wiederholung vermieden.

Zu §§. 211 – 214.

Conf. §§. 216—222 Tit. 10 der Allgemeinen Gerichts-Ordnung, welche hierin ihrem wesentlichen Inhalte nach aufgenommen worden sind. Im §. 219 l. c. ist gesagt, daß den Parteien von den wegen der auswärtigen Zeugenabhörung getroffenen Verfügungen Nachricht gegeben werden müsse und denselben frei stehe, bei dem Commissarius entweder persönlich oder durch Bevollmächtigte zu erscheinen rc. Es ist nicht deutlich, ob hiernach der Commissarius die Parteien oder deren Bevollmächtigte zum Zeugenverhör adcitiren soll. In praxi geschieht dies nicht und kann auch nicht geschehen, da dem Commissarius der Name und Wohnort der Parteien oder deren Mandatarien selten speziell bekannt gemacht wird. Wie können aber die Parteien beim Zeugenverhöre erscheinen, wenn sie dazu nicht vorgeladen sind? Daher ist von dem Oberlandesgericht zu Hamm darauf angetragen, jene Bekanntmachung und die Vorladung der Parteien vorzuschreiben. Gleichwohl würde es sehr zur Verzögerung der auswärtigen Zeugenverhöre, sowie zur Vermehrung der Kosten beitragen, wenn die Parteien in allen Fällen und oft aus weiter Entfernung beigeladen werden müßten und dieser Zeit- und Kostenverlust wäre um so bedauerlicher, da die Parteien meistens doch nicht erscheinen werden. Deshalb ist der Ausweg getroffen, welchen der §. 210 des Entwurfs enthält.

Melden sich die Parteien bei dem Commissarius nicht; so sollen denselben nach fernerer Bestimmung des §. 210 l. c. mandatarii ad videndum jurare von Amtswegen bestellt werden. In Sachen von Wichtigkeit soll außerdem das committirende oder requirirende Gericht nach §. 211 l. c. die Verfügung treffen, daß dem vernehmenden Richter ein zweiter Commissarius oder ein Notarius beigegeben werde, um statt der Rechtsbeistände der Vernehmung beizuwohnen. Es ist auf die Aufhebung dieser beiden Bestimmungen angetragen worden, welche auch um so weniger Bedenken haben kann, da nach dem Vorschlage stets ein Protokollführer beim Zeugenverhör zugezogen wird und es den Parteien freisteht, auf eine solche Substitution beim requirirten Richter anzutragen.

Zum §. 215.
(conf. §. 223 Tit. 10 der Allg. Ger. Ord.)

Der Revisor hat darauf angetragen, den in dieser Vorschrift erwähnten Extract abzuschaffen. Nach §. 223 der Gerichts-Ordnung, sagt er, soll dem fremden Gericht zugleich ein Extract der Vorschriften über das Zeugenverhör mitgetheilt und dasselbe ersucht werden, nach diesen Vorschriften zu verfahren. Allein dieses Ersuchen, wenn es eine bereitwillige Aufnahme findet, wird meistens zur Folge haben, daß nun die Vernehmung der Zeugen weder nach unserer, noch nach der fremden Prozeß-Ordnung geschieht. Da nach allgemeinen Grundsätzen die Form einer Handluug unter den Gesetzen des Ortes steht, wo sie vorgenommen wird, und da auch die Gerichts-Ordnung selbst im §. 223 hinzufügt, daß das auswärtige Zeugenverhör bloß um deshalb, weil dabei nicht nach den mitgetheilten Vorschriften der Gerichtsordnung, sondern nach dem Gebrauche des abhörenden fremden Gerichts verfahren ist, nichts von seiner Gültigkeit verlieren solle, so wird jene Mittheilung füglich unterbleiben können. Nur das schien mir nöthig, daß die Generalfragen, welche nach unserer Prozeß-Ordnung auf die Glaubwürdigkeit des Zeugen von Einfluß sind, demselben mit vorgelegt werden, worauf daher die obige Vorschrift beschränkt ist.

Die Ansicht des Revisors hat allerdings Manches für sich; man ist jedoch bei der bestehenden Vorschrift stehen geblieben, weil es nicht nur dem auswärtigen Gerichte wünschenswerth sein muß, den hiesigen modum procedendi zu kennen, sondern auch durch die Bekanntmachung desselben wenigstens der Vortheil zu erwarten steht, daß das im Auslande vorgenommene Zeugenverhör mehr nach den Vorschriften unserer Prozeß-Ordnung eingerichtet sein wird. Zweckmäßiger erscheint es übrigens, dieselben nicht bloß extractweise, sondern vollständig dem auswärtigen Gerichte mitzutheilen und ist hiernach die Bestimmung der Gerichts-Ordnung geändert.

Zum §. 216.

Hier ist aus dem schon in der Anmerkung zum §. 210 angeführten Grunde auf die Vorschriften im Allgemeinen Theile verwiesen worden.

Zum §. 218.

Die Gerichts-Ordnung hat diesen Fall nicht besonders vorgesehen und es ist daher von den Gerichten in Ansehung der genannten Personen bisher eben so verfahren, als wenn andere im Auslande wohnende Zeugen vernommen werden sollen. In einigen Fällen haben indessen diesseitige Gesandte Bedenken getragen, sich vor den requirirten ausländischen Gerichtspersonen zu gestellen, weil sie dies mit ihrer gesandschaftlichen Würde nicht verträglich fanden. Das Ministerium der auswärtigen Angelegenheiten ist zwar der Meinung gewesen, daß dem Princip der Exterritorialität durch dergleichen Vernehmungen kein Eintrag geschehe, es glaubt aber, daß damit andere Inconvenienzen verbunden seien, welche theils aus der sehr abweichenden Gerichtsverfassung in den nichtdeutschen Staaten entspringen, theils und in besondern Fällen ihren Grund in dem Gegenstande des Zeugnisses selbst haben, der wenn er zu ungehörigen Bemerkungen im Publikum Anlaß geben könne, die Vernehmung durch eine fremde Gerichtsperson bedenklich mache.

Aus diesen Gründen hat das Ministerium der auswärtigen Angelegenheiten in seiner Mittheilung vom 14. Aug. 1827 eine abändernde Bestimmung gewünscht und, indem es sich auf eine ähnliche Vorschrift des französischen Code d'instr. crim. art. 514 in fine bezieht, jene Bestimmung dahin vorgeschlagen: „daß in allen Fällen, wo es auf die Erklärung oder Vernehmung einer im Auslande befindlichen gesandschaftlichen Person ankommt, es der jedesmaligen Vereinigung des Justiz-Ministeriums mit dem Ministerium der auswärtigen Angelegenheiten vorbehalten bleibe, wem die Aufnahme dieser Erklärung oder die Vernehmung aufzutragen sei."

Dieser Antrag ist den Grundsätzen des Völkerrechts so angemessen, daß er keinem Zweifel unterworfen sein kann und einer besondern Bestimmung bedarf.

Nach dem oben allegirten französischen Gesetze ist es der Justiz-Minister allein, der die Person bestimmt, welche den Gesandten vernehmen soll. Es erscheint jedoch den bei uns besser regulirten Ressort-Verhältnissen entsprechender, daß beide Ministerien, der auswärtigen Angelegenheiten und der Justiz, zu dieser Bestimmung concurriren, jenes als vorgesetzte Behörde des Gesandten und dieses, als Vorgesetzter der Justiz-Behörde.

Zum §. 219.

Diese Vorschrift ist aus dem §. 64 Tit. 2 der Allgem. Gerichts-Ordnung übernommen, da sie dort nicht an ihrer Stelle war.

Die Gerichts-Ordnung handelt hiernächst unter der Rubrik „von dem Betriebe und der Beschleunigung der Zeugenverhöre“ in den §§. 225a — 226b Tit. 10 noch von vier besonderen Fällen:

1) wenn das ausländische Gericht die Vernehmung eines Zeugen auf ergangene Requisition verweigert. Dieser Fall ist im §. 217 des Entwurfs bereits berücksichtigt.

2) Von Requisitionen auswärtiger Gerichte an hiesige. Da indeß die Prozeß-Ordnung nur das Verfahren vor hiesigen Gerichten zu bestimmen hat; so gehört dieser Gegenstand nicht hierher, sondern zur Instruktion für die Gerichte, die hier in einer andern, als in ihrer richterlichen Eigenschaft handeln. Jene Vorschrift ist daher übergangen.

3) Von dem Falle, wenn das Zeugenverhör durch die Krankheit eines Zeugen aufgehalten wird. In diesem Falle soll die Partei, welche ihn vorgeschlagen hat, durch ein Attest des Arztes nachweisen, daß und binnen welcher Frist die Wiederherstellung des Zeugen zu hoffen ist. Hiernach soll der Richter den Termin zu dessen Vernehmung bestimmen, wenn dieser Termin aber abgelaufen ist, ohne daß die Vernehmung hat erfolgen können, mit Fortsetzung und Abschluß der Instruktion verfahren. Der Fall, daß ein Zeuge so krank ist, um auch nicht in seiner Behausung vernommen werden zu können, dürfte indeß selten vorkommen und ein solcher Zustand niemals von langer Dauer sein. Eine allgemeine Bestimmung der Art, wie sie die Gerichts-Ordnung enthält, darüber zu treffen, scheint daher unnöthig und mißlich, das Letztere, weil sie auf der einen Seite zum Verschleif der Sache gemißbraucht, auf der andern aber auch die Parteien dadurch ohne Grund übereilt und in Nachtheil versetzt werden können. Der Fall ist verschieden, jenachdem der Kläger oder der Beklagte die Vernehmung eines solchen Zeugen verlangt, jenachdem Verdacht vorhanden ist, daß die Berufung auf sein Zeug-

niß zur Verzögerung der Sache geschehen, oder die Krankheit des Zeugen nur vorgeschützt sei. Der Richter muß daher die Anträge der Parteien erwarten und sich nach den Umständen entscheiden.

4) Wenn ein Zeuge verreist und der Zeitpunkt seiner Wiederkehr ungewiß ist. Dann soll derjenige Theil, der auf Abhörung des Zeugen besteht, das juramentum calumniae leisten und der Richter nach den Umständen eine Frist von mehreren Wochen oder Monaten, (doch nicht über 6 Monate) bestimmen, während welcher auf die Rückkehr des Zeugen zu warten ist. Nach Ablauf dieser Frist soll ohne weiteren Anstand mit Abschluß der Sache verfahren werden. Von dieser Vorschrift gilt zum Theil das vorhin Gesagte. Sie hat aber außerdem das wider sich, daß, wenn die Rückkehr des Zeugen wirklich ungewiß ist, auch die Bestimmung einer Frist für dieselbe als zwecklos erscheinen muß. Man will dasjenige bestimmen, was als unbestimmbar vorausgesetzt ist. Man unterbricht den Prozeß und wartet, aber mag man kürzere oder längere Zeit warten, so bleibt der Erfolg gleich ungewiß. Man hat also entweder gar keinen Gruud zu warten, oder man muß die Wiederkehr des Zeugen abwarten. Es bedarf keiner Ausführung, daß das Letztere unzulässig ist. Der Partei, welche sich auf einen Zeugen beruft, der nicht vernommen werden kann, weil er abwesend, sein Aufenthalt unbekanht, und der Zeitpunkt seiner Rückkehr ungewiß ist, kann nicht anders geholfen werden, als durch die restitutio in integrum.

Zum §. 220.

conf. §§. 238—244 Tit. 10 u. §. 10 Nr. 3 und 4 Tit. 13 der Allg. Ger. Ord. Was die Gerichts-Ordnung an der zuerst allegirten Stelle enthält, ist lediglich doctrinell und deshalb hier übergangen. In der zuletzt angeführten Vorschrift macht sie einen Unterschied, jenachdem der streitige Umstand ein Object über oder unter 50 Thlr. an Werth betrifft. Im letzteren Falle soll die Aussage eines untadelhaften Zeugen zum Erweise desselben hinreichen. Mit Recht ist hiergegen vom Ober-Landesgericht zu Magdeburg erinnert, daß die Geringfügigkeit, des Gegenstandes zwar ein abgekürztes Verfahren rechtfertigen, aber keinen Grund abgeben könne, die Sache selbst anders zu beurtheilen und etwas für wahr anzunehmen, was bei einem Objecte von größerem Werthe unwahr sein würde. Die Kraft des Zeugenbeweises beruht in der übereinstimmenden Aussage zweier oder mehrerer Zeugen, daher es unrichtig ist, zu sagen, daß ein Zeuge einen halben Beweis ausmache. Die Aussage eines einzelnen Zeugen hat nur subjective Wahrheit, es fehlt ihr jede Gewähr, die sie erst in der Uebereinstimmung mit einem zweiten Zeugniß oder anderen Beweisen findet und sie darf deshalb für sich allein niemals als voller Beweis gelten. Hiernach ist die allegirte Vorschrift der Gerichts-Ordnung geändert worden.

Viertes Capitel.

Vom Gutachten der Sachverständigen.

Zum §. 221.

Es kann nicht bedenklich erscheinen, dem Gerichte die Befugniß einzuräumen, auch von Amtswegen die Ernennung von Sachverständigen zu verfügen, wenn die Beurtheilung der zur Entscheidung kommenden Fragen eine besondere Sachkenntniß erfordert. In der Regel werden zwar schon die Parteien auf die Vernehmung von Sachverständigen antragen, wenn dieselbe erforderlich ist, indessen werden auch Fälle vorkommen, in denen ein solcher Antrag von den Parteien nicht gemacht wird. Soll dann der Richter mit völliger Kenntniß der Sache Recht sprechen; so darf ihm die Befugniß nicht beschränkt werden, über Fragen, welche nur ein Sachverständiger beantworten kann, von einem solchen die erforderliche Auskunft geben zu lassen.

Zum §. 222.

Bei der Bestimmung, daß, insofern beide Parteien nicht auf das Gutachten eines einzigen Sachverständigen compromittiren, eine jede derselben einen Sachverständigen und eventualiter für die säumige der Richter ihn ernennen müsse, ist davon ausgegangen, daß in diesem Falle eine größere Garantie für die Gewissenhaftigkeit der abzugebenden Gutachten gewonnen wird. Erwählt ein Theil die Sachverständigen allein; so ist zu besorgen, daß dieselben sich unter einander verständigen und nur zu Gunsten der Partei, welche sie gewählt hat, ihr Gutachten abgeben werden; werden sie dagegen von beiden Theilen gewählt, so fällt diese Besorgniß hinweg und das Interesse, welches jeder Sachverständige haben möchte, zu Gunsten der Partei die ihn gewählt hat, zu urtheilen, wird dadurch beseitigt, daß sein Gutachten, wenn es sich nicht auf richtige technische Gründe stützt, durch das des andern Sachverständigen als unbegründet sich darstellt.

Bei der ersten Revision war auch hier, wie bei der comparatio literarum, vorgeschlagen, die Prüfung und Abschätzung durch drei Sachverständige gemeinschaftlich vornehmen zu lassen. Die gemeinschaftliche Begutachtung ist indessen bei der gegenwärtigen Revision aus den oben bei der comparatio literarum bereits entwickelten Gründen nicht angenommen und eben so wenig konnte es für zweckmäßig erachtet werden, auch hier gleich vom Anfange an drei Sachverständige zuzuziehen. Der Fall der comparatio literarum ist ein ganz anderer, dort ist nur die Alternative zu entscheiden, ob die Urkunde von der Hand des angeblichen Ausstellers herrühre, oder nicht und für diesen Fall ist es allerdings sehr erheblich, daß die Frage durch Stimmenmehrheit sofort entschieden wird. Bei den meisten andern sachverständigen Gutachten sind aber nicht bloß zwei, sondern mehrere Meinungen denkbar, die Sachverständigen können alle drei verschiedener Ansicht sein und mithin sämmtliche Gutachten kein Resultat liefern. Es wird dann ein neues Gutachten nöthig und also das nicht erreicht werden, was man durch die Zuziehung des dritten Sachverständigen bezweckte. Deshalb scheint es besser, den dritten Sachverständigen erst dann zu hören, wenn die beiden andern verschiedener Meinung sind und durch ihn, wie weiter unten bestimmt wird, den Ausschlag geben zu lassen.

Zum §. 223.

conf. §. 64 des Anhanges zur A. G. O. (Tit. 9 §. 38).

Zum §. 226.

Die Bestimmung, daß den Sachverständigen bei ihrer Vorladung die Fragen, worüber ihr Gutachten verlangt wird, bekannt zu machen sei, schien Behufs ihrer Vorbereitung zu dem abzugebenden Gutachten nöthig.

Zu §§. 227 u. 228.

Da auch nach der Gerichts-Ordnung die Sachverständigen den Zeugen ganz gleich gestellt sind; so werden diese Vorschriften kein Bedenken finden.

Zum §. 229.

Diese Bestimmung ist neu und zeigt den Unterschied zwischen Zeugen und Sachverständigen, der die Trennung beider nöthig macht, noch von einer andern Seite. Indem die Gerichts-Ordnung die Sachverständigen den Zeugen ganz gleich stellt, würde hieraus folgen, daß, wenn solche Einwendungen gegen sie vorgebracht werden, welche nach §. 233 Tit. 10 ihre Glaubwürdigkeit bloß schwächen, dieselben, dessen ungeachtet mit ihrem Gutachten vernommen werden müssen, was doch die Gerichts-Ordnung selbst wohl schwerlich gewollt haben wird. Denn ein Sachverständiger, wenn er verdächtig ist, muß wie der Richter recusirt werden können, da man ja an seiner Stelle einen andern haben kann. Ein Zeuge aber ist nicht zu ersetzen und muß gehört werden, wenn seine Aussage auch nur eine Vermuthung wirken kann.

Zu §§. 230 und 231.

Hierin ist das Verfahren bei der Besichtigung des zu begutachtenden Gegenstandes und der Abhörung der Sachverständigen vorgeschrieben. Daß die Parteien bei der Besichtigung zugegen sind, ist deshalb nothwendig, um die Identität der zu besichtigenden Sache außer Zweifel zu stellen, bei der Begutachtung selbst können sie aber aus demselben Grunde nicht zugelassen werden, aus welchem ihnen der Zutritt bei dem Zeugenverhör versagt ist. Eben so wenig wird es ein Bedenken finden, die Besichtigung von den Sachverständigen gemeinschaftlich vornehmen zu lassen, dagegen mußte ihre abgesonderte Vernehmung aus den in der Anmerkung zu §. 141 des Entwurfs angeführten Gründen vorgeschrieben werden. Daß den Parteien Erinnerungen gegen die eingegangenen Gutachten gestattet werden müssen, kann nach §. 10 Nr. 7 Tit. 13 der Allgemeinen Gerichts-Ordnung nicht zweifelhaft sein und erscheinen demnach die obigen Vorschriften überall gerechtfertigt.

Zum §. 232.

Der erste Satz dieses Paragraphen bedarf keiner Rechtfertigung; was dagegen den zweiten betrifft, so schien es auch hier aus dem bei der Zeugenvernehmung angeführten Grunde zweckmäßiger, die Gebühren und Auslagen der Sachverständigen von der Salarien-Kasse vorschießen zu lassen, als deren unmittelbare Berichtigung durch die Parteien anzuordnen.

Zum §. 233.

Es ist bereits in der Anmerkung zum §. 143 des Entwurfs ausgeführt worden, daß es rathsamer sei, die Sachverständigen erst nach abgegebenem Gutachten zu vereidigen. Dieselben Gründe finden auch hier Anwendung und ist daher gegen die Vorschriften des §. 202 und des §. 388 Tit. 10 der A. G. O. der Vorschlag gemacht, die Sachverständigen erst zu vereiden, nachdem sie ihr Gutachten abgegeben haben. Die Eidesformel selbst stimmt mit der im §. 227 des revidirten Entwurfs der Criminal-Ordnung aufgenommenen bis auf eine geringe Abweichung überein; denn es scheint, daß der Eid zugleich auf die sorgfältige Prüfung gerichtet werden muß und daß es mehr darauf ankommt, daß das Gutachten unparteiisch, als das es treu und aufrichtig ist. In welcher Beziehung will man auch von einem Gutachten, wie von einem Urtheil, fordern, daß es treu und aufrichtig sein soll?

Zum §. 234.

(cfr. §. 203 Nr. 4 Tit. 10 und §. 84 des Anhanges zur Allg. Ger. Ord.

Zum §. 235.

Der erste Satz dieses §. bedarf keiner Rechtfertigung. Was dagegen dessen übrige Bestimmungen anlangt; so hatte der Referent bei der ersten Revision im §. 334 seines Entwurfs, den Grundsatz angenommen:

> daß die Richter nicht schlechterdings gebunden seien, der Meinung der Sachverständigen zu folgen, wenn die Gründe derselben sie nicht überzeugten.

Dieser Vorschlag war durch folgende Gründe unterstützt: die Gerichts-Ordnung Tit. 13 §. 10 Nr. 7 bestimme, daß eine Thatsache für vollständig erwiesen anzunehmen sei,

> wenn ein vereideter Künstler oder Sachverständiger in Sachen, welche seine Kunst oder sein Gewerbe betreffen, ein Gutachten abgiebt und die zu dessen Unterstützung angeführten Gründe nicht angefochten, oder die dagegen gemachten Erinnerungen ungegründet befunden werden;

sie mache also hierdurch die Beweiskraft des Gutachtens von der Triftigkeit seiner Gründe abhängig und da der Richter die Erinnerungen hiergegen zu prüfen habe; so müsse er auch das Gutachten ganz verwerfen können.

Diese Vorschrift sei jedoch, wie bei der ersten Revision angenommen ward, unvollständig und mangelhaft ausgedrückt, was seinen Grund darin habe, daß die Gerichts-Ordnung den Sachverständigen als Zeugen und sein Gutachten als ein Zeugniß für die Existenz einer Thatsache ansehe, da dasselbe vielmehr jederzeit eine Schlußfolge enthalte, deren Vordersätze aus den Principien der Wissenschaft oder Kunst oder aus der Erfahrung hergenommen seien und deren Richtigkeit auf der Wahrheit jener Vordersätze und ihrer richtigen Anwendung auf den besonderen Fall beruhten.

Verlasse man jene Ansicht; so komme die Frage dahin zu stehen:

ob die Richter an den Ausspruch der Sachverständigen schlechterdings gebunden seien?

Das gemeine Recht bejahe diese Frage.

Denn wiewohl die Sachverständigen nach dem, was oben hierüber gesagt, nicht als Zeugen anzusehen seien; so sei ihr Ausspruch doch kein förmliches Urtheil, sondern ein Gutachten; sie seien nicht wirkliche judices facti, sondern Gehülfen des Richters, welche diesem mit ihrer Sachkenntniß an die Hand gehen und ihn aufklären sollten; lege man ihrem Ausspruch die Kraft eines förmlichen Urtheils bei und mache sie hierdurch zu wirklichen Richtern des Facti, wie das gemeine Recht durch Bejahung der Frage thue; so müsse man dagegen auch Instanzen gestatten.

Hier sei es aber (bei den Instanzen), wo man auf unüberwindliche Schwierigkeiten stoße, in deren Lösung auch die Lehrer des gemeinen Rechts weder übereinstimmten, noch glücklich gewesen zu sein schienen. Müsse man einmal die Anfechtung des Gutachtens und die Berufung auf andere Sachverständige zulassen; so frage sich, wie lange und oft soll diese zugelassen werden und was soll der Richter thun, wenn sich die verschiedenen Gutachten widersprechen? Ueber das Erstere fehle es an einer gesetzlichen Bestimmung und es würden daher im gemeinen Prozeß so oft und so viele Sachverständige successive herbeigezogen, als man deren habhaft werden könne. Gönner in seinem Handbuche 2te Ausgabe Thl. II. S. 449 sei der Meinung, daß nach Analogie der drei Instanzen für das richterliche Urtheil dreimalige Gutachten der Sachverständigen zu gestatten seien, so daß das zweite und dritte Gutachten stets von Sachverständigen eines höheren Ranges abgegeben werde. Allein wo finde man diese Sachverständigen eines höheren und höchsten Ranges, außer etwa in Medizinal- und Bau-Sachen? Dies würde voraussetzen, daß die Gelehrten, Künstler und Handwerker jeder Art in drei Klassen getheilt und hieraus eben so viele Collegia zur Entscheidung von dergleichen Streitfragen gebildet wären.

Widersprächen sich die Sachverständigen in ihren Gutachten (und dieser Fall gehöre nicht zu den seltenen); so solle nach Claproth, Danz und Anderen der Richter demjenigen Gutachten folgen, welches die besseren Gründe für sich habe. Der Richter müsse also diese Gründe prüfen. Aber wenn ihm dies in dem einen Falle erlaubt sei und er es vermöge, wie könne man ihm dasselbe in anderen Fällen untersagen und seine Competenz dazu bezweifeln? Diese Inconsequenz rüge Gönner S. 452 seq. l. c. und sei deshalb der Meinung, daß der Richter, ohne sich ein Urtheil über den Werth der Gründe anzumaaßen, stets den Ausspruch der Mehrzahl der Sachverständigen annehmen müsse. Allein dies würde mindestens voraussetzen, daß die Sachverständigen gleich gut qualifizirt seien und Beweise ihrer Qualification gegeben hätten; da das Letztere jedoch nicht immer der Fall, da die Sachkenntniß überhaupt etwas Schwankendes und Relatives sei und die Einsicht und Erfahrung eines Einzigen die von zehn Anderen überwiegen könne, so würde der Richter hierbei nicht selten in die Lage kommen, gegen seine Ueberzeugung, so wie gegen die Wahrheit sprechen zu müssen. Daher sagten von Grolman und Martin, daß allerdings unter mehreren Gutachten das mit den besseren Gründen unterstützte, den Vorzug verdiene, ohne Rücksicht auf die entgegenstehende größere Anzahl. Aber nicht der Richter sei competent, um diese Gründe und deren Uebergewicht zu beurtheilen, sondern er müsse zu dem Ende einen vorzüglich geschickten Sachverständigen oder ein ganzes Collegium von ihnen zuziehen. Allein es komme eben darauf an, diesen zu finden und woraus anders wolle man seine vorzügliche Geschicklichkeit abnehmen, als aus den Gründen seines Gutachtens und wer solle diese wiederum prüfen? Man befinde sich also hier im Zirkel. Diesen Schwierigkeiten entgehe man nur dann, wenn der Ausspruch der

Sachverständigen dem Urtheil der Richter untergeordnet werde und diese Unterordnung sei so lange nothwendig, als man nicht die Sachverständigen zu selbstständigen Richtern erheben, Instanzen anordnen und ihrem Ausspruch die Kraft eines förmlichen Urtheils beilegen wolle. Als Gutachten könne dieser Ausspruch nur in sofern auf die Entscheidung des Richters von Einfluß sein, oder, wie die Gerichts-Ordnung sich ausdrücke, etwas beweisen, als die Gründe desselben den Richter überzeugen. Denn nur in den Gründen und in nichts Anderem liege seine Beweiskraft."

„Der revidirte Entwurf der Criminal-Ordnung habe, wie der Referent fortfährt, die entgegengesetzte Ansicht adoptirt, indem er §§. 237 und 238 bestimme: „daß ein sachverständiges Gutachten mit Ausnahme desjenigen über die Vergleichung einer Handschrift einen vollen Beweis begründe und daß, wenn die Sachverständigen in ihrem Urtheil nicht übereinstimmen oder Zweifel gegen die Richtigkeit desselben entstehen, ein Gutachten von den höheren vorgesetzten Behörden und in Ermangelung solcher Behörden von anderen Sachverständigen eingeholt werden und ersteren Falles das Gutachten der höchsten Behörde, letzteren Falles aber die Mehrheit der Stimmen aller Sachverständigen entscheiden solle." Dies komme mit der oben erwähnten Theorie von Gönner überein. Allein solle wohl das Gutachten über andere Gegenstände ein gewisseres und zuverlässigeres Resultat liefern, als das über die Vergleichung einer Handschrift? Erinnere man sich an den Wechsel der Systeme und Grundsätze, den die Medicin, die öconomischen und alle empirischen Wissenschaften, den selbst Künste und Gewerbe in Folge erweiterter Kenntniß erfahren hätten, so wie an den Zwiespalt, der oft zwischen den Anhängern des einen und anderen Systems herrsche; so könne man leicht Bedenken tragen, jene Frage zu bejahen. Doch auch abgesehen hiervon, scheine die Bestimmung der Criminal-Ordnung nicht schlechthin eine Norm für den Civilprozeß abgeben zu können; denn dort komme die Frage hauptsächlich nur in Bezug auf ärztliche Gutachten vor, für welche es stufenweise Behörden gebe, die mit öffentlicher Autorität bekleidet sind und gegen die Qualification der Mitglieder derselben man keinen Zweifel hegen könne. Im Civil-Prozeß seien die Gutachten so mannigfaltig, als die Gegenstände des Verkehrs; man könne die Sachverständigen dazu meistens nur nach dem Geschäft, welches sie trieben und nach der hieraus bei ihnen vorauszusetzenden Sachkenntniß wählen. Ob sie diese aber wirklich besäßen, lasse sich nur aus dem Gutachten selbst und dessen Gründen beurtheilen und deshalb müßten diese der richterlichen Prüfung unterliegen und den Vorzug verdienen vor der Mehrheit der Stimmen. Hierzu komme noch, daß im Civilprozeß die Streitpunkte, worüber auf ein Gutachten von Sachverständigen provocirt werde, sehr oft gemischter Natur seien, so daß deren Entscheidung zum Theil von technischer Beurtheilung, zum andern Theil aber von Auslegung der Intention der Parteien abhange, z. B. wenn streitig sei, ob die gekaufte Sache die bedungenen Eigenschaften habe, ob ein Bau contractmäßig ausgeführt sei ꝛc. Es sei eine häufige Erfahrung, welche der Praktiker zu machen Gelegenheit habe, daß die Sachverständigen in solchen Fällen dem Richter vorgriffen, oder doch Voraussetzungen über die Intention und das Rechtsverhältniß der Parteien machten, die nicht immer gegründet seien. Um so nöthiger sei es, ihr Gutachten dem richterlichen Urtheil unterzuordnen."

Dieser Ansicht des Revisors ist man jedoch bei der gegenwärtigen Revision nicht beigetreten. Soll das Gutachten der Sachverständigen seinen Zweck nicht ganz verfehlen; so muß man auch den Richter an dasselbe für gebunden halten und ihn nicht über die Sachverständigen stellen. Die Gesetzgebung würde mit sich selbst in den offenbarsten Widerspruch gerathen, wenn sie anordnete, daß über diejenigen zur Entscheidung kommenden Gegenstände, welche eine besondere Sachkenntniß voraussetzen, Sachverständige gehört werden müssen, daß aber der Richter an deren Gutachten nicht gebunden sei, sondern sie nach seiner Ansicht von der Sache zu entscheiden habe. Wozu sollen alsdann Sachverständige und deren Gutachten nützen? Vielleicht als ein Versuch, den Richter von seiner Meinung abzubringen? Letzteres mögte aber wohl selten erreicht werden; denn räumt man dem Richter die Stellung eines höchsten Sachverständigen ein, so wird er, wenn seine Meinung nicht die der Sachverständigen ist, sich auch schwerlich davon abbringen lassen. Besser wäre es dann, diesen Versuch gar nicht zu machen, man würde dadurch wenigstens Zeit, Kosten und Arbeit ersparen. Hiergegen spricht aber wieder die Gefahr für das prozeßführende Publikum, welche unleugbar damit verknüpft sein würde, wenn man die Zuziehung von Sachverständigen ganz beseitigen wollte. Der Richter ist kein Polyhistor und kann es nicht sein; denn das menschliche Wissen ist zu umfangreich, als daß ein Mensch Alles wissen könnte. Irrthümliche Entscheidungen über Fragen, welche nicht in das Gebiet des Rechts einschlagen, würden daher auch an der Tagesordnung sein und für die Parteien dadurch nicht selten die unwiederbringlichsten Verluste herbeigeführt werden. Ganz dieselbe Gefahr wäre aber auch dann vorhanden, wenn man den Richter über die Sachverständigen stellen wollte. Man braucht nicht gerade bei jenem ein eigensinniges Beharren auf seiner Meinung vorauszusetzen, er kann auch unbewußt fehlen, da er als Nicht-Sachverständiger nicht die Fähigkeit hat und haben kann, die technischen Gründe eines Gutachtens zu beurtheilen. Nicht selten wird ihn das, was durch wissenschaftliche oder technische Gründe vollkommen gerechtfertigt ist, nicht überzeugen, weil er eben jene Gründe nicht versteht, er würde also das Gutachten verwerfen, trotz dem, daß es unwiderlegbar richtig ist. Dergleichen Uebelstände darf aber das Gesetz nicht hervorrufen, vielmehr muß es dessen eifrigstes Bestreben sein, denselben so viel als möglich vorzubeugen. Hiernach stellt sich denn auch der Vorschlag des Revisors als durchaus zweckwidrig dar. Derselbe stimmt überdies keinesweges mit dem überein, was die Gerichts-Ordnung vorgeschrieben hat. Zwar soll nach §. 60 Tit. 14 der A. G. O. der Richter hauptsächlich auf dasjenige Gutachten Rücksicht nehmen, welches mit den besten Gründen unterstützt ist, der Richter ist mithin zu einer Prüfung dieser Gründe durch das Gesetz angewiesen; allein diese Prüfung kann sich der Natur der Sache nach nicht auf das Technische der Gründe ausdehnen. Der

Richter hat nur darauf zu sehen, ob das Gutachten folgerecht begründet und in den aus Vordersätzen gezogenen Conclusionen nicht gegen die Regeln der Logik gefehlt ist; jede weitere Prüfung liegt außer den Gränzen seiner Befugnisse und auch seiner Fähigkeiten.

Hält man diesen Gesichtspunkt fest; so wird sich für die einzelnen möglichen Fälle, in denen der Richter über die Richtigkeit eines Gutachtens Zweifel haben kann, leicht ein besserer und sicherer Ausweg finden lassen. Denn, widersprechen sich die Gutachten; so mag der Richter einen dritten Sachverständigen als Obmann zuziehen, welcher den Ausschlag giebt. Dies gewährt mehr Garantie für die richtige Entscheidung, als der Ausspruch des nicht sachverständigen Richters, der auf technische Gründe, worauf es doch in der Regel nur ankommen wird, nicht gestützt sein kann. Diese Vorschrift hat auch schon die Gerichts-Ordnung im §. 60 Tit. 10 in fine. Ein anderes sicheres Mittel bleibt aber auch für die Fälle nicht, wo die Gutachten nicht folgerecht begründet sind, oder die technischen Gründe derselben nicht gerechtfertigt erscheinen.

Auch hier kann nur ein Obmann und nicht der Richter die vorhandenen Zweifel lösen und man muß daher an jenen recurriren. Ebenso wird es kein Bedenken haben, selbst für diesen Fall den Ausspruch des Obmanns für entscheidend zu erklären, wenn gleichwohl derselbe dem vorigen, wo sich zwei Gutachten widersprechen, und also einander gegenüber stehen, nicht völlig gleich ist. Denn es kommt hier nur auf eine Prüfung der Gründe der früheren Gutachten an, welche der Sachverständige für den Richter vornimmt und so wie die Meinung des Richters den Ausschlag geben würde, so muß es folgerecht auch der Ausspruch des Obmanns thun, sei er eine vom Staate dazu bestellte Behörde, oder ein vorzüglich qualificirter Sachverständiger. Hiernach ist der §. 247 gefaßt worden.

Fünftes Capitel.

Von der Besichtigung an Ort und Stelle.

Dieser Abschnitt ist wider die Anordnung der Gerichts-Ordnung demjenigen vom Beweise durch den Eid vorgesetzt worden, weil er mit den vorhergehenden vom Zeugenbeweise und vom Gutachten der Sachverständigen in der nächsten Verbindung steht.

Zum §. 239.

(cfr. §§. 280, 281 Tit. 10 der A. G. O.) Die Besichtigung kann in dreifacher Beziehung nöthig werden:

theils um den Richter so wie die Parteien unter sich über den Gegenstand des Streits zu verständigen und zu vergewissern,

theils um den augenblicklichen der Veränderung unterworfenen Zustand desselben zu constatiren,

theils um den Richter von der Wahrheit einer Angabe der Parteien über dessen Beschaffenheit zu überzeugen.

Diese verschiedenen Rücksichten rechtfertigen es sowohl, daß den Parteien gestattet sein muß, jederzeit darum nachzusuchen, als auch, daß der Richter die Besichtigung von Amtswegen muß verfügen können.

Zum §. 240.

(cfr. §. 385 Tit. 10 der A. G. O.)

Der §. 386 l. c. verordnet ferner, daß, wenn bei der streitigen Sache außer den im Prozeß stehenden Theilen noch ein Dritter interessirt ist, z. B. in Gränzstreitigkeiten, auch diesem der Termin bekannt gemacht werden müsse, um allenfalls seine Gerechtsame dabei wahrnehmen zu können. So gut gemeint diese Vorschrift auch ist; so scheint sie doch nicht in die Prozeß-Ordnung zu gehören. Denn ist der Dritte wirklich bei der Sache interessirt, so werden ihn die Parteien, wenn sie nicht einen neuen Prozeß mit ihm haben wollen, schon von selbst zuziehen, oder er kann interveniren. Ist aber keins von Beiden geschehen, in welcher Qualität soll er bei der Besichtigung erscheinen? Kann er Erklärungen abgeben und Contestationen erheben? Und welche Wirkung sollen diese haben? Wozu bedarf es endlich der Wahrnehmung seiner Rechte, da diesen die Besichtigung und das darauf erfolgende Erkenntniß in keinem Falle nachtheilig sein kann?

Zum §. 244.
(cfr. §§. 383 u. 288 Tit. 10 u. §. 38 Tit. 9 der A. G. O.)

Auch hier ist aus den oben schon erörterten Gründen vorgeschlagen worden, den Eid erst nach abgehaltener Besichtigung von den dabei zugezogenen Sachverständigen ableisten zu lassen. Uebrigens waltet zwischen dem Falle, wo der Sachverständige bloß zur Besichtigung zugezogen wird, um dem Richter gleichsam als Dollmetscher zu dienen, ihm die Eigenschaften und Merkmale einer Sache anzugeben und sie richtig zu bezeichnen und demjenigen, wo er ein Gutachten abzugeben hat, ein wesentlicher Unterschied ob. Beide Fälle mußten daher unterschieden und die Eidesformel danach gefaßt werden.

Zu den §§. 245 und 246.
(cfr. §. 388 Tit. 10 der A. G. O.)

Zu den §§. 247—249.
(cfr. §. 382 Tit. 10 der A. G. O. und §§. 226—228 des Entwurfs).

Sechstes Capitel.
Vom Beweise durch Eid.

Zum §. 250.
(cfr. §. 252 Tit. 10 der A. G. O.)

Die Gerichts-Ordnung beginnt diesen Abschnitt §§. 245 bis 249 mit einer Definition des Eides, unterscheidet Versprechungs- und Bestärkungs-Eide, theilt letztere wiederum, je nachdem sie von der Partei im Prozeß oder von einem Dritten geleistet werden, in Parteien- und Zeugeneide und schiebt endlich die materielle Vorschrift ein, daß Privat-Personen einander außergerichtliche Versprechungs-Eide nicht abfordern sollen. Alles dieses, unbeschadet seines doctrinellen Werths, gehört nicht in ein Gesetz über das Prozeßverfahren und bedarf auch keiner Erwähnung, da hier nur von Parteien-Eiden die Rede sein kann. Auch die §§. 250 und 251 der Gerichts-Ordnung h. t. stehen hier, wo nur von Deferirten-Eiden die Rede ist, nicht an ihrer Stelle, weshalb sie gleichfalls übergangen worden sind.

Zu §§. 251 und 252.

Bei der ersten Revision war vorgeschlagen, die Vorschrift des §. 312 Tit. 10 der Allgemeinen Gerichts-Ordnung, nach welcher Jemandem über eine Thatsache, von der er aus eigner Wissenschaft nicht unterrichtet sein könne, dennoch der Eid deferirt werden darf, zu beschränken und in den §§. 346 und 347 des Entwurfs nachstehende Bestimmungen aufzunehmen:

> Nur über solche Thatsachen, welche die Partei, die schwören soll, persönlich angehen, oder von welchen dieselbe aus eigener Wahrnehmung unterrichtet sein kann ist der Eidesantrag zulässig.

Erben, Cessionarien und überhaupt Allen, welche in die Rechte Anderer getreten sind, oder die Handlungen Andrer wider sich gelten lassen müssen, kann gleichwohl der Eid darüber angetragen werden, daß ihnen von der Handlung ihres Autors nichts bekannt sei (de ignorantia).

Zur Rechtfertigung dieser Paragraphen wird in den Motiven Folgendes angeführt:

Diese Bestimmungen weichen wesentlich von der Gerichts-Ordnung ab (conf. §. 312. 313 h. t.) und nähern sich dem gemeinen und römischen Rechte, nach welchem Niemand de facto alieno zu schwören schuldig ist. Das gemeine Recht erlaubt jedoch von Erben, Cessionarien und allen denen, gegen welche aus ihrem persönlichen Verhältnisse eine Vermuthung entsteht, daß sie von der Handlung des Dritten unterrichtet sind, einen Eid de credulitate zu fordern (daß sie nicht wissen und glauben 2c.)

Diesen Eid de credulitate, weil er ein Urtheil involvirt, wollte die Allgemeine Gerichts-Ordnung abschaffen und verordnete an dessen Statt, daß derjenige, dem ein Eid über eine Thatsache, von welcher er aus eigener Wissenschaft nicht unterrichtet sein könne, zugeschoben werde, zuvörderst Alles, was ihm davon bewußt sei, zum Protokoll anzeigen und sodann den Eid nur de ignorantia zu leisten schuldig sein solle (§. 312). In solchem Falle soll daher der Instruent demjenigen, welcher den Eid zu leisten hat, alles, was über die streitige Thatsache bisher schon in den Akten vorgekommen ist, nochmals vorhalten, ihn befragen, ob er sich auch die erforderliche Mühe gegeben habe, von dem wahren Hergange oder der Beschaffenheit der Sache Nachricht einzuziehen, z. B. ob er die vorhandenen Urkunden, Rechnungen, Briefschaften eingesehen, sich bei den Personen, welche davon Wissenschaft haben können, darnach erkundigt habe u. s. w., und wenn er alsdann noch auf Ableistung des Eides beharrt, so soll er schwören:

> daß er, alles angewandten Fleißes ungeachtet, weiter nichts von der Sache in Erfahrung bringen könne und also nicht wisse, daß 2c.

In dieser Art kann der Eid einem Jeden über jede ihm fremde Thatsache oder Begebenheit sowohl de- als referirt werden.

Allerdings macht diese Befugniß die Beweisführung sehr leicht und der Eid wird dadurch ein noch besseres remedium expediendarum litium, als wofür ihn schon das Römische Recht (L. 2. D. de jurejurando) erklärt hat. Auch wissen dies die Parteien sehr wohl zu benutzen. Man wird wenig Prozesse finden, dem ein streitiges und einigermaßen verwikkeltes factum zum Grunde liegt, worin dergleichen Eides-Delationen nicht ein- oder mehreremal vorkommen. Hierdurch läßt sich auf das bequemste Alles beweisen, was wahr und was es nicht ist, was in der alten oder neuen Welt, jetzt oder vor undenklicher Zeit geschehen ist. Hierdurch zwingt die Partei, welcher ein Beweis obliegt, ihre Gegner, diesen Beweis für sie zu führen; die Beweismittel zu sammeln und herbeizuschaffen, in Urkunden, Rechnungen und Briefschaften darnach zu suchen, bei Zeugen sich zu erkundigen und, wenn es ihm nicht gelungen ist, den Beweis zu beschaffen, endlich noch zu schwören, daß er auch allen (möglichen) Fleiß hierzu angewandt habe. Will aber der Gegner diese Mühe nicht übernehmen, oder ist er zu gewissenhaft, einen Eid zu leisten, der von unbegränztem Umfange ist; so muß er den Eid referiren und sich gefallen lassen, daß die Partei, welche beweisen sollte, nur ihre eigene Angabe beschwört. Ja, betrifft der Eid, wie nicht selten, ein Faktum, welches auch ihr fremd ist, so darf sie denselben ebenfalls nur de ignorantia leisten und sie beweist also ihre Behauptung dadurch, daß sie schwört, nichts davon zu wissen.

Die allegirten Vorschriften der Gerichts-Ordnung müssen in der That befremden und das um so mehr, je mehr sich die Gerichts-Ordnung dazu bekennt und ihre Vertheidiger von ihr rühmen, daß sie nur das materielle (wirkliche) Recht vor dem formellen wolle gelten lassen und unterstützen. Forscht man nach dem Grunde derselben, so findet man ihn leicht in der Anwendung der Inquisitions-Methode auf den Civil-Prozeß, oder, wie Andere sagen, in dem Prinzip der Wahrheitserforschung. Nach diesem Prinzip gab es keine Beweislast und Beweispflicht für die Parteien, der Richter sollte die Wahrheit ermitteln und hierdurch den Beweis für beide Theile führen; den Parteien wurde die absolute Verbindlichkeit auferlegt, dem Richter die Wahrheit zu sagen, gleichviel, ob diese Wahrheit ihnen vortheilhaft oder nachtheilig sein, ob sie zur Begründung der eigenen Rechte oder derjenigen ihres Gegners dienen mochte. Folgerechterweise hätte man hiernach den Eidesantrag im Civil-Prozeß so wenig zulassen sollen, als im Criminalverfahren. Die Gerichts-Ordnung verband ihn dennoch damit und machte ihn ihrem Systeme gemäß zu einem Mittel, von der Partei Geständnisse zu erzwingen und sie zu nöthigen, nicht bloß das, was ihr von der Behauptung des Gegners wirklich bekannt ist, sondern auch, was sie möglicherweise davon erfahren kann, dem Richter anzugeben. Allein der Eid ist eben dasjenige, wodurch sich in dieser Materie (vom Beweise) der Unterschied zwischen dem Civil- und Criminal-Prozeß am deutlichsten kund giebt, und kein Wunder also, wenn aus einer Verbindung so heterogener Dinge ein monströses Erzeugniß hervorging. Indem der oben beschriebene Eid ein Mittel zur Erforschung der Wahrheit sein sollte, so begünstigt er vielmehr jede frivole und aus der Luft gegriffene Behauptung, die durch ihn geltend gemacht werden kann und oft nur aufgestellt wird in der Hoffnung, daß die Gewissenhaftigkeit des andern Theils ihn zur Zurückschiebung desselben bewegen werde. Er bürdet mittelst einer Art von Gewissenszwang die Last des Beweises der Partei auf, gegen welche bewiesen werden soll, indem er dieselbe zu Nachforschungen verpflichtet, die sie im Interesse des Gegners anstellen muß und denen keine Grenze gesetzt ist. Am meisten leiden hierunter diejenigen Parteien, die ihre Gerechtsame vor Gericht nicht selbst wahrnehmen können, wie der Fiskus, die Corporationen, öffentliche Anstalten und die unter Vormundschaft stehenden Personen. Denn während solche, deren eigenes Interesse auf dem Spiele steht, hierdurch verleitet, jenen Eid oft leichtsinnig genug ableisten, wollen ihn die Vertheidiger eines fremden Interesses aus Aengstlichkeit und Besorgniß, ihr Gewissen zu belasten, in der Regel zurückschieben. Dies scheint selbst die Gerichts-Ordnung vorausgesehen zu haben und deshalb verordnet sie (§. 292 h. t.), daß fiskalische Bediente, Vormünder und Vorsteher von Kirchen, Schulen rc. einen ihnen angetragenen Eid de ignorantia nicht ohne Genehmigung der vorgesetzten Behörde sollen zurückschieben können. Aber kann denn die vorgesetzte Behörde den fiskalischen Beamten oder Vormund zwingen, einen Eid wider sein Gewissen zu leisten? Oder wird dieser durch die Weigerung regreßpflichtig? Hierdurch ist also wenig gewonnen. Jener Eid nöthigt endlich durch seine Folgen den Richter, da einen formellen Beweis als vorhanden anzunehmen, wo eigentlich nichts erwiesen ist, wo die Partei, welcher die Beweisführung oblag, nur ihre Unwissenheit von der Sache, oder daß ihr nichts ihrer Behauptung Entgegenstehendes bekannt sei, beschworen hat. Im römischen wie im gemeinen Recht hat der deferirte Eid die Natur eines Vergleichs (L. 2. D. de jurejurando); er kann nicht de facto alieno angetragen und muß de veritate geleistet werden. Dort rechtfertigt es sich daher vollkommen, das, was beschworen ist, für wahr und erwiesen anzunehmen. Die Gerichts-Ordnung hat diese Natur des Eides durchaus verändert, dadurch, daß sie ihn auch über fremde Handlungen und Thatsachen zuläßt („von welchen der Schwörende aus eigener Wissenschaft nicht unterrichtet sein kann") und ihn als ein Mittel gebraucht, um die Parteien zu verpflichten, daß sie sich nach dergleichen Thatsachen gehörig erkundigen und das, was sie davon in Erfahrung gebracht haben, getreu anzeigen. Aber bei so veränderter Gestalt hätte sie auch den Gebrauch, wie die Wirkungen dieses Eides anders bestimmen müssen. Jener konnte nicht mehr der Willkür der Partei überlassen bleiben und diese durften nicht dieselben sein, wie im römischen Recht. Indem die Gerichts-Ordnung hier den Parteien die Verpflichtung auflegt, über facta aliena nicht bloß sich zu erklären, sondern auch Erkundigungen einzuziehen und sowohl die Kenntniß derselben eidlich abzulehnen, als auch zu beschwören, daß man alles angewandten Fleißes ungeachtet nichts davon habe erfahren können, befindet sie sich zugleich im Widerspruche mit dem, was oben vom Urkundenbeweis verordnet war. Dort wurde gesagt (§. 140), daß Niemand ein **scriptum** tertii zu recognosciren oder zu diffitiren brauche und nur diejenigen, die in des Ausstellers Rechte getreten (weil bei ihnen eine Kenntniß von dessen Handlungen zu präsumiren ist), sind schuldig, den Eid **de ignorantia** zu leisten. Aber ist denn ein **scriptum** nicht auch ein factum und zwar ein **factum**, über dessen Richtigkeit, weil das Resultat desselben vorliegt, eine Erklärung noch eher möglich ist, als über Thatsachen, die keine solche Spur hinterlassen haben? Was also dort vom **scriptum tertii** galt, warum soll es nicht auch hier vom **factum tertii** gelten? Warum soll derjenige, gegen welchen eine fremde Thatsache behauptet wird, wovon er nach den Worten der Gerichts-Ordnung aus eigener Wissenschaft nicht unterrichtet sein kann, dieses sein Nichtwissen noch durch einen Eid bekräftigen?"

„Man hört häufige Klagen über den Mißbrauch des Eides im Prozeß. Auch in den eingegangenen Gutachten fehlt es daran nicht und es ist vorgeschlagen (**ad** §§. 202 u. 251 **h. t.**), an dessen Stelle, wenigstens in Bagatellsachen, eine Versicherung mittelst Handschlags, auf Gewissen und Bürgerpflicht, auf Ehre, an Eidesstatt oder was sonst treten zu lassen. Ich kann im Allgemeinen weder in diese Klagen einstimmen, noch die gemachten Vorschläge billigen. Diese würde ich schon um deshalb verwerfen, weil die Betheuerungen, welche den Eid ersetzen sollen, entweder ebenfalls Eide, oder gar nichts sind. Jene halte ich aber nur in so weit für begründet, als vom Eide **de ignorantia** die Rede ist, in der Ausdehnung, wie solchen die Gerichts-Ordnung zuläßt. Denn nicht das scheint mir ein Mißbrauch des Eides zu sein, daß Jemand, was wahr ist, auf Erfordern eidlich vor Gericht betheuert, mag auch der Gegenstand des Streits noch so geringfügig sein, sondern nur darin setze ich ihn, daß Eide gefordert und geleistet werden über Dinge, worüber die eidliche Versicherung nichts beweisen kann und ein gewissenhafter Mann sie zu ertheilen Anstand nehmen muß, daß aber ein solcher Eid dennoch entscheidet und derjenige den Prozeß gewinnt, der das weiteste Gewissen hat."

„Ich bin daher in den obigen Bestimmungen zu der Theorie des römischen und gemeinen Rechts zurückgekehrt. Nur über ein factum proprium desjenigen, der schwören soll, oder über eigene Wahrnehmung desselben (wie ich zur mehreren Deutlichkeit hinzugefügt habe, denn diese ist ebenfalls eine Handlung im weiteren Sinne) kann der Eid angetragen werden. Nur diejenigen, welche in die Rechte Anderer getreten sind, oder dieselben vor Gericht repräsentiren, sind schuldig, ihr Nicht-Wissen zu beschwören, weil bei ihnen eine Kenntniß der Handlungen ihrer Autoren vorausgesetzt werden muß. Und nur dahin ist dieser Eid zu richten, daß ihnen von jenen Handlungen nichts bekannt sei, ohne daß ihnen eine Verpflichtung auferlegt werden darf, Nachforschungen im Interesse des Gegners anzustellen. Hierdurch ist diese Materie in Uebereinstimmung gebracht mit den oben erwähnten Grundsätzen vom Urkundenbeweis, sie wird zugleich sehr vereinfacht, denn nur der Eid de ignorantia (nach der Gerichts-Ordnung) ist es, welcher, wie sich im Folgenden zeigen wird, dieselben schwierig und verwickelt gemacht hat; und es ist endlich dem Mißbrauche des Eides gesteuert, da, wo die Beschränkung desselben wirklich Noth thut."

So weit die Ausführung des Revisors. — Allerdings geht die Gerichts-Ordnung darin zu weit, wenn sie eine Partei, welcher über ein factum alienum der Eid deferirt wird, verpflichtet, über den Hergang oder die Beschaffenheit der Sache Erkundigungen einzuziehen und es zu beschwören, daß sie sich hierbei die erforderliche Mühe gegeben habe, und kann man den Revisor aus den von ihm angeführten Gründen darin nur beitreten, daß es sich unter keinen Umständen rechtfertigen lasse, von der Partei, welcher der Ignoranz-Eid zugeschoben wird, eine solche Diligenz zu verlangen. Allein noch weiter zu gehen, wie der Revisor will, und den Ignoranz-Eid nur in Beziehung auf diejenigen Parteien, welche in die Rechte dessen getreten sind, über deren Fakta der Eid zugeschoben wird, für zulässig zu erklären, dazu reichen die angeführten Gründe nicht aus. Die hauptsächlichsten Bedenken, welche dem Ignoranz-Eide der Gerichts-Ordnung entgegenstehen, werden dadurch beseitigt, wenn man derjenigen Partei, welcher derselbe deferirt wird, die Diligenz erläßt. Dann aber ist auch nicht abzusehen, weshalb die Parteien darüber nicht sollen paciscirен können, ein factum alienum für widerlegt oder erwiesen anzusehen, wenn entweder die eine Partei ihr Nichtwissen beschwört, oder, Falls sie den Eid zurückschiebt, die andere den Eid de credulitate ableistet. Dem steht auch das gemeine Recht nicht entgegen (conf. Gönner Grundsätze des ordentlichen Prozesses, V. Ausgabe, §. 370) und man hat sich daher für die Beibehaltung der Vorschrift der Gerichts-Ordnung, nachdem sie auf die angedeutete Weise modificirt worden, entscheiden müssen.

Zum §. 253.

cfr. §. 288 Tit. 10 der Allgemeinen Gerichts-Ordnung, welche Vorschrift hierher gehört.

Zu §§. 254 und 255.

In den §§. 256 bis 259 Tit. 10 handelt die Allgemeine Gerichts-Ordnung von der Frage, wer Eide deferiren könne, und die Antwort ist, daß dazu jede Partei im Prozesse befugt sei; auch Bevollmächtigte sind es, ohne einer Spezial-Vollmacht zu bedürfen, Vormünder und Vorsteher öffentlicher Anstalten, ohne besondere Autorisation ihrer Vorgesetzten. Nur die Vertreter des Fiskus sollen zur Eidesdelation die ausdrückliche Genehmigung der Behörde beibringen, von welcher sie beauftragt sind. Zu dieser Ausnahme läßt sich jedoch kein genügender Grund auffinden. Warum soll in dieser Beziehung von den Vertretern des Fiskus etwas Anderes gelten, als von den Bevollmächtigten aller andern Parteien? Und wenn jene ohne ausdrückliche Genehmigung Thatsachen eingestehen können, warum sollen sie derselben bedürfen, um den Eid darüber zu deferiren? Wollen die fiskalischen Behörden sich von dieser Seite sicher stellen, so dürfen sie nur, wie jeder andern Partei unverwehrt ist, ihre Vertreter demgemäß instruiren und ihnen eine beschränkte Vollmacht ertheilen. Uebrigens scheinen zwar die Bestimmungen der §§. 256 — 258 l. c. in so fern weder die Gerichts-Ordnung, noch das Allgemeine Landrecht die Beibringung einer Spezial-Vollmacht oder besonderen Autorisation erfordern, noch überhaupt eine Einschränkung der Kenntniß zur Eides-Delation enthalten, sich von selbst zu verstehen, man konnte sie aber doch aus diesem Grunde allein nicht für überflüssig erachten; sie sind daher zwar beibehalten, jedoch ist die Aenderung der Vorschrift in Gemäßheit der obigen Bemerkung vorgeschlagen.

Zu §§. 256 und 257.

conf. §§. 260 — 263 Tit. 10 der A. G. O., deren wesentlicher Inhalt hier aufgenommen worden ist.

Zum §. 258.

(cfr. §. 264. Tit. 10. der A. G. O.)

Der Revisor hatte diese Vorschrift übergangen, es scheint ihm der darin angeordnete, unbestimmte und willkürliche Aufschub durchaus unzulässig zu sein, weil hierüber in vielen Fällen das ganze Interesse der Parteien verloren gehen könne und gar nicht zu besorgen sei, daß ein Vormund einen Eid de ignorantia leisten werde, wenn sein Mündel von der Sache unterrichtet sei. Das Zweckmäßige jener Vorschrift der Gerichts-Ordnung läßt sich jedoch nicht verkennen, wenn man auf die Absicht des Gesetzgebers zurückgeht, die offenbar keine andere sein kann, als die Vermeidung des Eides de ignorantia. Es ist auch nicht abzusehen, weshalb man dem Gegner des Minderjährigen jenes beneficium nehmen will, zumal jener in den meisten Fällen nur allein ein Interesse für die Beschleunigung des Prozesses haben und die Verzögerung überdies nicht von langer Dauer sein wird. Nur in so weit dürfte die Vorschrift der Gerichts-Ordnung zu weit gehen, als sie die Aussetzung des Eides auch für den Fall gestattet, wenn die streitige Thatsache dem Minderjährigen besser als dem Vormunde bekannt ist, ohne hierbei darauf, ob der Minderjährige das achtzehnte Lebensjahr binnen Kurzem erreichen wird, oder nicht, Rücksicht zu nehmen. Will man diesen Fall unverändert beibehalten, dann kann allerdings der Prozeß Jahre lang verzögert werden. Eine solche Vorschrift möchte sich aus dem Grunde, um den Ignoranz-Eid zu vermeiden, nicht wohl rechtfertigen. Deshalb hat man denn auch die Vorschrift der Gerichts-Ordnung in so weit geändert, daß die im §. 264 l. c. gedachten beiden Fälle nicht disjunctiv, sondern conjunctiv aufgestellt sind. Der §. 265 Tit. 10 der Allgemeinen Gerichts-Ordnung schien entbehrlich, da sich dessen Inhalt schon aus den aufgenommenen Bestimstimmungen ergiebt.

Zu §§. 259 und 260.
(conf. §. 266 Tit. 10 der Allg. Ger. Ord.)

Auch diese Vorschrift hat der Revisor übergangen, und dafür nachstehende Gründe angeführt:

Hinsichts der unter Curatel gestellten Verschwender enthält die Gerichts-Ordnung im §. 266 die Ausnahme, daß, wenn der Prozeß Schulden betrifft, die der Verschwender, es sei vor oder nach der Prodigalitäts-Erklärung, aus Darlehnen oder gegebenem Credit gemacht hat, derselbe wider den Willen des Vormundes zu einem ihm angetragenen Eide nicht gelassen werden könne. Doch soll der Gegentheil verlangen können, daß, ehe der Vormund schwört, der Pflegebefohlene über den Gegenstand des Eides vernommen und die Aussage desselben dem Vormunde zu seiner Beherzigung vorgehalten werde.

Man sieht nicht recht, weder was diese Vorschrift bezweckt und in wessen Interesse sie gegeben ist, noch wie sie zur Anwendung kommen kann. Denn nach der Prodigalitäts-Erklärung kann der Verschwender Darlehne ohne Zuziehung des Vormundes gültiger Weise nicht mehr contrahiren. War aber das Darlehn vor derselben contrahirt und ist der Verschwender bereit, den ihm angetragenen Eid zu leisten (wie man die Stelle nach den Worten „zum Eide nicht gelassen werden" verstehen muß), so ist nicht abzusehen, warum der Vormund jenen an der Ableistung des Eides soll hindern können, oder was ihn hierzu bewegen kann, um den nämlichen Eid de ignorantia selbst zu schwören. Versteht man aber die Stelle, gegen die Worte, von dem Falle, auf welchen der Nachsatz zu deuten scheint, wo der Verschwender die Ableistung des Eides verweigert und vielmehr das Darlehn anerkennt, der Vormund aber den Eid de ignorantia dessen ungeachtet schwören will; so scheint es doch bedenklich, Letzteren in diesem Falle zum Eide zu verstatten. Dies würde voraussetzen, daß das Zugeständniß des Verschwenders auch nicht das Mindeste beweise; allein es dürfte auf der andern Seite kein Grund zu finden sein, warum dasselbe in Ansehung der vor der Prodigalitäts-Erklärung contrahirten Schulden nicht vollständig beweisen sollte. Denn der Verschwender bleibt ja Herr seines noch übrigen Vermögens, er hat kein Interesse, auf Kosten desselben falsche Zugeständnisse zu machen und es wäre eine Ungerechtigkeit gegen solche Gläubiger, die vor jener Erklärung bona fide mit ihm contrahirt haben, sie dieses Beweismittels zu berauben.

Allerdings kann man dem Revisor darin nur beitreten, daß, wenn man die angefochtene Vorschrift der Gerichts-Ordnung nach den Worten interpretirt, ihr Zweck nicht abzusehen ist, weil, wenn der Verschwender den ihm deferirten Eid schwören will, was der Natur der Sache nach doch nur seinen Vortheil befördern kann, der Vormund auch nicht das mindeste Interesse dabei hat, ihn daran zu hindern, im Gegentheil wird Letzterer selbst darauf hinarbeiten müssen, daß sein Pflegebefohlener den ihm günstigen Eid leistet. Allein die Gerichts-Ordnung will an der allegirten Stelle offenbar nur sagen, daß dem Verschwender ohne Bewilligung seines Vormundes in den dort namhaft gemachten Fällen überhaupt kein Eid angetragen werden könne. Dies ergiebt nicht nur der Vordersatz des §. 266 l. c., in welchem nur von dem Eidesantrage die Rede ist und von dem die angefochtene Stelle den Gegensatz bildet, sondern es folgt auch daraus, daß der Verschwender zu dem Prozesse gar nicht zugezogen wird und von der Eidesleistung desselben daher nicht eher die Rede sein kann, ehe der Vormund damit nicht einverstanden ist und die Eidesdelation an den Verschwender zugelassen hat. So interpretirt hat aber auch jene Stelle nicht nur einen sehr guten Zweck, sondern sie ist auch durchaus in Uebereinstimmung mit den allgemeinen Rechtsprinzipien; Letzteres, weil dem Verschwender die Dispositon über sein Vermögen genommen ist und ihm daher auch die Befugniß nicht ferner eingeräumt sein kann, einen ihm angetragenen Eid zu referiren; Ersteres, weil die Besorgniß sehr nahe liegt, daß der Verschwender mit dem Creditor colludiren und unwahre Zugeständnisse machen werde, um Letzteren auf diese Weise zum neuen Creditiren geneigt zu machen. Es ist zwar nicht zu läugnen, daß die mehrerwähnte Ausnahme eine Härte für den bona fide mit dem Verschwender contrahirt habenden Gläubiger enthält, dies kann aber keinen Grund zu deren Beseitigung abgeben, da dem Gläubiger die Gesetze Mittel genug an die Hand geben, sich den Beweis seines Anspruchs auf andere Weise zu sichern. Aus diesen Gründen hat man dem Vorschlage des Revisors keine Folge geben können, vielmehr den §. 266 l. c. beibehalten müssen und denselben gleichzeitig in seiner Fassung dahin geändert, daß in den bezeichneten Fällen dem Verschwender der Eid nur mit Bewilligung des Vormundes angetragen werden könne, um auf diese Weise das Unklare der Vorschrift zu beseitigen.

Zum §. 261.

Diese Vorschrift umfaßt die §§. 267. 268. 270 — 272. Tit. 10 der Allgemeinen Gerichts-Ordnung, welche jedoch geändert sind. Die Bestimmungen der Gerichts-Ordnung sind hierüber sehr umständlich, complicirt und zum Theil sehr willkürlich. Hierzu gehören namentlich die Vorschriften, daß, wenn von den Vorstehern einer Kirche, Schule rc. mehrere oder alle de veritate, oder alle nur de ignorantia schwören können, der Deferent denjenigen auswählen, der nach seiner Meinung am besten von der Sache unterrichtet ist, und daß dieser den Eid leisten soll; ferner, daß, wenn eine Gemeinde oder Corporation den Eid zu leisten habe, der Deferent drei bis vier Mitglieder zur Leistung des Eides auffordern könne, und daß, wenn er dies unterlasse, die ältesten Mitglieder, oder diejenigen, welche die beste Wissenschaft von der Sache haben, dazu abgeordnet werden sollen; endlich, daß, wenn der Gegentheil im letzten Falle solche Mitglieder benennt, welche die wenigste Kenntniß von der Sache haben und deshalb den Eid zu leisten Anstand nehmen, der Richter diejenigen Mitglieder bestimmen soll, welche den Eid zu leisten haben. Eine Vereinfachung dieser Vorschriften erscheint sehr wünschenswerth, und auch nicht schwierig, wenn man erwägt, daß eine moralische Person nur durch ihre Vorsteher oder Repräsentanten handelt. Diejenigen also, welche bei dem streitigen Geschäfte für dieselbe gehandelt haben (im weitesten Sinne des Worts), können und müssen den angetragenen Eid de veritate leisten. Ihr Eid oder ihre Weigerung desselben reicht hin und beweist vollständig für und wider alle diejenigen, die durch sie vertreten sind. Hiermit ist auch die Gerichts-Ordnung im §. 207 einverstanden. Ferner eine moralische Person stirbt nicht, wohl aber können die Vorsteher oder Vertreter derselben, über deren Faktum gestritten wird, mit Tode abgegangen sein. Für diesen Fall müssen die derzeitigen Vorsteher oder Vertreter, bei welchen sich eine Kenntniß der Handlungen ihrer Vorgänger voraussetzen läßt, den Eid de ignorantia leisten. Nach diesen Grundsätzen sind die allegirten Vorschriften der Gerichts-Ordnung im §. 261 des Entwurfs geändert und zugleich ganz allgemein auf alle moralische Personen ausgedehnt werden, was kein Bedenken haben wird.

Zum §. 262.

(conf. §§. 269 und 273 Tit. 10 der A. G. O.)

Hierin ist der Fälle gedacht:

1) wenn mehreren Mitberechtigten oder Mitverpflichteten, die gemeinschaftlich in einen Prozeß verwickelt sind, der Eid angetragen wird, und

2) wenn Hüfner, Kossäthen oder andere dergleichen Personen, die keine Gemeinde ausmachen, einen Eid schwören sollen.

Im ersteren Falle soll der Eid an sämmtliche Theilnehmer gerichtet werden, in so fern nicht der Deferent den Eid nur von Einem oder Einigen verlangt. Im letzteren Falle wird unterschieden, ob der Prozeß eine theilbare Sache betrifft, oder nicht. Ist die Sache theilbar, so sollen die Hüfner, Kossäthen rc. als Litisconsorten angesehen werden und sämmtlich schwören. Ist aber die Sache untheilbar, so soll der Eid von dreien oder vieren aus ihrer Mitte geleistet werden. Das Willkürliche dieser Bestimmungen kann Niemandem entgehen. Mehrere Individuen, die keine Corporation oder Gemeinde ausmachen, sind stets als Litisconsorten zu betrachten, mag die Sache theilbar sein oder nicht. Der von der Gerichts-Ordnung in dieser Beziehung gemachte Unterschied läßt sich mithin in keiner Weise rechtfertigen, vielmehr muß es bei der Regel bleiben, daß, in so fern mehrere Personen gemeinschaftlich in einen Prozeß verwickelt sind und es auf einen von denselben zu leistenden Eid ankommt, Letzterer von allen geleistet werden muß, es wäre denn, daß der Gegentheil sich damit begnügte, wenn nur Einer oder Einige schwören. Der Unterschied zwischen theilbaren und untheilbaren Sachen ist nur dann von Erheblichkeit, wenn der Eid nicht von sämmtlichen Theilnehmern geleistet wird, sondern Einige die Ableistung verweigern. Die Folgen müssen hier verschieden sein, je nachdem das Streitobjekt theilbar ist oder nicht. In dieser Beziehung kann es nun bei einem theilbaren Streitobjekte nicht zweifelhaft sein, daß zum Nachtheile dessen, der nicht schwört, die gesetzliche Folge des verweigerten Eides ausgesprochen werden muß. Zweifelhafter ist dagegen die Sache bei einem untheilbaren Objekte, indeß auch hier wird man mit den bereits im §. 278 Tit. 10 der Allgemeinen Gerichts-Ordnung zur Anwendung gekommenen Grundsätzen vom gemeinschaftlichen Eigenthume ausreichen und die Frage, ob sämmtliche Litisconsorten pro jurare nolentibus zu erachten sind oder nicht, füglich nach der Mehrheit der Stimmen entscheiden können. Hiernach ist der §. 262 des Entwurfs gefaßt worden.

Die §§. 274 — 278 Tit. 10 der Allgemeinen Gerichts-Ordnung sind durch den §. 261 des Entwurfs entbehrlich geworden.

Zum §. 263.

Der §. 279 Tit. 10 der Allgemeinen Gerichts-Ordnung verweist wegen der Eideszuschiebung über cedirte Forderungen auf die Vorschriften des 17ten Titels von der Litisdenunciation. Dort (§. 26) wird jedoch vorausgesetzt, daß der Cedent von dem Cessionarius adcitirt und erschienen ist, in welchem Falle die Gegenpartei von dem Cedenten oder Autor die Ableistung des Eides de veritate und außerdem von dem Cessionarius den Eid de ignorantia soll fordern können. Es ist daher Zweifel darüber entstanden, ob, wenn der Cedent von dem Cessionarius nicht beigeladen oder nicht erschienen ist, die Gegenpartei demselben dennoch den Eid deferiren und zu dem Ende auf seine Adcitation antragen, oder diese vom Richter ex officio verfügt werden könne.

Ein Fall der Art kam in einem Wechselprozesse vor. Der Schuldner machte den Einwand der nicht erhaltenen Valuta, deferirte hierüber den Eid und verlangte die Ableistung desselben Seitens des ursprünglichen Gläubigers. Der klagende Cessionarius widersprach der Adcitation des Letztren und wollte selbst den Eid de ignorantia leisten. In erster Instanz wurde dem Cessionarius der Eid de veritate auferlegt. Der Appellationsrichter verfügte von Amtswegen die Adcitation des Cedenten, um sich über den Eid zu erklären, unter dem Präjudiz, daß er beim Ausbleiben pro jurare nolente werde erachtet werden Auf eine Anfrage hierüber tadelte das Justiz-Ministerium durch das Rescript vom 22. Mai 1806 (Mathis Bd. 10. S. 233) sowohl das Verfahren des ersten wie des zweiten Richters; jenes, weil er wider die Vorschrift des §. 312 Tit. 10 der Allgemeinen Gerichts-Ordnung dem Cessionarius den Eid de veritate auferlegt, und dieses, weil er gegen §. 6 Tit. 17 der Allgemeinen Gerichts-Ordnung den Cedenten ex officio vorgeladen habe, um sich über einen Eid zu erklären, der ihm, da er nicht Partei gewesen, nicht habe deferirt werden können. Obwohl der Fall, wie schon bemerkt ist, in einem Wechselprozesse vorkam, so leiden doch diese Gründe eine allgemeine Anwendung.

Anderer Meinung sind dagegen die Commentatoren Merkel und Graevell ad §. 279 der Gerichts-Ordnung. Letzterer insbesondere sucht aus der Fassung des allegirten Paragraphs herzuleiten, daß darin die Befugniß des Deferenten zur Adcitation des Cedenten oder Autors der Gegenpartei wirklich ausgesprochen sei.

Die Oberlandesgerichte zu Marienwerder und Hamm in den von ihnen eingereichten Gutachten glauben zwar, daß nach den bestehenden Vorschriften dem debitor cessus die Befugniß zur Adcitation des Cedenten versagt sei, tragen jedoch darauf an, ihm dieselbe zu ertheilen, hauptsächlich aus dem Grunde, weil nach §. 408 Thl. I. Tit. 11 des Allgemeinen Landrechts seine Lage durch die Cession nicht erschwert werden dürfe. Das erstgenannte Gericht bemerkt hierbei, daß es anscheinend noch einen dritten Ausweg (außer den beiden in dem oben erwähnten Falle eingeschlagenen) für den debitor cessus gebe, nämlich den, den Cedenten als Zeugen vernehmen zu lassen. Allein hierdurch erhalte jener doch nur einen halben Beweis und bleibe überdies der Gefahr ausgesetzt, daß sich der Cedent dem Zeugnisse entziehe. In einem vom Oberlandesgericht zu Hamm angeführten Falle hatte dieses mit Rücksicht auf das oben allegirte Rescript, diesen noch übrigen Ausweg wirklich eingeschlagen und den Cedenten über den Einwand der Zahlung als Zeugen vernommen. Er sagte aus, sich über die behauptete Zahlung etwas Bestimmtes nicht erinnern zu können. Schwerlich würde er bei dieser Erklärung einen ihm angetragenen Haupteid geleistet haben und dieser Fall liefert daher einen treffenden Belag zur obigen Bemerkung.

Indeß selbst nach den bestehenden Vorschriften dürfte dem debitor cessus die Adcitation des Cedenten nicht versagt werden können. Denn wenngleich die Gerichts-Ordnung ihm diese Befugniß nirgends ausdrücklich ertheilt hat, so hat sie ihm solche doch eben so wenig abgesprochen. Die Worte im §. 279 h. t.

> Wenn über eine cedirte Forderung gestritten wird, oder sonst der vorige Eigenthümer der streitigen Sache zugezogen werden muß, so finden rc.

setzen dieselben vielmehr implicite voraus. Denn es handelt sich hier von der Frage, wem der Eid deferirt werden könne. Indem nun in den angezogenen Worten für den Fall, wo über eine cedirte Forderung oder Sache gestritten wird und der Eid darüber angetragen werden soll, die Zuziehung des Cedenten oder andern Autors als nothwendig angesehen ist, so folgt, daß sie auf den Antrag des Deferenten geschehen könne und müsse. Nur wegen des alsdann bei erfolgter Zuziehung zu beobachtenden Verfahrens, wem von Beiden der Eid deferirt werden könne, wie er zu leisten sei, und welche Wirkungen die Ableistung habe, ist auf die Vorschriften im Titel von der Litisdenunciation verwiesen worden. Wollte man annehmen, daß diese Vorschriften nur dann zur Anwendung kommen könnten, wenn der Cessionarius dem Cedenten wirklich litem denuncirt und dieser jenem assistiren zu wollen erklärt hat, so hätte auch in dem §. 279 statt der allegirten Worte gesagt werden müssen:

> Wenn der Cedent oder sonstige Autor vom Cessionarius adcitirt ist und an dem Prozesse Theil nimmt, so rc.

oder vielmehr diese Vorschrift wäre alsdann an diesem Orte ganz überflüssig gewesen. Hierzu kommt, daß nach §. 8 Tit. 19 der Allgemeinen Gerichts-Ordnung der debitor cessus, wenn er dem Cessionarius eine ihm wider den Cedenten zustehende Gegenforderung opponirt, welche die cedirte Forderung übersteigt, den Cedenten adcitiren kann, damit dieser in demselben Prozesse zur Begutachtung des Ueberschusses verurtheilt werde. A potiori muß dasselbe stattfinden, wenn es sich von einem bloßen Einwande handelt, der ohne Zuziehung des Cedenten nicht vollständig erörtert und nicht definitiv entschieden werden kann und der, wenn er in einem Separat-Prozesse zwischen diesem und dem debitor cessus verhandelt werden müßte, zugleich die Lage des Letzteren wesentlich alteriren und ihm zum Nachtheil gereichen würde. Um so weniger hat man daher Bedenken getragen, die Befugniß des Deferenten zur Adcitation in der obigen Bestimmung auszusprechen und hierdurch die gedachte Controverse zu entscheiden.

Zum §. 264.

(conf. §§. 280 u. 283 Tit. 10 der A. G. O.)

Daß dem Gemeinschuldner der Eid nicht angetragen werden kann, gründet sich darin, weil sein Vermögen zum Besten der Gläubiger in Beschlag genommen worden ist und er jede Disposition darüber durch die Concurs-Eröffnung verloren hat. Auf die durch den Curator vertretene Concursmasse sind seine Rechte und Verbindlichkeiten übergegangen, er selbst ist nicht mehr Partei in diesen Prozessen.

In den §§. 281 und 282 l. c. ist hinzugefügt, daß auch kein einzelner Gläubiger dem andern den Eid deferiren könne. Dies scheint jedoch theils unrichtig, theils überflüssig. Denn so weit ein Gläubiger wegen eines besondern Interesses bei der Forderung eines andern, oder auch der Concursmasse gegen einen Schuldner derselben interveniren kann (cfr. §. 127 Tit. 50 der Allgemeinen Gerichts-Ordnung) und wenn zwei Gläubiger in appellatorio allein mit einander streiten (§. 178 l. c.), muß denselben auch nothwendig die Befugniß, Eide zu deferiren, zustehen, weil jeder gegen jeden, der Partei im Prozesse ist, von diesem Beweismittel Gebrauch machen kann. Wenn aber der Concurs-Curator allein in lite befangen ist, so versteht sich die Vorschrift von selbst.

Zum §. 265.

conf. §. 284 Tit. 10 der Allg. Ger. Ord., der ohne Aenderung aufgenommen worden ist. Dieser Satz ist um so mehr beibehalten, als, wenn dieser Grundsatz nicht beibehalten würde, der unschuldigen Gegenpartei das Mittel, ihr Recht zu beweisen, entzogen werden würde.

Zum §. 266.
(conf. §. 285 Tit. 10 der A. G. O.)

Bei der ersten Revision war diese Vorschrift für entbehrlich gehalten, weil der Erlaß eines Eides nichts Anderes sei, als ein Zugeständniß der Thatsache, worüber der Eid deferirt worden, die Gerichts-Ordnung aber zu einem Zugeständnisse weder eine Spezial-Vollmacht, noch die Genehmigung der vorgesetzten Behörde erfordere und es daher consequent erscheine, auch hier von der allegirten Vorschrift der Gerichts-Ordnung zu abstrahiren. Diese Argumentation ist indessen keineswegs folgerecht. Zugeständniß und Erlaß eines Eides sind zwar in der Wirkung einerlei, wie Vieles mit dem Zugeständnisse in der Wirkung einerlei ist; allein Zugeständniß und Erlaß eines Eides sind ihrem Wesen nach durchaus von einander verschieden. Durch das Geständniß erfüllt die Partei nur ihre Pflicht gegen den Richter, prozeßgesetzmäßig muß sie über die Klage oder überhaupt den Vortrag des Gegners bestimmt und der Wahrheit gemäß sich auslassen, sie läuft selbst Gefahr, des muthwilligen Läugnens sich schuldig zu machen, wenn sie hiergegen handelt, sie ist mithin eine vom Prozeßgegner vorgetragene wahre Thatsache zuzugestehen verbunden. Beim Erlasse eines deferirten Eides aber würde sie höchstens eine ursprüngliche Behauptung, welche der Gegner durch Ableistung des Eides widerlegen will, als nicht mit voller Ueberzeugung gemacht, zurücknehmen und eben so oft ist es eine Behauptung des Gegners, die durch den Eid bekräftigt werden soll oder eine zweifelhafte Thatsache, die anders nicht festgestellt werden kann. In jenem Falle wird in der Regel eine dem Zugeständnisse entgegenstehende Intention der Partei nicht aktenkundig sein, in diesem ist aber ein solcher Widerspruch in den Erklärungen derselben allemal vorhanden. Ueberdem nnd darauf dürfte es vorzüglich ankommen, erfüllt der Sachwalt und Bevollmächtigter durch das Zugeständniß einer wahren Thatsache eine der Partei obliegende Pflicht, deren Erfüllung zur Führung des Prozesses gehört und er daher mit derselben überkommen hat und in den Grenzen seiner Prozeßvollmacht liegt; auf die Ableistung des Eides hat aber der Mandant ein wohlerworbenes Recht und ist daher der Erlaß der Eidesableistung eine Verzichtleistung auf dieses Recht, wozu die Befugniß keineswegs in der Prozeß-Vollmacht liegt. Man würde, wenn man dies annehmen wollte, mit dem materiellen Recht (Allg. Landrecht Thl. I. Tit. 13 §. 99) geradezu in Widerspruch kommen. Es erfordern daher sowohl Rechtsgrundsätze als auch die Sicherheit des prozeßführenden Publikums, daß die Sachwalter einen strengen Nachweis über den Wechsel der Intention ihrer Mandanten führen müssen, und ist deshalb der §. 285 l. c. beibehalten worden.

Zum §. 267.

In diesem Paragraphen sind die wesentlichen Bestimmungen der §§. 286 — 290 Tit. 10 der Allgemeinen Gerichts-Ordnung, in so weit sie nicht schon im §. 258 des Entwurfs berücksichtigt sind, wiedergegeben und haben dieselben nur den Zusatz erhalten, „daß bei jeder Eidesdelation zugleich die Norm genau angegeben sein müsse, in welcher die Ableistung des deferirten Eides verlangt wird." Diese Bestimmung schien nöthig, weil derjenige, welchem der Eid zugeschoben wird, zur Erklärung über die Annahme oder Zurückschiebung desselben unter dem Präjudiz vorgeladen wird, daß im Falle seines Ausbleibens anzunehmen sei, er verweigere die Eidesleistung, dieses Präjudiz aber sich nicht rechtfertigen lassen würde, wenn der Delat nicht klar übersehen kann, was er beschwören soll und wohl gar darüber zweifelhaft wäre.

Zum §. 268.

Diese Vorschrift ist dem §. 287 Tit. 10 der Allgemeinen Gerichts-Ordnung entlehnt und bedarf keiner weiteren Rechtfertigung.

Zu §§. 270 und 271.
(cfr. §§. 291 und 292 Tit. 10 der A. G. O.)

Die letztgedachte Vorschrift der Gerichts-Ordnung war in der ersten Revision übergangen, weil zunächst:

1) hinsichtlich der den Fiskus betreffenden Ausnahme von der im §. 270 des Entwurfs gegebenen Regel nicht recht

ersichtlich sei, ob dieselbe ein privilegium odiosum oder favorabile für den Fiskus sein solle, indem einer Partei nichts besseres widerfahren könne, als daß sie zur eidlichen Bekräftigung ihrer eigenen Angaben verstattet werde, zumal sich von den fiskalischen Behörden am wenigsten voraussetzen lasse, daß sie solche Behauptungen aufstellen werden, die sie hinterher nicht mit gutem Gewissen sollten beschwören können; überdem aber, wie man auch die Sache ansehen möge, gleich viel Grund vorhanden sei, dies Privilegium künftig cessiren zu lassen. Demnächst war, so viel

2) die andere Ausnahme betrifft, angenommen, daß vorstehende Bemerkungen auch für sie gelten. Wenn die Vertreter des Fiskus, Vormünder ꝛc. ohne ausdrückliche Autorisation Zugeständnisse machen könnten, so sei nicht abzusehen, warum sie dieselben zur Relation eines Eides bedürfen sollten? Und wodurch will die Behörde den Vormund oder Fiscal anhalten, den Eid, statt ihn zurückzuschieben, selbst abzuleisten? Was soll also geschehen, wenn die Behörde die Genehmigung verweigert? und kann die Genehmigung nicht verweigert werden, wozu nützt sie?

Was den ersten Punkt betrifft, so treffen die angeführten Gründe den eigentlichen Punkt nicht. In dem Verhältnisse des Fiskus liegen allerdings Verhältnisse, die es bedenklich, oft nicht ganz ziemlich machen, daß der Fiskus in allen Fällen einen Eid ableiste. Ob dies ein privilegium odiosum oder favorabile sei, muß lediglich ihm überlassen werden. Der Grund des zweiten Abschnitts liegt übrigens von selbst vor und betrifft zum Theil auch den ersten. Der fiskalische Beamte, der den Prozeß führt und der zeitige Vorsteher einer Kirche ꝛc. und ein Vormund sind nicht immer von den Verhältnissen so unterrichtet, daß sie dieselben ihrem ganzen Umfange nach kennen und übersehen, sie können häufig in den Fall kommen, daß sie den Eid de ignorantia lieber referiren, als ihn ableisten. Das Gesetz erfordert daher mit Recht dazu die Genehmigung der vorgesetzten Behörde. Jedenfalls ist die Prozeßordnung nicht der Ort, über Rechte des Fiskus abzusprechen, vielmehr muß die Entscheidung hierüber der Berathung in den höheren Stadien anheim gestellt werden. Die bei der ersten Revision geäußerte Meinung ist auch in Ansehung des zweiten Punktes nicht haltbar, auch hier ist der Fall von dem eines direkten Zugeständnisses durchaus verschieden und es dürfte nicht rathsam sein, den Behörden jede Controlle über ihre Vertreter im Prozesse zu nehmen. Hat die Behörde keinen Grund, die Genehmigung zur Relation eines Eides zu versagen, so wird sie dieselbe ohnehin nicht verweigern; dagegen ist es gefährlich, dem mit der Lage der Sache vielleicht weniger vertrauten Vertreter derselben allein die Entscheidung darüber zu überlassen. Allerdings kann die Behörde ihre Vertreter zur Eidesleistung nicht zwingen, allein sie wird dann die zur Ableistung erforderliche Spezial-Vollmacht einem Vertreter ertheilen, der mit der Sache vollständig vertraut ist. Die Revision hat daher die Bestimmung des §. 292 Tit. 10 der Prozeß-Ordnung beibehalten. Uebrigens ist die Ableistung der den Fiskus auferlegten und deferirten Eide von dem Königl. Staats-Ministerium besonders aufgenommen und wird darüber wahrscheinlich eine Allerhöchste Königliche Bestimmung vor Publikation der neuen Civil-Prozeß-Ordnung erfolgen und dann in die letztre aufzunehmen sein.

Zum §. 272.

Der §. 293 Tit. 10 der Allgemeinen Gerichts-Ordnung verordnet für diesen Fall, daß zuförderst darauf zu sehen sei, ob nur der deferirte, oder nur der zurückgeschobene Eid de veritate geleistet werden könne und wenn dies der Fall sei, daß alsdann derjenige Theil zum Eide gelassen werden solle, welcher denselben de veritate leisten kann. Können beide Theile de veritate, oder beide nur de ignorantia schwören, so soll mit der Eidesleistung Anstand genommen und dem künftigen Haupterkenntnisse die Bestimmung, von welcher Partei vorkommenden Umständen nach der Eid zu leisten sei, überlassen werden. Damit der Richter hierüber einen zweckmäßigen Schluß fassen könne, so sollen diejenigen Litisconsorten oder Repräsentanten, die den Eid zurückschieben wollen, über ihre desfalsigen Gründe näher vernommen werden.

Diese Bestimmung scheint den Fall, den sie entscheiden soll, gar nicht zu entscheiden. Denn wenn in der ersten Voraussetzung derjenige zum Eide gelassen werden soll, welcher de veritate schwören kann, so brauchen die Litisconsorten, denen der Eid angetragen ist, Falls sie ihn schwören wollen, hierzu nicht erst vom Richter verstattet zu werden. Wollen aber Einige unter ihnen den Eid nicht leisten, sondern zurückschieben; so ist eben die Frage, was nun geschehen soll? Warum sollen sie bedingungsweise, in so fern sie de veritate schwören könne, noch einmal zu demjenigen zugelassen werden, wovon sie bereits, da es ihnen unbedingt frei stand, erklärt haben, es nicht thun zu wollen? Eben so wenig wird ihnen der Richter nach dieser Erklärung den Eid im Erkenntniß auflegen können, welchen Grund der Zurückschiebung desselben sie auch angegeben haben mögen. Ein solches Erkenntniß würde die Rechte beider Theile verletzen, des Deferenten, weil es den Gegentheil zu einem Eide verstattet, welchen dieser nicht ableisten zu wollen erklärt hat, und des Letzteren, weil es ihn sachfällig macht, wenn er den Eid nicht schwört, den er doch zurückgeschoben hat.

Man hat vielmehr in dem hier gesetzten Falle, wenn von mehreren Litisconsorten einige den ihnen angetragenen Eid annehmen und andere ihn zurückschieben, nur die Wahl:

1) entweder den Eid von beiden Theilen pro und contra ableisten zu lassen;
2) oder ihn, je nachdem die Mehrzahl denselben angenommen oder zurückgeschoben hat, für acceptirt oder referirt anzusehen, wobei im ersten Falle die Minderzahl von Ableistung des Eides befreit bleibt;
3) oder endlich ihn stets für zurückgeschoben zu achten.

Das Erste würde zwar, wenn der Gegenstand des Prozesses untheilbar ist, kein Resultat für die Entscheidung liefern und das Zweite hilft nicht aus den Fällen, wo die Zahl gleich ist; es scheint daher nichts übrig zu bleiben, als zu dem dritten Auswege seine Zuflucht zu nehmen, was der Revisor vorgeschlagen hat. Allein dieser Ausweg kann zu einer nicht zu rechtfertigenden Härte führen. Denkt man sich nämlich den Fall, daß 10. Streitgenossen, dem Deferenten gegenüberstehen, so müssen Alle über die Annahme des Eides einig sein; wenn nur ein Einziger für die Zurückschiebung stimmt, so muß er zurückgeschoben werden. Eine solche Bestimmung würde allen Regeln von der Dispositions-Befugniß über gemeinschaftliches Eigenthum widerstreiten und die Litisconsorten der Chikane eines Einzigen unter ihnen auf eine nicht zu rechtfertigende Weise Preis geben. Man hat daher im §. 272 die beiden übrigen Auswege, je nachdem der Gegenstand des Streites theilbar ist oder nicht, vorgeschlagen und dadurch die Vorschrift mit dem §. 262 des Entwurfs in Einklang gebracht.

Zum §. 273.

Diese Vorschrift ist dem §. 294 Tit. 10 der Allgemeinen Gerichts-Ordnung entlehnt, der Revisor in der ersten Revision hatte sie abgekürzt und gesagt: „daß ein einmal angenommener Eid wider den Willen des andern Theils nicht zurückgeschoben werden könne,“ indem er bemerkte, daß dieser Zusatz den übrigen Inhalt des §. 294 l. c. entbehrlich mache, weil der Deferent durch die Vorlegung anderer Beweismittel seinen Willen kund gebe, den andern Theil von der Ableistung des Eides abzuhalten und ihn zur Zurückschiebung des Eides zu bewegen. Allein in dieser Fassung, wie sie vom Revisor vorgeschlagen ist, wird dem Delaten das Recht ohne allen Grund genommen, die Aufnahme der vom Deferenten anderweit vorgeschlagenen Beweismittel zu verlangen, man hat es daher vorgezogen, zu der Vorschrift der Gerichts-Ordnung zurückzukehren.

Zum §. 274.

Dieser Paragraph ist dem §. 255 Tit. 10 der Allgemeinen Gerichts-Ordnung entlehnt, er enthält aber zwei Abweichungen:

1) läßt die Gerichts-Ordnung die für den Fall, daß die Beweisaufnahme gar kein, oder kein genügendes Resultat gewährt angedrohten Nachtheile nur dann eintreten, wenn der Delat den Eid de veritate leisten konnte. Zu dieser Beschränkung scheint aber kein hinreichender Grund vorhanden zu sein, zumal der Delat weniger bedenklich sein kann, einen Eid de ignorantia zu leisten, über ein Faktum, welches er nicht weiß, als die Richtigkeit eines eigenen Facti eidlich zu erhärten oder abzulehnen. Es scheinen daher noch mehr Gründe dafür zu sprechen, jene Nachtheile auch auf den Fall auszudehnen, wo der Delat nur de ignorantia schwören kann.

2) Ist in dem §. 255 l. c. auch bestimmt, daß, wenn der vom Delaten zur Gewissensvertretung geführte Beweis nicht vollständig geführt werde, derselbe auch nicht zum Erfüllungseide gelassen werden solle. Man sieht nicht recht, wie diese Vorschrift sich rechtfertigen läßt, welche in einzelnen Fällen, wo der Beweis über die Hälfte geführt und der Delat deshalb gesetzlich befugt ist, auf die Verstattung zum Erfüllungs-Eide anzutragen, zu einer großen Härte führen kann. Höchst wahrscheinlich ist die Gerichts-Ordnung auf dieselbe gekommen, weil sie annimmt, daß derjenige, welcher zur Gewissensvertretung einen Beweis antritt, dadurch zugleich die Ableistung jedes Eides von sich ablehnen wolle, zu dieser Annahme fehlt es jedoch an hinreichenden Motiven und hat man sich deshalb für die gänzliche Weglassung dieser Bestimmung entscheiden müssen.

Zu §§. 275 — 277.

Hierin sind die §§. 295 und 296 Tit. 10 der Allgemeinen Gerichts-Ordnung aufgenommen.

Zum §. 278.

Dieser Paragraph enthält den ersten Satz des §. 297 Tit. 10 der Allgemeinen Gerichts-Ordnung in veränderter Fassung, da Letzterer die Fälle, wo ein deferirter oder wo ein referirter Eid nicht geleistet wird, nicht geschieden, und das für beide Fälle eintretende verschiedene Präjudiz nicht ausgesprochen hat, was der mehreren Deutlichkeit wegen nöthig erschien. Der Schlußsatz des §. 297 l. c. ist weiter unten berücksichtigt.

Zum §. 279.

Die Gerichts-Ordnung stellt in den §§. 298 — 300 Tit. 10 dieselbe Regel auf, erlaubt jedoch wiederum, wie im Falle des §. 294 l. c. dem Deferenten, vor oder in dem Schwörungstermine andere Beweismittel vorzulegen. Besteht der Acceptant nichts desto weniger auf der Ableistung des Eides, so wird ein Unterschied gemacht, je nachdem

1) der Eid, weil über dessen Erheblichkeit und Norm kein Streit war, noch vor dem Erkenntniß abgenommen werden sollte, oder

2) wegen eines solchen Streits zum Erkenntniß ausgesetzt und demzufolge darauf erkannt war.

Im ersten Falle soll die Abnahme des Eides ausgesetzt, dem Gerichte die Lage der Sache angezeigt und von diesem durch Dekret bestimmt werden, ob mit Aufnahme der Beweismittel, oder mit Abnahme des Eides zu verfahren sei. Wonach das Gericht dies bestimmen kann und soll, ist nicht gesagt. Hat das Gericht die Aufnahme des Beweises verfügt, so soll der Deferent nunmehr den Eid nicht von Neuem antragen können, vielmehr, außer zum Kostenersatze, in nachdrückliche Geld- oder Gefängnißstrafe veurtheilt werden. Wodurch hat er diese verdient? Konnte er es besser wissen, daß die Beweisaufnahme ohne Erfolg sein würde, als der Richter, der dieselbe verfügt hat? Ist das Gegentheil dessen erwiesen, was der Acceptant des Eides beschwören wollte, so soll dieser nach Beschaffenheit der Umstände wegen versuchten Meineides zur peinlichen Untersuchung gezogen werden. Ist endlich die Thatsache, worüber der Eid deferirt war, nur zum Theil ausgemittelt, so soll es von richterlicher Beurtheilung abhangen, welcher von beiden Parteien noch ein nothwendiger Eid aufzulegen sei.

Im zweiten Falle kann zwar der Acceptant, wenn ihn die vorgelegten Beweismittel bedenklich machen, den Eid noch zurückschieben. Besteht er aber auf Ableistung des Eides; so muß er dazu gelassen werden, weil in diesem Falle, wie die Gerichts-Ordnung sagt, „die Vermuthung für ihn streite, daß bei allem Anschein der gegenseitigen Beweismittel die Sache sich dennoch so, wie er dieselbe beschwören will, wirklich verhalte;" es könne also mit Aufnehmung der anderweitigen Beweismittel nicht verfahren werden, sondern es bleibe nur, nach Maßgabe des Inhalts und der Glaubwürdigkeit derselben, die Untersuchung wegen Meineides gegen den Schwörenden vorbehalten.

Das Willkürliche dieser Unterscheidung und des darauf gegründeten Verfahrens muß einleuchten. Warum soll denn jene Vermuthung, daß sich die Sache dennoch wirklich so verhalte, wie sie der Acceptant beschwören will, nur im zweiten Falle Platz greifen und nicht auch im ersten? Der Umstand, daß die Erheblichkeit der Thatsache, worüber der Eid deferirt ist, bestritten wird und daß nun deshalb die Ableistung bis zum Erkenntnisse ausgesetzt bleiben muß, kann doch hierauf nicht von Einfluß sein.

Das Verfahren im ersten Falle hat aber auch, anderer Inconvenienzen zu geschweigen, die nachtheilige praktische Folge, daß es dadurch möglich gemacht wird, Beweise, mit welchen die Partei präcludirt ist, nachzubringen und ein neues Beweis-Verfahren zu eröffnen, wenn das erste geschlossen ist. Dies gäbe eine letzte Zuflucht, welche träge und sorglose Parteien oder Sachwalter bald benutzen und worauf sie sich verlassen würden.

Nach diesen Bemerkungen sind die allegirten Vorschriften der Gerichts-Ordnung im §. 279 des Entwurfs modificirt worden.

Zum §. 280.

(cfr. §. 301 Tit. 10 der A. G. O.)

Die Aenderung der ersten Nummer gründet sich in dem, was in den §§. 173 und 175 des Entwurfs über die Zulässigkeit und Glaubwürdigkeit der Zeugen gesagt ist. Der Zusatz in der dritten Nummer, daß die Vorschrift der Gerichts-Ordnung auch für den Fall Anwendung finde, wenn die Partei, der ein Eid deferirt ist, zur Eidesleistung unfähig wird, dürfte keinem Bedenken unterliegen.

Zu §§. 281 und 282.
(conf. §. 302 u. 303 Tit. 10 der Allg. Ger. Ord.)

Die Bestimmung im §. 303: „daß derjenige, welcher einen ihm angetragenen Eid einmal zurückgeschoben hat, zur eignen Ableistung desselben sich nicht mehr erbieten könne;" erscheint für die im §. 280 des Entwurfs erwähnten Fälle, auf welche sie ausdrücklich nur bezogen wird, nicht gerechtfertigt. Es ist nicht abzusehen, weshalb die Partei, welche einen ihr angetragenen Eid referirt, wenn sie nachher erfährt, daß dem Gegentheile einer der im §. 280 angeführten Eides-Unfähigkeits-Gründe entgegensteht, nicht befugt sein soll, die Eideszurückschiebung zu widerrufen und sich nachträglich zur Ableistung des ihr deferirten Eides zu erbieten? Man kann in diesem Falle nur annehmen, daß die Eidesrelation aus Irrthum über die persönliche Fähigkeit des Relaten zur Eidesleistung geschehen und daß dieser Irrthum ein unverschuldeter sei; es scheint daher völlig begründet, den Widerruf einer solchen irrthümlichen Erklärung zu gestatten. Hiernach ist der §. 303 l. c. geändert worden.

Zu §§. 283 und 284.

Schon der §. 267 des Entwurfs bestimmt, daß eine Partei, welche sich zum Erweise einer Thatsache der Eidesdelation bedient, den Eid vollständig normirt, in der Art, wie sie dessen Ableistung verlangt, deferiren müsse. Es ist ferner in der Anmerkung zu dem erwähnten §. 267 ausgeführt, daß jene Bestimmung nöthig sei, wenn das Präjudiz, daß diejenige Partei, welcher der Eid zugeschoben und zur Erklärung über denselben aufgefordert ist, pro jurare nolente zu erachten, in so fern sie diese Erklärung nicht abgegeben. Hiernach mußte die Vorschrift des §. 304 Tit. 10

der Allgemeinen Gerichts-Ordnung, welche bestimmt, daß der Instruent die Eidesformel mit Zuziehung der Rechtsbeistände zu entwerfen habe, geändert werden, da es nach der vorgeschlagenen neuen Bestimmung dieser Entwerfung der Eidesformel nicht bedarf. Unzweifelhaft ist jedoch der Delat mit seinen Einwendungen gegen die Norm des Eides zu hören und ihm daher diese Befugniß in den §§. 283 und 284 des Entwurfs noch ausdrücklich eingeräumt worden. Der übrige Inhalt dieser Bestimmungen wird keiner besonderen Rechtfertigung bedürfen, zumal das darin gestellte Präjudiz dem §. 376 Tit. 10 der A. G. O. entspricht.

Zum §. 285.
(cfr. §. 305 Tit. 10 der A. G. O.)

Es ist hier die Vorschrift des §. 31 der Verordnung vom 1. Juni 1833 (Gesetzs. von 1833 S. 43) analog zur Anwendung gebracht, weil es unstreitig nothwendig ist, demjenigen, der einen Eid leisten soll, eine kurze Bedenkzeit zu gestatten. Die Wichtigkeit und Heiligkeit eines Eides erfordern Präventiv-Maßregeln, damit der Eid nicht übereilt und leichtsinnig abgeleistet werde. Zugleich erschien es zweckmäßig, die Eidesabnahme nur auf Verfügung des Gerichts vornehmen zu lassen, da hierdurch nur allein der Uebelstand vermieden werden kann, daß Eide abgenommen werden, welche der erkennende Richter demnächst für unerheblich hält, oder anders normirt haben würde. Diese Bestimmung stimmt auch mit dem im §. 62 des Entwurfs aufgenommenen Grundsatz überein, daß die Beweisaufnahme nicht nach der Einigung der Parteien, sondern nach dem Beschlusse des Gerichts zu veranlassen ist.

Zu den §§. 286 und 287.
(cfr. §. 306—308 Tit. 10 der A. G. O.)

Der Zweck der Vorschrift des §. 287 ist, wie jener des §. 66 des Entwurfs, zu verhüten, daß auf der einen Seite der Prozeß in mehrere gespalten und auf der andern Seite die Sache nicht fortgesetzt und unnöthige Beweise aufgenommen werden, wenn der Eid sie schon entscheidet. Sie stimmt auch mit der Gerichts-Ordnung überein, nur daß diese einen Unterschied macht, je nachdem die Sache bei einem formirten Collegium, oder bei einem kleineren Untergerichte schwebt. Im letzteren Falle soll nämlich der Unterrichter den Eid stets zum Erkenntniß aussetzen und mit Instruktion der übrigen Einwendungen und Aufnahme des Beweises darüber verfahren. Zu dieser Unterscheidung ist jedoch überall kein Grund vorhanden. Denn hält der Unterrichter den Eid für erheblich; so wird er dennoch darauf erkennen und findet hiernächst der Appellations-Richter, daß sich jener geirrt habe, so ist es immer noch Zeit, den Beweis nachzuholen. Man kann hiergegen einwenden, daß im letzteren Falle die Parteien eine Instanz verlieren. Allein einestheils beruht dieser Einwurf auf einer unrichtigen Ansicht von den Instanzen und deren Zweck, anderntheils würde derselbe eben so wohl das Verfahren bei formirten Gerichten treffen und es müßte also, wenn er gegründet wäre, der Eid stets zum Erkenntniß ausgesetzt werden. Die Bestimmung der Gerichts-Ordnung bewirkt, daß dadurch die Prozesse bei den kleineren Untergerichten weitläuftiger und kostspieliger werden, als bei den größern Gerichten und kehrt mithin das natürliche Verhältniß um.

Zu §§. 288 und 289.

Diese Vorschriften geben die §§. 309 — 311 b Tit. 10 der Allgemeinen Gerichts-Ordnung wieder. Bei der ersten Revision waren dieselben, ohne einen Grund dafür anzugeben, übergangen, sie enthalten jedoch wesentliche Bestimmungen, gegen deren Begründheit sich nichts einwenden läßt und sind dieselben deshalb in den Entwurf übernommen worden.

Zu §§. 290 u. 291.

Die Gerichts-Ordnung hat diesen dem römischen Rechte (L. 1. C. de reb. cred.) entnommenen Satz nirgends ausdrücklich ausgesprochen. Sie enthält gleichwohl eine Vorschrift da, wo man sie vielleicht nicht suchen würde, welche ihn nothwendig voraussetzt. Bei der restitutio in integrum ex instrumentis noviter repertis §. 24 Tit. 16 ist nämlich bestimmt, daß dieselbe alsdann nicht Statt finden soll, wenn über die Thatsache, welche durch die neu aufgefundenen Urkunden bewiesen werden soll, vom Gegentheil ein Eid de veritate geleistet worden. Der Grund dieser Bestimmung kann kein andrer sein, als daß der Beweis des Meineides im Civil-Prozeß unzulässig ist und enthält mithin diese Vorschrift nur eine abgeleitete Folge aus obigem Satze. Es scheint indeß richtiger, den Grundsatz hier, wo er seine Stelle findet, selbst auszusprechen; da er nicht bloß jene Folge hat, sondern auch überhaupt im Prozesse gilt. Dies ist im §. 290 des Entwurfs geschehen, jedoch ist derselbe durch die hinzugefügte Ausnahme beschränkt, weil es nicht wohl einem Bedenken unterliegen kann, daß, wenn der Schwörende noch vor der rechtskräftigen Entscheidung des Prozesses, in welchem er den Eid geleistet hat, im Criminal-Prozesse überführt wird, daß er falsch geschworen hat, auf den geleisteten falschen Eid von dem im Civil-Prozesse erkennenden Richter keine Rücksicht genommen werden darf.

Der §. 291 entscheidet eine Controverse. Es war nämlich angefragt worden, ob gegen einen de ignorantia geleisteten Eid, wenigstens in appellatorio, der Gegenbeweis zulässig sei? Man hat die Bejahung der Frage auf eine künstliche Weise daraus zu folgern gesucht, daß die Restitution ex capite novorum nur gegen den Eid de veritate untersagt ist. Es kann allerdings nicht bedenklich sein, daß der Beweis zulässig ist, wenn er das Faktum betrifft, dessen Nichtwissen der andere Theil beschworen hat, dagegen muß er aber ausgeschlossen werden, wenn dargethan werden soll, daß der andere Theil um das Faktum gewußt habe, denn in diesem Falle würde eine entgegengesetzte Bestimmung dem im §. 290 ausgesprochenen Grundsatze zuwiderlaufen.

Zum §. 292.

Dieser Paragraph enthält eine Ergänzung der Vorschriften der Gerichts-Ordnung, welche kein Bedenken finden kann.

Zum §. 293.

Diese Vorschrift ist dem §. 375 Tit. 10 der Allgemeinen Gerichts-Ordnung entlehnt.

Zu §§. 294 u. 295.

Der §. 376 Tit. 10 der Allgemeinen Gerichts-Ordnung berührt nur den im §. 294 des Entwurfs erwähnten Fall, wenn nämlich der Eid während der Instruktion abzuleisten war. Sie schweigt aber darüber, was geschehen soll, wenn auf den Eid erkannt wurde, der Ausgebliebene erst nach erlassener Purifikatoria sein Ausbleiben entschuldigt und noch zur Ableistung des Eides gelassen werden will. Die Nachholung des Versäumten muß hier aus gleichen Gründen, wie im ersten Falle gestattet sein und ist letzteres auch bereits durch die Verordnung vom 28. März 1840 (Gesetzs. von 1840 S. 102) bestimmt.

Zum §. 296.

Vergl. §. 376 Tit. 10 der Allg. Gerichts-Ordnung, dessen übriger Inhalt, so weit er nicht durch den §. 278 des Entwurfs geändert, in den §. 294 übernommen worden ist.

Zu §§. 297 und 298.

(cfr. §§. 378 u. 379 Tit. 10 der A. G. O.)

In der ersten Revision waren diese Bestimmungen übergangen und dagegen Folgendes angeführt:

„Die Gerichts-Ordnung habe diesen Satz aus dem gemeinen Rechte übernommen; hier seien indeß die Rechtslehrer von jeher darüber in Streit gewesen und im Sächsischen Rechte sei unlängst das Gegentheil verordnet. Nemo moriens immemor censetur salutis aeternae, sagten die Einen; non omnis moriens est Johannes Evangelista, erwiderten die Andern. Von den besseren Rechtslehrern sei jener Satz stets nur mit Einschränkung angenommen worden. Man habe zu seiner Anwendung erfordert, daß der Acceptant bei seinen Lebzeiten als ein unbescholtener Mann bekannt gewesen, daß nicht bloß sein Sachwalter, sondern er selbst auf eine unzweideutige Weise den Eid acceptirt habe und daß die Ableistung gewissermaßen durch den Gegner verhindert oder verzögert sei. In der That scheine es besonders der letztere Umstand gewesen zu sein, welcher die dem römischen Rechte fremde Bestimmung, daß der Tod die Ableistung eines angenommenen Eides vertrete, in das gemeine Recht eingeführt habe. Denn da nach diesem die Prozesse nicht selten ein Menschenalter erreicht, da es mithin dem Gegner in vielen Fällen ein Leichtes gewesen, die Ableistung des Eides bis zum Absterben des Acceptanten hinzuhalten, so solle er wenigstens hiervon keinen Gewinn haben, sondern in der damit verknüpften Folge einen Antrieb finden, das Ende des Streits, wenn nicht zu beschleunigen, so doch nicht aufzuhalten. Um so mehr müsse man sich wundern, daß die Gerichts-Ordnung, welche den Betrieb des Prozesses ganz in die Hände des Richters lege, und überdies den Deferenten noch im Schwörungs-Termine die Führung eines Gegenbeweises gestatte, gleichwohl denselben Grundsatz und zwar ohne jene Einschränkungen aufgenommen habe. Denn, um ihn für richtig zu halten, müsse eine Rechts-Vermuthung bestehen, daß Jeder, der einen Eid acceptirt habe, ihn auch leisten werde; allein die Erfahrung widerspreche dieser Vermuthung, und wenn sie bestände, so könnte die Ableistung des Eides auch von keinem lebenden Acceptanten, oder doch nur dann gefordert werden, wenn es zweifelhaft geworden wäre, ob er den Eid mit gutem Gewissen werde leisten können; das Absterben des Acceptanten könne jene Vermuthung nicht ex post hinzuthun. Um hieraus etwas zu folgern, müsse die Acceptation auf dem Sterbebette selbst geschehen, oder mindestens nachgewiesen sein, daß der Verstorbene bei seinem Tode derselben eingedenk gewesen sei und dabei beharrt habe. Daher wolle Graevell in seinem Commentar ad §. 378 Tit. 10 der Allgemeinen Gerichts-Ordnung die Vorschrift desselben nicht auf den plötzlichen und gewaltsamen Tod, Selbstmord rc. angewendet wissen, und belege dies damit, daß der Ausdruck: „versterben," dessen sich die Gerichts-Ordnung bediene, nach dem gewöhnlichen Sprachgebrauche einen natürlichen Tod bedeute. Wäre dieses auch richtig, so würde es doch nur gegen die Zulässigkeit des Grundsatzes beweisen; denn auch bei denen, die eines natürlichen Todes gestorben seien, lasse sich nicht immer voraussetzen, daß sie in ihren letzten Augenblicken des acceptirten Eides würden gedacht haben, zumal wenn sie, wie häufig, nichts davon gewußt hätten, indem zurückgeschobene und deferirte Eide, die nicht zurückgeschoben werden könnten, so wie nothwendige, ja in der Regel von den Sachwaltern ohne Rückfrage an die Parteien acceptirt würden (allerdings eine sehr starke Behauptung). Die Vermuthung, daß der Verstorbene den Eid werde geleistet haben, könne daher keine allgemeine (praesumtio juris), sondern nur eine faktische (praesumtio hominis) sein, hergenommen aus den besonderen Umständen des Falles, dem Charakter des Verstorbenen u. s. w.: allein eine faktische Vermuthung könne für sich allein nie einen Beweis herstellen, sondern diene nur, ihn zu unterstützen; sie könne deshalb auch nie den Eid selbst ersetzen, sondern nur dann von Gewicht sein, wenn es z. B. darauf ankomme, ob und wem ein nothwendiger Eid aufzulegen sei."

Dieser Ansicht des Referenten in der ersten Revision ist jedoch in der zweiten nicht beigetreten. Der im §. 378 Tit. 10 der Allgemeinen Gerichts-Ordnung ausgesprochene Grundsatz ist keineswegs dadurch motivirt worden, daß man die Besorgniß, der Gegentheil werde die Ableistung des Eides zu verhindern oder zu verzögern suchen, beseitigen wollte, sondern er gründet sich auf der völlig gerechtfertigten Annahme, daß Niemand ohne die gewissenhafteste Prüfung und Ueberlegung sich zur Ableistung eines Eides bereit erklärt und daher der Acceptant den acceptirten Eid angetragenermaßen leisten wird und wenn er nicht durch den Tod verhindert gewesen wäre, geleistet haben würde. Dieser Annahme steht die Erfahrung nicht entgegen; sind auch einzelne Fälle vorgekommen, in denen der Acceptant den angenommenen Eid späterhin nicht geleistet hat; so kann jene Annahme deshalb doch nicht ganz allgemein als irrig angefochten werden, sondern man darf diese Fälle nur als Ausnahmen betrachten, wenn man nicht zu der Präsumtion kommen will, daß Jeder, der eintn Eid acceptirt, bis zur erfolgten Ableistung desselben als ein solcher, der sich des Conats eines Meineides schuldig mache, anzusehen sei. Und zu dieser Präsumtion fehlt es rücksichtlich einer unbescholtenen Partei doch an allem Grunde, zumal, wenn man erwägt, wie häufig nach der Erfahrung in Prozessen unwahre Behauptungen aufgestellt und durch die Eidesdelation unterstützt werden. Es kann ferner nicht zugegeben werden, daß jene Annahme bloß eine faktische, durch besondere Umstände, durch den Charakter des Verstorbenen rc. unterstützte sei; einer unbescholtenen Partei steht sie immer zur Seite und sie muß daher auch allgemein so lange gelten, bis sie durch speziell angeführte und erwiesene Thatsachen vom Gegner entkräftet wird. Unter diesen Voraussetzungen scheint der im §. 378 Tit. 10 der Allgemeinen Gerichts-Ordnung ausgesprochene Grundsatz beibehalten werden zu müssen.

Der §. 377 Tit. 10 ist hier übergangen worden, da er besser unter den Vorschriften über die Abfassung der Erkenntnisse seine Stelle findet.

Zum §. 299.

Gegen diese Vorschrift dürfte sich vielleicht einwenden lassen, daß den Parteien häufig mit einer Abschrift der Beweisverhandlungen gar nicht gedient sein kann, und daß denselben daher nutzlose Kosten verursacht werden, wenn man ihnen die Abschrift ohne ihren Antrag ertheilt. Dieselbe erscheint aber aus dem Grunde nicht zu entbehren, weil die Parteien durch die Mittheilung der Abschrift nur allein in den Stand gesetzt werden, ihre Gerechtsame wahrzunehmen und bei etwanigen Stockungen des Fortgangs der Sache dieselbe wieder in Gang zu bringen. Wollen sie die Abschriften nicht haben, so mögen sie der Ertheilung derselben durch eine kurze Erklärung vorbeugen.

Fünfter Abschnitt.

Von Rechtsausführungen, dem Vortrage der Sache und vom Erkenntniß.

Gegen das bisherige Verfahren bei der Urtheilsfällung hat man erinnert:

1) daß zu wenig Zeit und Sorgfalt auf die Spruchsachen verwendet und mehr auf die Abmachung als auf eine gründliche Erörterung derselben gesehen werde;
2) daß dem Referenten hierbei zu viel überlassen sei und das Gericht zu wenig Gelegenheit erhalte, aus eigener Kenntniß zu urtheilen;
3) daß endlich den Parteien alle Gewißheit und Ueberzeugung darüber fehle, ob bei der Fällung des Urtheils ordnungsmäßig verfahren sei.

Es ist, um diesen Uebelständen zu begegnen, von mehreren Seiten vorgeschlagen:

den Parteien und resp. deren Sachwaltern nach beendigtem schriftlichen Verfahren einen mündlichen Vortrag vor versammeltem Gericht zu gestatten;

oder doch

den Vortrag des Referenten ohne das Votum in Gegenwart der Sachwalter geschehen zu lassen und diesen das Recht zu geben, hierzu ihre Bemerkungen zu machen.

Jene Erinnerungen sind in der Mehrzahl und in dem Grade allerdings übertrieben und werden durch die vielen äußerst gründlichen und zum Theil musterhaften Urtheile widerlegt, die in Preußischen Gerichtshöfen nicht minder, wie in denen anderer Staaten abgefaßt werden. Ob eine gründliche Erörterung von allen Seiten bei der Urtheilsfindung allgemein eintrete? kann im Allgemeinen weder bejahend, noch verneinend beantwortet werden, sondern hängt, wie allenthalben, von Individualitäten ab; so viel ist aber außer allem Zweifel, daß, wenn hierbei Mängel vorhanden sein sollten, sie in den Preußischen Prozeß-Vorschriften nicht ihren Grund haben; in keinem andren Staate giebt es wohl vollständigere und zweckmäßigere Vorschriften über das Verfahren bei dem Vortrag der Sache und der Urtheilsfindung, keine angemessenere Controlle dieses Verfahrens und keine größere Oeffentlichkeit derselben zwischen dem Richter und den Parteien, indem nach der Prozeß-Ordnung nicht allein den Parteien die Urtheilsgründe, sondern sogar an deren Statt die ganze Relation als Urtheilsgründe mitgetheilt werden soll. Inwiefern dem Referenten mehr überlassen, als in andern Ländern, und wie dem Gericht zu wenig Gelegenheit, aus eigner Kenntniß zu urtheilen, als in jedem andren Lande gegeben sei, ist vollends nicht einzusehen. Was unter dem dritten Punkte des Tadels vermißt wird, und wie im Preußischen den Parteien weniger, als in allen andern Ländern die Ueberzeugung, ob bei der Fällung des Urtheils ordnungsmäßig verfahren sei, gegeben werde, ist noch weit weniger abzusehen, ja nicht einmal einzusehen, was darunter eigentlich verstanden sei. Soll hiergegen die Oeffentlichkeit helfen; so hat man übersehen, daß auch diese sich nicht auf die Fällung des Urtheils erstreckt und daß selbst in Frankreich die Richter über dieselbe keineswegs öffentlich, sondern im geschlossenen Zimmer vortragen, berathen, abstimmen und beschließen.

Mögen indessen die Klagen und Vorwürfe, welche dem bisherigen Prozeß-Verfahren gemacht werden, auch eben so übertrieben sein, als die Erwartungen, die von der oben erwähnten mündlichen Verhandlung gehegt werden. Gerade in diesem Stadium des Prozesses kommt Alles auf die Tüchtigkeit des Richters an, er wird die Verhältnisse der Sache, die Thatumstände, das Faktum und das punctum juris auf dem einem Wege eben so leicht, scharf und richtig auffassen und eben so gründlich beurtheilen, wie auf dem andern. Die

Urtelsfindung ist gerade die richterliche Funktion, in welcher das richterliche Talent am mehrsten in Anspruch genommen wird und in seiner ganzen Stärke durch Fassungsgabe, Scharfsinn, Urtheilskraft und gediegene Rechtskenntniß hervortritt. Die Fürsorge für solche Richter vertritt alle Vorschläge für die gründlichere Rechtsfindung, jene Gaben sind nicht in so fern Naturgaben, als wenn sie Menschen ganz versagt wären, sondern weil sie ihnen allen gegeben sind, sie aber durch ernstes Studium und Erfahrung ausgebildet und geübt werden müssen. Daher mit Recht allenthalben der Grundsatz, nur solchergestalt gereifte Männer in den höchsten Gerichtshöfen anzustellen und daher die sichere Rechtspflege in denselben. So lange Gerichtshöfe mit mechanischen Arbeiten, so überlastet sind, daß die Abfassung der Erkenntnisse nicht die wichtigste und angelegentlichste ihrer Funktionen ist und vorzugsweise ihre Zeit und Kräfte in Anspruch nimmt, so lange Richter weder im Studium der Gesetze und überhaupt in der Rechtswissenschaft fortschreiten, sondern durch unerhebliche Protokolle, Listen, Uebersichten, Tabellen und andre mechanischen Arbeiten überlastet und eben so wohl administrative Beamte, als Richter sind; so lange wird es an Klagen über Urtheile, die anders hätten ausfallen müssen, nicht fehlen. Daher ist in dieser Beziehung von den, in Vorschlag gekommenen Appellations-Gerichten in den verschiedenen Provinzen das glänzendste Resultat und die sicherste Abhülfe zu erwarten. Sollen Vorschriften allein dazu führen; so können sie es nur, wenn sie auf die Beförderung der Gründlichkeit, der allseitigen Erwägung, der wiederholten und ernsten Berathung gerichtet sind. Durch bloß auf das mechanische Verfahren gerichtete Vorschriften allein werden weder tüchtige Richter gebildet, noch gründliche Erkenntnisse bewirkt. Darüber: ob dies durch eine gründliche Relation oder durch einen mündlichen Vortrag der Parteien am sichersten zu erreichen sei? sind die Stimmen getheilt.

Demungeachtet bietet die in Vorschlag gebrachte mündliche Verhandlung, abgesehen davon, ob sie in verwickelten Sachen die Urtheilsfindung befördert, so mannigfaltige vortheilhafte Seiten dar, daß der vorliegende Entwurf sie vorgeschlagen hat und der Erfahrung die Schlichtung der oben gedachten prozessualischen Controverse überlassen muß.

Es fragt sich, wie dieser mündliche Vortrag am zweckmäßigsten einzurichten sei,

ob er den Parteien und deren Sachwaltern allein zu überlassen,

oder:

ob die Parteien nur mit ihren Bemerkungen und Ausführungen nach und nach zu dem Vortrage eines vom Gerichte bestellten Referenten zu hören?

Auf den ersten Blick, wenn man die Sache nur im Allgemeinen betrachtet, scheint Alles für die erste Alternative zu sprechen.

Der unmittelbare und gesonderte Vortrag der Parteien oder Sachwalter, so scheint es, wird zuverlässiger und eindringlicher sein, als die Relation eines Dritten, der für beide Theile sprechen soll. Es ist schwieriger, wird überdem von einer Seite behauptet, einer Relation zu folgen und sich aus derselben ein Urtheil zu bilden, als aus der Anhörung der streitenden Theile selbst, wo die Gegensätze schärfer und lebendiger hervortreten. Daß endlich die Sachwalter wenigstens eben sowohl fähig sind, eine geordnete und klare Darstellung des Streites zu geben, wie der Referent, kann nicht bezweifelt werden, wenn sie gleiche Qualification mit diesem haben. Sie haben überdies das größte Interesse hierzu, da sie den Richter überzeugen wollen.

Indeß sind diese allgemeinen Gründe nur scheinbar. Jene Gründe würden allenfalls dann eintreten, wenn der ganze Prozeß von der Klage an bis zum letzten Act des Beweis-Verfahrens mündlich vor dem versammelten Richter-Collegium dergestalt und ununterbrochen verhandelt würde, daß er in allen seinen Verhältnissen und Nuanzen jedem Mitgliede des Gerichtshofes in zuverlässiger Erinnerung bliebe. Es liegt indessen vor, daß eine solche Mündlichkeit des ganzen Verfahrens bei der Verfassung und den Verhältnissen unserer Rechtspflege unausführbar und, besonders wenn der Streit auf einem verwickelten Sachverhältnisse beruht, höchst mißlich ist. Daher ist auch nicht von der mündlichen Verhandlung des ganzen Prozesses, sondern nur von einem Resumé der Hauptmomente der vorhergegangenen Prozeß-Verhandlungen die Rede. Es kann wohl nicht zweifelhaft sein, daß ein solcher Vortrag nicht genügt, um dem Richter-Collegium eine so vollständige Kenntniß der Sache zu geben, daß er ein erschöpfendes Urtheil zu fassen vermag und daß selbst diese mündliche Verhandlung ihm keinen Nutzen gewähren wird, wenn er nicht vorher durch einen Referenten eine Darstellung des Sachverhältnisses, soweit die Parteien darüber einig geworden sind, der streitig gebliebenen Punkte, der Resultate, der Beweisaufnahme und der Anträge beider Theile erhalten hat und den Parteien nur überlassen wird, die etwa noch vorhandenen Streitfragen näher zu erörtern. Durch diese Absonderung des Unstreitigen wird die Sache vereinfacht und der Streit gewinnt eine bestimmtere Grundlage, obgleich bei einem gehörig geleiteten Beweis-Verfahren, wenigstens in Ansehung der Thatsachen dieser Fall selten vorkommen wird. Durch diesen vorgängigen mündlichen Vortrag aus den Acten, wird dem Richter eine Uebersicht gegeben und seine Aufmerksamkeit im Voraus auf diejenigen Punkte geleitet, auf welche es ankommt und für welche diese mündliche Verhandlung bestimmt ist. Von den Parteien ist eine vollständige und richtige Darstellung der Art nicht immer zu erwarten, weil sie im Interesse beider Theile geschehen muß, und weil kein Theil ein Interesse hat, dasjenige anzuführen, was dem Gegentheil nützt. Sie setzt schon eine unbefangene und unparteiische Prüfung voraus und ist eine Operation, welche der mündlichen Verhandlung nothwendig voraufgehen muß. Dieser Grundsatz ist daher selbst im summarischen Verfahren in unsrer Gesetzgebung angenommen und im ordentlichen Prozeß so wesentlich, daß ohne Beibehaltung desselben eine sichere und gründliche Entscheidung kaum denkbar sein dürfte. Aus diesen und anderen Gründen ist in dem Entwurfe vorgeschlagen worden:

daß in allen Sachen, ohne Ausnahme, ein Referent bestellt werde, welcher den Rechtsstreit im Beisein der Parteien oder ihrer Sachwalter vorträgt und daß nach dem Schlusse dieses Vortrags diese ihre Bemerkungen dazu machen können.

Der Referent bei der ersten Revision hat zwar diesen Vorschlag nur auf die im ordentlichen Prozesse zu verhandelnden Sachen beschränkt und dagegen rücksichtlich der summarischen Sacheu darauf angetragen, in diesen den Vortrag eines Referenten ganz ausschliessen und denselben unmittelbar durch die Parteien, oder deren Sachwalter halten zu lassen. Allein gegen diesen Antrag sprechen die oben vorgetragenen Gründe eben so stark. Es wird in allen Sachen zur leichteren Auffassung, zur Abkürzung und Zeitersparniß dienen, wenn der Vortrag durch einen Referenten gehalten wird, da ohne diese beide Parteien vortragen würden, was das Gericht nur einmal zu hören braucht. Man wird ferner auch darauf Rücksicht nehmen müssen, daß es den Parteien und ihren Sachwaltern, oft schwer fallen wird, einen mündlichen Vortrag zu halten, der die Sache mit Klarheit und Ordnung darstellt. Der Vortrag des Referenten, welchen sie nur zu bewachen haben, wird dagegen ihr Geschäft erleichtern und in dieser Beziehung zugleich eine Vorarbeit für die Parteien sein.

Diese Grundsätze sind auch bei der Verordnung über den summarischen Prozeß vom 1. Juni 1833 in Anwendung gebracht und die seitherige Erfahrung hat deren Zweckmäßigkeit auf das Entschiedenste bestätigt.

Dies vorausgeschickt, kann nunmehr zur Rechtfertigung der speziellen Bestimmungen des Entwurfs übergegangen werden.

Zu §§. 300 und 301.

Es war vorgeschlagen, den Parteien die Befugniß, nach dem Schlusse des Instruktions- und Beweis-Verfahrens schriftlich zu deduciren, zu entziehen, weil die schriftlichen Rechtsausführungen durch das den Parteien eingeräumte Recht, vor dem erkennenden Gerichte ihre Ansprüche mündlich auszuführen, entbehrlich gemacht würden. Man hat jedoch diesem Antrage nicht beitreten können, weil für wichtige Sachen, welche im ordentlichen Prozesse doch in der Regel nur verhandelt werden, eine mündliche Rechtsausführung niemals oder doch höchst selten erschöpfend sein wird.

Es ist hier aber auch nicht bloß von einer Rechtsausführung, sondern vielmehr mehrentheils von der Anführung, Zusammenstellung und Ausführung der Ergebnisse des Beweisverfahrens, des wörtlichen Inhalts producirter Urkunden, der wirklichen Aussagen vernommenen Zeugen die Rede. Es liegt vor, daß solche Zusammenstellungen und ihre Darstellung zur mündlichen Verhandlung nicht geeignet, die Richtigkeit der angeführten Zeugen-Aussagen und Urkunden-Texte bei derselben ohne den größten Zeitaufwand nicht einmal zu controlliren sind. Je wichtiger das Beweisverfahren ist, je weniger darf den Parteien die Ausführung der Resultate desselben beschränkt werden. Man darf den Parteien eine Befugniß nicht nehmen, durch welche sie in den Stand gesetzt werden, ihre Rechte vollständig zu vertheidigen, wenn man dem Prinzipe getreu bleiben will, daß Niemand ungehört verurtheilt werde, und es ist hier gerade um so weniger ein Grund dazu vorhanden, als durch die Beibehaltung des in Ansehung der Rechtsausführungen bestehenden Verfahrens der Prozeß keinen, oder doch nur einen sehr geringen Aufenthalt erleiden wird. Mithin ist mit diesem Verfahren nicht nur kein Nachtheil verbunden, sondern dasselbe gewährt außer der dadurch den Parteien gebotenen Gelegenheit zur vollständigeren und gründlicheren Vertheidigung noch den sehr wesentlichen Vortheil, daß durch die schriftlichen Rechts-Ausführungen nicht allein der Gegentheil, sondern auch das erkennende Gericht sich besser auf die mündliche Verhandlung vorbereiten können.

Aus diesen Gründen erscheint die Uebernahme der §§. 11 seq. Tit. 12 der Allgemeinen Gerichts-Ordnung in den Entwurf vollkommen gerechtfertigt.

Sechster Abschnitt.

Vom Erkenntnisse.

Zu §§. 302 — 304.

Diese Bestimmungen beruhen auf bekannten bestehenden Vorschriften. Allg. Gerichts-Ordnung Th. I. Tit. 13 Anhang §§. 102—104.

Zu §§. 305 und 306.

Zur Beförderung der Sache ist vorgeschlagen, die Akten schon vor Eingang der Beweis-Deduktionen zum Spruche zu distribuiren, weil der Referent in den mehrsten Fällen schon mit der Abfassung der Relation anfangen oder sich wenigstens zu derselben wird vorbereiten können. Wenn beide Theile oder ein Theil auf die mündliche Verhandlung angetragen haben; so kann, da in derselben die Relation in Gegenwart der Parteien verlesen werden soll, dazu der Termin nur bei der Gewißheit angesetzt werden, daß der Referent in demselben mit der Relation gefaßt sein wird. Es ist indessen nicht nöthig, daß er sie schon bei der Anberaumung des Termins vollendet habe, sondern er kann schon angesetzt werden, wenn der Referent seiner Versicherung nach sie gegen den Termin beendigt haben wird.

Da das mündliche Verfahren zum Vortheil der Parteien eingeführt ist; so folgt von selbst, daß dasselbe nicht Statt findet, wenn beide Parteien übereinstimmend es ablehnen. Dieser in der Sache liegende Grundsatz ist auch im §. 20 der Verordnung vom 1. Juni 1833 anerkannt und daher bestimmt, daß beide Theile auf die mündliche Verhandlung verzichten können, er muß in dem weit genauer und vorsichtiger instruirten ordentlichen Prozesse noch mehr zur Anwendung kommen. Es schien angemessener und für den Prozeßgang befördernd, die mündliche Verhandlung nicht, wenn die Parteien sie gestatten, ausfallen, sondern sie nur eintreten zu lassen, wenn die Parteien oder eine derselben darauf anträgt, weil es alsdann keiner, vielleicht vergeblichen Vorkehrungen zu derselben bedarf und sie aus Vergessenheit oder Eigennutz gewinnsüchtiger Advokaten nicht ohne allen Nutzen und Zweck angesetzt wird. Im Falle diese Ansicht angenommen wird, würde beiden Theilen eine Frist zur Erklärung über die mündliche Verhandlung zu bestimmen sein, wozu, wenn kein Beweis-Verfahren Statt gehabt hat, der Termin zur Regulirung des status causae et controversiae, wenn aber der Beweis aufgenommen ist, die Beweis-Deduktion der geeignetste Ort sein dürfte, weil in beiden Prozeß-Stadien sich der Nutzen dieser Verhandlung vollständig übersehen läßt.

Bei dem im summarischen Prozesse durch die Verordnung von 1833 eingeführten mündlichen Verfahren ist es Gebrauch geworden, ein namentliches Verzeichniß aller zur mündlichen Verhandlung stehenden Prozesse auf dem Flur des Gerichtslokals öffentlich auszuhängen. Diese Aushängung hat zu mannigfachen Tadel und Aergerniß Anlaß gegeben, weil es den Parteien mit Recht unangenehm ist, daß das Publikum durch ein solches öffentliches Aushängeschild erfahre, daß sie Prozesse haben und zugleich ihre Gegner kennen lerne. Diese Aushängung ist eine ganz unzutreffende Nachbildung des Verzeichnisses der anstehenden Termine in den französischen Gerichten (die Rolle). Dort ist die Aushängung eines solchen Verzeichnisses nothwendig, weil die Parteien nicht vorgeladen werden, sondern die Aufsetzung auf die Rolle die Vorladung vertritt und die Parteien nur durch die Rolle erfahren, daß und wann ihre Sache verhandelt wird; allein in den französischen Gerichtshöfen hängt die Rolle nicht auf dem Flur, sondern im Gerichtszimmer. Bei uns hat sie nicht den mindesten Nutzen und ist den mehrsten Parteien empfindlich.

Zum §. 307.

Hierin ist das Verfahren bei dem Vortrage der Sache Seitens des Referenten und der Parteien vorgeschrieben. Daß der Referent in Gegenwart der Parteien nur das Sachverhältniß, die Rechtsgründe und die Anträge der Parteien, so wie das Resultat der Beweisaufnahme, seine rechtliche Ansicht über die Sache aber erst dann zu äußern vortragen dürfe, wenn nach der Entfernung der Parteien die Berathung beginnt. Der Zweck des Vortrages in Gegenwart der Parteien geht nur dahin, diesen die Garantie zu geben, daß dem erkennenden Gerichte die species facti vollständig vorgetragen ist; das Votum des Referenten dürfen sie nicht erfahren, vielmehr muß ihnen das Letztere ein Geheimniß bleiben. Eben so unbedenklich ist die für den Vortrag der Parteien vorgeschriebene Ordnung; haben sie Ausstellungen gegen die Vollständigkeit des Vortrags des Referenten zu machen, so können sie dieselben vorbringen, ohne daß gerade darauf zu sehen ist, welcher von beiden Theilen das Wort hat, kommt es aber zu den Rechtsausführungen, so bedingt es das System des ganzen Prozeßverfahrens, daß der Kläger zuerst spricht und der Beklagte das letzte Wort behält. Der §. 307 entspricht übrigens dem §. 26 der Verordnung vom 1. Juni 1833 und nur in so fern weicht er von Letzterem ab, als dem Referenten zur Pflicht gemacht ist, schriftlich zu referiren, eine Abweichung, welche in der Verschiedenheit des ordentlichen Prozesses vom summarischen liegt.

Zum §. 308.

Diese Vorschrift findet ihre Rechtfertigung in den Bestimmungen über den nothwendigen Inhalt der Klage, Klagebeantwortung, Replik u. s. w. Sie möchte deshalb vielleicht entbehrlich erscheinen, man hat es jedoch zur nochmaligen Einschärfung jener Vorschriften nicht für überflüssig gehalten, dieselbe hier nochmals zu wiederholen.

Zum §. 309.

Diesem Paragraphen ist der §. 26 der Verordnung vom 1. Juni 1833 zum Grunde gelegt, und wird derselbe keinem Bedenken unterliegen. Es war zwar vorgeschlagen, den Parteien selbst das Wort nur in dem Falle zu überlassen, wenn sie im Beistande eines Sachwalters vor dem erkennenden Gerichte erschienen, damit dieser, wenn sich die Partei nicht mit Mäßigung oder Klarheit ausdrücken könne, für sie das Wort nehme; allein es scheint kein genügender Grund vorzuliegen, die Parteien in dieser Art zu bevormunden. Zur besseren Erhaltung der Ordnung ist indessen vorgeschlagen, daß den Parteien, wenn sie zugleich mit ihrem Sachwalt erscheinen, vom Dirigenten des Gerichts das Wort gegeben sein müsse.

Zum §. 310.

Die hierin dem Gerichte ertheilte Befugniß, den Vortrag der Parteien unter den angegebenen Bedingungen abzukürzen, schien nothwendig, um dem mündlichen Verfahren eine zweckmäßige Richtung anzuweisen und dasselbe in bestimmten Schranken zu halten.

Zum §. 311.

Dieser Vorschrift liegt der §. 28 der Verordnung vom 1. Juni 1833 zum Grunde, dessen Zweckmäßigkeit von selbst einleuchtet. Sie weicht nur in so fern ab, als nicht wie dort, die Richter die an die Parteien zu richtenden Fragen denselben durch den Vorsitzenden vorlegen lassen müssen, sondern selbst an die Parteien richten können. Es ist dies vorgeschlagen, weil aus dem entgegengesetzten Verfahren leicht Contestationen zwischen den einzelnen Richtern und dem Dirigenten, oder wenigstens Aufenthalte in der Sache entstehen können, wenn der Dirigent eine von einem Richter ihm zur Vorlegung an die Partei gestellte Frage für unerheblich erklärt und deshalb an die Partei nicht richtet, dergleichen Zwischenfälle und Contestationen besonders in Gegenwart der Parteien einzulegen aber möglichst zu vermeiden sind. Dem

Richter kann man wohl zutrauen, daß er von dieser Befugniß nicht ohne Noth und nicht eher Gebrauch machen wird, als bis die Parteien ihren Vortrag beendet haben.

Zum §. 312.

Der Referent in der ersten Revision hatte für den Fall, daß beide Theile in der mündlichen Sitzung nicht erschienen, das Präjudiz vorgeschlagen, daß die Sache von der Liste zu streichen und die Akten auf Kosten des Klägers zu reponiren seien. Dieses Präjudiz ist aber offenbar unrichtig und leer und steht im geradesten Widerspruch mit der ganzen Prozeßgebung. Denn, wenn im ordentlichen Prozesse der Termin zur mündlichen Verhandlung vor dem erkennenden Gerichte angesetzt wird, so ist die Instruktion und Beweisaufnahme beendet und jener Termin bezweckt weiter nichts, als von den Parteien die Erklärung zu erlangen, daß die Sache vollständig vorgetragen ist, und ihre mündlichen Rechtsausführungen zu hören. Faßt man diesen Zweck ins Auge; so kann man der Natur der Sache nach das Ausbleiben der Parteien nicht anders deuten, als daß sie auf den Vortrag der Sache in ihrer Gegenwart verzichten und in der Sache nichts mehr anzuführen haben und anführen wollen. Ein anderes Präjudiz kann man ihnen daher auch nicht stellen, am allerwenigsten das der Aktenreposition. Es muß hier das Präjudiz eintreten, was bei andern Fällen schriftlicher Verhandlungen zu der Replik und Duplik eintritt, nämlich das der Präclusion. Der obgedachte Vorschlag ist daher auch bei der Berathung des Gesetzes vom 1. Juni 1833 vorgekommen und verworfen und dagegen im §. 34 die Präclusion der mündlichen Verhandlung angenommen.

Daß in dem Falle, wenn nur ein Theil ausbleibt, der Vortrag in Gegenwart des andern geschieht und dieser mit seinen Bemerkungen und Ausführungen zu hören ist, versteht sich von selbst.

Zum §. 313.

Dieser Paragraph giebt den §. 36 der Verordnung vom 1. Juni 1833 wörtlich wieder.

Zum §. 314.

Es bedarf wohl nicht erst der Bemerkung, daß die für summarische Sachen im §. 29 der Verordnung vom 1. Juni 1833 enthaltene Vorschrift, daß das Erkenntniß in derselben Sitzung, wo die Sache mündlich verhandelt worden, oder doch in einer sofort zu bestimmenden, nicht über acht Tage auszusetzenden Sitzung abgefaßt und publizirt werden soll, in den ordentlichen Prozeß nicht übernommen werden kann.

Es würde der schneidenste Widerspruch sein, bei der Verbesserung der Rechtspflege das ärgste, oft unheilbare Uebel derselben zu legalisiren. Der Zweck und das Ziel des ganzen Prozeßverfahrens ist ein gründliches, reiflich erwogenes Urtheil; man macht es dem Gerichtshofe zum Vorwurf, daß nicht alle seine Erkenntnisse in diese Kathegorie gehören, die Referenten insonderheit sollen nicht immer gründlich genug arbeiten und man könnte auf den Gedanken verfallen, ihnen aufzugeben — ganz abgesehen von der Last ihrer andren Arbeiten — in continenti oder binnen längstens acht Tagen nach der Schlußverhandlung das Erkenntniß in Sachen ordentlichen Prozesses zu fällen. Vergeblich würde man sich in den Gesetzgebungen nach einem Seitenstück umsehen und an den alten Grundsatz celeritas inimica justitiae denken. Schon die bloßen Vorschriften der Prozeßordnung, daß das Urtheil spätestens binnen acht Tagen abgefaßt und publizirt werden müsse, würde das Vertrauen des Publikums zur Gründlichkeit desselben schwächen, weil mit dieser Vorschrift in irgend verwickelten Sachen eine gründliche Erwägung derselben unvereinbar ist. Diese Einrichtung würde aber auch einen andern Nachtheil für die Rechtspflege haben. Die Dauer der mündlichen Verhandlungen, noch weit weniger aber die der Berathungen und Erörterungen über das abzufassende Erkenntniß und der Gang der Abstimmungen lassen sich zum Voraus berechnen, das Gericht würde daher entweder an dem Tage keine andere Termine ansetzen können oder die vorgeladenen andern Parteien, deren Sachen später vorkommen sollen, würden, nachdem sie nutzlos den Vormittag in dem Vorzimmer zugebracht, unverrichteter Sache zurückkehren und zum zweitenmale zu Gericht erscheinen müssen und vergeblich Zeit und Geld verloren haben, daraus aber für die wahre Rechtspflege ein Nachtheil entstehen, der vielleicht noch dadurch vergrößert würde, daß das Gericht um die letztgedachte Partei jenem Nachtheile nicht auszusetzen der Berathung der ersten Sache nicht die erforderliche Zeit und Ruhe widmet.

Die für den summarischen Prozeß erlassene Bestimmung ist daher in den ordentlichen Prozeß nicht übernommen, eben so wenig dem Gerichte eine bestimmte Frist zur Abfassung des Erkenntnisses vorgeschrieben.

Da im ordentlichen Prozeß das Erkenntniß nur auf eine schriftliche Relation abgefaßt werden kann, dieselbe aber, wenn eine mündliche Verhandlung Statt findet, vor derselben nur, so viel die thatsächlichen Verhältnisse betrifft, vorgetragen werden kann, die rechtliche Beurtheilung der Sache aber noch unerörtert geblieben ist; so ist es nothwendig, daß nach der mündlichen Verhandlung auch das rechtliche Gutachten des Referenten vorgetragen und in reifliche Berathung gezogen werde, welches auch den Vortheil gewährt, daß die von den Parteien mündlich vorgetragenen Gründe gewürdigt und näher erörtert werden können.

Der Entwurf der Prozeß-Ordnung hat sich strenge auf die Grenzen derselben gehalten und ist nicht in Instruktionen übergegangen. Es wird sich indessen von selbst ergeben, wie rathsam es wenigstens in verwickelten und weitläuftigen Sachen sein dürfte, daß der Referent den Vortrag kurz vor dem Termine zur mündlichen Verhandlung, im versammleten Collegium hält und in dem Termine nur den thatsächlichen Theil der Relation wiederholentlich vorliest. Der Gerichtshof hört alsdann völlig vorbereitet die Partheien, kennt ganz genau die Momente, auf welche es hauptsächlich ankommt, kann sowohl die Relation, als die Vorträge der Parteien desto gründlicher beurtheilen und schon vor der mündlichen Verhandlung eine feste Ansicht von der Sache für den Fall sich bilden, daß in dieser Verhandlung nicht Momente vorkommen sollten, welche diese Ansicht modifiziren. Die Urtheils-Gründe, auf deren gründliche Ausarbeitung nicht Sorgfalt genug verwendet werden kann, werden alsdann desto erschöpfender ausfallen.

Zum §. 316 (durch einen Druckfehler im Entwurf §. 313)

Wenn es schon in der Sache liegt, daß auch über die Gründe des Erkenntnisses abgestimmt werden müsse; so machen der §. 5 No. 10 der Verordnung vom 14. Dezember 1833 (Gesetzsamml. von 1833 S. 304) und der Artikel 3 No. 5 der Deklaration vom 6. April 1839 (Gesetzsammlung von 1839, Seite 128) diese um so nothwendiger. Ueber die Art der Abstimmung Behufs der Urtheilsfindung herrschen verschiedene Ansichten, wie die Rescripte vom 31. März 1839, 12. Dezember 1840 und der Bericht des Ober-Landesgerichts-Präsidenten von Scheibler zu Hamm vom 16. März 1839 (Justiz-Ministerial-Blatt von 1841, S. 18—24) ergeben. Hierin ist der Grundsatz, daß es, um ein gehörig motivirtes Urtheil zu erlangen, unerläßlich sei, vor allen Dingen, und ehe es in zweifelhaften Fällen zur Abstimmung über das Endresultat kommen dürfe, die der Entscheidung zum Grunde zu legenden faktischen und rechtlichen Momente nöthigenfalls durch die Majorität festgestellt werden müssen, woraus sich dann in der Regel das Urtheil, als die nothwendige Conclusion der feststehenden Prämissen von selbst ergeben und es einer nochmaligen Abstimmung über das Endresultat nicht bedürfen werde, anerkannt.

Es liegt indessen vor, daß die Majorität über jeden einzelnen Grund nicht immer erforderlich, sondern in deren Ermangelung auf die Mehrheit der Stimmen im Endresultate Rücksicht zu nehmen sei.

Wendet man diesen Grundsatz auf folgendes Beispiel an: Einem Kläger sind die drei verschiedenen Einreden die Zahlung, Compensation und Verjährung vom Beklagten entgegengesetzt; sechs Richter haben über den Rechtsfall zu entscheiden; zwei halten den ersten, zwei den zweiten und zwei den dritten Einwand für erheblich. Alle sechs stimmen also in der Abweisung des Klägers überein, es ist aber keine Majorität dafür zu erreichen, aus welchem Grunde die Abweisung erfolgen soll, mithin kann nach dem obigen Grundsatze dieselbe nicht erfolgen, sondern der Beklagte muß verurtheilt werden. Schwerlich dürfte ein solches Urtheil ein richtiges genannt werden können, welches der Ansicht der Richter über das Endresultat geradezu entgegenläuft und dies lediglich aus dem Grunde, weil sich die Richter über die rationes decidendi in so fern nicht haben vereinigen können, welcher von denselben der durchgreifende sei. Wie häufig kommt es vor, daß zwei Personen einerlei Meinung haben, aber doch in den Gründen nicht übereinstimmen. Soll dann immer die entgegengesetzte Meinung als die richtige angenommen werden, so würde man nicht selten zu merkwürdigen Resultaten gelangen, wohin auch das oben angeführte Urtheil gehören würde, da alle Richter den Kläger abweisen wollen und doch ein den Beklagten verurtheilendes Urtheil publizirt würde.

Auch dürfte in dem gegebenen Falle das nach dem angeführten Grundsätze zu fällende, den Beklagten verurtheilende Erkenntniß ein rechtliches mit gesetzlichen Gründen unterstütztes nicht wohl genannt werden können, da in den Erkenntnißgründen doch nichts anders gesagt werden könnte, als daß, da sich das Collegium nicht darüber habe vereinigen können, welche der drei vorgebrachten Exceptionen die durchgreifende sei, dieselben alle drei verworfen und der Beklagte habe verurtheilt werden müssen. Der Schluß hält wenigstens die Prüfung nicht aus. Richtiger scheint es vielmehr zu sein, das Urtheil nach dem Conclusum der Votanten über die Hauptsache zu fällen und sämmtliche dasselbe motivirenden Gründe aufzunehmen. Hierdurch wird das Urtheil zugleich vor der Nichtigkeits-Erklärung gesichert, da dasselbe, wenn nur einer der angeführten Gründe von dem auf die Nichtigkeits-Beschwerde erkennenden Richter für erheblich erachtet wird, das Urtheil aufrecht erhalten werden muß. Hiernach ist der erste Theil des §. 316 des Entwurfs gefaßt worden.

Was ferner die Stimmenzählung bei Abfassung des Urtheils betrifft; so sind auch darüber die Ansichten verschieden. In dem früheren Entwurfe war vorgeschlagen, daß die Richter immer in ungleicher Zahl zu Gericht sitzen und die

Urtheile nach Mehrheit der Stimmen abfassen sollten, indem man dadurch die Stimmentheilung zu vermeiden beabsichtigte. Es giebt indeß noch zwei andere Wege, sich in diesem Falle zu helfen, indem man entweder, wie die Gerichts-Ordnung Th. III. Tit. 2. §. 17 vorschreibt, die Stimme des Vorsitzenden entscheiden läßt, oder nach Art. 118 der französischen Prozeß-Ordnung bei sich ergebender Stimmengleichheit einen neuen Richter zuzieht und in dessen Gegenwart den Vortrag der Sache wiederholt; welche jedenfalls vor dem vorgeschlagenen Auskunftsmittel den Vorzug verdienen. Denn vorausgesetzt, daß die Zahl der Mitglieder eines Gerichts oder Senats ungleich bestimmt ist, wie nach dem Vorschlage geschehen müßte; so würde folgen, daß, wenn ein Mitglied verhindert ist, stets noch ein zweites ausscheiden muß. Es würde dadurch ein unstabiles Richter-Personal enstehen und der Spruch-Senat noch zusammengewürfelt werden. und warum sollen auch die Kenntnisse und Einsichten desselben nicht benutzt werden? Ferner würde es sich fragen und einer Bestimmung bedürfen, wer von den Richtern jedesmal ausscheiden solle, wenn sich dieselben in gleicher Zahl in der Gerichtssitzung einfinden. Es dürfte schwer sein, hierüber eine angemessene Bestimmung zu treffen.

Die Vorschrift der rheinischen Prozeßordnung läßt bei der Menge der Spruchsachen, welche die altländischen Gerichte zu bearbeiten haben, sich offenbar nicht durchführen, und ist daher die in ganz Deutschland geltende Bestimmung der Gerichts-Ordnung in den Entwurf um so mehr übernommen, als dieselbe keine Nachtheile gezeigt hat.

Zum §. 317.

Bei der ersten Revision war vorgeschlagen, daß an der Aburtheilung eines Rechtsstreits in der ersten Instanz mindestens drei Richter mit Einschluß des Vorsitzenden Theil genommen haben müßten. Diese Anzahl ist indessen für den ordentlichen Prozeß offenbar zu geringe. Für die zum Theil sehr erheblichen und schwierigen Gegenstände, welche bei den Oberlandes-Gerichten in der ersten Instanz vorkommen und den zu deren Beurtheilung erforderlichen gründlichen Kenntnissen des gemeinen und des Provinzialrechts und übrigen richterlichen Eigenschaften gewährt diese geringe Anzahl keine hinreichende Gewähr für die Gründlichkeit und Reife des Richterspruchs. Es tritt hinzu, daß die Oberlandes-Gerichte auf eine größere und angemessenere Anzahl von Richtern, zum Theil selbst schon in älteren Zeiten mit Zuziehung der Provinzialstände fundirt sind und daß auf eine angemessene Besetzung derselben auch bei den Oberlandesgerichten Rücksicht genommen worden. Wenn daher um die Beschleunigung des gerichtlichen Verfahrens zu befördern, die Oberlandes-Gerichte in mehrere Abtheilungen zerlegt werden; so dürfte dies doch nicht auf Kosten der Gründlichkeit der Erkenntnisse, welche das eigentliche Ziel jedes Prozesses sind, geschehen und der in der Natur der Sache liegende Unterschied zwischen Landes- und Unter-Gerichten in der Besetzung verwischt werden. Aus diesen Gründen ist daher bei der gegenwärtigen Revision angenommen, daß bei Erkenntnissen der Oberlandes-Gerichte in erster Instanz im ordentlichen Prozesse mindestens fünf Mitglieder concurriren müssen. Wenngleich zu solchen Erkenntnissen im summarischen Prozesse nur drei Mitglieder erfordert worden; so kann von solchen Sachen auf die Gegenstände des ordentlichen Prozesses, zu welchen oft die wichtigsten Succession-Fälle und Streitigkeiten über ganze Rittergüter gehören und die gründlichsten Kenntnisse und reichsten Erfahrungen, insonderheit des Landesrechts erforderlich sind, überall nicht gefolgert werden. Ueberdem dürfte nicht außer Acht zu lassen sein, daß wohl schwerlich in ganz Deutschland irgend ein Landesgericht von dem kleinsten Umfange zu finden sein möchte, was nicht aus einer stärkern Anzahl als aus drei Mitgliedern besteht.

In Ansehung der Untergerichte ist man dagegen bei der Zahl von drei Mitgliedern stehen geblieben, weil theils dieselben meistentheils nicht stark genug besetzt sind, um eine größere Anzahl von Richtern zu den Spruchsitzungen heranzuziehen, theils aber diese Anzahl bisher nicht größer war und dasjenige, was in Ansehung der ursprünglichen Bestimmung einer größern Anzahl von Mitgliedern in Beziehung auf die Landes-Justiz-Collegien oben angeführt ist, bei ihnen nicht eintritt, endlich aber die bei den Untergerichten vorkommenden Prozesse in der Regel weniger erheblich und verwickelt sind; für die Obergerichte ist dagegen die geringste Anzahl der erkennenden Richter auf fünf festgesetzt worden.

Zu §§. 318 und 319.

Diese §§. sind aus den §§. 306 u. 307 Tit. 10 der A. G. O. übernommen. Die erste Ausnahme von der Regel ist schon in den Bemerkungen zum §. 287 des Entwurfs gerechtfertigt, die anandere gründet sich auf ein aus der Praxis hergenommenes Monitum. Wenn sich nämlich bei der Entscheidung findet, daß in der Sache noch mehrere Eide, sei es von einer und derselben, oder von beiden Parteien geschworen werden müssen, diese Eide aber dergestalt mit einander im Zusammenhange stehen, daß die Erheblichkeit des zweiten Eides ganz davon abhängt, ob der erste geschworen wird oder nicht; so wird die Fassung einer verständlichen Erkenntnißformel große, ja mitunter unüberwindliche Schwierigkeiten haben und es schien deshalb rathsam, dem Gerichte in solchen Fällen die Befugniß einzuräumen, die Abnahme eines zum Erkenntnisse gestellten Eides ausnahmsweise per resolutum anordnen zu können.

Zum §. 320.

(cfr. §§. 2 und 3 Tit. 22 und §. 11 Tit. 13 und §§. 9 seq. Tit. 22 der A. G. O.) Die Gerichts-Ordnung hat die Ausdrücke „Erfüllungs- und Reinigungs-Eid" und gebraucht den ersteren für denjenigen vom Richter auferlegten Eid, durch welchen eine Partei einen nicht vollständig geführten Beweis ergänzen, den letzteren, wenn die Richtigkeit einer nicht ohne allen Beweis gebliebenen Thatsache durch den Eid abgelehnt werden soll. Beide Ausdrücke entsprechen jedoch dem Wortsinne nicht; der Ausdruck „Erfüllungs-Eid" nicht, weil es sprachwidrig ist zu sagen: einen unvollständig geführten Beweis erfüllen, vielmehr hier nur das Wort „ergänzen" das ausdrückt, was ausgedrückt werden soll; der Reinigungs-Eid nicht, weil im Civilprozesse nicht von der Reinigung von einer gemachten Anschuldigung die Rede sein kann, vielmehr nur die Wahrheit der Behauptung des Gegentheils durch den Eid entkräftet oder abgelehnt werden soll. Es sind deshalb in dem Entwurfe die Ausdrücke „Ergänzungs- und Ablehnungs-Eid“ gewählt worden.

Die §§. 24 Tit. 13 und §. 3 Tit. 22 der Allgemeinen Gerichts-Ordnung sind hier ihrem wesentlichen Inhalte nach aufgenommen. Der Schluß des §. 320 wird durch die Bemerkungen des Allgemeinen Landrechts §. 50 Tit. 4, §. 306 Tit. 12, §. 37 Tit. 14 Thl. I. §. 1503 und 1513 Tit. 8, §. 868 Tit. 11, §. 203 Tit. 15 Thl. II. bedingt.

Zum §. 321.

Dieser Paragraph gründet sich auf den §. 24 Tit. 13 Thl. I. der Allgemeinen Gerichts-Ordnung.

Zu den §§. 322—324.

conf. §. 25 Tit. 13 der Allg. Ger.-Ordnung, welcher in seiner Fassung geändert werden mußte, da es keinem Bedenken unterliegen kann, daß die im §. 173 aufgeführten Personen unter denselben Voraussetzungen, unter denen sie als Zeugen zulässig sind, auch zum nothwendigen Eide in ihren eigenen Rechtsangelegenheiten verstattet werden müssen. Das Gegentheil ist auch nicht in der Gerichts-Ordnung bestimmt, vielmehr scheint die Auslassung der erwähnten Modification nur auf einem Redaktionsfehler zu beruhen.

Zum §. 325.

Dieser Grundsatz beruht so sehr auf den bekanntesten Rechtsgründen, daß er einer nähern Ausführung nicht bedarf (vergl. §. 1 Tit. 22 Thl. I. der Allgemeinen Gerichts-Ordnung.)

Die Allgemeine Gerichts-Ordnung macht jedoch in Begünstigung des Eides de veritate von dem de ignorantia in entgegengesetzter Richtung eine Ausnahme von dem im vorigen Paragraph gedachten Grundsatz, indem sie §. 8 Tit. 22 Thl. I. bestimmt, daß, wenn derjenige, der einen nothwendigen Eid zu leisten hat, denselben nur de ignorantia schwören, der Andere aber das Gegentheil de veritate eidlich erhärten kann, alsdann dem Ersteren erlaubt sein solle, den Eid de veritate zurückzuschieben. Diese Ausnahme scheint jedoch den Begriff des nothwendigen Eides, wie ihn die Gerichts-Ordnung im §. 1 Tit. 22 selbst angiebt, und nicht minder der vis judicati durchaus zu widersprechen. Es müßte ein Verfahren Statt finden über die Acceptation, Normirung und Ableistung des zurückgeschobenen Eides, wobei über die Norm und bei Litisconsorten auch über die Person, welche den Eid zu leisten hat, Streit entstehen kann. Wie soll dieser Streit geschlichtet werden? Und was soll geschehen, wenn der Gegentheil den zurückgeschobenen Eid zu acceptiren und abzuleisten verweigert? Wie wird in diesem Falle das Erkenntniß purificirt? Ueber alle diese Fragen schweigt die Gerichts-Ordnung und man muß bei diesem Schweigen voraussetzen, daß der Fall in praxi nicht vorgekommen ist, da sonst eine Anfrage und Deklaration unvermeidlich gewesen wäre. Um so mehr wird man daher diese singulaire Vorschrift entbehren können.

Zum §. 326.

Die Allgemeine Gerichts-Ordnung (das. §. 6) läßt dagegen den bei deferirten Eiden geltenden Grundsatz, daß Erben über Handlungen ihres Erblassers den Eid nur de ignorantia zu schwören verbunden sind, auch bei nothwendigen Eiden eintreten.

Zum §. 327.

In dem folgenden §. 7 beschränkt sie indessen diese Vorschrift dahin, daß, wenn Jemand, dem ein nothwendiger Eid, welchen er de veritate schwören konnte, zuerkannt worden ist, vor dessen Ableistung unter Umständen verstirbt, unter welchen dieser Eid noch nicht für geschworen angenommen werden kann (§. 297) und also die Erben denselben nur de ignorantia würden leisten dürfen, dem Gegentheile freistehen solle, daß die Akten zum Erkenntnisse über die Frage: ob nicht nunmehr er selbst zur Ableistung des entgegengesetzten Eides de veritate zuzulassen sei? anderweit vorgelegt werden. Es sollen jedoch unter diesem Vorwande keine neue Thatsachen oder Beweismittel vorgebracht, sondern die Parteien darüber blos in einem kurzen Termine zum Protokoll oder allenfalls mit einer kurzen Deduction und Gegendeduction gehört und darüber nur in derjenigen Instanz, in welcher zuerst auf den von dem Verstorbenen zu leistenden Eid erkannt ist, gesprochen werden, und gegen das Erkenntniß ein Rechtsmittel nur in so fern zugelassen werden, als ein solches gegen jenes erste Urtheil stattgefunden haben würde. Wenngleich diese Bestimmung nicht unzweifelhaft erscheint, besonders wenn der Erblasser zur Ableistung des nothwendigen Eides sich bereit erklärt oder selbst darauf angetragen hat, ihn zu demselben zuzulassen, und dadurch zu erkennen gegeben hat, daß er ihn mit gutem Gewissen ablegen kann; so lagen doch keine erheblichen Gründe zur Aufhebung dieser Vorschrift vor, die überdem nicht eine absolute ist, sondern die Entscheidung dem Richter anheimgiebt. Da aber diese Gründe auch bei andren, zur Eidesleistung unfähig gewordenen Parteien und deren Vertreter eintreten; so ist diese Vorschrift auch auf sie ausgedehnt.

Die Bestimmung des obgedachten §. 7 der Allgemeinen Gerichts-Ordnung ist hin und wieder dahin verstanden, daß in dem untergestellten Falle gegen das über die Frage, wer nunmehr zum Eide zuzulassen sei? ergehende Erkenntniß ein Rechtsmittel in so weit zulässig sei, als dasselbe gegen das frühere Erkenntniß zulässig gewesen sein würde, wenn darin hinsichts des Eides eben so, wie in dem spätern Urtheil erkannt worden wäre. Es ist aber zugleich bemerkt, daß hiermit die Fassung der Stelle und namentlich die Einschränkung „nur in so fern als,“ nicht übereinstimme, weil alsdann gar keine Ausnahme von der allgemeinen Regel eintreten würde. Es können jedoch jene Auslegung und der eigentliche Sinn der Gerichts-Ordnung füglich dahin gestellt bleiben. Denn entweder findet gegen das Urtheil, welches dem Verstorbenen oder unfähig gewordenen den Eid aufgelegt hat, noch ein Rechtsmittel Statt; dann mag der Gegentheil die Gründe, weshalb er jetzt vorzugsweise zum Eide de veritate gelassen werden zu müssen behauptet, hierbei ausführen. Daß er dadurch eine Instanz verliere, kann nicht eingewendet werden; denn so viel wenigstens scheint aus der Stelle der Gerichts-Ordnung hervorzugehen, daß sie über die Frage: wer nunmehr zum Eide zu lassen, einen förmlichen Prozeß durch alle Instanzen nicht hat gestatten, sondern dieselbe nur der einmaligen Entscheidung hat unterwerfen wollen, welche alsdann von dem höher gestellten Richter erlassen wird. Oder es fand kein Rechtsmittel gegen jenes Erkenntniß auf den Eid weiter Statt; dann ist solches auch nach der Gerichtsordnung nicht mehr zulässig. Hiernach ist die Vorschrift geändert und sind dadurch zugleich die angeführten Zweifel beseitigt

Zum §. 328.

(conf. §. 9 sq. Tit. 22 der A. G. O.)

Im §. 10 l. c. unterscheidet die Gerichts-Ordnung zwischen Sachen von erheblichem Belange und zwischen Bagatellsachen. Nur in ersteren soll ein juramentum in litem gefordert werden, in letzteren aber dem Richter freistehen, das Quantum, welches ein Theil dem andern vergüten soll, nach den Umständen und der Wahrscheinlichkeit festzusetzen. Die Gerichts-Ordnung hat die Eidesleistung über Gegenstände von geringerem Werthe vermeiden wollen, weil sie hierin eine Herabwürdigung des Eides gesehen hat. Es ist gegen diesen Grundsatz zwar erinnert worden, daß nach einem solchen Maaßstabe die Heiligkeit des Eides nicht beurtheilt werden könne und daß es kein Mißbrauch des Eides sei, daß er wegen einer Bagatellsache geschworen werde. Dem Reichen sei wenig, was dem Armen viel ist; man müsse daher, wenn die Zulässigkeit des Eides nach der Beträchtlichkeit des Gegenstandes bestimmt werden solle, um nicht ungerecht zu sein, eine Vermögens-Scala für die Eidesleistungen aufstellen; aber nicht auf den Gegenstand des Eides, sondern auf die Veranlassung dazu komme es an, und diese sei in allen Fällen dieselbe, nämlich das Interesse des Rechts und der Wahrheit.

Aus vorstehenden Gründen würde mithin die erwähnte Vorschrift des §. 10 Tit. 22 der Allg. Ger. Ord. als der

Theorie nach nicht gerechtfertigt, beseitigt werden müssen; bei der Revision ist man indessen in diese Ansicht nicht eingegangen, sondern bei der bestehenden Gesetzgebung geblieben. Diese hat so lange bestanden, ohne daß daraus Inconvenienzen entstanden, sie hat sich vielmehr als ein zu wichtiges Bedürfniß für die Praxis gezeigt, als daß deren Aufhebung hätte beantragt werden können. Die dagegen erhobenen Zweifel gehören zu den Fällen, welche beweisen, daß nicht alles auf die äußerste Spitze der Theorie gestellt werden dürfe und daß dies gewöhnlich zu Inconsequenzen führt. Denn mit eben den Gründen würde der Unterschied zwischen Bagatellsachen und Sachen des ordentlichen Prozesses aufgehoben und auch in Bagatellsachen die Revision zugelassen werden können. Berücksichtigt man aber diesen objectiven Unterschied im prozessualischen Interesse; so hat die Heiligkeit des Eides wohl einen Anspruch auf gleiche Berücksichtigung und würde es ein Widerspruch sein, wenn man in einer Zeit, in welcher das prozessualische Interesse in einem stärkern Grade berücksichtigt wird, das der Heiligkeit des Eides vernachläßigen wollte. Es dürfte vielmehr angemessener sein, dasselbe noch mehr, als bisher zu berücksichtigen. Selbst im Interesse der Rechtspflege ist es ein hohes Bedürfniß, die Heiligkeit des Eides, von welcher so oft die höchsten Interessen von Familien abhängen, aufrecht zu erhalten, wozu es aber nicht beitragen würde, wenn die Gesetzgebung selbst den Grundsatz annähme, daß auch in Bagatellsachen ein Eid zulässig sei.

In den §§. 11 und 12 Tit. 22 bestimmt die Gerichts-Ordnung die Fälle, in welchen Jemand zum **juramentum in litem** verstattet werden soll. Was sie darüber enthält, ist ein unvollständiger Auszug aus dem materiellen Recht, welcher mit Allegirung der Bezug habenden Gesetzstellen schließt. Es ist, wie öfter erwähnt worden, immer mißlich und zuweilen selbst gefährlich, aus einem fremden Gebiete etwas herüber zu nehmen, wenn es nicht vollständig und mit denselben Worten geschieht. In diesem besonderen Falle hat die Gerichts-Ordnung die bei den verschiedenen Materien des allgemeinen

Landrechts vorkommenden speziellen Vorschriften zum Theil generalisirt und daraus allgemeine Regeln gebildet, zugleich aber, und vielleicht in der Besorgniß, daß sonst diese Regeln irrig angewendet werden könnten, die Stellen, aus welchen sie entnommen sind, angeführt. Hieraus kann jedoch die doppelte Ungewißheit entspringen, sowohl ob die Regeln anwendbar sind auf Fälle, die das Allgemeine Landrecht nicht enthält und die sich gleichwohl demselben unterordnen lassen, als auch, ob Fälle darunter gehören, welche im Allgemeinen Landrechte enthalten, aber in den Allegaten nicht aufgeführt sind. z. B. Thl. II. Tit. 8 §. 879 des Allg. Land-Rechts. Zusammenstellungen der Art mögen die Commentatoren zum Nutzen der Praktiker anfertigen, das Gesetz darf es nicht. Es ist daher bloß auf die Gesetze verwiesen worden.

Die §§. 13 — 15 Tit. 22 der Allg. Ger. Ord., verstehen sich theils von selbst, wenn nicht das Gegentheil ausdrücklich verordnet ist, theils gehören sie dem materiellen Rechte an. Der §. 16 l. c. ist im §. 327 und der §. 17 im §. 323 des Entwurfs berücksichtigt. Die §§. 18, 19 und 24 sind doctrinell und enthalten Anweisungen für die Parteien und resp. für den Richter, wie das Gesuch um Verstattung zum juramentum in litem zu begründen, worauf dabei zu achten, je nachdem der gemeine, der außerordentliche, oder gar der Werth der besonderen Vorliebe gefordert wird, und daß es, um einen doppelten Prozeß zu vermeiden, wenn sich voraussehen lasse, daß die eingeklagte Sache oder Handlung nicht werde gewährt werden können, rathsam sei, die Ausmittelung des Werths oder Interesses sogleich mit der Hauptsache zu verbinden. Alles dies konnte füglich vermieden werden, da die Befolgung dieser Anweisungen doch immer von dem Willen der Parteien und den besondern Umständen des Falles abhängig bleibt. In den §§. 20 — 23 l. c. handelt die Gerichts-Ordnung von dem Verfahren, welches eintritt, wenn sich erst bei der Execution findet, daß die eingeklagte Sache oder Handlung von dem Verurtheilten nicht mehr gewährt werden kann, oder die angewandten Executionsmittel, um ihn dazu zu vermögen, fruchtlos gewesen sind. Diese Vorschriften gehören indeß in den Titel von der Execution, so wie der §. 26 l. c. ferner dem Criminal-Rechte angehört und der §. 27 l. c. endlich als sich von selbst verstehend, übergangen worden ist.

Zum §. 329.

(conf. §. 16 Tit. 22 der A. G. O. in fine.)

Die hierin enthaltene Ausnahme, daß Personen, welche für unfähig erklärt worden sind, einen nothwendigen Eid zu schwören, dennoch unter den angeführ en Voraussetzungen zum juramentum in litem zu verstatten seien, hat bei den Berathungen zwar Zweifel erregt; allein deren Uebernahme in den Entwurf hat nicht umgangen werden können, weil mit deren Beseitigung zugleich die genannten Individuen in Fällen, in welchen der Werth einer Sache oder der Betrag eines Schadens nicht anders, als durch das juramentum in litem ermittelt werden kann, demjenigen gegenüber, der sie betrogen, oder ihnen vorsätzlich einen Schaden zugefügt hat, ganz rechtlos dastehen und der vorsätzlichen Beschädigung oder dem Betruge eines Jeden Preis gegeben sein und der Betrug beschützt und befördert werden würde.

Zu §§. 330 und 331.

(conf. §. 223 Tit. 10 der Allg. Ger. Ord.)

Es dürfte auch der übrigen Vorschriften des Titel 22 der Allgem. Ger. Ord. hier gleich zu gedenken sein, da sich späterhin keine Gelegenheit finden wird, auf denselben wieder zurückzukommen. Die Gerichts-Ordnung handelt daselbst nämlich:

unter 3 vom Manifestations-Eide und

unter 4 vom juramentum calumniae.

Der Erstere ist jedoch überall kein Prozeß-Eid. Er kommt nicht im Prozeß vor und setzt eben so wenig ein prozessualisches Verfahren voraus, sondern wird, wenn die Verbindlichkeit dazu feststeht, ohne allen Prozeß geleistet; ist sie aber streitig, so muß darüber, wie über jede andere streitige Verbindlichkeit, zuvor erkannt werden. Der Eid, oder vielmehr die Verpflichtung dazu, ist in diesem Falle Gegenstand des Prozesses; der Verurtheilte kann zu dessen Ableistung durch die gewöhnlichen Executionsmittel angehalten werden und ob er abgeleistet wird, oder die Execution fruchtlos war, ist von keinem Einfluß auf den Prozeß, die Wirkungen, wie die Verpflichtung dazu, fallen daher in das materielle Recht.

Die Gerichts-Ordnung bemerkt im §. 28 h. t. „der Manifestations-Eid könne gefordert werden, wenn Jemand (nicht eine Partei im Prozeß) einen Inbegriff von Sachen oder Rechten anzeigen oder herausgeben solle, oder auch über den Betrag eines gewissen Gegenstandes Auskunft zu ertheilen verbunden sei." Daß diese Vorschrift in ihrer Allgemeinheit über die Verpflichtung zum Manifestations-Eide eigentlich nichts bestimmt, braucht nicht erst gezeigt zu werden. Die Gerichts-Ordnung stellt hierauf im §. 29 aus dem Allgemeinen Landrechte und sich selbst eilf vorzügliche Fälle der Verpflichtung zur Ableistung dieses Eides zusammen. Merkel in seinem Commentar, fügt sechs andere Fälle hinzu und es lassen sich vielleicht noch einige finden. Nach §. 30 muß derjenige, der von Jemanden die Ableistung eines Manifestations-Eides fordert, wenn dieser sich dessen weigert, in der Regel eine ordentliche Klage anstellen, nur in einigen Fällen soll nach §. 31 über die Schuldigkeit, den Manifestations-Eid zu leisten, kein Prozeß Statt finden.

Nur diese Fälle sind es daher auch, welche hier beachtet werden können und einer kurzer Erörterung bedürfen, um versichert zu sein, daß nichts Wesentliches übergangen ist. Ohne Prozeß soll nämlich der Manifestations-Eid geleistet werden:

1) Vom Schuldner, bei dem kein Vermögen, in welches die Execution vollstreckt werden könnte, vorgefunden wird,

oder der von dem Gläubiger, welcher Personalarrest gegen ihn ausgebracht hat, Alimente fordert (§. 29 Nr. 4).

Diese Vorschrift faßt zwei verschiedene Fälle zusammen. Der letztere kommt im Titel von Arresten, wenn ein Gläubiger zur Sicherstellung seiner Forderung Personalarrest gegen den Schuldner ausgebracht hat (§. 77 Tit. 29), vor. Alsdann ist der Gläubiger verbunden, dem Arrestaten so lange Alimente zu verabreichen, bis er nachgewiesen hat, daß dieser sich selbst zu ernähren im Stande sei und es steht ihm zu dem Ende frei, ein eidliches Vermögens-Verzeichniß von dem Arrestaten zu fordern. Hier ist also der Manifestations-Eid ein Mittel zur Feststellung der Bedürftigkeit des Arrestaten und, wenn derselbe die Ableistung verweigert, so wird, wie die Gerichts-Ordnung zwar nicht ausdrücklich sagt, jedoch gefolgert werden muß, der Gläubiger von der Verbindlichkeit zur Alimentation befreit. Dieser ganz spezielle Fall macht keine allgemeine Vorschriften über den Manifestations-Eid nöthig, und läßt sich auch nicht unter dieselben subsumiren. Er gehört daher, wo er nur vorkommen kann, in den Titel vom Arreste, wohin auch die Prüfung der Vorschrift selbst vorbehalten wird.

Im Titel von der Execution kommt der Manifestations-Eid zu dreien Malen vor:

a) bei der Execution auf Herausgabe einer beweglichen Sache (§. 56 Tit. 24). Ist nämlich die herauszugebende Sache bei dem Schuldner nicht zu finden; so kann der Executionssucher entweder zuvor noch den Manifestations-Eid von Jenem verlangen, oder sogleich sein Interesse liquidiren;

b) bei der Beschlagnahme der Activa (§. 102 Tit. 24), wo dem Executionssucher die Befugniß ertheilt wird, wenn er auch nur mit einiger Wahrscheinlichkeit vermuthet, daß sein Schuldner Activforderungen habe, diesen zur eidlichen Manifestation derselben anzuhalten;

c) bei der Execution gegen die Person (§. 146 Tit. 24), wenn der Schuldner nach einjähriger Gefangenschaft seine Entlassung begehrt und das Gericht dieselbe verfügt hat; in welchem Falle er zuvor noch auf Verlangen des Gläubigers seinen Vermögenszustand eidlich zu manifestiren und gleichfalls eidlich angeloben muß, daß er den Gläubiger, sobald es ihm nur irgend möglich sein werde, befriedigen wolle.

Man sieht, daß diese speciellen Bestimmungen mit der obigen generellen Vorschrift nicht völlig in Einklang stehen. Die Praxis hat auf der einen Seite und zwar mit Unrecht angenommen, daß auf den Grund der allgemeinen Vorschrift Tit. 22 §. 29 Nr. 4 der Manifestations-Eid von jedem Schuldner, bei dem sich kein Object der Execution vorfindet, gefordert werden könne, wonach es der speziellen Bestimmungen nicht weiter bedurft hätte; auf der andern Seite läßt sie im Falle unter b gegen jene Vorschrift die Forderung des Manifestations-Eides auch zu, wenn die Execution noch nicht vollstreckt war. cf. Rescript vom 22. März 1814 (Jahrb. Bd. 2 S. 27), so daß mithin hier das allgemeine Gesetz dem besonderen und zugleich dieses jenem derogirt hat.

Dieses bei Seite gesetzt, ist der Manifestations-Eid in den genannten Fällen ein Mittel, dem Gläubiger zu seiner Befriedigung zu verhelfen, mithin ein Executionsmittel. So behandelt ihn Martin in seinem Lehrbuche des bürgerlichen Prozesses §. 270 (neunte Ausgabe), andre Lehrbücher und Prozeß-Ordnungen schweigen ganz davon. Er gehört also in den Titel von der Execution und soll dort seine Zweckmäßigkeit in dieser Beziehung geprüft werden.

Ohne Prozeß sollen den Manifestations-Eid ferner leisten:

2) Ein Verbrecher, von welchem der Beschädigte die Angabe, wo die entwendete Sache hingekommen sei, verlangt (§. 29 Nr. 5). Es ist nicht klar, ob diese Vorschrift den Civil- oder Criminal-Richter angeht. In einem Gutachten ist hierzu bemerkt worden, daß man den Verbrecher nicht zum Eide lassen, sondern durch Züchtigung zu jener Angabe anhalten solle. Für das Criminal-Verfahren ist dieses bereits vorgeschrieben, (cf. §. 294 der Criminal-Ordnung) und auch der revidirte Entwurf derselben hat es dabei belassen, nur daß andere Zwangsmittel an die Stelle der Züchtigung gesetzt

sind. Der Civil-Richter wird sich jedoch eines solchen Mittels zur Erforschung der Wahrheit nicht bedienen können. Eben so wenig ist aber auch abzusehen, wie der Beschädigte die Forderung des Manifestations-Eides ohne Prozeß an ihn bringen kann. An den Civil-Richter kann die Sache nur kommen, wenn der Damnificat gegen den Verbrecher auf Herausgabe oder Ersatz der entwendeten Effecten klagt. Hierzu muß letzterer vorab verurtheilt sein und erst, wenn sich alsdann bei der Execution ergiebt, daß die herauszugebende Sache bei dem Verurtheilten nicht vorhanden ist, kann nach der vorhin angeführten Bestimmung, (unter 1a) der Manifestations-Eid von ihm verlangt werden. Aber in diesem Falle gilt es auch gleich, ob der Verurtheilte ein Verbrecher oder was sonst ist und es läßt sich daher kein Fall, weder im Civil- noch im Criminal-Prozesse auffinden, in welchem von der allegirten Vorschrift Gebrauch zu machen wäre.

3) Diejenigen, über deren Vermögen Concurs eröffnet ist (§. 29 Nr. 6), so wie

4) die Ehegatten, die erwachsenen im Hause lebenden Kinder und die Dienstboten eines solchen Gemeinschuldners (§. 29 Nr. 7). In beiden Fällen, bei welchen man nicht sieht, weshalb sie getrennt sind, dient der Manifestations-Eid zur Constituirung der Activ-Masse. Der §. 217 Tit. 50 der Allg. Ger. Ord. wiederholt diese Vorschriften wörtlich und es würde dort nur noch das Präjudiz hinzuzufügen sein, welches eintreten soll, wenn die genannten Personen die Ableistung des Eides verweigern.

Diese Bemerkungen werden hinreichen, um zu zeigen, wie verschieden die Natur und der Zweck des Manifestations-Eides ist, da, wo ihn die Gerichts-Ordnung vorschreibt oder zuläßt. Auch das Präjudiz für den Fall, daß er verweigert wird, ist nicht immer dasselbe. Unrichtig ist es, wenn die Gerichts-Ordnung für diesen Fall im §. 34 Tit. 22 allgemein verordnet, daß der Weigernde durch die executio ad faciendum dazu angehalten werden müsse. Der Arrestat, wenn er den Eid nicht leisten will, erhält keine Alimente; der verhaftete Schuldner wird in gleichem Falle der Haft nicht entlassen; in einigen Fällen gelangt der Gegner dadurch zum juramentum in litem und vielleicht in keinem Falle ist es zu billigen, daß Jemand durch Execution zu einer Eidesleistung soll angehalten werden.

Aus diesen Gründen schien es unnöthig und selbst unzulässig, über den Manifestations-Eid hier allgemeine Vorschriften zu ertheilen, oder diejenigen der Gerichts-Ordnung aufzunehmen. Vielmehr soll auf diesen Eid da zurückgekommen und speziell von ihm gehandelt werden, wo die Prozeß-Ordnung seiner bedarf.

Ueber das juramentum calumniae ist schon mehrmals beiläufig die Rede gewesen. Es kam bisher in folgenden besonderen Fällen §§. 102, 150, 174, 226 b Tit. 10 und §. 26 Tit. 30 der Allg. Ger. Ord. vor; hier ist von ihm im Allgemeinen die Rede. Es kann nach §. 38 und 39 Tit. 22 gefordert werden, und zwar nur vom Richter und nicht vom Gegentheil, wenn ein gegründeter Verdacht vorhanden ist, daß eine Partei entweder geflissentlich mit der Wahrheit zurückhält, oder den Prozeß zu verzögern sucht. Allein die Prozeß-Ordnung thut besser, selbst der Chicane entgegen zu treten und ihr jeden Zugang zu verschliessen, als den Parteien eidliche Versprechen abzunehmen, die doch nicht gehalten werden und diesen Versprechungen zu trauen. Scheint es nicht gerathener, keine Verlängerungen der Fristen und Prorogationen der Termine zum Verschleife der Sache zu gestatten, als die Parteien schwören zu lassen, daß sie sich derselben nicht bedienen wollen? Die Wahrheit wird im Civil-Prozeß dadurch entdeckt, daß die Parteien ihre gegenseitig bestrittenen factischen Angaben, soweit das Recht davon abhängt, beweisen. Es ist Sache derselben, wenn sie sich in rechtliche Geschäfte einlassen, sich diese Beweise zu verschaffen und zu sichern. Die Gesetze geben ihnen dazu die Mittel an die Hand und haben in dieser Beziehung vielfach für sie gesorgt. Hat eine Partei gleichwohl versäumt, sich mit Beweisen zu versehen, weil sie ganz der Gewissenhaftigkeit des andern Theils vertraute, so muß sie es auch hierauf ankommen lassen und ihr bleibt frei, dem Gegentheil den Eid anzutragen. Ja, selbst wenn die Partei dieses unterlassen hat, und es ist ein gegründeter Verdacht vorhanden, den auch das juramentum calumniae voraussetzt, daß der andere Theil eine Thatsache wider besseres Wissen geläugnet habe; so kann ihm der Richter noch von Amtswegen einen nothwendigen Eid darüber auflegen. Denn jener Verdacht muß stets zugleich der Anfang eines Beweises für die Thatsache selbst sein. Was soll also hierzu noch der Calumnien-Eid? Entweder fällt er mit jenem Eide zusammen, in so fern nämlich von einer bestimmten Thatsache die Rede ist, deren Abläugnen dadurch gerechtfertigt werden soll; oder bei einem bloß allgemeinen Verdachte würde er dahin gehen, daß der Schwörende nichts wisse und verschwiegen habe, wovon jedoch weder die andere Partei, die gleichwohl ihr Recht darin gründen will, noch auch der Richter wissen, was es sein könne. Aber in diesem Falle begreift man auch nicht, woher der Verdacht entstehen kann, den der Calumnien-Eid voraussetzt.

Hierzu kommt ferner, daß es höchst schwierig ist, im Gesetz den Fall seiner Anwendung zu bestimmen. Zu dem Ende müßte vor Allem feststehen und sicherer, als bisher festgestellt werden, was eine Chikane sei, damit sowohl der Richter dieselbe erkenne, als die Partei wisse, was sie beschwören und durch den Schwur von sich ablehnen soll. An und für sich kann es keine Chicane genannt werden, wenn eine Partei von gesetzlich gestatteten Fristen und Rechtsmitteln Gebrauch macht, oder wenn sie Thatsachen verschweigt, worüber ihr keine Erklärung abgefordert ist und deren Anführung nicht in ihrem, sondern in des Gegners Interesse liegt. Nur die Absicht kann ein solches Verfahren zur Chikane machen. Allein die Absicht ist, wie überall, so zumal in Prozessen schwer zu bestimmen. Hier treffen nicht selten principale Intentionen mit eventuellen und den eventuellsten zusammen. Wenn also eine Partei in einem mißlichen Prozesse verlängerte Fristen nachsucht, oder auf entfernte Beweismittel Bezug nimmt, in der Absicht, dadurch ihre Vertheidigung zu führen, eventualiter aber, um für den schlimmsten Fall Zeit zu gewinnen, zur Herbeischaffung der Zahlungsmittel oder zur Unterhandlung eines Vergleichs; oder wenn sie Thatsachen nicht anführt, von welchen sie glaubt, daß sie nicht erheblich sind, jeden Falls aber nur dem Gegner nützen würden; wird man diese Partei um deshalb der Chikane beschuldigen und ihr den Calumnien-Eid auflegen können? Und wenn er ihr aufgelegt wird, kann sie ihn mit gutem Gewissen ableisten? Versteht man unter Chikane jedes Anbringen einer unstatthaften Forderung und jedes Vorenthalten oder Bestreiten eines unzweifelhaften Rechts; so dürfte in vielen Prozessen die eine Partei in dem Fall sein, den Eid nicht mit ganz gutem Gewissen leisten zu können. Dennoch aber wird sich in diesen Fällen selten behaupten lassen, daß die Partei aus bloßer und völlig bewußter Chicane handele; sondern sie wird sich selbst täuschen, einen Schein Rechtens hervorsuchen und endlich glauben, was sie wünscht. Bedenklich ist es daher, über eine meistens so unklare und zusammengesetze Absicht den Eid zuzulassen und wenn irgendwo ein Mißbrauch desselben zu befürchten steht, so ist es hier.

Die Praxis endlich macht, so viel bekannt ist, von dem **juramentum calumniae** gar keinen Gebrauch. Daß der Grund hiervon allein oder hauptsächlich in dem Prozeßverfahren der Gerichts-Ordnung liege und daß es dieser gelungen sei, die Chikane ganz zu verbannen und die Verschleppung der Prozesse unmöglich zu machen, läßt sich wohl nicht behaupten. Einen gleichen oder größeren Antheil daran dürfte die Ueberzeugung der Gerichtshöfe haben, daß jener Eid ein wenig geeignetes Mittel sei, dem Uebel zu steuern. Wie dem aber auch sei; so spricht Beides gleich sehr wider ihn. Um so weniger ist daher auch Anstand genommen worden, Vorschriften zu übergehen, die keine Anwendung finden, obgleich nur das Ober-Landesgericht zu Königsberg ausdrücklich auf Abschaffung des Calumnien-Eides angetragen hat.

Zum §. 332.

(conf. §. 377 Tit. 10, §. 39 Tit. 13 und §. 95 des Anhanges zur A. G. O.)

In der zuletzt allegirten Stelle bestimmt die Allgemeine

Gerichts-Ordnung die Fassung der Urtheile, in welchen auf einen Eid erkannt wird, dahin:

daß die Partei schuldig sei, ernstlich zu prüfen, ob sie ohne Verletzung ihres Gewissens und ohne sich der Gefahr auszusetzen, als meineidig bestraft zu werden, einen Eid dahin, daß rc. leisten könne.

Es scheint indessen nicht angemessen, in einem Urtheile auf Gewissens-Prüfung zu erkennen und ist deshalb die in den Entwurf aufgenommene abgeänderte Formel vorgeschlagen worden.

Zum §. 333.

Diese Vorschrift ist bereits im §. 31 der Verordnung vom 1. Juni 1833 für die Fälle enthalten, in welchen im summarischen Prozeß das Urtheil sofort in dem zur mündlichen Verhandlung angesetzten Termine abgefaßt wird. Derjenige welchem der Eid auferlegt oder zugeschoben wird, würde in eine Collision gerathen, wenn er sofort in dem nämlichen mündlichen Termine das Gegentheil desjenigen, was er in eben demselben noch kurz vorher geläugnet oder behauptet hat, beschwören sollte und es überdem sehr unangemessen sein, eine ernstliche Gewissens-Prüfung vorzuschreiben und zugleich zu fordern, daß der Eid in continenti geleistet werde. Diese Vorschrift ist in der obgedachten Verordnung nur auf diesen Fall beschränkt, weil in den übrigen Fällen demjenigen, welcher schwören soll, von der Eröffnung des Urtheils bis zu dem anzusetzenden Schwörungs-Termine ohnehin eine genügende Frist zu seiner Vorbereitung auf die Eidesleistung verbleibt.

Zum §. 334.

Dieser §. ist aus §. 377 Tit. 10 der Allgem. Gerichts-Ordnung entnommen.

Zum §. 335.

Hierin ist der §. 36 Tit. 13 der A. G. O. in veränderter Fassung wiedergegeben.

Zum §. 336.

Diese Vorschrift ist aus dem §. 37 Tit. 13 der Allg. Ger. Ord. entnommen, jedoch, abweichend von derselben in das Ermessen des Gerichts gestellt worden, weil sie nicht für alle Sachen der bezeichneten Cathegorien nöthig ist und daher in derselben Zeit-Verlust und Kosten nutzlos verursachen würde.

Zum §. 337.

Im §. 40 Tit. 13 bestimmt die Gerichts-Ordnung, daß, wenn sowohl der Grund, als der Betrag derselben Forderung streitig gewesen und über beides verhandelt ist, — was häufig bei Entschädigungsforderungen vorkommt, — alsdann der Richter, auch wenn er die Forderung verwirft, dennoch über den Betrag erkennen solle, welcher dem Kläger für den Fall zukommen würde, daß das Erkenntniß in den folgenden Instanzen geändert und der Grund des Anspruchs für richtig angenommen werden sollte. Diese Bestimmung gründet sich nur in der Ansicht, daß die Parteien sonst eine Instanz verlieren würden; eine Ansicht, welche nicht für richtig erachtet werden kann, denn wäre sie es, so müßte folgerechter Weise überall kein Novum in den weiteren Instanzen mehr zugelassen werden und der Appellationsrichter dürfte nur die Richtigkeit der Entscheidung des ersten Richters prüfen, nicht aber selbst in der Sache erkennen, indem es in dieser Beziehung gleich gelten muß, ob es das Quantum der Forderung, oder welcher andere Umstand, Rechtsgrund, oder Einwand es ist, über welchen der erste Richter nicht ausdrücklich erkannt hat. Hiernach läßt sich also die auf einer irrigen Ansicht beruhende Vorschrift der Gerichts-Ordnung nicht halten, vielmehr hat der Richter in den bezeichneten Fällen nur über den Klagegrund zu erkennen, wenn er denselben verwerfen zu müssen glaubt und der Appellationsrichter muß nichtsdestoweniger, wenn er das Erkenntniß des ersten Richters hierin abändert, sofort über das Quantum erkennen, da seine Entscheidung in diesem Falle den ganzen Rechtsstreit und nicht bloß einzelne Theile desselben umfassen soll. Es ist indeß zur Sprache gekommen, daß es eine große Härte für die Parteien enthält, in Fällen, in welchen namentlich rücksichtlich des Quanti der Forderung eine weitläuftige und kostspielige Instruktion und Beweisaufnahme Statt gefunden habe, denselben den Antrag auf ein Erkenntniß über den Betrag der Forderung zu versagen und daß es nichts Bedenkliches haben könne, ihnen wenigstens zu gestatten, ein solches eventuelles Erkenntniß über den Betrag der Forderung zu verlangen. Hiergegen dürfte sich auch nichts erinnern lassen und ist deshalb diese Modification in dem §. 335 des Entwurfs ausgesprochen worden.

Zum §. 338.

(conf. §. 41 Tit. 13 der A. G. O.)

Der Schlußsatz enthält einen Zusatz, der deshalb nöthig erschien, weil nach der Anmerkung zum folgenden Paragraphen die Bestimmung der Gerichts-Ordnung wegen der nicht geforderten Zinsen beseitigt worden ist und man sonst veranlaßt werden könnte, anzunehmen, daß auch, auf die Erstattung der Kosten, auch wenn sie nicht ausdrücklich gefordert worden, nicht erkannt werden dürfe, man hierdurch aber mit den allgemeinen Bestimmungen über die Tragung und Erstattung der Kosten in Widerspruch gerathen würde.

Zum §. 339.

Der Zweck dieser Bestimmung ist, zu verhüten, daß wegen Nebenpunkte der Art, worüber sich die Urtheile häufig nur implicite aussprechen, und, ohne pedantisch oder schleppend zu werden, oft nicht anders aussprechen können, unter dem Vorwande, daß nicht ausdrücklich darüber erkannt sei, neue Prozesse entstehen. Z. B. wenn der Richter die Zinsen für einen kürzeren Zeitraum, als gefordert worden, zuerkennt, und mit dem Mehr Geforderten nicht ausdrücklich abweist. Die Gerichts-Ordnung handelt hiervon bei den Kosten §§. 58 — 64 Tit. 23. Indessen gehört diese Vorschrift besser hierher, da sie das Erkenntniß und dessen Fassung betrifft.

Die Gerichts-Ordnung bestimmt im §. 58 l. c. hierüber, daß in Fällen, in welchen nach den Gesetzen ein Grund zur Zinsenforderung vorhanden ist, der Richter von Amtswegen darauf erkennen solle, jedoch, wenn auf Zinsen angetragen und weniger gefordert worden, als gesetzlich gefordert werden könnte, nicht auf höhere Zinsen erkannt werden solle. Hiergegen haben sich in den eingekommenen Gutachten viele Stimmen erhoben und das mit allem Rechte. Denn jene auch mit sich selbst nicht im Einklange stehende Bestimmung streitet gegen den Grundsatz, daß der Richter nicht ultra petita erkennen dürfe und es läßt sich durchaus kein Grund finden, weshalb in diesem Falle eine Ausnahme hiervon zu machen wäre. Auf der andern Seite kann es sich hierbei ereignen, daß der Richter einer Partei nicht bloß mehr, als sie gebeten, sondern etwas, das ihr auf keine Weise gebührt, zuerkennt, wenn vielleicht der ursprünglich vorhandene gesetzliche Grund zur Zinsforderung durch spätere Uebereinkunft der Parteien geändert, oder die Zinsen gültiger Weise erlassen waren. Indem der Richter von Amtswegen auf nicht geforderte Zinsen erkennt, ist der Gegentheil nicht einmal im Stande, die ihm dagegen zustehenden Einwendungen geltend zu machen und wird ungehört verurtheilt. Zugleich steht die Bestimmung der Gerichts-Ordnung in Widerspruch mit den Grundsätzen des Allgemeinen Landrechts. Nach §. 843 und 845 Tit. 11 Th. I. des Allgemeinen Landrechts können Zinsen, wenn über das Kapital ohne Vorbehalt quittirt ist, nicht nachgefordert werden, sondern sind für bezahlt oder erlassen zu achten. Es findet also bei den Zinsen, gegen die Regel, ein stillschweigender Erlaß Statt. Dagegen sollen nach der Gerichts-Ordnung, wenn das Kapital ohne die Zinsen eingeklagt wird, woraus man nach jenem Grundsatz vielleicht ebenfalls auf einen Erlaß schließen könnte, die Zinsen nicht nur nicht für bezahlt oder erlassen angesehen, sondern sogar ungefordert und ohne den Gegentheil darüber zu hören, zugesprochen werden. Aus diesen Gründen ist die Vorschrift im §. 58 der Gerichts-Ordnung, daß der Richter auf gesetzliche Zinsen von Amtswegen erkennen solle, nicht in den revidirten Entwurf aufgenommen.

Nach dem §. 62 l. c. sind Schäden und Kosten, welche im Erkenntnisse übergangen worden, für aberkannt zu achten, wegen der Zinsen verweist er auf das Allgemeine Landrecht Th. I. Tit. 11 §§. 845 u. 848. Nur die §§. 846 u. 848 h. t. gehören hieher und bestimmen dasselbe. Was von Schäden und Zinsen gilt, muß aus gleichen Gründen auch auf die Früchte Anwendung finden. Die Kosten aber können, wenn sie im Urtheil übergangen sind, nicht für aberkannt geachtet werden, sondern müssen der Entscheidung über die Hauptsache folgen.

Zu §§. 340 und 341.
(cfr. §§. 37 u. 38 Tit. 13 der A. G. O.)

Die Vorschrift des §. 24 der Verordnung vom 14. Dezember 1833 (Gesetzs. von 1833, S. 307), nach welcher in dem Erkenntniß die Namen der Richter, welche dasselbe gesprochen haben, ersichtlich sein sollen, ist nicht aufgenommen worden, da diese Vorschrift nicht allein überflüssig, sondern auch einen Uebelstand verursacht. Es schwächt nicht allein den Eindruck, wenn man lieset:

> erkennt das Ober-Landesgericht, wo zugegen waren die Räthe NN. NN. und der Assessor NN. oder „woran Theil nahmen die Räthe NN. NN. NN. und die Assessoren NN.“

sondern auch das Urtheil, wenn das Ober-Landes-Gericht als der Gerichtshof, welcher den Richterspruch abgefaßt hat und erläßt, unmittelbar darauf verkündigt, daß dies Urtheil nicht von dem ganzen Gerichtshofe oder dem betreffenden ganzen Senate, sondern nur von einem Theile der Mitglieder desselben gesprochen sei, die Mehrzahl derselben aber an dem Erkenntniß gar keinen Theil habe, welche vielleicht ganz andrer Meinung sein kann. Das Ansehen und Vertrauen, was ein Collektiv-Namen und ein Collegium haben, wird hierdurch geschwächt, vielleicht untergraben und geht in individuelles Vertrauen unter welches oft dadurch, daß die Mitglieder namentlich aufgeführt werden, geschieht. Dies fällt grade bei den Erkenntnissen Preußischer Gerichtshöfe um so mehr auf, als sie früher im Namen des Landesherrn abgefaßt wurden, jetzt aber nicht einmal, wie in den mehrsten Deutschen Staaten, in den Urtheilen des Auftrages des Landesherrn und überhaupt des Landesherrn überall keine Erwähnung geschieht, indem in den mehrsten andern Staaten die Erkenntnisse dahin gefaßt werden:

> erkennt im Namen (oder im Auftrage) des Allerdurchlauchtesten Königs und Herrn NN. hiermit für Recht rc.

in den Preußischen Gerichtshöfen aber dieser Zusatz nicht üblich ist, sondern die Urtheile ohne denselben in der Form:

> erkennt das Königliche Ober-Landes-Gericht hiermit für Recht,

abgefaßt werden und es allerdings auffallend ist, als Zusatz die Namen der Räthe und Assessoren, welche mit gestimmt haben, anzuführen. Diese Veränderung hat daher auch manche Bemerkungen veranlaßt und kann die namentlich angeführten Mitglieder in manche unangenehme Collisionen bringen. Diese Anführung ist an sich ganz nutzlos; sie hat den Zweck zu constatiren, daß die gesetzlich erforderliche Anzahl von Mitgliedern an dem Urtheile concurrirt habe und daher keine Nullität eintrete. Wenn überhaupt den Gerichtshöfen nicht die Vermuthung für die Rechtmäßigkeit ihres Verfahrens zur Seite stehen und es der Nachweisung derselben in jedem einzelnen Falle bedürfen sollte; so bedarf es doch dazu nicht jenes Mittels, sondern es würde dies auf einem angemessenern Wege zu erreichen sein, z. B. durch die Bemerkung, daß der Gerichtshof in der gesetzmäßigen Anzahl von Mitgliedern versammelt gewesen sei, obgleich auch dieses durch das in der Prozeß-Ordnung enthaltene Gebot, daß ohne eine solche Anzahl die Abfassung eines Erkenntnisses nicht gestattet werden solle, jeden gewiß völlig beruhigen wird. Wünschenswerth dürfte es indessen sein, die Erkenntnisse der Ober-Landes-Gerichte mindestens unter Erwähnung des landesherrlichen Auftrages und daß das Erkenntniß im Namen des Landesherrn ergehe, abzufassen.

Der §. 58 Tit. 13 der Allg. Ger. Ord. verordnet nur, daß die Urtheile und Resolutionen des Gerichts in beglaubter Form ausgefertigt werden sollen. Ueber diese Form selbst ist in der Prozeß-Ordnung nichts bestimmt. Nach Theil III. Titel 2 §. 20 soll es, wo von den Pflichten der Justiz-Beamten die Rede ist, bei der hergebrachten Observanz und Verfassung sein Bewenden haben. Eine Bestimmung hierüber scheint indeß auch in die Prozeß-Ordnung zu gehören und eine gleichmäßige Form erforderlich.

Zu §§. 342 und 343.

Diese Vorschriften sind aus den §§. 1 — 4 der Verordnung vom 5. Mai 1838 (Gesetzs. von 1838 S. 273) entlehnt, die letzteren aber verschiedentlich modificirt worden. Diese Verordnung hat die Allgemeine Gerichts-Ordnung hauptsächlich darin geändert, daß nach derselben die Erkenntniß-Ausfertigungen nicht mehr den Sachwaltern, sondern den Parteien in Person insinuirt werden sollen. Diese Abänderung ist durch die Besorgniß bewirkt, daß eine Partei nach den bisherigen Vorschriften durch die Nachlässigkeit ihres Sachwalters der gegründetsten Rechtsmittel beraubt werden und für sie der Prozeß unwiderbringlich verloren sein könne, weil, wenn das Rechtsmittel nicht innerhalb der vorgeschriebenen Frist eingelegt sei, angenommen werden müsse, daß sie sich bei einem Urtheile beruhigt, von welchem sie gleichwohl niemals Kenntniß erlangt habe. Allerdings würde es, wenn dieser Fall, welchen die gedachte Verordnung im Auge hat, sich häufiger ereignet hätte, gerechtfertigt sein, auf ein Mittel Bedacht zu nehmen, wodurch jenem Uebelstande vorgebeugt würde und es würde das vorgeschlagene angemessen sein, wenngleich es den Parteien mehr Kosten und Weitläuftigkeiten verursacht als das bisherige Verfahren und zugleich die Arbeit der Gerichte bedeutend vermehrt. Allein die Fälle, in welchen das Rechtsmittel durch die Schuld des Sachwalters verloren gegangen ist, gehören zu den größten Seltenheiten und schwerlich dürfte daher ein practisches Bedürfniß die obgedachte Verordnung veranlaßt haben. Ganz abgesehen davon, daß die Letztere die Arbeiten der Gerichte vermehrt, ein Grund, der überhaupt von keinem besonderen Gewichte sein könnte, wenn die Verordnung das Interesse des Prozeßführenden Publikums beförderte; so lehrt auch die Erfahrung, daß dieselbe im Publikum selbst keinen Anklang findet. Denn fast ohne alle Ausnahme enthalten jetzt die Prozeßvollmachten die Ermächtigung für die Sachwalter, die Erkenntniß-Ausfertigungen in Empfang zu nehmen. Die Parteien benutzen fast allgemein die Hinterthür, welche ihnen das Gesetz selbst gelassen hat und documentiren dadurch auf das unzweideutigste, daß ihnen dasselbe unbequem ist und daß sie lieber, wie bisher, sich der Gefahr aussetzen, durch die Versäumniß ihres Sachwalters ein Rechtsmittel zu verlieren, als die durch die allegirte Verordnung ihnen nothwendig entstehenden Mehrkosten übernehmen wollen. Dies beweist zur Genüge, daß die Gefahr, welche das Gesetz hat vermeiden wollen, nicht so dringend war und ist, als dasselbe es vermuthen läßt und es liegt von selbst vor, daß so, wie sich die Sache gegenwärtig gestaltet hat, indem jetzt die Sachwalter nach wie vor, wenn auch auf Grund besonderer Vollmachten, die Erkenntniß-Ausfertigungen in Empfang nehmen, es angemessener erscheint, jene dem Publikum unbequeme Vorschrift ganz wieder zu beseitigen und zu den Vorschriften der Gerichts-Ordnung zurückzukehren (conf. §§. 44 seq. Tit. 13 der Allgem. Ger. Ord.) Für diese Aufhebung der erwähnten Vorschrift spricht außer diesem allgemeinen Grunde auch noch der besondere Grund, daß dieselbe rücksichtlich der auswärtigen Parteien in der Regel den beabsichtigten Zweck nicht erreicht. An diese sollen die Erkenntniß-Ausfertigungen durch die Post gesandt werden, die Mehrzahl dieser Briefe, namentlich wenn sie einen weiten Weg zu machen haben, kommt aber nach den bisherigen Erfahrungen wieder zurück. Abgesehen davon, daß demnach auf diese Weise den Parteien das doppelte Porto verursacht wird, so muß nun das zurückgekommene Erkenntniß an der Gerichtsstelle ausgehangen werden. Hierdurch wird aber das Erkenntniß am allerwenigsten zur Kenntniß einer abwesenden Partei gebracht und die Gefahr, daß sie das Rechtsmittel versäumen werde, ist um so größer, als nunmehr der Sachwalter voraussetzen muß, daß sein Mandant das Erkenntniß erhalten habe und er in dieser Voraussetzung ein Rechtsmittel dagegen ohne besonderen Auftrag nicht anmelden wird.

Ein besonderer Nachtheil entsteht aus der neuen Insinuations-Art sowohl für die inländischen als die auswärtigen Parteien daraus, daß sie gegenwärtig getrennt von ihrem Sachwalter das Urtheil erhalten, und dasselbe entweder gar nicht oder, mit dem Detail der Sache unbekannt, nicht seinem ganzen Umfange und Sinne nach verstehen, am wenigsten aber über ein einzulegendes Rechtsmittel eine Ansicht zu fassen vermögen und daher, schwankend, besorgt und ungewiß, was ihnen das Urtheil gebracht habe, darüber erst Belehrung und Aufklärung von ihrem Sachwalter holen und mit ihm über ein einzulegendes Rechtsmittel schriftlich oder mündlich berathen und ihm daher das Urtel nach dem Orte, aus welchem sie es erhalten, zusenden müssen, anstatt sie dasselbe bisher von ihm und zugleich die erforderliche Auskunft, Erläuterung und Rathschläge über die ferner zu nehmenden Schritte erhielten. So wohlwollend die Absicht war, von welcher die Verordnung vom 5. Mai 1838 ausging; so hat sie doch ihren Zweck nicht erreicht, es ist vielmehr der anscheinend angemessene Versuch, den Parteien das Erkenntniß in Person zu insinuiren, gemacht, derselbe hat sich aber als unausführbar bewährt und die Lage der Parteien mißlicher gemacht.

Aus diesen Gründen ist bei der Revision eine Abänderung der erwähnten Vorschrift der Verordnung vom 5. Mai 1838 in der Art beantragt:

> daß die Insinuation der Erkenntniß-Ausfertigungen in der Regel an die Sachwalter erfolgen und hiervon nur dann eine Ausnahme gemacht werden solle, wenn die Parteien dies ausdrücklich in den Vollmachten oder sonst untersagt hätten.

Der §. 2 der Verordnung vom 5. Mai 1838 kann gegenwärtig, wo durch die neue Prozeß-Ordnung alle darin nicht aufgenommenen Vorschriften der Gerichts-Ordnung für aufgehoben erklärt, entbehrt werden und ist daher übergangen. Im §. 3 l. c. und zwar Litt. a ist hinzugefügt worden, daß die hierin enthaltene Vorschrift nur dann zur Anwendung komme, insofern die Litisconsorten an einem und demselben Orte wohnhaft seien; denn ist Letzteres nicht der Fall, so muß jeder Litisconsort eine Ausfertigung des ganzen Erkenntnisses erhalten, weil man ihm nicht zumuthen darf, Reisen zu machen, um von den Gründen des Erkenntnisses Kenntniß zu erlangen.

Die Litt. b des allegirten §. enthaltenen Vorschriften sind gegenwärtig entbehrlich, da nach den im Allgemeinen Theile aufgenommenen Bestimmungen, den abwesenden und dem Aufenthalte nach unbekannten Personen ein Litiscurator zu bestellen ist und diesem auch die Erkenntnisse werden insinuirt werden müssen.

Nicht minder erschien die Vorschrift Litt. d entbehrlich, nachdem in den Allgemeinen Theil die Bestimmung übernommen ist, daß eine am Orte des Gerichts nicht wohnhafte Partei verpflichtet sei, daselbst Jemanden zu bestellen, dem die an sie gerichteten Verfügungen ꝛc. des Gerichts zugestellt werden könnten.

Endlich ist auch der §. 4 l. c. aus den zu §. 1 und §. 2 Litt. b angeführten Gründen übergangen worden, welche die in jenem enthaltenen Vorschriften gleichfalls entbehrlich machen.

In wie fern den Sachwaltern aufzugeben sein möchte, die Absendung der ihnen insinuirten Urtheile an ihre Committenten binnen einer zu bestimmenden Frist und bei einer Strafe von fünf Thalern dem Gerichte anzuzeigen kann nur anheimgestellt werden.

Zum §. 344.

Diese Vorschrift giebt den §. 107 des Anhanges zur Gerichts-Ordnung unverändert wieder.

Zweite Abtheilung.

Von

den summarischen Prozessen.

Erster Abschnitt.

Allgemeine Bestimmungen.

Die Vorschriften über den Mandats-, Summarischen und Bagatell-Prozeß, welche in den Abschnitten 2 bis 4 folgen, gründen sich auf die Verordnung vom 1. Juni 1833 (Ges. Samml. von 1833 S. 37 sq.) und sind nur da ergänzt, oder geändert worden, wo entweder später ergangene Bestimmungen, oder das Bedürfniß dies erheischten. Bei der Bearbeitung dieses Gegenstandes ist von der Anordnung der allegirten Verordnung abgewichen, indem die Allgemeinen Bestimmungen, welche jene Verordnung in dem letzten Titel enthält, vorangestellt sind, weil die natürlichste und zweckmäßigste Folgeordnung eines jeden Gesetzes diejenige ist, daß zuerst die allgemeinen und dann die besonderen Vorschriften gegeben werden.

Zum §. 345.

Dieser Paragraph entspricht dem §. 74 der Verordnung vom 1. Juni 1833, er ist nur in Bezug auf das nicht mehr passende Allegat geändert und wird sein Inhalt kein Bedenken finden.

Zu §§. 346 und 347.

Hierin ist von der Vorschrift des §. 70 der Verordnung vom 1. Juni 1833 nur in sofern abgewichen, als bestimmt ist, daß von einer ihren Prozeß in Person führenden Partei kein Schriftsatz angenommen werden solle, der nicht von ihr und einem bei dem Gerichte zugelassenen Justiz-Commissarius unterzeichnet ist. Es ist dies die Wiederholung einer für den ordentlichen Prozeß und zwar im Interesse der Parteien gegebenen Vorschrift, welche dadurch vor oberflächlichen und deshalb ihnen sehr leicht präjudicirlich werdenden Erklärungen geschützt werden sollen und es wird nicht das mindeste Bedenken finden, dieselbe auch auf die abgekürzten Prozeßarten anzuwenden, da derselbe Grund auch hier obwaltet und durch jene Vorschrift der Gang des Verfahrens in keiner Art berührt wird. Der §. 71 l. c. ist durch dieselbe zugleich entbehrlich geworden und daher übergangen.

Zum §. 348.

Dieser Paragraph entspricht dem §. 72 der Verordnung vom 1. Juni 1833, nur ist anstatt „Betheiligten" gesagt worden: „Parteien, Zeugen u. s. w.," weil jener Ausdruck wohl zu dem Mißverständnisse Veranlassung geben könnte, daß bloß die an die Parteien zu richtenden Verfügungen nur mittelst Dekretsabschriften insinuirt werden sollen.

Zum §. 349.

Aus dem §. 73 der Verordnung vom 1. Juni 1833 ist hier nur das fortgelassen, was sich auf die nicht collegialischen Gerichte bezieht, weil Letzteres nicht hierher, sondern dorthin gehört, wo von dem Verfahren vor nichtcollegialischen Gerichten gehandelt wird.

Zum §. 350.

conf. §. 75 der Verordnung vom 1. Juni 1833.

Zum §. 351.

Dieser Paragraph giebt den §. 3 der Instruktion vom

24. August 1833 (Jahrb. Bd. 41 S. 439) wieder; die darin enthaltene Bestimmung scheint zweckmäßig und ist deren Aufnahme daher erfolgt.

Zum §. 352.

conf. §. 76 der Verordnung vom 1. Juni 1833.

Der §. 77 ist übergangen, da derselbe, wenn er überhaupt noch zur Anwendung kommen könnte, in das Publications-Patent gehören würde.

Zweiter Abschnitt.

Vom Mandats-Prozesse.

Zum §. 353.

Der §. 1 der Verordnung vom 1. Juni 1833, hat mehrere Aenderungen erleiden und mehrere Zusätze erhalten müssen, welche nachstehend näher angedeutet und motivirt worden sind.

1) Am Eingange des §. 1 l. c. heißt es:

der Mandats-Prozeß soll künftig nicht bloß in den durch Titel 28 §. 15 der Prozeß-Ordnung bestimmten, sondern überhaupt in folgenden Fällen Statt finden.

Dieses Allegat fällt gegenwärtig, wo die Gerichts-Ordnung durch die künftige Prozeß-Ordnung aufgehoben werden soll, weg.

2) Der §. 114 des revidirten Entwurfs hat den Unterschied zwischen gerichtlich oder notariell aufgenommenen und den gerichtlich oder notariell anerkannten Urkunden aufgehoben und mußte daher die Nr. 1 des §. 1 l. c. geändert und mit

dem §. 114 des Entwurfs in Einklang gebracht werden. Um jedes Mißverständniß zu verhüten, ist jedoch hier hinzugefügt worden, daß es keinen Unterschied mache, ob die Urkunde gerichtlich oder notariell aufgenommen, oder bloß anerkannt sei. Man hatte hierbei auch die Frage gestellt:

> ob aus ausländischen öffentlichen Urkunden der Mandats-Prozeß zugelassen werden könne?

und geglaubt, sie verneinen zu müssen, weil die ausländischen öffentlichen Urkunden nach §. 118 des Entwurfs, nur dann den inländischen öffentlichen Urkunden rücksichtlich ihrer Beweiskraft gleichgestellt werden, wenn es von dem Producten nicht bestritten ist, daß sie von dem Aussteller wirklich herrühren und Letzterer zu deren Ausstellung befugt war; oder nach §. 120 des Entwurfs deren Rechtsgültigkeit nicht bezweifelt wird. Dem Richter kann bei Anstellung der Mandatsklage darüber keine Gewißheit verschafft werden, daß Einwendungen der bezeichneten Art gegen die ausländische Urkunde vom Beklagten nicht werden gemacht werden, und ist deshalb auch die Erlassung des Mandats nicht zulässig.

3) Der Nr. 2 des §. 1 l. c. ist noch die hierher gehörige Vorschrift der Cabinets-Ordre vom 19. Juni 1836 ad 4 (Ges. Samml. von 1836 S. 198), so wie eine in dem Rescripte vom 19. Januar 1835 (Jahrb. Bd. 45 S. 198) enthaltene Entscheidung der Frage:

> ob anstatt der im Hypothekenbuche eingetragenen Natural-Prästationen, wenn dieselben in dem Fälligkeits-Termine nicht abgeführt seien, deren Marktpreis im Mandats-Prozesse gefordert werden könne?

deren affirmative Beantwortung für den Fall, daß der Marktpreis bei Anstellung der Klage durch eine öffentliche Urkunde nachgewiesen ist, nach §. 479 Thl. II. Tit. 7 des Allgemeinen Landrechts keinem Zweifel unterliegt, hinzugefügt, sonst aber die Vorschrift unverändert aufgenommen worden.

4) Bei Nr. 3 des §. 1 l. c. ist man jedoch von dem Texte abgewichen. Nach Letzterem ist nämlich die Mandats-Klage aus einem Judikate, welches die Execution nicht mehr zuläßt, nur statthaft, wenn seit dessen Rechtskraft noch nicht fünf

Jahre verflossen sind. Durch diese Vorschrift scheint indeß wenig oder nichts gewonnen zu sein und man hätte leichter zu demselben Resultate kommen können, wenn man die einjährige Frist, binnen welcher ein Urtheil, nachdem es die Rechtskraft beschritten hat, in Vollzug gesetzt werden kann, auf eine fünfjährige verlängert hätte, da auch im Mandats-Prozesse aus einem Judicate keine andern als die in terminis executivis zulässigen Einwendungen gedenkbar sind. Allein auch abgesehen von diesem Grunde, ist überhaupt kein genügendes Motiv dafür vorhanden, daß der Mandats-Prozeß aus einem Judicate nur innerhalb einer bestimmten Frist und nicht so lange zulässig sein soll, als der Anspruch aus demselben noch nicht verjährt ist. Nur das mögte sich dagegen anführen lassen, daß die Länge der Zeit dem Beklagten das Vorbringen und den Beweis der Einwendungen schwieriger macht. Hierauf kann aber kein Gewicht gelegt werden, da dieser Uebelstand auch bei der gegenwärtigen Bestimmung nicht zu vermeiden ist, wenn der Beklagte nicht dafür gesorgt hat, daß er, im Falle aus dem Judicate gegen ihn noch einmal geklagt wird, die ihm dagegen zustehenden Einwendungen erweisen kann und da er in einem solchen Falle in dem nach Ablauf von 5 Jahren angestellten gewöhnlichen Prozesse ebenfalls wird unterliegen müssen. Aus diesen Gründen ist die in den Entwurf aufgenommene Abänderung der allegirten Vorschrift vorgeschlagen worden.

5) Aus Nr. 4 des §. 1 l. c. ist zuvörderst der Schlußsatz:

> „so wie der Gerichte für ihre Gebühren und Auslagen"

in Gemäßheit der Bestimmung der Königl. Cabinets-Ordre vom 17. Octb. 1833 ad 2 (Ges. Samml. von 1833 S. 119) daß das bisherige Verfahren bei Einziehung der festgesetzten gerichtlichen Kosten vor der Hand noch beibehalten werden soll, fortgeblieben. Ferner sind hier nach Vorschrift der Cabinets-Ordre vom 19. Juni 1836 ad 5 (Ges. Samml. von 1836 S. 198) die Forderungen der Kirchen- und Schulbedienten hinzugefügt und endlich ist die Vorschrift auf die Forderungen aller solcher Personen ausgedehnt worden, welche zur Besorgung bestimmter Geschäfte öffentlich bestellt oder zugelassen sind. Diese Erweiterung ist der ratio des Gesetzes unzweifelhaft gemäß und wird dieselbe deshalb kein Bedenken finden.

6) Hat der §. 1 unter den Nummern 5 und 6 noch zwei Zusatzbestimmungen erhalten, welche der Cabinets-Ordre vom 19. Juni 1836 ad 6 und 7 (Ges. Samml. von 1836 S. 198) entlehnt sind.

Zum §. 354.

Dieser Paragraph giebt die Nr. 1 der Cabinets-Ordre vom 17. October 1833 (Gesetz-Sammlung von 1833 S. 119), deren übriger nicht hierher gehöriger Inhalt im §. 362 des Entwurfs berücksichtigt ist, und den §. 4 Nr. 1 Tit. 28 der Allg. Ger. Ord. wieder.

Zum §. 355.

Die Vorschrift des §. 16 Tit. 28 der Allg. Ger. Ord. aus welchem dieser §. entlehnt ist, gehört streng genommen zwar nicht unter die Vorschriften vom Mandats-Prozesse, sie reiht sich aber als ein Ausnahmefall sehr zweckmäßig an den §. 354 an und ist daher um so mehr hier aufgenommen, als sich für dieselbe irgendwo anders eine passendere Stelle nicht findet, sie aber doch nicht gänzlich übergangen werden konnte.

Zu §§. 356 und 357.

Vorstehende, aus der Instruktion vom 24. August 1833 (§§. 6 und 7) entlehnte Paragraphen, enthalten sehr zweckmäßige Bestimmungen über die Substantiirung der Mandatsklage und erscheinen daher nicht entbehrlich. Es ist darin nur das geändert worden, daß, wenn blos Zinsen eingeklagt werden, die Einreichung der Original-Urkunde nicht erfordert wird, weil in diesem minder wichtigen Falle es nicht nothwendig ist, den Kläger für verpflichtet zu halten, die Original-Urkunde aus den Händen zu geben, da er derselben zu andern Zwecken vielleicht bedarf, Originalien durch Hin- und

Rücksendungen und Gebrauch in Prozeß-Verhandlungen leicht beschädigt werden und oft verloren gehen und überdem hierdurch überflüssige Kosten verursacht werden.

Zum §. 358.

Die zur rechten Zeit erfolgte Kündigung des Capitals gehört wesentlich zum Klagegrunde und daher der Nachweis derselben zum Beweise des Letztern, mit dieser Ansicht stimmt auch das Justiz-Ministerial-Rescript vom 6. Januar 1834 (Jahrb. Bd. 43 S. 399) überein.

Zum §. 359.

Die Frage: ob eine Mandatsklage wegen einer Hypothekenforderung, sie betreffe das Capital oder die Zinsen, im Falle einer inzwischen erfolgten Veräußerung des verpfändeten Grundstücks gegen die Person des Schuldners, oder gegen den derzeitigen Eigenthümer des Grundstücks anzustellen sei, um das Pfandrecht gegen das verpfändete Grundstück geltend machen zu können? ist, wie das Rescript vom 8. Dezember 1834 (Jahrb. Bd. 44 S. 409) ergiebt, von den Gerichten verschieden beantwortet worden. Das allegirte Rescript entscheidet dieselbe dahin, daß die Execution aus einem solchen Mandate in das verpfändete Grundstück nur dann zulässig sei, wenn das Mandat an den derzeitigen Eigenthümer erlassen worden und folgert hieraus, daß, wenn das verpfändete Grundstück vor erlassenem Mandate bereits veräußert worden sei, das gegen den Vorbesitzer erstrittene Erkenntniß gegen den Nachfolger nicht vollstreckt werden könne. Diese Entscheidung erscheint vollkommen richtig und wird die oben angedeutete Ungewißheit der Praxis über diesen Punkt die Aufnahme derselben, nachdem sie im §. 359 des Entwurfs allgemeiner gefaßt worden ist, beseitigen.

Zum §. 360.

cfr. §. 1 der Verordnung vom 2. September 1837 (Ges. Samml. von 1838 S. 1). Das für den Fall der Cumulation der in dem gegenwärtigen Paragraphen angedeuteten

Mandatsklagen in dem allegirten Gesetze vorgeschriebene Verfahren, eignet sich seiner Specialität wegen nicht zur Aufnahme in den Entwurf der Prozeß-Ordnung, vielmehr mußte sich diese darauf beschränken, auf jene Verordnung zu verweisen. Dieselbe ist übrigens in dem Entwurfe zugleich auf Gutsherrschaften und andere, mit diesen in gleichen Verhältnissen stehende, Berechtigte ausgedehnt worden, da rücksichtlich dieser eben die Gründe und Verhältnisse, wie bei jenen vorhanden sind und es daher nach Gründen der Billigkeit und Gerechtigkeit kein Bedenken haben wird, ihnen dieselben Befugnisse, wie den Magisträten, zuzugestehen.

Zum §. 361.

conf. §. 2 der Verordnung vom 1. Juni 1833, der nur eine unbedeutende Aenderung in der Fassung erhalten hat.

Zum §. 362.

Diese Vorschrift ist der Nr. 1 der Cabinets-Ordre vom 17. October 1833 (Gesetz-Samml. von 1833 S. 119), entlehnt.

Zum §. 363.

In diesem und den folgenden Paragraphen, ist das Verfahren bestimmt, welches eintreten soll, wenn gegen das erlassene Mandat Einwendungen vorgebracht werden. Dies Verfahren liegt in der Natur des Mandats-Prozesses und stimmt daher mit dem gemeinrechtlichen Mandats-Prozeß, überein und versteht sich mit dem des clausulirten Mandats-Prozesses, von welchem allein hier die Rede ist, von selbst. Daher hat auch die Verordnung vom 1. Juni 1833 §. 3, diese Grundsätze angenommen und sie nur theilweise mehr detaillirt. Theilweise ist hier aber in den vorliegenden Entwurf etwas modificirt, indem insbesondere die Vorschriften desselben über die Instruktion und Entscheidung der vorgebrachten Einwendungen der Natur des Mandats-Prozesses nicht ganz entsprechen, vielmehr das Verfahren in das Gebiet des summarischen Prozesses hinüberziehen. Der Mandatsrichter darf und kann nur über die vorgebrachten Einwendungen und insonderheit über deren Relevanz und Liquidität erkennen; er soll daher auch nur darüber entscheiden, ob das erlassene Mandat aufrecht zu erhalten, oder zurückzunehmen sei. Die Entscheidung ist mithin immer nur auf ein einstweiliges Bestehen oder Wegfallen des Mandats gerichtet und keinesweges eine definitive; so wie nicht nur dem Kläger, wenn das Mandat zurückgenommen wird, freisteht, aus demselben Fundamente aufs neue, nur nicht im Mandats-Prozesse, zu klagen, so hat auch der Beklagte wenn das Mandat aufrecht erhalten wird, das Recht, seine Einwendungen in einem geeigneten Prozeßwege auszuführen. Diese Grundzüge des Mandats-Prozesses hat zwar auch der allegirte §. 3 der Verordnung vom 1. Juni 1833 angenommen, ist aber von denselben darin abgewichen, daß er für den Fall einer im Mandats-Prozesse nöthig werdenden Instruktion und Entscheidung der vorgebrachten Einwendungen auf die für den summarischen Prozeß gegebenen Vorschriften verweist und nicht vielmehr das eigenthümlich schnellere Mandats-Verfahren beibehalten hat, wodurch es möglich wird, daß die vorgebrachten Einwendungen in dem zur mündlichen Verhandlung anzusetzenden Termine sofort erwiesen werden können und zugleich eine Entscheidung darüber in demselben Termine erfolgen kann. Der Entwurf hat sich daher diesem, dem Mandats-Prozesse recht eigenthümlichen Verfahren um so mehr angeschlossen, als der Nutzen desselben durch den so erweiterten Begriff der Liquidität der Einreden, ohnehin bedeutend beschränkt ist, indem der Beweis durch Zeugen, Urkunden und Eideszuschiebung, dem gemeinen Recht entgegen zugelassen ist, um Einreden liquide zu machen.

Zu §§. 364 und 365.

Was die einzelnen Bestimmungen betrifft; so stimmen zunächst die §§. 363 und 364 mit der Verordnung von 1833 überein, nur sind sie präziser gefaßt. Es kann kein Bedenken haben, daß die Einreden, wenn sie berücksichtigt werden sollen, gleich bei der Vorbringung liquide, oder durch Urkunden, Eideszuschiebung oder Zeugen, welche unverzüglich abgehört werden können, bescheinigt und auch erheblich sein müssen. Ein Vorbehalt, die vorgeschützte Einrede, wenn sie vom Kläger bestritten werden sollte, nachweisen zu wollen, kann, wie aus der Natur des Mandats-Prozesses sich ergiebt, nicht zugelassen werden. Nach eben derselben können Einreden, welche — wenn auch durch die schleunigsten Bescheinigungs-Mittel — erst im Prozeß liquide gemacht werden sollen, nicht schon bei ihrer Einwendung liquide sein. Da solche Einreden aber nach der Verordnung von 1833 als zulässig angenommen sind; so sind sie in dem Entwurf nicht als schon liquide im §. 363, sondern im §. 364 mit der Bestimmung aufgeführt, daß sie als liquide angesehen werden sollen.

Zu §§. 366 u. 367.

Wenn der Beklagte liquide Einreden vorbringt; so ist vor weitrer Entscheidung der Kläger über dieselben zu hören und zur mündlichen Verhandlung über dieselben ein Termin anzuberaumen (§. 365), zu welchem beide Theile unter dem §. 366 gedachten Nachtheil vorgeladen werden.

Werden die Einreden in dieser Verhandlung erheblich und liquid befunden; so nimmt das Gericht durch eine auf das Termins-Protokoll zu erlassende Resolution, das Mandat zurück und behält dem Kläger die Verfolgung seines Anspruchs im geeigneten Rechtswege vor. Der Mandats-Prozeß hat hiermit seine Endschaft erreicht.

Zum §. 368.

Dieser Paragraph weicht von der Verordnung von 1833 darin ab, daß letztere dem Kläger das Rechtsmittel gegen die das Mandat zurücknehmende Resolution versagt, der Entwurf ihm aber dagegen die Beschwerde bei dem Appellationsrichter giebt. Es ist in der That ein Wortspiel, wenn man behauptet, daß nach Preußischem Prozeß ein Rechtsmittel nur gegen solche Definitiv-Entscheidungen der Gerichte über materialia causae zulässig sei und ist dieser Satz nur gegründet, insofern von ordentlichen Rechtsmitteln und von

Rechtsmitteln bei einem höhern Richter die Rede ist. Es ist aber den Parteien eine Hülfe gegen eine den Prozeß betreffende und sie in demselben gravirende Verfügung des Richters keinesweges versagt, sondern die Beschwerde bei dem Justiz-Ministerium gestattet und es in der Sache selbst völlig gleichgültig, mit welchem Namen man dieses der Partei zustehende Schutzmittel belegen und bei welcher Behörde dasselbe eingelegt werden soll. Nach dem gemeinen Prozesse findet gegen solche Verfügung die extrajudicielle Appellation statt, in einigen Deutschen Ländern ist sie beibehalten, in andern findet sie als Querel, mehr oder minder gesetzlich näher bestimmt, bei dem Appellations-Gericht und, wo ein solches nicht war, bei der Oberaufsichts-Behörde statt. Nachdem vermöge der Bundes-Gesetze in allen Ländern Ober-Appellations-Gerichte errichtet worden, ist denselben diese Beschwerde-Instanz beigelegt.

Es ist im Preußischen bereits darüber verhandelt, die Beschwerde-Instanz bei dem Justiz-Ministerium auf Gegenstände der eigentlichen Justiz-Oberaufsicht zu beschränken, die übrigen Gegenstände derselben aber richterlichen Behörden und insonderheit den zu errichtenden Appellations-Gerichten zu übertragen. Ob man den Weg zu denselben Recurs oder Beschwerde nennen will, ist in der Sache selbst völlig gleichbedeutend, wenn nur die Unterthanen eine Hülfe haben. Es ist aber nicht zu verkennen, daß Implorationen, welche erhebliche Gegenstände des Prozesses, die auf das Recht selbst Einfluß haben, von geringfügigen Gegenständen, über welche die Partei sich blos beschwert, sehr verschieden sind und daß der Ausdruck Recurs dem Verhältnisse, in welchem gleichstehende Gerichtshöfe gegen einander stehen, angemessener sei, als die Beschwerde und es nur darauf ankommt, dies in der nähern Bestimmung des Begriffs des Recurses zu berücksichtigen. Hiernach würde der Recurs vielleicht zweckmäßiger sein, es ist indessen hier bei der Beschwerde geblieben und angenommen, daß diese den Parteien auf keinen Fall versagt werden dürfe, weil es für die Rechte derselben oft sehr erheblich ist, ob sie im Mandats-Prozeß geltend gemacht werden könne, oder im Wege des ordentlichen Prozesses verfolgt werden müssen und der Richter hierin oft fehlen und willkührlich verfahren kann, mithin der Partei das Recht nicht versagt werden kann, die Wiederherstellung des Mandats beim höhern Richter zu versuchen, ehe sie zum ordentlichen Prozesse schreitet. Es ist die Beschwerde in diesem Falle nicht an die vorgesetzte Behörde, sondern an den Appellationsrichter zu richten.

Zum §. 369.

Dieser §. stimmt mit der Verordnung v. 1. Juni 1833 überein.

Zum §. 370.

Dieser §. folgt aus der Natur des Mandats-Prozesses und stimmt mit der oben gedachten Verordnung überein. Es ist nur hinzugefügt, daß der Beklagte für den Fall der Aufrechterhaltung des Mandats zur Deposition oder Cautions-Bestellung befugt sei, welches schon aus allgemeinen Rechts-Grundsätzen folgt.

Zum §. 371.

Dieser §. bedarf keiner weitern Rechtfertigung und wird auf die Bemerkungen zum §. 369 Bezug genommen.

Zum §. 372.

In diesem §. ist der im Gesetz vom 1. Juni 1833 nicht näher vorgesehene Fall berücksichtigt, daß gegen das Mandat unerhebliche oder illiquide Einwendungen vorgebracht werden und ist daher dieselbe hier ergänzt. Dies Verfahren ergiebt sich von selbst. Es liegt vor, daß wenn die Unerheblichkeit oder Illiquidität der Einreden aus denselben selbst und schon aus der Erklärung des Beklagten hervorgehen, es der Vernehmung des Klägers darüber nicht erst bedarf, sondern der Richter sie von Amtswegen verwerfen muß, was selbst noch im gemeinen Prozeß der Fall ist. Daß diese Verwerfung nur durch Decret erfolgen könne, liegt ebenfalls von selbst vor. Es ist billig dem Beklagten in diesem Decret eine erweiterte Frist, um dem Mandate Folge zu leisten, da die in letztrem gesetzte Frist gemeinhin verstrichen sein wird und überhaupt der Beklagte wegen der vorgeschützten Einreden, zur völligen Paritionsleistung sich selten in den Stand wird gesetzt haben. Auch in diesem Fall liegt dem Richter ob, wenn die Bedingung des §. 371 eintritt, ohne daß dadurch das Mandatsverfahren aufgehalten wird, zur Verhandlung über die Einwendungen des Beklagten einen nahen Termin in der geeigneten Prozeßart anzusetzen. Dies ist in diesem Fall noch nothwendiger, als in dem des §. 371, weil sonst der Beklagte außer Stande sein würde, seine Einreden geltend zu machen, wenn nicht der Kläger wegen eben dieses Gegenstandes eine Klage anstellt, welches ein kaum vorauszusetzender Fall ist.

Zum §. 373.

Der §. 373 endlich läßt dem Beklagten in dem §. 372 des Entwurfs vorgesehenen Fall den Weg der Beschwerde an den Appellationsrichter offen. Dieser Fall ist demjenigen des §. 367 des Entwurfs durchaus analog und wird daher auf die bei demselben angeführten Motive Bezug genommen. So wie es sich von selbst versteht, daß diese Beschwerde die Execution nicht aufhält; so ergiebt sich auch ohne Ausführung, daß dem Beklagten die Befugniß zur Deposition und cautio de eventualiter restituendo nicht versagt werden kann.

Zum §. 374.

Dieser §. stimmt mit dem §. 4 der Verordnung vom 1. Juni 1833 überein und hat hier nur den unzweifelhaften Zusatz erhalten, daß wenn die Einwendungen nach Ablauf der im Mandate bestimmten Frist angebracht werden, nach Vorschrift der §§. 372 und 373 des Entwurfs zu verfahren sei, damit sie nicht ganz verworfen und dadurch dem Beklagten die Gelegenheit sie auszuführen genommen wird, welches nicht anders, als auf eine Klage geschehen kann, weshalb die Mandats-Klage in der geeigneten Prozeß-Gattung weiter verhandelt werden muß.

Zum §. 375.

Diese Vorschrift ist in der Natur des Mandats-Prozesses gegründet und daher auch in den Schlußsatz des §. 3 der Verordnung vom 1. Juni 1833 aufgenommen.

Der §. 5 derselben endlich ist schon im §. 368 des Entwurfs berücksichtigt.

Dritter Abschnitt.

Vom summarischen Prozesse.

Zum §. 376.

Der §. 6 der Verordnung vom 1. Juni 1833 hat in dem vorliegenden Entwurf mehrfache Aenderungen und Ergänzungen aus späteren Gesetzen erleiden müssen, zu deren Erläuterung Folgendes bemerkt wird.

1) Im Eingange des §. 6 der gedachten Verordnung, heißt es:

> der summarische Prozeß, in so fern die Sache sich nicht zum Mandats-Prozesse eignet, findet Statt.

Dieser Zwischensatz war in der Verordnung nöthig, weil in derselben unter Nr. 1 alle Sachen zum summarischen Prozesse verwiesen wurden, in denen nach den bisherigen Vorschriften der Executiv-Prozeß eintrat, von diesen aber die Klagen aus den im §. 2 Nr. 1 bis 4 Tit. 28 der Allg. Gerichts-Ordnung aufgeführten Urkunden jetzt nach §. 1 der Verordnung im Wege des Mandats-Prozesses eingeleitet werden sollen. Auf die Vorschriften der Allgemeinen Gerichts-Ordnung, kann aber im Entwurfe aus dem schon mehrfach gedachten Grunde nicht mehr verwiesen werden, sondern derselbe muß die beizubehaltenden Bestimmungen vollständig aufnehmen und ist deshalb der Zwischensatz:

„in so fern die Sache sich nicht zum Mandats-Prozesse eignet;“

nicht allein überflüssig, sondern auch unanwendbar geworden.

2) Aus der ad 1 bemerkten Rücksicht, sind ferner unter Nr. 1 die §§. 1 u. 2 Nr. 4 bis 8 Tit. 28 und §. 192 des Anhanges zur Allgemeinen Gerichts-Ordnung vollständig aufgenommen worden.

3) Die Nr. 2 des §. 6 l. c. ist in ihrer Fassung geändert und dadurch mit dem §. 353 Nr. 1 des Entwurfs in Uebereinstimmung gebracht.

4) Der §. 6 l. c. gedenkt der öffentlichen ausländischen Urkunden nicht, weil die Gerichts-Ordnung keine Vorschriften über deren Rechtsgültigkeit und Beweiskraft enthält. Mit Rücksicht auf die Vorschrift des §. 118 des Entwurfs, werden dieselben jedoch hier nicht übergangen werden und es eben so wenig ein Bedenken haben können, wegen einer, auf einer öffentlichen ausländischen Urkunde gegründeten Forderung den summarischen Prozeß einzuleiten, als derselbe aus einer im Auslande ausgestellten Privaturkunde zulässig ist.

5) Die Nr. 3 des §. 6 l. c. ist in zwei Absätze getrennt worden, weil es nach ihrer bisherigen Fassung zweifelhaft sein könnte, ob auch einseitige Privaturkunden unter den darin gedachten Instrumenten zu verstehen sind. Es wird einer ausdrücklichen Aufnahme der Nr. 4 der Cabinets-Ordre vom 19. Juni 1836 (Ges. Samml. von 1836 S. 198), in so weit dieselbe die nicht eingetragenen jährlichen Abgaben der Kirchen und Schulen betrifft, nicht weiter bedürfen, da dieselben unter die Bestimmung Nr. 6 des §. 376 des Entwurfs subsumirt werden können.

6) Die Bestimmungen Nr. 7 b. c. d. sind aus der obgedachten Cabinets-Ordre vom 19. Juni 1836 übernommen.

7) Bei Nr. 7 g ist auch den Handlungsgehülfen hinsichtlich ihrer Gehaltsforderungen die summarische Klage zugestanden, welches bei der **paritas rationis** unbedenklich erschien.

8) Bei Nr. 7 h sind nach Anleitung des §. 16 der Instruction vom 24. August 1833 (Jahrb. Bd. 41 S. 442)

und der Cabinets-Ordre vom 17. October 1833 ad 3 (Ges. Samml. von 1833 S. 119) die Fabrikarbeiter und Handwerks-Gesellen hinzugefügt worden.

9) Endlich mußten unter Nr. 8 und 9 die Vorschriften der §§. 6 u. 13 der Verordnung vom 4. März 1834 (Ges. Samml. von 1834 S. 32 und 34) und des §. 14 des Gesetzes vom 26. April 1835 (Ges. Samml. von 1835 S. 56) aufgenommen werden.

Zum §. 377.

Die Bestimmung im §. 7 der Verordnung von 1833, daß Bevollmächtigte auch ohne Spezialvollmacht zu dem Antrage befugt sind, einen in ordinario eingeleiteten Prozeß zum summarischen Verfahren zu verweisen, ist geändert worden. Da dadurch den Bevollmächtigten eine Befugniß eingeräumt wird, durch welche das Interesse ihrer Machtgeber sehr gefährdet werden kann; so muß das Gesetz den prozeßführenden Parteien davor Sicherheit gewähren.

Zum §. 378.

Die Vorschrift §. 8 der Verordnung von 1833, ist dahin gefaßt, daß in der Klage zugleich die für die derselben zum Grunde gelegten Thatsachen anzuführenden Beweismittel unter dem im §. 394 des Entwurfs enthaltene Präjudiz angegeben sein müssen; diese Fassung war bei den in diesem Punkte abweichenden Vorschriften für den ordentlichen Prozeß nöthig. Die Allerhöchste Cabinets-Ordre vom 17. Oct. 1833 (Ges. Samml. von 1833 S. 119) schreibt unter Nr. 4 vor, daß den Parteien bei ihrer Vorladung eröffnet werden soll, daß, Falls ein Bevollmächtigter für sie erschiene, derselbe nur zugelassen werden könne, insofern er sich durch Vollmacht oder ein eigenhändiges Schreiben seines Machtgebers zu legitimiren im Stande sei. Es ist indessen angemessener, es hier bei den Vorschriften für den ordentlichen Prozeß zu belassen, da es nicht gerechtfertigt sein würde, im summarischen Prozesse, in dieser Beziehung strenger zu sein, als im ordentlichen.

Zu §§. 379 und 380.

Hierin sind die §§. 9 und 10 der Verordnung wörtlich aufgenommen.

Zum §. 381.

Die Verordnung vom 1. Juni 1833 §. 11, gestattet die Prorogation des Klagebeantwortungs-Termins nur einmal, vorausgesetzt, daß die Hinderungsursachen bescheinigt sind. Die absolute Bestimmung, daß eine Prorogation nur einmal bewilligt werden solle, kann aber ohne Ungerechtigkeit nicht gegeben und nicht ausgeführt werden. Prorogationen müssen überhaupt ohne die dringendsten und unabwendbaren Ursachen nicht bewilligt werden. Wie lange solche unabwendbaren Hindernisse dauern und ob und wie oft sie wiederkehren, läßt sich aber im Voraus und überhaupt nicht bezeichnen. Es versteht sich von selbst, daß es ein durchaus unabwendbares Hinderniß von einer Schwere sein müsse, welche der Partei es schlechthin unmöglich macht, entweder selbst zu erscheinen oder einen Bevollmächtigten zu bestellen und überhaupt um seine Angelegenheiten sich irgend zu bekümmern, z. B. ein Todes-gefährliches Krankenlager, dessen Dauer im Voraus nicht berechnet werden kann. Ist dasselbe nach Ablauf der zweiten Prolongation noch eben so gebieterisch vorhanden; so können weitre Prorogationen ohne Verletzung der Gerechtigkeit nicht verweigert werden. Die Gerechtigkeit gestattet nicht, daß der Beklagte das Unglück, welches ihn betroffen hat, mit dem Verlust seines Rechts büßen soll, daß die Beschleunigung des Prozesses dem Gesetzgeber mehr gelte, als die Vertheidigung des Rechts und daß das Recht des Klägers für ihn höher stehe, als das des Beklagten. In diesem Falle würde sich daher das Contumacial-Verfahren durchaus nicht mit der Gerechtigkeit vertragen. Daß dagegen die Restitution noch zulässig sei, kann dies nicht ändern, weil dann das Contumacial-Verfahren nutzlos und doch noch immer für den Beklagten nachtheilig sein würde. Es schien daher zweckmäßig, eine solche doch unausführbare Vorschrift zu übergehen und hinsichtlich der Prorogationen auf die im ordentlichen Prozesse angenommenen Grundsätze zu verweisen, um so mehr, als kein Grund vorliegt, in dieser Beziehung im summarischen Prozesse mit größerer Strenge zu verfahren.

Zum §. 382.

Dieser Paragragh stimmt mit dem in §. 27 der Instruktion vom 24. August 1833 (Jahrbücher Bd. 41 S. 447) angenommenen Grundsatz überein, dessen ausdrückliche Aufnahme rathsam erschien.

Zum §. 383.

In diesem Paragraph sind die §§. 12 und 13 der Verordnung zusammengezogen und ist gleichzeitig bestimmt, daß auch die Agnitoria nur auf Antrag des Klägers abgefaßt werden solle. Es schien angemessen, hierin den §. 13 der Verordnung abzuändern, theils weil er mit dem im §. 10 derselben bemerkten Präjudiz in Widerspruch steht, theils weil der Kläger oft überall keine Agnitoria verlangt, sondern sich mit dem Anerkenntnisse begnügt.

Zum §. 384.

Diese Vorschrift stimmt im Wesentlichen mit dem §. 14 der Verordnung vom 1. Juni 1833 überein und sind nur die betreffenden Bestimmungen des ordentlichen Prozesses aufgenommen, um dadurch näher zu bezeichnen, welche neue Thatsachen nach der Klagebeantwortung von den Parteien noch vorgebracht werden können.

Der §. 385

stellt den §. 59 der gedachten Verordnung wieder her, so wie

Der §. 386

die §§. 16 und 17 derselben. Im

§. 387.

sind die §§. 15 und 20 der Verordnung, welche ihrem Inhalte nach zusammengehören, vereinigt.

Zum §. 388.
(conf. §. 18 der Verordnung vom 1. Juni 1833.)

Zum §. 389.

Der §. 19 der Verordnung gestattet eine Verlegung der zur mündlichen Verhandlung anberaumten Sitzung nur auf den übereinstimmenden Antrag beider Theile. Es ist indessen nicht abzusehen, warum gerade die Prorogation dieses Termins dieser Beschränkung unterworfen ist und weshalb dessen Verlegung auf den Antrag einer Partei nicht auch in dem Falle zulässig sein sollte, wenn ein Theil gesetzliche, vollkommen genügende und die Prorogation nothwendig machende Gründe anführen und bescheinigen kann. Es wird hier auf die Motive zum §. 381 Bezug genommen. In Fällen, in welchen es erwiesenermaßen der Partei eben so unmöglich ist, persönlich, als durch einen Stellvertreter zu erscheinen, würde die Versagung der Prorogation eben so sehr mit der Gerechtigkeit als mit dem Zweck der Rechtspflege unvereinbarlich sein, nach welchen jeder Partei volles Gehör gestattet werden muß, und es nicht bloß darauf, daß ein Termin, sondern darauf, daß er gründlich abgehalten werde, ankommt. Es ist daher im §. 389 dem §. 19 der Verordnung von 1833 diese Modification noch hinzugefügt.

Zum §. 390.

Die Vorschrift des §. 21 der Verordnung von 1833, daß ein Verzeichniß der zur mündlichen Verhandlung bestimmten Sachen drei Tage vor derselben vor dem Sitzungssaale des Gerichts aufgehängt werden soll, ist aus den in den Motiven zum §. 310 des Entwurfs angeführten Gründen nicht beibehalten worden.

Zum §. 391.

Der §. 22 der Verordnung ist mit Berücksichtigung der Allerhöchsten Cabinets-Ordre vom 15. Mai 1836 (Jahrbücher Bd. 47 S. 538) gefaßt und insonderheit bemerkt, daß die Pflicht der Amtsverschwiegenheit sich auch hierauf erstreckt. Es war hierbei die Frage aufgeworfen, ob der §. 391 nicht auch auf den ordentlichen Prozeß auszudehnen sei? Dies schien jedoch nicht angemessen, weil es sehr große Bedenken hat, im ordentlichen Prozesse, in welchem Familien-, Vermögens- und andere Angelegenheiten, deren allgemeine Bekanntwerdung die Parteien nicht wünschen, vorkommen, den dabei nicht betheiligten Personen den Zutritt zu gestatten, und auf diese Weise Geheimnisse der Oeffentlichkeit Preis zu geben, deren Bewahrung den dabei interessirten Parteien nicht selten von der größten Wichtigkeit für ihre Stellung in der bürgerlichen Gesellschaft und in ihrer Familie sein kann; Sachen dieser Art dürfen kein Mittel zur Befriedigung der Neugierde Andrer abgeben und werden diejenigen, welchen man in Ansehung der Verschwiegenheit die gehörige Discretion zutrauen kann, die letztere schon dadurch bewiesen, daß sie solchen Verhandlungen nicht beiwohnen. Justizbeamten können aus dieser Beiwohnung nicht den mindesten Nutzen ziehen und ist dieselbe früher nur gewünscht, um das damals noch neue Verfahren näher kennen zu lernen, welcher Zweck gegenwärtig vollkommen erreicht worden ist.

Zu den §§. 392 — 394.

Hierin sind die §§. 23 -- 25 der Verordnung wörtlich aufgenommen.

Zum §. 395.

Der §. 26 der Verordnung schreibt vor, daß der Deputirte in dem Termine zur mündlichen Verhandlung eine kurze mündliche Darstellung der Sache vorausschicken solle. Ein solches **Resumé** kann aber nicht genügen, sondern der Vortrag des Referenten muß vollständig sein, damit die erkennenden Richter eine gehörige Kenntniß von der Sache erlangen, welche der häufig unvollständige und nicht geordnete Vortrag der Parteien ihnen nicht immer gewähren wird. Es ist deshalb in dem Entwurfe nicht allein das Wort „kurze" fortgelassen, sondern auch dem Referenten frei gelassen, den Vortrag schriftlich abzufassen, wenn er es nach der Beschaffenheit der Sache für zweckmäßig erachtet. Der Schluß des §. 26 der Verordnung hat eine veränderte Fassung erhalten, weil, da nach allgemeinen Prozeß-Grundsätzen eine Partei auch im Prozesse durch Personen, denen nach den Gesetzen die Vermuthung einer Vollmacht zur Seite steht, vertreten werden kann, es der Wiederholung derselben hier nicht bedurfte, sondern die Bestimmung genügte, daß der mündliche Vortrag für die Partei auch durch einen von ihr gewählten gesetzlich zulässigen Bevollmächtigten gehalten werden könne, indem hierunter auch die präsumtiven Bevollmächtigten begriffen sind.

Zu §§. 396 — 398.

Diese Paragraphen geben die §§. 27 — 29 der Verordnung unverändert wieder.

Zum §. 399.

Nach dem §. 30 der Verordnung soll zwar das zu erlassende Beweis-Resolut in dem Termine zur mündlichen Verhandlung abgefaßt werden, allein der Beschluß über eine zu veranlassende Beweisaufnahme erfordert oft eine eben so gründliche und umfangreiche Prüfung des Sach- und Rechts-Verhältnisses, als die Difinitiv-Entscheidung und ist daher nicht abzusehen, weshalb im ersten Falle das Gericht mehr übereilt werden soll, als in dem letzten. Es erschien daher zweckmäßig, auch für den Fall eines zu erlassenden Beweis-Resoluts dem Richter die Befugniß nicht zu entziehen, die Sache gründlicher, als es sofort nach dem Schlusse der mündlichen Verhandlung geschehen kann, zu überlegen. Eine bestimmte Frist, binnen welcher er diesen Beschluß fassen soll, läßt sich nicht vorschreiben.

Zu §§. 400 — 403.

(conf. §§. 31 — 34 der Verordnung.)

Zum §. 404.

Wenn der §. 35 der Verordnung vom 1. Juni 1833 die Eideszuschiebung bis zur „Abfassung des Erkenntnisses" zuläßt, so kann nichts anders, als der Schluß der mündlichen Verhandlung verstanden sein, weil mit demselben alle Erklärungen der Parteien abgegeben sein müssen. Nichts desto weniger dürften die gebrauchten Worte die Frage veranlassen, ob die Eideszuschiebung in einem Falle, wo die Abfassung des Erkenntnisses ausgesetzt wird, in der zwischen der mündlichen Sitzung und der Publikation des Erkenntnisses liegenden Periode noch zulässig sei? Nach der obigen Bemerkung wird dieselbe unbedingt verneinend zu beantworten sein und schien es daher rathsam, dem in der Verordnung gebrauchten Ausdrucke einen solchen zu substituiren, der den angeregten Zweifel nicht aufkommen läßt.

Zum §. 405.

(conf. §. 36 der Verordnung.)

Zum §. 406.

Der Aufnahme des §. 37 der Verordnung von 1833, welcher von der Insinuation der Erkenntnisse handelt, bedurfte es nicht; denn es ist einleuchtend, daß in dieser Beziehung die für den ordentlichen Prozeß gegebenen Vorschriften auch für den summarischen Prozeß maßgebend sein müssen und genügt mithin eine bloße Bezugnahme auf jene vollkommen.

Die §§. 38 — 65 der Verordnung, welche zu den Vorschriften über die Rechtsmittel, die Nebenpunkte und über das Verfahren vor nicht-collegialischen Gerichten gehören, sind hier übergangen und weiter unten an den betreffenden Orten berücksichtigt worden.

Vierter Abschnitt.
Vom Bagatell-Prozesse.

Zum §. 407.

Dieser Paragraph enthält einen Zusatz, der in so fern nöthig erschien, als in der Prozeß-Ordnung der Begriff von „Bagatell-Sachen" gegeben sein muß, um zu wissen, welche zur Contestation kommenden Rechtsstreitigkeiten unter diese Kathegorie gehören sollen. Es ist hierbei die Bestimmung des Art. 1 No. 2 der Deklaration vom 6. April 1839 (Gesetzs. von 1839 S. 26) zum Grunde gelegt und hinzugefügt, daß bei der Berechnung des Streitsobjektes auf die bis zum Tage der Präsentation der Klage aufgelaufenen Früchte, Zinsen, Schäden und Kosten mit **ad computum** zu bringen seien. Letzteres gründet sich auf den Vorschlag in der zur besonderen Berathung des Staats-Ministerii vorbereiteten Verordnung über die Berechnung der Appellations- und Revisions-Summe und die subjektive Cumulation der Klagen und wird hier auf die Motive jenes Vorschlages verwiesen.

Sodann ist in dem §. 407 des Entwurfs noch bestimmt worden, daß, wenn sich das Streitobjekt während der Instruktion vergrößert, dadurch in dem Verfahren für die laufende Instanz nichts geändert werde. Der Fall, daß durch den Zinsenlauf während des Prozesses das Streitobjekt dergestalt vergrößert wird, daß es die Summe von 50 Thalern übersteigt, ist gedenkbar, es würde mithin, wenn er eintritt, das Verfahren im Bagatell-Prozesse aufhören und die Sache zum ordentlichen oder summarischen Prozesse verwiesen werden müssen. Letzteres würde sich aber im Lauf der Instanz, ganz abgesehen von dem dadurch verursachten Aufenthalte, sehr schwer bewerkstelligen lassen und ist daher vorgeschlagen worden, eine solche Vergrößerung des Streitobjektes auf das

Verfahren für die laufende Instanz nicht influiren zu lassen, da dadurch nicht allein die gerügten Nachtheile vermieden werden, sondern auch den Parteien daraus, in so fern kein Schade erwächst, als bei der Beurtheilung der Zulässigkeit der Appellation nach dem weiter unten zu gedenkenden Vorschlage der Tag der Insinuation des Urtheils als terminus ad quem bei der Berechnung des Streitobjektes angenommen werden soll.

Zu §§. 408 und 409.

(conf. §§. 66 und 67 der Verordnung.)

Zum §. 410.

Hier ist der §. 61 der Verordnung eingeschaltet, der nach der Ordnung des Entwurfs erst bei den Vorschriften über das Verfahren vor nicht-collegialischen Gerichten aufzunehmen, hier aber, da er nach §. 66 l. c. auch auf den Bagatellprozeß Anwendung findet, nicht zu entbehren ist.

Zu §§. 411 und 412.

Da nach dem Art. 1. No. 2 der Deklaration vom 6ten April 1839 (Gesetzs. von 1839 S. 126) die Appellation in Bagatellsachen nicht mehr zulässig und da die Frage, welche Rechtsmittel gegen die in Bagatellsachen ergehenden Erkenntnisse eingelegt werden können, überhaupt nicht hier, sondern bei den Vorschriften über die Rechtsmittel zu beantworten ist, so hat der §. 69 der Verordnung vom 1. Juni 1833 nur in so weit aufgenommen werden können, als er über die Zulässigkeit der Restitution gegen die, die Stelle eines Contumacial-Erkenntnisses vertretende Verfügung disponirt.

Zu §§. 413 — 415.

conf. §§. 62 — 64 der eben gedachten Verordnung, welche aus dem in der Anmerkung zum §. 410 angeführten Grunde hier gleichfalls übernommen werden mußten.

Zweiter Titel.

Von dem

Verfahren vor nicht-collegialischen Gerichten.

Allgemeine Bestimmung.

In dem zur Revision vorgelegten Entwurfe waren mit Rücksicht auf den die Gerichtsverfassung betreffenden Vorschlag, wonach mit Aufhebung des erimirten Gerichtsstandes als Instruktions- und Spruch-Behörden für die wichtigen Sachen, collegialische Gerichte und für die minder wichtigen Sachen Einzelnrichter angestellt, und demnach alle Unterthanen einem doppelten persönlichen Gerichtsstande nach Maßgabe des Betrages des Streitobjektes unterworfen werden sollten, gewisse Sachen, namentlich solche, deren Gegenstand die Summe von 100 Thalern nicht überstieg, Miethssachen, Entschädigungssachen rc. als solche bezeichnet, welche den Einzelnrichtern überwiesen und nach einem kürzeren Verfahren behandelt werden sollten. Jener die Gerichtsverfassung betreffende Vorschlag ist indeß nicht zur Ausführung gekommen und sonach muß man auch das Projekt verlassen, den nicht-collegialischen Gerichten gewisse Arten von Sachen nur allein zu überweisen, da sich dasselbe mit der gegenwärtigen Gerichtsverfassung durchaus nicht verträgt.

Die Verfassung der nicht-collegialisch gebildeten Gerichte, mithin vor den Untergerichten, in so fern sie nicht collegialisch gebildet sind, bleibt daher im Allgemeinen auf ihrer gegenwärtigen Grundlage. Eben so wird, wie gegenwärtig, das Verfahren vor denselben dem für die collegialischen Gerichte vorgeschriebenen im Wesentlichen ganz conform bleiben müssen, da die Parteien, welche vor nicht-collegialischen Gerichten Recht nehmen müssen, ein jus quaesitum darauf haben, daß ihre Rechtsstreitigkeiten mit gleicher Gründlichkeit erörtert und entschieden werden, als die vor den collegialischen Gerichten verhandelten Prozesse. Von diesem Gesichtspunkte ist bei der Bearbeitung dieses Titels ausgegangen und sind in demselben zur Vermeidung von Wiederholungen nur solche Bestimmungen aufgenommen worden, welche ein von dem Prozesse vor collegialischen Gerichten abweichendes Verfahren verordnen. Dergleichen Abweichungen haben in allen den Verhältnissen eintreten müssen, in welchen die nicht-collegialischen, oder wie man sie im Allgemeinen bezeichnen kann, die Untergerichte von dem der Obergerichte oder collegialisch gebildeten sich unterscheiden. Solche Verhältnisse sind sehr mannigfaltig und betreffen theils den Umfang des Gerichtssprengels und die daraus folgende Nähe der Gerichts-Eingesessenen, die größere Unbedeutendheit und Einfachheit der in ihnen vorkommenden Prozesse, die einfachere Organisation der Gerichte selbst, die größere Erleichterung und Ausführbarkeit der mündlichen Verhandlung und der Verhandlung der Prozesse durch die Parteien selbst und die erleichterte Urtheilsfindung. Die mündliche Verhandlung gehört nicht eigentlich vor Gerichte, die in solchen Verhältnissen sich befinden. Aus diesem Gesichtspunkte ist der gegenwärtige Entwurf ausgearbeitet.

Erste Abtheilung.

Vom ordentlichen Prozesse.

Zum §§. 417 und 418.

Hiernach bedarf es rücksichtlich dieser Paragraphen nur der Bemerkung über den Schluß des §. 418, daß, da bei nicht-collegialischen Gerichten der Gerichtssprengel nicht sehr ausgedehnt ist, dem Richter die prozeßführenden Parteien gewöhnlich von Person bekannt sind, er in der Regel mit ihren Verhältnissen vertrauter ist, als dies bei collegialischen Gerichten der Fall sein kann, es ihm daher weit leichter werden wird, Vergleiche unter ihnen zu stiften, oder die Prozesse durch die persönliche Rücksprache mit ihnen abzukürzen, es sowohl im Interesse der Parteien, als auch selbst der Gerichte zu liegen scheint, wenn auf das persönliche Erscheinen zu wirken gesucht wird. Die Vorschrift des §. 418 wird daher um so weniger Bedenken finden, als dadurch den Parteien die Befugniß nicht genommen wird, sich durch Sachwalter vertreten oder unterstützen zu lassen.

Zum §. 419.

Diese Vorschrift ist nur des Schlußsatzes wegen aus dem §. 52 Tit. 25 der Allgemeinen Gerichts-Ordnung übernommen worden, da dieselbe sonst als in dem Allgemeinen Theile bereits enthalten, hätte entbehrt werden können.

Zum §. 420.

Dieser §. enthält eine bedeutende (nicht-collegialische Gerichte betreffende) Abänderung der bestehenden Verfassung, nach welcher die mehrsten nicht-collegialischen Gerichte (Untergerichte), nur aus einem Richter bestehen und demselben nicht einmal Schöffen zur Seite stehen, ja häufig selbst ein Protokoll fehlt. Mag dies bei den großentheils sehr einfachen Verhältnissen des platten Landes gleichgültig sein; so verdient dies doch in Beziehung auf Städte und auf größere ländliche Gerichte, desto mehr Rücksicht, zumal, auffallend genug, grade auf dem platten Lande und besonders in den Patrimonial-Gerichten doch noch Gerichts-Schöffen einigermaßen vorhanden sind, diese aber in den kleinern städtischen Gerichten gänzlich fehlen, obgleich zu deren Competenz bedeutende Gegenstände und ein anders, als das ländliche Publikum gehört. Es ist nicht zu verkennen, daß ein, mit einem Protokollführer und vollends ohne denselben zu Gericht sitzender, einzelner Richter dem Gericht weder das Ansehen giebt, noch das Vertrauen gewährt, als ein aus mehreren Männern bestehendes Gericht. Wenn auch Letztre keine Rechtsgelehrte sind und keine entscheidende Stimme haben; so tragen sie doch zur Erhaltung der Ordnung und Gesetzmäßigkeit bei, sichern gegen die Besorgniß vor einem übereilten, leidenschaftlichen Verfahren und ungesetzmäßiger Behandlung der Parteien, sie sind eine neue Gewähr für das vollständige Gehör der Parteien und für die Vollständigkeit und Treue der Protokolle und können auch durch ihre Bemerkungen zum gründlichen Verfahren und zur angemessenen Entscheidung sowohl überhaupt, als insonderheit in Sachen die einer besondern Kenntniß der Orts-Gewohnheiten und Gebräuche beitragen, dem Richter von großem Nutzen sein und durch das Vertrauen unter ihren Mitbürgern zur gütlichen Hinlegung der Prozesse besonders mitwirken.

Daher findet man auch unter den übrigen deutschen Ländern, wohl kaum eins, in welchem, besonders in den Städten das Gericht nur aus einem Richter und nicht auch aus einigen, wenigstens einem Beisitzer bestände. In mehreren Ländern besteht die Einrichtung, daß ein oder einige Rathsherrn

Beisitzer des landesherrlichen Stadtgerichts, obwohl ohne entscheidende, sondern nur mit berathender Stimme sind. Diese Einrichtung hat sich allenthalben sehr bewährt; sie hebt die Entfernung, in welcher Richter und Gerichtssprengel sich oft von einander befinden, verstärkt sowohl das Vertrauen des letztern zum erstern und zur Rechtspflege, welche mit Zuziehung und unter den Augen von Mitgliedern und Vertretern der Gemeine ausgeübt wird, als zugleich das Interesse des Magistrats und der Gemeine an dem Gericht und die Willfährigkeit derselben, das Gericht zu unterstützen. Durch eine solche Einrichtung werden alle diejenigen Vortheile, die man auf dem Wege der Oeffentlichkeit zu erstreben hofft, weit sicherer und ohne einen der mit letztrer verbundenen Nachtheile erlangt.

Die Sache selbst betreffend, ist es auch nicht zu verkennen, daß es bedenklich ist, das Richteramt in so erheblichen Gegenständen, wie hier vorkommen können, einem einzigen Manne anzuvertrauen und daß daher auch aus diesem Grunde eine Veränderung dieser Einrichtung höchst wünschenswerth sei.

Es kann keinem Zweifel unterliegen, daß in jeder Commune nicht Männer vorhanden sein sollten, welche die zu dieser Funktion erforderliche Bildung und das dazu nöthige Vertrauen der Commune, so wie den Gemeinsinn besitzen, dies Geschäft zu übernehmen und daß sie vorzugsweise in der städtischen Verwaltung vorhanden sind. Auf dem platten Lande sind dazu die Elemente bereits in den Schulzen und Schöppen vorhanden und kann dem Gutsherrn selbst nur daran gelegen sein, dazu möglichst tüchtige Männern zu bestellen.

Die nähere Organisation dieser Einrichtung, gehört vor die Verwaltung und deshalb hat man sich bei der Revision bestimmter Vorschläge enthalten. Auf dem platten Lande besteht darüber schon eine bestimmte Verfassung. Bis zur Feststellung für die Städte dürfte die Auswahl der Beisitzer dem Richter füglich überlassen und diesem auch ein Wechsel in den Personen gestattet werden können, um für besondre Fälle besonders geeignete Subjecte zu erhalten. Daß da, wo anstatt des Actuarius rc. zwei Schöppen zugezogen werden, die Stelle des Beisitzers durch den zweiten Schöppen vertreten werden könne, wird kein Bedenken finden, zumal, wenn es bloß auf die Ueberwachung der Legalität der aufzunehmenden Verhandlung ankömmt, ein Schöppe eben so genügen mögte, dieselbe zu bestätigen, als dazu ein Protokollführer oder Aktuarius für ausreichend gehalten wird.

Zu §§. 421 und 422.

conf. §§. 53--55 Tit. 25 der Allgemeinen Gerichts-Ordnung.

Zum §. 423.

(conf. §. 56 Tit. 25 der Allg. Ger. Ord.) Nach demselben braucht zwar der anstatt des Gerichtsschöppen zuzuziehende Zeuge in der Regel nicht vereidigt zu werden, sondern ist dessen Vereidigung nur nöthig, wenn späterhin die in seinem Beisein aufgenommene Verhandlung angefochten wird. Allein einestheils ist zu besorgen, daß der Zeuge des Hergangs der Sache nach Verlauf einiger Zeit sich nicht mehr genau erinnern wird, andern Theils kann aber auch sein Ableben die nachträgliche Vereidigung unmöglich machen. Für diese Fälle würde es aber an jedem Beweise über die Legalität der aufgenommenen Verhandlung fehlen und dieselbe daher wiederholt werden müssen, welches oft unausführbar ist. Um diesem Uebelstande vorzubeugen, ist der in diesem §. enthaltene Vorschlag gemacht, zur leichtern Ausführung desselben aber auch vorgeschlagen, den Zeugen beim Anfange der Verhandlung mittelst Handschlages an Eides Statt zur besondern Aufmerksamkeit auf den Hergang der Sache zu verpflichten, zumal die förmliche Eidesleistung in diesem Falle, wo der Zeuge gewissermaaßen nur als Beistand der prozeßführenden Parteien auftritt, überhaupt sich nicht wohl rechtfertigen läßt.

Zum §. 424.

Diese Vorschrift wird kein Bedenken finden, da bei nicht collegialischen Gerichten der Gerichtsbezirk nicht so ausgedehnt ist, als bei Collegial-Gerichten und die Parteien daher eher von der Ladung Kenntniß erhalten können und nicht nöthig haben, zeitraubende Reisen zu den Terminen zu machen, oder durch die Correspondenz mit einem entfernt wohnenden Sachwalt ihre Zeit zu verlieren.

Zu §§. 425—427.

Diese Vorschriften weichen von denen des ordentlichen Prozesses darin ab, daß es zweckmäßig schien, den Kläger zu dem Klagebeantwortungs=Termin mit vorzuladen, um, schon wo möglich den Prozeß durch Vergleich zu beendigen, oder, wenn dies nicht zu erreichen steht, die Sache, insofern sie dazu angethan ist, in dem ersten Termine bis zum Schlusse, oder doch bis zum status causae et controversiae zu bringen.

Zu §§. 428 und 429.

Die Vorschrift des §. 428 ist unbedenklich, da in dem gegebenen Falle die mündliche Verhandlung vor dem erkennenden Richter nur in nutzlosen und zeitraubenden Wiederholungen früherer Vorträge bestehen kann. Der §. 429 bestimmt nichts von dem Verfahren vor Collegial=Gerichten Abweichendes.

Zum §. 430.

Dieser Paragraph enthält eine Zeit= und Kosten=Ersparniß bezweckende Vorschrift, gegen welche sich nichts dürfte erinnern lassen.

Zum §. 431.

Hierin ist nur auf die, das Verfahren bei Collegial=Gerichten bestimmenden Vorschriften Bezug genommen, und findet dieser §. schon in dem, was im Eingange dieses Abschnitts bemerkt ist, seine Rechtfertigung.

Zum §. 432.

Es schien nicht bedenklich, den Parteien an Orten, wo bestimmte Gerichtstage bestehen, zu gestatten, sich auch unvorgeladen vor dem Richter zu gestellen und demselben ihre

Rechtsstreitigkeiten zur Entscheidung vorzutragen. Es wird ohnehin schon in der Praxis an vielen Orten hiernach verfahren.

Zum §. 433.

Da in dem summarischen Prozesse vor nicht=collegialischen Gerichten nur das Resultat der Verhandlungen in den Protokollen verzeichnet werden soll; so folgt von selbst, daß den für die Parteien erscheinenden Sachwaltern die Einreichung von Schriftsätzen nicht gestattet werden kann.

Zu §§. 434—437.

Diese Vorschriften sind aus den §§. 61—64 der Verordnung vom 1. Juni 1833 übernommen und hat nur der §§. 437 eine andere Fassung erhalten, um auch den Parteien die Befugniß einzuräumen, die Beweiszeugen gleich im ersten Termine zu ihrer Vernehmung zu stellen.

Zweite Haupt-Abtheilung.

Von
dem Prozesse über Nebenpunkte.

Erster Abschnitt.

Von der Litisdenunciation.

Die Gerichts-Ordnung läßt auf den Titel „vom Erkenntnisse" sofort die Lehre von den Rechtsmitteln folgen und handelt erst nach deren Beseitigung von den Nebenpunkten. Von diesem Systeme ist hier abgewichen, da nach der natürlichen Ordnung in dem Verfahren der ersten Instanz alles abgehandelt werden muß, was in die erste Instanz gehört, die Nebenpunkte aber, wenn sie auch in seltenen Fällen erst in einer höhern Instanz zur Sprache gebracht werden, doch in der Regel in der ersten Instanz vorkommen.

Der siebenzehnte Titel der Allgem. Gerichts-Ordnung handelt: „von der Litisdenunciation, Adcitation und Nomination," im Contexte werden jedoch die beiden ersteren (Litisdenunciation und Adcitation) nicht weiter unterschieden, vielmehr beide Ausdrücke so gebraucht, daß es schwer ist, zu bestimmen, ob sie darunter verschiedene Gegenstände, oder nur ein und denselben habe begreifen wollen. Da, wo sie von der Befugniß des Richters spricht, den Auctor des Klägers sowohl, wie des Beklagten zur Erforschung der Wahrheit von Amtswegen vor sich zu laden (§§. 5 u. 6), nennt sie dies eine Adcitation und den Vorgeladenen Adcitaten, was sich begreifen läßt, da vom Richter nicht wohl gesagt werden kann, er denuncire litem. Aber desselben Ausdrucks bedient sie sich auch überall da, wo sie von der Beiladung dritter Personen handelt, welche von den Parteien ausgeht. So heißt es im §. 2: „ein Kläger, welchem die eingeklagte von einem Dritten an ihn gediehene Forderung streitig gemacht wird, kann diesen seinen Vormann adcitiren lassen und ein Beklagter, welcher wegen einer von einem Dritten an ihn gediehenen Sache oder Befugniß angefochten wird, kann diesem seinem Vormann litem denunciren.“ Im §. 3 wird sodann weiter verordnet, daß eben so jede Partei, welche für den Fall, daß sie ihre Intention durch den Prozeß nicht erreichen sollte, an einen Dritten ihren Regreß nehmen will, diesen mit vorladen lassen könne. Man möchte hieraus vielleicht folgern, daß es mithin eine Adcitation sei, wenn der Kläger und eine Litisdenunciation, wenn der Beklagte seinen Vormann mit vorladen läßt, oder daß eine Litisdenunciation dann Platz greife, wenn es sich von einer Evictions-Leistung im engeren Sinne handele; die Adcitation aber, wenn von einem Regreß aus einem andern Fundamente die Rede sei. Allein man würde sich in beiden Annahmen gleich sehr getäuscht finden. Denn weiter unten (§§. 7, 8, 14 und an mehreren andern Stellen) gebraucht die Gerichts-Ordnung beide Ausdrücke wieder promiscue und am häufigsten (§§. 13, 16, 17, 19, 22, 24 u. s. w.) cumulirt sie dieselben und spricht von „einer Litisdenunciation oder Adcitation, einem Adcitanten oder Litisdenuncianten.“

Dies führt zu der Frage: ob in der That ein Unterschied Statt finde zwischen der Adcitation und Litisdenunciation? und wenn nicht: weshalb sich gleichwohl die Gerichts-Ordnung dieses doppelten Ausdrucks bedient, zumal in der erwähnten Verbindung? Es ist indessen Litisdenunciation und Adcitation keineswegs gleichbedeutend, weil letztere oft zu ganz anderen Zwecken erfolgen kann; eine Litisdenunciation enthält zwar immer eine Adcitation, allein eine Adcitation ist nicht immer eine Litisdenunciation; eben so wenig nimmt der Adcitat stets an dem Prozesse selbst Theil, wohl aber der Litisdenunciat.

Ueber die Litisdenunciation haben unter den Lehrern des gemeinen Prozesses verschiedene Ansichten und mehrfache Controversen geherscht. Einige beschränken sie auf eigentliche Evictionsfälle bei erhobenen Real-Ansprüchen, wo sie bei Verlust des Rechts geschehen müsse; dagegen bedürfe es derselben nicht bei persönlichen Ansprüchen auf Schadloshaltung, sie sei hier nicht necessitatis, sondern nur facultatis und ihre Unterlassung schade nicht (cfr. Danz Grunds. des Prozesses, §. 473; Strube rechtl. Bedenken, Thl. I. Bd. 16; Hommel rhaps. obs. 191; Kind quaest. for. T. III. C. 94). Man unterschied daher die litis denunciatio necessaria und die voluntaria, welche letztere auch adcitatio genannt wurde. Diese Theorie findet sich noch im Sächsischen Prozesse, so wie anderwärts. Eine neue Stütze erhielt dieselbe durch die Theorie (z. B. Madihn princip. jur. rom. P. II. §. 179), daß durch die Unterlassung der Litisdenunciation der Regreß schlechthin und ohne alle Ausnahme verloren gehe, weil hierin ein Verzicht auf die Regreßklage enthalten sei, wovon man bis dahin eine Ausnahme in dem Falle zugelassen hatte, wenn aus den Akten klar erhellte, oder der Regreßkläger beweisen konnte, daß die Sache auch bei geschehener Litisdenunciation dennoch keinen andern Ausgang genommen haben würde.

Andere Rechtslehrer (Leyser in Med. Spec. 241. m. 1. Claproth ordentl. Prozeß, §. 461, Gönner Handbuch Bd. I. Abth. 17. S. 354) verwerfen den Unterschied zwischen der litis denuntiatio necessaria und voluntaria (eigentlicher Litisdenunciation und Adcitation), dehnen jene auf alle Fälle aus, in welchen die unterliegende Partei von einem Dritten Schadloshaltung zu fordern berechtigt ist und nehmen hinsichtlich der Folgen der unterlassenen Litisdenunciation die gewöhnliche Meinung gegen die Behauptung Madihns in Schutz (Weber Beiträge St. 1 No. 5 und Gönner Handb. S. 361). Nach dieser Erweiterung des Begriffs der Litisdenunciation verlor die Adcitation ihre bisherige Bedeutung. Es entstand nun aber eine neue Frage: ob außer dem eben erwähnten Falle eines Regreß-Anspruchs ein Dritter, sei es auf den Antrag der Parteien oder von Amtswegen zu einem Prozesse adcitirt werden könne? Nur Gönner (in Handb. I. Abth. 19) hat die Affirmative und die Zulässigkeit einer solchen Adcitation behauptet, sowohl um bei untheilbaren Gegenständen einen nicht mit aufgetretenen Rechtsgenossen als Klägers oder Beklagten in den Streit hineinzuziehen (ohne daß im letzteren Falle der Kläger ihn vorladen läßt), als auch um einen Dritten zur Ausführung einer Haupt-Intervention gegen beide streitenden Theile zu nöthigen. Alle übrigen Prozeßlehrer widersprechen der Adcitation aus diesem Grunde als unverträglich mit der Freiheit der Rechtsverfolgung (Martin, Civilprozeß, §. 306, Gensler im Commentar dazu Thl. II. S. 214, Grolman Theorie des gerichtlichen Verfahrens, §. 160). Sie verstatten die Adcitation eines Dritten außer im Falle eines behaupteten Regresses nur noch in dem Falle, wo es auf eine einzelne prozessualische Handlung ankommt, und der Dritte vermöge seines Verhältnisses der juristischen Einheit mit einem der streitenden Theile (als Auctor ꝛc.) zur Vollziehung dieser Handlung verbunden ist, z. B. des Cedenten zur Eidesleistung.

In unsern Gesetzen finden sich darüber folgende Vorschriften. Das Allgemeine Landrecht verordnet zunächst beim Kauf (Thl. I. Tit. 11. §. 143):

> daß der Käufer, welcher von einem Dritten über die erkaufte Sache in Anspruch genommen werde, wenn er die Gewährsleistung von dem Verkäufer fordern wolle, diesen zu seiner Vertretung gerichtlich vorladen lassen, d. i. ihm litem denunciren müsse.

Die Folgen der unterlassenen Litisdenunciation bestimmt es an eben dem Orte (§§. 145 und 146) dahin:

> daß dadurch zwar das Recht des Käufers, Gewährsleistung von dem Verkäufer zu fordern, nicht verloren gehe; daß aber der Käufer alle Gründe und Beweismittel, welche der Verkäufer gegen den Dritten hätte an die Hand geben können und wovon er selbst in dem Prozesse mit diesem keinen Gebrauch gemacht hat, nach näherer Bestimmung der Prozeßordnuug wider sich gelten lassen müsse.

Diese Vorschriften werden hiernächst (§. 152 l. c.) auch bei allen andern Verträgen, aus welchen ein Contrahent von dem andern Gewährsleistung fordert, für anwendbar erklärt. Eben dahin wird bei der Cession (§. 426 l. c.), in Ansehung des Regresses verwiesen, welchen der Cessionarius, wenn ihm die Richtigkeit oder Rechtsgültigkeit der cedirten Forderung bestritten wird, an den Cedenten nehmen kann. Dieselbe Verbindlichkeit, den Regreßpflichtigen gerichtlich beiladen zu lassen, legt das Landrecht dem Bürgen auf, wenn er zuerst vom Gläubiger angegriffen wird und seinen Regreß an den Hauptschuldner nehmen will (Thl. I. Tit. 14. §§. 344 und 349); desgleichen dem Hauptbürgen, der sich an einen Rückbürgen halten will, sowohl in dem vorher bemerkten Falle, wenn er vom Gläubiger in Anspruch genommen wird, als wenn er selbst den Schuldner ausklagt (§§. 381 u. 382 l. c.) Ein anderer Fall, welcher im §. 3 Tit. 17 der Allgemeinen Gerichts-Ordnung ebenfalls als Beispiel aufgeführt ist, wenn nämlich der Gläubiger sich an den Bürgen halten will und diesen bei Belangung des Hauptschuldners mit verladen läßt (§. 311 Thl. I. Tit. 14 des Allgemeinen Landrechts) gehört nicht hierher, wie weiter unten gezeigt werden soll.

Durch diese Bestimmungen nun hat das Allg. Landrecht jenen Unterschied zwischen der litis **denunciatio necessaria** und **voluntaria**, welchen die älteren Rechtslehrer machten, in den genannten Fällen aufgehoben und dieselben ganz gleich gestellt. Es hat ferner die Controverse entschieden, welche über die Folgen der unterlassenen Litisdenunciation erhoben war und diese Folgen selbst genauer und richtiger bestimmt, als das gemeine Recht. Denselben Grundsätzen ist die Gerichts-Ordnung gefolgt und hat in den §§. 2, 3, 8 und 10. Tit. 17 auf eine allgemeine Weise ausgesprochen, was das Landrecht spezieller bei den einzelnen Rechtsverhältnissen verordnet. Gleichwohl scheint die Gerichts-Ordnung hierbei die früheren Theorien noch berücksichtigt und sich deren Sprachgebrauch angeschlossen zu haben, um eben hierdurch jeden Zweifel über die allgemeine Anwendbarkeit ihrer Vorschriften zu entfernen. Daher die in den §§. 2 und 3 gemachten Unterscheidungen, ohne daß ein wirklicher Unterschied vorhanden ist; daher im weiteren Verfolg der cumulative Gebrauch der Ausdrücke: „Litisdenunciation und Adcitation,“ die doch in der Gerichts-Ordnung nur dasselbe besagen.

Was endlich noch die Frage über die Zulässigkeit einer Adcitation außer dem Falle eines Regreßanspruchs betrifft, so hat die Allgemeine Gerichts-Ordnung, wie sehr sie auch sonst bemüht gewesen ist, die Prozesse zu vereinfachen und wie groß die Gewalt ist, die sie in dieser Beziehung dem Richter einräumt, die seltsame Theorie von Gönner dennoch nicht angenommen Vielmehr verordnet sie Thl. I. Tit. 5 §. 4 No. 7 mit Recht, daß, wenn bei untheilbaren Gegenständen ein einzelner Interessent ohne seine Mitberechtigten als Kläger auftritt, alsdann der Richter nach den Gesetzen zu beurtheilen habe, ob der zur Klage sich meldende Theilnehmer für sich allein zum Prozesse zu verstatten sei, oder bis zum erfolgenden Beitritte der übrigen Theilnehmer zurückgewiesen werden müsse. Eben so kann der Beklagte, wenn er im gleichen Falle allein vorgeladen ist, nach Tit. 9 §. 2 der Allgemeinen Gerichts-Ordnung nur den Einwand der mehreren Interessenten machen, nicht aber selbst diese Interessenten zum Prozeß beiladen lassen und eben so wenig darf dies in beiden Fällen der Richter von Amtswegen thun.

Eine Beiladung dritter Personen, außer dem Falle eines dadurch zu sichernden Regresses, findet nach der Gerichtsordnung nur Statt, und ist überhaupt nur zulässig:

1) wenn der Aussteller einer Urkunde, auf welche einer der

streitenden Theile ein Klagerecht oder einen Einwand gründet, vorgeladen wird, um dieselbe zu recognosciren oder zu diffitiren (§. 139 Tit. 10, und §. 129 des Entwurfs);

2) wenn der Cedent oder sonstige Autor vorgeladen wird, um einen nur von ihm de veritate zu schwörenden Eid abzuleisten.

Die Bestimmung der Gerichts-Ordnung in Betreff dieses zweiten Falles (§. 279 Tit. 10) ist nicht ganz deutlich und hat zu Zweifeln Anlaß gegeben, welche bereits in den Motiven zum §. 266 des Entwurfs untersucht und in dem allegirten Paragraph selbst beseitigt worden sind. Das hier Angeführte, welches den Grund dieser Bestimmung (der ganz der nämliche ist, wie in dem Falle sub 1 und ihr Verhältniß zur Litisdenunciation nachweist), wird zugleich zur Erläuterung und Verstärkung der dort angeführten Gründe dienen. Da jedoch beide Fälle mit der Adcitation, Behufs eines zu nehmenden Regresses nichts gemein haben und an ihrem Orte schon vorgesehen sind; so bedurfte es hier deren nochmaliger Aufführung nicht.

In den §§. 5 — 7 Tit. 17 handelt die Gerichts-Ordnung von der durch den Richter von Amtswegen zu veranlassenden Adcitation. Diese Befugniß des Richters ist jedoch in dem Entwurfe beseitigt worden und scheint diese Omission auch keinen Verlust zu begründen. Denn selbst nach dem Systeme der Gerichts-Ordnung liegt in jener Befugniß eine zu ausgedehnte Gewalt des Richters und ein Widerspruch der Gerichts-Ordnung mit sich selbst. Der Adcitat ist der Sache nach und vermöge seines Interesses stets Partei im Prozesse, wenn er auch, im Falle die Adcitation durch den Richter von Amtswegen geschieht, nach §. 6 Tit. 17 nicht eigentlich darin verwickelt wird. Kann nun eine Partei, welche einen Dritten zur Gewährsleistung hat beiladen lassen, diesen nicht zwingen, ihr im Prozesse beizustehen, oder sich auch nur auf die Sache einzulassen, wie läßt sich hiermit vereinigen, daß der Richter befugt sein soll, von Amtswegen etwas zum Vortheil der Partei zu thun, was er ihr, wenn sie darauf anträgt, verweigern muß? Darf der Richter den Adcitaten von Amtswegen zur Auslassung über die Klage oder Einrede durch Zwangsmittel anhalten, während ihm, wenn die Partei auf seine Adcitation anträgt, nur das Präjudiz gestellt werden kann, daß er die Entscheidung in der Hauptsache wider sich müsse gelten lassen; so kann sich die Partei bei der Unterlassung der Litisdenunciation oft besser befinden, als wenn sie hiervon, wie die Gerichts-Ordnung sich ausdrückt, zur Sicherung ihrer Rechte Gebrauch macht, sobald ihr nur im ersteren Falle der Richter durch die Adcitation von Amtswegen zu Hülfe kommt. Offenbar ist aber die Gerichts-Ordnung, indem sie dem Richter diese Befugniß ertheilt hat, zu weit gegangen; denn aus gleichem Grunde hätte sie ihm auch das Recht geben müssen, jede Partei zu jeder Erklärung, die ihm zur Erforschung der Wahrheit beizutragen scheint, durch Zwangsmittel anzuhalten, was jedoch der Natur des Civil-Prozesses widerspricht.

Zu §§. 438 und 439.

cfr. §§. 2 — 4 und 8 Tit. 17 der A. G. O.

Im §. 8 bestimmt die Gerichts-Ordnung, daß die Partei schuldig sei, litem zu denunziiren, wogegen es in den §§. 2 und 3 heißt: sie kann 𝔰c. Das letztere ist richtiger; denn in der Prozeß-Ordnung kann nur von der Befugniß dazu die Rede sein. Wie weit die Partei, um ihre Rechte zu erhalten, dazu schuldig ist, hat das materielle Recht zu bestimmen.

Das Landrecht drückt sich übrigens über die Verbindlichkeit zur Litisdenunciation oder Adcitation nicht immer auf gleiche Weise, noch ganz deutlich und in Uebereinstimmung mit dem Sprachgebrauche der Gerichts-Ordnung aus. So heißt es Thl. I. Tit. 5 §§. 431 und 432 des A. L. R. von correis debendi:

> Der in Anspruch genommene kann zwar seine Mitverpflichteten zur gemeinschaftlichen Vertheidigung oder Leistung der übernommenen Verbindlichkeit auffordern.

Durch diese Aufforderung aber darf der Berechtigte in Verfolgung seines Anspruchs nicht aufgehalten werden.

Ist hierbei von einer gerichtlichen Adcitation, oder nur von einer außergerichtlichen Aufforderung die Rede? Nach §. 443 seq. l. c. hat der Correus, welcher die Verbindlichkeit gegen den Berechtigten erfüllt hat, unter gewissen Einschränkungen den Regreß an seine Mitverpflichteten. Soll er diesen Regreß wirklich haben; so muß er auch adcitiren können. Aber was sagt es alsdann, daß der Berechtigte dadurch in Verfolgung seines Anspruchs nicht dürfe aufgehalten werden? Ist jener befugt, zu adcitiren; so muß dieser auch den Erfolg der Adcitation abwarten und sich auf die von den Adcitaten vorgebrachten Einreden einlassen.

Im §. 311 Thl. I. Tit. 14 des Allg. Landrechts wird über die Einwendungen, welche dem Bürgen gegen den Gläubiger zustehen, verordnet:

> Hat jedoch der Gläubiger bei Belangung des Hauptschuldners den Bürgen mit vorladen lassen, so steht das gegen den Ersteren ergangene Erkenntniß auch dem Letzteren entgegen.

Der Ausdruck; „mit vorladen" läßt es zweifelhaft, ob hier eine Hauptladung oder nur eine Adcitation gemeint sei mit andern Worten, ob der Gläubiger seine Klage gegen den Bürgen mit richten, oder denselben nur beiladen lassen solle. Der Nachsatz und der unmittelbar folgende Paragraph sprechen für das Letztere und eben dies bestätigt der §. 315 l. c., wo wegen der Rechtsmittel, die dem Bürgen zustehen, wenn sie der Hauptschuldner nicht einwendet, auf die Prozeß-Ordnung verwiesen wird. In der Gerichts-Ordnung finden sich jedoch keine Vorschriften, welche hierauf anwendbar wären, als etwa die des §. 31 Tit. 17. Auch die Gerichts-Ordnung selbst zählt im §. 3 l. c. diesen Fall unter diejenigen, in welchen eine Partei einem Dritten, an welchen sie ihren Regreß zu nehmen gedenkt, zu dem Prozesse könne adcitiren lassen. Dennoch gehört dieser Fall, wie beiläufig in der Vorbemerkung zu diesem Abschnitt schon erinnert ist, auf keine Weise hierher. Denn der Bürge ist dem Gläubiger nicht regreßpflichtig im eigentlichen Sinne dieses oft mißbrauchten Worts, sondern unmittelbar aus dem Bürgschafts-Vertrage verpflichtet, wiewohl diese Verpflichtung nur subsidiarisch ist und erst eintritt, wenn der Hauptschuldner die Verbindlichkeit zu erfüllen außer Stande ist. Er haftet dem Gläubiger nicht für den Fall, daß dieser im Prozesse gegen den Hauptschuldner unterliegt, da er im Gegentheile hierdurch ebenfalls befreit wird, sondern für die Zahlungsfähigkeit des Hauptschuldners. Er kann daher nicht vom Gläubiger adcitirt werden, um diesem im Prozesse zu assistiren (conf. §. 21 Tit. 17 der Allgemeinen Gerichts-Ordnung); da sein Interesse vielmehr fordert, dem Schuldner seinen Beistand zu leisten. Endlich würde auch der §. 31 h. t. den Bürgen keinesweges berechtigen, ein von dem Hauptschuldner versäumtes Rechtsmittel einzuwenden, wie doch das Landrecht im §. 315 I. c. bei der Verweisung auf die Prozeß-Ordnung vorauszusetzen scheint, da jene Stelle der Gerichts-Ordnung den Adcitaten nur erlaubt, die dem Adcitanten zustehenden Rechtsmittel einzulegen, der Adcitant aber in diesem Falle nicht der Schuldner, sondern der Gläubiger wäre. Dagegen scheint es nicht bedenklich, daß der Gläubiger, indem er den Schuldner belangt, den Bürgen mit in Anspruch nehmen könne, um beide durch Ein Urtheil, jenen als principaliter, diesen als subsidiarisch Verpflichteten zur Zahlung verurtheilen zu lassen. Dieses Urtheil steht aber alsdann nicht bloß dem Bürgen entgegen, noch kann der Bürge weiteres Gehör über Einwendungen gegen die Gültigkeit der Bürgschaft fordern, wie das Landrecht im §. 311 und 312 l. c. sagt, sondern diese Einwendungen sind hiermit zugleich entschieden, das Urtheil ist wider ihn erlassen, und kann, wenn die Execution gegen den Hauptschuldner fruchtlos war, sofort wider ihn vollstreckt werden.

Ferner ist im §. 381 Thl. I. Tit. 14 des Landrechts über das Verhältniß des Rückbürgen zum Hauptbürgen gesagt, daß der Hauptbürge verbunden sei, sich zuerst an den Schuldner zu halten, und, wenn er diesen in Anspruch nimmt, dem Rückbürgen davon Nachricht zu geben. „Eben so" —

fährt hierauf der §. 382 fort — „muß der Hauptbürge, wenn er von dem Gläubiger in Anspruch genommen wird, den Rückbürgen zum Prozesse mit vorladen lassen. Ohne Zweifel sind in dieser Stelle die Ausdrücke „zum Prozesse mit vorladen lassen" und „davon Nachricht geben" gleich bedeutend und beide von einer wirklichen Adcitation zu verstehen.

Nicht so gewiß ist dies in einer andern Stelle des Landrechts Thl. I. Tit. 16 §§. 285 und 286, wo von dem Verhältnisse zwischen dem Angewiesenen und Anweisenden bei nicht erfolgter Zahlung gehandelt wird. Nachdem zuvor (§. 283) gesagt ist, daß der Angewiesene die Wahl habe, ob er sogleich auf den Anweisenden zurückgehen oder sich an den Assignaten aus der geschehenen Annahme halten wolle, so heißt es im §. 285 weiter:

> Will aber auch der Angewiesene gegen den Assignaten aus der Annahme klagen, so muß er dennoch dem Anweisenden von der unterbliebenen Zahlung und angestellten Klage ohne Verzug Nachricht geben;

und im §. 286:

> Unterläßt er dieses, so muß er selbst ein geringes bei dem Betriebe des Prozesses oder der Execution begangenes Versehen gegen den Anweisenden vertreten.

Ist auch in dieser Vorschrift der Ausdruck „Nachricht geben" von einer förmlichen Litisdenunciation zu verstehen, oder genügt jede außergerichtliche Bekanntmachung? Ein Regreß, welcher die allgemeine Grundlage der Litisdenunciation bildet, ist allerdings hier vorhanden. Daraus aber, daß der §. 287 l. c. dem Angewiesenen das Recht giebt, die Fortsetzung des Prozesses dem Anweisenden zu allen Zeiten zu überlassen und sich an diesen als seinen Schuldner zu halten, kann für sich allein noch nicht gefolgert werden, daß es der Litisdenunciation nicht bedürfe. Denn auch der von dem Gläubiger zuerst angegriffene Bürge kann, wenn er den Hauptschuldner hat adcitiren lassen, nach Thl. I, Tit. 14 §. 347 des Allgemeinen Landrechts verlangen, daß Letzterer den Prozeß allein übernehme, ohne daß ihn dies von der Ver=

bindlichkeit zur Adcitation befreit. Eben so wenig kann man den Angewiesenen wegen der Vorschrift des §. 288 l. c. für einen bloßen Bevollmächtigten des Assignanten ansehen; sondern er klagt aus eigenem Rechte (§. 291), aus der Annahme des Assignaten, welche diesen zur Zahlung gegen den Angewiesenen verpflichtet, auch wenn er dem Anweisenden nichts schuldig wäre (§. 259), so daß mithin der Assignat gegen den Angewiesenen zur Zahlung verurtheilt werden kann, während der Anweisende überall keinen Anspruch an ihn hat. Eben dieser Umstand kann freilich auf der andern Seite auch Zweifel gegen die Nothwendigkeit einer Litisdenunciation erregen, weil der Angewiesene in diesem Falle nicht die Sache des Anweisenden, sondern seine eigene führt. Dann aber begreift man wieder nicht, warum das Gesetz eine Benachrichtigung von der angestellten Klage vorgeschrieben hat, die, wenn sie einmal gefordert ist, eben sowohl eine gerichtliche, als eine außergerichtliche sein kann. Nimmt man die Erstere, mithin die Nothwendigkeit einer Litisdenunciation an, so ist hier der oben schon angedeutete Fall vorhanden, in welchem die Folgen der unterlassenen Litisdenunciation andere sind, als die gewöhnlichen und als diejenigen, welche die Gerichtsordnung §. 10 Tit. 17 nur vorschreibt. Der Angewiesene kommt dadurch nach dem allegirten §. 286 l. c. des Landrechts nicht in die Gefahr, seinen Regreß an den Anweisenden zu verlieren, sondern wird diesem nur für die Versehen verantwortlich, die er beim Betriebe des Prozesses oder der Execution begangen hat.

Endlich in den §§. 82 und 83 Thl. I. Tit. 21 des A. L. R. heißt es vom Nießbraucher:

> Auf Prozesse, welche die Substanz der Sache, deren Pertinenzstücke und Gerechtigkeiten betreffen, ist dennoch der Nießbraucher sich einzulassen und die Prozeßkosten vorzuschießen verbunden. Er muß aber den Eigenthümer dabei zuziehen und kann durch dessen Unterlassung den Rechten desselben nichts vergeben.

Dieselben Vorschriften sind nach §. 226 l. c. auch auf den Erbpächter anwendbar.

Hierin giebt also das Landrecht dem Nießbraucher und dem Erbpächter eben sowohl das Recht, als es ihnen zur Pflicht macht, den Eigenthümer zu Prozessen, welche die Substanz der Sache rc. betreffen, adcitiren zu lassen und zwar das Letztere unter dem Präjudiz, daß durch Unterlassung der Adcitation den Rechten des Eigenthümers nichts vergeben sein soll. Allein schon dies zeigt, daß es mit der Pflicht so viel nicht auf sich habe. Denn was schadet es ihnen, daß die Rechte des Eigenthümers unberührt bleiben? Nicht besser sieht es um das Recht aus, da ihnen die Prozeß-Ordnung kein Mittel an die Hand giebt, dasselbe auszuüben. Denn nirgends verstattet die Gerichts-Ordnung weder dem Kläger, noch dem Beklagten, einen Theilhaber an der Sache wider dessen Willen zum Prozesse zu nöthigen. Was soll und kann also der Nießbraucher oder Erbpächter thun, um den Eigenthümer bei einem Prozesse der Art zuzuziehen, wenn nicht etwa, im Falle sie Beklagte sind, der Kläger sich bestimmen läßt, seine Klage gegen den Eigenthümer mit zu richten, oder, falls sie als Kläger auftreten, der Eigenthümer sich freiwillig entschließt, mit ihnen gemeinschaftliche Sache zu machen. Dieselbe Bemerkung gilt noch von einer andern Stelle des Landrechts Thl. II. Tit. 4 §. 118, wo dem Fideicommißbesitzer die gleiche Verpflichtung aufgelegt wird, bei Prozessen über die Substanz des Fideicommisses die nächsten Anwarter zuzuziehen. Richtiger dagegen ist beim Lehne §. 258 Tit. 18 Thl. I. des Allgemeinen Landrechts gesagt, daß Prozesse des Vasallen über das Lehn und die darin ergangenen Entscheidungen für den Lehnsherrn unverbindlich sind, „wenn derselbe dabei nicht zugezogen worden." Diese Zuziehung ist nicht Sache des Vasallen oder irgend eines andern Mitberechtigten, sondern des Gegners und nur diesem möglich. Da das Landrecht Thl. I. Tit. 19 §. 11 allgemein verordnet, daß bei getheiltem Eigenthum ein mit dem einen Theilhaber allein geführter Rechtsstreit gegen den Andern ohne Wirkung ist, so hätte es jener besonderen Bestimmungen vielleicht nicht bedurft. Ja, auch diese allgemeine Vorschrift scheint entbehrlich, da sie selbst nur eine Folgerung des ebenfalls sich von selbst verstehenden Satzes der Gerichts-Ordnung ist (Tit. 24. §. 5), daß Urtheile nur gegen die Parteien, zwischen welchen sie ergangen, von Wirkung und zu vollziehen sind.

Es mögen im Landrechte noch andere hierher gehörige Stellen vorkommen, es ist jedoch hier nicht zur Aufgabe gestellt, sie vollständig zu citiren, noch eine erschöpfende Kritik derselben zu liefern, was der Revision des Landrechts überlassen bleiben muß; sondern es sollte nur gezeigt werden, wie sehr in dieser Materie ein präciser Ausdruck und die Uebereinstimmung des Landrechts mit der Prozeß-Ordnung Noth thut.

Zum §. 440.

Dieser Paragraph enthält einen Zusatz zur Gerichts-Ordnung, der zur Beseitigung jedes Zweifels hierüber nicht überflüssig erschien. Die Vorschrift selbst ist schon in dem gemeinen Rechte enthalten und ohne sie die allgemeine Durchführung der die Litisdenunciation betreffenden Vorschriften überhaupt nicht zu bewirken.

Zum §. 441.

(conf. §. 13 Tit. 17 der Allg. Gerichtsordnung.)

Die §§. 9, 11 und 12 l. c. sind hier übergangen worden. Der Erstere, weil es in der Prozeß-Ordnung und wenn der Richter darauf verfügen soll, sich von selbst versteht, daß das Gesuch bei Gericht angebracht werden muß, die Frage aber, ob und in welchen Fällen eine außergerichtliche Benachrichtignng hinreicht, in das materielle Recht gehört. Der § 11 ist ebenfalls materiellen Rechtens und der §. 12 enthält nur eine Wiederholung einer dem Instruenten für die Aufnahme der Klage und Klagebeantwortung gegebenen Anweisung. Die Gründe, weshalb diese Anweisungen, welche ursprünglich in dem corp. jur. Frieder. für den Assistenzrath bestimmt, von der Gerichts-Ordnung auf den instruirenden Richter übertragen wurden, aus der gegenwärtigen

Prozeß = Ordnung ganz ausgeschlossen sind, sind bereis früher angegeben und bedarf es daher deren Wiederholung nicht.

Zu §§. 442 und 443.
(conf. §§. 14 und 15 Tit. 17 der A. G. O.)

Das Interesse des Litisdenunciaten macht es zur unerläßlichen Pflicht, die Frist genau zu bestimmen, innerhalb welcher im Prozesse von den Parteien die Litisdenunciation angebracht werden muß, wenn der Litisdenunciat unter den festzusetzenden Präjudizien für schuldig erklärt werden soll, sich auf dieselbe einzulassen. Bei dieser Bestimmung wird man davon ausgehen müssen, daß jede Litisdenunciation als eine nicht rechtzeitig angebrachte anzusehen ist, wenn sie erst in einem Stadio des Prozesses angestellt wird, wo es entweder nach den darüber ertheilten Vorschriften nicht mehr gestattet ist, nova anzubringen, oder wo Letztere zwar noch zulässig sind, der Prozeß aber bereits so weit vorgeschritten ist, daß über dieselben nicht mehr durch alle zulässigen Instanzen erkannt werden kann. Zu diesen beiden Fällen gesellt sich noch ein dritter, wenn nämlich der Litisdenunciant schon vor der Litisdenunciation durch eine fehlerhafte Einlassung, durch Zugeständnisse rc. den Prozeß in eine solche Lage gebracht hat, wodurch der Litisdenunciat seiner Vertheidigungsmittel beraubt wird.

In Erwägung dieser möglichen Fälle, welche, wenn man gegen den Litisdenunciaten nicht ungerecht sein will, diesem die Befugniß geben müssen, seine Einlassung auf die Litisdenunciation zu verweigern und sich das Vorbringen seiner Vertheidigungsmittel für den von dem Litisdenuncianten wider ihn anzustellenden Regreßprozeß vorzubehalten, wird man den Litisdenunciaten zur unbedingten Einlassung auf die Litisdenunciation nur dann verpflichten können, wenn Letztere zugleich mit der Klage oder Klagebeantwortung angebracht wird; da in diesem Falle für ihn noch res integra vorhanden ist und er also noch die zu seiner Vertheidigung dienenden Thatsachen anbringen darf. Dasselbe wird von ihm gefordert werden können, wenn die Litisdenunciation z. B. erst durch die Klagebeantwortung hervorgerufen und mit der Replik an=

gebracht wird, in so fern in diesem Falle nach näherer Bestimmung des §. 34 des Entwurfs noch nova zulässig sind. Denn auch hier ist dem Litisdenunciaten die Gelegenheit zu seiner vollständigen Vertheidigung gegeben.

Nichtsdestoweniger muß ihm aber auch freigestellt bleiben, sich auf eine später angebrachte Litisdenunciation noch einzulassen; denn es sind Fälle möglich, wo der Litisdenunciant bereits Alles vorgebracht hat, was gegen den Anspruch eingewandt werden konnte. In einem solchen Falle erheischt es der eigene Vortheil des Litisdenunciaten, daß der Streit über die Rechtsbeständigkeit des Anspruchs in dem Separatprozesse nicht noch einmal wiederholt wird. Läßt sich aber der Litisdenunciat auf eine solche verspätete Litisdenunciation ein, so muß er auch den Prozeß in der Lage, in welcher er sich grade befindet, übernehmen; denn der Gegner des Litisdenuncianten hat ein Recht zu verlangen, daß die Hauptsache ihren ununterbrochenen Fortgang behalte.

Was den Litisdenuncianten betrifft, so ist in Ansehung der Zeit der Anbringung der Litisdenunciation mehrfach von den Bestimmungen der Gerichts-Ordnung abgewichen. Letztere läßt für den Fall, daß sich der Grund zur Litisdenunciation erst bei näherer Entwickelung der Sache ergiebt, dieselbe in erster Instanz bis zum Schlusse der Instruktion, in zweiter Instanz aber nur bei Anmeldung der Appellation, in dritter Instanz endlich gar nicht mehr zu (conf. §§. 14, 15 und 32 l. c.). Der Appellat kann mithin in zweiter Instanz nicht mehr litem denunciren, was gegen den Grundsatz verstößt, daß die Rechte beider Theile hinsichts ihrer Vertheidigung gleich sein müssen. Aber auch abgesehen hiervon, so kann, da die Gerichts-Ordnung in zweiter Instanz neue Thatsachen, Einreden und Beweismittel unbedingt und noch in dritter Instanz mit einigen Einschränkungen zuläßt, die Sache sehr wohl erst in zweiter oder in dritter Instanz sich so entwickeln, daß die Nothwendigkeit der Litisdenunciation für eine der Parteien eintritt. Was soll alsdann geschehen? Soll die Partei ihres Regresses, oder der nicht beigeladene Dritte seiner Einreden verlustig werden? Und beide ohne eigenes

Verschulden, ja vielleicht durch die Nachlässigkeit oder Hinterlist des Gegners, der den Einwand, welcher die Litisdenunciation nothwendig machte, so lange zurückhielt, bis diese nicht mehr Statt fand? Läßt man einmal neue Thatsachen in zweiter und dritter Instanz zu, so darf man viel weniger dem Gegentheil die Mittel zu seiner Vertheidigung abschneiden. Ein solches Mittel ist aber die Litisdenunciation. Daher haben sowohl das römische wie das gemeine Recht die Litisdenunciation an keine Frist gebunden und nur in Beziehung auf den Dritten (den Denunciaten), damit dieser noch im Stande sei, sich mit Wirkung zu vertheidigen, fordern sie, daß dieselbe zeitig geschehe. Es scheint, daß die Gerichts-Ordnung, indem sie von diesem Systeme abwich und die Litisdenunciation nur in erster Instanz und bei Anmeldung der Appellation gestattete, hierbei von keinem andern Motive geleitet wurde, als wohin überhaupt ihr Bestreben ging, die Prozesse abzukürzen und der Chikane vorzubeugen. Allein dies darf niemals auf Kosten der Gerechtigkeit geschehen. Deshalb schien es nöthig, die Befugnisse der Parteien in dieser Beziehung zu erweitern. Dagegen mußte, so wie überhaupt die Vertheidigung an bestimmte Fristen gebunden werden kann und muß, die Partei schon in erster Instanz verpflichtet werden, von der Litisdenunciation Gebrauch zu machen, sobald sich ein Grund dazu hervorthue. Diese Beschränkung ist nöthig und wird neben der dem Litisdenunciaten gestatteten Befugniß, seine Einlassung auf eine verspätete Litisdenunciation zu verweigern, hinreichen, jedem Mißbrauche zu begegnen.

Es könnte vielleicht den Anschein gewinnen, als werde durch die zuletzt erwähnte Befugniß des Litisdenunciaten die Litisdenunciation überhaupt effektlos gemacht, weil, wenn der Litisdenunciat die Einlassung verweigert, der Litisdenunciant, die dem Anspruche entgegenzusetzenden Einwendungen nicht erfährt und dadurch der Gefahr ausgesetzt werde, verurtheilt zu werden. Der Litisdenunciant hat indessen das Recht, die Regreßklage gegen den Litisdenunciaten sofort anzustellen und es ist ihm dadurch zugleich das Mittel gegeben, wenn Einwendungen gegen die Rechtsgültigkeit des Anspruchs von dem Litisdenunciaten vorgebracht werden, die Execution des im Vorprozesse gegen ihn ergangenen nachtheiligen Erkenntnisses durch Deposition oder Cautionsbestellung vorzubeugen oder auch, falls die vom Litisdenunciaten vorgebrachten Exceptionen der Art sind, daß sie in der Executions-Instanz noch vorgeschützt werden können, diese dem Judicate entgegenzusetzen.

Zum §. 444.

Unzulässig kann die Litisdenunciation um deshalb, weil sie verspätet ist, niemals sein. Denn die Verspätung, in so fern man ihr diese Wirkung beilegt, bezieht sich auf das Verhältniß zum Dritten und man würde dadurch der Litisdenunciation ihre Wirksamkeit gegen diesen absprechen, was jedoch den Gegentheil in der Hauptsache nichts angeht, sondern lediglich zwischen dem Litisdenuncianten und Litisdenunciaten auszumachen ist. Daher kann nach gemeinem Rechte die Litisdenunciation eben sowohl außergerichtlich geschehen, wenn nur ein glaubhaftes Insinuations-Dokument darüber beigebracht wird. Der Gegner im Hauptprozeß ist hierbei nur in so weit interessirt, als dadurch der Fortgang und die Entscheidung der Hauptsache aufgehalten wird und mithin kann jenem gegenüber nur hieraus das Präjudiz für die verspätete Anbringung der Litisdenunciation entnommen werden. Die Gerichts-Ordnung bestimmt in den §§. 17 und 18 h. t. allgemein, daß die Instruktion der Hauptsache durch eine Litisdenunciation nicht aufgehalten werden solle, doch ist es dem Ermessen des Instruenten überlassen, den Abschluß der Sache auszusetzen, wenn die Erklärung des Litisdenunciaten bis dahin nicht füglich eingehen konnte und auch dem Letzteren steht frei, wenn ihm die Frist zur Erklärung zu kurz gestellt war, auf eine Verlängerung derselben anzutragen, welche vom Gericht nach den Umständen bewilligt werden kann.

Dies hat darin seinen Grund, daß die Gerichts-Ordnung die Erklärungen der Parteien überhaupt nicht an Formen und Fristen gebunden, noch auch das Beweisverfahren von der

Litiscontestation und den Verhandlungen über die Einreden streng gesondert hat, so daß sowohl während, als nach der Beweisaufnahme neue Verhandlungen und ein neues Beweisverfahren zulässig sind und der Prozeß immer neu erstehen kann. Wird aber das Verfahren geregelt, so muß allerdings die dem Litisdenunciaten zu seiner Vertheidigung bewilligte Frist auch dem Litisdenuncianten zu Statten kommen. Die Hauptsache wird also durch die Litisdenunciation aufgehalten und nur dahin hat man zu sehen, daß dieser Aufenthalt nicht größer sei, als nöthig, so wie ferner, daß die Litisdenunciation nicht ohne allen Grund und nur zum Verschleife der Sache angebracht werde. Das erste ist der Zweck der obigen Vorschrift, die letztere Rücksicht hat den §. 449 des Entwurfs motivirt.

Wenn übrigens der Litisdenunciat sich meldet; so wird er Streitgenosse des Litisdenuncianten und theilt alle Rechte desselben im Prozesse. Es folgt hieraus von selbst, daß er auch Prorogation nachsuchen kann, so weit und unter den Bedingungen, unter welchen diese überhaupt gestattet ist. Daher wird es der ausdrücklichen Bestimmung hierüber, welche der allegirte §. 18 der Gerichts-Ordnung enthält, nicht bedürfen.

Zum §. 445.

(conf. §. 16 Tit. 17 der Allg. Ger. Ord.)

Es ist in der Gerichts-Ordnung die Insinuation der richterlichen Verfügung auf die Litisdenunciation dem Litisdenuncianten unter der Verpflichtung überlassen, einen gehörigen Nachweis darüber zu den Akten zu bringen, weil überhaupt die Insinuation dem Extrahenten der Verfügungen mehr überlassen war, als daß sie gerichtlich erfolgte. Diese Insinuationsart ist allerdings zweckmäßig, da Niemand ein größeres Interesse an der richtigen Insinuation der gerichtlichen Verfügung hat, als derjenige, der sie erwirkt hat. Da diese Art der Insinuation aber unserer Gerichts-Verfassung fremd ist, so ist sie auch hier übergangen. Sie scheint ein Ueberbleibsel aus dem gemeinen Rechte zu sein, wo, wie schon erwähnt, die Litisdenunciation außergerichtlich geschehen konnte, ist aber im Systeme der Gerichts-Ordnung eine Anomalie. Denn wenn einmal die Ladung vom Gericht ausgehen soll, so ist es kürzer und angemessener, daß auch die Insinuation von demselben bewirkt wird.

Auch die §§. 19 und 20 Tit. 17 der Allgemeinen Gerichts-Ordnung sind hier übergangen, da in denselben außer den weiter unten (§. 452 des Entwurfs) zu gedenkenden rechtlichen Folgen, wenn der Litisdenunciat sich nicht meldet, festgesetzt wird:

1) daß es der Wiederholung der einmal geschehenen Litisdenunciation in keinem Falle bedürfe und
2) daß, wenn der Litisdenunciant den Litisdenunciaten durch falsche Vorspiegelungen von der Theilnahme am Prozeß abgehalten, oder im Einverständniß mit dem Gegentheile von den ihm zu Gebote stehenden Vertheidigungsmitteln keinen Gebrauch gemacht habe, alsdann jene Folgen nicht eintreten sollen.

Was diese beiden speciellen Bestimmungen betrifft, so scheint **ad 1** die erste durch ein blosses Versehen aus dem **Corpus juris Friedericiani** (Thl. I. Tit. 17 §. 15) in die Gerichts-Ordnung übergegangen zu sein. Denn in dem **Corpus juris Friedericiani** war die erste Ladung in der Regel nicht peremtorisch, sondern der ausgebliebene Beklagte, mußte zum zweiten Male geladen werden (Thl. I. Tit. 6 §. 2). Dort bildete also diese Vorschrift eine Ausnahme. Nachdem aber die Gerichts-Ordnung die zweite Ladung überall abgeschafft hatte, so war es überflüssig, bei der Litisdenunciation noch besonders zu verordnen, daß es derselben nicht bedürfe.

ad 2. Die andere Bestimmung reservirt dem Litisdenunciaten die **exceptio doli**. Allein auch dies scheint sich von selbst zu verstehen, denn durch Betrug kann Niemand ein Recht erwerben (Thl. I. Tit. 4 §. 84 des Allg. Land-Rechts). Daher muß den Parteien gestattet sein, selbst rechtskräftige Urtheile noch wegen Betruges anzufechten, wie dies im Titel von der Wiedereinsetzung in den vorigen Stand verordnet wird. Der Litisdenunciat ist jedoch nicht Partei in dem Prozesse über die Hauptsache. Das hierin ergehende Urtheil steht ihm zwar bei dem gegen ihn zu nehmenden Regresse entgegen, aber es ist weder wider ihn ergangen, noch wider ihn vollstreckbar. Er hat deshalb nicht nöthig, die Restitution dagegen zur Hand zu nehmen, sondern kann sich noch im Regreßprozesse durch die exceptio doli schützen, da erst hierin die Wirkungen der Litisdenunciation realisirt und wider ihn ausgesprochen werden. Jedenfalls gehört diese Bestimmung eben sowohl in das materielle Recht, wie die Fälle, wo es einer Litisdenunciation nicht bedarf, weil der zur Gewährsleistung Verpflichtete derselben entsagt hat, oder auch ohne dieselbe dazu verbunden bleibt.

Zum §. 446.

(conf. §. 21 Tit. 17 der Allg. Ger. Ord.)

Es kann auffallen, daß hier vom Litisdenunciaten eine Erklärung, ob er den Regreß anerkenne, gefordert wird, da doch über die Regreßverbindlichkeit in dem Prozesse über die Hauptsache nicht mit verhandelt und erkannt werden soll. Allein eine Ausnahme hiervon kann und muß da eintreten, wo die Verbindlichkeit zur Gewährsleistung oder Schadloshaltung eingestanden ist. Denn in diesem Falle hindert nichts, das Urtheil gegen den Litisdenunciaten mit zu richten, es bleibt kein Stoff zu einem neuen Prozesse und es wäre mithin eine leere und lästige Formalität, wenn dessen ungeachtet der Litisdenunciant, um den anerkannten Regreß zu realisiren, den Litisdenunciaten erst in dessen Foro müßte verurtheilen lassen. Erklärt aber der Litisdenunciat, daß er den Regreß nicht anerkenne, oder erklärt er sich gar nicht; so hat doch die Litisdenunciation zugleich die Folge, daß der Litisdenunciant, ohne die Entscheidung der Hauptsache abzuwarten, die Regreßklage sofort anstellen kann (conf. §. 23 l. c.). Eine vorgängige Aufforderung zur Erklärung scheint daher auch in dieser Hinsicht nöthig.

Zum §. 447.

Die Gerichts-Ordnung enthält hierüber keine ausdrückliche

Bestimmung, was mehreren Gerichten Anlaß zu Zweifeln und Anfragen über die Zulässigkeit einer weitern Litisdenunciation gegeben hat. Im Corp. jur. Frieder. ist dieser Fall erwähnt; es wird darin gesagt (Thl. 1 Tit. 17 §. 3), daß die Partei im Prozeß sich nur an ihren unmittelbaren Auctor halten könne; „diesem aber stehe frei, dem Seinigen weiter litem zu denunciren." Indem die Gerichts-Ordnung diese Vorschrift des Corp. jur. Frieder. nicht mit aufgenommen hat, scheint es doch nicht, daß sie dieselbe habe abändern wollen. Denn in dem §. 4 h. t., welcher dem §. 4 des Corp. jur. Frieder. entspricht, verweist sie, wie dieses wegen der Fälle, wo ein Regreß Statt findet und in welchen man sich mit Uebergehung des nächsten Vormannes an den entfernteren halten könne, auf das Allg. Landrecht. Hierin heißt es im §. 149 Thl. I. Tit. 11:

> der Käufer kann sich der Vertretung halber nur an seinen unmittelbaren Verkäufer halten und muß es diesem überlassen, auf seinen Vormann zurückzugehen.

Dies ist hiernächst auf alle andere Fälle der Gewährsleistung ausgedehnt. Aber wie kann der Verkäufer auf seinen Vormann zurückgehen, wenn ihm nicht gestattet sein sollte, diesen zu demselben Prozesse ebenfalls beiladen zu lassen? Er würde sonst Gefahr laufen, seiner Seits die Gewähr leisten zu müssen und den gleichen Anspruch auf Gewährsleistung gegen seinen Vormann zu verlieren. Die Litisdenunciation verfehlt ihren Zweck, wenn nicht auf den letzten eigentlichen Auctor zurückgegangen werden kann, und aus demselben Grunde also, aus welchem die erste Litisdenunciation nachgegeben ist, muß auch jede fernere zugelassen werden.

Zum §. 448.

(conf. die Anmerkung zum §. 444.)

Zum §. 449.

Das Motiv zu dieser Bestimmung ist bereits in der Bemerkung zum §. 444 angegeben. Gänzlich versagen kann das Gericht die Litisdenunciation auch in diesem Falle nicht, weil dies eine Entscheidung über die Zulässigkeit des Regresses involviren würde, wozu der Richter der Hauptsache, wenn der Litisdenunciat ein anderes Forum hat, nach dem Systeme der Gericht-Ordnung nicht einmal competent sein würde.

Zu §§. 450 und 451.
(conf. §. 24 Tit. 17 der Allg. Ger. Ord.)

In den §§. 25—27 l. c. enthält hierauf die Gerichts-Ordnung einige besondere Vorschriften „von Eiden bei Litisdenunciationen.“ Diese Vorschriften erledigen sich und werden überflüssig durch die abändernden Bestimmungen, welche bei der Lehre vom Eide vorgeschlagen sind. Sie liefern zugleich einen Beweis mehr, wie sehr diese Materie einer Abänderung bedarf. Denn, um die Sache sogleich durch ein Beispiel zu erläutern: wenn der Debitor cessus dem Cessionarius den Einwand der nicht empfangenen Valuta macht und hierüber den Eid deferirt, Letzterer aber seinen Cedenten hat beiladen lassen, so muß nach §. 26 l. c. der Cedent de veritate und der Cessionarius de ignorantia schwören. Gesetzt nun, daß jener den Eid de veritate leistet, dieser aber den Ignoranz-Eid verweigert, weil ihn Umstände, die der Debitor cessus angeführt hat, bedenklich gemacht haben, oder auch weil er zu gewissenhaft ist, bei der entgegenstehenden Versicherung des Letzteren diesen so schwierigen Eid zu leisten; was wird die Folge hiervon sein? Zunächst wird in der Hauptsache der klagende Cessionarius nach §. 27 l. c. gegen den Debitor cessus wegen verweigerten Eides abgewiesen werden. Er ist aber zugleich über die Ursachen, aus welchen er sich zur Eidesleistung nicht hat entschliessen können, zu vernehmen und wenn er sich sodann an den Cedenten regressiren, dieser aber den Regreß nicht anerkennen will, so sollen beide Theile darüber besonders gehört und es soll zwischen ihnen erkannt werden: ob jene Ursachen der Weigerung für hinreichend zu achten. Allein mögen dieselben auch noch so triftig erscheinen, wie kann man den Cedenten, der nicht nur das schriftliche Bekenntniß seines Schuldners, sondern auch den geleisteten Eid für sich hat, um deshalb zur Gewährsleistung d. h. zur nochmaligen Zahlung verurtheilen? Hierzu müßte die Falschheit der Urkunden und des geleisteten Eides gegen ihn erwiesen sein. Aber gesetzt er würde verurtheilt, oder er hätte den Regreß anerkannt und wäre durch Befriedigung des Cessionars in seine ursprünglichen Rechte wieder eingetreten; so würde sich zuförderst fragen, ob er jetzt aus eigner Person gegen seinen Schuldner klagen kann, da diesem die exceptio judicati zur Seite zu stehen scheint. Könnte er nicht klagen, so würde er das durch den Eid besiegelte Schuldbekenntniß in der Hand abgewiesen sein, weil ein Dritter, dem das Geschäft fremd war, nicht hat schwören wollen, daß er nichts davon wisse. Kann er aber klagen, so entsteht derselbe Prozeß von Neuem und der Richter muß nun den Schuldner aus dem nämlichen Grunde verurtheilen, aus welchem er ihn kurz zuvor freigesprochen hatte. Das frühere Erkenntniß ist in diesem Falle ohne Wirkung. Wie will man aus dieser Verwirrung kommen und wie lassen sich diese Widersprüche nicht nach dem Buchstaben der Gerichts-Ordnung, sondern nach einer gesunden Rechtstheorie mit einander vereinigen?

Zum §. 452.

(conf. §. 19 Tit. 17 der Allg. Ger. Ord.)

Daß die hierin vorgeschriebenen Wirkungen der Litisdenunciation nur dann eintreten können, wenn dieselbe nach Vorschrift der §§. 442 und 443 des Entwurfs rechtzeitig angebracht ist, oder der Litisdenunciat sich freiwillig auf eine verspätete Litisdenunciation eingelassen hat, liegt von selbst vor.

Zum §§. 453 und 454.

(conf. die Anmerkung zum §. 446 des Entwurfs und die §§. 22 u. 23 Tit. 17 der Allg. Ger. Ord.)

Die Befugniß des Litisdenuncianten, die Regreßklage vor beendigtem Hauptprozesse anzustellen, ist eine Folge der Litisdenunciation und giebt ihm ein Recht, das er außerdem nicht haben würde, da in der Regel der Schadensersatz nicht früher gefordert werden kann, als bis der Schade geschehen ist. Der Zweck dieser Vorschrift ist theils schon in der Anmerkung zum §. 443 des Entwurfs angedeutet, theils ist derselbe aber auch darauf gerichtet, demjenigen, der durch den Prozeß mit einem von einem Dritten verschuldeten oder zu vertretenden Verluste bedroht ist, die Mittel zu gewähren, sich gleichzeitig oder doch möglichst bald an dem Urheber oder Garanten zu erholen.

Zum §. 455.

(conf. §§. 28 30 Tit. 17 der Allg. Ger. Ord.)

Die Gerichts-Ordnung unterscheidet hierin zwei Fälle:

1) wenn der Litisdenunciat sich erklärt, den ganzen Prozeß für den Beklagten übernehmen zu wollen und dieser ihm denselben zu überlassen einwilligt; so soll der Kläger schuldig sein, die Sache mit dem Litisdenunciaten allein fortzusetzen; jedoch kommt der Beklagte dadurch nicht ex nexu, sondern das Urtheil ist gegen Beide, den Litisdenunciaten und den Beklagten zu richten und gegen Beide vollstreckbar.

2) Wenn der Kläger sich äußert, seine Forderung und sein Recht gegen den sich meldenden Litisdenunciaten allein ausführen zu wollen; so muß er zugleich ausdrücklich erklären, daß er den Beklagten und Litisdenuncianten gänzlich außer Anspruch lasse. Alsdann soll das Erkenntniß bloß zwischen dem Kläger und dem Litisdenunciaten abgefaßt werden und der Erstere nicht weiter berechtigt sein, auf den ursprünglichen Beklagten zurückzugehen.

Hierbei ist zuvörderst im Allgemeinen zu bemerken, daß die Fälle auch umgekehrt vorkommen können, Seitens des Beklagten gegen den Kläger, wenn letzterer hat beiladen lassen. Was hiernächst

ad 1 den ersten Fall betrifft, so bezieht sich dieser den Worten nach, nur auf den Prozeßbetrieb, hinsichtlich dessen es dem Litisdenuncianten und Litisdenunciaten stets überlassen ist, ob beide oder wer von beiden allein oder hauptsächlich, sich darum kümmern wollen. Dies ist für den Kläger gleichgültig und man drückt sich daher nicht genau aus, wenn man sagt: „daß der Kläger in diesem Falle schuldig sei, die Sache mit dem Litisdenunciaten allein fortzusetzen;" als wenn er hierzu in anderen Fällen weniger schuldig wäre; noch setzt er wirklich die Sache mit dem Litisdenunciaten allein fort, da ja der Beklagte Partei im Prozesse bleibt und das Urtheil wider ihn gesprochen wird. Aber auch das ist nicht klar, wie der Litisdenunciat, wenn er mit dem Litisdenuncianten übereingekommen ist, die Führung des Prozesses allein zu übernehmen, um deshalb dem Gegner zu etwas Mehrerem als vorher verpflichtet sein kann, weshalb das Urtheil in diesem Falle gegen ihn mit zu richten und wie gegen die Partei zu vollstrecken ist, was die Gerichts-Ordnung mehr voraussetzt, als sagt. Hierzu wäre eine Uebereinkunft zwischen dem Litisdenunciaten und dem Gegner erforderlich.

ad 2. Der andere Fall ist der einer Expromission, der allerdings vorkommen kann und wo der Litisdenunciat ganz in die Stelle des Litisdenuncianten tritt. Allein man sieht nicht, weshalb der Kläger, wenn er sein Recht oder seine Forderung gegen den Litisdenunciaten allein ausführen will, ausdrücklich erklären muß, daß er den Beklagten gänzlich ex nexu lasse. Warum sollte ihm nicht auch erlaubt sein, dasselbe mit Vorbehalt seiner Rechte zu thun und den Litisdenuncianten bloß aus dem Prozesse zu entlassen, wenn dieser und der Litisdenunciat damit einverstanden sind? Z. B. wenn der Gläubiger zuerst den Bürgen angegriffen, dieser den Hauptschuldner hat beiladen lassen und sich der Gläubiger nunmehr entschließt, mit Vorbehalt seiner Rechte gegen den Bürgen, die Sache erst mit dem Hauptschuldner auszumachen.

Hiernach scheint es, daß die Gerichts-Ordnung in den allegirten Paragraphen eines Theils Unterschiede macht, die nicht vorhanden sind, oder über welche sie sich nicht deutlich genug ausgedrückt hat, andern Theils, daß sie dadurch der Uebereinkunft der Parteien einen unnöthigen Zwang anthut. Diese können, so wie die Gerichts-Ordnung voraussetzt, aber auch anders übereinkommen. Ihre Verträge in dieser Hinsicht deren Zulässigkeit und rechtliche Folgen sind nach den allgemeinen Vorschriften des materiellen Rechts zu beurtheilen.

Was einer Bestimmung der Prozeß-Ordnung bedarf und was auch den wesentlichen Inhalt jener Bestimmungen der Gerichts-Ordnung ausmacht, ist nur, daß der Litisdenunciant, wenn der Litisdenunciat den Prozeß für ihn übernehmen will, hierdurch allein und ohne die Einwilligung des Gegners noch nicht aus der Sache scheidet. Dies ist es daher, was der §. 455 des Entwurfs ausspricht.

Zum §. 456.

cfr. §. 31 Tit. 17 der Allg. Ger. Ord.

Zum §. 457.

(cfr. §. 33 Tit. 17 der Allg. Ger. Ord.)

Die Gerichts-Ordnung drückt sich hier nicht ganz deutlich und in Uebereinstimmung mit dem Vorhergehenden aus. Sie bestimmt nämlich, indem sie übrigens dieselbe Regel aufstellt, daß nur in dem Falle, wenn nach Maaßgabe des §. 21 Nr. 1 des Litisdenunciat sich dem gegen den Beklagten und Litisdenuncianten ergehenden Urtheile im Voraus völlig unterworfen habe, der Kläger die Execution des Urtheils, wenn er will, unmittelbar gegen den Litisdenunciaten suchen könne, und in eben diesem Falle könne auch der Litisdenunciant, wenn der Kläger sich an ihn hält, von seiner Seite die Execution gegen den Litisdenunciaten sofort verlangen. Allein der §. 21 Nr. 1, auf welchen hier verwiesen wird, handelt lediglich davon, ob der Litisdenunciat den, vom Litisdenuncianten behaupteten Regreß anerkennt, nicht aber von einer völligen Unterwerfung unter das künftige Urtheil in der Hauptsache. Jenes Anerkenntniß für sich allein, kann jedoch dem Kläger kein Recht geben, dieses Urtheil unmittelbar gegen den Litisdenunciaten vollstrecken zu lassen; es begründet nicht einmal immer den Regreß des Litisdenuncianten gegen Letzteren, worüber die Gerichts-Ordnung selbst im §. 27 ein Beispiel des Gegentheils in dem Fall aufstellt, wenn der Prozeß deshalb verloren ist, weil der Litisdenunciant einen Eid nicht hat leisten wollen.

Man muß hierbei unterscheiden:

1) Ob der Litisdenunciat bloß den Regreß anerkannt hat. In diesem Falle muß das Erkenntniß in der Hauptsache zugleich den Litisdenunciaten zur Schadloshaltung verurtheilen (§. 453 des Entwurfs) und der Litisdenunciant kann die Vollstreckung dieses Urtheils gegen jenen nachsuchen, insofern nämlich der Schade liquide und die Summe im Urtheil bestimmt ist.

2) Ob der Litisdenunciat den Prozeß des Litisdenuncianten mit Einwilligung des Gegentheils übernommen hat (§. 455 des Entwurfs). In diesem Falle tritt er ganz in die Stelle des Litisdenuncianten und das Urtheil ist gegen ihn eben so wohl zu erlassen, als zu vollstrecken.

Was hiernach der §. 457 enthält, scheint sich freilich von selbst zu verstehen, und hier keiner besonderen Vorschrift zu bedürfen. Er ist jedoch nichts desto weniger aufgenommen worden, um nicht durch Stillschweigen die bisherige davon abweichende Bestimmung der Gerichts-Ordnung anscheinend zu bestätigen.

Zum §. 458.

Dieser §. enthält einen Zusatz zur Gerichts-Ordnung, der eine in der Letzteren vorhandene Lücke auszufüllen bezweckt. Es bestimmt nämlich der §. 311 Tit. 14 Thl. I. des Allg. Landrechts:

> Hat jedoch der Gläubiger bei Belangung des Hauptschuldners den Bürgen mit vorladen lassen, so steht das gegen den Ersteren ergangene Urtheil auch dem Letzteren entgegen.

Diese Vorladung kann weder den Zweck haben, daß der Gläubiger sich dadurch den Regreß gegen den Bürgen sichert, weil ihm der Bürge, wenn auch nur subsidiarisch, schon aus dem Bürgschafts-Vertrage haftet, noch der Litisdenunciant dabei beabsichtigen, daß ihm der Litisdenunciat, der ein dem seinigen durchaus zuwider laufendes Interesse hat, Assistenz gegen den Hauptschuldner leiste, mit dem Letzterer vielmehr der Natur der Sache nach gemeinschaftlich gegen den Litisdenuncianten auftreten muß. Ihr Zweck kann mithin nur der sein, dem Gläubiger das Recht zu geben, wenn er den Hauptschuldner belangt, zur Vermeidung eines doppelten Verfahrens über die Hauptsache zugleich den Bürgen mit zuzuziehen und dessen Einwendungen gegen den Hauptanspruch zu provociren. Der Zweck der Litisdenunciation ist mithin in diesem Falle zum Theil beschränkter, zum Theil ein ganz anderer. Nichts desto weniger werden aber die Vorschriften über das Verfahren bei der Litisdenunciation auf diesen Fall ebenfalls zur Anwendung kommen können und nur die im §. 446 von dem Litisdenunciaten erforderten Erklärungen nach dem, was eben bemerkt ist, modificirt werden müssen; wenn gleichwohl jene im Allgem. Landrechte vorgeschriebene Ladung des Bürgen etwas Abnormes hat, und es vielleicht zweckmäßiger sein möchte, sie durch die Bestimmung ganz zu beseitigen, daß der Hauptschuldner berechtigt sei, den subsidiarisch Verpflichteten, wenn auch nur eventuell, zugleich mit dem Hauptschuldner in Anspruch zu nehmen. Diese Bestimmung würde aber in das materielle Recht gehören und muß das Weitere hierüber der Revision des Landrechts überlassen bleiben. Vorläufig ist daher der angeführte §. 311 des Allgemeinen Landrechts aufgenommen worden, zumal häufig in der Praxis von demselben Gebrauch gemacht wird und sich die Gerichte bei dem Mangel der Vorschriften über das in diesem Falle zu beobachtende Verfahren in Verlegenheit befinden.

Zweiter Abschnitt
Von der Nomination.

Zu §§. 459—465.

Die Gerichts-Ordnung handelt in den §§. 34 — 41 Tit. 17 von der nominatio auctoris. Diese Vorschriften sind jedoch bei der ersten Revision gänzlich übergangen, weil man angenommen hat, daß die Nomination nichts anderes, als ein Einwand sei, welcher demjenigen Beklagten zustehe, der nur in fremdem Namen besitze und zugleich eine Pflicht für denselben begründe, seinen Auctor von der angestellten Klage zu benachrichtigen, daß dieselbe daher wie jeder andere die Legitimation zur Sache betreffende Einwand behandelt und instruirt werden könne.

Dieser Ansicht konnte jedoch nicht beigepflichtet werden, vielmehr ergeben die §§. 34 — 41 Tit. 17 der Allg. Gerichts-Ordnung und die darin enthaltenen Vorschriften über das Verfahren, wenn der Beklagte vorschützt, nicht im eignen Namen, sondern für einen andern zu besitzen, daß man mit den über die Instruction einfacher Einreden gegebenen Bestimmungen nicht ausreichen wird. Deshalb sind die allegirten Paragraphen der Gerichts-Ordnung in den revidirten Entwurf ihrem wesentlichen Inhalte nach übernommen und zugleich von den Vorschriften über die Litisdenunciation getrennt worden, da sie mit derselben nichts gemein haben und sie daher mit jenen nicht in einem und demselben Titel abgehandelt werden konnten.

Dritter Abschnitt.

Von der Intervention.

Die Intervention hat mit der Litisdenunciation das gemein, daß ein Dritter an einem Prozesse Theil nimmt, ohne eigentliche Partei, Kläger oder Beklagter zu sein. Sie unterscheidet sich von der Litisdenunciation dadurch, daß letztere die Erhaltung eines Regresses gegen den Dritten zum Zweck hat und im Interesse der adcitirenden Partei geschieht während die Intervention die Wahrung des eigenen Interesses des Intervenienten bezweckt, welches mit demjenigen eines der streitenden Theile verbunden ist; daß ferner bei jener der Dritte auf die an ihn ergangene Aufforderung erscheint und beim Ausbleiben als erschienen angesehen wird, während er hier freiwillig auftritt und am Prozesse Theil nimmt. Der Grund, weshalb eine solche Dazwischenkunft bei einem von Andern geführten Prozesse gestattet wird, ist zunächst ein prozeß-öconomischer, der nämlich, die Prozesse zu vereinfachen und die Betheiligten in den Stand zu setzen, ein gemeinsames Interesse gemeinschaftlich zu vertheidigen und dadurch zu verhüten, daß über dieselbe Sache, wenn auch unter anderen Parteien, verschiedene Urtheile ergehen. Denn Niemand ist verpflichtet, zu interveniren und nirgends bestimmt das Gesetz einen Nachtheil für die Unterlassung der Intervention. Allein, wiewohl hiernach die Rechte des beim Ausfalle eines Prozesses Betheiligten, der nicht darin aufgetreten ist, unangetastet bleiben, so können doch besondere Umstände und die Veränderung, die möglicher Weise durch den Prozeß im Besitz der Sache vorgeht, ihm die abgesonderte Rechtsverfolgung erschweren, oder auch sein Recht selbst gefährden und dies ist ein weiterer Grund, sowohl für den Gesetzgeber, die Intervention zu gestatten, als für die Parteien, zu derselben zu greifen.

Das gemeine Recht unterscheidet drei Arten derselben:

1) Die Hauptintervention, bei welcher der Intervenient ein eigenes und selbstständiges Recht auf den Gegenstand des Streits gegen beide streitenden Theile geltend macht und welche wiederum in die eigentliche und uneigentliche unterschieden wird, je nachdem der Intervenient den ganzen Streitgegenstand, oder nur einen Theil desselben für sich in Anspruch nimmt.

2) Die Nebenintervention, bei welcher der Intervenient nur ein von den Rechten der einen oder andern Partei abhängiges oder damit verbundenes Interesse vertheidigen will und daher mit dieser Partei gemeinschaftliche Sache macht. Dieses Interesse kann sowohl in einem Rechte bestehen, dessen Existenz oder Ausübung mit demjenigen der Partei connex ist, als ein eventueller Anspruch sein, womit der Intervenient im Falle des Unterliegens der Partei bedroht ist.

3) Die gemischte Intervention, welche die Natur beider vorstehenden haben soll.

Ueber den Begriff und Umfang der Letzteren, so wie über das bei derselben eintretende Verfahren sind die Rechtslehrer nicht einig (conf. Claproth diss. de interventione und Gönner Handb. I. 18). Die Erörterung dieser Controverse würde indeß hier zu weit führen und sie scheint auch unnöthig, da die Prozeß-Ordnung es lediglich mit der Bestimmung des Verfahrens zu thun hat. Dieses aber muß sich danach reguliren und kann nur insofern verschieden sein, als die Intervention gegen beide streitende Theile oder nur gegen einen derselben gerichtet und dies der Gesichtspunkt allein ist, welchen die Prozeß-Ordnung zu nehmen hat. Andere Unterscheidungen, die aus der Beschaffenheit des zu verfolgenden Rechts hergenommen sind und das für jene beiden Fälle vorgeschriebene Verfahren nicht ändern, kann sie der Theorie überlassen, welche die Parteien darüber belehren mag, auf welchem der beiden ihnen geöffneten Wege sie die Intervention am zweckmäßigsten anzubringen haben.

Mit Recht hat demnach die Gerichts-Ordnung nur zwischen der interventio principalis und accessoria unterschieden.

Ihr ist man im Wesentlichen gefolgt, obwohl mit Hinzufügung einiger näheren Bestimmungen, da die Gerichts-Ordnung in dieser Materie weniger ausführlich gewesen und ins Einzelne gegangen ist, als anderwärts.

Zum §. 466.

(conf. §. 1 Tit. 18 der Allg. Ger. Ord.)

Zum §. 467.

Im §. 11 Tit. 18 der Allg. Ger. Ord. ist diese Vorschrift nur in Beziehung auf die interventio accessoria ertheilt, sie gilt aber unbedenklich für beide Arten der Intervention und ist daher hier vorangestellt. In der angeführten Stelle der Allgemeinen Gerichts-Ordnung heißt es ferner, daß auf die interventio accessoria nach rechtskräftig entschiedener Hauptsache keine Rücksicht mehr genommen, viel weniger die Vollstreckung des Urtheils dadurch aufgehalten werden soll. Dies kann zu dem Zweifel Anlaß geben, ob die Intervention auch in der Nullitäts- oder Restitutions-Instanz noch zulässig sei. Letzteres scheint aber unbedenklich, da kein Grund vorhanden ist, sie hier auszuschließen und ist deshalb in dem §. 467 ein jenem Zweifel vorbeugender Ausdruck substituirt.

Zu §§. 468 u. 469.

(conf. §§. 2 u. 3 Tit. 18 der Allg. Ger. Ord.)

Die interventio principalis ist nach der Gerichts-Ordnung eigentlich ein ganz besonderer Prozeß. Ihr unterscheidendes Merkmal von jeder andern Klage besteht nur darin, daß der Intervenient, weil schon ein Streit über die Sache obwaltet, wodurch es ungewiß wird, gegen welchen der streitenden Theile er sein Recht zu verfolgen hat, berechtigt ist, beide in Anspruch zu nehmen, um nicht in den Fall zu kommen, einen nutzlosen Prozeß mit einer zur Sache nicht legitimirten Partei geführt zu haben. Hierin gründet sich zugleich die Competenz des Richters in der Hauptsache für die Hauptintervention, wenn sich auch hinterher aus der Entscheidung der Hauptsache ergiebt, daß eigentlich nur der Kläger in

Anspruch zu nehmen war und dieser einem andern Forum unterworfen ist. Die ausdrückliche Bestimmung wegen dieser Competenz, welche der §. 469 enthält, ist deshalb hinzugefügt worden, weil, so sehr dies auch aus dem §. 1 Tit. 18 der Allg. Ger. Ord. von selbst hervorgeht, dennoch Zweifel hiergegen erhoben sind, welche die Rescripte vom 5. März 1823 und 1. November 1833 (Jahrb. Bd. 21 S. 276 Bd. 42 S. 313) haben lösen müssen. Aber wenn auch die Intervention qua talis stets vor den Richter der Hauptsache gehört: so ist doch der Intervenient nicht schlechterdings verbunden, diesen Weg einzuschlagen. Er kann ohne Zweifel, wenn er dies vorzieht, oder von dem Prozesse keine Kenntniß hat, auch einen der streitenden Theile allein und zwar in dessen persönlichem Forum in Anspruch nehmen, ohne daß ihm der Einwand der unterlassenen Zuziehung des andern Theils oder der Incompetenz des Richters gemacht werden darf. Dies ist in dem §. 469 angedeutet worden.

Zum §. 470.

(conf. §§. 4 u. 5 Tit. 18 der Allg. Ger. Ord.)

Zum §. 471.

(conf. §. 6 Tit. 18 der Allg. Ger. Ord.)

Die Gerichts-Ordnung erläutert den in dem citirten §. aufgestellten Fall mehr durch Beispiele, als daß sie dafür einen allgemein gültigen Grundsatz vorschreibt. Es schien jedoch vorzuziehen, einen solchen Grundsatz aufzustellen und dem Richter allgemein die Befugniß zu ertheilen, die Haupt-Intervention, wenn sie zeitig in erster Instanz angebracht ist, mit der Hauptsache zu verbinden, sofern beide conner sind und eine Verwirrung aus ihrer Vereinigung nicht zu besorgen ist. Etwas Aehnliches ist oben bei der Cumulation der Klagen vorgeschrieben; ganz dieselbe Befugniß räumt auch der Eingang des §. 6 Tit. 18 der Allg. Ger. Ord. dem Richter ein und wird deshalb der aufgenommene Satz um so weniger Bedenken finden, als Fälle vorkommen, in welchen die Trennung als eine gewaltsame Zerstückelung einer und derselben

Sache erscheinen muß, z. B. wenn zwei Intestaterben über das Erbrecht streiten und ein Dritter hinzutritt, der einen gleichen oder noch näheren Verwandschaftsgrad behauptet; oder wenn der Cedent gegen den Debitor klagt und der Cessionarius intervenirt, um die Forderung für sich zu reclamiren. Unmöglich kann doch im letzten Falle der Richter dem Cedenten die Forderung zusprechen, wenn gleichzeitig dessen Legitimation zur Sache vor ihm bestritten ist. Uebrigens muß auch der Intervenient in dieser Beziehung eine gleiche, selbst ausgedehntere Befugniß haben, wie der Richter. Auch wenn die Hauptintervention so spät angebracht ist, daß der Richter die Vereinigung derselben mit dem schon schwebenden Prozesse in totum oder in tantum nicht mehr von Amtswegen verfügen darf; so muß dem Intervenienten, der zugleich ein gemeinschaftliches Interesse mit einem der streitenden Theile hat, noch frei stehen, dieserhalb bei dem Hauptprozesse accessorisch zu interveniren. Denn diese Befugniß hat denselben Grund und Zweck, welchen jene Vereinigung durch den Richter beabsichtigt und worauf die accessorische Intervention überhaupt beruht, den nämlich, einen doppelten Prozeß und widersprechende Entscheidungen über dieselbe Streitfrage zu vermeiden. Dem Intervenienten aber kann es nicht gleichgültig sein, eine Frage, bei welcher er ebenfalls interessirt ist, schon zu seinem Nachtheil entschieden zu finden, wenn es ihm auch unbenommen ist, dieselbe noch einmal und mit besseren Gründen unterstützt zur richterlichen Entscheidung zu bringen. Hierauf gründet sich der Zusatz am Schluß des §. 471.

Zum §. 472.

Da die Hauptintervention nur deshalb gegen beide streitende Theile gerichtet wird, weil es, so lange der Hauptstreit dauert, ungewiß bleibt, wer von Beiden derjenige ist, gegen welchen der Intervenient sein Recht zu verfolgen hat; so muß, wenn diese Ungewißheit aufgehört hat, die Sache in den gewöhnlichen Weg zurückkehren. Die Partei, welche kein Interesse mehr bei der Sache hat, kann nicht gehalten sein, den Prozeß länger fortzusetzen.

Zu §§. 473 — 477.

Diese Vorschriften stimmen im Wesentlichen mit den §§. 7 bis 10 Tit. 18 der Allgem. Gerichts-Ordnung überein. Nur darin weichen sie von denselben ab, daß den Parteien ein Widerspruchsrecht gegen die Intervention gegeben ist, während es nach §. 9 Tit 18 der Allg. Ger. Ord. bloß in das Ermessen des Richters gestellt zu sein scheint, ob er den Intervenienten zulassen will oder nicht. Keiner Partei darf jedoch wider ihren Willen so wenig ein Gehülfe, als ein neuer Gegner im Prozeß aufgedrungen werden, so fern dieser nicht ein begründetes Interesse und hierdurch ein Recht hat, daran Theil zu nehmen. Auf der andern Seite kann auch der Richter nicht befugt sein, einen Intervenienten zurückzuweisen, über dessen Zulassung die Parteien einverstanden sind. Sein Officium, welches die Gerichts-Ordnung hier, wie öfters zu weit ausgedehnt hat, kann erst eintreten, wenn ein Widerspruch erhoben und daher etwas zu entscheiden ist.

Der §. 58 der Verordnung vom 1. Juni 1833, welcher von den Interventionen im summarischen Prozesse handelt, wird durch den §. 476 erledigt und bedurfte es daher dessen ausdrücklicher Aufnahme nicht.

Vierter Abschnitt.

Von der Widerklage.

Die Gerichts-Ordnung unterscheidet mit dem gemeinen Recht im neunzehnten Titel zwischen der Ausführung von Gegenforderungen und der Widerklage und trennt die Letztre widerum in die eigentliche und uneigentliche Widerklage. Hat die Widerklage Gegenforderungen, welche aus demselben Geschäft entsprungen sind, worauf sich die Klage gründet, zum Gegenstande, so nennt sie dieselbe die **uneigentliche Widerklage**. Eine **eigentliche** nennt sie diejenige Widerklage, welche in einem andern Prozesse verhandelt werden soll. Eine Gegenforderung aus einem andern Geschäft, als die Klage, verweist diese in allen Fällen zum eigenen von der Klage abgesonderten Prozesse, wiewohl zum foro conventionis. Jene hat also sowohl die Wirkung der Begründung des Gerichtsstandes, als die des gleichzeitigen Prozesses, diese aber nur die erste Wirkung.

Die Gerichts-Ordnung hat hiermit den Sprachgebrauch des gemeinen Rechts umgekehrt. Denn nach diesem ist die eigentliche Widerklage diejenige, welche mit der Klage in einem Prozesse erörtert und durch ein Urtheil entschieden wird; die uneigentliche aber die, wo dies nicht geschieht und welche nur das Forum des Richters der Convention begründet. Ob die Widerklage mit der Klage connex ist oder nicht, darauf kommt im gemeinen Recht (außer in den Landen des sächsischen Rechts), nichts an, sondern jener Unterschied beruht nur auf der Zeit ihrer Anbringung.

Der Grund dieses veränderten Sprachgebrauchs findet sich theils in dem Bestreben der Gerichts-Ordnung, alles abzuschaffen, was das Ansehen einer Förmlichkeit hatte, theils in der Ausdehnung, welche sie dem Richteramte gab. Der Richter sollte von Amtswegen das ganze der Klage zum Grunde liegende Rechtsverhältniß untersuchen und ermitteln und wenn daher der Beklagte aus demselben Geschäft eine Gegenforderung an den Kläger zu haben behauptete; so sollte es hierzu keiner förmlichen Widerklage, sondern nur einer Anzeige derselben und ihres Grundes bedürfen, wonach die weitere Auseinandersetzung dem Richter überlassen blieb (§§. 1 und 2 Tit. 19 der Allg. Ger. Ord.). Es sollte ferner keinen Unterschied machen, ob der Beklagte die Gegenforderung als einen Einwand angebracht, oder ob er dieserhalb eine Widerklage angestellt hatte (conf. §. 6 l. c.). In diesem Sinne konnte freilich gesagt werden, daß auch die eigentliche Reconvention keine förmliche Widerklage, sondern nur die Ausführung einer Gegenforderung in separato sei, überhaupt keine förmliche Klage kenne. Und wenn kein Unterschied Statt findet zwischen einem Einwande und der Widerklage, die in demselben Prozesse verhandelt wird; so kann derselbe auch nicht daraus hervorgehen, daß die Gegenforderung in einem besonderen Prozesse erörtert wird, weil sie entweder aus einem andern Geschäft entsprungen, oder zu einem andern Verfahren geeignet ist, als die Klage. Um folgerecht zu sein, dürfte also eben so wenig ein Unterschied gemacht werden zwischen der eigentlichen Widerklage und einer Exception, ja selbst Klage und Einwand würden aufhören, etwas von einander Verschiedenes zu sein. Und so ist es nach der Gerichts-Ordnung in gewissem Sinne wirklich. Indem aber hiernächst die Gerichts-Ordnung die eigentliche Widerklage der uneigentlichen oder der Ausführung von Gegenforderungen ohne Widerklage entgegensetzt, so stellt sie hierdurch den aufgehobenen Unterschied wieder her und geräth in Widerspruch mit sich selbst. Denn die Ausführung von Gegenforderungen ohne Widerklage heißt in Wahrheit nichts Anderes, als eine Widerklage ohne Widerklage und die *eigentliche* Widerklage, welche dieser entgegengestellt wird, verdient in dem Sinne, in welcher man jener den Namen abspricht, ihn eben so wenig.

Was die Gerichts-Ordnung über die Ausführung von Gegenforderungen ohne Widerklage sagt, kann nur dahin gemeint sein, daß es den rechtsunkundigen Parteien nicht zum Nachtheil gereichen solle, unter welcher Form oder Benennung sie ihre Gegenforderung anbringen. Den Unterschied selbst zwischen der Widerklage und einer blossen Einrede konnte sie nicht aufheben wollen. Indeß ist diese Abweichung vom gewöhnlichen Sprachgebrauche, welche als solche minder wichtig scheinen mag, nicht ohne Einfluß auf die Behandlung der Materie geblieben. Die Gerichts-Ordnung hat nämlich das, was nur in Bezug auf das Anbringen der Parteien und auf die Pflicht des Richters, jenen hierbei zu Hülfe zu kommen, gesagt werden konnte, auf die Sache selbst übertragen. Sie läßt die Ausführung von Gegenforderungen, die aus eben dem Geschäft, wie die Klage, entsprungen sind und sich zu derselben Prozeßart eignen, in der That nicht für eine Widerklage gelten und handelt von dieser nur unter der Rubrik „von der eigentlichen Reconvention" (§. 9 seq. Tit. 19). Wenn gleich nun jene dessen ungeachtet ihr Recht behaupten wird und bleibt, was sie ihrer Natur nach ist; so macht doch diese Behandlungsweise, daß man ungewiß wird, ob und in wieweit die Vorschriften, welche die Gerichts-Ordnung in dem Abschnitte von Letzterer ertheilt, auch auf die Erstere (die keine Widerklage sein soll) Anwendung finden. Dahin gehört namentlich, was die Gerichts-Ordnung §. 15 Tit. 19 verordnet: daß die Widerklage ihren Fortgang behalte, auch wenn der Kläger der Klage entsagt; so wie §. 18 l. c., daß die Widerklage nur in soweit zulässig ist, als der Kläger in derselben Qualität wieder belangt werde, in welcher er geklagt hat. Ohne Zweifel gelten diese Vorschriften eben sowohl von der uneigentlichen Widerklage und die Praxis wendet sie darauf an. Aus der Gerichts-Ordnung aber läßt sich dies nicht folgern.

Mit Rücksicht hierauf ist in dem vorliegenden Entwurfe dieser Gegenstand nach folgender Ordnung bearbeitet; es ist nämlich:

erstlich, von der Widerklage überhaupt (den allgemeinen Grundsätzen derselben);

demnächst, von der Widerklage die (wegen Connexität) mit der Klage in einem Prozesse erörtert wird;

dann, von der Widerklage, die in separato anzustellen ist; und

endlich, von dem Verfahren, wenn es streitig ist, ob die Widerklage zur einen oder andern Gattung gehört, gehandelt.

So viel die Bezeichnung der beiden Gattungen der Widerklage betrifft; so lassen sich für die des Gemeinen Rechts eben sowohl erhebliche Gründe anführen, als für die der Allgemeinen Gerichts-Ordnung.

Die der letzteren dürfte indessen deshalb die richtigere sein, weil die Art der Widerklage, welche die vollen Wirkungen der Widerklage, Gleichzeitigkeit des Verfahrens und die

Begründung des Gerichtsstandes zur Folge hat, die eigentliche ist, die andre, die nur die letztgedachte Wirkung hat, aber die uneigentliche ist und die vollständigere den Anspruch auf den Namen der eigentlichen hat. Deshalb und um zu verhindern, daß aus der entgegengesetzten Benennung Verwechselungen entstehen, ist in der Revision dem Sprachgebrauch des Gemeinen Rechts gefolgt.

Zum §. 478.

Dieser Paragraph spricht den allgemeinen Grundsatz von der Widerklage aus: „wo Jemand Recht fordert, muß er auch Recht nehmen" und deutet zugleich auf das unterscheidende Merkmal derselben von bloßen Einwendungen. Der Beklagte muß nicht bloß die Tilgung des wider ihn eingeklagten Anspruchs durch Compensation, Vergleich ꝛc. behaupten, sondern auch seiner Seits eine Anforderung an den Kläger machen. Dies kann auf doppelte Weise geschehen, einmal dadurch, daß die vom Beklagten der Klage entgegengesetzte Klage oder andere Gegenforderung, die Forderung des Klägers nicht nur aufhebt, sondern auch jenem noch einen Ueberschuß gewährt, den er zugleich fordert; zweitens dadurch, daß der Beklagte einen von der Klage verschiedenen, diese nicht aufhebenden Anspruch wider den Kläger geltend macht. Die Folgen sind in beiden Fällen nicht ganz dieselben, was weiter unten sich ergeben wird. Alles was sich hierunter subsumiren läßt, ist eine wahre Widerklage. Die nähere Entwikkelung des Unterschiedes aber zwischen der Widerklage und den Exceptionen gehört in die Prozeßtheorie.

Zum §. 479.

Die Gerichts-Ordnung sagt im §. 18 Tit. 19 nur, daß der Kläger in eben der Qualität, in welcher er geklagt hat, wieder belangt werden müsse. Es bedarf aber nicht erst einer Ausführung, daß dies auch vom Beklagten gelten muß.

Zu §§. 480 und 481

Diese Paragraphen stehen mit dem Vorhergehenden in

sofern in Zusammenhang, als sie, wenn sie nicht Ausnahmen davon sind, doch zu dessen Erläuterung dienen.

Die Gerichts-Ordnung handelt hierüber an zwei Orten, zuerst bei der Ausführung der Gegenforderungen ohne Widerklage in den §§. 7 und 8 h. t., welche zugleich den Beweis liefern, daß diese Ausführung doch eine Widerklage ist und daß die Gerichts-Ordnung selbst in fine des §. 8 sie so nennt; sodann bei der eigentlichen Widerklage §. 19 h. t. — Jene Vorschriften kommen mit den obigen Bestimmungen überein, nur daß diese allgemeiner gefaßt sind, weil dasselbe auch noch von andern Rechtsgeschäften außer der eigentlichen Cession gilt. Im §. 19 aber verordnet die Gerichts-Ordnung, daß der Beklagte wegen Gegenforderungen, die ihm an den Cedenten aus einem andern Geschäfte zustehen, keine Widerklage gegen den klagenden Cessionar anstellen könne, sondern den Cedenten dieserhalb besonders belangen müsse und macht hiervon wieder zwei Ausnahmen:

1) Wenn die Gegenforderung so beschaffen ist, daß sie eine Compensation gegen den Cedenten bewirken kann. In diesem Falle ist die Widerklage gegen den Cessionarius in foro conventionis zulässig, doch kann der Beklagte den Cedenten nur alsdann mit vorladen lassen, wenn dieser unter dem Gerichtszwange des Conventions-Richters steht.
2) Wenn der Cedent ein Ausländer ist, oder innerhalb der Königlichen Lande keinen ordentlichen Gerichtsstand hat. In diesem Falle soll der klagende Cessionar schuldig sein, sich auf die Gegenforderungen des Beklagten an den fremden Cedenten, wenn auch selbige von verschiedener Art und an sich zur Compensation nicht qualificirt wäre, jedoch nur auf Höhe der cedirten und eingeklagten Summe, vor dem Richter der Convention einzulassen.

Diese Vorschriften betreffen nicht sowohl die Zulässigkeit der Widerklage, als die Frage: welche Einwendungen und Gegenforderungen der debitor cessus dem Cessionarius entgegensetzen kann? Sie gehören eben deshalb nicht in die

Prozeß-Ordnung, sondern zur materiellen Gesetzgebung, widersprechen aber auch dieser, indem in dem Allgemeinen Landrecht verordnet ist Thl. I. Tit. 11 §§. 407 u. 408, daß der Debitor cessus alle Einwendungen und Gegenforderungen, die er gegen den Cedenten geltend machen konnte, auch dem Cessionar entgegensetzen kann und überhaupt die Verpflichtung des Schuldners durch die Abtretung des Rechts an einen Andern niemals erschwert werden darf. Nirgends macht ferner das Landrecht einen Unterschied, ob der Cedent ein Ausländer ist, oder nicht, noch giebt es dem Schuldner in dem einen Falle mehr oder weniger Rechte gegen den Cessionar, als in dem andern.

Demgemäß hat das Ober-Landesgericht zu Marienwerder darauf angetragen, die Widerklage gegen den Cessionarius wegen aller Gegenforderungen des Schuldners an den Cedenten zuzulassen, welche vor Bekanntmachung der Cession entstanden sind und für den Fall, daß die Gegenforderung noch nicht fällig und Grund zum Arrestschlage gegen den Cedenten vorhanden ist, den Schuldner zur Deposition zu berechtigen, weil die Vorschrift des §. 410 l. c. des Allgem. Landrechts den Letzteren nicht genug sichert. Allein, soweit die Gegenforderung zulässig ist, folgt die Befugniß zur Widerklage von selbst und schien es daher hinreichend, in jener Beziehung auf die Vorschriften der Gesetze zu verweisen. Daß ferner der Schuldner, wenn die Erfordernisse eines Arrestschlages vorhanden sind, zur Deposition berechtigt sei, folgt ebenfalls hieraus und aus dem §. 13 Tit. 19 der Allg. Gerichts-Ordnung, welchen der §. 489 des Entwurfs wiedergiebt.

Was hiernach der §. 10 h. t. in prozessualischer Hinsicht enthält und wodurch er die eigentliche Widerklage von der uneigentlichen unterscheidet, besteht nur darin, daß hier bei der eigentlichen Widerklage der Cedent nicht mit in Anspruch genommen werden kann, als in sofern er dem Foro des Richters der Convention unterworfen ist. Allein für diese Verschiedenheit des Verfahrens dürfte sich am wenigsten ein hinreichender Grund auffinden lassen. Denn wenn es da, wo Klage und Widerklage in einem Prozesse verhandelt werden, zur Vermeidung eines doppelten Verfahrens gestattet ist, den Cedenten mit vorladen zu lassen; warum soll dasselbe nicht auch alsdann eintreten, wenn Klage und Widerklage in besonderen Prozessen erörtert werden und es mithin auf Verhütung eines dritten Prozesses ankommt? Die Befugniß, den Cedenten mit in Anspruch zu nehmen, gründet sich darin, weil dieser in Ansehung der Widerklage eine Person mit dem Cessionarius ausmacht. Dieser Grund ist in beiden Fällen auf gleiche Weise vorhanden und der Umstand, daß die Widerklage das eine Mal in demselben Prozesse mit der Klage, das andere Mal aber abgesondert davon verhandelt wird, kann hierauf nicht von Einfluß sein. Es ist daher vorgeschlagen worden, jenen Unterschied aufzuheben und sind dem zu Folge die §§. 480 und 481 als allgemeine Regeln für beide Arten der Widerklage vorangestellt.

Zum §. 482.

(conf. §. 15 Tit. 19 der Allg. Ger. Ord.)

Auch diese Vorschrift muß wegen der Gleichheit des Grundes von beiden Arten der Widerklage gelten. Die Gerichts-Ordnung bestimmt an der allegirten Stelle: „nachdem die Reconvention aufgenommen und darüber verfügt worden.“ Dies kann jedoch nicht so verstanden werden, als falle die Reconvention weg, wenn der Kläger zwar nach Einreichung derselben, aber noch vor der Verfügung auf dieselbe der Klage entsagt, sondern die Verfügung des Gerichts, welche die Widerklage für zulässig erklärt, muß nur hinzukommen. Die richterliche Verfügung auf die Klage für sich allein bewirkt niemals Rechtshängigkeit, diese entsteht vielmehr erst aus der insinuirten Citation. Bei der Widerklage bedarf es dieser aber hierzu nicht, weil die Sache schon rechtshängig ist und weil eben diese Rechtshängigkeit die Competenz des Richters für die Widerklage begründet

Zum §. 483.

Hinsichts der uneigentlichen Widerklage, verordnet der §. 16 Tit. 19 der Allg. Ger. Ord. dasselbe. Bei der eigentlichen Widerklage äußert die Gerichts-Ordnung (§§. 1 und 2 l. c.) zwar ebenfalls, daß der Beklagte seine Gegenforderung bei der Vernehmung über die Klage anzeigen und der Instruent dieselbe in dem Protokolle über die Klagebeantwortung zugleich mit dieser bestimmt vortragen solle. Allein einen präclusiven Termin hat sie nur in dem Falle, in welchem die Gegenforderung des Beklagten die Forderung des klagenden Cessionarius übersteigt, für das Gesuch um Adcitation des Cedenten festgesetzt. Daher haben sowohl die Praxis, als die Commentatoren angenommen, daß die Anbringung solcher Gegenforderungen, welche zur Verhandlung in demselben Prozeß geeignet sind, bis zum Schluß der ersten Instanz zulässig sei. Soll jedoch die Prozedur einen regelmäßigeren Gang als bisher nehmen, soll der Prozeß nicht mit der Widerklage von Neuem anheben, oder doch Verwirrung entstehen; so muß diese nothwendig bei der Klagebeantwortung angebracht werden und mit der Klage pari passu fortschreiten. Daher läßt das gemeine Recht, auch hier wieder den entgegengesetzten Weg einschlagend, die Widerklage ohne Unterschied des Gegenstandes in demselben Prozesse zu, wenn sie bei der Einlassung auf die Klage eingeführt ist. Wird sie später vorgebracht; so ist sie zwar ebenfalls noch in foro conventionis zulässig, muß aber im besonderen Prozesse verhandelt werden. Es liegt indeß kein Grund vor, die eine Art der Widerklage in dieser Beziehung vor der andern zu begünstigen; für beide kann ohne Ungerechtigkeit ein und derselbe Präclusiv-Termin bestimmt werden und ihr Gegenstand muß entscheiden, ob sie in einem Prozesse mit der Klage oder getrennt davon zu verhandeln sind.

Zum §. 484.

Dieser Paragraph stellt zwei Bedingungen für die Vereinigung der Widerklage mit der Klage auf, nämlich

1) daß die Widerklage mit der Klage oder den zulässigen Einreden gegen dieselbe connex sei und
2) daß nicht eine von beiden zu denjenigen Sachen

gehört, für welche ein besonderes Verfahren vorgeschrieben ist.

Die Gerichts-Ordnung enthält dieselben Bedingungen, weicht nur im Ausdruck von dem Entwurfe ab und giebt der ersten einen beschränkten Umfang. Sie läßt nämlich

ad 1 die Ausführung der Gegenforderung des Beklagten in demselben Prozesse nur alsdann zu, „wenn solche aus eben dem Geschäft oder Handel, wie die Forderung des Klägers entsprungen ist" (§§. 1, 5 und 7 Tit. 19). Dieser Fall kann eigentlich nur da eintreten, wo der Beklagte, der aus einem Vertrage belangt wird, reconveniendo die actio contraria anstellt. Offenbar ist aber hierdurch die Grenze zu eng gesetzt und die Praxis überschreitet dieselbe sehr oft und ist nicht selten genöthigt, sie zu überschreiten. Man gestattet allgemein in Ehescheidungssachen die Verhandlung der Klage und Widerklage in einem Prozesse, auf welchem noch so verschiedenem Grunde Letztere auch beruhen mag, nicht, weil beide aus einem Geschäft entsprungen sind, sondern weil sie einen und denselben Gegenstand zum Zwecke haben, die Trennung der Ehe. Ferner, wenn der Kläger den Ersatz eines ihm zugefügten Schadens fordert, z. B. wegen Abhütung seines Feldes, der Beklagte aber den Einwand macht, jure feci und reconveniendo darauf anträgt, ihm dieses Recht (die Weide-Gerechtsame) zuzusprechen; so kann in diesem Falle nicht gesagt werden, daß Klage und Widerklage aus demselben Geschäft entstanden sind und gleichwohl ist es nicht möglich, über die Klage ein Urtheil zu fällen, ohne zugleich die Widerklage zu entscheiden. Es giebt also noch andere Arten des Zusammenhanges zwischen Klage und Widerklage, außer demjenigen, dessen die Gerichts-Ordnung nur erwähnt und der in dem gemeinschaftlichen Ursprunge beider aus einem Geschäft gegründet ist; wovon die angeführten, nämlich die Einheit des Gegenstandes oder Zwecks und die präjudizielle Eigenschaft der Widerklage nur als Beispiele gelten sollen. Denn eine vollständige Aufzählung aller hierher gehörigen Fälle, oder eine allgemeine Regel dafür, dürften sich schwerlich ausführen und resp. geben lassen. Aber auch der Zusammenhang der Widerklage mit den Einreden des Beklagten, wenn jene mit diesen auf gleichem Fundamente beruht, kann die Verbindung derselben mit der Klage in einem Prozesse nöthig oder doch räthlich machen. Gesetzt, der Beklagte behauptet die Tilgung der eingeklagten Forderung durch Vergleich, durch Compensation mit einer liquiden, wiewohl aus einem andern Geschäft entsprungenen Gegenforderung u. s. w., und fordert zugleich vom Kläger reconveniendo die Erfüllung des Vergleichs, oder den Ueberschuß des compensandi. Würde es nicht in diesen und ähnlichen Fällen eine unnöthige, ja schädliche Vervielfältigung der Prozesse sein, wenn die Widerklage abgesondert von der Klage verhandelt und mithin über dieselbe Frage (die Gültigkeit des Vergleichs oder der Gegenforderung) zweimal, das eine Mal als Grund der Einrede und sodann als Grund der Widerklage, sollte erkannt werden? Die Praxis weicht auch hiervon öfter von der wörtlichen Vorschrift der Gerichts-Ordnung ab.

Das gemeine Recht will überall, daß Rechtsstreitigkeiten, die in einem materiellen Zusammenhange stehen, vor einem und demselben Richter verhandelt werden sollen und begründet hierdurch einen besondern Gerichtsstand, das forum connexitatis causarum. Dieses außerordentliche Forum hat die Gerichts-Ordnung nicht aufgenommen und wohl mit Recht, weil die Connexität durch allgemeine Regeln sich nicht bestimmen läßt und mithin leicht gemißbraucht werden könnte, um die Parteien ihrem ordentlichen Richter zu entziehen. Allein hier, wo das Forum durch die Reconvention schon begründet ist, wo also die Connexität nicht erst zu dessen Begründung, sondern nur zur Entscheidung der Frage dienen soll, ob die beiden vor demselben Richter gehörigen Sachen getrennt oder verbunden zu verhandeln sind; hier würde die Gerichts-Ordnung ihrem eigenen Prinzipe untreu werden, wenn sie nicht jede Art des innern Zusammenhangs wollte gelten lassen. Ob ein solcher Zusammenhang im gegebenen Falle vorhanden sei, kann füglich dem Ermessen des Richters überlassen werden, da hier nicht, wie im gemeinen Rechte die Competenz desselben, sondern nur die Einleitung des Verfahrens davon abhängt. Es ist übrigens aus dem gemeinen Rechte der Ausdruck „connex" in den Text aufgenommen, weil dieser eben hierin schon eine feste Bedeutung genommen hat.

ad 2. Was die andere Bedingnng betrifft, so erfordert die Gerichts-Ordnung in dieser Beziehung, daß Klage und Widerklage zu einer Prozeßart sich eignen und trennt dieselben, wenn eine von beiden zu einer summarischen Prozeßart gehört. Die Gerichts-Ordnung versteht jedoch hier unter den summarischen Prozessen diejenigen besonderen Verfahrungsarten, welche diesen Namen zum großen Theil mit Unrecht führen. Der summarische Prozeß in der Bedeutung, welche er im Entwurf erhalten hat, kann keinen Grund zur Trennung einer connexen Widerklage abgeben; denn das summarische Verfahren ist wesentlich dasselbe, wie im ordentlichen Prozeß, nur abgekürzt wegen der einfacheren Natur des Gegenstandes. Diese Eintheilung ist nicht im Interesse der Parteien, sondern der Rechtspflege gemacht, damit nicht Zeit, Kräfte und Kosten verschwendet werden. Wird also der anfänglich einfach scheinende Rechtsstreit durch das Hinzutreten der damit connexen Widerklage verwickelter; so muß er in demjenigen Verfahren fortgesetzt werden, welches dieser hierdurch veränderten Natur desselben angemessen ist. Hierauf gründen sich die folgenden Bestimmungen wegen des Verfahrens. Weshalb aber die Klage und Widerklage, wenn eine von beiden zu den besonderen Verfahrungsarten gehört, nicht in demselben Prozeß verhandelt werden können, muß sich aus diesen selbst ergeben.

Zum §. 485.

(conf. §. 10 Tit. 19 der Allg. Gerichtsordnung.)

Diese Bestimmung steht in der Gerichtsordnung unter der Rubrik der eigentlichen Reconvention und bildet eine Ausnahme von dieser hinsichts des Verfahrens. Genau genommen, macht also die Gerichtsordnung eine dreifache Eintheilung und handelt in diesem Titel

1) von der Widerklage, die keine eigentliche ist;
2) von der Widerklage, die eine eigentliche ist, aber nicht als solche behandelt wird, und
3) von der Widerklage, die eine eigentliche ist und als solche behandelt wird.

Nach Verlassung jenes Sprachgebrauchs und der darauf gegründeten Eintheilung mußte der §. 10 l. c. hier seine Stelle finden. Derselbe beschränkt übrigens die aufgenommene Ausnahme auf Kaufleute, da es indeß vorliegt, daß sie aus gleichem Grunde auch auf andere Parteien paßt, die mit einander in fortgesetztem Handelsverkehr gestanden haben und die Praxis sie auch schon auf diese ähnlichen Verhältnisse anwendet, so hat es nicht bedenklich sein können, ihr die Ausdehnung zu geben, welche sie im Entwurfe erhalten hat.

Zum §. 486.

Das in diesem Paragraphen vorgeschriebene Verfahren findet in der Natur der Sache seine Rechtfertigung. Abweichend von der Gerichts-Ordnung ist darin vorgeschrieben, daß alle auf die Reconvention bezüglichen Verhandlungen in besondern Protokollen oder Schriften enthalten sein sollen, weil einmal dadurch die Uebersichtlichkeit der Sache erleichtert wird, sodann aber sich die Nothwendigkeit einer solchen Absonderung daraus ergiebt, daß die Klage der Widerklage immer um ein Stadium des Prozesses voraus ist und die Erklärungen über die eine oder die andere deshalb nicht füglich in denselben Protokollen oder Schriften vereinigt werden können, ohne die ganze Instruktion zu verwirren.

Zum §. 487.

Dieser Paragraph enthält bloß eine Bezugnahme auf den den §. 59 der Verordnung vom 1. Juni 1833 wiedergebenden §. 385 des Entwurfs und bedarf keiner weiteren Rechtfertigung.

Zu §§. 488 und 489.

Hierin sind die §§. 9, 11 — 13 Tit. 19 der Allg. Ger. Ordnung ihrem wesentlichen Inhalte nach wiedergegeben.

Zum §. 490.

(conf. §. 16 Tit. 19 der Allg. Ger. Ord.)

Diese Vorschrift enthält eigentlich nur eine Folgerung aus dem Vorhergehenden und kann deshalb als überflüssig erscheinen. Sie ist indeß theils zur mehreren Deutlichkeit, theils, weil sie den Uebergang zu dem Folgenden bildet, beibehalten worden.

Zum §. 491.

(conf. §. 17 Tit. 19 der Allg. Ger. Ord.)

Die Gerichtsordnung fügt der ersten Ausnahme die Einschränkung hinzu, daß, wenn der Beklagte neben dem Realanspruch an das Grundstück zugleich ein persönliches Recht an den Kläger habe, er dieses Letztere durch eine Widerklage in foro der Convention geltend machen kann. Dies versteht sich jedoch ganz von selbst und schien keiner ausdrücklichen Bestimmung zu bedürfen, da ja der Beklagte in diesem Falle keinen Realanspruch verfolgt.

Sie macht ferner eine zweite Einschränkung dieser Ausnahme, wenn der Kläger ein Ausländer ist und die Widerklage einen Real-Anspruch wegen eines außerhalb Landes gelegenen Guts betrifft. In diesem Falle soll die Widerklage in foro conventionis zulässig sein. Allein zu dieser Einschränkung, welche ein gehässiges Privilegium gegen das Ausland giebt, ist überall kein Grund erfindlich. Denn der Grund könnte nur der sein, den von einem Ausländer vor hiesigen Gerichten Beklagten mit einer Widerklage der Art nicht an ein auswärtiges Gericht zu verweisen und ihm hierdurch die Rechtsverfolgung zu erschweren. Aber dahin wird die Widerklage nach der Gerichts-Ordnung doch verwiesen, wenn das Gut außerhalb des Landes liegt und der Kläger ein Inländer ist. Man sieht also nicht, welchen

Unterschied hier die persönliche Qualität des Klägers als Ausländers machen und was sie dem Beklagten schaden kann. Denn ob dieser den Prozeß über die Widerklage vor einem fremden Gericht gegen einen Inländer oder Ausländer führen muß, dies wird ihm gleich gelten und erschwert wenigstens die Rechtsverfolgung nicht. Ja, es muß sogar als ein Widerspruch erscheinen, daß der Beklagte mit einer Widerklage gegen einen inländischen Kläger an das auswärtige Gericht der gelegenen Sache verwiesen wird, während dieselbe Widerklage, wenn sie gegen einen Ausländer gerichtet ist, bei den hiesigen Gerichten zurückbehalten werden soll. Wollte man bei dem Grundsatz stehen bleiben, den Beklagten und Widerkläger nicht an das auswärtige Gericht zu verweisen, so müßte man, um consequent zu sein, die Widerklage wegen eines Realanspruchs, wenn das Grundstück außerhalb Landes gelegen ist, allgemein und ohne Rücksicht, ob der Kläger ein Ausländer ist oder nicht, in foro conventionis zulassen. Allein dies würde eine Aenderung der Lehre vom dinglichen Gerichtsstande überhaupt voraussetzen, von welchem man die im Auslande belegenen Grundstücke ausnehmen und dieselben dem persönlichen foro ihrer im Lande sich aufhaltenden Besitzer unterwerfen müßte. Stände dem auch nichts Anderes entgegen, was würde es helfen? Denn wie kann man den Urtheilen hiesiger Gerichte im Auslande Anerkennung verschaffen, wie ihre Vollstreckung auf auswärtige Güter bewirken? Um so weniger hat man daher Bedenken getragen, ein Privilegium gegen ausländische Kläger aufzuheben, das den Grundsätzen aller Gesetzgebungen über den dinglichen Gerichtsstand widerspricht und dem hiesigen Beklagten in der That nicht einmal nützt.

Die Gerichts-Ordnung enthält endlich im §. 17 h. t. zu den oben festgesetzten zwei Ausnahmen noch eine dritte. Auch der Richter der Convention soll nämlich ermächtigt sein, die Widerklage an das ordentliche Forum des Klägers zu verweisen, wenn er glaubt, daß die Instruktion derselben dort mit weniger Aufenthalt und Kosten werde erfolgen können. Dies ist ein späterer Zusatz, den die Gerichts-Ordnung zum

corp. juris Frieder. gemacht hat, aber wohl keine Verbesserung. Denn woraus will es der Richter beurtheilen, daß die Verhandlung der Widerklage in foro des Klägers weniger Kosten und Aufenthalt verursachen wird, ohne noch den Kläger darüber gehört zu haben? Es ist ja möglich, daß dieser die Widerklage anerkennt, oder doch die derselben zum Grunde liegenden Thatsachen ganz oder größtentheils einräumt. Welche Kosten und Weitläuftigkeit macht in diesem Falle die Verweisung dem Beklagten, indem sie ihm zugleich ein in den Gesetzen begründetes Recht entzieht. Welchem Mißbrauch ist jene Befugniß ausgesetzt, wenn dem Richter freisteht, eine schwierige und verwickelte Sache um deshalb, weil sie dieses ist, von sich abzuwälzen. Welche Willkür tritt hierdurch an die Stelle dessen, was am meisten einer festen Bestimmung bedarf, weil darauf die Unparteilichkeit der Rechtspflege und das Vertrauen zu derselben beruht. Diese Ausnahme, die so sehr gegen alle Grundsätze der Competenz verstößt, scheint daher in keiner Hinsicht gebilligt werden zu können.

Hinzugefügt sind im §. 491 die Ausnahmen ad 3 und 4. Die Erste ist dem ad 2 aufgenommenen Falle analog, weil den Königlichen Prinzen und Prinzessinnen, Gesandten rc. nach den Vorschriften unserer Prozeß-Ordnung ein **forum speciale personale** zugestanden ist und es sich deshalb aus gleichem Grunde rechtfertigt, eine gegen dieselben **in separato** anzubringende Widerklage an dieses Forum zu verweisen, als dies hinsichtlich derjenigen Sachen, welche vor ein **forum speciale causae** gehören, der Fall ist. Was dagegen die Ausnahme ad 4 betrifft, so erscheint es nicht angemessen, die darin genannten Kläger, Falls sie bei einem Untergerichte geklagt haben und reconveniendo, jedoch in einem Separat-Prozesse, belangt werden sollen, zu verpflichten, hinsichtlich der Widerklage bei dem Untergerichte Recht zu nehmen. In Ansehung der eximirten Gutsherrschaften würde in diesem Falle noch der Uebelstand eintreten, daß sie vor ihren eigenen Gerichten Recht nehmen müßten, was auf die Unparteilichkeit der Letzteren leicht nachtheilig einwirken möchte. Deshalb ist vorgeschlagen, in diesem Falle die Widerklage stets an das Landes-Justiz-Collegium der Provinz, in dessen Bezirk der Prozeß schwebt, zu verweisen.

Zu §§. 492 — 495.

Ob die Widerklage mit der Klage in einem Prozesse verhandelt und durch ein Urtheil entschieden wird, oder nicht, dies ist für den Beklagten sehr oft von großem Interesse. Er muß in letzterem Falle nicht nur vorläufig zahlen, sondern läuft auch nicht selten Gefahr, seine Gegenforderung ganz zu verlieren, da sich die Erforderniße eines Arrestschlages schwer nachweisen lassen. Durch die Nachsicht, welche die Praxis bisher bei Zulassung der Widerklage in demselben Prozeß bewiesen hat und durch die obigen Bestimmungen, welche diese Praxis bestätigen, ist zwar die Gefahr verringert, aber nicht gänzlich gehoben. Denn immer bleibt es möglich, daß der Richter die Gegenforderung des Beklagten zur Ungebühr ad separatum verweist. Es ist also nöthig, daß ein geregeltes Verfahren den Beklagten hiergegen schütze.

Die Gerichts-Ordnung §. 20 h. t. sagt hierüber: daß, da im Vorhergehenden die Fälle, in welchen die Gegenforderung mit der Klage in einem Prozesse zu verhandeln sei, wo ein besonderer Prozeß, jedoch vor dem Richter der Convention Statt finde und wo endlich der Beklagte und anmaßliche Widerkläger an des Klägers ordentliche Obrigkeit verwiesen werden müsse, deutlich bestimmt seien, es dieserhalb keines Verfahrens und Erkenntnisses bedürfe, sondern der Richter das Erforderliche durch ein bloßes Dekret festzusetzen berechtigt sei. Den Fall, daß der Richter gleichwohl bei dieser Festsetzung fehlen könne, hat sie hier wie anderwärts nicht berücksichtigt.

„Sollten jedoch — so fährt sie fort — in einem oder anderem besonderen Falle die Umstände in facto, von welchen die Beurtheilung dieser Fragen abhängt, durch vorläufige richterliche von Amtswegen zu erlassende Verfügungen nicht sofort hinlänglich auseinandergesetzt werden können, sondern zur Erörterung derselben eine nähere Untersuchung und förmliche Instruktion nöthig sein, so muß dieselbe eben so, wie in einem ähnlichen Falle wegen der dilatorischen Einwendungen festgesetzt worden, zur Instruktion der Hauptsache mit verwiesen werden."

Diese Vorschriften erscheinen jedoch mangelhaft. Denn hiernach hängt es zuvörderst von dem Ermessen des Richters ab und von dem Fleiß, den er auf die vorläufige Prüfung und Ermittelung dieser Fragen verwenden will, ob darüber per decretum oder per sententiam entschieden werden soll. Es gilt davon dasselbe, was oben über die dilatorischen Einwendungen, die sogenannten Anstände bemerkt worden ist. Wird aber die Frage zur Instruktion der Hauptsache mit verwiesen, so fragt sich weiter, ob bloß die Frage über die Zulässigkeit der Widerklage in demselben Prozeß, oder auch die Widerklage selbst hierin instruirt werden soll? Im ersten Fall kann der Richter, wenn er per sententiam die Widerklage für zulässig erachtet, doch über diese selbst nicht erkennen, weil sie nicht instruirt ist und es geschieht also das Gegentheil von dem, was geschehen sollte. Im letzten Falle und wenn das Urtheil des Richters dahin ausfällt, daß die Widerklage abgesondert zu verhandeln war, ist solche gleichwohl in demselben Prozesse instruirt. Es ist also das Gegentheil von dem schon geschehen, was hätte geschehen sollen und wenn der Richter die Widerklage nun noch ad separatum verweisen will, so fehlt es hierzu an allem Grunde. In einer gleichen Verlegenheit befindet sich der Appellationsrichter. Denn hat der erste Richter die Gegenforderung zur Ungebühr ad separatum verwiesen, so kann jener nach der in praxi angenommenen Meinung ebenfalls nicht darüber erkennen, weil dieselbe durch die erste Jurisdiktionsstufe noch nicht hindurchgegangen ist. War aber die Widerklage in erster Instanz wider die Bestimmung des Gesetzes mit der Klage vereinigt, so kann sie der Appellationsrichter eben so wenig wiederum davon trennen und ad separatum verweisen, wodurch sie in die erste Instanz zurückkommen würde, in der sie schon gewesen ist. Die Praxis mehrerer Gerichte hat daher den Grundsatz angenommen, daß gegen die Verweisung einer Gegenforderung ad separatum, so wie gegen deren Zulassung in demselben Prozesse, den Parteien kein Rechtsmittel zustehe; ein Grundsatz, der jedoch, wenn einmal über die Frage erkannt ist, allen andern Prinzipien widerstreitet und den Beklagten insbesondere in den größten Nachtheil versetzt.

Diesen Schwierigkeiten hat man durch die obigen Bestimmungen begegnen wollen, welche der weiteren Prüfung anheimgestellt bleiben. Man muß nämlich zuerst in beiden Fällen unterscheiden:

1) wenn das Forum der Reconvention an sich begründet ist und nur darüber Streit obwaltet, ob die Widerklage in einem Prozeß mit der Klage oder abgesondert zu verhandeln ist, und
2) wenn der Richter der Convention wegen der im §. 491 festgesetzten Ausnahmen für die Widerklage incompetent, oder diese verspätet, oder aus andern Gründen unstatthaft ist.

Im letzteren Falle, wenn dies nämlich außer allem Zweifel ist, kann und muß der Richter die Widerklage, wie jede andre Klage selbst von Amtswegen per decretum zurückweisen und es findet gegen diese Zurückweisung die Beschwerde bei der ihm vorgesetzten Behörde Statt. Dieser Fall ist im §. 495 vorgesehen.

Im ersteren Falle hat der Richter keine Veranlassung, von Amtswegen einzuschreiten, wenn der Kläger sich gefallen läßt, daß die Widerklage mit der Klage in einem Prozeß verhandelt wird. Denn nur im Interesse des Klägers ist die Trennung verordnet. Wird aber von Seiten des Letzteren ein Widerspruch erhoben; so ist aus dem Gesagten einleuchtend, daß hierüber vorweg auf eine für das Verfahren unabänderliche Weise entschieden werden muß, wenn man nicht in dieselben Schwierigkeiten gerathen will, welche die Vorschrift der Gerichts-Ordnung darbietet. Diese Entscheidung kann nur durch eine Resolution erfolgen, weil man sonst ganz gegen den Geist der Gerichts-Ordnung einen förmlichen Prozeß über eine Vorfrage zulassen müßte, die nur das Verfahren betrifft. Ein Rechtsmittel dagegen findet, wie gegen andere die

Instruktion betreffende Verfügungen erst nach der Entscheidung in der Sache statt. Da jedoch nach dieser das Verfahren selbst, die verfügte Trennung oder Verbindung der Widerklage, nicht mehr rückgängig gemacht werden kann; so kann auch das Rechtsmittel nur dahin gehen, die nachtheiligen Folgen davon aufzuheben. Diese bestehen für den Beklagten, wenn die Verweisung zur Ungebühr verfügt ist, darin, daß er den Kläger befriedigen muß, ohne gleichzeitig seine Gegenforderung geltend machen zu können. Ihm wird also dadurch geholfen, wenn der Appellationsrichter die Vollstreckung des Urtheils über die Klage bis nach der Entscheidung über die Widerklage aussetzt. Dem Kläger widerfährt im entgegengesetzten Falle durch die Verbindung kein anderer Nachtheil, als daß vielleicht die Entscheidung der Klage durch die Widerklage aufgehalten wird. Aber dieser Nachtheil ist durch ein Rechtsmittel nicht wieder gut zu machen, sondern würde dadurch nur vermehrt werden. Er hat mithin keinen Grund zur Beschwerde. Dieses Verfahren gewährt dagegen beiden Theilen den Vortheil, daß, während jetzt häufig über die Zulässigkeit der Widerklage durch alle Instanzen gestritten wird und deren Instruktion erst anhebt, wenn dieselbe zuletzt rechtskräftig ad separatum, oder die ganze Sache zur Nachholung des Erkenntnisses darüber in die erste Instanz zurückgewiesen ist, dieser Streit dadurch beseitigt und die Widerklage jedenfalls, sei es verbunden mit der Klage oder getrennt davon, sogleich instruirt wird.

Hierin gründen sich die Bestimmungen der §§. 492 — 495.

Fünfter Abschnitt.

Von der Aufnahme des Beweises zum ewigen Gedächtnisse.

In der Gerichts-Ordnung steht dieser Abschnitt unter den Vorschriften über die besonderen Prozeßarten; dort gehört er aber offenbar nicht hin, da die Aufnahme des Beweises zum ewigen Gedächtnisse keinen besonderen Prozeß, sondern nur einen Theil eines schon angestellten, oder erst noch anzustellenden Prozesses bildet. Eben so wenig kann es aber auch zweifelhaft sein, daß jenen Vorschriften ihre Stelle unter den Nebenpunkten angewiesen werden muß, da sie in so fern nicht als ein Hauptbestandtheil des Prozesses angesehen werden können, als sie so wenig, wie die Litisdenunciation, Intervention und Reconvention nothwendiger Weise in einem jeden Prozesse zur Anwendung kommen müssen, vielmehr diese Nothwendigkeit nur für einzelne Fälle durch die dabei eintretenden zufälligen äußeren Umstände bedingt wird. Gegen die Bestimmungen der Gerichts-Ordnung über das Verfahren bei der Aufnahme des Beweises zum ewigen Gedächtnisse sind keine wesentlichen Monita gemacht, und wird es um so weniger bedeutender Abänderungen derselben in materialibus bedürfen, als diese Vorschriften überhaupt keine prozessualische Schwierigkeiten darbieten. In wie weit bei einzelnen Punkten eine Abänderung der Bestimmungen der Gerichts-Ordnung für zweckmäßig erachtet ist, davon wird an den betreffenden Orten die Rede sein.

Zum §. 496.
(conf. §§. 1 und 2 Tit. 33 der A. G. O.)

Die Gerichts-Ordnung scheint hier und an mehreren andern Stellen (§§. 9. 18. 21. 22 l. c.) die Aufnahme des

Beweises zum ewigen Gedächtnisse nur in den Fällen gestatten zu wollen, wo es auf die Vernehmung eines Zeugen, oder auf die Besichtigung einer Sache an Ort und Stelle ankommt. Das gemeine Recht gestattet auch den Beweis in perpetuam rei memoriam aus Urkunden (wiewohl nicht ohne Widerspruch einiger Rechtslehrer) und es läßt sich auch in der That nicht absehen, wie die Beschaffenheit des Beweismittels auf die Zulässigkeit des Beweises zum ewigen Gedächtnisse in irgend einer Weise einen Einfluß haben kann, wenn derselbe überhaupt Statt finden soll, sobald die Besorgniß des Verlustes eines Beweismittels vorhanden ist. Denn diese Besorgniß ist eben sowohl bei andern Beweismitteln, als bei den Zeugen und bei der Einnahme des Augenscheins denkbar und es kann deshalb auch keinem gegründeten Zweifel unterliegen, daß jene Vorschriften nicht auf die Letzteren beschränkt werden dürfen. Hiernach ist die allegirte Vorschrift der Gerichts-Ordnung allgemeiner gefaßt worden.

Zum §§. 497.

Diese Vorschrift entspricht dem §. 3 Tit. 33 der Allgemeinen Gerichts-Ordnung; der Schluß des Letzteren ist in den folgenden §. 498 mit übernommen worden.

Zum §. 498.

Die Gerichts-Ordnung bestimmt am Schlusse des §. 5 Tit. 33, daß der Provocant die Gründe der Besorgniß vor dem Verluste des Beweismittels, in so fern sie auf Thatsachen beruhen, durch glaubhafte Atteste oder andere Mittel zu bescheinigen verpflichtet sei. Diese Vorschrift ist jedoch in den Entwurf nicht mit übernommen worden, weil sie die Substantiirung des Gesuchs um Aufnahme des Beweises zum ewigen Gedächtnisse nicht allein in allen Fällen sehr erschwert, sondern häufig auch ganz unmöglich machen wird. Zu einer solchen Strenge ist aber überhaupt kein genügender Grund vorhanden, zumal dem Gegner des Provocanten daraus, daß eine Beweisaufnahme anticipirt wird, auch nicht der mindeste Nachtheil entsteht, da ja der Provocant die Kosten derselben tragen muß und der Provocat, wenn er nicht erscheinen will, auch die anzusetzenden Termine versäumen kann, ohne einen andern Nachtheil besorgen zu müssen, als den, daß die Beweisaufnahme nach Anleitung der in der Provocation vorgetragenen species facti veranlaßt wird. Auf der andern Seite dürfte aber nicht selten dem Provocanten, wenn das Beweismittel wirklich verloren geht, hieraus ein sehr beträchtlicher Schade erwachsen und es rechtfertigt sich aus diesen Gründen auch vollkommen, diesem die Substantiirung seines Gesuchs so leicht als möglich zu machen. Deshalb ist in dem Entwurfe vorgeschlagen worden, daß es für genügend zu erachten sei, wenn der Provocant wahrscheinliche Gründe der Besorgniß, daß das Beweismittel bei längerem Aufenthalte verloren gehen möchte, anzuführen vermöge.

Zum §. 499.

Hierin sind die §§. 4, 6 — 9 Tit. 33 zusammengezogen; der Letztere hat aber noch den Zusatz erhalten, daß es auch jeder Partei freigestellt sei, einen Sachverständigen zu der Besichtigung einer Sache mit zur Stelle zu bringen. Denn die Ernennung der Sachverständigen durch das Gericht ist nach dem früher angenommenen Grundsatze nur eine subsidiäre (conf. §. 236 des Entwurfs), für den Fall, daß die Parteien selbst keine Sachverständigen ernennen. Hier hat man aber das Gericht zur sofortigen Ernennung der Sachverständigen verpflichten müssen, weil es die Dringlichkeit der Sache nicht zuläßt, erst von den Parteien die Benennung derselben zu fordern. Daß, wenn die Parteien ihre Sachverständigen in dem Termine mitbringen und gegen dieselben keine Einwendungen vorgebracht werden, Letztere zur Abgabe ihres Gutachtens vorzugsweise vor den vom Gerichte ernannten Sachverständigen aufzufordern sind, versteht sich nach dem Gesagten von selbst, da diese nur in subsidium zugezogen werden.

Zum §. 500.

In diesem Paragraphen sind die §§. 4, 10 — 12.

Tit. 33 der Allgemeinen Gerichts-Ordnung, ihrem wesentlichen Inhalte nach, wiedergegeben.

Zum §. 501.

(cfr. §. 13 u. 14 Tit. 33 der Allg. Ger. Ord.)

In der zuletzt allegirten Stelle ist dem Richter für den Fall, daß der Provocat die Thatsache, über welche der Beweis aufgenommen werden soll, unumwunden zugesteht, unbedingt die Befugniß eingeräumt worden, den Beweistermin wieder aufzuheben. Hierin geht aber die Gerichts-Ordnung unfehlbar zu weit; denn es kann dem Provocanten sehr viel daran gelegen sein, daß des Zugeständnisses des Provocaten ungeachtet, der Beweis dennoch aufgenommen werde, wenn er z. B. in dem Falle ist, gegen Besitznachfolger des Provocaten oder sonstige Dritte von dem Resultate der Beweisaufnahme Gebrauch machen zu müssen. In einem solchen Falle genügt das Zugeständniß des Provocaten nicht immer und man darf es daher auch dem Provocanten nicht verschränken, im Falle er ein solches Interesse darthut, auch noch die Beweisaufnahme zu verlangen. Hiernach ist die Vorschrift der Gerichtsordnung geändert worden.

Zu §§. 502 — 504.

Diese Bestimmungen entsprechen den §§. 15 — 18 Tit. 33 der Allgemeinen Gerichts-Ordnung; der §. 19 l. c. erschien entbehrlich und ist daher übergangen worden.

Zu §§. 505 und 506.

conf. die §§. 20 und 21 Tit. 33 der Allgemeinen Gerichts-Ordnung, welche darin ihrem wesentlichen Inhalte nach wiedergegeben sind.

Zum §. 507.

Der §. 22 Tit. 33 der Allgemeinen Gerichts-Ordnung setzt am Schlusse fest, daß dem Provocaten, wenn ein nicht competenter Richter den Beweis zum ewigen Gedächtnisse aufgenommen habe, durch diesen schleunigst von der vorgefallenen Verhandlung umständliche Nachricht zu geben sei, ohne zugleich zu bestimmen, was sodann aus der Sache werden soll. Diese Vorschrift erscheint nicht allein ungenügend, sondern auch unzweckmäßig. Ungenügend aus dem Grunde, weil es nicht wohl einem Bedenken unterliegen kann, daß auch in dem gegebenen Falle der Provocat mit seinen Einwendungen gegen die species facti und gegen die Qualität des Beweismittels gehört werden muß und es nicht bei einer bloßen Benachrichtigung desselben von dem Vorgefallenen bewenden kann; daß ferner, wenn der Provocat dergleichen Einwendungen vorbringt, diese, soweit es noch möglich ist, nach Vorschrift des §. 506 des Entwurfs erörtert werden müssen. Unzweckmäßig erscheint dagegen jene Vorschrift in so fern, als sie die Mittheilung der aufgenommenen Verhandlungen nicht an den competenten Richter und durch denselben an den Provocaten verordnet, da auf diese Weise die Mittheilung nicht allein auf einem eben so kurzen Wege zu bewirken steht, sondern gleichzeitig auch der competente Richter von den Verhandlungen Kenntniß erhält, die demselben doch für den Fall, daß später der Prozeß wirklich angestrengt wird, nicht vorenthalten werden dürfen. Hiernach ist im Entwurfe die Abänderung des §. 22 Titel 33 der Allgemeinen Gerichts-Ordnung dahin vorgeschlagen worden, daß die aufgenommene Verhandlung mit der Provocation dem competenten Gerichte im Originale zu übersenden sei, um den Provocaten nachträglich mit seinen Einwendungen zu hören.

Zu §§. 508 — 511.

Diese Vorschriften entsprechen den §§. 23 — 28 Tit. 33 der Allgemeinen Gerichts-Ordnung; dagegen ist der §. 29 als entbehrlich übergangen.

Der erste Entwurf hatte im vierten Titel des vierten Buchs Vorschriften über das Verfahren bei der Recusation eines instruirenden oder erkennenden Richters aufgenommen.

In der Gerichts-Ordnung fehlen dieselben und die Revisions-Commission erklärte dies für eine fühlbare Lücke, besonders, nachdem gegenwärtig die Recusationsgründe speciell bestimmt seien; indem es nunmehr auch durchaus nöthig werde, das Vorhandensein der gesetzlich sanctionirten Recusationsgründe im vorkommenden Falle auf eine förmliche Weise constatiren zu lassen, damit weder dem einen Theil ein verdächtiger Richter aufgedrungen, noch dem andern der vom Gesetz gegebene Richter wegen eines grundlosen Argwohns entzogen werde.

Allerdings liegt zwar die Nothwendigkeit vor, das für den Fall, wenn ein Richter recusirt wird, einzuschlagende Verfahren zu bestimmen, allein es ist auf der andern Seite eben so einleuchtend, daß dieses Verfahren kein prozessualisches sein und eben deshalb auch seine Stelle nicht in der Prozeß-Ordnung finden kann. Denn wird ein einzeln stehender Richter recusirt, so muß darüber das ihm vorgesetzte Obergericht, wird dagegen ein Mitglied eines Collegial-Gerichts recusirt, der Präsident oder Direktor desselben entscheiden. Diese Entscheidung, selbst wenn derselben noch eine faktische Erörterung vorangehen muß, kann nun aber der Natur der Sache nach nicht anders, als im administrativen Wege erfolgen; es ist weder in dieser Beziehung ein prozessualisches Verfahren gedenkbar, noch kann die Entscheidung durch ein Erkenntniß erfolgen, gegen welches die gewöhnlichen Rechtsmittel zulässig sind. Wie daher auch die Bestimmungen über das einzuschlagende Verfahren ausfallen mögen, so gehören dieselben immer nicht in die Prozeß-Ordnung, sondern lediglich in eine Instruktion für die Gerichte und deren Dirigenten. Deshalb sind die das Verfahren bei einer vorkommenden Recusation eines Richters betreffenden Vorschriften des ersten Entwurfs hier gänzlich übergangen worden.

Sechster Abschnitt.

Von der Wiederaufnahme (Reassumtion) des Prozesses.

Beide Gegenstände, welche die Ueberschrift bezeichnet, sind in einem Abschnitte zusammengefaßt worden und das aus keinem andern Grunde, als weil die Gerichts-Ordnung beide im Titel 20 verbunden enthält, und weil das Wenige, was über die Entsagung des Prozesses zu bestimmen ist, kaum einen besondern Titel verdient.

Unter der Litisreassumtion begreift die Gerichts-Ordnung sehr verschiedene Gegenstände, die nur das mit einander gemein haben, daß sie insgesammt einen Aufenthalt oder einstweiligen Stillstand des Prozesses verursachen oder verursachen können. Sie handelt nämlich hierunter:

1) von dem Verfahren, wenn eine Partei im Laufe des Prozesses verstirbt (§§. 1—7 Tit. 20);
2) von Justitiis, d. i., wenn wegen Kriegsgefahr oder aus andern Ursachen ein gänzlicher Stillstand in den Geschäften eines Gerichts entsteht (§. 8 l. c.);
3) von Sistirung der Prozesse, an welchen Militairpersonen Theil nehmen, zur Zeit eines Krieges (§§. 9 bis 12 l. c.);
4) von Suspension der Prozesse wegen Abwesenheit einer Partei (§§. 13—16 l. c.);
5) von Aussetzung eines Prozesses wegen streitiger Jurisdiction, so wie,
6) im Falle der Kläger die geforderte Caution wegen der Kosten nicht bestellt hat (§. 17 l. c.);
7) von Reassumirung der Prozesse, welche der Kläger hat liegen lassen (§§. 18—20 l. c.).

Wollte man der Reassumtion diese Bedeutung und diesen ausgedehnten Umfang geben; so würde hierher noch vieles Andere gehören, namentlich alle Prorogationsgesuche und die mannigfachen Ursachen derselben, alle so genannten Anstände, die der Richter vor Einleitung des Prozesses beseitigen soll, alle dilatorischen Einwendungen und die Verzögerungen und Stillstände, die zuweilen auch ohne im Gesetz gebilligte Ursache eintreten u. s. w. Die Wiederaufnahme des Prozesses setzt jedoch nicht bloß einen Aufschub oder Stillstand, sondern eine Unterbrechung des Streits voraus, welche die Fortsetzung desselben auf so lange rechtlich unmöglich macht, bis das Hinderniß durch eine Zwischenhandlung (die Wiederaufnahme) gehoben ist. Dies weist zugleich der Materie ihren Platz unter den Neben- und Incidentpunkten an. Hiernach gehört dahin alles dasjenige, was die Gerichts-Ordnung sub Nr. 2 bis 6 enthält, jedenfalls nicht in diesen Titel. Die dort ertheilten Vorschriften dürften aber auch zum Theil ganz entbehrlich, ja einem schädlichen Mißbrauche ausgesetzt, zum Theil besonderen (transitorischen) Verordnungen vorzubehalten sein. Denn was die Gerichts-Ordnung

ad 2 von Justitiis vorschreibt, kommt darauf hinaus, daß die Gerichte nicht thätig sein können, in soweit ihre Thätigkeit durch physische Gewalt gehemmt ist, worüber es wohl keiner Vorschrift bedarf. Wenn die Gerichts-Ordnung hinzufügt, „daß in solchem Falle der Prozeß sistirt werden müsse,“ so scheint dies schon zu viel gesagt zu sein. Denn der Richter darf niemals von Amtswegen den Prozeß sistiren, sondern hat nur zu entscheiden, wenn es streitig wird, ob ein solches Ereigniß eingetreten ist, welches Aufschub nöthig macht. Jene Vorschrift könnte leicht dahin mißverstanden werden, als ob der Richter befugt wäre, z. B. im Falle, wo eine Provinz mit Krieg überzogen oder die Communication unterbrochen ist, den Fortgang der Prozesse oder die Execution der Urtheile durch eine allgemeine Anordnung zu sistiren, wodurch er seine Gewalt gar sehr überschreiten würde.

ad 3. Ueber die Prozesse der Militairpersonen während eines Krieges, sagt die Gerichts-Ordnung in den §§. 9 u. 10

h. t., daß solche, soweit der Bevollmächtigte nicht mit hinreichender Information versehen ist, bis zu deren Zurückkunft suspendirt werden sollen. Doch kann der Gegentheil interimistische Verfügungen zur Abwendung eines unersetzlichen Schadens ausbringen. In dem §. 11 wird ferner verordnet, daß wider Militairpersonen während eines Krieges, keine Klage wegen Forderungen, die vor demselben entstanden sind, angenommen und keine Edictal-Citation mit der Wirkung der Präclusion erlassen werden soll. Der §. 12 endlich enthält Vorschriften für den Fall, wo der Krieg noch nicht wirklich ausgebrochen ist, sondern nur erst Rüstungen und Anstalten dazu getroffen werden und die Truppen zwar die gewöhnlichen Standquartiere verlassen haben, aber noch in Cantonirungen oder Gränzlagern stehen.

Es muß jedoch einleuchten, daß, wenn es überall nöthig ist, die Prozesse der Militairpersonen während eines Krieges zu suspendiren, die allegirten Vorschriften der Gerichts-Ordnung hierzu nicht ausreichend sind. Es bedarf für diese Suspension, damit sie nütze, ohne zu schaden, mehrerer und speziellerer Bestimmungen, die zum Theil von Zeit und Umständen abhängig sein können. Was aber das Wichtigste ist, so fehlt die Bestimmung darüber, wann und unter welchen Bedingungen jene Vorschriften zur Anwendung kommen, so wie über die Dauer ihrer Gültigkeit. Woraus sollen die Gerichte es entnehmen, ob Rüstungen gemacht werden und in welchem Zeitpunkte der Krieg für wirklich ausgebrochen zu achten ist? Daher sind noch jedesmal, so oft ein Krieg ausgebrochen, hierüber besondere Verordnungen erlassen, welche sowohl den Zeitpunkt der Suspension, als diese selbst nach den Personen und Sachen, worauf sie sich erstreckt und das dabei zu beobachtende Verfahren näher bestimmt haben. Und nicht minder ist auch über das Aufhören der Suspension stets eine gesetzliche Verordnung publicirt. Dies bezeugen:

1) die Verordnungen vom 3. Septb. 1792 und 1. Juni 1795 (N. C. C. IX. S. 1067 u. 2519);

2) die Verordnungen vom 21. September 1806 und vom 9. März 1809 (Matthis Bd. 3 S. 373 u. Bd. 8 S. 33);

3) die Verordnung vom 30. Juli 1812 (Gesetz-Samml. von 1812 S. 165);

4) die Verordnungen vom 4. Mai 1813 und 20. März 1816 (Gesetz-Sammlung von 1813 S. 70 und von 1816 S. 110).

Man kann auch nicht etwa sagen, daß die Gerichts-Ordnung die leitenden Grundsätze enthalte, welche in den allegirten Verordnungen nur weiter entwickelt seien. Vielmehr weichen diese von jener wesentlich ab. Sie kennen den Unterschied nicht, den die Gerichts-Ordnung macht zwischen blossen Rüstungen und dem wirklichen Ausbruch des Krieges, zwischen Truppen, die zwar die Standquartiere verlassen haben, aber noch in Gränzlagern stehen und solchen, die ins Feld gerückt sind. Und während die Gerichts-Ordnung die Annahme von Klagen gegen Militairpersonen nur wegen solcher Forderungen untersagt, die vor dem Kriege entstanden sind, so suspendiren jene Verordnungen sie allgemein, mag die Forderung vor oder erst während des Krieges entstanden sein.

Hiernach sind die Vorschriften der Gerichts-Ordnung außer aller Anwendung und können, soweit sie mit den darüber ergangenen besonderen Verordnungen in Widerspruch stehen, nur zu Zweifeln Anlaß geben. Eben so wenig schien es rathsam, den Inhalt der allegirten besonderen Verordnungen in die Prozeß-Ordnung aufzunehmen, weil sie nur temporair gelten, weil dennoch stets eine neue Verordnung hinzutreten muß, um sie in Kraft zu setzen und weil sie ihrer Natur nach veränderlich sind, da sie von der Einrichtung des Heeres, von der Art der Kriegführung, dem Orte, wo Krieg geführt wird, den vermehrten oder verminderten Communicationsmitteln und andern Umständen abhängen.

ad 4. Eine gleiche Suspension des Prozesses gestattet die Gerichts-Ordnung für den Fall, wenn eine in Königlichen Diensten stehende Partei in öffentlichen Angelegenheiten außerhalb Landes geschickt wird. Die hinzugefügten Einschränkungen indeß, — daß nämlich der Prozeß ein weitläuftiges und verwickeltes Geschäft zum Gegenstand haben, daß die Partei nur eines einzelnen Geschäfts wegen, oder auf eine gewisse bestimmte Zeit verschickt sein müsse, so daß sich ihre Rückkehr mit Sicherheit erwarten lasse, daß der Kläger nicht solche Umstände gegen den Abwesenden nachweise, woraus sich ergiebt, daß dieser, seiner Entfernung ungeachtet, Zeit und Gelegenheit habe, seine eignen Angelegenheiten zu besorgen — diese Einschränkungen machen die Anwendung der Vorschrift sehr schwierig und werden den Zweck derselben meistens vereiteln. Denn wie anders kann festgestellt werden, ob der Fall des Gesetzes vorhanden sei oder nicht, als wiederum durch ein prozessualisches Verfahren, auf welches sich der Abwesende dennoch einlassen muß und das ihm leicht eben so viel Zeit und Mühe kosten kann, als die Ertheilung einer Information in der Sache selbst.

Ueberall aber scheint kein Grund vorzuliegen, welcher diese Begünstigung wenigstens jetzt noch rechtfertigen könnte, da die Communication mit dem Auslande eben so erleichtert ist, wie im Lande und da auch die öffentlichen Geschäfte nicht mehr Zeit erfordern, mögen sie dort oder hier betrieben werden.

ad 5. Der Fall, daß ein Prozeß ausgesetzt werden müßte, während sich zwei Gerichte über die Competenz streiten, kann nicht mehr vorkommen, da die Vorschriften, auf welche er sich bezieht (§§. 134 und 135 Tit. 2 der Allg. Ger. Ord.) längst außer Anwendung sind.

ad 6. Wenn endlich nach §. 13 Tit. 21 der Allgemeinen Gerichts-Ordnung die Akten reponirt werden, weil der klagende Ausländer die Caution nicht bestellt hat, so ist dies keine Suspension des Prozesses, sondern ein regelmäßiges Verfahren und die Realisirung eines Präjudizes, wodurch der Prozeß einstweilen beendigt wird. In sofern aber ein solcher Kläger berechtigt ist, innerhalb 4 Wochen nach Reposition der Akten den Prozeß mittelst Bestellung der Caution noch zu reassumiren, gehört dieser Fall unter die Vorschrift ad 7.

Es bleiben demnach für diesen Abschnitt, soweit darin von der Reassumtion gehandelt wird, nur die Fälle sub 1 und 7 übrig, von denen jedoch der Erstere mehr umfassen wird, als die Gerichts-Ordnung hierunter nur begreift, nämlich jede

Veränderung in dem Zustande der Parteien und nicht bloß den Fall des Absterbens einer derselben.

Zu §§. 512 — 516.

Die Gerichts-Ordnung erwähnt von den Veränderungen, welche im Laufe des Prozesses mit den Parteien vorgehen können, nur eine, nämlich das Absterben derselben. In diesem Falle müssen die Erben des Verstorbenen, den Prozeß in der Lage annehmen, worin er sich befindet und die Instruktion soll auf den Grund der von dem Verstorbenen ertheilten Information fortgeführt werden. Hatte jedoch der Verstorbene vor seinem Ableben keine vollständige Information ertheilt; so soll den Erben außer den sonst nach der Prozeß-Ordnung zulässigen Fristen noch die Deliberationsfrist zu Statten kommen und der Prozeß allenfalls bis zu deren Ablauf sistirt werden. Diese Deliberationsfrist soll den Erben über die gewöhnlichen Fristen auch gestattet sein, wenn der Erblasser kurz vor oder nach der Publication des ersten oder zweiten Erkenntnisses verstorben ist, um sich zu erklären, ob sie appelliren oder revidiren wollen. Hat sich während dieser Zeit (der Deliberationsfrist) kein Erbe gemeldet, oder ist die Erbschaft streitig und keiner der Erbschafts-Prätendenten in den Besitz gesetzt; so soll der Prozeß von dem in foro hereditatis zu bestellenden Verlassenschafts-Curator fortgeführt werden. Ein successor singularis, an welchen die streitige Sache nach dem Tode des bisherigen Besitzers gediehen ist, soll sich in einer verhältnißmäßigen Frist erklären, ob und wie er den Prozeß fortsetzen wolle. Hatte der Verstorbene einen Assistenten oder Bevollmächtigten, so soll dieser das Absterben seines Machtgebers nebst dem, was ihm von dem Namen und Aufenthalt des Erben bekannt geworden ist, dem Gericht anzeigen; er soll gleichfalls den Erben von dem Prozeß und dessen Lage Nachricht geben, inzwischen aber die Sache so lange fortsetzen, bis von den Erben ein anderer Bevollmächtigter ernannt ist. Hatte der Verstorbene keinen Assistenten oder Bevollmächtigten; so soll der Instruent dem Gericht die eben erwähnte Anzeige machen. Das Gericht endlich soll von

Amtswegen dafür sorgen, daß der Prozeß durch diesen Zwischenfall so wenig wie möglich aufgehalten werde Es soll den bekannten Erben und dem successor singularis den ferneren Betrieb des Prozesses binnen einer zu bestimmenden Frist ausdrücklich aufgeben und wo es nöthig ist, einen Verlassenschafts-Curator bestellen oder bestellen lassen. conf. §§. 1 bis 7 Tit. 20 §§. 59 u. 60 Tit. 3 der Allgemeinen Gerichts-Ordnung.

Sucht man nach dem Princip in diesen Vorschriften der Gerichts-Ordnung; so scheint es, daß der Prozeß durch das Absterben der Partei gar keine Unterbrechung erleiden soll und daher von einer Reassumtion desselben eigentlich keine Rede sein kann. Denn die Erben sind schuldig, den Prozeß in der Lage, in welcher sie ihn finden und in den durch die Prozeß-Ordnung bestimmten Fristen fortzusetzen. Nur in zwei Fällen können sie sich auf die Ueberlegungsfrist berufen, und soll ihnen diese zu Statten kommen; eine Einschränkung welche indeß dem §. 386 Thl. I. Tit. 9 des Allgem. Land-Rechts widerspricht, wonach sie während jener Frist in keinem Falle angehalten werden können, einen von dem Erblasser oder wider denselben angestellten Prozeß fortzusetzen. Auch wenn der Verstorbene den Prozeß nicht persönlich, sondern durch einen Bevollmächtigten geführt hatte, ändert sein Ableben gesetzlich nichts. Denn nach der Gerichts-Ordnung §. 59 Tit. 3, womit der §. 192 Thl. I. Tit. 13 des Allgemeinen Land-Rechts übereinstimmt, wird in Prozeß-Angelegenheiten die Vollmacht durch den Tod des Machtgebers nicht aufgehoben und der Bevollmächtigte kann und muß den Prozeß für die Erben ohne Unterbrechung fortsetzen.

Nicht ohne Grund scheint daher die Erinnerung, die sich in vielen Gutachten findet, daß die eben erwähnten Vorschriften der Gerichts-Ordnung gar nicht zur Litisreassumtion und in diesen Titel gehörten, weil das Absterben einer Partei wohl eine Verzögerung, aber keine Unterbrechung des Prozesses bewirken können. Gleichwohl widerspricht diesem Prinzip die den Gerichten im §. 7 h. t. zur Pflicht gemachte amtliche Fürsorge, die hiernach überflüssig sein würde und wodurch denselben eine nicht geringe Last aufgebürdet ist. Sollen die Gerichte die Erben und den etwanigen successor singularis zur Fortsetzung der Sache binnen einer zu bestimmenden Frist ausdrücklich auffordern, sollen sie ferner in Ermangelung bekannter Erben für die Bestellung eines Verlassenschafts-Curators sorgen, so könnte man hieraus folgern, daß, bis dieses geschehen, der Prozeß nicht fortgesetzt werden dürfe, daß die Erben sich unaufgefordert zur Fortsetzung der Sache zu melden nicht schuldig seien und mithin das Absterben einer Partei in der That eine Unterbrechung bewirke. Diese Folgerung ist aber nirgends ausdrücklich gemacht und ausgesprochen und die Ausübung jener amtlichen Fürsorge hängt zugleich davon ab, daß das Gericht Kenntniß von dem Sterbefalle erhält. Diese wird es in der Regel erhalten, wenn der Prozeß durch einen Mandatarius geführt wurde. Hatte ihn aber die Partei persönlich geführt, so sagt zwar die Gerichts-Ordnung (§. 7 in fine h. t.), daß in diesem Falle das Ableben derselben dem Instruenten nicht füglich lange verborgen bleiben könne, welcher dann die im ersten Falle dem Mandatarius obliegende Anzeige an das Gericht machen soll. Allein man sieht nicht, worauf sich diese Voraussetzung gründet, welche Mittel der Instruent hat, den Sterbefall in Erfahrung zu bringen und wie dies anders geschehen kann, als dadurch, daß ihm die Erben denselben melden; dies setzt aber wieder voraus, daß Erben vorhanden und in der Nähe sind, daß sie von dem Prozeß Wissenschaft haben oder zeitig erhalten und daß sie namentlich den Instruenten kennen.

Wenn nun dem Instruenten das Absterben einer Partei dennoch verborgen geblieben ist, entweder gänzlich oder doch so lange, daß die Instruktion inzwischen hat beendigt und ein Erkenntniß abgefaßt werden können; oder wenn das Gericht wider die ihm auferlegte Verpflichtung sich um die Ausmittelung der Erben und successores singulares nicht kümmert, noch auch für die Bestellung eines Verlassenschafts-Curators sorgt, sondern in contumaciam verfährt und erkennt, oder wenn endlich der von dem Erblasser bestellte Mandatarius vermöge seiner auf die Erben übergehenden Vollmacht den

Prozeß fortgesetzt und zu Ende gebracht hat, sich aber hinterher findet, daß die streitige Sache nicht an die Erben, sondern an einen successor singularis gediehen ist, oder daß keine Erben vorhanden sind, oder die vorhandenen Erben der Erbschaft entsagt haben; was ist in diesen und ähnlichen Fällen Rechtens? Soll ein hierauf ergangenes Urtheil, welches entweder in letzter Instanz gesprochen ist, oder durch den Ablauf der Fristen die Rechtskraft erlangt hat, rechtskräftig sein und bleiben, auch wenn die Erben, oder wer sonst in Bezug auf den Streitgegenstand in die Rechte des Verstorbenen getreten ist, nicht die mindeste Kenntniß von dem Prozeß erhalten haben? Man kann ihnen entgegensetzen, daß sie sich hätten melden sollen und die Gerichts-Ordnung bietet ihnen kein Rechtsmittel dar, so sehr es auch dem Geiste derselben zu widersprechen scheint, daß eine Partei ungehört soll verurtheilt werden können. Die Praxis hilft sich zuweilen dadurch, daß sie in einem solchen Falle auch lange nach Ablauf aller Fristen noch die ordentlichen Rechtsmittel zuläßt; allein diese Hülfe reicht nicht aus in allen Fällen und sie beweist zugleich wie Vieles oder Alles in dieser Materie vom Zufall und vom guten Willen der Richter abhängt.

Die Gerichts-Ordnung schweigt gänzlich von allen übrigen Veränderungen, die in dem Zustande und den Eigenschaften der Parteien, vermöge welcher sie vor Gericht handelten, vorgehen können, wie wenn ein Fähiger im Laufe des Prozesses unfähig oder ein Unfähiger fähig wird, vor Gericht aufzutreten, wenn eine Frauensperson sich verheirathet, der bisherige Vormund abgeht und ein anderer an seine Stelle tritt. Dieses Stillschweigen hat schon zu wichtigen Zweifeln und Prozessen darüber Anlaß gegeben, was die Folge sei, wenn eine solche Veränderung in dem Zustande der Parteien während des Prozesses unbemerkt und unberücksichtigt geblieben ist. Und Veränderungen dieser Art können dem Instruenten noch leichter entgehen, als das Ableben einer Partei. Die Gerichts-Ordnung zählt es Tit. 16 §. 2 Nr. 4 zu den Nullitätsgründen, wenn Jemand, der ohne Vormund, Curator oder Beistand vor Gericht zu handeln nicht fähig war, ohne einen solchen bei einem Prozesse als Kläger oder Beklagter zugelassen ist. Hiernach ist man ungewiß gewesen und hat sich gestritten, ob diese Vorschrift nur für den Fall gelte, wenn die Unfähigkeit bei Einleitung des Prozesses vorhanden war, oder auch, wenn sie erst später im Laufe desselben eingetreten ist. Es kann ferner gefragt werden, ob diese Vorschrift auch für den umgekehrten Fall anwendbar sei, wenn ein Unfähiger im Laufe des Prozesses fähig geworden und gleichwohl die Sache von dem bisherigen Vormunde oder Curator ohne seine Zuziehung fortgesetzt und beendigt ist? Schwerlich möchten sich diese Streitfragen ohne positive Bestimmungen auf eine befriedigende Weise lösen lassen.

Es wird hiernach darauf ankommen, über diese Veränderungen in dem Zustande der Parteien ein festes und weniger schwankendes Prinzip anzunehmen, als die Gerichts-Ordnung enthält; es wird ferner nöthig sein, an die Stelle jener amtlichen Fürsorge der Richter, welche in dem vorgeschlagenen Verfahren großentheils fortfallen muß und welche ohnehin in diesem Falle nicht ausreichend ist, etwas Anderes zu setzen.

Bei rechtlichen Geschäften aller Art gilt der Grundsatz, daß ein Jeder den Zustand desjenigen, mit dem er contrahiren will, kennen, mithin sich danach erkundigen muß. Diesen Grundsatz auf den Prozeß angewandt, hat jede Partei dahin zu sehen, daß sie den geeigneten Gegner wähle, d. h. denjenigen, der die Fähigkeit besitzt, mit ihr über den Gegenstand des Streits vor Gericht zu verhandeln. Hat sie einmal richtig gewählt; so können Veränderungen in dem Zustande des Gegners nicht vermuthet werden. Die Partei kann nicht verbunden sein, jene Erkundigungen während der ganzen Dauer des Prozesses für den möglichen Fall fortzusetzen, daß irgend eine Veränderung der Art inzwischen sich ereignet habe. Es darf sie daher auch kein Nachtheil treffen, wenn eine solche Veränderung im Laufe des Prozesses ohne ihr Wissen dennoch eingetreten ist. Wollte man in diesem Falle es zugeben, daß das Verfahren und Urtheil könnte für nichtig erklärt werden, so würde man hierdurch die Rechtskraft der Erkenntnisse von zufälligen Ereignissen abhängig machen, wogegen die Partei sich nicht schützen und die der Richter nicht vermeiden kann und mithin die Sicherheit der Rechtspflege eben so sehr, als das richterliche Ansehen gefährden.

Wird dagegen das Gericht von dem Absterben einer Partei oder der Veränderung ihres Zustandes auf zuverlässige und förmliche Weise benachrichtigt und melden sich in diesem Falle die Erben, Nachfolger, der Vormund, Curator oder Ehemann nicht von selbst, um den Prozeß zu reassumiren, so muß das Gericht, ohne erst den Antrag des Gegners abzuwarten, die Vorladung der Erben rc. von Amtswegen betreiben. Aus diesen Gründen sind in dem Entwurfe nachstehende Grundsätze vorgeschlagen:

1) daß das Absterben einer Partei, die Veränderung ihres Zustandes oder der Eigenschaft, in der sie aufgetreten ist, nur alsdann eine Unterbrechung des Prozesses bewirken kann, wenn das Eine oder das Andere dem Gericht bekannt gemacht ist;
2) daß, wenn die Bekanntmachung erfolgt ist und die Erben, Nachfolger oder Vertreter der ausgeschiedenen Partei den Prozeß nicht zugleich reassumirt haben, das Gericht sie zu dem Ende vorlade;
3) daß, wenn auf die ergangene Vorladung Niemand erscheint, der Prozeß für reassumirt zu achten ist;
4) daß von dem Tage, wo der Prozeß reassumirt, oder dafür zu achten ist, die unterbrochenen Fristen fortlaufen;
5) daß jedoch den Erben auf ihr Verlangen noch die Ueberlegungsfrist zu Statten kommen müsse.

Zum §. 517.

Diese Vorschrift entspricht dem in dem §. 2 Nr. 6 Tit. 16 der Allgemeinen Gerichts-Ordnung und dem §. 5 Nr. 1 der Verordnung vom 14. Decbr. 1833 (Ges. Samml. von 1833 S. 303) ausgesprochenen Grundsätze, daß Niemand ungehört soll verurtheilt werden und bedarf dieselbe keiner weiteren Rechtfertigung.

Zu §§. 518 und 519.

(cfr. §§. 59 und 60 Tit. 3 der Allgemeinen Gerichts-Ordnung und die Bemerkungen zu den §§. 512 — 516 des Entwurfs.)

Die Gerichts-Ordnung verpflichtet den Bevollmächtigten zwar auch, dem Gerichte das Absterben seines Machtgebers und Alles, was ihm von dessen Erben bekannt geworden ist, anzuzeigen und die Erben von seinem Auftrage und von der Lage der Sache in Kenntniß zu setzen und es ihnen zu überlassen, ob sie den Prozeß selbst fortsetzen, oder einen andern Bevollmächtigten bestellen wollen. Es bedurfte indeß der Aufnahme dieser Vorschriften nicht, weil der bisherige Bevollmächtigte, in so fern ihm die Erben das Mandat nicht kündigen, den Prozeß für sie zu führen für befugt erklärt ist, jene Bestimmungen mithin das Verfahren selbst nicht berühren, vielmehr nur Anweisungeu über das Verhalten des Mandatars bei erfolgtem Absterben seines Mandanten enthalten, welche einestheils nicht in die Prozeß-Ordnung gehören, anderntheils aber, in so weit sie das betreffen, was dem Gerichte zu wissen nöthig ist, nämlich ob die verstorbene Partei überhaupt Erben hinterlassen hat, oder die Letzteren die Erbschaft angetreten haben, schon durch die im §. 512 des Entwurfs enthaltene Vorschrift prospicirt sind.

Die Gerichts-Ordnung bestimmt ferner im §. 60 l. c., daß, im Falle ein successor singularis an die Stelle des Verstorbenen tritt, der bisherige Bevollmächtigte ohne neue Vollmacht nicht zugelassen werden dürfe. Im Wesentlichen hat zwar auch der §. 519 des Entwurfs diese Vorschrift aufgenommen, jedoch weicht Letzterer davon in so weit ab, als er nicht einen ausdrücklichen Auftrag des Nachfolgers zur Fortsetzung des Prozesses, sondern sub praejudicio ratihabitionis von diesem die Erklärung darüber erfordert, ob er den bisherigen Bevollmächtigten beibehalten will. Die Vorschrift der Gerichts-Ordnung hat das gegen sich, daß der Bevollmächtigte und nicht die Partei unmittelbar zur Beibringung der neuen Vollmacht aufgefordert wird, und daß, da jener nur durch Ordnungsstrafen zu dieser Beibringung angehalten werden kann, der Prozeß auf diese Weise leicht einen längeren Aufenthalt erleidet, ohne daß der beabsichtigte Zweck immer erreicht wird. Es bleibt, wenn der Mandatar die neue Vollmacht aller gegen ihn festgesetzten Ordnungsstrafen ungeachtet nicht einreicht, kein anderer Weg übrig, als die Partei unmittelbar zur Fortsetzung der Sache aufzufordern und scheint es daher zweckmäßiger, den letzteren Ausweg sogleich zu treffen, als erst mit Aufopferung der kostbaren Zeit jenen von der Gerichts-Ordnung vorgeschriebenen Versuch zu machen. Das im §. 519 der Partei gestellte Präjudiz der Ratihabition unterliegt keinem Bedenken und dürfte daher die vorgeschlagene Vorschrift, welche in Uebereinstimmung mit dem §. 512 auch auf andere Veränderungen, als auf den Fall einer successio singularis ausgedehnt worden ist, überall gerechtfertigt erscheinen.

Zu den §§. 520—522.

Wenn der Sachwalter einer Partei verstorben ist, soll nach §. 58 Tit. 3 der Allgemeinen Gerichts-Ordnung das Gericht Letztere von Amtswegen hiervon benachrichtigen und sie zugleich auffordern, einen andern Bevollmächtigten zu bestellen, in so fern nicht ein Substitut vorhanden ist, welcher als von der Partei selbst bestellt angesehen werden kann. Dieser letztere Zusatz ist jedoch in den Entwurf nicht übernommen worden; denn man kann (in so fern die Vollmacht selbst nicht ein Anderes besagt, in welchem Falle darüber, wer anstatt des bisherigen Bevollmächtigten zuzuziehen sein wird, kein Zweifel entstehen kann), wie schon in den Motiven zum Allgemeinen Theile ausgeführt ist, nur annehmen, daß, wenn die Partei selbst einen Substituten bestellt, oder den Bevollmächtigten die facultas substituendi in der Vollmacht eingeräumt hat, Beides nur für den Fall einer temporairen Verhinderung des Bevollmächtigten habe von Wirkung sein, auf den Todesfall des Letzteren aber nicht habe ausgedehnt werden sollen. Uebrigens muß der Tod des Sachwalters nothwendig den Gang des Verfahrens unterbrechen, da man die unbedingte Verpflichtung einer Partei, ihre Prozesse in Person zu führen, nicht hat aussprechen können und ihr daher Zeit zur Wahl eines andern Bevollmächtigten gelassen werden muß. Der Prozeß nimmt sodann seinen Fortgang von dem Tage, wo die Partei einen andern Sachwalter bestellt hat; oder mit dem Ablaufe der dazu gestatteten Frist. Was die Gerichts-Ordnung von dem Absterben des Sachwalters sagt, gilt unbedenklich auch von den Fällen, wenn der Letztere sein Amt aufgiebt, davon suspendirt, dessen entsetzt oder sonst zur Ausübung desselben unfähig wird.

Hiernach sind die §§. 520 — 522 entworfen worden und wird rücksichtlich des Letzteren insbesondere auf die Anmerkung zum §. 517 des Entwurfs Bezug genommen.

Zu §§. 523 — 525.

In den §§. 18 — 20 Tit. 20 der Allgemeinen Gerichts-Ordnung ist nicht eigentlich von der Wiederaufnahme des Prozesses, wenigstens nicht mehr in dem Sinne die Rede, welchen dieser Ausdruck in den vorhergehenden Paragraphen hat, sondern von der Peremtion oder Erlöschung des gerichtlichen Verfahrens. Die Wiederaufnahme in einer weiteren Bedeutung als Fortsetzung eines liegengelassenen Prozesses ist hier nur das Mittel, die Peremtion zu verhindern, welche als Folge einer vorausgesetzten stillschweigenden Entsagung eintritt. So angesehen steht daher diese Materie in näherem Zusammenhange mit den folgenden Vorschriften von der ausdrücklichen Entsagung des Prozesses und wollte man die in diesem Abschnitte vereinigten Materien trennen, so müßte man in einem besonderen Abschnitt von der Wiederaufnahme des Prozesses und in einem andern von der Peremtion und der Entsagung handeln. Indeß gehören diese Unterschiede mehr für die Prozeßtheorie, als sie das Gesetz bei der Anordnung der Materien zu berücksichtigen hat, wenn nur die Vorschrift selbst deutlich und bestimmt und aus ihrer Stellung kein Mißverständniß zu besorgen ist. Deshalb ist es, wie Eingangs bereits bemerkt wurde, in dieser Hinsicht bei der Anordnung der Gerichts-Ordnung belassen.

Die Frist von vier Wochen, binnen welcher die Gerichts-Ordnung die Wiederaufnahme des Prozesses in diesem Falle nur gestattet, erscheint übrigens viel zu kurz und läßt den Parteien keinen Raum, in Vergleichs-Unterhandlungen zu treten und Nachsicht zu gewähren. Von den Oberlandesgerichten zu Magdeburg und Hamm ist deshalb darauf angetragen, jene Frist zu verlängern und auf ein Jahr zu erstrecken. Diesem Antrage ist in dem Entwurfe gefolgt; denn, wenn beide Theile darüber einverstanden sind, sei es um einen Versuch zur gütlichen Beilegung des Prozesses zu machen, oder aus andern Gründen denselben einstweilen ruhen zu lassen, so können der Staat und die Rechtspflege kein Interesse haben, sie hieran zu verhindern. Ein Zwang zur ununterbrochenen Forsetzung des Prozesses wirkt vielmehr nachtheilig, weil er den Vergleich erschwert, und streitet zugleich mit der Freiheit der Rechtsverfolgung und den Prinzipien des Privatrechts. Nur aus solchen Rücksichten kann das Gesetz den Parteien eine Frist zur Fortsetzung ihrer Prozesse vorschreiben, welche überhaupt die Einführung einer Verjährung motiviren, damit nicht durch eine Menge unentschieden gelassener Prozesse Besitz und Recht ungewiß, und die Thatsachen, worauf dieselben beruhen, durch die Länge der Zeit verdunkelt werden. Aber die Frist hierzu muß dem Zwecke angemessen sein und darf die Parteien nicht mehr als nöthig beschränken.

Die Gerichts-Ordnung bestimmt ferner im §. 20 l. c., daß die von dem Kläger nach Ablauf der Frist anzustellende Klage nicht eher eingeleitet werden dürfe, als bis er dem Gegentheile alle bisherigen Kosten erstattet, und nöthigenfalls eine cautio pro prosequenda lite bestellt habe. Diese Vorschrift ist jedoch in dem Entwurfe um deswillen übergangen worden, weil sie armen Parteien die Rechtsverfolgung sehr erschwert, wo nicht gar ganz vereitelt.

In dem ersten Entwurfe waren endlich die Wirkungen der Peremtion auch auf die folgenden Instanzen ausgedehnt worden, es konnte dieser Vorschlag jedoch nicht adoptirt werden, weil man auf diese Weise es ganz in die Hände des unterliegenden Theils legen würde, die Rechtskraft des vorangegangenen Urtheils nach seinem Gefallen zu verschieben Ueberdies gehören die Vorschriften über die rechtlichen Folgen einer in den höheren Instanzen erfolgenden Reposition der Akten vor Erlassung des zweiten oder dritten Erkenntnisses nicht hierher, sondern besser in die Lehre von den Rechtsmitteln. Es ist daher auch das, was in dieser Beziehung zu bestimmen sein wird, für jene Lehre aufgespart und nur hier ausdrücklich darauf verwiesen worden, um nicht zu dem Zweifel Veranlassung zu geben, daß die §§. 523 und 524 des Entwurfs auch auf die höheren Instanzen Anwendung fänden.

Siebenter Abschnitt.

Von der Entsagung des Prozesses.

Zu §§. 526 — 528.

Die Gerichts-Ordnung verweist im §. 21 Titel 20 für den Fall, daß der Kläger dem Prozesse entsagt hat, dem Beklagten jedoch daran gelegen ist, die Sache zur Entscheidung zu bringen, wegen des alsdann zu beobachtenden Verfahrens auf die Vorschriften vom Diffamations- und Provocations-Prozesse. Mit Recht ist hiergegen in mehreren Gutachten erinnert worden, daß dieses Verfahren hier überflüssig sei. Denn wozu soll der Beklagte den Kläger erst noch ad agendum provociren, da die Klage schon angestellt ist? Hat der Beklagte das Recht, auf die richterliche Entscheidung einer wider ihn angestellten Klage zu bringen und dieses Recht wird ihm ja auch durch die Befugniß zur Provocation zugestanden — warum soll er dasselbe nicht sofort ausüben können, sondern sich hierzu erst eines Umweges bedienen? Die **provocatio ad agendum** enthält mehr als jenes Recht, das für den Beklagten schon daraus hervorgehen muß, daß die Sache rechtshängig gewesen ist. Sie giebt auch demjenigen, wider welchen ein Anderer sich nur eines Anspruchs gerühmt hat, die Befugniß, diesen zur Anstellung der Klage und hiermit dazu zu nöthigen, den gerühmten Anspruch der richterlichen Entscheidung zu unterwerfen oder demselben zu entsagen. Wo also die Klage bereits angestellt ist, da bedarf es, um die Sache zur richterlichen Entscheidung zu bringen, nicht mehr einer Nöthigung hierzu durch die Provocation, sondern nur eines einfachen Antrages vor dem Richter. Demgemäß ist die Vorschrift der Gerichts-Ordnung geändert worden.

Kolibri 360 GmbH
Ferdinand-Jühlke-Straße 7
99095 Erfurt, Deutschland
produktsicherheit@kolibri360.de